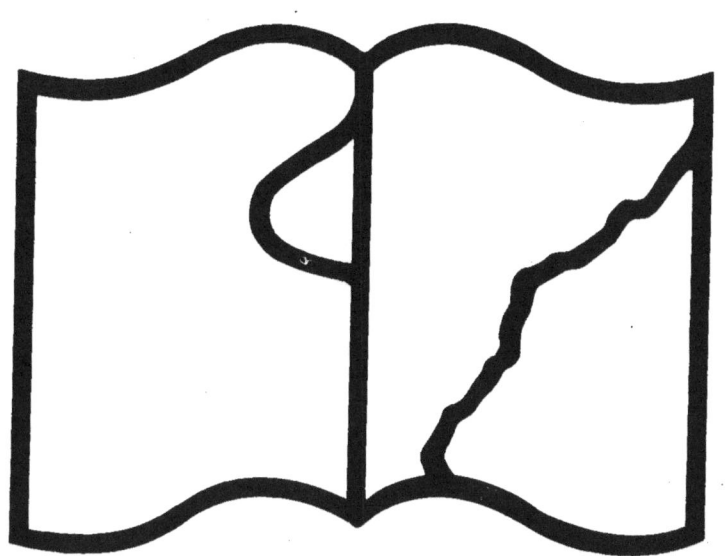

Texte détérioré — reliure défectueuse

NF Z 43-120-11

LE RETOUR
DE
ROCAMBOLE

SCEAUX. — TYP. DE M. ET P.-E. CHARAIRE.

PONSON DU TERRAIL & CONSTANT GUÉROULT

LE RETOUR
DE
ROCAMBOLE

I. Le Cabaret de la Providence. II. Une Société anonyme.
III. Les Valcresson. IV. Les Revanches de Rocambole.

ÉDITION ILLUSTRÉE

PARIS
VICTOR BENOIST & Cie, Libraires-Editeurs
10, RUE GIT-LE-COEUR, 10
Ancienne maison CHARLIEU et HUILERY

VICTOR BENOIST ET Cie — ÉDITION ILLUSTRÉE — RUE GIT-LE-CŒUR, 10.

ROCAMBOLE
LA CORDE DU PENDU

SUITE DES DÉMOLITIONS DE PARIS

Par PONSON DU TERRAIL

Cette poudre a deux cents ans d'existence, dit Rocambole. (Page 2.)

PREMIÈRE PARTIE
LE FOU DE BEDLAM

I

L'écroulement du souterrain durait toujours.
La voûte de la galerie se détachait par fragments de blocs énormes.
Le sol continuait à mugir et à trembler.

1re LIVRAISON.

On eût dit un de ces tremblements de terre qui ébranlent les cités du nouveau monde.
Vanda était tombée à genoux et priait.
Pauline, suspendue au cou de Polyte, lui disait :
— Au moins nous mourrons ensemble !
Milon hurlait de fureur et brandissait ses poings énormes en répétant :
— Ah ! les gredins de fénians ! les propres à rien ! les canailles !
Marmouset, lui, regardait le maître.
Le maître était calme, debout, le front haut.

Il semblait attendre la fin de ce cataclysme avec la tranquillité d'un homme qui se sait au-dessus de la mort. »

Enfin l'ébranlement s'apaisa.

Le bruit cessa tout à coup et les blocs de roche cessèrent de tomber.

— En avant! dit alors Rocambole.

Vanda se dressa l'œil en feu.

— Ah! dit-elle, nous sommes sauvés!

— Pas encore, répondit-il. Mais marchons toujours.

Le souterrain était obstrué de blocs de roches énormes.

Cependant Rocambole, armé d'une pioche, se fraya le premier un passage au milieu de ces décombres.

Les compagnons, rassurés, le suivaient.

Ils firent ainsi une centaine de pas.

Tout à coup Rocambole s'arrêta.

Au milieu de la galerie, un objet volumineux venait d'attirer son attention.

Cet objet était un tonneau.

Et ce tonneau était rempli de poudre.

Il était facile de s'en convaincre en voyant une mèche soufrée qui dépassait la bonde d'un demi-pied.

Que faisait là ce tonneau?

Qui donc l'avait apporté?

Les fénians connaissaient-ils donc aussi ce passage?

Marmouset s'était pareillement approché.

Et, comme le maître, il regardait avec étonnement le baril et semblait se poser les mêmes questions.

Vanda et les autres se trouvaient à une certaine distance.

Rocambole dit enfin :

— Il est impossible que les fénians aient apporté cela ici.

— Qui voulez-vous que ce soit, alors, maître? demanda Marmouset.

Rocambole tournait et retournait autour du tonneau.

Enfin son front plissé se dérida; un sourire revint à ses lèvres.

— Mes enfants, dit-il, nous n'étions pas nés le jour où ce baril a été transporté ici.

— En vérité? murmura Marmouset.

— Cette poudre a deux cents ans, continua Rocambole.

— Est-ce possible?

— Voyez le tonneau, examinez-le. Le bois en est vermoulu et se déchiquète sous le doigt.

— C'est vrai, dit Marmouset.

— Ne touchez pas à la mèche, dit encore le maître, car elle est tellement sèche qu'elle tomberait en poussière.

— Et, dit Polyte, qui n'avait pas fait des études bien approfondies sur la matière, c'est de la poudre, je crois, qui n'est pas méchante.

— Tu crois?

Et Rocambole regarda en souriant le gamin de Paris.

— Dame, fit Polyte, une poudre si vieille doit être éventée.

— Tu te trompes.

— Ah!

— Elle est dix fois plus violente que la poudre neuve.

— Bigre! alors, il faut faire attention.

— A quoi?

— A ne pas y mettre le feu.

— Et pourquoi cela?

— Mais, dame! après ce qui vient de nous arriver.

— Laissons là cette poudre et marchons toujours, dit Rocambole.

Et il continua son chemin.

Le souterrain allait toujours en s'abaissant, et le sol fuyait sous les pieds.

C'était là une preuve qu'on approchait de plus en plus de la Tamise.

Mais, tout à coup, Rocambole s'arrêta de nouveau.

— Ah! dit-il, voilà ce que je craignais.

Le souterrain était fermé par un bloc de rochers qui s'était détaché de la voûte et remplissait l'office d'une porte.

— Prisonniers! murmura Vanda, que son épouvante reprit.

Rocambole ne répondit pas.

Il voyait sa dernière espérance s'évanouir.

La route était barrée.

Revenir en arrière serait tout aussi impossible.

C'était s'exposer, du reste, à tomber aux mains des policemen, qui, dans quelques minutes peut-être, la première stupeur passée, envahiraient les souterrains découverts tout à coup et que la génération actuelle avait ignorés.

— Allons! dit Rocambole après un moment de silence, il faut vaincre ou mourir.

— Je suis bien fort, dit Milon, mais ce n'est pas moi qui me chargerai de pousser ce caillou-là.

— Si on pouvait le saper? dit Marmouset.

— Avec quoi? Nous n'avons pas les outils nécessaires.

— C'est vrai.

— Et puis, c'est de la roche dure...

— Ah! dit encore Vanda, je le sens bien, nous mourrons ici.

— Peut-être.... dit Rocambole.

Pauline s'était de nouveau jetée au cou de Polyte.

Et Polyte lui disait :

— Ne pleure pas; tout n'est pas désespéré encore. Regarde cet homme, comme il est calme!...

En effet, Rocambole était aussi tranquille en ce

moment que s'il se fût trouvé dans le salon du gouverneur de Newgate.

— Marmouset, dit-il enfin, et toi, Milon, écoutez-moi bien.

— Parlez, maître.

— N'entendez-vous pas un bruit sourd ?

— Oui.

— C'est la Tamise, qui n'est plus qu'à une faible distance de nous.

— Bon ! fit Milon.

— Examinez maintenant la voûte de cette galerie. Elle est taillée dans le roc vif.

— Oui, dit Marmouset, et c'est une roche vive qui nous défend d'aller plus loin.

— Attendez donc, fit Rocambole. Vous avez manié souvent, l'un et l'autre, des armes à feu ?

— Parbleu ! fit Marmouset.

— Eh bien ! suivez mon raisonnement. Supposons deux choses : la première, que cette galerie est tout près de la Tamise.

— Ceci est sûr, dit Milon.

— Supposons encore qu'elle est comme un canon de fusil.

— Bon ! fit Marmouset.

— Et que cette roche que nous avons devant nous et qui nous ferme le chemin est un projectile.

— Après ? dit Milon.

— Nous avons de la poudre, continua Rocambole.

— Vous voulez faire sauter le rocher ?

— Non pas, mais le projeter en avant.

— Ah !

— Et le chasser jusqu'au bout de la galerie, où il rencontrera la Tamise.

— Cela me paraît difficile, dit Marmouset.

— Pourquoi ?

— Parce que la poudre, ne rencontrant point de tube en arrière, n'aura pas de point d'appui, et tout ce que nous aurons gagné à cet effet sera de produire un nouvel écroulement dans la galerie qui nous ensevelira cette fois.

— Marmouset a raison, dit Vanda.

— Il a tort, dit froidement Rocambole.

Alors on se regarda avec anxiété.

Mais lui, toujours calme, toujours froid, regarda Marmouset et lui dit :

— C'est la force de résistance qui te manque, n'est-ce pas ?

— Oui, la force de résistance que la poudre rencontre au *tonnerre*, et qui lui permet de produire son expansion en avant.

— Eh bien ! rien n'est plus simple à obtenir.

— Ah !

— Milon, toi et moi nous allons pousser le baril devant nous, et nous le coucherons contre le rocher, la mèche en arrière, bien entendu.

— Et puis ? demanda Marmouset.

— Puis nous coulerons les uns après les autres tous les blocs plus petits qui obstruent la galerie.

— Et nous élèverons une sorte de muraille derrière le tonneau, n'est-ce pas, maître ? fit Milon.

— Précisément, et nous ferons cette muraille six fois plus épaisse que la roche qu'il s'agit de pousser.

— Et combien d'heures estimez-vous que va nous coûter un pareil travail ?

— Six heures au moins.

— Mais, dit Vanda, avant six heures, avant une heure peut-être nous serons perdus !

— Et pourquoi cela ?

— Parce que les policemen et les soldats vont envahir les souterrains.

Rocambole haussa les épaules.

— D'abord, dit-il, l'écroulement complet de la salle circulaire que nous avons laissée derrière nous nous protège. Ensuite, il est probable qu'on nous croira morts.

— Un bout de temps, six heures ! dit Milon.

Rocambole se prit à sourire.

— Tu trouves que c'est long ?

— Dame !

— Eh bien ! suppose que la muraille qu'il s'agit d'édifier est construite.

— Bon !

— Et qu'il ne nous reste plus qu'à mettre le feu au baril.

— Eh bien ?

— Il nous faudrait encore attendre sept ou huit heures.

Et comme on le regardait et que personne ne paraissait le comprendre :

— Le bruit sourd que nous entendons, dit-il, nous prouve que nous sommes près de la Tamise.

— Oui, dit Milon.

— Et c'est l'heure de la marée ; il faut donc attendre que la Tamise ait baissé.

— Pourquoi ?

— Parce que le bloc de roche, au lieu d'être poussé en avant, rencontrerait une force de résistance invincible dans la colonne d'air que le fleuve emprisonnera, tant qu'il ne sera pas descendu au-dessous de l'orifice du souterrain.

— Tout cela est fort juste, dit Marmouset. Mais j'ai encore une objection à faire.

— Voyons ?

— Comment mettrons-nous le feu au baril, quand nous l'aurons emprisonné entre le bloc de roche et la muraille que nous allons élever ?

— Au moyen de la mèche, que nous laisserons passer entre les pierres.

— Mais elle sera trop courte.

— Nous l'allongerons avec nos chemises coupées en lanières.

— Pas assez pour que celui qui se dévouera...

— Hein ? fit Marmouset.

— Un seul homme mettra le feu, et cet homme c'est moi !

— Qui ? vous ! exclamèrent à la fois Milon, Vanda et Marmouset.

— Moi, répéta-t-il tranquillement, avec un sourire

hautain aux lèvres. Vous m'appelez le *maître*; quand j'ordonne, vous devez obéir!... A l'œuvre!...

II

Le maître avait parlé.

Il fallait obéir.

D'ailleurs l'heure du péril était loin encore.

Marmouset dit à l'oreille de Milon.

— Construisons toujours la muraille, nous verrons après.

— Ça y est, dit Milon.

Et l'on se mit à l'œuvre.

En outre de Marmouset, de Milon, de Vanda, de Polyte et de Pauline, il y avait encore trois personnes dans le souterrain.

L'une était le matelot William, celui que jadis l'homme gris avait terrassé.

Puis, la Mort-des-Braves, et enfin Jean le Boucher, que jadis on appelait, au bagne, Jean le Bourreau.

Ceux-là n'eussent même pas osé discuter un ordre du maître.

Rocambole leur fit un signe.

Tous trois revinrent en arrière pour y prendre le baril de poudre.

Milon les suivit.

Le baril était lourd ; mais poussé, traîné, porté par les quatre hommes, il fut arraché à la place qu'il occupait depuis deux cents ans.

Puis on le posa contre la roche, sur le flanc, la mèche en arrière.

— A la muraille, maintenant ! dit Rocambole.

Et il regarda sa montre.

Tous avaient des torches.

— Qu'on les éteigne, dit Rocambole, une seule suffit!

Chacun souffla sa torche, excepté lui.

— Le maître a de la précaution, murmura Milon.

— Sans doute, répondit Marmouset à voix basse. Nous sommes ici pour sept ou huit heures peut-être, et si nous brûlions toutes nos torches à la fois, nous courrions grand risque de demeurer dans les ténèbres.

On se mit donc à la besogne.

Les blocs de roche furent apportés un à un.

Avec la pioche dont il était armé, Rocambole les équarrissait au besoin et faisait l'office du maçon.

Le mur montait peu à peu.

Quand il fut à deux pieds du sol, on prit la mèche avec soin et on l'allongea en y ajoutant la chemise de Milon taillée en minces lanières.

Puis on la fit passer sur le mur et déborder au dehors.

Avec la pioche, Rocambole cassait de petits morceaux de roche qu'il disposait tout alentour, de façon à faire une sorte de lumière semblable à celle d'un canon.

Quand la mèche fut ainsi protégée, on continua la muraille.

Chacun, hommes et femmes, apportait sa pierre, et le mur montait, montait toujours.

Quatre heures après, il avait atteint le sommet de la voûte.

Le baril de poudre se trouvait alors emprisonné entre le mur et le bloc de roche.

Le mur avait dix ou douze pieds d'épaisseur.

Selon les calculs de Rocambole, il devait avoir une force de résistance triple de celle de la roche.

Alors le maître tira sa montre.

— Est-ce le moment? demanda Milon.

— Non, pas encore, dit Rocambole.

— Il y a pourtant joliment longtemps que nous travaillons !

— Quatre heures seulement.

— Ah !

— Et la marée n'est pas redescendue encore !

Milon soupira, puis, au bout d'un instant de silence :

— Combien de temps encore? fit-il.

— Trois heures.

— Ah! bien alors, les policemen ont le temps de venir.

— Espérons qu'ils ne viendront pas, dit Rocambole avec calme.

Et il s'assit sur un bloc de roche qui n'avait pas trouvé son emploi.

Et comme ses compagnons l'entouraient :

— Écoutez-moi bien maintenant, dit-il.

On eût entendu voler une mouche dans le souterrain.

Rocambole poursuivit :

— Je crois fermement à notre délivrance. Cependant, je puis me tromper dans mes calculs.

— Je ne le pense pas, dit Marmouset.

— Moi non plus, mais enfin il faut tout supposer.

— Bon ! murmura Milon.

— Si nous ne pouvons projeter le rocher en avant, il faut nous attendre à un nouvel écroulement.

— Et alors, dit Vanda, nous serions tous ensevelis et écrasés ?

— Peut-être oui, peut-être non.

Et Rocambole, le sourire aux lèvres, poursuivit :

— Quand l'heure de mettre le feu à la mèche sera venue, vous vous en irez tous à l'autre extrémité du souterrain et ne vous arrêterez que dans cette salle circulaire où cette jeune fille nous attendait.

Et il désigna Pauline d'un geste.

— Mais vous, maître?

— Il ne s'agit pas de moi, dit Rocambole. Je parle, écoutez.

Il prononça ces mots d'un ton impérieux et tous courbèrent la tête.

— L'explosion aura lieu, continua-t-il. Alors, de deux choses l'une : ou la roche sera violemment chassée en avant, comme un boulet de canon...

— Ou nous serons tous écrasés, dit Marmouset.

La voix du maître parvint à leurs oreilles. « En avant, criait-il, en avant ! » (Page 7.)

— Pas vous, mais moi.
— Maître, dit Vanda, voilà précisément ce que nous ne voulons pas.
— Et c'est ce que je veux, moi !
— Il y a pourtant une chose bien simple, murmura Milon.
— Laquelle ?
— C'est de tirer au sort qui mettra le feu.
— Tu as raison en apparence, dit Rocambole.
— Ah !
— Mais tu as tort en réalité.
— Et pourquoi cela ? demanda Milon.
— Parce que si l'écroulement se fait, toute fuite pour ceux qui seront dans la salle circulaire deviendra impossible.
— Eh bien ?
— Et qu'ils tomberont aux mains des policemen.
— Bon ! après ?
— Et que, si je suis parmi eux, je serai pendu. Or, mourir pour mourir, j'aime mieux mourir ici.

Cela était tellement logique que personne ne répliqua.

— Vous autres, au contraire, poursuivit Rocambole, vous n'êtes ni incriminés ni coupables ; en admettant même que vous soyez mis en prison, vous serez relâchés.
— Qui sait ? fit encore Milon.
— Je connais la loi anglaise, dit Rocambole, et suis sûr de ce que je dis.
— Eh ! s'écria Vanda, que nous importent la vie et la liberté si vous mourez, maître ?
— Vous continuerez mon œuvre, dit froidement Rocambole.

Milon se méprit à ses paroles.

— Ah ! non, par exemple, dit-il, en voilà assez comme ça pour les fénians, des gredins qui sont cause...
— Tais-toi !

Et Rocambole eut un geste impérieux.

Puis, s'adressant à Vanda :
— Écoute-moi bien, toi, dit-il.
— Parlez, maître !
— Si l'hypothèse que je viens d'admettre devenait une réalité, si j'étais enseveli, vous autres

écroués d'abord, puis mis en liberté ensuite, tu te mettrais à la recherche de miss Ellen.

— Elle nous attend sur le navire.

— Soit. Mais enfin tu la retrouverais où qu'elle fût?

— Sans doute. Et puis?

— Et vous iriez ensemble à Rotherhithe, de l'autre côté de la Tamise, tout près du tunnel.

— Après? fit encore Vanda.

— Vous entreriez dans Adam-street, une ruelle étroite et sombre, et vous chercheriez la maison qui porte le numéro 17.

— Bon! dit Vanda.

— Au troisième étage de cette maison demeure une vieille femme qu'on appelle Betsy-Justice. Tu lui montrerais ceci.

Et Rocambole prit à son cou une petite médaille d'argent qui y était suspendue par un fil de soie.

— Et puis? dit encore Vanda.

— Alors Betzy-Justice te donnera des papiers.

— Et ces papiers, je les lirai?

— Oui, et ils t'apprendront à qui toi et nos compagnons avez affaire.

— C'est bien, dit Vanda.

Rocambole consulta sa montre de nouveau.

— Quel jour sommes-nous? demanda-t-il.

— Le 14, répondit Marmouset.

Le maître parut réfléchir.

— Je me suis trompé, dit-il enfin; la marée avance d'une heure aujourd'hui.

— Ah!

— A l'heure qu'il est, l'orifice de la galerie doit être libre.

— Alors le moment est venu? demanda Vanda en tremblant.

— Dans dix minutes.

Milon se jeta alors aux genoux de Rocambole.

— Maître, dit-il, au nom de Dieu, accordez-moi une grâce.

— Parle.

— Laissez-moi rester avec vous.

— Soit, dit Rocambole.

Milon poussa un cri de joie.

Alors le maître prit Vanda dans ses bras et l'y serra fortement; puis il embrassa successivement chacun de ses compagnons et dit :

— Éloignez-vous!

Et ils obéirent.

Vanda se retournait à chaque pas, tout en obéissant.

— Plus vite! cria Rocambole.

Puis, quand ils eurent disparu dans l'éloignement, il regarda Milon.

— Es-tu prêt? dit-il.

— Toujours, répondit le colosse.

— Tu n'as aucune répugnance à t'en aller dans l'éternité?

— Avec vous, aucune.

— C'est bien. En route, alors!

Et Rocambole approcha sa torche de l'extrémité de la mèche et y mit le feu.

Puis, les bras croisés sur la poitrine, il attendit.

Milon était aussi impassible que lui.

Et la mèche brûlait lentement, et elle atteignit le mur qui la séparait encore du baril.

III

Vanda s'était retournée bien souvent, et elle marchait la dernière, tandis que les compagnons de Rocambole s'éloignaient du baril de poudre et gagnaient la salle circulaire.

— Plus vite! avait crié le maître, plus vite!

Marmouset, qui marchait en tête, avait précipité sa marche.

Et tous arrivèrent ainsi à la salle circulaire.

Alors Marmouset dit à Vanda :

— Nous sommes à quatre cents mètres de distance du baril; mais comme le souterrain est percé en droite ligne, nous pourrons voir l'explosion.

En même temps, il passait derrière lui la torche qu'il tenait à la main.

Alors on put voir Rocambole et Milon dans le lointain, grâce à la clarté de la torche qu'ils avaient gardée.

Le maître et Milon étaient l'un près de l'autre, immobiles, attendant l'explosion.

Vanda frissonnait de tous ses membres.

Non pour elle, car elle avait prouvé son héroïsme et son mépris de la vie;

Mais pour Rocambole, à l'amour de qui elle avait renoncé et que, cependant, elle aimait toujours.

Deux minutes s'écoulèrent.

— C'est long! disaient les autres.

— Non, répondit Marmouset, il faut donner à la mèche le temps de brûler.

Puis il ajouta :

— Couchez-vous tous à terre.

— Pourquoi? demanda la Mort-des-Braves.

— Parce que l'explosion vous y couchera tout à l'heure, et que si vous attendez ce moment, vous risquez de vous casser une jambe ou un bras.

Tous obéirent, excepté Vanda.

— Moi, je veux voir! dit-elle.

Et elle avait toujours les yeux fixés sur Milon et Rocambole, qui lui apparaissaient dans l'éloignement, au milieu du cercle de lumière décrit par la torche, comme des êtres microscopiques.

— Eh bien! moi aussi, dit Marmouset.

Et comme Vanda, il demeura debout.

Tout à coup la mèche enflammée se trouva en contact avec le baril.

Jamais plus épouvantable coup de tonnerre ne se fit entendre.

Et l'ébranlement fut tel que Vanda et Marmouset furent jetés la face contre terre.

Mais ils demeurèrent les yeux ouverts.

O miracle !

A la place de la torche que tenait Rocambole et qui s'était brusquement éteinte, une lumière blanche, ronde comme la lune, se montra à l'extrémité du souterrain.

Le baril de poudre, avait, du même coup, rejeté la muraille en arrière et la roche en avant.

Le maître ne s'était point trompé dans ses calculs. La galerie avait joué le rôle d'un canon.

Cette lumière qui brillait dans le lointain, c'était le jour, le jour au bord de la Tamise.

Au même instant, deux ombres s'agitèrent sur le sol.

C'étaient Milon et Rocambole qui, jetés violemment à terre par la secousse, se redressaient.

La voix du maître parvint aux oreilles de Marmouset et de Vanda.

— En avant! criait-il, en avant!

Et on les vit, Milon et lui, qui s'élançaient vers le point lumineux, c'est-à-dire vers l'orifice de la galerie.

Les autres compagnons de Marmouset et de Vanda s'étaient pareillement relevés.

— En avant! répéta Marmouset.

Et tous se mirent à venir sur les pas de Rocambole et de Milon.

Mais tout à coup un nouveau bruit se fit, un fracas plutôt.

La lumière blanche disparut...

Le sol trembla comme tout à l'heure, et Marmouset, qui marchait le premier, s'arrêta la sueur au front.

C'était la voûte de la galerie qui s'effondrait, et un nouveau bloc de roche fermait le souterrain une seconde fois.

Cette fois une épouvante indescriptible s'empara des compagnons du maître.

Les torches étaient éteintes, et les ténèbres enveloppaient Marmouset, Vanda et ceux qui les suivaient.

Le sol tremblait sous leurs pieds ; des craquements sourds retentissaient à une faible distance.

— Nous sommes perdus ! dit Vanda.

— Qui sait? fit Marmouset.

Sa torche était éteinte ; mais il l'avait toujours à la main.

— Il faut y voir tout d'abord, dit-il.

Et il tira de sa poche un briquet avec lequel la torche fut rallumée.

Les craquements avaient cessé ; le sol ne crépitait plus sous leurs pieds, et tout était rentré dans le silence.

— En avant ! répétait Marmouset.

— En avant ! dit Vanda.

Polyte portait dans ses bras sa chère Pauline, qui s'était évanouie de frayeur.

Marmouset, sa torche à la main, tenait toujours la tête de la petite troupe.

On arriva ainsi à l'endroit où le baril avait pris feu ; on passa sur les débris de la muraille.

On put voir la paroi de la galerie entamée par le frottement de la roche.

— Plus loin encore ! disait Marmouset.

Et il marchait toujours.

Enfin ils arrivèrent à l'endroit où la lumière du ciel avait subitement disparu.

Une énorme roche, plus grosse encore que la première, s'était détachée de la voûte et, muraille infranchissable, fermait la galerie.

Marmouset et Vanda se regardèrent.

Ils se regardèrent pâles, muets, frissonnants.

La même question venait sur leurs lèvres, et ni l'un ni l'autre n'osait la faire.

Qu'était devenu le maître ?

Avait-il été écrasé ?

Ou bien la roche était-elle tombée derrière lui, le séparant ainsi de ses compagnons, mais lui donnant le temps de gagner la Tamise ?

Enfin, Vanda prononça un mot, un mot unique :

— Espérons ! dit-elle.

— Espérons, répéta Marmouset.

Et alors ils regardèrent leurs compagnons, qui paraissaient frappés de stupeur.

— Mes amis, dit enfin Marmouset, il ne faut plus songer à aller en avant ; vous le voyez, la route est barrée.

— Eh bien ! dit Jean le Bourreau, retournons en arrière, et si les policemen nous rencontrent, on verra...

Vanda ne prononçait plus un mot.

Elle était comme anéantie par cette nouvelle catastrophe, et un doute affreux l'étreignait.

Rocambole était-il mort ou vivant ?

La Mort-des-Braves dit à son tour :

— Ça n'est pas douteux, le maître et Milon ont pu se sauver.

Marmouset ne répondit pas.

Ils rebroussèrent chemin et arrivèrent dans la salle circulaire. Là Marmouset s'arrêta.

— Il s'agit de tenir conseil sur ce que nous avons à faire, dit-il.

Et il montrait du doigt la galerie par laquelle, quelques heures auparavant, ils avaient gagné le souterrain de Newgate.

— Nous savons où cela conduit, dit-il.

— Merci bien, dit le matelot William, vous voulez donc aller vous livrer aux policemen ?

— Nous ne risquons pas grand'chose à cela.

— Nous risquons d'aller au Moulin, d'abord.

— Je me ferai bien mettre en liberté.

— Vous, peut-être, mais moi... qui suis Anglais.

Polyte avait déposé Pauline à terre. La jeune fille commençait à revenir à elle et demandait ce qui s'était passé.

Polyte ralluma sa torche à la torche de Marmouset.

— Je vais faire un bout de chemin en avant, dit-il.

Et il s'engagea dans la galerie.

Mais il n'eut pas fait cinquante pas qu'il rebroussa chemin et vint rejoindre ses compagnons.

— C'est pas la peine de nous fouler la rate, dit-il.

— Hein? dit Marmouset.

— Nous n'avons rien à craindre des policemen.

— Que veux-tu dire?

— Qu'un autre éboulement s'est fait dans cette galerie et qu'elle est fermée aussi.

— Ah!

— Ce qui fait que nous sommes prisonniers ici.

— Prisonniers, dit la Mort-des-Braves, et condamnés à mourir de faim.

Marmouset haussa les épaules.

— Bah! dit-il, ce ne serait pas la peine d'avoir une étoile pour ne point s'y fier.

Tout le monde le regarda.

— Voici une autre galerie que nous n'avons pas explorée, dit-il.

— C'est vrai, fit Vanda.

— Qui sait où elle mène?

— Voyons toujours...

Et Marmouset s'engagea dans la troisième galerie.

Celle-ci, au lieu de suivre un plan incliné, montait au contraire peu à peu.

Marmouset se retourna vers ses compagnons.

— Nous allons peut-être nous trouver tout à l'heure au niveau du sol, dit-il.

— Marchons toujours, dit la Mort-des-Braves.

Mais tout à coup Marmouset éteignit vivement sa torche.

— Silence! dit-il à voix basse.

Puis il s'arrêta en disant :

— Que personne ne bouge!

Au milieu du silence qui régnait dans ces catacombes, un bruit était parvenu tout à coup aux oreilles de Marmouset.

Ce n'était plus un craquement sourd et lointain, ce n'était pas non plus un mugissement du sol ébranlé.

C'était le murmure de deux voix humaines.

Étaient-ce les policemen?

Ou bien quelques fénians qui cherchaient celui qu'ils avaient promis de délivrer?

Et comme Marmouset se posait cette question et recommandait le silence à ses compagnons, une lumière brilla dans l'éloignement.

Puis un homme se montra, portant une lanterne à la main.

Et Marmouset reconnut cet homme et dit :

— C'est Shoking! Nous sommes sauvés!

IV

Marmouset ne se trompait pas.

C'était bien Shoking.

Shoking qui cheminait une lanterne à la main, côte à côte d'un homme que Marmouset reconnut pareillement.

C'était le chef fénian qui avait promis de sauver l'homme gris.

Et Marmouset, se tournant vers la petite troupe qui s'était arrêtée comme lui :

— Nous pouvons avancer, dit-il. Ce sont des amis.

Shoking les eut bientôt aperçus à son tour.

Et, reconnaissant Marmouset, il poussa un cri de joie et vint se jeter dans ses bras.

— Ah! dit-il, il y a bien longtemps que nous vous cherchons.

— C'est vrai, dit le fénian.

— Et nous avions bien peur que vous ne fussiez ensevelis, poursuivit Shoking.

En même temps, il cherchait des yeux Rocambole, et ne le voyant pas :

— Mais où est l'homme gris? s'écria-t-il

Marmouset secoua la tête.

Shoking jeta un nouveau cri.

— Mort? dit-il.

— Nous espérons encore le contraire, murmura Marmouset.

— Comment? Que voulez-vous dire?

Et Shoking, au comble de l'anxiété, regardait Marmouset.

Celui-ci, en deux mots, lui raconta ce qui s'était passé.

Alors un sourire revint aux lèvres de Shoking.

— Je suis rassuré, dit-il.

Et comme Vanda, Marmouset et les autres le regardaient, il ajouta :

— J'ai été le compagnon du maître, et du moment où vous ne l'avez pas vu mort, je suis bien sûr qu'il se sera tiré d'affaire.

La confiance de Shoking gagna tout le monde, excepté Vanda.

Vanda était agitée par les plus sinistres pressentiments.

— Enfin, dit Marmouset, comment êtes-vous ici?

— Nous vous cherchions, dit le chef fénian.

— Ah!

— Vous avez devancé mes plans, et, s'il était arrivé un malheur, il ne faudrait vous en prendre qu'à vous, dit encore cet homme avec un flegme tout britannique.

Marmouset se redressa d'un air hautain.

— Vous croyez? dit-il.

— Sans doute, dit le fénian toujours calme. Si vous n'aviez pas douté de notre parole... vous n'auriez pas agi...

— Ah! dit Shoking qui intervint, ce n'est ni l'heure ni le moment de nous quereller; il faut sortir d'ici, car les éboulements peuvent recommencer.

— Mais par où êtes-vous venus? demanda Marmouset.

— Par une troisième issue.

Qui donc — êtes-vous ? Je me nomme l'homme gris. — Vous, vous ! exclama le condamné. (Page 16.)

Shoking connaissait donc les deux autres.

Et comme Marmouset faisait un geste de surprise, le bon Shoking ajouta :

— Les fénians connaissaient aussi bien que vous l'existence du souterrain.

— En vérité ?

— Et ils comptaient faire sauter une partie de Newgate, si vous ne vous étiez pas tant pressés.

— Mais enfin, demanda Marmouset, quel était leur plan ?

— Je vais vous le dire, répondit le chef fénian. Nous avions placé six barils de poudre.

— Bon !

— Trois dans les souterrains, trois contre le mur même de la prison.

— Et puis ?

— On a mis le feu à ceux des souterrains.

« Ceux-là étaient destinés à faire écrouler une partie des maisons d'Old Bailey.

— Dans quel but ?

— Dans le but d'amener un tel désordre que, le mur de Newgate s'écroulant à son tour, on pût sauver l'homme gris. Un seul de ces barils a pris feu.

— Et ceux qui étaient contre le mur de la prison ?

— Quand nous avons su que l'homme gris et vous étiez dans les souterrains, nous en avons arraché la mèche.

— Mais alors Old Bailey s'est écroulé ?

— Non.

— Comment cela ?

— Il n'y a qu'une maison de Lermon Lane qui s'est écroulée, et le fracas a été tel qu'on n'a pas encore pu savoir ce qui avait déterminé cet éboulement épouvantable.

— Alors la prison de Newgate est debout ?

— Oui, on a délivré le gouverneur, qui a raconté votre évasion.

« On est descendu dans les souterrains, mais il a fallu rebrousser chemin.

— Pourquoi ?

— D'abord, parce que les éboulements conti-

2ᵉ LIVRAISON

nuaient; ensuite, parce que la voie que vous aviez suivie était barrée.

— Ah! c'est juste, dit Marmouset qui se souvint que Polyte n'avait pu aller plus loin.

Puis il ajouta :

— Mais enfin, vous êtes venus par une autre route, vous autres ?

— Sans doute.

— Alors nous pouvons sortir ?

— Quand vous voudrez, dit Shoking; suivez-moi.

Et il rebroussa chemin.

La petite troupe le suivit.

Au bout d'un quart d'heure de marche, ils se trouvaient au bas d'un escalier.

— Ah! dit Marmouset, où cela conduit-il ?

— Dans la cave d'un public-house.

— Tenu par un des nôtres, dit le chef fénian.

— Et où est situé ce public-house ?

— Dans Farringdon street.

— Ce qui fait que nous sommes maintenant à l'est de Newgate ?

— Oui.

Shoking marcha le premier.

Vanda ferma la marche.

On eût dit qu'elle laissait son âme tout entière dans le souterrain, et de temps à autre, tout en marchant, elle détournait la tête et murmurait :

— Peut-être, à cette heure, est-il enseveli sanglant et respirant encore sous quelque éclat de rocher.

L'escalier avait trente marches.

A la trentième, la tête touchait une trappe.

La trappe soulevée, Marmouset, qui suivait Shoking, se trouva dans la salle basse du public-house, et tout le monde suivit Marmouset.

Les volets de la devanture étaient fermés.

On était en pleine nuit.

Le publicain avait renvoyé ses pratiques et il était seul.

Lui aussi, il chercha des yeux l'homme gris et ne le vit pas.

Marmouset dit alors à Shoking :

— Nous sommes donc dans Farringdon street ?

— Oui.

— Au-dessus ou au-dessous de Fleet street ?

— Au-dessous.

— Par conséquent, tout près de la Tamise ?

— Certainement.

— Et bien! il faut vous mettre aussitôt à la recherche du maître.

— Ce sera d'autant plus facile, dit Shoking, que j'ai un bateau auprès de Temple Bar.

— Partons alors, dit Marmouset.

— Je vais avec vous, dit Vanda.

— Et moi aussi...

— Et moi aussi... dirent tous les autres.

— Non, dit Marmouset avec un accent d'autorité.

Vous allez rester ici, vous autres, et vous attendrez que nous revenions.

En l'absence du maître, Marmouset était toujours obéi.

Polyte, lui, n'était pas fâché de ne point faire partie de cette nouvelle expédition, car Pauline était brisée de fatigue et d'émotion.

Marmouset, Shoking et Vanda sortirent donc du public-house et se trouvèrent dans cette large voie qui s'appelle d'abord la rue et ensuite la route de Farringdon.

La nuit était brumeuse.

Cependant un rayon de lune parvenait à déchirer le brouillard.

C'était ce qui expliquait cette clarté blanche que Marmouset et ses compagnons avaient aperçue un moment après l'explosion, par l'orifice dégagé du souterrain.

Vanda et ses deux compagnons descendirent donc au bord de la Tamise.

Le bateau de Shoking s'y trouvait amarré.

Ils y montèrent et Shoking prit les avirons.

— Puisque les fénians connaissaient le souterrain, dit alors Marmouset, vous devez savoir, vous, où est l'orifice de la galerie qui aboutit à la Tamise ?

— Nous gouvernons droit dessus.

— Est-ce loin? demanda Vanda palpitante.

— Nous y serons dans dix minutes.

Et Shoking se mit à ramer vigoureusement.

Enfin la barque qui avait un moment pris le large se rapprocha peu à peu de la berge, et Shoking, relevant les avirons, laissa dériver.

La barque heurta un amas de broussailles.

— C'est là, dit Shoking.

Marmouset, qui avait les yeux perçants, examinait les broussailles, et tout à coup, regardant Vanda :

— Il est évident, dit-il, qu'aucun homme n'a passé au travers.

— Mon Dieu!

— Le maître et Milon ne sont pas sortis du souterrain.

— Ah! dit Vanda avec un sanglot, ils sont morts...

Marmouset ne répondit pas.

Mais il écarta les broussailles, mit à nu une large crevasse, et sauta lestement hors de la barque.

— As-tu gardé la lanterne? demanda-t-il à Shoking.

— Oui, répondit Shoking. Mais nous ne l'allumerons que lorsque nous serons dedans.

Et ils pénétrèrent tous trois dans le souterrain.

Alors Shoking se mit en devoir de rallumer sa lanterne. Mais à peine une clarté douteuse eut-elle brillé dans le souterrain que Vanda et Marmouset jetèrent un cri d'épouvante...

V

On eût pu croire, à ce cri d'épouvante, poussé simultanément par Vanda, Marmouset et Shoking, que tous trois se trouvaient en présence des cadavres mutilés de Rocambole et de Milon.

Il n'en était rien cependant.

Ce qui les avait glacés d'effroi, c'était un énorme rocher qui fermait l'entrée de la galerie.

Or ce rocher ne pouvait être celui que, de la salle circulaire, Marmouset et ses compagnons avaient vu tomber derrière Rocambole et Milon.

C'en était un autre.

Il fallait donc supposer que les éboulements commencés derrière les fugitifs avaient continué devant eux et qu'ils avaient été écrasés.

Il y avait une manière certaine de s'en convaincre du reste.

Marmouset, par l'inspection des broussailles, croyait être certain que ni Rocambole ni Milon n'avaient eu le temps de sortir de la galerie.

Mais il y avait un autre moyen de contrôle bien autrement éloquent.

A l'heure de la marée haute, les eaux de la Tamise envahissaient le souterrain sur un parcours de plusieurs centaines de pas.

En se retirant, elles déposaient une sorte de limon qui aurait nécessairement gardé l'empreinte des pieds de Milon et de Rocambole.

Or Marmouset, promenant la lanterne sur le sol, eut beau chercher, il ne trouva rien.

En outre, le rocher détaché de la voûte était sec, preuve qu'il était tombé depuis que l'eau s'était retirée.

Vanda, Marmouset et Shoking se regardaient donc avec une épouvante indicible.

Le doute n'était plus possible.

Ou Rocambole et Milon avaient été écrasés pendant qu'ils fuyaient.

Ou bien ils se trouvaient emprisonnés entre deux blocs de roche.

Cette dernière hypothèse était la suprême espérance que Vanda pût avoir encore.

Et elle regardait Marmouset, se tordait les mains de désespoir et murmurait :

— Que faire? que faire?

— Je ne sais, répondit Marmouset.

Alors il eut une inspiration.

Il remit la lanterne à Shoking, s'approcha du bloc de roche, se coucha presque dessus et y appuya son oreille.

Vanda le regardait faire sans comprendre.

Marmouset écoutait...

Il écoutait, sachant que certaines pierres d'essence calcaire ont une sonorité prodigieuse.

Cette expérience ressemble quelque peu à celle du médecin penché sur un homme qui ne donne plus signe de vie, et cherchant à surprendre un dernier battement de cœur.

Mais tout à coup le visage de Marmouset s'éclaira.

— J'entends quelque chose, dit-il.

— Quoi donc? fit Vanda d'une voix étranglée.

Et elle se précipita vers lui.

Un bruit sourd, lointain, qui ressemble à la fois à l'écoulement goutte à goutte d'une source et à la voix humaine.

Vanda appuya à son tour l'oreille contre le rocher.

— Moi aussi, dit-elle, j'entends quelque chose.

— Ah!

— Et, ajouta-t-elle avec un geste de joie, ce n'est pas le bruit d'une eau qui coule.

— En êtes-vous sûre?

— Oui, c'est une voix humaine. Attendez... attendez...

Et Vanda écoutait toujours.

— Oui, dit-elle encore, ce n'est pas une voix, c'est deux. Elles se rapprochent... Ah!...

Et Vanda eut un cri de joie.

— Qu'est-ce encore? fit Marmouset.

— C'est bien leur voix à tous deux; l'une claire et sonore, l'autre grave et basse.

Et Vanda se mit à crier :

— Maître! maître!

— Silence! dit Marmouset.

Et comme elle le regardait :

— Laissez-moi m'expliquer, dit-il, et ne criez pas inutilement.

— Inutilement?

Et Vanda, folle de joie, regardait Marmouset et semblait se demander si lui-même n'avait pas perdu l'esprit.

— En effet, reprit celui-ci, vous avez raison.

— Ah! c'est bien des voix que nous avons entendues?

— Oui.

— Et ces voix...

— Ce sont les leurs. Comme vous, je les ai reconnues.

— Eh bien? pourquoi ne voulez-vous pas alors que je les appelle... pour qu'ils sachent...

— Ils ne sauront rien.

— Ah!

— Ils ne vous entendront pas.

— Nous les entendons bien, nous.

Marmouset se prit à sourire.

— Ceci, dit-il, n'est pas la même chose.

— Pourquoi donc?

— Parce que dans le souterrain, entre les deux blocs de roche, il y a une sonorité qui ne saurait exister ici à cause du voisinage du grand air.

La raison était sans réplique.

Marmouset poursuivit :

— Le bruit qui nous parvient est un bruit de voix; ils causent. S'ils étaient blessés, ils gémiraient.

— C'est juste, dit Vanda.

— Ils sont donc sains et saufs...

— Oui, mais ils sont prisonniers, et ils finiront par mourir de faim.

— Nous les délivrerons! dit froidement Marmouset.

— Comment?

— Oh! reprit le jeune homme, vous pensez bien

qu'il ne faut plus songer à employer la poudre.
— Certes, non.
— Il ne faut pas songer davantage à saper ce rocher avec des outils quelconques.
— Que faire alors?
— Allons-nous-en, regagnons le bateau, prenons le large de la Tamise, et je vous le dirai.

Marmouset s'exprimait avec tant de calme que Vanda eut confiance.

Quant à Shoking, comme ils s'exprimaient en français, il n'avait pas compris grand'chose.

Tout ce qu'il savait, c'est que le maître et Milon étaient vivants, puisqu'on les entendait parler à travers le rocher.

Marmouset regagna le bateau et Vanda le suivit.

Shoking reprit les avirons, et Marmouset lui dit en anglais :

— Pousse au large et maintiens-toi bien en ligne directe de la galerie.

— Pour cela, dit Shoking, il faut d'abord que je remonte le courant.

— Soit, dit Marmouset.

— Puis je me laisserai dériver perpendiculairement sur l'orifice du souterrain.

— C'est bien cela, dit encore Marmouset.

Et debout, à l'arrière de la barque, il attacha son regard sur la rive gauche de la Tamise.

Vanda le regardait sans comprendre.

La barque remonta jusqu'au point des Moines-Noirs.

Puis Shoking la laissa dériver.

Marmouset ne perdait pas de vue les maisons noires et enfumées qui bordent la Tamise en cet endroit.

Tout à coup il parut en fixer une.

— C'est là! dit-il.

— Quoi donc? dit Vanda.

Mais Marmouset, au lieu de répondre à Vanda, dit à Shoking :

— Tu peux regagner le large.

— Ah! fit Shoking.

Et les avirons retombèrent à l'eau.

Cinq minutes après, Marmouset mettait pied à terre et regagnait Farrington street.

— Mais où allons-nous? demanda encore Vanda.

— Venez toujours, vous verrez.

La première rue qu'on trouve perpendiculaire à Farringdon, quand on a quitté le bord de la Tamise, se nomme Carl street.

Thames street est sa continuation vers l'est.

Marmouset marchait d'un pas rapide et Vanda avait peine à le suivre.

Il fit quelques pas dans Carl street et s'arrêta devant une maison plus haute que les autres.

C'était celle qu'il avait remarquée du milieu de la Tamise.

— Maintenant, dit-il à Vanda, écoutez-moi bien.

— Parlez...

— A moins que je ne me trompe dans mes calculs, cette maison est juste au-dessus de la galerie souterraine.

— Vous croyez?

— Et elle se trouve entre les deux rochers qui emprisonnent Rocambole et Milon.

— Eh bien?

— Attendez... dit encore Marmouset.

Et il s'approcha de la porte de cette maison, et, tenant toujours à la main la lanterne de Shoking, il examina cette porte.

— J'en étais sûr, dit-il enfin.

— Sûr de quoi? fit encore Vanda.

— Cette maison est celle d'un chef fénian qu'on appelle Farlane.

« Tenez, son nom est sur la porte :

Farlane et C°.

— Et c'est un fénian?

— Oui.

Vanda regarda Marmouset d'un air qui voulait dire :

— Ah çà! vous êtes donc sorcier?

Marmouset se prit à sourire.

— Écoutez-moi, dit-il.

Et il éteignit la lanterne de Shoking.

VI

A présent, reportons-nous au moment où l'explosion venait d'avoir lieu.

La secousse avait été si forte que Rocambole et Milon, projetés en arrière, étaient tombés la face contre terre.

Mais ils se soulevèrent presque aussitôt.

— Victoire! s'écria Rocambole, la voie est libre.

En effet, on apercevait un coin du ciel dans l'éloignement.

Et il se retourna dans la direction de la salle circulaire, criant :

— Suivez-moi! suivez-moi!

Et il se mit à courir.

Milon était auprès de lui.

Ils firent ainsi une vingtaine de pas.

Tout à coup un fracas épouvantable retentit derrière eux.

Rocambole jeta un cri et se retourna.

Le premier éboulement venait de se produire, le séparant ainsi de ses compagnons.

Mais Rocambole ne perdit point la tête.

— En avant! répéta-t-il, s'adressant à Milon. Sortons d'abord. Quand nous serons en plein air, nous trouverons bien un moyen de les délivrer.

— En avant! dit Milon.

Et il continua à courir auprès du maître.

Soudain, un nouveau bruit, plus épouvantable encore que le premier, se fit entendre.

Cette fois, la lumière vers laquelle ils couraient disparut et les ténèbres les enveloppèrent.

La secousse fut même si forte que de nouveau Rocambole et Milon tombèrent la face contre terre.

Le sol mugissait sous eux.

Aux éboulements gigantesques succédaient des éboulements partiels. Des pierres tombaient çà et là, et l'une d'elles faillit atteindre Rocambole à la tête.

Cependant le maître n'avait point été écrasé.

Et, au milieu des ténèbres, la voix affolée de Milon se fit entendre :

— Maître ! maître ! dit-il, où êtes-vous ?
— Ici, dit Rocambole.
— Blessé ?
— Non.
— Moi non plus.
— Ne bougeons pas, dit Rocambole, attendons...

Enfin l'éboulement général cessa, les pierres ne tombaient plus. Alors Rocambole se redressa.

Et il entendit Milon qui murmurait :

— C'est égal, nous avons une fameuse chance.

Rocambole n'avait pas lâché sa torche. Seulement, elle était éteinte.

Mais Marmouset, en distribuant des torches à sa petite troupe, avait donné à chacun une boîte d'allumettes-bougies, et Rocambole avait la sienne.

— Maître, dit Milon, est-ce que je puis me lever à présent ?
— Oui, mais ne bouge pas de place. Attends.

Et Rocambole chercha ses allumettes et alluma sa torche.

Alors Milon put se convaincre qu'il était sain et sauf.

— Une fameuse chance ! répéta-t-il.
— Pas si grande que tu le crois, dit Rocambole.

Et, sa torche à la main, il marcha jusqu'à l'éboulement. Le souterrain était de nouveau fermé par un bloc énorme qui s'était, en tombant, écrasé par les coins et fermait la galerie aussi hermétiquement qu'une muraille élevée de main d'homme.

— Tu le vois, dit Rocambole, nous ne sommes pas plus avancés qu'il y a une heure.
— Revenons sur nos pas, alors, dit Milon.

Ils rebroussèrent chemin et se trouvèrent bientôt en présence de l'autre éboulement qui s'était produit derrière eux.

— Tu le vois, répéta Rocambole, nous ne sommes pas plus avancés.
— Mais alors, dit Milon frémissant, nous sommes prisonniers ?
— Non, nous sommes enterrés tout vivants.
— Et ni outils ni poudre ! geignit Milon.

Rocambole était un peu pâle, mais sa physionomie n'avait rien perdu de son calme habituel.

— Mon bon ami, dit-il, au lieu de nous désoler, il faut réfléchir froidement.

Milon le regarda.

— Notre situation n'est pas brillante, poursuivit Rocambole ; mais enfin elle n'est pas désespérée.
— Ah ! vous croyez ?

Et Milon attacha sur le maître un regard plein d'espoir.

— Écoute-moi bien, poursuivit Rocambole : il est probable que Marmouset et les autres n'auront pas été ensevelis.
— Soit. Mais ils sont prisonniers comme nous.
— Avec la chance d'être délivrés.
— Par qui ?
— Par les policemen qui doivent être à ma recherche.
— Bon ! mais alors on les conduira en prison ?
— D'abord. Mais on ne tardera pas à les relâcher.
— Vous croyez ?
— J'en suis sûr.
— Et alors ?
— Alors Marmouset, qui est, tu le sais, un garçon de ressource, et Vanda qui donnerait tout son sang pour moi, Marmouset et Vanda, dis-je, songeront à nous et s'occuperont de venir à notre secours.
— Soit, dit Milon, mais il s'écoulera un fameux bout de temps d'ici-là !
— Je ne dis pas non.
— Deux jours, peut-être...
— Et même trois, dit Rocambole.
— Nous avons le temps de mourir de faim.
— Un homme peut, à la rigueur, passer quatre jours sans manger, dit Rocambole.

Il s'assit tranquillement sur un bloc de rocher.

Milon n'était pas aussi calme que le maître.

Il allait et venait par le souterrain, comme une bête fauve qui fait sans relâche le tour de sa cage.

— Ne te désole donc point par avance, lui dit Rocambole, tu n'as pas encore faim, je suppose ?
— Oh ! non, dit Milon, mais j'ai soif.
— Dans quatre ou cinq heures, tu pourras boire.
— Comment cela ?
— Au retour de la marée, la Tamise envahira de nouveau la galerie.
— Bon !
— Et nous jouerions de malheur si nous ne découvrions pas quelque infiltration.
— De l'eau salée...
— Mais non, de l'eau douce.
— Cependant, puisque la Tamise est soumise à la marée...
— Cela ne fait rien. La mer repousse la rivière, mais la rivière n'a pas le temps de se mélanger avec elle.
— Ah ! dit Milon.
— Viens donc t'asseoir ici, près de moi, poursuivit Rocambole.

Milon obéit.

— Et comme les paroles n'ont pas de couleur, ajouta le maître, je ne vois pas la nécessité de brûler inutilement notre torche, dont nous aurons certainement besoin plus tard.

Et Rocambole éteignit la torche. Puis il continua :

— Sais-tu pourquoi je ne me désespère pas, moi ?
— Oh ! vous, maître, dit Milon, vous êtes toujours impassible comme la destinée.
— Ce n'est pas cela, dit Rocambole.

— Qu'est-ce donc?

— Je me figure que tant que j'aurai quelque chose à faire la Providence veillera sur moi et me tirera d'affaire.

— Vraiment? fit Milon. Mais alors, maître, vous ne vous reposerez jamais?

— Non, dit Rocambole.

— Il me semble pourtant, dit Milon, que le moment serait venu pour vous de revenir à Paris et d'y vivre tranquille.

— J'ai affaire ici.

— Ah! oui. Toujours les fénians?

— Non.

— Ma parole! dit Milon, ce n'est pourtant pas un pays engageant que l'Angleterre.

— Cela dépend, dit Rocambole. Et puis, je te le répète, j'y ai un nouveau devoir à remplir.

— Et il n'est pas question de ces gredins de fénians?

— En aucune façon.

Milon ne répondit rien. Il paraissait attendre que Rocambole s'expliquât. Celui-ci garda un moment le silence. Puis tout à coup :

— Crois-tu à la corde de pendu, toi? dit-il.

— Comment cela?

— On dit que la corde d'un pendu porte bonheur.

— On le dit, fit Milon, mais je n'y crois guère... et vous?

— Nous verrons bien si elle nous tire d'ici.

— Hein! dit Milon, vous avez donc de la corde de pendu?

— Oui.

— Dans votre poche?

— Dans ma poche.

— Alors, nous verrons bien, comme vous dites.

Et Milon attendit de nouveau.

— Et, acheva Rocambole, comme nous avons le temps et que nous ne sommes pas au bout de notre captivité, je vais te raconter une histoire.

— Une histoire de corde?

— L'histoire de la corde et celle du pendu qui m'a nommé son exécuteur testamentaire, dit Rocambole.

— Parlez, maître, je suis tout oreilles.

VII

Rocambole dit alors :

— Tu te souviens de la façon dont notre amitié a commencé?

Nous étions compagnons de chaîne.

Un jour tu me parlas de ces deux orphelins pour l'amour de qui tu étais au bagne...

— Oui, oui, dit Milon, et c'est depuis que vous avez sauvé mes pauvres enfants que je vous suis dévoué comme un chien fidèle.

— Eh bien! pareille chose m'est arrivée une seconde fois.

— Comment cela?

— Seulement ce n'était plus au bagne de Toulon, mais dans la prison de Newgate.

— Ah!

— Et l'homme avec qui je me suis lié est mort.

— Il a été pendu?

— Hélas! oui.

Et Rocambole soupira.

— Écoute, reprit-il. Je venais d'être arrêté et je n'avais opposé d'ailleurs aucune résistance. J'avais mes raisons pour cela, car j'eusse pu m'évader avant même que les portes de Newgate ne se fussent refermées sur moi.

On ne me conduisit pas tout de suite à Newgate, du reste.

On me mena tout d'abord chez le magistrat de police de Drury Lane.

Le magistrat m'interrogea pour la forme et me fit écrouer dans la prison qui sert de dépôt et qui se trouve placée au-dessous de son prétoire.

Chaque matin, une voiture cellulaire fait le tour des cours de police, enlève les prisonniers arrêtés pendant la nuit et les dirige soit sur Newgate, soit sur Bath-square ou toute autre prison centrale.

Je passai donc six heures dans le cachot de la cour de police de Drury Lane.

Dans ce même cachot, il y avait une femme en haillons, déjà vieille, mais dont le visage conservait les traces d'une rare beauté.

Quand j'entrai, elle me regarda avec défiance d'abord, puis avec curiosité.

Enfin, son regard ayant rencontré le mien, elle éprouva sans doute le charme mystérieux que mon regard exerce sur certaines personnes, car elle me dit :

— Je crois que vous êtes l'homme que je cherche.

Et comme je la regardais avec étonnement :

— Êtes-vous arrêté pour un grand crime? me demanda-t-elle.

— Je suis fénian, répondis-je.

Elle tressaillit, et un rayon de joie éclaira son visage.

— Ah! fit-elle; alors vous irez à Newgate demain.

— Incontestablement.

— J'avais donc bien raison de dire que vous étiez l'homme que je cherche depuis si longtemps.

Je la regardais toujours, cherchant à deviner le sens de ses paroles.

Elle continua.

— Je me nomme Betzy-Justice, je suis Écossaise.

— Fort bien. Après?

— Voici un mois que je me fais arrêter chaque soir pour ivrognerie. Je ne suis pas ivre, comme bien vous pensez...

— Alors?...

— Mais je feins de l'être. On me conduit chez un magistrat de police, on m'enferme jusqu'au lendemain, et le lendemain le magistrat me condamne à 2 schellings d'amende et on me rend ma liberté.

— Pourquoi donc alors, demandai-je, si vous n'êtes pas ivre... feignez-vous de l'être?

— Pour me faire arrêter, et cela tantôt dans un quartier, tantôt dans un autre. A cette heure, j'ai fait presque toutes les prisons des cours de police de Londres.

— Mais pourquoi?

— Parce que je cherche un homme en qui je puisse avoir confiance, un homme qui aille à Newgate.

— En quoi cet homme peut-il vous servir?

Elle me regarda encore.

— Vous avez l'air honnête et bon, me dit-elle. Comment vous appelez-vous?

— L'homme gris, répondis-je.

Ce nom lui arracha un cri.

— Ah! dit-elle, c'est vous qu'on appelle l'homme gris?

— Oui.

— Et vous vous êtes laissé arrêter?

— Oui.

— Mais vous sortirez de prison quand vous voudrez?

— Peut-être...

— Oh! c'est sûr, dit-elle. J'ai entendu parler de vous, et ce que vous voulez, vous le faites.

— En attendant, dis-je en souriant, je vais aller à Newgate.

— Oh! puisque vous êtes l'homme gris, poursuivit-elle, je puis tout vous dire.

— Parlez...

— Mon mari est en prison.

— A Newgate?

— Oui. Et il est condamné à être pendu le 17 du mois prochain.

— Quel crime a-t-il commis?

— Il a tué un lord.

— Dans quel but?

— Ah! dit Betzy-Justice, ceci serait une histoire trop longue à vous raconter. Nous n'aurions pas le temps. Mais, puisque vous allez à Newgate, il vous dira tout, lui.

— Soit. Et vous voulez me charger d'un message pour lui?

— Oui.

— Donnez, alors.

— Oh! ce n'est pas une lettre. On vous la prendrait au greffe, du reste. C'est une simple parole.

— Dites?

— Vous trouverez bien le moyen de le voir à Newgate, mon pauvre homme; il est condamné à mort, mais il se promène tous les jours dans le préau avec les autres prisonniers.

— Eh bien! que lui dirai-je?

— Vous lui direz: J'ai vu Betzy, votre femme. Mourez en paix, elle a les papiers.

— Et c'est tout?

— C'est tout, dit Betzy.

En même temps, elle essuya une larme.

Mais j'eus beau la questionner, elle ne voulut rien me dire de plus.

Le lendemain matin, au point du jour, on vint me chercher pour me conduire à Newgate.

Pendant trois jours je fus tenu au secret, et il me fut impossible de voir le condamné à mort.

Enfin le régime dont j'étais l'objet fit place à des procédés plus doux.

On espérait avoir de moi des aveux.

Je laissai entendre que, si on me traitait avec douceur, je parlerais.

Dès lors, on fit à peu près tout ce que je voulais, et je pus, comme les autres prisonniers, descendre au préau deux fois par jour.

La première fois que j'y parus, je ne parlai à personne, mais je cherchai des yeux le condamné à mort.

Il se promenait tout seul dans un coin, la tête penchée sur sa poitrine, les bras emprisonnés dans la camisole de force.

Je l'examinai attentivement.

C'était un homme d'environ soixante ans.

Petit, trapu, les épaules larges, la tête carrée supportée par un cou de taureau, cet homme devait être d'une force herculéenne.

Sa barbe était rouge, ses cheveux déjà gris.

Je passai près de lui et il me regarda.

Son regard contrastait singulièrement avec l'aspect presque repoussant de sa personne.

C'était un regard limpide, doux, loyal.

Cet homme avait tué.

Mais certainement il n'avait pas tué pour voler.

Le lendemain, je descendis au préau à la même heure.

Le condamné à mort s'y trouvait déjà.

J'allai droit à lui.

Il s'arrêta brusquement et leva sur moi ce regard honnête et presque timide qui m'avait frappé.

— C'est vous, lui dis-je, qui avez tué un lord?

— Oui.

Et il me répondit ce mot unique avec une simplicité qui me confirma dans mon opinion.

Il avait accompli ou cru accomplir un devoir.

— N'êtes-vous par le mari de Betzy-Justice? lui demandai-je encore.

Il tressaillit et me regarda plus attentivement.

— Vous la connaissez? dit-il enfin.

— Oui, j'ai passé une nuit avec elle dans la prison de Drury Lane.

— Ah! fit-il.

Et il me regarda d'un air soupçonneux.

— Elle m'a chargé d'un message pour vous.

— En vérité!

Et son regard était toujours plein de défiance.

— Je vois que vous ne me connaissez pas, lui dis-je.

— Qui donc êtes-vous?

— Je me nomme l'homme gris.

Il fit un pas en arrière.

— Vous ! vous! dit-il.

Et son visage perdit son expression de défiance et s'éclaira subitement.

— Oui, repris-je, je suis l'homme gris, et Betzy m'a dit de vous dire qu'elle avait les papiers.

Il jeta un cri.

Un cri de joie suprême, un cri qui aurait pu faire croire que je lui apportais sa grâce.

— Ah ! dit-il, dominant enfin l'émotion qui s'était emparée de lui, ah ! je puis mourir tranquille maintenant.

Et il me regarda encore.

— Mais, dit-il, puisque vous êtes l'homme gris, si vous êtes ici, c'est que cela vous plaît ?

— Peut-être.

— Et assurément vous sortirez quand bon vous semblera ?

— C'est probable.

Il hésita un moment.

— Ah ! me dit-il enfin, si j'osais... car c'est une femme courageuse, il est vrai, mais c'est une femme, ma pauvre Betzy, et qui sait si toute seule elle pourra mener notre œuvre à bonne fin ?

A mon tour je le regardai avec étonnement.

— Il faudra que je vous dise tout, reprit-il. Je suis sûr que vous vous intéresserez à notre affaire.

Il eut un sourire triste et ajouta :

— Un homme comme vous, ça peut tout... et, du reste, je vous léguerai ma corde, et elle vous portera bonheur.

A cet endroit de son récit, Rocambole s'arrêta un moment.

— Ma parole ! dit Milon, je ne pense plus que nous sommes enfermés entre deux rochers avec la moitié de la ville de Londres sur les épaules. Continuez, maître...

VIII

Rocambole poursuivit :

— Ce jour-là, le condamné à mort ne voulut pas s'expliquer davantage.

L'histoire que je veux vous raconter est trop longue, me dit-il ; l'heure de rentrer dans ma cellule est, du reste, sonnée. Mais demain...

— Demain, lui dis-je, je trouverai le moyen de passer plusieurs heures avec vous.

Il me regarda avec étonnement.

— Au fait, dit-il enfin, ce serait impossible pour un autre, mais pour vous, il n'y a rien d'impossible, du moment où vous êtes l'homme gris.

Et il rentra dans son cachot, tandis que je regagnais ma cellule.

Une idée m'était venue.

Au moment où l'un des gardiens allait m'enfermer, je lui dis :

— Veuillez dire au gouverneur que je désire lui parler.

Le gardien s'acquitta du message et, un quart d'heure après, le gouverneur entrait dans ma cellule.

Tu as vu le bonhomme, et tu sais s'il est naïf.

— Oh! très-naïf, dit Milon.

— Sir Robert arriva donc la lèvre souriante, l'œil caressant, persuadé que j'allais lui faire des révélations.

Car il ne suffisait pas à la libre Angleterre d'avoir mis la main sur l'homme qui paraissait être un des chefs du fénianisme et le plus dangereux de tous sans doute, il lui fallait pénétrer le mystère dont cet homme s'enveloppait.

— Monsieur le gouverneur, dis-je alors à sir Robert, je désire causer avec vous.

— Ah ! fit-il d'un ton joyeux, je savais bien que nous finirions par devenir raisonnable.

— Je n'ai jamais cessé de l'être.

— Ah ! par exemple !

Il y avait deux chaises dans ma cellule ; il en prit une et s'assit familièrement auprès de moi.

— Voyons, mon ami, mon cher ami, me dit-il, qu'avez-vous à me dire ?

— Mon cher gouverneur, répliquai-je, j'ai à vous faire une question d'abord.

— Parlez.

— Si je suis condamné à mort, serai-je pendu ?

— Hélas ! je le crains, mon ami. La potence est le seul mode de supplice usité en Angleterre.

— Bon ! et vous pensez que je serai condamné ?

— A moins que vous ne fassiez des aveux qui vous attirent l'indulgence de vos juges.

— C'est à quoi je songe.

— Ah ! je le savais bien.

Et le bonhomme eut un cri de joie.

— Mais, poursuivis-je en souriant, j'ai besoin, auparavant, d'être fixé sur certaines choses.

— Lesquelles ?

— Je vais vous le dire. Je n'ai aucune peur de la mort.

— Cependant...

— Surtout de la mort par strangulation. J'ai même entendu dire...

— Ah ! oui, fit-il en clignant de l'œil, je sais... un préjugé populaire... Mais ne craignez rien, mon ami, mon cher ami. Il faut voir le visage du supplicié, quand on lui ôte le bonnet noir ; il est tuméfié, bleuâtre, horrible à voir ! Et la langue !... Oh ! c'est épouvantable !

— En vérité ?

— C'est comme j'ai l'honneur de vous le dire, mon cher ami. Croyez-moi, faites des révélations.

— Attendez donc, lui dis-je.

— Plus vos révélations seront spontanées, poursuivit-il, et plus vos juges...

— Je sais cela, mais, je vous le répète, je n'ai aucune peur de la mort par strangulation.

— Vous avez tort.

— En France, où on a la guillotine, c'est diffé-

Une seconde après, il était lancé dans l'éternité. (Page 22.)

rent!... Oh! voilà une mort qui me fait peur!... Aussi j'avouerais tout de suite.

— On ne peut pas changer pour vous les coutumes, me dit-il. Mais je vous affirme que la pendaison est quelque chose d'horrible.

— Peuh!

— Tenez, poursuivit sir Robert M..., nous avons ici, en ce moment, un condamné à mort.

— Je le sais...

— Si vous saviez quelle épouvante emplit son âme!

— Mais il m'a paru assez tranquille...

— Vous êtes dans l'erreur... Ah! si vous passiez seulement deux ou trois heures en tête-à-tête avec lui!

— Croyez-vous que son épouvante me gagnerait?

— J'en suis sûr.

— Vraiment?

— Et si la fantaisie vous en prend...

— Hé! hé! cela me séduit assez.

3ᵉ LIVRAISON.

— Tenez, poursuivit sir Robert M..., je vais faire pour vous une chose inouïe...

— Bah!

— Mais que j'ai le droit de faire, après tout.

— Quoi donc?

— Je vais vous faire partager, cette nuit même, le cachot du condamné à mort.

— Ah! vous feriez cela?

— Certainement. Et je veux que demain vous me fassiez appeler en toute hâte.

— Pourquoi faire?

— Mais pour me faire des révélations et fléchir vos juges.

— Eh bien! répondis-je, si tel est votre bon plaisir, je n'y vois pas le moindre inconvénient.

Il se leva tout joyeux.

— Je vais donner des ordres en conséquence, me dit-il.

Et il me serra la main et m'appela de nouveau son cher ami.

Puis il s'en alla, ne se doutant pas, le cher homme

qu'il m'avait offert spontanément ce que j'allais lui demander.

On m'apporta ce jour-là, comme de coutume, un plantureux dîner.

Puis le guichetier qui me servait me dit en clignant de l'œil :

— Il paraît que Votre Seigneurie est *excentrique* ?

Excentrique est un mot qui renferme à lui seul le plus bel éloge qu'on puisse faire d'un Anglais pur sang.

— Heu ! heu ! répondis-je.

— Votre Seigneurie a fantaisie de coucher avec le condamné à mort ?

— Oui, mon ami.

— Sir Robert M... notre bien-aimé directeur, poursuivit le guichetier, m'a donné des ordres.

— Ah ! ah !

— Et si Votre Seigneurie le permet, je vais la conduire.

Je fis un signe de tête affirmatif, et le guichetier, aussi naïf que son chef, me fit quitter ma cellule qui était au premier étage, descendre ensuite au rez-de-chaussée, et ouvrit devant moi la porte du cachot où le mari de Betzy-Justice était enfermé.

Au bruit, le malheureux se leva.

Je posai un doigt sur mes lèvres pour lui recommander le silence.

Il me fit un petit signe d'intelligence qui me prouva qu'il avait compris.

Du reste, il avait deviné qu'on allait lui donner un compagnon, car on avait apporté une heure avant dans le cachot un lit de sangles, un matelas et une couverture.

Bientôt nous nous trouvâmes seuls.

— Eh bien ! lui dis-je, vous le voyez, j'ai tenu ma parole, et nous avons toute la nuit pour causer.

— Vous faites ce que vous voulez, me répondit-il avec une naïve admiration.

— Maintenant, lui dis-je, conte-moi ton histoire.

Comme tu le penses bien, nous ne dormîmes pas de la nuit.

Le lendemain, au point du jour, la porte du cachot s'ouvrit.

Le guichetier venait me chercher.

— Sir Robert M... vous attend, me dit-il.

Je fis un signe d'adieu à mon compagnon.

— Mais cette histoire qu'il vous avait racontée, maître ? interrompit Milon.

— Tu la sauras tout à l'heure. Parlons du gouverneur d'abord.

Et Rocambole, après un repos, continua :

— On me conduisit donc chez sir Robert.

J'étais pâle comme on l'est après une nuit d'insomnie.

— Eh bien ! me dit-il tout joyeux, traiterez-vous encore la potence aussi légèrement ?

— Peuh ! répondis-je, elle ne me fait pas encore peur.

— Est-ce possible ?

— C'est comme j'ai l'honneur de vous le dire.

— Alors vous ne voulez pas parler ?

— Pas encore.

Il se mordit les lèvres, mais il ne se fâcha point.

— Oh ! dit-il, je vous convertirai, vous verrez ça...

— Est-ce que vous allez me faire coucher encore dans le cachot du condamné à mort ?

— Je ferai mieux...

— Ah bah ! Et que ferez-vous donc ?

— Je vous ferai assister à son supplice...

Et comme je le regardais étonné :

— Il y a un mois, me dit-il, la chose aurait été difficile, sinon impossible...

— Bah !

— Mais aujourd'hui qu'on exécute dans l'intérieur de la prison...

— Vous me donnerez une fenêtre sur le spectacle ?...

— Précisément.

Rocambole allait continuer son récit, quand Milon l'interrompit encore :

— Maître ! maître ! dit-il avec un accent d'effroi...

— Qu'est-ce donc ?

— Regardez...

Et Rocambole, enveloppé d'épaisses ténèbres, aperçut tout à coup deux points lumineux, semblables à des lucioles, qui venaient de s'allumer dans cette opaque obscurité, à quelque distance de Milon et de lui.

IX

Milon était brave, on le sait.

Mais Milon était comme tous les esprits un peu étroits, il n'affrontait volontiers que les périls dont il se rendait compte.

Il avait peur de l'inconnu.

Qu'étaient-ce que ces deux points lumineux qui brillaient dans les ténèbres ?

Milon se le demandait, et c'est pour cela qu'il avait peur.

Rocambole se leva et fit quelques pas en avant.

Ces deux points lumineux ne changèrent point de place.

Alors Rocambole frappa deux coups dans sa main.

Soudain, les deux points lumineux disparurent.

— Imbécile ! dit alors Rocambole.

— Hein ? fit Milon qui sentait diminuer son oppression.

— Sais-tu ce que c'est ?

— Non.

— C'est un chat.

— Suis-je bête ! dit Milon.

— Et, puisqu'un chat a pénétré ici, Rocambole c'est qu'il y a une issue quelconque.

— Vous croyez ?

— Dame ! et une issue par laquelle nous pourrons sortir, nous.

— A moins, dit Milon, que le chat n'ait été emprisonné en même temps que nous.
— C'est impossible.
— Pourquoi? demanda encore Milon.
— Mais parce que nous l'aurions vu plus tôt.
— Ah! c'est juste.
— Et puis, reprit Rocambole, comment veux-tu que ce chat se fût trouvé dans les souterrains?
— Nous y sommes bien, nous?
— Oui, parce que nous avons trouvé l'entrée qui était murée depuis de longues années.
— Alors...
— Alors je vais t'expliquer ce qui a dû se passer.
— Voyons? fit Milon.
— Ce chat était dans quelque cave au-dessus de nous, lors de l'explosion.
— Bon!
— L'explosion a dû amener quelque crevasse, quelque effondrement qui lui a permis d'arriver jusqu'ici, à la suite sans doute du violent effroi qu'il aura éprouvé.
— Ah! c'est possible.
— Donc, reprit Rocambole, nous allons bien voir si nous ne pourrions pas nous en aller par où il est venu.
Et, sur ces mots, le maître ralluma la torche.
— A présent, cherchons, dit-il.
Et il se mit à explorer leur étroite prison.
Deux blocs, on le sait, fermaient la galerie.
Rocambole se dirigea vers celui qui était tombé derrière eux.
C'était dans cette direction que les deux points lumineux avaient disparu.
Le roc offrait une sorte de saillie sur laquelle le chat s'était sans doute arrêté.
Rocambole monta sur cette saillie, puis il leva la tête.
Alors il vit un trou béant dans la voûte de la galerie.
— Monte, dit-il à Milon.
Milon arriva sur la saillie.
— Prends la torche, dit encore Rocambole. Tu me la passeras tout à l'heure.
Et il grimpa sur les épaules du colosse avec la légèreté d'un clown, et la moitié de son corps disparut dans le trou.
— A présent, passe-moi la torche, dit-il encore.
Milon obéit.
Rocambole regarda alors au-dessus de sa tête, puis devant lui.
Il avait devant lui une nouvelle excavation qui se prolongeait dans le même sens que la galerie.
— Tiens-toi bien! cria-t-il à Milon.
Et il jeta sa torche devant lui.
Puis, s'accrochant à une saillie du rocher, il donna un coup de talon sur les épaules de Milon, afin de prendre son élan.
Et alors il se trouva dans l'excavation supérieure.
La torche ne s'était point éteinte en tombant.
Rocambole la ramassa.

— Attends-moi, dit-il à Milon, je vais à la découverte.
Et il s'avança, marchant avec précaution et regardant à ses pieds.
Une seconde d'examen lui suffit pour voir où il était.
Il se trouvait dans une de ces longues caves que les brasseurs de Londres possèdent au bord de la Tamise.
Le sol de cette cave s'était effondré au moment de l'explosion, et cette crevasse, par laquelle Rocambole venait de passer, n'existait certainement pas auparavant.
Il était même probable que le brasseur à qui appartenait cette cave ne se doutait pas qu'elle reposait elle-même sur un souterrain.
Rocambole revint sur ses pas.
Puis il s'assit au bord de la crevasse et laissa pendre ses jambes.
— Sers-toi de mon pied, dit-il à Milon, et monte.
Le géant, qui était demeuré immobile sur la saillie du rocher, se cramponna à une des jambes de Rocambole, et celui-ci le hissa, déployant cette force musculaire qu'il cachait sous son apparence délicate et presque frêle.
Alors, une fois que Milon fut auprès de lui, Rocambole lui dit :
— Maintenant, allons en avant, nous finirons bien par trouver une porte.
La cave formait un boyau étroit.
Au bout de quelques pas, ils trouvèrent une rangée de tonneaux.
— Marchons toujours, dit Rocambole.
— Attendez, dit Milon.
— Qu'est-ce?
— J'entends un bruit sourd...
Rocambole s'arrêta.
— Oui, dit-il, c'est la Tamise.
Et ils avancèrent encore, marchant entre deux rangées de tonneaux; bientôt ils respirèrent un air plus vif, et ils comprirent que cet air venait du dehors.
Le mur décrivait une légère courbe.
Tout à coup Rocambole vit luire devant lui une lueur indécise et blafarde.
— Je vois le ciel, dit-il, ou tout au moins le brouillard.
Ils avancèrent encore.
Alors Rocambole éteignit la torche.
— Que faites-vous, maître? demanda Milon.
— Je suis prudent, répondit Rocambole.
— Ah!
— Nous sommes dans une cave qui sert d'entrepôt.
— Bon!
— Eh bien?
— Eh bien! nous n'avons plus besoin de la torche, et il est inutile qu'on nous aperçoive du dehors.
— C'est juste.
Rocambole marchait toujours.

Enfin ils arrivèrent à cette porte, dont les deux battants étaient ouverts.

Quelques lumières brûlaient çà et là à travers le brouillard.

La Tamise grondait en bas.

Rocambole s'arrêta au seuil de la porte et dit :

— Cette porte est une fenêtre.

— Tiens ! c'est vrai, dit Milon.

En effet, on apercevait le sol à vingt pieds au-dessous, et au delà de la Tamise.

La porte de la cave était, en effet, une fenêtre qui se trouvait à la hauteur du premier étage d'une maison dont les assises étaient au niveau de la rivière.

La cité de Londres n'a pas de quais.

A la marée basse, la Tamise laisse en se retirant un espace à découvert, dont la largeur varie entre dix et quinze pieds.

A la marée haute, elle couvre cet espace et vient battre les murs des maisons, converties pour la plupart en entrepôts.

— Que faire ? dit Milon.

— Si tu veux te rompre le cou, tu n'as qu'à sauter d'ici.

— Mais, dit le colosse, en cherchant bien, peut-être trouverions-nous une corde.

— A quoi bon ? dit Rocambole.

— Mais...

— Quelle heure est-il ?

Milon avait sa montre, une belle montre à répétition.

Il la fit sonner.

— Trois heures du matin, dit-il.

— Eh bien ! dans une heure, dit Rocambole, la marée sera montée.

— Vous croyez ?

— Elle baignera le pied de la maison, et alors nous nous jetterons à la nage.

Milon soupira.

Cette dernière heure qui le séparait de la liberté lui paraissait longue.

Rocambole se prit à sourire :

— Tout à l'heure, dit-il, nous étions emprisonnés dans un souterrain avec la perspective de mourir de faim. A présent, nous touchons à la liberté, nous aspirons le grand air, et tu n'es pas content?

— Vous avez raison, maître, dit Milon. Je suis une brute !

— Et pour que le temps ne te paraisse pas trop long, reprit Rocambole, je vais continuer mon histoire.

— Vous allez me dire le secret du mari de Betzy-Justice ?

— Non, pas encore.

— Ah !

— Je vais d'abord te raconter son exécution.

— Vous y avez donc assisté ?

— Sans doute.

E Rocambole s'assit au bord de cette croisée qui ouvrait sur la Tamise, laquelle, refoulée par la marée, commençait à monter.

X

— Le bon gouverneur, sir Robert M..., poursuivit Rocambole, ne perdait pas l'espoir de m'arracher des aveux.

Aussi redoublait-il avec moi de petits soins et d'amabilité.

Chaque jour, je pouvais voir le condamné à mort et lui prodiguer des consolations.

Chaque jour aussi, sir Robert M... me disait :

— N'est-ce pas que c'est affreux, un homme qui va mourir ?

Les jours s'écoulaient.

Un soir, sir Robert M... entra dans ma chambre et me dit :

— Vous savez que c'est pour demain ?

— Quoi donc ?

— L'exécution du condamné.

— Ah ! le pauvre homme !

— Vous voulez toujours y assister ?

— Toujours.

— Alors, il faut que vous changiez de cellule.

— Ah !

— Et que vous descendiez au rez-de-chaussée.

— Comme il vous plaira.

— Si même...

Et sir Robert parut hésiter et me regarda d'un air indécis.

— Achevez, lui dis-je.

— Si même vous voulez passer la nuit avec lui...

— Oh ! bien volontiers...

— Je suis convaincu que votre conversion ne résistera pas à cette dernière épreuve.

— La vue du triste spectacle ?

— D'abord. Mais aussi les angoisses du malheureux qui n'a plus que quelques heures à vivre.

— Cela est possible, dis-je froidement.

— Oh ! je suis bien sûr, dit sir Robert M... souriant toujours, que vous serez pris d'une épouvante salutaire.

— Je ne demande pas mieux.

— Et que vous vous attirerez la bienveillance de vos juges par des aveux bien francs, bien complets.

Je ne répondis rien.

Il reprit :

— Du reste, vous ne serez pas seul avec le condamné.

— Vraiment ?

— Deux dames des prisons y passeront la nuit en prière. Vous verrez comme c'est lugubre.

— Mais, dis-je à sir Robert, les règlements ne s'opposent donc pas à cela ?

— Au contraire, répondit-il.

— Bah !

— La loi permet que le condamné passe la dernière nuit avec un parent, un ami, ou même un simple prisonnier de bonne volonté.

Et Rocambole, prenant son élan, se jeta dans la Tamise. (Page 22.)

— Eh bien ! je serai ce prisonnier-là.
— Attendez donc, poursuivit sir Robert, il y a encore une particularité que vous ignorez bien certainement et que je vais vous apprendre.
— Voyons?
— Le corps du supplicié appartient à Calcraft, qui le vend ordinairement aux chirurgiens.
— Je sais cela.
— Sa défroque appartient encore à Calcraft.
— Bon !
— Mais la loi veut que la corde soit la propriété du supplicié.
— En vérité !
— Et il a le droit de la léguer à qui bon lui semble.
— Et la corde de pendu porte bonheur?
— On le dit.
— Ce qui fait que, si le condamné me léguait cette corde, j'aurais quelque chance de ne point être pendu à mon tour...

— Surtout si vous faites des aveux, dit sir Robert... .
Je me mis à rire.
— Je ne crois pas beaucoup à la vertu de la corde de pendu, reprit sir Robert ; mais enfin si le condamné vous fait son héritier, je n'y vois aucun inconvénient ; et je tiendrai même la main à ce qu'elle vous soit remise.
— Vous êtes le plus aimable des gouverneurs, lui dis-je.
Il soupira :
— Vrai ! répondit-il, si vous faites des aveux, je vous aimerai comme mon fils.
Et il me quitta.
Une heure après, on me conduisit dans le cachot du condamné à mort.
Les dames des prisons s'y trouvaient déjà.
Le mari de Betzy-Justice me reçut en souriant :
— C'est pour demain, me dit-il.

— N'as-tu donc pas peur de la mort? lui demandai-je.
— Non.
Et il leva la main vers la fenêtre du cachot, à travers les barreaux de laquelle on apercevait un coin du ciel.
— Quand un homme meurt pour avoir fait son devoir, dit-il, il meurt tranquille.
— Tu n'as plus rien à me dire?
— Plus rien. Vous savez tout. Ah! pardon, je vous lègue ma corde, vous savez, c'est mon droit.
— Oui, le gouverneur me l'a dit.
— Ah!
— Et il est même enchanté de me voir ton héritier.
Le condamné se prit à sourire.
— Pauvre homme! dit-il, faisant allusion au gouverneur, il n'est pas de force à lutter avec vous.
La nuit se passa.
Les dames des prisons ne cessèrent de prier, et le condamné et moi nous causâmes à voix basse.
A cinq heures du matin, la porte du cachot s'ouvrit.
Un des guichetiers amenait au condamné le chapelain qui devait l'exhorter à mourir.
Les dames des prisons sortirent.
J'embrassai le condamné une dernière fois.
— Souvenez-vous de ce que vous m'avez promis, me dit-il.
— Mourez en paix, lui dis-je.
Et je sortis à mon tour.
Le guichetier m'emmena et me dit:
— J'ai ordre de vous conduire dans une cellule dont la fenêtre donne sur la cour de l'exécution.
— Fort bien, répondis-je.
La cellule annoncée était vaste et percée d'une fenêtre plus grande que les autres.
Il suffisait de monter sur un escabeau pour atteindre cette fenêtre.
Ce fut ce que je fis.
Alors je pus voir la potence dressée.
Il était six heures du matin et le jour naissait, ou plutôt des lueurs indécises traversaient çà et là le brouillard.
Des ombres confuses s'agitaient dans la rue autour de l'échafaud.
Le jour grandit peu à peu, et je distinguai des soldats d'abord, puis sir Robert M... en grand uniforme.
Sir Robert avait le sourire aux lèvres.
Quand il me vit, il m'envoya un petit salut de la main.
Puis il poussa la courtoisie jusqu'à venir sous la fenêtre.
— Vous verrez merveilleusement bien de là, me dit-il.
— Je le crois, répondis-je. Mais qu'est-ce que tous ces hommes vêtus de noir que je vois là-bas?
— Ce sont les jurés qui ont condamné le malheureux et que la loi oblige à assister à l'exécution.

— Fort bien. Et cet autre groupe qui se tient à l'écart?
— Ce sont les reporters des divers journaux.
— Ah! merci.
— Excusez-moi, dit sir Robert, mais il faut que je dise un mot à Calcraft.
Et il me quitta.
J'attendis avec anxiété le moment suprême.
Cet homme qui m'était inconnu trois semaines auparavant, je l'aimais à présent que je connaissais son secret; et la pensée qu'il allait mourir m'étreignait le cœur.
A sept heures moins le quart, Calcraft et ses aides arrivèrent, montèrent sur l'échafaud, graissèrent la corde, s'assurèrent que la trappe jouait bien et redescendirent.
A sept heures précises, une porte s'ouvrit au fond du préau et le condamné parut.
Il était un peu pâle, mais il marchait avec assurance et la tête haute.
Quand il fut sur l'échafaud, il me chercha des yeux et finit par m'apercevoir.
Nos regards se rencontrèrent.
— Souvenez-vous! me cria-t-il encore.
— Mourez en paix! répondis-je pour la seconde fois.
On lui passa le bonnet de laine noire, puis Calcraft lui mit la corde au cou.
Une seconde après, il était lancé dans l'éternité.
Quand les spectateurs furent partis, sir Robert M... s'empressa de me venir voir.
— Eh bien? me dit-il.
— Eh bien! lui dis-je, j'ai tout vu.
— Et... quelle impression cela vous a-t-il faite?
— Aucune.
Et je me mis à rire.
— Vous ne voulez donc pas avouer? s'écria-t-il avec un accent de dépit.
— Je verrai plus tard, lui répondis-je.
A ces mots, Rocambole se leva.
— Ah! dit-il, voici la Tamise dans son plein. Veux-tu que nous nous jetions à l'eau?
— Mais, dit Milon, la corde...
— Je l'ai.
— Où est-elle?
— Autour de mes reins.
— Et vous ne me dites pas quel était ce secret que le mari de Betzy-Justice vous avait confié avant de mourir?
— Plus tard, dit Rocambole.
— Ah! fit Milon avec dépit.
— Pour le moment, il faut songer à n'être pas surpris ici par le jour.
— Mais où irons-nous?
— Je ne sais pas; nous verrons. Allons, suis-moi!
Et Rocambole, prenant son élan, se jeta dans la Tamise qui battait avec fureur les murs des maisons riveraines.
Milon le suivit.

Tous deux disparurent un moment sous les flots, mais ils remontèrent à la surface et se mirent à nager tranquillement dans la direction du pont de Londres.

XI

Revenons maintenant à Marmouset, que nous avons laissé avec Shoking et Vanda à la porte d'une maison de Carl street.

Marmouset, qui avait montré l'inscription qui était sur la porte :

Farlane et C°,

Marmouset, disons-nous, regarda ses deux compagnons.

— Puisque vous ne comprenez pas encore, dit-il, écoutez-moi.

— Parlez, dit Vanda toujours anxieuse.

— Cette maison, je vous l'ai dit, doit être, si je ne me trompe, juste au-dessus de la galerie souterraine, et entre les deux éboulements que nous avons constatés.

— Eh bien ? fit Vanda.

— Eh bien ! reprit Marmouset, elle appartient à un fénian, ce qui est un grand point.

— Comment ?

— Attendez. Évidemment, cette maison a une cave ; et quand nous serons descendus dans cette cave, nous trouverons un trou qui nous permettra d'arriver sous la galerie.

— Et de délivrer l'homme gris, dit Shoking.

— Oui, tout cela est fort bien, dit Vanda, mais êtes-vous sûr, Marmouset?...

— Que la maison est verticalement au-dessus de la galerie souterraine ?

— Oui.

— J'en suis sûr.

— Comment pouvez-vous le savoir ?

Marmouset eut un sourire.

— Vous savez bien, dit-il, que j'ai fait des études d'ingénieur et que je passe même pour très-fort en mathématiques.

— Ah ! c'est juste.

— J'ai calculé la distance, la situation de la maison par rapport à la galerie, et je crois mes calculs exacts.

— Dieu le veuille !

— Je crois même pouvoir affirmer que nous aurons un trou de quinze à dix-huit pieds de profondeur à percer.

— Alors, dit Shoking, il s'agit d'entrer dans la maison et de s'adresser tout de suite à master Farlane.

— Non, dit Marmouset.

— Et pourquoi cela ? fit Vanda.

— Parce que Farlane ne nous connaît pas, que nous ne sommes pas fénians et ne pouvons lui faire le signe mystérieux que les fénians ont accepté comme signe de ralliement.

— Alors ?

— Alors, dit Marmouset, Shoking va retourner dans Farringdon street.

— Bon ! fit Shoking.

— Et il préviendra le chef fénian, qui s'empressera de le suivre et viendra ici nous mettre en rapport avec M. Farlane.

— J'y cours, dit Shoking.

— Et nous vous attendons ici, dit Marmouset.

Shoking partit.

Vanda et Marmouset demeurèrent dans la rue, immobiles, les yeux fixés sur cette maison dont la porte était close, mais qui s'ouvrirait devant eux aussitôt que le chef fénian arriverait.

Ils n'attendirent pas longtemps.

Shoking avait de bonnes jambes et, à l'occasion, il savait les pendre à son cou.

Un quart d'heure après, il était de retour.

Le chef fénian l'accompagnait.

Shoking avait sans doute mis celui-ci au courant, car ils arrivèrent tous les deux avec des outils propres à creuser la terre et à faire, au besoin, une tranchée dans le roc.

Le chef fénian salua Vanda et Marmouset.

Puis, au lieu de soulever le marteau, il se mit à tambouriner sur la porte avec ses doigts, d'une façon toute particulière.

Quelques minutes s'écoulèrent.

Rien ne bougeait dans la maison, et aucune lumière n'apparaissait.

— On dort bien là-dedans, fit Marmouset qui s'impatientait.

— Patience ! dit le chef fénian.

Il tambourina une seconde fois, mais d'une façon toute différente de la première.

Ni bruit, ni lumière.

— Mais cette maison est donc déserte? exclama Vanda.

— Non, répondit le chef fénian.

Et il tambourina une troisième fois, et toujours sur un rhythme différent.

Soudain une lumière apparut au-dessus de l'imposte de la porte.

Puis on entendit un pas lent et mesuré à l'intérieur du corridor.

Et enfin la porte s'ouvrit.

Marmouset et Vanda virent alors un homme de petite taille, mais trapu, vigoureux, la tête enfoncée dans les épaules, portant des cheveux et une barbe incultes de couleur rousse, qui arrivait à demi vêtu et portait une lanterne à la main.

C'était master Farlane.

Le chef lui fit un signe rapide.

Farlane répondit par le même signe, et son regard, soupçonneux d'abord quand il avait aperçu Marmouset et Vanda, se rasséréna aussitôt.

Tous les quatre entrèrent dans la maison et Farlane ferma la porte.

Puis il regarda le chef fénian.

— Eh bien! dit-il, l'explosion a-t-elle donné un bon résultat?

Comme il faisait cette question en patois irlandais, Vanda, Marmouset et même Shoking ne comprirent pas.

— Non, dit le chef fénian.

— Cependant, reprit Farlane, j'ai cru que la moitié de Londres s'écroulait.

— Ta maison a-t-elle été secouée?...

— Comme par un tremblement de terre.

— Vraiment?

— Et j'aurais des crevasses dans mes caves que cela ne m'étonnerait pas.

— C'est précisément pour descendre dans les caves que nous venons.

Farlane regarda curieusement les visiteurs.

— Nous t'expliquerons tout cela, dit le chef, mais descendons dans les caves d'abord.

— Que voulez-vous faire de ces outils?

— Tu le verras.

Bien qu'il fût un haut dignitaire dans le fénianisme, Farlane était sans doute le subordonné de celui que Shoking était allé chercher dans Farringdon street, car il n'insista point et ne fit aucune nouvelle question.

Mais il ouvrit une porte du vestibule, et, cette porte ouverte, Marmouset et Vanda, qui marchaient derrière lui, aperçurent l'escalier qui descendait dans les caves.

Le chef fénian fermait la marche.

On descendit une vingtaine de marches environ.

Puis on se trouva en face d'une nouvelle porte.

Cette porte donnait sur une longue galerie assez étroite.

Une bouffée d'air frappa Marmouset et Vanda au visage.

En même temps ils aperçurent une double rangée de tonneaux.

Alors le chef fénian dit à Marmouset :

— A présent, orientez-vous, et voyez si vos calculs sont exacts.

Marmouset prit la lanterne que portait Farlane.

— Attendez-moi ici, dit-il.

Et il s'avança tout seul dans la direction d'où venait l'air humide et froid.

La galerie descendait insensiblement en décrivant une ligne courbe.

Au bout de quelques pas, Marmouset vit une lueur blanchâtre dans l'éloignement. Il chemina encore et reconnut qu'il apercevait les premières lueurs du matin et que la cave aboutissait à la Tamise.

Le fleuve était alors dans toute sa croissance, et la marée qui venait du large le repoussait vers les ponts de Londres.

— C'est bien ce que je pensais, se dit Marmouset.

Et il revint sur ses pas.

Vanda, les deux fénians et Shoking étaient demeurés au seuil de la porte.

Mais cette porte ouvrait au milieu de la galerie, et la galerie se prolongeait au nord.

— Par ici, dit Marmouset.

Et, marchant toujours le premier, il arriva jusqu'à un endroit où le sol était tout crevassé.

— J'en étais sûr, dit Farlane, c'est l'explosion.

Marmouset posa la lanterne au bord de la crevasse et s'aventura dans ce gouffre dont il ne pouvait sonder la profondeur. Heureusement, ses pieds rencontrèrent un point d'appui.

— Passez-moi la lanterne, dit-il alors.

Et il leva les mains au-dessus de sa tête.

On lui donna la lanterne et il disparut.

Vanda et ses compagnons se trouvèrent alors dans les ténèbres.

Mais cinq minutes après la lumière reparut et Marmouset revint. Son visage était radieux.

— Le maître est sauvé! dit-il.

— Sauvé! s'écria Vanda.

— En êtes-vous bien sûr? demanda Shoking.

— Sauvés tous les deux, lui et Milon, dit Marmouset.

— Mais où sont-ils?

— Ils ont passé par ici.

— Qu'en savez-vous? demanda encore Shoking.

— Oh! dit Marmouset, suivez-moi, vous allez voir.

Et, rasant le sol avec sa lanterne, il se dirigea vers la fenêtre qui donnait sur la rivière.

Le sol était humide par places.

— Tenez! tenez! dit Marmouset.

Et il montra l'empreinte de deux pieds humides.

On arriva ainsi jusqu'à la fenêtre.

Le fleuve grondait en bas.

— Comprenez-vous, maintenant? dit Marmouset.

Et il étendit la main vers les flots bouillonnants de la Tamise et ajouta :

— Vous savez qu'ils sont bons nageurs tous les deux, n'est-ce pas?

Vanda était tombée à genoux et remerciait Dieu!

XII

Huit jours s'étaient écoulés.

Nous eussions retrouvé Vanda et Marmouset au premier étage d'une maison de Saint-George street, dans le Wapping. Il était presque nuit, et Londres allumait ses réverbères.

Vanda et Marmouset causaient à mi-voix, assis auprès de la fenêtre, jetant de temps à autre un regard dans la rue et paraissant attendre quelqu'un.

— Enfin, disait Vanda, toutes nos recherches, tous nos efforts ont été inutiles depuis huit jours. Qu'est devenu Rocambole? Oh! il est mort, sans doute.

— Cela est impossible, dit Marmouset. Si Milon et lui s'étaient noyés, on aurait repêché leurs cadavres.

— Qui sait?

— J'ai vu tous les noyés qu'on a retirés du fleuve,

Non, dit Betzy, cela ne peut être; l'homme gris n'est pas mort. (Page 27.)

et puis, dit Marmouset, vous savez bien qu'ils sont bons nageurs tous les deux.

— Que sont-ils donc devenus?
— Mystère! dit Marmouset.
— Les fénians ont cherché l'homme gris partout.
— Je ne dis pas non.
— Miss Ellen, qui est venue ce matin encore, nous a affirmé que la police anglaise ne l'avait pas repris. Mais miss Ellen en est-elle sûre?
— Oui, certes, dit Marmouset.
— Comment?
— Elle a fait sa paix avec lord Palmure, son père.
— Bien. Mais...
— Lord Palmure s'intéresse maintenant à l'homme gris autant qu'il le haïssait, et lord Palmure est pair d'Angleterre, il a le droit de se faire ouvrir les prisons et de voir les prisonniers qu'elles contiennent.
— Ce que vous dites là, Marmouset, devrait me rassurer, et cependant...

4° LIVRAISON.

— Cependant vos alarmes sont plus poignantes que jamais?
— Oui.
— Pourquoi?
— Parce que je songe au révérend Patterson, le plus implacable ennemi de l'homme gris.

Marmouset haussa les épaules.

— Patterson n'est pas de force avec Rocambole, dit-il.
— Enfin, murmura Vanda, comment Rocambole n'a-t-il pas cherché à nous rejoindre? Nous croit-il donc ensevelis dans le souterrain?

Marmouset ne répondit pas tout d'abord.

Puis soudain relevant la tête :

— Ma chère amie, dit-il, le maître a peut-être quitté Londres, mais nous, nous sommes bien coupables.
— Coupables? fit Vanda étonnée.
— Nous avons manqué de mémoire.
— Comment cela?

— Ne vous souvenez-vous donc pas qu'au moment où il allait mettre le feu au baril de poudre, Rocambole nous dit : Il faut tout prévoir. Il est possible que nous soyons tout à l'heure à jamais séparés, et alors vous continuerez mon œuvre?...

— Oui, dit Vanda, le maître nous dit cela, en effet, et il nous enjoignit, s'il périssait, d'aller dans Rothnite, de l'autre côté du tunnel, et d'y rechercher une vieille femme du nom de Betzy-Justice.

— Précisément. Eh bien ! nous n'en avons rien fait.

— Parce que nous espérions, parce que nous espérons encore que le maître n'est pas mort.

— Soit, mais c'est par là que nous aurions dû commencer nos recherches, néanmoins.

— Pourquoi ?

— Parce que le maître est sans doute déjà allé chez cette femme.

— Ah! dit Vanda, si vous pouviez dire vrai?

— Qui sait ?

— Mais alors, partons, partons tout de suite !

— Non, il faut attendre maintenant.

— Attendre quoi?

— La visite de Farlane qui doit venir nous rendre compte des recherches continuées par les fénians.

Et comme Marmouset disait cela, il eut un geste de satisfaction.

— Tenez, fit-il, le voilà !

— Farlane?

— Oui, il traverse la rue.

— Seul?

— Non, il est avec Shoking.

En effet, peu après, des pas retentirent dans l'escalier, puis on frappa à la porte et Marmouset courut ouvrir.

Farlane, le fénian et notre vieil ami Shoking entrèrent.

Tous deux avaient la mine triste, abattue.

— Eh bien? fit Marmouset.

— Rien, dit Farlane.

— Absolument rien ! murmura Shoking.

— C'est que nous finissons par où nous aurions dû commencer, dit Marmouset.

— Que voulez-vous dire ? fit Shoking.

— Sais-tu où est Adam street?

— Certainement, répondit Shoking, c'est dans Rothnite.

— Eh bien ! va nous chercher un cab.

Shoking ne se le fit pas répéter, et dégringola l'escalier en courant.

Vanda avait jeté un châle sur ses épaules.

Pendant ce temps, Marmouset disait à Farlane :

— Attendez à demain pour mettre de nouveau les hommes dont vous disposez en campagne.

— Pourquoi? demanda le fénian.

— Parce que demain peut-être aurons-nous un point de départ certain pour continuer nos recherches.

— Comme il vous plaira, dit Farlane avec un flegme tout britannique.

Cinq minutes après, Shoking revint.

— Le cab est en bas, dit-il.

Marmouset tendit la main au fénian.

— A demain ! dit-il.

— A demain de bonne heure ! répondit Farlane.

Et il s'en alla.

— Allons vite, dit alors Marmouset.

— Est-ce que vous ne m'emmenez pas avec vous? demanda Shoking.

— Viens, si tu veux.

Vanda et Marmouset montèrent dans le cab.

Shoking monta à côté du cabman, et celui-ci rendit la main à son cheval.

Le cab descendit rapidement Saint-Georges street, passa auprès de la tour de Londres, entra dans Thames street, gagna le pont de Londres, arriva sur la rive droite et se dirigea vers Rothnite. Arrivé auprès de Rothnite church, c'est-à-dire à l'église de Rothnite, Marmouset cria au cabman d'arrêter.

Puis il mit pied à terre.

Shoking avait déjà ouvert la portière.

Marmouset lui dit :

— Nous sommes dans un quartier misérable, aux rues étroites. Il est inutile de poursuivre notre chemin en voiture et d'éveiller l'attention.

Et Marmouset paya le cabman et le renvoya.

Puis tous trois continuèrent leur chemin à pied.

D'ailleurs, Adam street, une pauvre ruelle entre toutes, était à deux pas.

Marmouset se souvenait du numéro que lui avait donné Rocambole, et il se trouva bientôt au seuil de la maison désignée.

C'était une pauvre maison à trois étages, de morne apparence.

On y entrait par une allée étroite et sombre, dans le milieu de laquelle était percé un judas qui donnait dans la boutique d'un marchand de poissons.

Celui-ci, entendant marcher, mit la tête à ce judas :

— Où allez-vous? demanda-t-il.

— N'est-ce pas ici que demeure Betzy-Justice ? fit Marmouset.

— Oui, au troisième. Il n'y a qu'une porte.

— Savez-vous si elle est chez elle?

— Oh ! certainement. Elle est au lit depuis le jour où on a pendu son mari.

Ils montèrent.

Marmouset frappa. La clef était sur la porte.

— Entrez ! dit une voix affaiblie de l'intérieur.

Betzy-Justice était étendue sur un grabat et dans un état de faiblesse extrême.

A la vue de ces trois inconnus, elle jeta un cri d'effroi.

— Ah! dit-elle, est-ce que vous venez me chercher, moi aussi, pour me mettre en prison comme mon pauvre Tom, et me pendre ensuite comme vous l'avez pendu? Oh ! ce ne serait pas la peine, dit-elle, car je vais mourir !

— Ma chère, répondit Marmouset, nous ne sommes pas des gens de la justice, mais des amis.
— Ah! ne me trompez-vous point? dit la vieille.
Et elle écarta de ses doigts amaigris la broussaille de cheveux gris qui lui couvrait le front.
— Ne me trompez-vous point? répéta-t-elle.
— Non, nous sommes les amis de l'homme gris.
Ce nom arracha un cri de joie à la vieille.
— De l'homme gris! dit-elle, l'homme gris?
— Oui.
— Il n'est donc plus en prison?
A cette question, Marmouset et Vanda se regardèrent avec une morne stupeur.
Leur dernière espérance s'évanouissait.
Betzy-Justice n'avait pas vu l'homme gris, et il y avait huit jours que l'homme gris et Milon avaient quitté le souterrain de Newgate.
— Ah! s'écria Vanda avec un sanglot dans la voix, je vous le disais bien, il est mort!
Betzy se dressa sur son lit de misère :
— Qui donc est mort? s'écria-t-elle.
Et elle attacha sur les trois personnes ses yeux enflammés par la fièvre et les larmes.

XIII

Betzy-Justice continuait à regarder ces trois personnages.
Il y eut un moment de silence après l'exclamation de Vanda.
Puis Betzy se redressa et d'une voix enfiévrée :
— Non, dit-elle, vous vous trompez..... cela ne peut être... l'homme gris n'est pas mort!
— Il faut bien l'espérer, dit Marmouset.
Vanda secoua la tête et ne répondit pas.
— L'homme gris a promis à mon pauvre Tom qu'il ferait justice, et l'homme gris n'a pu mourir avant d'avoir tenu sa parole. D'ailleurs, ajouta-t-elle, l'homme gris n'est pas un homme comme les autres.
— Ça c'est vrai, dit Shoking qui, lui aussi, se reprit à espérer.
— L'homme gris ne peut pas mourir, dit encore Betzy.
Et puis, les regardant toujours :
— Que veniez-vous donc faire ici?
— Chercher l'homme gris.
— Et vous dites que vous êtes ses amis?
— Oui.
Et comme elle les regardait d'un air de doute, Marmouset ajouta :
— Quand nous nous sommes séparés, l'homme gris nous a dit : « Il est possible que nous ne nous revoyions pas. »
— Ah! il vous a dit cela?
— Oui, et il nous a commandé de venir vous trouver.
— Moi?
— Et de vous prier de nous remettre les papiers.
Betzy les regarda avec défiance.

— Non, non! dit-elle enfin, vous ne venez peut-être pas de sa part.
— Je vous jure que si, ma chère, dit Shoking.
— Et moi je ne vous crois pas.
Marmouset prit dans ses mains les mains de la vieille femme et lui dit :
— Regardez-moi bien, ai-je l'air d'un homme qui ment?
— Je n'en sais rien.
— Songez, reprit Marmouset, que si l'homme gris est mort, et que vous refusiez de vous confier à nous...
— Je ne songe qu'à une chose, dit Betzy.
— Laquelle.
— C'est que mon pauvre Tom, quand il est allé en prison, m'a dit de ne confier les papiers à personne.
— Pas même à l'homme gris?
— Oh! si.
— Puisque c'est lui qui nous envoie!
— Prouvez-le-moi.
Et cette femme que le chagrin et la misère avaient mise aux portes du tombeau, et qui n'avait peut-être plus que quelques heures à vivre, cette femme, disons-nous, parut décidée à ne point se dessaisir des documents mystérieux qui se trouvaient en sa possession.
— Ma chère, dit alors Shoking, ne me connaissez-vous donc pas, moi?
— Non, dit-elle. Cependant il me semble que je vous ai vu quelque part.
— Je me nomme Shoking.
Ce nom parut éveiller un souvenir dans l'esprit de Betzy-Justice.
— Ah! oui, dit-elle, Shoking le mendiant.
— Précisément.
— Nous avons passé une nuit ensemble au workhouse de Mail-Road.
— C'est vrai, dit Shoking.
— Mais cela ne me prouve pas que vous veniez de la part de l'homme gris.
— Je suis son ami.
— Qui me le prouvera?
— Voyons, dit Shoking qui était patient comme un véritable Anglais qu'il était, connaissez-vous dans Londres un homme en qui vous ayez une confiance absolue?
— Oui, je connais un prêtre catholique.
— L'abbé Samuel, peut-être?
— Vous le connaissez?
Et Betsy regarda Shoking avec une attention pleine de ténacité.
— Non-seulement je le connais, dit Shoking, mais je puis vous affirmer qu'il témoignera, si je le veux, que je viens de la part de l'homme gris.
— Eh bien! dit Betzy, que l'abbé Samuel vienne ici et qu'il me dise que je peux vous remettre les papiers.
— Et vous nous les donnerez?

— Oui.

Shoking consulta Marmouset du regard.

Marmouset répondit :

— Le maître nous a donné un ordre et nous devons l'exécuter ; j'ai la conviction que le maître est vivant.

— Moi aussi, dit Shoking.

— Dieu vous entende ! murmura Vanda.

— Mais nous devons agir comme s'il était mort.

— C'est mon avis, dit encore Shoking.

— Mais, reprit Marmouset, où trouver cet abbé Samuel ?

— Je m'en charge, dit Shoking. Et si vous voulez m'attendre ici...

— Ici ?

— Oui ; en prenant un cab, je serai de retour avant une heure.

— Soit, dit Marmouset.

— Que l'abbé Samuel me dise que je puis avoir confiance en vous, et je vous donnerai les papiers, dit Betzy.

Marmouset regardait cette chambre délabrée qui n'avait d'autres meubles que le lit de bois blanc sur lequel Betzy était couchée, deux chaises boiteuses et une table.

Betzy crut comprendre ce regard.

— Ah ! dit-elle, vous cherchez où j'ai pu mettre les papiers, n'est-ce pas ?

Elle eut un rire nerveux et ajouta :

— Ils ne sont pas ici, croyez-le bien... Ils sont hors de cette maison...

— Ah ! fit Marmouset.

— Et si vraiment vous venez de la part de l'homme gris...

— Nous vous le prouverons tout à l'heure, ma chère, dit Shoking.

Et il gagna la porte, tandis que Vanda et Marmouset s'asseyaient au chevet de la vieille femme.

. . . .

Shoking était un enfant de Londres, et il savait la grande ville par cœur.

Une fois hors de Adam street, il retourna vers Rothnite church, où il savait qu'il trouverait au fond d'une cour une station de voitures.

Il trouva en effet un cab et monta dedans, disant au cocher :

— Saint-George church !

— Dans le Southwarck ? dit le cocher.

— Oui. Et il y a six pence de pourboire si tu me mènes rondement.

Le cabman rendit la main à son trotteur irlandais.

Vingt minutes après, le cab s'arrêtait devant la grille du cimetière qui entoure l'église catholique.

Shoking traversa le cimetière.

Puis, au lieu d'entrer dans l'église par la grande porte, il se dirigea vers la petite porte du chœur.

Rien n'était changé dans Saint-George church.

C'était toujours le même gardien à barbe blanche qui venait ouvrir quand on frappait d'une certaine façon.

Shoking frappa.

Le bonhomme vint ouvrir.

En voyant Shoking, il eut un éclair de joie dans ses yeux presque éteints.

— Ah ! dit-il, il y a longtemps qu'on ne vous a vu, mon cher ami !

— J'ai fait une absence, dit Shoking.

— En vérité ?

— Je suis allé en France.

— Ah ! fort bien.

— Et je voudrais voir l'abbé Samuel. Est-il là-haut ?

Et Shoking désignait du regard la porte du clocher.

— Oui, dit le vieillard d'un clignement d'yeux.

Shoking monta dans le clocher et frappa à cette porte perdue dans la muraille qui ouvrait sur la chambre secrète dans laquelle l'abbé Samuel, l'homme gris et tous ceux que le révérend Paterson poursuivait de sa haine implacable, avaient successivement trouvé un asile.

L'abbé Samuel était en prières.

Il vint ouvrir à Shoking et eut, comme le sacristain, un geste de surprise joyeuse.

— Monsieur, lui dit Shoking, vous savez si j'étais l'ami de l'homme gris, ou plutôt son serviteur dévoué ?

— Certainement, dit l'abbé Samuel.

— Êtes-vous prêt à l'attester ?

— Mais sans doute.

— Alors je vous supplie de venir avec moi.

— Où cela ?

— Dans Rothnite, Adam street.

— Bon ! dit l'abbé Samuel, je sais ce que vous voulez.

— Ah !

— Vous êtes allé demander des papiers à la veuve d'un supplicié.

— Qu'on nomme Betzy-Justice.

— C'est bien son nom.

— Oui.

— Et elle ne veut pas croire que vous venez de la part de l'homme gris ?

— Elle ne le croira que si vous le lui affirmez.

— Eh bien ! dit le prêtre, allons, je suis prêt à vous suivre.

Alors Shoking regarda l'abbé Samuel :

— Monsieur, dit-il, vous connaissez donc l'histoire de ces papiers ?

— Oui.

— Qui vous l'a racontée ?

— L'homme gris lui-même.

Shoking jeta un cri.

— Ah ! s'il en est ainsi, dit-il, je bénis le ciel, car l'homme gris que nous avons cru mort est bien vivant.

L'abbé Samuel ne répondit pas.

XIV

Et comme ils traversaient le cimetière, Shoking prit vivement les mains de l'abbé Samuel.

— Ah! fit-il, dites-moi que vous l'avez vu!
— Qui?
— L'homme gris.
— Sans doute, je l'ai vu.
— Quand? hier, aujourd'hui? demanda Shoking d'une voix étranglée par l'émotion.
— Non, dit l'abbé Samuel, je l'ai vu à Newgate, il y a une quinzaine de jours.

Shoking jeta un cri de surprise.

— Ah! fit-il, s'il en est ainsi, vous ne savez rien.

Le prêtre le regarda d'un air étonné.

— Vous ne savez donc pas, poursuivit Shoking, que l'homme gris n'est plus à Newgate?
— Si, je le sais.
— Alors vous savez où il est?

Et Shoking se reprit à espérer.

— Non, dit l'abbé Samuel.
— Nous le croyons mort, nous.
— Ah! dit le prêtre.

Et il demeura impassible.

— Oh! s'écria Shoking, vous savez des choses que nous ne savons pas.
— Peut-être bien...

Shoking ne dit plus rien. Mais il fit à part lui cette réflexion :

— Je suis bien sûr maintenant que l'homme gris n'est pas mort.

Seulement, il a très-certainement des raisons pour ne pas reparaître.

Et ces raisons, l'abbé Samuel les connaît aussi.

Dès lors Shoking garda un silence plein de réserve.

Ils sortirent du cimetière et montèrent dans le cab qui attendait Shoking sur le square.

— Rothnite church! dit celui-ci.

Le cab partit.

Arrivé à l'église de Rothnite, l'abbé Samuel et lui mirent pied à terre et renvoyèrent le cab.

Puis ils continuèrent leur chemin à pied et gagnèrent Adam street.

Marmouset était au seuil de la porte.

— Ah! venez vite, dit-il, venez vite.
— Qu'est-ce qu'il y a donc encore? demanda Shoking.
— Il y a que la vieille femme va mourir.
— Betzy!
— Après ton départ, dit Marmouset, elle a été prise d'une crise nerveuse, puis une grande faiblesse s'en est suivie, et maintenant c'est à peine si elle respire. Il n'est que temps qu'elle voie monsieur.

Et Marmouset salua l'abbé Samuel.

— Rassurez-vous, monsieur, dit celui-ci en français. Je connais Betzy et je l'ai vue plusieurs fois en cet état, surtout depuis la mort de son mari.

Ils montèrent.

Vanda était toujours au chevet de la vieille femme, qui haletait sur son lit.

Quand Betzy-Justice vit apparaître l'abbé Samuel, son visage se transfigura, et un rayon de joie brilla dans son regard.

— Ah! dit-elle, j'ai cru que j'allais mourir avant votre arrivée.

L'abbé Samuel lui prit la main :

— Il faut avoir du courage, Betzy, dit-il.
— Ah! j'en ai, dit-elle, et puis il ne faut pas que ce pauvre Tom soit mort inutilement.

Et elle regarda Shoking, ajoutant :

— Vous connaissez donc cet homme?
— Oui, dit l'abbé Samuel.
— C'est un ami de l'homme gris?
— Oui.
— Et ils viennent de sa part?
— Oui, répéta le prêtre catholique.
— Alors je puis leur dire où sont les papiers?
— Certainement.

Betzy fit un effort suprême et, une fois encore, elle parvint à se dresser sur son lit.

— Alors, dit-elle, écoutez-moi... écoutez-moi bien.

Tous quatre entouraient le lit de la vieille femme, dont la voix allait toujours s'affaiblissant.

— Vous connaissez l'église de Rothnite? dit-elle.
— Oui, répondit l'abbé Samuel.
— Elle est entourée d'un cimetière.
— Comme toutes les églises de Londres.
— Eh bien! il y a dans le cimetière de Rothnite une tombe qui porte un nom pour toute inscription : Robert.
— Après? fit Shoking.
— Cette tombe est surmontée d'une croix de fer, continua Betzy-Justice. Elles sont rares les croix de fer dans le pauvre cimetière de Rothnite, et vous trouverez facilement la tombe dont je vous parle.
— Et les papiers sont dans la tombe?
— Oui.
— C'est bien, dit Marmouset, nous allons y aller.
— Mais, dit encore Betzy, vous ne le pourrez pas, le cimetière et l'église sont fermés la nuit.
— Nous passerons par-dessus les grilles.
— C'est inutile, dit Shoking.
— Que veux-tu dire?

Et Marmouset regarda Shoking avec curiosité.

— Je veux dire, répondit Shoking, que j'ai un moyen de pénétrer dans le cimetière sans rien briser ni enfoncer aucune porte.

L'abbé Samuel fit un signe de tête qui voulait dire :

— Moi aussi.
— Allons, en ce cas, dit Marmouset.
— Mais, dit Vanda, on ne peut laisser cette pauvre femme seule; je veux rester auprès d'elle.
— Oh! fit Betzy d'une voix triste, vous n'y resterez pas longtemps, je crois bien que c'est fini cette fois; mais je ne voudrais pas mourir avant de savoir si vous avez les papiers.

— Nous reviendrons aussitôt que nous les aurons, répondit l'abbé Samuel.
Et il sortit le premier.
Marmouset et Shoking le suivirent.
Quand ils furent dans la rue, le prêtre dit à Marmouset :
— Il est une chose que vous ne savez pas, que vous ne pouvez pas savoir, mais que l'homme gris sait bien.
— Ah !
— C'est que le cimetière de Rothnite a servi plus d'une fois de rendez-vous aux féniens.
— Vraiment ?
— Et nous allons prendre le même chemin qu'eux pour y pénétrer.
— Vous me parlez de l'homme gris, dit Marmouset.
— Sans doute.
— Savez-vous ce qu'il est devenu ?
— Il s'est échappé de Newgate.
— Oui. Mais après ?
— Après... dame !...
Et le prêtre parut embarrassé.
Marmouset secoua la tête.
— J'ai bien peur qu'il ne soit mort, dit-il.
— Non, dit l'abbé Samuel.
— Vous croyez qu'il n'est pas mort ?
— Oui.
— Vous en êtes... certain ?
— Peut-être...
— Et... vous... l'avez vu ?
— Non, mais je vous affirme qu'il est vivant.
— Et moi je le crois, dit Shoking.
Marmouset sentait son cœur battre très-violemment.
— Oh ! monsieur, dit-il, de grâce, si vous avez quelque nouvelle récente de celui que vous appelez l'homme gris et que nous appelons le maître, nous...
— Monsieur, répondit l'abbé Samuel, je ne puis parler. Qu'il vous suffise de savoir que l'homme gris est vivant, bien portant, et que vous le reverrez un jour.
Marmouset n'insista pas.
Rocambole vivait !
Et puis Marmouset se souvenait.
Il se souvenait que, trois ou quatre années auparavant, le maître avait subitement disparu, puis qu'il était revenu de la même façon.
L'abbé Samuel et ses deux compagnons, tout en causant ainsi, arrivèrent sur la petite place de Rothnite church.
Il y avait là un public-house qui fermait de bonne heure chaque soir, mais à travers les volets duquel on voyait filtrer un filet de lumière bien avant dans la nuit.
Shoking frappa d'une certaine façon.
Un bruit se fit à l'intérieur.
Mais la porte du public-house ne s'ouvrit pas.
Alors Shoking se retourna vers l'abbé Samuel.

— Le publicain attend le mot d'ordre, dit-il, et ce mot, je ne le sais pas.
— Attendez...
Et l'abbé Samuel, approchant ses lèvres d'une fente de la devanture, prononça quelques paroles en patois irlandais.
La porte s'ouvrit alors.
Le publicain, un Irlandais de pure race, fit un geste d'étonnement en apercevant l'abbé Samuel.
— Il n'y a pourtant pas de réunion aujourd'hui ! dit-il, faisant allusion sans doute aux assemblées mystérieuses des féniens.
— Non, dit l'abbé, mais nous avons affaire dans le cimetière.
— Ah !
Le publicain connaissait Shoking ; mais il voyait Marmouset pour la première fois.
Et comme il le regardait avec une extrême curiosité, l'abbé Samuel lui dit :
— Ce gentleman est l'ami de l'homme gris.
Le publicain salua avec respect.
Puis il alluma une lanterne à la lampe qui brûlait sur le comptoir, et dit :
— Puisque vous avez affaire dans le cimetière, venez.
Et il souleva la trappe qui se trouvait au milieu du public-house, laquelle trappe recouvrait une échelle de meunier qui plongeait dans la cave de son établissement.

XV

Une fois dans la cave, l'abbé Samuel prit la lanterne des mains du publicain.
— Nous n'avons plus besoin de toi, dit-il
— Je puis remonter ?
— Oui.
— Vous n'attendez personne ?
— Personne absolument.
Le publicain gravit de nouveau les degrés de l'échelle, laissant Shoking, Marmouset et l'abbé Samuel dans la cave.
Alors le fénian promena sa main sur la paroi humide de la muraille, cherchant un ressort sans doute.
Et tout à coup une porte, si habilement dissimulée qu'on la confondait avec le mur, s'ouvrit.
— Voilà notre chemin, dit le prêtre.
La porte démasquait un étroit corridor souterrain.
Tous trois s'y engagèrent l'un après l'autre.
Marmouset cheminait le dernier, tandis que l'abbé Samuel éclairait la marche avec la lanterne qu'il avait prise au publicain.
Le souterrain était comme un boyau d'égout, se prolongeait sur un parcours de trente mètres environ et aboutissait à un petit escalier de six marches.
Cet escalier aboutissait lui-même à une porte qui était simplement poussée, car elle céda sous la main de l'abbé Samuel.

Alors le prêtre éteignit la lanterne.
— Que faites-vous donc? demanda Marmouset.
— Je suis prudent.
— Mais où sommes-nous donc ici?
— Dans un caveau de famille.
— Ah! vraiment?
— Tenez, dit encore l'abbé Samuel, maintenant que la lanterne est éteinte, regardez devant vous.
— Bon!
— N'apercevez-vous rien?
— Il me semble que je vois un coin du ciel, au travers d'une fenêtre.
— Non pas d'une fenêtre, mais d'une porte.

En effet, le caveau dans lequel ils venaient de pénétrer par ce singulier chemin avait une porte qui donnait sur le cimetière.

L'abbé Samuel tira un verrou et cette porte s'ouvrit.

— Je sais où est la tombe, dit encore le prêtre irlandais.

Et il sortit le premier du caveau.

La nuit était noire et le brouillard épais.

— Suivez-moi, dit encore l'abbé Samuel, et marchez avec précaution; il ne faut pas, autant que possible, marcher sur les tombes, c'est une profanation.

Malgré l'obscurité, le prêtre s'orientait assez bien.

— Ah! dit Marmouset tout bas, vous savez où est la tombe?

— Oui, je me rappelle avoir remarqué la croix de fer et l'inscription

— Saviez-vous aussi qu'elle contenait des papiers?

— Non; et cependant...

— Cependant? fit Marmouset.

— Je sais vaguement ce que renferment ces papiers?

— Ah!

— Il y a trois mois, poursuivit l'abbé Samuel, un homme vint un jour à l'église Saint-George et demanda à me parler.

— Quel était cet homme?

— C'était Tom, le mari de Betzy.

— Il n'était donc point encore en prison?

— Non. Tom me raconta son histoire et me supplia de m'intéresser à lui.

Je pouvais tout, me disait-il, et si je prenais sa cause en main, il la considérait comme gagnée.

Malheureusement Tom était Écossais, protestant, et non affilié au fénianisme.

J'étais sûr d'avance que nos frères refuseraient de le servir et je le lui dis.

Il ne voulut pas en entendre davantage et s'en alla, en me faisant de la main un geste d'adieu désespéré.

Deux jours après, Tom assassinait lord Evandale.

— Mais, dit Marmouset, ne lui aviez-vous donc pas parlé de l'homme gris?

— En aucune façon.

— Alors, comment l'homme gris a-t-il pu savoir?...

— Ils se sont vus à Newgate.

— Ah! c'est juste.

Et Marmouset ajouta en manière d'*aparté* :

— Je reconnais bien là le maître et sa nature chevaleresque : pour que Rocambole ait accepté l'héritage de Tom le supplicié, il faut que cette cause soit juste.

L'abbé Samuel s'arrêta.

— C'est ici, dit-il.

La nuit était trop noire pour qu'on pût déchiffrer l'inscription, mais on voyait fort distinctement la croix de fer.

— J'ai un briquet dans ma poche, dit Shoking.

— A quoi bon?

— Pour bien voir si c'est le nom qu'a dit Betzy qui est écrit là-dessus.

— Inutile. Je suis sûr que cette tombe est celle qu'elle a désignée.

C'était une simple pierre couchée dans l'herbe

— Nous n'avons pas d'outils pour la soulever, dit Marmouset.

— Nous n'en avons pas besoin, répondit l'abbé Samuel.

— Ah! vous croyez?

— Voyez plutôt.

Et le prêtre prit la pierre à deux mains et la souleva facilement, tant elle était légère.

La pierre recouvrait une fosse dont les parois étaient en maçonnerie.

Au fond de la fosse, on apercevait une bière.

Shoking ne put se défendre d'un mouvement d'effroi.

— Tu as peur? dit Marmouset.

— Un peu, répondit Shoking.

— Pourquoi?

— Parce que bien certainement les papiers sont dans la bière.

— C'est probable.

— Oh! dit Shoking se trouver en présence d'un cadavre, ce n'est pas drôle.

Marmouset descendit dans la fosse.

Il n'y voyait guère, mais le toucher suppléait pour lui à la vue.

Il promena ses mains sur le cercueil et rencontra une vis, puis deux, puis quatre.

A Londres, on ne cloue pas les cercueils, on les visse.

Alors Marmouset tira de sa poche un couteau à plusieurs lames.

L'une de ces lames était ronde par le bout et pouvait, au besoin, servir de tournevis.

Shoking se tenait un peu à l'écart.

L'abbé Samuel, debout au bord de la fosse, prêtait l'oreille au moindre bruit.

Le cimetière n'avait pourtant pas de gardien, non plus que l'église qui se trouvait au milieu, mais plusieurs maisons du voisinage prenaient vue sur lui; et puis il pouvait se faire que quelque fénian eût fantaisie d'y pénétrer par le même chemin.

Heureusement l'opération ne fut pas longue.

En moins de dix minutes, Marmouset eut enlevé les quatre vis du cercueil.

— C'est fait, dit-il.

Shoking recula encore et détourna la tête.

Marmouset souleva alors le couvercle du cercueil.

— Ah! dit-il, tu peux revenir, Shoking.

— Hein? fit Shoking d'une voix tremblante.

— Le cercueil est vide.

— Vide?

L'abbé Samuel et Shoking s'étaient penchés au bord de la fosse.

— Pas de cadavre! dit encore Marmouset.

— Et pas de papiers?

— Ah! si, je crois que c'est ça.

Et Marmouset trouva, en effet, dans un coin du cercueil, veuf de son cadavre, un paquet recouvert avec de la toile cirée et fermé par cinq cachets de cire noire.

Et il jeta le paquet à l'abbé Samuel.

Puis il replaça le couvercle.

Et sautant ensuite hors de la fosse, il aida l'abbé Samuel à remettre en place la pierre et la croix de fer.

L'abbé Samuel se remit à guider la marche.

Quelques minutes après, ils étaient dans le public-house, gagnaient le dehors et se dirigeaient rapidement vers Adam street.

Quand ils arrivèrent chez Betzy, la pauvre femme agonisait.

Un dernier éclair de vie s'alluma dans son œil en voyant reparaître l'abbé Samuel.

— Voici les papiers, dit le prêtre.

— Oui, murmura-t-elle d'une voix éteinte, c'est bien cela. Ah! je peux mourir maintenant.

Ce furent ses dernières paroles.

Sa respiration s'embarrassa, ses yeux se vitrèrent, elle eut quelques mouvements convulsifs.

Puis un dernier souffle s'exhala de sa poitrine.

Betzy-Justice était morte, tandis que le prêtre catholique lui donnait l'absolution.

Et les trois hommes et Vanda passèrent la nuit auprès du cadavre de Betzy-Justice.

Et Marmouset, ayant ouvert le paquet de toile cirée, y trouva un volumineux manuscrit en anglais et portant le titre bizarre :

Journal d'un fou de Bedlam.

Et Marmouset fit, à haute voix, la lecture du manuscrit.

XVI

JOURNAL D'UN FOU DE BEDLAM.

I

Les monts Cheviot séparent le comté écossais de Roxburgh du comté anglais de Northumberland.

Leur cime est couronnée de neiges éternelles.

D'épaisses forêts couvrent leurs pentes abruptes et dans les vallées poussent de verts pâturages.

A trois lieues du bourg de Castleton, suspendu sur un rocher comme une aire d'aigle et dominant un paysage d'une mélancolie âpre et sauvage, s'élève le manoir de Pembleton.

Pembleton-Castle, comme on dit dans le pays.

Il a huit tours massives, aux poivrières pointues, des murs épais comme ceux d'une forteresse.

Il domine huit lieues de pays du côté de l'Écosse, bien qu'il soit bâti sur la terre anglaise.

Au moyen âge, les sires de Pembleton étaient Écossais et marchaient sous la bannière des Robert Bruce et des Wallace.

Lord Pembleton siége au Parlement dans la Chambre haute, mais il a néanmoins conservé le titre de baron écossais, et il en est très-fier.

Lord Evandale Pembleton n'avait que trois ans quand son père mourut au combat de Navarin, où la France et l'Angleterre réunies chassèrent la flotte turque des eaux de la Grèce.

Il avait un frère de dix-huit mois.

Lorsque lady Pembleton apprit l'épouvantable malheur qui la frappait, elle quitta précipitamment Londres, où elle passait la saison dans son bel hôtel du West-End, pour se réfugier en toute hâte, avec ses deux enfants, au manoir de Pembleton. Vêtue de noir des pieds à la tête, elle s'enferma dans cette vieille forteresse que le noble lord son époux avait délaissée comme ses aïeux, du reste, depuis trois quarts de siècle.

En bas, dans la plaine, s'élevait un joli castel tout moderne, entouré d'une ceinture de prairies, une demeure princière, entre toutes, dans laquelle lord Pembleton passait l'automne et la saison des chasses, et qu'il avait peuplée de merveilles artistiques et de toutes les richesses du luxe moderne.

C'était New-Pembleton, le nouveau Pembleton.

Le château succédant au manoir.

Et cependant ce ne fut pas à New-Pembleton que se réfugia lady Évandale.

Ce fut à Pembleton-Castle, à Old-Pembleton, le vieux Pembleton, comme on appelait encore le manoir écossais.

Pourquoi?

On était alors en 1828, c'est-à-dire en plein dix-neuvième siècle, et le temps était passé où les hauts barons se déclaraient réciproquement la guerre.

La noblesse était devenue l'aristocratie, les hauts barons n'étaient plus que des grands seigneurs, et le calme le plus profond régnait dans les trois royaumes devenus le Royaume-Uni.

Cependant lady Evandale, en arrivant à Pembleton-Castle, donna des ordres bizarres.

Elle fit baisser le pont-levis, ce qui n'était pas arrivé depuis plusieurs siècles.

Elle fit un appel à tous les paysans du voisinage qui étaient encore ses vassaux, et elle peupla le manoir d'une véritable armée.

Puis, comme jadis Jeanne de Montfort montrait son fils aux nobles bretons, elle prit son fils aîné

L'homme enjamba la fenêtre et sauta dans la chambre. (Page 36.)

dans ses bras, — ce fils qui n'avait que trois ans, — elle le montra à ses fidèles Écossais accourus à sa voix, et elle leur fit jurer de veiller sur lui.

Et les montagnards jurèrent avec enthousiasme.

Quel mystérieux et terrible danger menaçait donc cet enfant qui devait s'aller asseoir un jour à la Chambre des lords?

Un seul homme le savait peut-être, partageant ainsi le secret de lady Pembleton.

Cet homme était un jeune Écossais du nom de Tom, le frère de lait de lady Pembleton, laquelle était jeune et belle, et n'avait pas encore atteint sa vingt-quatrième année le jour où elle devint veuve.

Aussi Tom, dès le premier jour, s'installa dans la chambre où couchait l'enfant et y passa la nuit dans un fauteuil, ayant à la portée de sa main sa carabine de chasseur.

Et il en fut de même des nuits suivantes.

Et, pendant ces mêmes nuits, les Écossais veillaient, se promenant sur les remparts du vieux castel, et avaient soin, dès que le crépuscule arrivait, de hisser le pont-levis.

Lady Pembleton se promenait au milieu d'eux, tantôt inquiète, tantôt paraissant plus rassurée, mais toujours mélancolique et comme poursuivie par quelque affreux souvenir.

Trois mois s'écoulèrent.

Pendant ces trois mois, au grand ébahissement de la contrée, Pembleton-Castle tint véritablement garnison.

Les bruits les plus étranges coururent alors.

La mort de lord Evandale avait troublé la raison de la pauvre veuve.

Nature exaltée déjà par la lecture des romans de Walter Scott et des poëmes de Byron, lady Éveline Pembleton était devenue tout à fait folle.

Elle se croyait en plein moyen âge, aux temps des luttes héroïques des clans écossais contre les barons anglais, et elle voulait défendre son fils contre des ennemis imaginaires.

Les bons Écossais appelés à son aide, et qui n'a-

5ᵉ LIVRAISON.

vaient eu garde de refuser leurs services, commençaient à partager cette croyance.

Un seul homme disait que lady Pembleton n'était pas folle et qu'elle avait de bonnes raisons pour agir ainsi.

Cet homme, c'était Tom.

Mais Tom ne s'expliquait pas davantage et gardait fidèlement son secret.

Enfin, au bout de trois mois, lady Pembleton renvoya ses Écossais, fit abaisser le pont-levis de Old-Pembleton, demanda ses voitures de promenade, et, quittant avec ses nombreux domestiques le manoir féodal, elle redescendit à New-Pembleton, la seigneuriale demeure, et s'y installa avec ses deux enfants.

Les gentilshommes fermiers des environs, les bourgeois des petites villes voisines ne manquèrent pas de dire alors que la belle veuve était revenue à la raison.

Le motif unique, cependant, de ce changement complet d'existence, reposait sur un message que lady Pembleton avait reçu de Londres :

« Sir Arthur s'est embarqué ce matin pour les Indes. »

Qu'était-ce que sir Arthur?

Le frère puîné de lord Evandale.

Était-ce donc contre lui que lady Pembleton avait pris des précautions aussi singulières?

Quelques jours après son retour à New-Pembleton, lady Éveline reçut la visite de deux gentlemen.

C'était lord Ascott et son fils, le baronnet sir James.

Lord Ascott et sir James étaient le père et le frère de lady Éveline.

Le père revenait d'Italie, où il avait passé deux années pour soigner une maladie de poitrine ; le fils, midshipman dans l'armée navale des Indes, était en congé.

Tous deux s'étaient trouvés à Londres au moment où la conduite excentrique de lady Pembleton avait fait quelque bruit, et, persuadés que la pauvre femme était folle, ils étaient partis en toute hâte.

Lady Éveline les reçut en grand deuil.

Elle était fort triste, elle fondit même en larmes en les revoyant ; mais rien dans ses manières, ni dans sa conduite, ne les confirmait dans cette opinion qu'ils s'étaient faite sur le dérangement de ses facultés mentales.

Lady Pembleton était parfaitement raisonnable.

Cependant les deux gentlemen crurent devoir lui demander des explications.

Lady Éveline refusa de s'expliquer.

Alors lord Ascott fit appel à son autorité paternelle et il tint à sa fille un langage sévère.

Lady Éveline persista dans son refus.

Lord Ascott s'emporta.

Il alla même jusqu'à dire que la famille de lord Pembleton parlait de la faire interdire et de lui retirer la tutelle et l'éducation de ses enfants.

Lady Éveline fondit en larmes.

Enfin elle se jeta aux genoux de son père et lui dit :

— Milord, je sais que je vous dois obéissance, mais je sais aussi que les aveux que je vais vous faire vous briseront le cœur. Épargnez-les-moi, je vous en supplie.

Lord Ascott fut inflexible.

Alors lady Éveline le conduisit dans sa chambre, ouvrit un meuble d'où elle retira un petit cahier de papier couvert d'une écriture à moitié illisible, et dont chaque page portait les traces d'une larme.

— Tenez, mon père, dit-elle, voilà le journal de ma vie. Lisez...

Et elle prit la fuite, laissant lord Ascott en possession du cahier.

Une heure après, le vieux gentilhomme rejoignit sa fille ; il était d'une pâleur mortelle.

Et, prenant sa fille dans ses bras, il la tint longtemps serrée sur son cœur.

Et, mêlant ses larmes aux larmes de la jeune femme, il lui dit :

— Je suis trop vieux, moi... mais ton frère te vengera.

Quel était donc l'aveu épouvantable que lady Éveline n'avait osé faire de vive voix à lord Ascott, son vieux père ?

C'est ce que nous allons vous dire en traduisant fidèlement le manuscrit de la veuve de lord Evandale Pembleton, commodore de la marine royale anglaise, tué à Navarin, en combattant sous le drapeau de la civilisation aux prises avec la barbarie.

XVII

JOURNAL D'UN FOU DE BEDLAM.

II

La famille Dunderry, dont le chef porte le nom de lord Ascott, est de pure source normande.

Depuis que le duc Guillaume le Bâtard devint le roi Guillaume le Conquérant, les Dunderry se sont toujours alliés aux plus hautes maisons de l'aristocratie anglaise.

Miss Éveline, fille de lord Ascott, avait seize ans lorsque son père chercha à la marier.

Certes, les partis ne manquaient pas, et les plus beaux noms du Royaume-Uni se disputaient l'honneur d'une telle alliance, mais miss Éveline était fiancée depuis longtemps, selon la mode anglaise, à lord Pembleton.

Le manoir d'Ascott et celui de Pembleton-le-Vieux, perchés chacun sur un des escarpements des monts Cheviot, se regardaient depuis des siècles à trois lieues de distance.

Lord Ascott, le père de miss Éveline, et feu lord Pembleton, père du lord actuel, avaient été liés depuis leur enfance ; et quand miss Éveline avait eu dix ans et sir Evandale Pembleton dix-huit, on les fiança.

Puis sir Evandale s'embarqua pour les Indes, où il servait dans la marine royale.

Les deux familles n'en demeurèrent pas moins très-unies.

Il n'y avait pas de semaine, en hiver, que lord Ascott et sa fille ne fissent visite à lord Pembleton, qu'une cruelle maladie, la goutte, clouait dans son fauteuil.

Miss Éveline et sir George Pembleton, frère cadet de lord Evandale, se donnaient le nom de frère et de sœur, et faisaient ensemble de longues promenades à cheval.

Cinq ans se passèrent.

Miss Éveline éprouvait un charme extrême à se trouver avec sir George, et sir George se surprenait à souhaiter que le navire que montait son frère aîné fût jeté à la côte, par une nuit de tempête, et se perdît corps et biens.

Un matin, les deux jeunes gens s'avouèrent qu'ils s'aimaient.

Alors miss Éveline épouvantée dit à sir George :
— Malheureux ! mais je suis la fiancée de votre frère.
— Hélas ! je le sais, répondit le jeune homme. Aussi ai-je pris une grande résolution.

Et comme elle le regardait avec angoisse :
— Alors même, poursuivit-il, que mon frère consentirait à me céder son droit, nos deux familles ne consentiraient jamais à cette union. Je suis cadet, déshérité par conséquent des biens et des titres de ma maison.

Et il soupira.

Miss Éveline baissait la tête, et de grosses larmes roulaient dans ses yeux.

Sir George continua :
— Je partirai aujourd'hui même.
— Et où irez-vous ? demanda-t-elle toute tremblante.
— A Londres d'abord.
Et puis ?
— Et puis j'irai rejoindre mon frère aux Indes.

Miss Éveline avait la piété et la dignité des femmes de race ; elle courba la tête, tendit la main à sir George et lui dit :
— Adieu..... adieu pour toujours.....

Sir George avait alors dix-neuf ans, l'âge des dévouements chevaleresques.

Il partit.

Six mois après, lord Pembleton mourut, et son fils, sir Evandale, hérita de ses grands biens, de son titre et de son siége à la Chambre haute.

Mais on ne revient pas des Indes en un jour, et il y avait près d'un an que sir George était parti, quand lord Evandale arriva.

Miss Éveline avait d'abord pris, au fond de son cœur, la résolution de se jeter aux genoux de lord Evandale, de lui tout avouer et de le supplier de renoncer à sa main.

Mais cette résolution tomba devant la volonté inflexible de lord Ascott.

Jour pour jour, un an après les funérailles du père de sir Evandale, miss Éveline devint lady Pembleton.

Le temps efface bien des douleurs, cicatrise bien des plaies.

Lady Pembleton songeait bien encore de temps à autre à sir George, le pauvre cadet, servant dans l'armée des Indes.

Mais lord Evandale était si bon pour elle, il lui témoignait tant de respect et d'amour !

Et puis lady Pembleton était devenue mère, et la maternité est un sentiment qui finit par dominer tous les autres.

A mesure que le temps s'écoulait, l'image de sir George s'effaçait.

L'absent commençait à avoir tort, et lord Evandale touchait à l'heure où sa femme lui rendrait amour pour amour.

Mais la fatalité devait en disposer autrement.

Tout en siégeant à la Chambre haute, tout en devenant lord, le chef de la maison de Pembleton avait conservé son grade dans la marine royale.

Il avait fait rapidement son chemin, et il était commodore.

Un jour, il reçut de l'Amirauté l'ordre de reprendre la mer.

Où allait-il ?

Il ne le saurait qu'en ouvrant les instructions cachetées qu'on lui remit ; et ces instructions, il ne devait les ouvrir qu'en vue de l'île de Madère.

Les femmes de marins sont faites, dès l'enfance, à ces séparations cruelles, dont la durée est toujours incertaine.

Lady Evandale se résigna, et le commodore partit.

On était alors en plein été, et la *saison,* comme disent les Anglais, était dans toute sa splendeur.

Naturellement, lady Pembleton avait quitté son magnifique château des monts Cheviot, pour venir habiter son hôtel du West-End, à Londres, dans Kensington-Road.

Kensington-Road est une large avenue, parallèle à Hyde-Park, et que bordent les demeures seigneuriales des grandes familles de Londres.

Chacune de ces demeures a un jardin, qui n'est séparé de Hyde-Park que par une grille, et chaque propriétaire a une clef qui ouvre cette grille et lui donne accès sur le jardin public.

Lady Pembleton était donc à Londres.

Mais, son mari parti, on ne l'avait plus vue nulle part.

Elle vivait enfermée, s'occupant de son fils, qui avait alors près de deux ans, lisant avec avidité les journaux qui pouvaient lui donner des nouvelles du *Minotaure.*

C'était le navire que montait lord Evandale.

Elle vivait seule, soupirant après le retour de l'absent.

Mais la solitude est mauvaise conseillère.

Plus d'une fois lady Pembleton s'était surprise à songer à sir George que, naguère, elle avait à peu près oublié.

Or, un soir, lady Éveline était assise auprès d'une fenêtre au rez-de-chaussée de son hôtel.

C'était un dimanche.

Le dimanche est un triste jour à Londres.

La journée avait été brûlante; la soirée était fraîche, et la pauvre femme respirait avec une joie mélancolique le parfum des premières brises.

Il faisait nuit, le jardin était désert.

Au delà du jardin, on apercevait Hyde-Park, et le jardin public était désert aussi.

Tout à coup lady Éveline vit une ombre s'agiter dans l'éloignement.

C'était un homme qui s'était dressé au bord de la petite rivière qu'on nomme la Serpentine, et qui marchait droit à la grille du jardin de l'hôtel Pembleton.

Lady Éveline regarda curieusement cet homme.

Mais la nuit était obscure.

Quel ne fut pas son étonnement et ensuite sa frayeur quand elle vit cet homme sortir une clef de sa poche et ouvrir la grille!

Elle jeta un cri quand cet homme entra dans le jardin.

Mais ce cri ne mit point en fuite le visiteur nocturne.

Il marcha droit à la fenêtre.

Alors lady Éveline se rejeta vivement en arrière et courut saisir un cordon de sonnette qu'elle secoua violemment.

Au bruit personne ne vint.

L'homme enjamba la fenêtre et sauta dans la chambre.

Folle d'épouvante, lady Éveline s'élança vers la porte; mais, en ce moment, une main vigoureuse la saisit et une voix qui la bouleversa lui dit:

— Éveline, ne me reconnaissez-vous donc point?

Elle se retourna, folle, hébétée, stupide.

— Sir George! murmura-t-elle.

— Oui, c'est moi.

Et le frère puîné de lord Evandale se jeta aux genoux de la jeune femme paralysée par la terreur.

XVIII

JOURNAL D'UN FOU DE BEDLAM.

III

C'était bien, en effet, sir George Pembleton, le frère de son mari, que lady Eveline avait devant elle.

Et cet homme avait osé pénétrer chez elle par la fenêtre, comme un voleur ou un assassin!

— Monsieur, dit-elle avec effroi, comment êtes-vous ici?

Il se jeta à genoux:

— Éveline, dit-il, chère Éveline, ne me condamnez point sans m'avoir entendu.

Sa voix émue, son attitude suppliante rassurèrent un peu lady Éveline.

— George, dit-elle, d'où venez-vous?

— Je reviens des Indes en droite ligne, dit-il.

— Vous avez donc quitté le service?

— Non, j'ai obtenu un congé. Et c'est pour vous que je reviens.

— Pour moi!

Et elle le regarda, et son épouvante la reprit:

— George, dit-elle encore, osez-vous donc me tenir un pareil langage?

— Éveline, je vous aime...

— Taisez-vous!

— Éveline, depuis trois ans, ma vie est un combat de chaque heure, de chaque minute, un supplice sans nom, une torture éternelle!

— Mais, malheureux! oubliez-vous donc que je suis la femme de votre frère?

— Mon frère est loin d'ici.

Elle jeta un cri de terreur.

— Oh! vous le savez? fit-elle.

— Nos deux navires se sont croisés en vue des côtes du Finistère.

— Et vous osez?...

— Et je viens pour vous... rien que pour vous...

Lady Éveline attachait sur cet homme un œil affolé.

Certes, ce n'était plus le loyal et timide adolescent qui jadis avait dit à la jeune miss Éveline un adieu qu'il croyait éternel.

Sir George était maintenant un homme, et un homme au regard sombre et résolu; un homme qu'on devinait capable de tout.

Lady Éveline, malgré son épouvante, ne désespérait pas cependant de fléchir cet homme et de le rappeler au sentiment du devoir.

— George, dit-elle, vous êtes le frère d'Evandale et je suis sa femme.

— Je hais Evandale, répondit-il.

— Mais vous m'aimez encore, dites-vous?

— Toutes les flammes de l'enfer sont allumées dans mon cœur, répondit-il avec exaltation.

— Eh bien! puisque vous m'aimez, respectez-moi, sortez d'ici et ne revenez que demain, en plein jour, par la grande porte de cet hôtel qui est la demeure de votre frère.

Il eut un rire sauvage.

— Non, non, dit-il. Ce n'est point pour me faire chasser par vos laquais que je suis venu.

Lady Éveline sentait la rougeur et la honte monter à son front.

Et comme il lui avait pris les mains, elle se dégagea et courut à l'autre bout de la chambre en criant:

— Sortez! sortez, je le veux!

Si vous ne me rendez pas l'enfant, je vous tue. (Page 38.)

Il lui répondit par un éclat de rire.
— Sortez! répéta-t-elle.
— Non, je vous aime!
— Sortez, ou j'appelle mes gens!
Il continuait à rire, et il fit un pas vers elle.
Alors elle s'élança de nouveau vers le gland de sonnette qui pendait au long de la glace de la cheminée, et elle le secoua avec fureur.
Mais la sonnette ne résonna point.
— Vous pouvez sonner tant que vous voudrez, dit-il. Le cordon est coupé.
Elle jeta un nouveau cri.
— A moi! à moi! dit-elle.
George fit un pas encore.
— Au secours! s'écria lady Éveline.
— Vos gens sont sortis. Nous sommes seuls dans l'hôtel, dit-il.
Elle se précipita vers la porte et essaya de l'ouvrir.

— La porte est fermée, dit tranquillement sir George.
Enfin, elle songea à sauter par la fenêtre dans le jardin.
Mais il se plaça devant elle.
— Vous ne sortirez pas! dit-il.
Et comme elle jetait un suprême cri d'épouvante et d'horreur, et qu'en joignant et tordant ses mains elle demandait grâce, il la prit dans ses bras et lui mit sur les lèvres un baiser brûlant.

IV

Lord Evandale était en Océanie.
Le *Minotaure* faisait route pour Melbourne, une des deux capitales de l'Australie.
Chaque fois que le navire faisait escale, le noble lord écrivait à sa femme des lettres pleines de tendresse.

Parfois même il songeait à donner sa démission et à revenir en Angleterre.

Mais le soldat ne déserte pas à la veille d'une bataille, et lord Evandale n'abandonna point son navire.

Le *Minotaure* passa deux années en Australie, donnant la chasse aux pirates.

Ce ne fut que trente et un mois après son départ que le commodore fut rappelé à Londres.

Quand il revint, lady Éveline alla à sa rencontre; elle tenait ses deux enfants par la main.

Le second était né après le départ de lord Evandale.

La jeune femme était pâle et triste ; elle semblait vieillie de six ans.

Que s'était-il passé durant la longue absence de lord Evandale ?

Il ne pouvait le deviner, il ne le sut jamais.

Lady Éveline vivait loin du monde et passait presque toute l'année à Pembleton.

Depuis la nuit fatale que nous avons racontée, on n'avait pas revu sir George.

Lord Evandale ne soupçonna même pas qu'il avait un moment quitté les Indes pour revenir en Europe.

Effrayé de la pâleur de sa femme et de l'état de dépérissement où elle se trouvait, lord Evandale avait consulté toutes les célébrités médicales de Londres.

Les médecins prétendaient qu'elle était en proie à une maladie de langueur, et ils conseillèrent un voyage en Italie.

Lady Éveline partit avec son mari.

Elle passa un mois à Naples et à Rome, et revint plus souffrante, plus découragée, plus désintéressée de la vie.

Deux êtres parvenaient seuls à lui arracher un sourire :

L'un était son frère de lait, Tom.

L'autre, son fils aîné, celui qui succéderait un jour aux dignités et à l'immense fortune de lord Evandale.

Quant à son autre fils, elle ne pouvait le contempler sans que des larmes de honte emplissent ses yeux.

Comme ils revenaient d'Italie, l'intervention anglo-française en faveur de la Grèce insurgée fut déclarée.

Lord Evandale reçut l'ordre de rejoindre son navire, et, une fois encore, lady Éveline se trouva seule.

Un soir, elle se promenait dans Hyde-Park, tenant son fils aîné par la main.

La nuit approchait.

Suivie à distance par deux laquais à sa livrée, lady Éveline suivait sans défiance le bord de la Serpentine.

Tout à coup deux hommes du peuple, deux roughs, comme on dit à Londres, se dressèrent devant elle.

Lady Éveline se retourna vivement et appela ses deux laquais.

Mais ceux-ci avaient disparu.

En même temps, un des deux roughs se jeta sur elle, lui mit la main sur la bouche pour l'empêcher de crier.

L'autre s'empara de l'enfant et prit la fuite.

. . . .

Une heure après, on rapportait à son hôtel lady Éveline, qu'on avait trouvée évanouie sur le bord de la Serpentine.

XIX

JOURNAL D'UN FOU DE BEDLAM.

IV (*Suite*).

Heureusement, auprès de lady Eveline, seule et affolée, il y avait un homme, et un homme de résolution.

C'était Tom.

Tom ne perdit point la tête.

Tom devina tout de suite pourquoi on avait volé l'enfant.

A Londres, on vole les enfants, comme on fait le mouchoir, comme on brise le carreau d'un bijoutier.

C'est même un commerce assez lucratif.

Telle mendiante, qui a bien du mal à gagner sa vie, ferait des affaires d'or si elle avait un enfant dans ses bras quand elle implore la charité publique.

Et puis il y a les nourrisseuses d'enfants qui ont depuis longtemps fait disparaître au fond de la Tamise les pauvres petites créatures qu'on leur avait confiées.

Un beau jour, les parents de ces enfants d'amour viennent les réclamer.

Les enfants sont morts; il faut bien les remplacer.

Et puis encore il y a les bohémiens, les saltimbanques, les comédiens ambulants qui cherchent des enfants et les volent avec une dextérité remarquable.

Mais Tom ne pensa ni aux mendiants, ni aux nourrisseurs, ni aux saltimbanques.

Et Tom se dit :

— Le voleur, c'est sir Arthur-George Pembleton, officier de la marine royale.

Il y avait longtemps que sir George n'avait paru à Londres, ostensiblement du moins.

Lady Éveline ne l'avait point revu depuis la nuit fatale.

Mais Tom, un soir, avait vu rôder un homme dans Hyde-Park, et cet homme, bien qu'il fût vêtu comme un rough, Tom l'avait reconnu.

C'était sir George.

Tom se mit donc à la recherche de sir George, sûr que l'enfant était en son pouvoir.

Tom était Écossais, mais il avait passé son enfance à Londres, et il savait par cœur tous les mystères de la grande ville.

Aussi eut-il bien vite retrouvé sir George.

Celui-ci s'était caché dans une ruelle du Wapping, sur les confins de de White-Chapel, dans une maison haute et noire où ne logeaient que les gens du peuple.

Tom tomba chez lui comme la foudre, un matin, quand le gentleman était encore au lit.

Tom avait deux pistolets à la main.

Sir George était sans armes.

Tom lui mit un pistolet sur le front et lui dit :
— Si vous ne me rendez pas l'enfant, je vous tue !

Sir George feignit d'abord une grande surprise.
— De quel enfant parles-tu, misérable? dit-il.
— Du fils aîné de lady Éveline.

Sir George protesta.

Il n'avait pas vu le fils de lady Éveline ; il ne savait ce que Tom voulait dire.

Mais Tom ajouta :
— Je vous donne cinq minutes. Si dans cinq minutes vous ne m'avez pas rendu l'enfant, vous êtes un homme mort.

Il y avait tant de froide résolution dans le regard de l'Écossais, que sir George eut peur.

Il avoua tout.

L'enfant volé avait été remis à des saltimbanques, qui devaient l'élever dans leur métier.

Tom trouverait ces saltimbanques dans Mail en Road, tout auprès de la Work-house.

Mais Tom dit à sir George :
— Je vous crois. Seulement, je veux que vous veniez avec moi.

Et je vous tue comme un chien, si vous cherchez à m'échapper.

Et il força sir George à s'habiller.

Sir George avait dit vrai.

Les saltimbanques étaient dans Mail en Road, et l'enfant se trouvait en leur possession.

Tom reprit l'enfant dans ses bras et se sauva.

Ce jour-là, sir George disparut encore, et plusieurs mois s'écoulèrent sans qu'on le revît.

Pourquoi sir George avait-il enlevé l'enfant de lady Éveline ?

Sir George était un misérable ; il haïssait son frère lord Pembleton, il haïssait lady Éveline qu'il avait tant aimée, mais il adorait cet enfant qui venait de naître, le second fils de lady Éveline, qui était l'enfant du crime, son fils à lui.

Or, en faisant disparaître le fils aîné, celui qui succèderait à lord Evandale dans ses biens et ses titres, n'était-ce pas assurer ces mêmes titres et ces mêmes biens au fils cadet, c'est-à-dire à son fils à lui, sir George?

Dès lors Tom veilla nuit et jour sur l'enfant.

Lady Éveline ne sortait plus seule. Tom était sans cesse auprès d'elle.

Puis arriva la nouvelle de la mort de lord Evandale Pembleton.

Alors, on le sait, lady Éveline se réfugia en toute hâte dans son château des monts Cheviot, elle s'y entoura d'une garnison nombreuse, et ne consentit à resdescendre à New-Pembleton que lorsqu'elle apprit que sir Arthur-George Pembleton était de nouveau embarqué pour les Indes.

V

Tel était le secret épouvantable que lady Éveline avait confessé par écrit et mis ensuite sous les yeux de son père, lord Ascott.

Lord Ascott l'avait prise dans ses bras et lui avait dit :
— Ton frère te vengera !

En effet, trois mois après, sir James quitta l'Angleterre et retourna aux Indes.

Sir George était à Calcutta quand sir James y arriva.

Il dansait dans les salons du gouverneur et paraissait l'homme le plus gai du monde.

Sir James vint à lui et le salua.

Sir James était le frère de lady Éveline, et sir George et lui avaient été liés pendant leur enfance.

Sir James n'était encore que midshipman, sir George était lieutenant de vaisseau.

Sir James lui dit :
— J'arrive de Londres et j'ai un message pour vous. Tout à l'heure, quand on dansera, veuillez me suivre sur la terrasse qui donne sur la mer.
— J'irai, répondit sir George.

Et il alla danser avec la fille d'un nabab qui était aussi belle que son père était riche.

Un quart d'heure plus tard, les deux jeunes gens se rencontraient de nouveau.

Cette fois, ils étaient sur une des terrasses du palais, et ils se trouvaient seuls.

Alors sir James regarda fixement sir George et lui dit :
— Je sais tout.

Sir George tressaillit.
— Que savez-vous? fit-il.
— Vous avez trahi votre frère.
— Que vous importe?
— Vous avez déshonoré ma sœur.

Sir George haussa les épaules.
— Et il me faut tout votre sang, ajouta sir James.
— Je suis à vos ordres, répondit tranquillement le frère de lord Evandale.
— Je l'espère bien, répondit sir James ; mais il faut songer que vous êtes mon supérieur, et que je ne puis me battre sans enfreindre les lois martiales.
— Oh ! qu'à cela ne tienne, répondit sir George, je me charge d'aplanir cette difficulté.
— Ah !
— L'amiral qui commande l'escadre d'évolutions mouillée dans le port vous autorisera, sur ma demande, à vous battre avec moi.
— Pardon, dit sir James, vous oubliez que des liens de parenté ou tout au moins d'alliance nous unissent.
— Eh bien ?

— Et je ne veux pas que notre rencontre puisse laisser planer un soupçon sur ma sœur.
— Eh bien! dit sir George, nous nous battrons sans témoins.
— J'allais vous le proposer.
— Ah! très-bien.
— J'allais faire mieux...
— Voyons!
— Il y a une forêt aux portes de la ville?
— Oui.
— Une forêt peuplée de tigres?
— Comme toutes les forêts de l'Inde.
— Nous nous y rendrons demain, chacun de notre côté, au coucher du soleil.
— Après?
— Et les tigres feront disparaître le cadavre de celui qui aura succombé.
— Accepté, dit sir George.

Le lendemain soir, en effet, sir James et sir George se rencontraient dans la forêt.
Que se passa-t-il entre eux?
Nul ne le sait.
Mais sir James revint seul à Calcutta, comme les premières étoiles s'allumaient dans le ciel indien.
Et sir James adressa au vieux lord Ascott une dépêche ainsi conçue :
« Notre honneur est sauf. *Elle* est vengée! »
Le lendemain, des chasseurs trouvèrent à la lisière de la forêt un lambeau de cadavre à demi dévoré par les tigres, et que recouvrait encore un lambeau d'uniforme.
Et le bruit se répandit que sir George Pembleton, victime de sa passion pour la chasse, avait eu une fin horrible.
Tom et lady Éveline étaient, ou du moins croyaient être tranquilles désormais.

XX

JOURNAL D'UN FOU DE BEDLAM

VI

Franchissons maintenant un espace de cinq années.
Nous sommes en avril 1834.
Deux personnages causent à voix basse dans une des salles voûtées de Old-Pembleton.
Le vieux manoir a revu des jours de splendeur et des jours de deuil, depuis cinq années.
Une seconde fois, New-Pembleton, la moderne demeure, le castel du grand seigneur, s'est vu délaissé pour Old-Pembleton, le manoir des hauts barons féodaux.
Pourquoi?
Écoutons la conversation de ces deux personnes qui causent au coin du feu, dans une des salles basses du château.

— Je vous répète, moi, Tom, que notre maîtresse a eu tort de revenir à Old-Pembleton.
— Je ne dis ni oui, ni non, moi, ma chère Betzy.
— Et pourquoi êtes-vous ainsi indécis, Tom, dans votre manière de voir?
— Betzy, ma chère, aussi vrai que vous êtes ma femme depuis bientôt trois années, je vous répète que je ne sais encore si lady Éveline, notre noble et bonne maîtresse, a eu tort ou raison de quitter Londres d'abord, New-Pembleton ensuite, pour venir ici. Cependant, en homme judicieux que je suis, je pencherais volontiers à croire qu'elle a eu raison.
— Ah! vraiment?
— Tout bien réfléchi, oui, ma chère Betzy.
— Moi, dit Betzy-Justice, la jeune femme de Tom, car ils étaient jeunes tous deux à cette époque, j'incline volontiers à penser le contraire.
— Sur quoi basez-vous votre opinion, Betzy?
— Sur ceci, que la santé de milady va s'altérant tous les jours.
— Et vous croyez?...
— L'air âpre et vif de la montagne ne lui vaut rien.
— Ah!
— Elle est attaquée d'une maladie de poitrine, et le climat qui lui serait nécessaire est loin de ressembler à celui-ci.
— Betzy, ma chère, répondit Tom, il y a du vrai dans ce que vous dites là. Mais je tiens à mon opinion, moi aussi, car décidément j'ai une opinion, maintenant.
— En vérité, Tom?
— Oui, certes.
— Expliquez-vous donc, alors, Tom.
— Lady Éveline, voici trois années, me fit appeler un matin et me dit : — Tom, il faut que je te consulte, car tu es de bon conseil.
— Parlez, Lina, lui répondis-je.
Car tu le sais, Betzy, ma chère, je suis le frère de lait de milady et j'ai gardé de notre enfance l'habitude de l'appeler par l'abréviation de son petit nom.
Milady reprit :
— Depuis un mois, je fais des rêves épouvantables.
— Vraiment? lui dis-je.
— Ou plutôt je fais le même rêve.
— Ah!
— Mais il est effrayant.
J'attendais que milady s'expliquât et je gardais respectueusement le silence.
Elle reprit :
— Mon rêve a trois parties. Dans la première, je me trouve à New-Pembleton et je me promène dans le parc, en tenant mon fils aîné par la main.
— Sir William? lui dis-je.
— Précisément.
— Mon cher Tom, interrompit Betzy, laissez-moi vous faire une question.

Les jeunes tigres le déchiraient de leurs griffes, sous les yeux de leur mère. (Page 47.)

— Parlez, ma chère.
— Le feu lord, que je n'ai point connu, se nommait Evandale, n'est-ce pas?
— Oui.
— Et son père portait le même nom?
— Comme vous le dites, Betsy.
— Je croyais que le nom d'Évandale, poursuivit Betzy, était comme héréditaire dans la famille...
— A peu près.
— Et se transmettait de fils aîné en fils aîné?
— Cela a été longtemps la tradition.
— Alors, reprit Betzy, pourquoi *monseigneur*, comme nous appelons le jeune lord, se nomme-t-il William, tandis que c'est son frère cadet qui porte le nom d'Évandale?
— Je vais vous l'expliquer, Betsy.
— Parlez, Tom, je vous écoute.
— Sir lord Evandale avait un ami d'enfance qui devint son compagnon d'armes. Tous deux servaient à bord du même navire et avaient le même grade. Cet ami se nommait sir William Dickson.

6ᵉ LIVRAISON.

— Fort bien.
— Et lord Evandale voulut qu'il fût le parrain de son fils.
— Ce qui fait que *monseigneur* s'appelle William?
— Oui, mais on n'a pas voulu perdre, dans la famille, le nom d'Evandale.
— Et on l'a donné au second fils?
— Comme vous le dites, Betsy.
— Ma curiosité est satisfaite, Tom. Vous pouvez continuer votre récit.

Tom poursuivit :
— Lady Éveline me dit donc : Dans la première partie de mon rêve, je me promène dans le parc de New-Pembleton. Je tiens William par la main. Tout à coup il me semble que William devient pâle et transparent comme une ombre; et puis, soudain, son visage disparaît dans un épais brouillard.
Puis le brouillard se dissipe peu à peu... Et alors, oh! c'est affreux, Tom, mon fils, dont je n'ai point quitté la main, m'apparaît de nouveau.
Mais il a changé de figure.

Ce n'est plus William, c'est Evandale.

Et pourtant, c'était William qui était auprès de moi, et je n'ai cessé de serrer convulsivement sa main dans la mienne.

— Voilà qui est bizarre, Lina, lui dis-je. Heureusement ce n'est qu'un rêve.

— Attendez, Tom, poursuivit milady. Généralement, à la suite de cette métamorphose étrange, je m'éveille en sursaut et je pousse un cri.

Souvent je me lève, et, passant dans la chambre voisine, je vais contempler mon cher petit William qui dort paisiblement.

Alors, rassurée, je me recouche et ne tarde pas à me rendormir.

— Et vous rêvez de nouveau, Lina?

— Oui, Tom. C'est la seconde partie de mon rêve qui commence.

— Je vous écoute, Lina.

— J'ai cessé d'appartenir au monde des vivants pour devenir portrait de famille.

Je suis peinte en pied et vêtue de deuil, je ne suis plus une femme, je suis une toile enfermée dans un cadre, mais une toile qui pense, voit et se souvient.

On m'a placée dans la *salle des Ancêtres* à Old-Pembleton.

En face de moi est feu lord Evandale, mon noble époux.

Comme moi, il est devenu portrait de famille.

Mais, comme moi, il voit et pense, et nous causons tout bas durant la nuit.

Les fenêtres de la *salle des Ancêtres* sont grand ouvertes, la lune inonde la campagne de ses rayons, et nous pouvons voir là-bas, dans la plaine, les murailles blanches de New-Pembleton et les arbres verts de son parc.

Un homme se promène au clair de lune.

Il donne le bras à une femme qui nous est inconnue; plusieurs gentlemen les accompagnent.

Et les gentlemen appellent l'homme milord et la femme milady.

— Et cet homme est lord William, sans doute?

— Non, c'est Evandale.

— Sir Evandale devenu lord?

— Oui.

— Mais alors...

— Alors, poursuivit milady, feu lord Evandale et moi, qui ne sommes plus que des portraits de famille, nous nous regardons tristement et des larmes véritables nous viennent dans nos yeux peints.

— Mais pour que sir Evandale soit lord, il faut...

Je m'arrêtai, n'osant en dire davantage.

— Il faut que William soit mort, n'est-ce pas? me dit-elle.

— Oui, Lina.

— Vous vous trompez, Tom.

— Est-ce possible?

— William est vivant.

— Oh! par exemple!

Milady essuya alors une larme et reprit :

— Tout à coup, la lune disparaît et les ténèbres envahissent la salle des Ancêtres.

J'entends feu lord Evandale qui sanglote.

Puis il se fait un grand bruit, comme un coup de tonnerre, puis un éclair qui brûle nos yeux.

C'est la troisième partie de mon rêve qui commence.

Et milady, en parlant ainsi, se mit à fondre en larmes.

— Écoute, Tom, écoute encore, me dit-elle...

Je la regardais muet et saisi d'un douloureux étonnement.

XXI

JOURNAL D'UN FOU DE BEDLAM.

VII

Milady poursuivit :

— Les cimes neigeuses des monts Cheviot, la plaine verte au milieu de laquelle se dresse New-Pembleton, — tout cela vient de disparaître.

Feu lord Evandale et moi nous sommes pourtant toujours dans nos cadres, accrochés aux murs enfumés de la salle des Ancêtres, mais nous avons la faculté de voir à distance.

Nous sommes en plein jour.

Le soleil de midi éclaire une savane aride, un paysage désolé.

Des hommes demi-nus, ruisselants de sueur, travaillent péniblement sous ce ciel ardent, demandant à la terre ingrate un produit qu'elle se refuse presque à leur donner.

Ces hommes sont des convicts, c'est-à-dire des condamnés.

Ils ont été transportés loin de l'Angleterre, sur le sol australien, pour y expier leurs crimes.

Et parmi eux, cependant, il est un innocent.

Un innocent qui lève parfois les yeux au ciel et semble le prendre à témoin de ses souffrances non méritées.

Et milady, essuyant une nouvelle larme, me dit :

— Et sais-tu quel est cet homme?

— Non, milady.

— C'est mon fils.

— Lord William?

— Oui.

— Oh! Lina, m'écriai-je, votre imagination alarmée vous égare! Comment cela pourrait-il jamais arriver?

— Je n'en sais rien.

— Oubliez-vous donc, milady, que nous n'avions qu'un seul homme à craindre, et que cet homme est mort?

— Qui sait?

— Vous savez bien que sir James, votre frère, l'a tué?

— Non, dit milady, les choses ne se sont point passées comme tu le crois.

— Que voulez-vous dire, Lina?

— Que James, mon frère, et le misérable qui avait

nom sir George, se sont battus, en effet, dans une forêt, aux environs de Calcutta.

— Et sir James a tué sir George?

— Non. Sir James lui a cassé la cuisse d'un coup de pistolet.

— Oui; mais sir Georges est tombé et n'a pu se relever.

— Soit. Mais sir James s'est éloigné, le laissant vivant.

— Oh! milady, repris-je, vous savez bien qu'un homme qui a la cuisse cassée en pleine forêt indienne n'en sort plus. Les tigres se chargent de l'achever. Ne vous souvenez-vous pas, du reste, que toutes les gazettes ont annoncé alors que le corps de sir George avait été trouvé à demi dévoré?

— Oui, dit encore milady, on a trouvé un cadavre défiguré, recouvert d'un lambeau d'uniforme; mais était-ce bien sir George?

— Lina, m'écriai-je, vous cédez à de folles terreurs! Je vous jure que sir George est mort.

Elle secoua la tête et me dit :

— N'importe! je veux quitter New-Pembleton.

— Et où voulez-vous aller?

— Là-haut.

— Au vieux manoir?

— Oui.

— Je n'ai pas insisté, Betzy, ma chère, acheva Tom. Ce que milady veut, je le veux; et c'est pour cela que nous sommes ici.

Betzy soupira.

— Oui, dit-elle, nous sommes ici, et la santé de milady va s'affaiblissant tous les jours.

— Cela est vrai.

— Et les médecins disent qu'elle est atteinte d'une maladie mortelle.

— Qui sait? fit Tom.

Betzy secoua la tête.

— Je suis allé voir John Pembrock, dit encore Tom.

— Qu'est-ce que cela?

— John Pembrock est un Écossais qui habite Perth, où il jouit d'une grande réputation comme médecin.

— Et John Pembrock viendra visiter milady?

— Je l'attends d'une heure à l'autre.

— Ah!

— C'est un singulier homme que John Pembrock, poursuivit Tom. Il est riche, ce qui est rare pour un Écossais, et il ne se dérange jamais pour de l'argent.

— Bon!

— Mais il vient soigner les malades dont ses confrères désespèrent, et il est rare qu'il ne les sauve pas.

Comme Tom disait cela, un bruit se fit entendre. C'était la cloche qui se trouvait au dehors du pont-levis de Old-Pembleton que la main d'un visiteur agitait.

Car chaque soir on relevait le pont-levis, et le vieux manoir redevenait forteresse, comme aux temps féodaux.

Tom se leva précipitamment et sortit de la salle basse.

Sur le seuil, il rencontra Paddy.

Paddy était un vieux valet qui avait vu naître miss Éveline Ascott et ne l'avait jamais quittée.

— Tom, dit-il, il y a à la porte deux hommes, un piéton et un cavalier.

— Que demandent-ils?

— Ils veulent entrer.

— Ont-ils dit leurs noms?

— Le cavalier dit qu'il vient de Perth.

— Et le piéton?

— Le piéton ne dit rien.

Tom traversa la grande salle, le vestibule, la cour, et arriva en courant jusqu'à la poterne du pont-levis.

Il faisait un froid vif et le ciel était pluvieux.

Avant de manœuvrer les chaînes du pont-levis, Tom ouvrit un guichet et regarda.

Le cavalier attendait avec calme de l'autre côté du fossé.

Tom reconnut John Pembrock.

— Ah! dit-il, je vous attendais.

Puis, avisant le piéton :

— Et cet homme, dit-il, est-il avec vous? Le connaissez-vous?

— Cet homme, répondit John Pembrock, est un pauvre Indien qui m'a demandé l'aumône sur la route et à qui j'ai promis l'hospitalité.

Tom fronça le sourcil.

— Il n'y a pourtant pas beaucoup d'Indiens à Londres, dit-il, et je n'en ai jamais vu dans nos montagnes. Milady n'a pas coutume de recevoir les gens qu'elle ne connaît pas; je vais lui donner une couronne, et il s'en ira coucher en bas, au village.

— Vous ne ferez pas cela, Tom, dit John Pembrock.

— Et pourquoi cela, monsieur? demanda Tom.

— Parce que cet homme est las, qu'il a peine à se soutenir sur ses jambes, et qu'il paraît mourir d'inanition.

— Il se réconfortera au village. Ce n'est pas une couronne, c'est une guinée que je lui donnerai.

— Tom, dit John Pembrock, je vous supplie d'avoir de l'humanité.

— Monsieur, répondit Tom, j'ai fait un serment à milady.

— Lequel?

— Je lui ai juré de ne laisser pénétrer dans Old-Pembleton que des gens que je connaîtrais.

— Ainsi, dit John Pembrock, vous refusez l'hospitalité à ce malheureux?

— Je ne puis faire autrement.

Ce disant, Tom fouilla dans sa poche et lança à travers le guichet une pièce d'or qui vint tomber aux pieds du mendiant.

John Pembrock était une manière de géant, et rappelait par sa stature herculéenne ces montagnards écossais chantés par Walter Scott.

Il se pencha sur sa selle, enleva l'Indien dans ses bras, le posa devant lui et tourna bride subitement en disant :

— Tom, vous êtes un méchant homme.

Et, rebroussant chemin il, mit son cheval au galop, avant même que Tom, stupéfait, eût eu le temps de répondre.

Tom manœuvra les chaînes du pont-levis ; le pont-levis s'abaissa.

Tom s'élança au dehors et se mit à courir sur les pas de John Pembrock, lui criant :

— Arrêtez ! arrêtez !

Mais Jonh Pembrock ne répondit pas.

Les quatre sabots du cheval retentissaient sur la pente abrupte qui descendait au village.

Tom ne se découragea point.

Il descendit au village, il entra dans l'auberge.

L'Indien, un pauvre mendiant, était assis au coin du feu.

Mais John Pembrock avait disparu.

Il était parti en disant à l'hôtelier :

— Si Tom, l'intendant de lady Pembleton, vient ici et qu'il demande après moi, vous lui direz que je n'aime pas les gens qui manquent d'humanité, et que je ne me dérange jamais pour eux.

John Pembrock avait repris la route de Perth.

Tom remonta tristement à Old-Pembleton.

Quand il y arriva, un sinistre pressentiment lui serra le cœur.

Il monta à la chambre de milady.

Milady était étendue sur son lit et paraissait dormir.

Tom l'appela doucement d'abord, puis plus fort.

Milady ne s'éveilla point.

Alors il la toucha et jeta soudain un cri d'horreur.

Milady ne dormait point...

Milady était morte !

XXII

JOURNAL D'UN FOU DE BEDLAM.

VIII

Dix ans s'étaient écoulés.

Il y avait dix ans que lady Éveline était allée rejoindre son époux, lord Evandale Pembleton, dans un monde meilleur.

Deux jeunes gentlemen à cheval suivaient côte à côte, un matin, la grande avenue de vieux ormes de New-Pembleton.

C'étaient les deux orphelins.

Lord William Pembleton, cet enfant que sa mère et le fidèle Tom avaient gardé avec tant de sollicitude, était maintenant un beau jeune homme de dix-neuf ans, grand, svelte, et cependant robuste.

Son frère, au contraire, bien qu'il eût à peine deux ans de moins, était frêle, délicat, de taille chétive.

Lord William avait un visage ouvert et franc, un œil limpide, une bouche sans cesse souriante.

Sir Evandale, son frère, avait le visage anguleux, les lèvres minces, le regard fuyant.

Le premier était un type de noblesse et de loyauté.

Le second avait quelque chose de bas, de rusé, d'envieux.

Tous deux, montant de superbes poneys d'Écosse, étaient vêtus de l'habit rouge des chasseurs de renards, et ils allaient rejoindre en forêt une troupe de joyeux compagnons.

Comme ils arrivaient au bas de l'avenue et allaient franchir la grille du parc qui s'ouvrait sur la grande route, un homme se dressa devant eux.

Cet homme était un mendiant.

Et ce mendiant avait le teint cuivré des Indiens.

C'était un Indien, en effet, un fils de la race cuivrée que les Anglais ont asservie.

Peut-être cet homme avait-il été roi dans son pays ; maintenant il mendiait.

C'était un vieillard.

De rares cheveux blancs s'échappaient de son bonnet de laine grise ; une longue barbe inculte tombait sur sa poitrine.

— Mes beaux seigneurs, dit-il en levant vers les deux gentlemen ses mains suppliantes, n'oubliez pas le pauvre Indien !

Lord William lui jeta une guinée.

— Va-t'en ! dit-il.

L'Indien ramassa la guinée et disparut derrière une broussaille.

— Milord, dit sir Evandale, vous avez de brutales façons de faire la charité.

— Ah ! vous trouvez, mon frère ? dit le jeune lord.

— Pourquoi chassez-vous ce mendiant ?

— Parce que cet homme est la cause de la mort de notre mère, répondit le jeune lord.

— Comment cela peut-il être, milord ?

— Tom ne vous a donc jamais conté cette histoire ?

— Jamais.

Lord William soupira :

— Eh bien ! fit-il, je vais vous la dire, moi.

Et comme ils étaient arrivés sur la grande route, ils mirent leurs chevaux côte à côte et prirent le galop.

— Mon cher Evandale, dit alors lord William, notre mère était très-malade et les médecins désespéraient de la guérison.

Tom s'en alla voir un médecin écossais qui habitait la ville de Perth.

— John Pembrock, n'est-ce pas ?

— Précisément.

— Et John Pembrock ne fut pas plus heureux que les autres médecins sans doute ?

— John Pembrock se fit décrire la maladie par Tom.

— Bon ! Et John Pembrock ne vint pas ?

— Au contraire, il se présenta un soir au pont-levis de Old-Pembleton. Mais il n'était pas seul.

— Ah !
— Un homme l'accompagnait, et cet homme c'était ce mendiant que nous venons de voir.

Or, mon ami, poursuivit lord William, il faut vous dire que notre mère, depuis longues années, était poursuivie par de mystérieuses et inexplicables terreurs. Tom n'a jamais voulu s'expliquer franchement avec moi là-dessus.

Notre mère s'était donc réfugiée à Old-Pembleton, et chaque soir on hissait le pont-levis, et on ne laissait plus entrer personne.

Tom refusa donc d'ouvrir au mendiant. Il ne voulait laisser pénétrer dans le château que John Pembrock, le médecin qui avait promis de guérir notre mère.

Mais John Pembrock était un excentrique.

Voyant que Tom ne voulait pas laisser entrer le mendiant, il refusa lui-même de pénétrer dans le château.

— Vraiment?
— Et il s'en alla. Le lendemain, notre pauvre mère était morte.
— Eh bien ! dit sir Evandale, ce John Pembrock était un misérable ; mais le pauvre diable n'est, après tout, que la cause bien innocente...
— Soit, dit lord William, mais sa vue me serre toujours le cœur.
— Vous le rencontrez donc souvent?
— Très-souvent. Il est sans cesse par les chemins.
— Et comment se fait-il que cet homme, né à quatre mille lieues d'ici, se soit établi dans nos montagnes?
— Voilà ce que je ne saurais vous dire.
— Tom doit le savoir.
— Pas plus que moi, pas plus que les gens de la contrée.

Ce mendiant, qu'on nomme Nizam, passe ses nuits dans les bois, ses journées aux portes du village ou des châteaux.

On ne lui connaît aucun métier.

— D'ailleurs, observa sir Evandale, il est bien vieux.
— Il est vieux, mais il est robuste encore et pourrait certainement exercer une profession quelconque.
— J'ai fait une singulière remarque tout à l'heure, milord, dit sir Evandale.
— Laquelle, mon frère?
— Vous lui avez jeté une guinée?
— Oui.
— Il n'est certes pas habitué à pareille aubaine?
— Assurément non, et il ne récolte d'ordinaire qu'un demi-penny chaque fois qu'il tend la main. Eh bien ! qu'avez-vous remarqué?
— Il vous a lancé un regard de haine en s'en allant.
— Oh ! il est méchant.

— Tandis qu'il m'a regardé tout autrement, moi, poursuivit sir Evandale.
— En vérité !
— Il m'a regardé affectueusement.
— Bah !
— Et comme avec émotion.
— Eh bien ! dit lord William en riant, c'est que vous avez le don de lui plaire, tandis que je lui déplais, moi.

Sir Evandale eut un mauvais sourire sous ses lèvres minces.

— Après cela, dit-il, vous avez des compensations, milord.
— Lesquelles ?
— Si le mendiant a une préférence pour moi, il est d'autres personnes qui passeraient leur vie à genoux devant vous, et qui ne peuvent dissimuler l'aversion qu'elles éprouvent contre moi.

Lord William haussa les épaules :

— Je parie, dit-il, que vous voulez parler de ce pauvre Tom?
— De Tom et de sa femme Betzy.
— Vous croyez qu'ils ne vous aiment pas?
— Assurément.
— Quelle idée bizarre !
— Je le lui rends bien, du reste.
— Mon frère !
— Et, poursuivit sir Evandale, si au lieu d'être un pauvre cadet, j'étais comme vous lord Pembleton, seigneur des monts et de la plaine, du vieux manoir et du jeune château, si je devais m'asseoir dans un an à la Chambre haute...
— Eh bien ! que feriez-vous? demanda lord William.
— Je chasserais de ma présence Tom et sa femme.
— Et vous auriez tort, dit sévèrement lord William.

Sir Evandale ne répondit pas.

— Tom est le frère de lait de notre mère, dit encore lord William. Ne l'oubliez pas, Evandale.

Et, dès lors, les deux frères galopèrent sans échanger un mot de plus.

Bientôt ils entrèrent dans la forêt.

Et, comme ils suivaient une des allées qui la perçaient d'outre en outre, ils aperçurent, à deux ou trois cents pas devant eux, une troupe de cavaliers également vêtus de rouge, et, parmi eux, la robe blanche d'une amazone.

Et le cœur de lord William se mit à battre d'émotion à cette vue, tandis que sir Evandale lui jetait, à la dérobée, un regard plein de haine et d'envie.

— Voilà miss Anna, dit lord William.

Et il poussa son cheval, qui reprit le galop.

XXIII
JOURNAL D'UN FOU DE BEDLAM.
IX

Miss Anna chevauchait au milieu d'une troupe de cavaliers empressés.

Toute la fine fleur du comté était là, et chacun soupirait en regardant miss Anna.

Miss Anna était fort belle. Elle avait dix-huit ans, et, chose très-rare pour une Anglaise, elle était fort riche.

Celui qui l'épouserait aurait non-seulement une créature céleste, mais encore une des plus opulentes héritières du Royaume-Uni.

Elle était la fille de sir Archibald Curton, baronnet et membre de la Chambre des communes.

Sir Archibald, cadet de famille, s'en était allé aux Indes dans sa jeunesse et n'avait pas craint de faire du commerce, bien qu'il appartînt à l'aristocratie.

Il avait fait une fortune immense, avait épousé la fille d'un nabab et n'avait eu qu'un enfant de cette union, miss Anna.

Le château de sir Archibald, situé dans la plaine, était distant de trois milles anglais de celui de lord William.

Lord William et sir Archibald se visitèrent.

Lord William était amoureux de miss Anna.

Miss Anna rougissait en regardant sir William.

Un jour, il y avait six mois, lord William s'en était allé trouver sir Archibald et lui avait dit :

— J'aime miss Anna et je sollicite l'honneur de devenir son époux.

A quoi sir Archibald avait répondu :

— Je crois m'être aperçu que ma fille vous aime, elle aussi ; et pour mon compte, je me trouve très-honoré de votre demande.

Lord William avait eu un cri de joie.

Mais, se prenant à sourire, sir Archibald avait ajouté :

— Ne vous réjouissez pas si vite, milord ; les choses iront plus lentement que vous ne le supposez.

Lord William avait regardé sir Archibald avec étonnement.

Celui-ci poursuivit :

— J'ai épousé une Indienne ; et ma femme, que j'ai eu la douleur de perdre il y a longtemps déjà, était la fille du nabab Moussamy, le plus riche nabab du Punjaub.

— Eh bien ? fit lord William.

— Ma fille est son héritière.

— Bon !

— Et, à ce titre, je ne la puis marier sans le consentement du nabab.

Lord William fronçait le sourcil.

— Mais, avait dit encore sir Archibald, rassurez-vous. Le vieux nabab adore sa petite-fille.

— Ah !

— Et ce que miss Anna veut, il le veut. Or donc, si miss Anna...

A son tour, lord William s'était pris à rougir comme une jeune fille.

Lord William savait que miss Anna l'aimait.

L'entretien du noble lord et du baronnet, et celui qui avait eu lieu ensuite entre le père et la fille, avaient été tenus secrets.

On avait même écrit en grand mystère au nabab.

Quelques gentlemen des environs continuaient donc à faire de doux rêves à l'endroit de miss Anna.

Miss Anna, du reste, était de toutes les fêtes.

Intrépide écuyère, elle suivait les chasses de renards, sautant les haies et les fossés.

Sir Archibald était lui-même un chasseur passionné ; et, deux fois par semaine, il conviait ses voisins à assister aux prouesses de son magnifique équipage.

C'était donc un rendez-vous de chasse ordinaire, auquel allèrent, ce matin-là, lord William et son frère sir Evandale. Quand le premier eut aperçu miss Anna galopant au milieu de son escorte de gentlemen, il pressa son cheval.

Sir Evandale, demeuré un pas en arrière, lui jeta un regard plein de haine.

La jeune miss était rayonnante.

Quand elle vit lord William, elle rougit.

Puis, lui tendant la main :

— Milord, dit-elle, je crois que mon père a de bonnes nouvelles à vous donner.

Lord William rougit.

Et comme on le regardait avec une curiosité envieuse, sir Archibald s'avança vers lui.

— Milord, lui dit-il à son tour, la réponse que nous attendions des Indes est arrivée.

De rouge qu'il était, lord William devint subitement pâle.

Sir Archibald poursuivit :

— Le nabab Moussamy consent au mariage de miss Anna.

Et sir Archibald, regardant les gentlemen qui l'entouraient, ajouta :

— Messieurs, j'ai l'honneur de vous annoncer le prochain mariage de miss Anna, ma fille, avec lord William Pembleton.

Beaucoup de ceux qui entendirent ces paroles se mordirent les lèvres.

Il y eut en ce moment bien des soupirs secrets, bien des colères étouffées.

Mais celui qui pâlit le plus, celui qui souffrit le plus cruellement, ce fut sir Evandale.

Cependant son visage demeura calme et la vive émotion intérieure qu'il éprouva ne se manifesta au dehors que par un léger frémissement des lèvres et des narines.

Tout à coup sir Archibald, s'adressant directement à lui :

— Sir Evandale, dit-il, j'ai pareillement une bonne nouvelle à vous donner.

— A moi ? dit sir Evandale en tressaillant.

— A vous.

— Oh ! par exemple !

— N'avez-vous pas demandé du service dans l'armée des Indes ?

— En effet, dit Evandale.

— Eh bien ! votre nomination de capitaine de cipayes m'est parvenue ce matin.

— Et vous pouvez remercier sir Archibald, mon frère, dit lord William.

— Ah! fit sir Evandale.

— Car sir Archibald, poursuivit lord William, vous a chaudement appuyé et fait appuyer à Londres.

Et comme lord William prenait pour de la joie l'émotion de son frère, il ajouta :

— Mais vous ne partirez pas tout de suite, n'est-ce pas ?

— Vous êtes le chef de notre maison, répondit ironiquement sir Evandale, c'est à vous d'ordonner, à moi d'obéir.

— Eh bien ! fit lord William en souriant, je vous ordonne de rester quelques jours encore auprès de moi et d'assister à mon mariage.

— Vous serez obéi, murmura sir Evandale avec un accent farouche.

— Allons, voilà qui est bien, dit sir Archibald, et maintenant, en chasse, messieurs !

. . . .

Le renard était sur pied, les chiens hurlaient, les chevaux galopaient et le son du cor retentissait par la plaine.

Cependant un gentleman n'avait point suivi la chasse.

Il s'était arrêté au bord d'un petit bois, puis, attachant son cheval à un arbre, il s'était assis sur l'herbe.

Ce gentleman versait des larmes de rage :

— Fatalité! disait-il, injustice du sort! comme lui je suis le fils de mon père et de ma mère ; le même sang coule dans nos veines ; et cependant à lui la fortune, le rang, les dignités, à lui miss Anna !

Quant à moi, une épaulette dans l'armée des Indes, c'est tout ce qu'il me faut.

Dérision !

Oh ! cet homme qui est mon frère, je le hais, je le hais !

Sir Evandale prononça ces derniers mots tout haut.

Il se croyait seul.

Cependant le feuillage d'un arbre s'entr'ouvrit et une tête bronzée, couronnée de cheveux blancs et éclairée par deux yeux qui brillaient comme deux tisons, apparut à sir Evandale.

— L'Indien ! murmura celui-ci.

— Oui, l'Indien, dit une voix ironique et sourde, l'Indien qui est ton ami et qui vient t'offrir ses services, comme toi, il hait lord William d'une haine féroce et mortelle.

XXIV

JOURNAL D'UN FOU DE BEDLAM.

X

Sir Evandale regardait l'Indien avec un étonnement qui n'était pas absolument dépourvu d'effroi.

L'Indien était vieux, si l'on s'en rapportait à ses cheveux blancs.

Cependant les traits de son visage étaient jeunes encore, et, chose étrange, sans la couleur bronzée de son visage, on eût juré un Européen, tant ses traits avaient de finesse et s'éloignaient du type de la race rouge.

Il n'était pas beau à voir, du reste, car si les signes du visage étaient corrects, ce même visage n'en était pas moins couturé par différentes cicatrices d'aspect bizarre.

Quand l'Indien s'en allait par les chemins en demandant la charité, il relevait parfois les manches de son vêtement et entr'ouvrait sa chemise.

Le corps de cet homme était couvert de blessures horribles, cicatrisées, il est vrai, mais cependant toujours hideuses, car la peau qui les recouvrait était demeurée transparente comme de la pelure d'oignon.

Quelquefois, l'Indien, qu'on appelait Nizam, pour attendrir les passants, leur racontait son histoire.

Il avait été surpris par une tigresse dans une pagode, au moment où il faisait dévotement sa prière, emporté par elle dans les jungles, et livré en pâture à ses petits.

Comment avait-il échappé à cette bande de tigres ?

Nizam racontait alors une étrange histoire.

Au moment où les jeunes tigres le déchiraient de leurs griffes et, sous les yeux de leur mère, jouaient avec son corps pantelant, mais encore plein de vie ; tandis que, résigné comme tous les gens de sa race, il attendait la mort épouvantable qui lui était réservée, un bruit semblable au roulement du tonnerre s'était fait entendre.

Les tigres, abandonnant leur proie, s'étaient consultés du regard.

La mère avait paru inquiète.

Le bruit continuait. La terre tremblait, comme si une armée de géants eût été en marche.

Alors la tigresse fit entendre un cri rauque, donnant ainsi le signal du départ.

Et elle prit la fuite avec ses petits, abandonnant le malheureux Indien encore vivant.

Mais Nizam n'était point sauvé pour cela.

Ce bruit formidable, qui grandissait sans cesse comme un roulement de tonnerre qui s'approche, il l'avait reconnu.

C'était une troupe d'éléphants qui traversaient les jungles.

Et Nizam se dit :

— Les tigres m'ont fait grâce, mais les éléphants passeront sur moi sans me voir et m'écraseront sous leurs pieds.

Nizam se trompait ; il calomniait les éléphants.

Ceux-ci voyageaient au nombre de plus de deux cents. D'où venaient-ils ? où allaient-ils ?

Il présuma que c'était une émigration et non une marche guerrière, car les éléphants emmenaient leurs femelles et leurs petits, et au milieu d'eux de vieux éléphants qui avaient les oreilles toutes blanches.

Un chef marchait en tête, à plus de cent pas en avant de la colonne.

C'était un éléphant blanc.

L'éléphant sacré pour les Indiens.

Nizam l'aperçut.

Et comme Nizam était un serviteur pieux du dieu Wichnou, il pensa que le dieu Wichnou envoyait l'animal sacré à son aide.

Et Nizam ne se trompait pas.

Quand il fut auprès de lui, l'éléphant s'arrêta, abaissa sa trompe, l'enroula autour du corps de l'Indien et le posa doucement sur son cou.

Puis il continua sa marche, toujours suivi de la redoutable armée.

Les éléphants sortirent des jungles et arrivèrent dans une vaste plaine cultivée, au milieu de laquelle était un village indien.

Alors l'éléphant blanc déposa Nizam au bord d'un champ de riz et sembla lui dire, en le regardant de cet œil humain qu'ont ceux de sa race :

— Ici, tu es sous la protection des hommes, tes frères, et tu n'as plus rien à craindre des tigres.

C'était ainsi que Nizam avait été sauvé. Ses blessures s'étaient cicatrisées à une ; mais la peau n'était pas revenue, et avait été remplacée par une membrane visqueuse qui permettait de voir les muscles et les veines des membres.

Pourquoi Nizam avait-il quitté l'Inde ?

Pourquoi, venu à Londres, avait-il abandonné cette ville pour venir vivre en mendiant dans le comté de Northumberland ?

Il ne le disait pas.

Et tel était l'homme qui apparaissait tout à coup à sir Evandale, pris d'un sombre accès de haine et d'envie.

Nizam se laissa glisser au bas de l'arbre dans lequel il s'était blotti, et il vint s'asseoir auprès de sir Evandale.

Celui-ci, nous l'avons dit, le regardait avec un étonnement mêlé d'effroi.

L'Indien devina ce sentiment et dit au jeune homme :

— Ne craignez rien de moi. Je vous suis plus attaché que la liane ne l'est au tronc d'arbre autour duquel elle s'enroule.

Et comme sir Evandale le regardait toujours :

— Je vous aime comme un chien, comme un esclave, poursuivit l'Indien ému, et tout mon sang vous appartient.

— Vraiment ? dit sir Evandale.

— Je vous aime, poursuivit l'Indien, et je voudrais vous faire lord.

— Oh ! oh !

— C'est comme je vous le dis.

Sir Evandale soupira.

— Malheureusement, dit-il, cela est impossible.

— Il n'y a rien d'impossible, dit sentencieusement l'Indien.

— Mais... mon pauvre ami...

— Sir Evandale, reprit l'Indien avec gravité, êtes-vous pressé de rejoindre la chasse ?

— Non.

— Vous plaît-il m'écouter ?

— Parle, si tel est ton bon plaisir.

— Sir Evandale, vous aimez miss Anna.

Le jeune homme tressaillit.

— Qu'en sais-tu ? fit-il.

— Sir Evandale, poursuivit Nizam, quand vous levez les yeux, vous apercevez sur la montagne les tours massives de Pembleton-le-Vieux.

— Après ?

— Quand vous les abaissez vers la plaine, vous contemplez les tourelles de New-Pembleton.

— Et puis ?

— Et puis votre regard embrasse les dix lieues carrées de prairies, de champs cultivés et de bois qui entourent les deux manoirs, et vous soupirez...

Sir Evandale soupira en effet.

— Et alors, reprit l'Indien, vous vous dites : Si j'étais né le premier, tout cela serait à moi.

— Il est vrai, murmura sir Evandale d'un air sombre.

— Et quand on vous donne le simple titre de gentleman, vous entendez appeler votre frère milord..

— Et bien ! que veux-tu que j'y fasse ?

— Il faut être lord à votre tour.

— Mais...

— Et si je le veux, vous le serez.

— Toi !

Et sir Evandale regarda ce mendiant avec un air de doute ironique.

— Ne riez pas, dit Nizam.

Sir Evandale le regardait toujours.

Alors Nizam redressa sa grande taille voûtée, et son œil ardent eut une flamme qui brûla les yeux de sir Evandale.

— Dans le pays où nous sommes, je tends la main aux passants, dit-il, et on me considère comme un objet d'horreur et de pitié tout à la fois, mais si je voulais...

— Eh bien ! que ferais-tu ?

— Je ferais de vous lord Pembleton, dit froidement l'Indien.

— Ah ! dit sir Evandale frémissant.

— Écoutez-moi, poursuivit l'Indien.

Et il vint s'asseoir auprès du frère déshérité de lord William Pembleton, le haut et puissant seigneur.

XXV

JOURNAL D'UN FOU DE BEDLAM.

XI

Nizam s'était donc familièrement assis auprès de sir George Evandale, et il osa même lui prendre la main.

Tout à coup la glace se rompit et un des enfants disparut dans la rivière. (Page 51.)

— Quel âge aviez-vous, lui dit-il, quand vous avez perdu votre mère?
— J'avais sept ans, dit sir Évandale.
— Vous étiez donc trop jeune alors pour qu'on pût vous confier un secret.
Ce mot fit tressaillir sir Evandale.
Il regarda de nouveau l'Indien.
— Car j'ai un secret à vous confier, poursuivit celui-ci.
— Un secret?
— Oui, un secret qui touche votre... naissance...
— Mais, dit sir Évandale avec un accent hautain, ma naissance n'a rien de mystérieux, que je sache?
— Oui et non.
Et le mendiant attacha sur le jeune gentilhomme un regard qui devint tout à coup dominateur, et sous le froid duquel sir George se sentit humble et soumis en présence de ce vagabond.
— Dites-moi, poursuivit Nizam, avez-vous jamais entendu parler de votre oncle sir George-Arthur Pembleton?

7ᵉ LIVRAISON.

— Rarement, dit sir Evandale.
— Mais enfin, on vous en a parlé quelquefois.
— Oui.
— Qui donc?
— Les serviteurs de ma maison.
— Et votre mère?
— Jamais.
— Ah! dit Nizam qui eut un rire infernal aux lèvres, elle ne parlait jamais de lui?
— Je me souviens même, poursuivit sir Evandale, qu'un jour elle s'est presque évanouie parce qu'un domestique avait prononcé ce nom devant elle.
— Elle ne se fût pas évanouie autrefois, dit Nizam d'une voix sourdement ironique.
Sir Evandale tressaillit de nouveau.
— Que veux-tu dire, mendiant? fit-il.
Nizam souriait toujours.
— Ne m'écrasez pas de votre mépris, sir Evandale, dit-il. Je suis puissant, moi, le mendiant, et, je vous l'ai dit, si vous m'écoutez, je vous ferai lord et je vous marierai avec miss Anna, la riche héritière.

Un frisson d'orgueil parcourut les veines de sir Evandale.
— Continue! dit-il.
Nizam poursuivit :
— Il doit y avoir un homme à New-Pembleton qui ne parle jamais non plus de sir George. C'est Tom.
— Tom! exclama sir Evandale, oh! je le hais!
— Et vous avez raison.
— Je le hais, parce qu'il n'aime que mon frère aîné, lord William, ajouta sir Evandale.
— Si vous saviez autre chose encore, votre haine se décuplerait, ajouta l'Indien.
— Quoi donc?
— Oh! je vous dirai cela plus tard. Mais ce n'est pas de Tom qu'il s'agit en ce moment.
— Et de qui donc?
— De sir George.
— Eh bien, parle...
— Sir George, il y a vingt-deux ans, poursuivit Nizam, était comme vous un pauvre cadet. Tandis que son frère serait lord, épouserait miss Eveline Ascott, posséderait une immense fortune, il était destiné, lui, à servir obscurément dans la marine.
— Comme moi dans l'armée des Indes, soupira sir Evandale.
— Cependant sir George aimait miss Eveline.
Sir Evandale fit un brusque mouvement.
— Et miss Eveline l'aimait.
— Tu mens!
— Je n'ai jamais menti, dit froidement l'Indien.
Et de nouveau il courba sir Evandale sous son regard dominateur.
Et alors le mendiant, avec une autorité de gestes et de langage qu'on n'aurait pas soupçonnée chez lui naguère, en le voyant tendre la main sur les grandes routes, le mendiant raconta à sir Evandale les amours mystérieuses de miss Eveline et de sir George, puis le retour de celui-ci, et enfin cette nuit terrible pendant laquelle lady Pembleton trahit, malgré elle, tous ses devoirs.
Sir Evandale l'écoutait la sueur au front.
Et quand l'Indien eut fini, il lui dit :
— Mais alors, sir George était?...
— Votre père, dit froidement l'Indien.
— Mon père?
— Et il avait rêvé, lui aussi, de vous faire lord.
— Et sir George... est mort... n'est-ce pas?
— Pour tout le monde, oui.
— Que veux-tu dire?
— Pour moi, non.
— Sir George n'est pas mort?
— Il est vivant, vous dis-je.
— Vivant!
— Oui, et je vais vous le prouver.
Sur ces derniers mots, Nizam se leva.
— Attendez-moi ici, dit-il, je reviens dans quelques minutes.
Et il disparut à travers les arbres du bois.
Nizam courut à un ruisseau qui coulait sous la futaie; il se pencha sur le bord à plat ventre; puis il trempa son visage dans l'eau à plusieurs reprises.
Et au bout de quelques minutes, il revint.
Sir Evandale jeta alors un cri d'étonnement.

La couleur cuivrée du visage de Nizam avait disparu.
Nizam était blanc comme un Européen, comme un Anglais.
Et comme sir Evandale le regardait avec stupeur, Nizam lui dit :
— Sir George, c'est moi!
— Vous! vous! exclama le jeune gentilhomme.
— Moi, ton père! dit le faux Indien.
Et il prit sir Evandale dans ses bras et le couvrit de baisers furieux.

. . . .

Cet homme que, depuis dix ans, dans le pays, on appelait Nizam l'Indien, était bien en effet sir George-Arthur Pembleton.
C'était lui que sir James Ascott avait laissé, la cuisse brisée d'un coup de feu, au milieu d'une forêt de l'Inde peuplée de tigres.
Et dans l'histoire que Nizam racontait, il n'y avait de faux qu'une chose, son enlèvement par une tigresse dans la pagode de Wichnou.
Le reste était vrai.
C'est-à-dire qu'attirés par ses plaintes et l'odeur du sang, après que sir James avait été parti, une bande de tigres avaient fondu sur lui; mais elle n'avait pas eu le temps de le dévorer.
La troupe d'éléphants avait mis les tigres en fuite.
Abandonné par l'éléphant blanc qui l'avait porté hors de la forêt, au bord d'un champ de riz, sir George y était demeuré plusieurs heures évanoui.
Revenu enfin à lui, il s'était tout sanglant traîné jusqu'à la case d'un vieil Indien.
Cet Indien était un brahmine.
Le brahmine vit un événement miraculeux dans le sauvetage accompli par l'éléphant blanc, et il n'hésita pas à déclarer à sir George que c'était Wichnou lui-même qui, par un de ces *avatars* qui lui étaient familiers, s'était incarné dans un éléphant blanc à la seule fin de l'arracher à la mort.
Et il eut d'autant moins de peine à persuader sir George que celui-ci ne voulut plus reparaître à Calcutta, et s'arrangeait fort bien de la perspective de passer pour mort.
Un cipaye, qui venait marauder dans le village la nuit, avait été étranglé par les Indiens.
Son corps, déchiqueté par les oiseaux de proie, gisait dans un champ voisin.
Le brahmine l'affubla des effets de sir George et le porta au bord de la forêt.
Dès lors, pour toute l'armée anglaise, sir George fut un homme mort.
Et comme Nizam arrivait à cet endroit de son récit, sir Evandale l'interrompit :
— Mais, dit-il, quel intérêt aviez-vous donc à passer pour mort?
Un sourire vint aux lèvres du faux Indien.
— Je vais te le dire, mon enfant, répondit-il.
Et, de nouveau, il embrassa sir Evandale.

XXVI

JOURNAL D'UN FOU DE BEDLAM

XII

Le faux Indien poursuivit :
— Ma convalescence fut longue.

Je passai près de deux mois caché dans la case du brahmine, me guérissant lentement de mes horribles blessures.

Les tigres m'avaient défiguré.

Et j'aurais fort bien pu m'aller promener au milieu de l'armée anglaise que pas un de mes anciens amis ne m'aurait reconnu.

Mais tel n'était point mon projet.

Je n'avais plus qu'une préoccupation, une idée fixe. Je voulais revenir en Angleterre.

Je voulais revoir non lady Eveline, mais le fils de nos amours, l'enfant que j'idolâtrais... toi, enfin.

Le faux Indien parlait avec tant d'émotion que sir Evandale ne pouvait s'y tromper.

Nizam et sir George ne faisaient qu'un.

Et sir George était bien son père.

Le brahmine, à qui je confiai une partie de mon secret, m'apprit à donner à mon visage une teinte cuivrée, à l'aide d'une décoction de certaines plantes.

Je teignis mes sourcils en rouge, je me fis sur les bras certains tatouages, et je finis par ressembler à certains Indiens qui ont du sang européen dans les veines et qui, sous leur peau rouge, ont conservé la finesse des traits des hommes blancs.

Ainsi métamorphosé, je vins à Calcutta.

Personne ne m'y reconnut.

Je savais la langue indienne. J'allai me loger dans un faubourg de la *ville noire*, qui est le quartier des indigènes, tandis que la *ville blanche* est celui des Européens.

J'étais sans argent, il fallait vivre d'abord, et ensuite amasser un petit pécule qui me permît de payer mon passage.

Mes horribles blessures devinrent un objet de curiosité.

Et mon histoire, habilement arrangée, fut le boniment qui présida à mon exhibition.

Au bout de six mois, j'avais assez d'argent pour revenir en Europe.

Je m'embarquai aussitôt, et, six mois après, j'arrivai à Londres, car j'avais fait le grand tour, au lieu de passer par la mer Rouge et Suez.

Pendant plusieurs mois, j'allai dans les parcs, dans les squares, aux environs de Pembleton.

Quelquefois j'étais assez heureux pour t'apercevoir, conduit à la promenade par un laquais.

Ici sir Evandale interrompit brusquement Nizam.

— Attendez donc! fit-il.

— Quoi donc? demanda Nizam.

— Un souvenir de mon enfance qui me revient.

— Parle, dit le faux Indien en souriant.

— Je pouvais avoir quatre ans, reprit sir Evandale, et on m'avait conduit, par une belle après-midi d'hiver, dans Hyde-Parck, au bord de la Serpentine dont la surface était gelée.

Plusieurs enfants de mon âge s'amusaient à glisser sur cette glace, et je me rappelle qu'il y avait un homme de couleur rouge qui se tenait à distance et nous regardait.

— C'était moi, dit simplement Nizam.

— Oh! oui, c'était vous, reprit sir Evandale, je vous reconnais à votre regard.

— C'est toi que je contemplais.

— Ah!

— Mais continue. Ne te rappelles-tu pas autre chose?

— Oh! si fait. Tout à coup la glace se rompit et un des enfants tomba dans la rivière en jetant un cri.

Aussitôt l'homme à la figure rouge sauta dans la rivière et ramena le petit garçon sain et sauf sur la berge aux applaudissements de la foule.

— Et puis?

— Et puis cet homme disparut.

— Et tu ne l'as revu qu'ici? dit Nizam.

— Sans le reconnaître, puisque votre histoire a seule évoqué ce souvenir de ma première enfance.

— Alors je continue, dit Nizam.

Et sir George devenu Nizam reprit en effet son récit.

— Lady Éveline, dit-il, quitta Londres de nouveau pour venir s'établir à Old-Pembleton.

Alors, dominé par le besoin de la voir furtivement quelquefois, j'entrepris, moi aussi, ce long voyage.

Mes ressources étaient épuisées, et je tendais la main sur les chemins et dans les rues.

Mais on ne pénétrait pas dans Old-Pembleton.

Lady Eveline et ce maudit Tom en avaient fait une véritable forteresse.

Je rôdais plusieurs jours inutilement alentour, et le désespoir s'emparait de moi, quand un soir, par une nuit froide, j'entendis le galop d'un cheval qui montait les rampes abruptes de Old-Pembleton.

Le cavalier passa auprès de moi.

Je tendis la main.

Il me donna une couronne et me dit :

— Tu as bien froid, n'est-ce pas?

— J'ai froid et j'ai faim, répondis-je.

— Viens avec moi et tu trouveras un bon souper auprès d'un bon feu.

— Où donc? demandai-je.

— Là-haut.

Et il me montrait les tours de Old-Pembleton.

— Vous vous méprenez, lui dis-je.

— Comment cela?

— Les portes de ce château ne s'ouvrent jamais.

Il se mit à rire.

— Viens avec moi, me dit-il. Aussi vrai que je me nomme John Pembrock, le médecin de la ville de Perth, elles s'ouvriront.

Je le suivis. Mais Tom ne voulut pas me laisser entrer.

Alors, fou de colère, John Pembrock me prit sur son cheval, rebroussa chemin, et me dit en descendant au village :

— Ces gens-là ont manqué d'humanité. Tant pis pour eux!

En effet, le lendemain j'appris que ta mère était morte.

— Et depuis lors, demanda sir Evandale, vous êtes toujours resté dans le pays?

— Toujours.

— Mendiant?

— Et me trouvant heureux et fier de ma pauvreté, chaque fois que je pouvais t'apercevoir.

— Ainsi donc, murmura sir Evandale, vous êtes sir George Pembleton?

— Oui.

— Et vous êtes... mon père?...
— Oui, dit le faux Indien dont les yeux étaient humides.
— Eh bien! mon père, dit sir Evandale, venez avec moi. Je vais aux Indes, vous y retournerez et nous y vivrons heureux, et j'entourerai de soins votre vieillesse.
Sir Evandale à son tour parlait avec émotion.
Nizam le reprit dans ses bras:
— Tu n'iras pas aux Indes! dit-il.
— Où voulez-vous donc que j'aille?
— Tu resteras ici.
— Pour voir le bonheur de ce frère que je hais?
— Non, pour prendre sa place.
Sir Évandale jeta un cri.
Nizam poursuivit avec une sorte d'exaltation:
— Tu seras lord!
— Moi!
— Tu épouseras miss Anna!
— Mais alors, mon père, dit le jeune homme frémissant, il faut pour cela que lord William meure.
— Peut-être.
— Et lord William est plein de force, de jeunesse et de santé.
— Peuh! dit Nizam, la vie humaine est si peu de chose!
Sir Evandale eut un geste d'effroi.
— Oh! dit-il, songeriez vous donc, mon père, à tuer lord Villiam.
— Que t'importe?
— Non, non, dit vivement le jeune homme, je ne veux pas.
Nizam parut réfléchir.
Puis, regardant sir Evandale:
— Eh bien, dit-il, supposons une chose.
— Voyons?
— Supposons que tout le monde croie lord Villiam mort, et que cependant il soit vivant.
— Mais cela est impossible!
— Tout est possible à un homme comme moi, répondit Nizam.
— Et lord William passant pour mort serait vivant?
— Oui.
— Et je serais lord?
— Tu seras lord.
— Et j'épouserais miss Anna?
— Tu épouseras miss Anna.
— Mais vous promettez que lord William ne mourra pas?
— Je te le jure!
Nizam parlait d'une voix solennelle.
— Oh! dit sir Evandale, il me semble que j'ai le vertige.
Lord Pembleton, dit Nizam, je te salue!
Et l'Indien disparut dans les broussailles voisines, laissant sir Evandale seul et frappé de stupeur.

XXVII
JOURNAL D'UN FOU DE BEDLAM
XIII

Sir Evandale ne revit plus Nizam de la journée.
Le soir, le jeune gentilhomme s'en revint tout pensif et tout triste à New-Pembleton.

Lord William venait d'arriver.
— Qu'êtes-vous donc devenu, mon frère? lui demanda-t-il.
— J'ai perdu la chasse, répondit sir Evandale.
— Vraiment!
— Et comme le temps était beau et que je suis un admirateur passionné de la nature, j'ai suivi pendant longtemps un chemin bordé de haies qui courait au milieu des prairies et je ne me suis pas aperçu que je m'éloignais considérablement du château.
— Enfin vous voilà, dit lord William joyeux. Ah! j'ai beaucoup de choses à vous dire, mon frère.
— A moi? fit sir Evandale en tressaillant.
— A vous.
— Ah! dit le jeune homme.
Et il attendit.
— D'abord, reprit lord William, je vous dirai que je suis l'homme le plus heureux du monde.
— En vérité!
— Dans trois semaines, miss Anna sera devenue lady Pembleton.
— Je vous en fais mon compliment, murmura sir Evandale d'un air contraint.
— Ensuite nous avons beaucoup parlé de vous, le père de miss Anna et moi.
— A quel propos? demanda sir Evandale.
— Mon cher frère, reprit le jeune homme, j'ai horreur de la loi anglaise qui établit le droit d'aînesse.
— Ah! dit sir Evandale.
Et il eut un sourire ironique.
Lord William poursuivit.
— Je suis l'aîné. A moi le titre, à moi les terres, les seigneuries, le siège au Parlement.
— A moi, rien, dit sir Evandale d'un ton résigné.
— Et cela m'indigne.
— Ah! ah! dit encore sir Evandale.
— Malheureusement, la loi ne me permettrait pas de renoncer à mes avantages et de partager avec vous.
— Je ne vous demande rien, milord, dit sèchement sir Evandale.
— Attendez donc, mon frère.
Et lord William sourit affectueusement.
Sir Evandale le regardait.
— Le père de miss Anna et moi nous avons eu une belle idée, mon frère.
— Ah!
— Vous savez que miss Anna est la petite fille d'un rajah de l'Inde.
— En effet.
— Un rajah fabuleusement riche.
— Eh bien?
— Et qui a un frère, rajah comme lui, et aussi riche que lui.
Sir Evandale regardait toujours sir William.
— Ce frère a une fille, poursuivit lord William, une fille unique qui aura une dot royale.
— Eh bien?
— Et le père de miss Anna vous donnera des lettres de recommandation pour les deux rajahs.
— Bon!
— Et il ne tiendra qu'à vous, j'en suis sûr, d'épouser la belle Daï-Natha?
— Ah! elle se nomme Daï-Natha?

Sur le mulet, il y avait un homme couché. (Page 55.)

— Oui, mon frère, et elle est fort belle, dit-on.
— Je vous remercie mille fois de songer ainsi à mon avenir, dit sir Evandale.

Il y avait dans sa voix une sourde ironie.

Mais lord Villiam ne s'en aperçut pas.

Et quand il fut seul, sir Evandale murmura :

— Ce n'est pas la fille du rajah que je veux, c'est miss Anna ; ce n'est pas des champs de riz et des plantations d'indigo que j'ambitionne, je veux ces gras pâturages qui entourent New-Pembleton, et le siége que tu possèdes au Parlement, lord William !

Cependant deux jours s'écoulèrent.

Sir Evandale se promenait dans les environs, tantôt à pied, tantôt à cheval.

Il était retourné plusieurs fois à cette lisière du bois où Nizam lui avait raconté son histoire.

Il avait parcouru les chemins de traverse et les grandes routes.

Partout il s'attendait à voir le faux Indien se dresser inopinément devant lui.

Mais Nizam était invisible.

Le soir du troisième jour, comme sir Evandale revenait découragé à New-Pembleton, il aperçut Tom dans la cour du château.

Tom était en habit de voyage et il s'apprêtait à monter à cheval.

Lord William s'entretenait avec lui à voix basse.

— Où va Tom? demanda sir Evandale en s'approchant.

— Tom va à Londres, répondit lord William.

— Pourquoi faire?

— Pour toucher une somme importante que j'ai en dépôt chez un de mes banquiers.

— Ah! dit sir Evandale.

Tom partit. Il devait aller à cheval jusqu'à la station prochaine, où il prendrait le train express d'Edimbourg à Londres.

Lord William passa alors son bras sous celui de sir Evandale et lui dit :

— La loi anglaise me force à demeurer détenteur de tous les meubles et immeubles de la famille ; mais je puis disposer du numéraire dans une certaine mesure.

Or, je viens de rentrer en possession de vingt mille livres sterling que je croyais perdues. Permettez-moi de vous les donner.

— Mon frère... balbutia sir Evandale.

— Prenez ! dit lord William.

Et il lui tendit un portefeuille gonflé de traites, de chèques et de banknotes.

. . . .

La nuit était venue.

Comme on était au milieu de l'été, la journée avait été brûlante.

Aussi aspirait-on avec avidité un faible souffle de brise qui agitait les feuilles des arbres et rafraîchissait un peu l'atmosphère.

Sir Evandale était rentré dans sa chambre.

Il s'était même mis au lit.

Mais il ne dormait pas.

La fenêtre était demeurée ouverte.

Tout à coup, une ombre s'agita dans le feuillage d'un arbre qui avoisinait cette fenêtre.

Sir Evandale tressaillit et sauta lestement à bas de son lit.

Le feuillage s'entr'ouvrit.

Puis, agile comme un singe, un homme sauta sur l'entablement de la fenêtre.

Cet homme, c'était Nizam.

— Me voilà, dit-il.

Ah ! dit sir Evandale, voici trois jours que je vous cherche.

— J'avais quitté le pays, répondit Nizam.

— Où étiez-vous donc allé ?

— A Londres.

— En vérité ?

— Et je suis revenu ce soir.

— Qu'êtes-vous donc allé faire à Londres ?

— Je suis allé chercher des amis dont j'ai besoin.

Si Evandale tressaillit de nouveau.

— Ah !

— Dont j'ai besoin pour qu'ils m'aident à te faire lord.

— Je serai donc vraiment lord ?

Et la voix de sir Evandale tremblait d'émotion.

— Tu seras lord.

— Et... bientôt ?

— Avant un mois.

— Mais vous ne tuerez pas lord William, au moins ?

— Non.

— Vous me le jurez ?

— Je te le jure.

— C'est bien, dit sir Evandale en poussant un soupir.

Puis il reprit :

— Mais on le croira mort ?

— Oui.

— Que ferez-vous donc de lui ?

— Tu veux savoir trop de choses, dit Nizam. Plus tard... plus tard !

Puis, tout à coup, regardant sir Evandale :

— N'as-tu pas un peu d'argent, quelques économies ? car il me faut de l'argent... il m'en faut !

— J'en ai, dit sir Evandale.

Il ouvrit un petit meuble et en tira un portefeuille que lui avait remis sir William :

— Tenez ! dit-il.

Nizam ouvrit le portefeuille et y prit deux banknotes de cent livres.

— J'en ai assez pour le moment. S'il le faut, je t'en redemanderai, dit-il.

Et il fit un pas vers la croisée, puis se retournant :

— Tom est-il parti ?

— Oui, ce soir.

— Alors, dit Nizam, dont les yeux étincelèrent, le moment est venu. Nous pouvons agir.

Il enjamba la croisée, et se retournant encore :

— Tu seras lord, dit-il.

Et il disparut.

XXVIII

JOURNAL D'UN FOU DE BEDLAM

XIV

La chaleur était accablante.

On était au milieu du jour, et le soleil dardait sur la terre embrasée ses rayons perpendiculaires.

La campagne était silencieuse.

Les oiseaux avaient cessé de chanter.

Les laboureurs avaient quitté leur charrue et les bestiaux étaient rentrés.

On eût pu se croire sous l'équateur.

Cependant une troupe d'hommes marchait.

Elle marchait péniblement sur une route poudreuse.

Ces hommes, enchaînés deux à deux, les pieds nus, la tête rasée, vêtus de haillons sordides, étaient des galériens.

Condamnés dans les différents comtés de l'Ecosse, réunis ensuite à la prison d'Edimbourg, ils étaient enfin dirigés par étapes, sous la conduite de deux gardiens, vers le port de Liverpool, où on devait les embarquer pour l'Australie.

Ils marchaient lentement, ruisselant de sueur.

Les uns gémissaient...

Les autres blasphémaient.

Parfois il s'en trouvait un qui, accablé de fatigue, refusait d'avancer.

Alors l'un des deux gardiens levait son bâton et frappait.

Le malheureux poussait un cri de douleur et se remettait en route.

— Lieutenant Percy, dit un des gardiens à son camarade, lequel était évidemment son supérieur dans la triste armée de la chiourme, car il avait une broderie sur la manche de son uniforme, lieutenant Percy, est-ce que nous ne ferons pas bientôt une petite halte ?

— Si fait, répondit le lieutenant. Vous êtes las, John.

— J'ai les pieds enflés.

— Moi, je meurs de soif.

— Et dire qu'il n'y a pas une goutte d'eau dans ce maudit pays !

— C'est que, répondit le lieutenant Percy avec philosophie, la neige que vous voyez en haut des montagnes n'est pas encore fondue.

— Et il est probable qu'elle ne fondra jamais, répondit le gardien John.

— Ce qui fait, dit encore Percy, qu'il ne faut pas compter sur elle.

— C'est mon opinion. Mais on doit trouver bientôt un village, un bourg, une auberge...

— A deux lieues d'ici il y a le bourg de Pembleton.

— Ah ! c'est long, deux lieues.

— Nous nous arrêterons auparavant, John.

— Où cela, lieutenant ?

— Voyez-vous un signe noir à l'horizon ?
— Oui. C'est une forêt.
— Une forêt au bord de laquelle coule une petite rivière.
— Bon. Et nous y ferons halte ?
— Sans doute. Nous nous y reposerons même jusqu'à ce soir.
— Au lieu de gagner le bourg de Pembleton ?
— Oui.
— Vous avez là une singulière fantaisie, lieutenant ?
— J'ai la fantaisie de gagner cent livres sterling et de vous en faire gagner cinquante, John.

Le garde-chiourme, stupéfait, regarda le lieutenant Percy.
— Est-ce que le soleil vous frappe sur la tête ? dit-il enfin.
— Pourquoi me demandez-vous cela ?
— Eh bien ! continua John, vous moquez-vous de moi, lieutenant ?
— Pas le moins du monde, John.
— Et comment gagnerez-vous cent livres !
— C'est mon secret.
— Ah !
— Et vous en aurez cinquante.
— Moi ?
— Oui, mon ami ; mais pour cela il faut faire ce que je vous dirai.
— Parlez, dit John. Cinquante livres ! ce que nous ne gagnons pas dans une année.

Cinquante livres sterling, répéta le lieutenant Percy.
— Mais.
Le lieutenant cligna de l'œil.
— Vous êtes trop pressé de savoir, John... patience !
Et le lieutenant Percy ne prononça plus un mot.
Les galériens avaient aperçu la forêt, eux aussi.
— Tas de chiens que vous êtes, leur dit le lieutenant, cessez de tirer la langue et ayez un peu de courage encore. Dans un quart d'heure nous nous reposerons, et il y aura de l'eau pour vous désaltérer.

Cette promesse ranima ces malheureux.
Ils étaient au nombre de huit, enchaînés deux par deux.
Derrière la petite troupe marchait un mulet qu'un troisième gardien conduisait par la bride.
Et sur la monture il y avait un homme couché.
Cet homme, qui avait à peine vingt ans, était un pauvre diable de galérien qui avait été pris en route dans l'hôpital de la prison de Perth.
Il avait le visage couvert d'une lèpre affreuse et était un objet d'horreur, même pour ces hommes dégradés qui étaient ses compagnons d'infortune.
Quand on faisait halte, le mulet demeurait en arrière, car le bruit s'était répandu que le mal du pauvre diable était contagieux.
Le gardien mettait des gants pour lui donner à boire et à manger.
Du reste, ce malheureux était aux trois quarts idiot et ne parlait pas.
Quel crime avait-il commis ?
On ne le savait pas.

Tout ce qu'on savait, c'est qu'il était condamné à la déportation perpétuelle.
Les galériens arrivèrent enfin à la lisière de la forêt.
— Halte ! commanda le lieutenant Percy.
Mais, au lieu de s'arrêter, les galériens se précipitèrent vers la rivière, au fond du lit de laquelle coulait encore un filet d'eau.
Puis ils burent avidement.
Le lieutenant Percy leur distribua quelques grossiers aliments et leur dit :
— Si vous avez sommeil, vous pouvez dormir. Nous resterons ici jusqu'au soir.
Et les infortunés se couchèrent deux par deux sur l'herbe à l'ombre des arbres, et, une demi-heure après tous dormaient.
Mais le lieutenant Percy et son second, le garde-chiourme John, ne dormaient pas.
Assis à distance respectueuse de cette *vermine humaine*, comme ils disaient, ils causaient à voix basse.
— Oui, John, mon ami, il y a cent cinquante livres à gagner au bord de ce bois, cent pour moi, cinquante pour vous, disait le lieutenant Percy.
— Comment cela ?
— Ecoutez-moi. Avez-vous remarqué que lorsque nous nous sommes arrêtés à Perth pour y prendre le condamné qui ne peut pas marcher, le geôlier de la prison m'a remis une petite boîte de fer-blanc ?
— Que vous portez en bandoulière.
— La voilà.
— Bon ! dit John. Eh bien ?
— Savez-vous ce qu'elle contient ?
— Ma foi, non, et je n'ai même jamais osé vous le demander.
— Cette boîte contient une vipère bleue.
— Qu'est-ce que cela ?
— Un reptile de l'Inde long comme le petit doigt.
— Et dont la morsure est mortelle ?
— Non. Mais le venin de ce reptile a une singulière et terrible propriété.
— Ah !
— Il fait enfler le visage, le tuméfie au bout de quelques heures et rend idiot celui à qui le reptile l'a inoculé par sa morsure.
— Mais alors, dit John, ce malheureux qu'on porte sur le mulet a été mordu par cette vipère !
— Oui.
— Comment cela est-il arrivé ?
— C'est le gardien qui l'a glissée dans son lit l'avant-veille du jour où vous deviez l'emmener. C'était alors un vigoureux garçon, sain de corps et d'esprit ; maintenant c'est un pauvre idiot, épouvantable à voir.
— Mais, dit John, pourquoi le geôlier de la prison de Perth a-t-il commis cette méchante action ?
— Pour gagner cent livres, lui aussi.
— Je ne comprends pas.
Le lieutenant Percy se prit à sourire.
— Il y a de par le monde, dit-il, un homme assez riche pour acheter tous les chiourmes de la libre Angleterre.
— Ah ! Et... cet homme...
— Chut ! dit le lieutenant Percy, je vous en dirai plus long tout à l'heure...
Et il se leva.
Un homme couché dans l'herbe à quelques pas,

et dont personne n'avait soupçonné la présence, levait la tête en ce moment et faisait un signe mystérieux au lieutenant Percy.

Cet homme, c'était l'Indien Nizam.

XXIX

JOURNAL D'UN FOU DE BEDLAM

XV

L'Indien Nizam se dressa tout debout, regarda les galériens qui dormaient, et s'avança avec précaution.

Puis il regarda les deux chiourmes et, s'adressant à Percy :

— C'est vous qui êtes le lieutenant? dit-il.
— Le lieutenant Percy. Oui.
— Je suis celui que vous attendez, moi.
— Je l'avais deviné, dit le chiourme.
— M'apportez-vous l'animal?
— Oui, il est là, dans cette boîte.

Et le lieutenant Percy tendit la boîte à Nizam. Celui-ci tira de sa poche un petit portefeuille tout graisseux et y prit deux banknotes de vingt-cinq livres chacune.

— Voilà cinquante livres, dit-il, à compte sur les cent cinquante.
— Bien, dit le chiourme; à présent j'attends vos ordres.
— Vous passerez le reste de la nuit ici, dit Nizam.
— Bon!
— Ensuite, demain, vous ferez halte au bourg de Pembleton.

Le lieutenant Percy s'inclina.
— Là, vous feindrez d'être malade et direz à vos galériens que vous ne pouvez continuer votre route.
— Combien de temps dois-je donc rester à Pembleton?
— Voilà ce que je ne sais pas encore, dit Nizam; cela dépendra des événements. Du reste, les malheureux que vous conduisez ne sont pas pressés, j'imagine.
— Oh! non.
— Et s'ils trouvent à boire et à manger dans le bourg de Pembleton, ils y resteront volontiers une couple de jours.
— Très-certainement, dit Percy. Par le temps caniculaire qu'il fait, du reste, les brigands ne marchent qu'à coups de bâton.
— Écoutez encore, reprit Nizam, il y a tout en haut de Pembleton, et auprès même d'une des grilles du parc du château, une auberge qui a pour enseigne : *Au Ver luisant*.
— C'est là que nous devons nous arrêter?
— Oui. L'hôtelier est un homme à moi. Il logera vos prisonniers dans une cave et vous donnera le reste de son auberge pour vous, vos compagnons et le malheureux idiot que vous faites porter là sur un mulet.
— Parfait, dit le lieutenant Percy. Et puis?
— Et puis, je vous le répète, dit Nizam, vous attendrez de moi de nouvelles instructions.

Et Nizam s'empara de la boîte de fer-blanc et laissa les deux chiourmes.

Les galériens ne s'étaient pas réveillés.

Quant à celui que la vipère bleue avait mordu, il était couché sur l'herbe auprès du mulet et poussait des cris inarticulés.

Nizam disparut au travers des arbres.

Quoique vieux, il était agile, et quand il fut hors de vue, il se mit à courir.

Il sautait les fossés, franchissait les broussailles d'un bond.

On eût dit un chevreuil poursuivi par une meute ardente.

Et il arriva ainsi jusqu'à un mur assez haut.

Ce mur était la clôture du parc de New-Pembleton.

Mais comme ce parc avait plusieurs lieues de tour, le château était encore assez loin.

Nizam escalada le mur et sauta dans le parc.

Puis il continua sa route en courant.

Au bout d'un quart d'heure, il s'arrêta pour reprendre un moment haleine.

Puis il fit quelques pas encore et s'arrêta de nouveau.

Évidemment Nizam cherchait quelque chose ou attendait un signal.

Et, tout à coup, il se jeta dans une broussaille et se coucha à plat ventre.

La broussaille était auprès d'une de ces routes sablées que les Anglais tracent circulairement dans leurs jardins et dans leurs parcs.

Nizam prêtait l'oreille à un bruit lointain.

Le bruit se rapprocha et devint plus distinct.

C'était le trot de plusieurs chevaux et le grincement des roues d'une voiture sur le sable.

Immobile, retenant son haleine, Nizam regardait au travers de la broussaille.

Et il vit une grande calèche découverte traînée par quatre chevaux, précédée par un piqueur et suivie par deux laquais vêtus de rouge, montés sur de vigoureux poneys d'Écosse.

La calèche passa tout près de Nizam.

Nizam put voir lord William assis en face de sir Archibald et de sa fille miss Anna.

L'Indien demeura couché jusqu'à ce que la calèche se fût éloignée.

Alors il se releva et reprit sa course vers le château.

Déjà les tourelles blanches, aux fenêtres encadrées de brique, apparaissaient au travers des arbres, et les blanches statues disséminées sur la pelouse tranchaient sur le vert sombre du feuillage aux yeux de Nizam, lorsqu'il s'arrêta encore.

Un jeune homme était assis devant le château, sur un banc, et lisait.

Nizam cessa de courir.

Il se prit à marcher péniblement, comme un homme accablé de fatigue.

Puis il alla droit au jeune homme qui lisait.

Sir Évandale leva la tête.

— La charité, s'il vous plaît? demanda Nizam en tendant la main.

Sir Évandale lui donna une couronne.

Nizam jeta un regard furtif autour de lui.

— Je crois que nous sommes seuls? dit-il tout bas.
— Oui. Tout le monde fait sa sieste au château.
— Alors nous pouvons causer.

Et le faux mendiant continua à se tenir respectueusement debout devant le jeune gentilhomme.

Nizam souleva la draperie et sir Evandale poussa un cri d'horreur. (Page 60.)

— Que venez-vous m'apprendre? demanda alors sir Evandale.
— Que tout est prêt.
Sir Evandale tressaillit.
— Les galériens sont arrivés...
— Ah!
— Et la vipère aussi.
Ce disant, Nizam entr'ouvrit la méchante houppelande dont il était couvert et montra la boîte de fer-blanc suspendue à son cou.
— Sir George, dit alors sir Evandale ému, je vous somme de me refaire le serment que vous m'avez déjà fait.
— Plaît-il? fit Nizam.
— Jurez-moi que la morsure de cette vipère n'est point mortelle.
— Je te le jure, dit Nizam; mais si mon serment ne te suffit pas, va-t'en demain au bourg de Pembleton.
— Et puis?
— Et puis, demande à voir les galériens et on te montrera celui que la vipère bleue a mordu, tu verras qu'il est plein de vie.

— C'est bien, je vous crois.
— Maintenant, reprit Nizam, voici le cas de nous souvenir du proverbe : *Aide-toi, le ciel t'aidera!*
— Vous voulez dire l'enfer, ricana sir Evandale.
— Va pour l'enfer, répondit Nizam.
— Qu'attendez-vous de moi?
— Écoute, ton frère est allé reconduire sir Archibald et miss Anna?
— Oui.
— Quand reviendra-t-il?
— Il dînera chez eux et ne reviendra que fort tard.
— Est-il possible d'aller de ta chambre dans la sienne sans être rencontré?
— Oui, en passant par la bibliothèque du château.
— Alors attends-moi ce soir dans ta chambre.
— A quelle heure?
— A huit heures du soir, quand la nuit sera venue.
— Et c'est par le même chemin que vous viendrez?
— Oui, par l'arbre qui me sert d'escalier.
Sir Evandale fit un signe d'assentiment.

Nizam s'éloigna.

. . . .

Le soir, en effet, sir Evandale était dans la chambre, dont il avait laissé la fenêtre ouverte.

Le feuillage de l'arbre s'entr'ouvrit, et Nizam sauta lestement sur l'entablement de la croisée et de l'entablement dans la chambre.

— Lord William n'est pas rentré encore? demanda-t-il.

— Non.

— Alors, allons!

Sir Evandale était un peu pâle et sa voix tremblait.

Un moment même il murmura :

— Ah! je ne veux pas!

— Imbécile, répondit Nizam, tu n'aimes donc plus miss Anna?

Ces paroles mordirent sir Evandale au cœur.

— Allons! dit-il d'une voix sourde.

Et il ouvrit une porte qui donnait dans une galerie convertie en bibliothèque.

Au bout de cette galerie, il y avait une autre porte qui ouvrait sur la chambre du jeune lord.

Et les deux misérables se glissèrent sans bruit dans la chambre.

Puis sir Evandale souleva un peu la courtine du lit.

Alors Nizam approcha la boîte de fer-blanc et l'ouvrit.

Un sifflement se fit entendre.

La vipère se glissa dans le lit, et la courtine retomba sur elle.

Et, quelques minutes après, Nizam se sauva en disant :

— A demain!

Et sir Evandale, la sueur au front, murmura :

— Je serai lord!...

XXX

JOURNAL D'UN FOU DE BEDLAM

XVI

Deux heures après la disparition de Nizam, lord William rentrait à New-Pembleton.

Sir Evandale l'attendait dans le grand salon du rez-de-chaussée.

Lord William rayonnait.

— Ah! mon cher frère, dit-il en lui sautant au cou, je suis en vérité le plus heureux des hommes!

— J'en suis ravi, mon frère, dit sir Evandale avec une pointe d'ironie.

— Miss Anna m'aime, poursuivit lord William.

Sir Evandale ne répondit pas.

Le jeune lord continua d'un ton enthousiaste :

— Elle m'aime, et elle m'a fait ses confidences ce soir.

— Vraiment! dit sir Evandale.

— Sir Archibald nous avait laissés seuls, poursuivit lord William, et nous étions sous un berceau de verdure, dans le parc de leur habitation.

Miss Anna a placé sa petite main dans la mienne, poursuivit lord William et elle m'a dit alors :

— Je veux vous parler.

Et comme je la regardais avec étonnement, presque avec inquiétude :

— Milord, a-t-elle continué, je ne veux pas devenir votre femme sans que vous ayez lu au fond de mon cœur. Milord, je vous aime, non parce que vous êtes un gentilhomme de haute race, non parce que vous siégerez au Parlement. Je vous aime pour vous, uniquement pour vous, parce que vous êtes bon, parce que le son de votre voix remplit mon âme d'une douce extase.

Et comme je portais sa main à mes lèvres et la couvrais de baisers, miss Anna poursuivit :

— Je veux vous dire aussi, milord, que je n'ai jamais fait aucun des petits calculs honteux de mon père.

— Quels calculs? demandai-je un peu étonné.

— Mon père, poursuivit miss Anna, est fort riche, mais il est de petite noblesse, à peine esquire.

— Oh! qu'importe!

— Et il est excessivement flatté de l'honneur de votre alliance. Tandis que moi...

Elle s'arrêta rougissante.

— Achevez, miss Anna, lui dis-je.

— Tandis que moi, poursuivit-elle, je voudrais que vous fussiez pauvre, d'origine obscure...

— Chère Anna!

Et je l'ai serrée dans mes bras.

— Ah! mon cher frère, ajouta lord William, comme les quinze jours qui me séparent encore de mon bonheur vont me paraître longs...

Sir Evandale était muet.

— Pardonnez-moi, ajouta lord William. Les hommes heureux sont égoïstes; ils ne savent parler que d'eux. Mais vous, mon cher frère, vous serez heureux aussi, et si j'en crois sir Archibald, la femme que nous vous destinons...

— Ah! ne parlons pas de cela, mon frère, dit sèchement sir Evandale, il n'y a aucune comparaison à établir entre nous.

— Comment cela? demanda sir William.

— Sans doute. Vous aimez miss Anna...

— Oh! de toute mon âme.

— Puis-je savoir, si belle qu'elle soit, si j'aimerai jamais la fille du nabab?

Et sir Evandale soupira.

Lord William eut alors comme un remords de lui avoir parlé de son bonheur.

— Mon cher frère, lui dit-il, je vais me coucher. Les douces émotions de la journée m'ont brisé. Bonsoir, et encore une fois pardonnez-moi.

— Je vais vous accompagner jusqu'à votre chambre, dit sir Evandale.

Et il reconduisit lord William.

Les fenêtres de la chambre à coucher du jeune lord étaient grand ouvertes.

Sir Evandale voulut les fermer.

— Oh! laissez-les ainsi, dit sir William.

— Vous ne craignez donc pas l'air de la nuit?

— Non. Au contraire, j'ai toujours trop chaud. Nous avons un été brûlant, mon frère.

— Alors, bonne nuit, dit sir Evandale.

Et il se retira.

Mais, en sortant, il avait jeté un regard furtif vers le lit.

La courtine était en ordre et rien ne trahissait la présence du reptile qui s'était endormi sans doute dans quelque pli des draps.

. . . .

Une heure après, le valet de chambre de lord William, qui couchait dans une pièce voisine entendit un grand cri.

Un cri d'angoisse, un cri de douleur.

Ce cri partait de la chambre de lord William.

Le valet se leva en toute hâte et passa chez son maître.

Il vit alors le jeune lord debout, au milieu de la chambre, tenant dans sa main crispée la vipère qu'il avait étouffée.

Mais le reptile l'avait cruellement mordu au visage auparavant, et quelques gouttes de sang découlaient le long de la joue.

Lord William était comme fou.

Il jeta enfin la vipère, et le valet mit le pied dessus et l'écrasa.

Puis il appela au secours.

Les domestiques accoururent, et avec eux sir Evandale.

Lord William continuait à pousser des cris et disait :

— Je suis un homme perdu !

On courut chercher le médecin du bourg.

Celui-ci arriva en toute hâte et déclara que la morsure de la vipère était venimeuse, mais non mortelle.

Il lava la plaie, la cautérisa et fit recoucher lord William.

Sir Evandale, pendant ce temps-là, se lamentait et attribuait l'événement à l'imprudence de lord William, qui s'était mis au lit la fenêtre ouverte.

Une fièvre ardente s'était emparée de ce dernier.

Bientôt cette fièvre se compliqua d'un accès de folie, et il ne prononça plus que des paroles incohérentes.

Son visage enflait à vue d'œil et devenait noir.

Cependant, il eut encore un éclair de raison, et il prononça le nom de miss Anna.

— Qu'on prévienne miss Anna et sir Archibald ! ordonna sir Evandale.

Un domestique partit à cheval.

Au point du jour, sir Archibald et miss Anna arrivaient.

La jeune fille poussa un cri d'horreur.

Lord William était méconnaissable.

La tête, enflée, n'avait plus visage humain ; la peau des joues se détachait par lambeaux, la langue était tuméfiée, les lèvres violettes, les yeux éteints.

Le médecin commença à hocher la tête et à déclarer que lord William était perdu.

. . . .

Sir Evandale avait quitté la chambre du malade.

Peut-être était-il sous l'influence du remords.

Il courait tête nue devant lui, allant à l'aventure, lorsque Nizam bondit tout à coup hors d'une broussaille. Nizam avait un sourire hideux aux lèvres.

— Eh bien ? fit-il.

— Vous m'avez trompé, dit sir Evandale.

— Comment cela ? demanda Nizam.

— Lord William va mourir.

— Je te jure qu'il ne mourra pas.

— Cependant... le médecin...

— Le médecin est un âne, dit froidement Nizam ; maintenant, prends garde de te trahir, car tu es bouleversé par l'épouvante, et écoute-moi, si tu veux être lord, si tu veux épouser miss Anna.

Ce nom rendit tout son sang-froid à sir Evandale.

— Parlez, dit-il.

Alors Nizam tira une bougie de sa poche.

— Prends cela ! dit-il.

— Pourquoi faire ?

— Ce soir tu la mettras dans ton bougeoir.

— Bon ! Et puis ?

— Et puis tu iras tenir compagnie à sir Archibald et à sa fille qui voudront, très-certainement, passer la nuit dans la chambre de lord William. Et tu poseras ton bougeoir sur la cheminée.

— Je ne comprends pas...

— Tu n'as pas besoin de comprendre, dit Nizam en riant. Tu verras... Au revoir...

Et l'Indien disparut au travers des arbres.

XXXI

JOURNAL D'UN FOU DE BEDLAM

XVII

La journée fut terrible.

Lord William fut en proie à une fièvre ardente d'abord, puis la fièvre fit place à un abattement profond.

Il avait les yeux fermés, respirait à peine et, quand vint le soir, son visage n'était plus reconnaissable.

On avait télégraphié à Londres pour appeler les plus célèbres médecins de l'Angleterre.

Mais arriveraient-ils à temps ?

Sir Archibald et sa fille s'étaient installés auprès du malade.

Miss Anna pleurait à chaudes larmes.

Sir Evandale avait, lui aussi, fort bien joué son rôle.

Il avait témoigné une très-grande douleur et refusé de prendre aucune nourriture.

Sir Archibald lui avait plusieurs fois tendu la main, et miss Anna s'était même jetée dans ses bras en l'appelant « mon cher frère. »

Vers le soir, lord William parut un moment sortir de sa torpeur.

Il prononça même quelques mots qui semblaient dénoter que la raison lui revenait.

L'espoir revint au cœur de miss Anna.

En même temps, sir Evandale fronça plusieurs fois le sourcil.

Il ne savait plus trop, si lord William revenait à la raison, comment Nizam tiendrait sa promesse.

Enfin, après un repas pris à la hâte et du bout des dents, sir Archibald et sa fille s'installèrent pour la nuit dans la chambre de lord William.

Peu après, sir Evandale les rejoignit.

Le jeune gentilhomme avait son bougeoir à la main et il le posa sans affectation sur la cheminée.

Une heure s'était à peine écoulée, que sir Evandale commença à deviner les projets de Nizam.

Une odeur singulière et fétide s'était répandue dans la chambre.

Etait-ce lord William qui répandait cette odeur et, vivant encore, entrait en décomposition cadavérique ?

Sir Archibald et miss Anna le pensèrent, mais ils restèrent bravement à leur poste.

Sir Evandale, lui, comprit que c'était sa bougie qui brûlait.

Et bientôt il se sentit la tête lourde et un violent besoin de dormir.

Cependant, il lutta contre ce sommeil léthargique le plus longtemps possible, et il eut le temps de voir sir Archibald et, sa fille fermer les yeux presque en même temps, et un peu après eux, le valet de chambre de lord William, qui était demeuré dans la chambre pour servir son maître et lui donner les potions prescrites par le médecin, s'endormit pareillement.

A son tour, sir Evandale ferma les yeux.

Mais, presque aussitôt après, il éprouva une brusque secousse, suivie d'une étrange sensation de fraîcheur.

Et, ouvrant les yeux, il sentit son visage tout mouillé.

Sir Evandale n'était plus dans la chambre de lord William.

Il se trouvait dans la sienne, couché tout vêtu sur son lit.

Un homme était auprès de lui.

Cet homme, on le devine, c'était Nizam.

Nizam lui passait sur le visage une éponge imbibée de vinaigre anglais.

Et sir Evandale, regardant, lui dit :

— Que s'est-il donc passé ?

— Lève-toi, dit Nizam.

Sir Evandale se dressa sur son lit et sauta ensuite lestement à terre.

Il n'éprouvait plus qu'une légère lourdeur de tête.

— Viens avec moi, lui dit Nizam.

Et il ouvrit cette porte qui donnait sur la galerie convertie en bibliothèque, laquelle conduisait, on le sait, à la chambre de lord William.

Nizam entra le premier dans cette chambre.

— Regarde, dit-il.

Miss Anna, sir Archibald, le valet de chambre dormaient profondément.

Lord William, immobile sur son lit, ne donnait plus signe de vie.

— Oh ! fit Nizam, nous pouvons parler. Le bruit du canon ne les réveillerait pas, et si nous restions longtemps ici, tu t'endormirais de nouveau.

— Ah ! dit sir Evandale, vous m'avez trompé, mon frère est mort.

— Non, il dort.

— Vous ne me trompez pas ?

— Approche-toi et mets la main sur son cœur.

Sir Evandale obéit.

Le cœur de lord William battait.

Alors sir Evandale regarda Nizam :

— Eh bien ? fit-il.

— Regarde encore.

Et l'Indien lui montra, dans un coin de la chambre, quelque chose que, tout d'abord, sir Evandale n'avait point aperçu.

Ce quelque chose avait la forme d'un corps humain recouvert par une draperie.

Nizam souleva cette draperie, et sir Evandale jeta un cri d'horreur.

Il avait devant lui un cadavre.

Mais un cadavre hideux et dont le visage méconnaissable aussi ressemblait maintenant à celui de lord William.

Nizam souriait.

— Crois-tu qu'on les prendra l'un pour l'autre, maintenant ? dit-il.

— C'est-à-dire, répondit sir Evandale, que s'ils étaient couchés côte à côte, je ne pourrais dire lequel est mon frère.

— Ah ! tu vois bien.

— Mais... il est mort, celui-là ?

— C'est le galérien qu'on portait sur un mulet.

— Et il est mort ?

— Oui.

— Vous voyez donc bien, dit sir Evandale un peu ému, que la morsure de la vipère bleue est mortelle.

— Tu te trompes.

— Ah !

— Percy et moi nous l'avons tué.

— Comment ?

— On lui a versé deux gouttes d'acide prussique dans un verre d'eau.

Sir Evandale regardait toujours attentivement son frère endormi et le galérien mort.

— Allons ! dit Nizam, aide-moi.

Et il s'approcha du lit, découvrit lord William, le prit à bras-le-corps et le posa tout endormi sur le parquet.

Puis, sir Evandale et lui prirent le cadavre et le couchèrent dans le lit.

— Et maintenant, dit sir Evandale, qu'allez-vous faire de mon frère ?

— Tu vas m'aider à le transporter hors du château.

— Comment ?

— Nous allons le porter dans ta chambre, d'abord.

— Bon !

— Deux hommes ont posé une échelle contre la fenêtre et m'attendent au bas.

— Quels sont ces deux hommes ?

— Le lieutenant Percy et le garde-chiourme John.

— Mais, dit encore sir Evandale, une fois hors de cette atmosphère, il s'éveillera ?

— Sans doute !

— Et alors...

— Ne t'ai-je pas dit qu'il serait fou pendant plusieurs semaines ?

— C'est juste.

— Et dans plusieurs semaines, ajouta Nizam en riant, il sera loin de l'Angleterre, et quand la raison reviendra il fera route pour l'Australie.

— Et je serai lord, moi ?

— Tu seras lord.

Et Nizam, disant cela, chargea sur ses épaules lord William endormi et reprit le chemin de la galerie.

Sir Evandale le suivit.

La bougie était au trois quarts consumée, mais elle brûlait encore.

XXXII
JOURNAL D'UN FOU DE BEDLAM
XVIII

Sir Evandale revint dans la chambre de lord William.

La bougie brûlait encore.

Le jeune gentilhomme s'assit dans le fauteuil où il s'était endormi quelques heures auparavant.

— A présent, pensa-t-il, peu m'importe de redormir et même le plus longtemps possible.

J'aime autant que sir Archibald et sa fille s'éveillent avant moi.

En effet, si sûr de lui qu'il pût être, sir Evandale redoutait quelque peu le réveil de ces personnages que la baguette d'une fée avait tout à coup privés de sentiment.

Qu'arriverait-il quand on constaterait que lord William ou plutôt l'homme qui lui avait été substitué était mort?

Sir Evandale ne tarda pas à se rendormir sous l'influence des émanations narcotiques de la bougie.

Mais, la bougie éteinte, l'atmosphère se dégagea peu à peu, et sir Archibald, au bout d'une heure, s'éveilla à demi.

Seulement il suffoquait, il manquait d'air.

L'odeur fétide avait survécu à la bougie.

Sir Archibald fit un violent effort, se leva en chancelant, se traîna vers l'une des croisées et donna un coup de poing au travers des carreaux.

Une vitre vola en éclats.

En même temps, une bouffée d'air pur entra dans la chambre.

Ce fut instantané et magique.

Miss Anna s'éveilla, le valet de chambre aussi.

Seul, sir Evandale dormait encore.

Un demi-jour régnait dans la chambre.

Les premières clartés de l'aube luttaient avec la clarté d'une veilleuse placée sous un verre dépoli.

Miss Anna stupéfaite regardait son père.

Sir Archibald alla ouvrir les deux fenêtres.

Puis il revint vers sa fille.

Mais celle-ci jeta un cri terrible.

Une main sortait du lit.

Elle avait pris cette main et l'avait rejetée aussitôt.

Cette main était glacée.

Sir Archibald se pencha sur le cadavre.

— Mort, dit-il avec stupeur.

Le cri de miss Anna avait éveillé sir Evandale.

Il se leva, étira les bras, promena un regard stupide autour de lui et murmura :

— Que se passe-t-il donc?

— Votre frère est mort, dit sir Archibald. Il est mort pendant que nous dormions.

. . . .

Il se trouve toujours, à point nommé, un médecin pour expliquer à sa manière les choses les moins explicables.

Une heure après l'étrange réveil des hôtes du château, une des célébrités médicales qu'on avait appelées par le télégraphe arriva de Londres.

Ce prince de la science n'hésita pas à déclarer que le jeune lord Pembleton avait succombé à un empoisonnement particulier auquel il donna un nom latin.

Et il prétendit que le sommeil qui s'était emparé des personnes qui se trouvaient dans la chambre était dû aux exhalaisons morbides que lord William exhalait même de son vivant, la décomposition ayant précédé la mort.

Sir Evandale témoigna la plus violente douleur.

Il se frappait la tête contre le mur ; il voulait mourir à son tour. On eut toutes les peines du monde à le calmer.

Et le soir de ce jour, allant dans la campagne, à moitié fou, en apparence du moins, il arriva sur un petit monticule que contournait la grande route.

Un spectacle bizarre attira ses regards.

Une troupe d'hommes enchaînés gravissaient péniblement la colline.

Devant elle marchait le lieutenant Percy et le garde-chiourme John.

Derrière venait un mulet, sur lequel on avait couché un pauvre idiot qui n'avait plus visage humain.

Sir Evandale tressaillit.

Un pâtre, assis à quelques pas, vint auprès de la route pour voir les galériens de plus près.

Et, regardant sir Evandale, il lui dit :

— Ce sont des galériens, ils sont bien malheureux, mais le plus malheureux de tous, ce n'est pas ceux qui marchent, milord, c'est celui qu'on a couché sur le mulet, car il est fou.

Sir Evandale jeta une pièce d'or au pâtre et prit la fuite.

Et comme il descendait la colline, une voix railleuse lui cria :

— Milord, j'ai tenu une partie de mes promesses...

Sir Evandale se retourna :

Il vit un homme accroupi derrière une broussaille, un homme qui, lui aussi, avait vu passer les galériens.

Cet homme, c'était Nizam.

Et comme le jeune homme, pâle et la sueur au front, demeurait cloué au sol, Nizam bondit jusqu'à lui.

— Tu es lord aujourd'hui, dit-il, dans six mois tu auras épousé mis Anna.

Et Nizam disparut encore.

. . . .

Six mois après, miss Anna, pressée par son père, quitta le deuil de son fiancé lord William.

Sir Archibald tenait à marier sa fille à un lord.

Elle devint lady Evandale.

Le jour même, un homme qui était arrivé trop tard pour les funérailles de son maître, déclara à lord Evandale qu'il quittait son service.

Cet homme, c'était Tom.

Tom ne voulait pas servir le fils du crime.

Tom pleurait toujours lord William.

Le même soir, lord Evandale, après avoir conduit sa jeune femme dans la chambre nuptiale, descendit furtivement dans le parc.

Nizam, le faux Indien, Nizam qui s'était appelé sir George Pembleton autrefois, avait donné rendez-vous à son fils pour le féliciter.

Le rendez-vous était au pied même de cet arbre où Nizam avait attendu tant de fois sir Evandale.

Et sir Evandale devenu lord s'y rendit.

La lune éclairait le paysage.

Comme il approchait, lord Evandale aperçut Nizam.

Mais Nizam n'était point debout comme à l'ordinaire.

Nizam était couché.

Et Nizam paraissait dormir.

Lord Evandale l'appela.

Nizam ne répondit point.

Alors le jeune homme s'approcha et poussa un cri d'horreur.

Nizam était mort.

Nizam avait encore un couteau planté dans le cœur.

Et lord Evandale ayant arraché l'arme meurtrière de la plaie béante la reconnut.

C'était le couteau de chasse de Tom, le mari de Betzy.

XXXIII

JOURNAL D'UN FOU DE BEDLAM

XIX

Qu'était devenu Tom ?

C'était le matin même du jour où lord Evandale épousa miss Anna, la fille de sir Archibald, que Tom annonça à son jeune maître qu'il quittait son service.

Tom, on le sait, était à Londres quand eut lieu le fatal événement que nous venons de raconter.

Tom revint, pleura son maître et le crut réellement mort.

Lord Evandale paraissait même regretter si profondément son frère que Tom ne soupçonna pas un seul instant la vérité.

Cependant, un soir, quelque temps après son retour, Tom fut témoin invisible d'une chose étrange.

S'étant mis une nuit à la fenêtre de sa chambre donnant sur le parc, il vit un homme se glisser au travers des arbres.

Cet homme, c'était Nizam l'Indien.

Tom s'apprêtait à descendre pour chasser le mendiant, quand une porte du château s'ouvrit et un autre homme se glissa furtivement dans le parc.

Il faisait clair de lune et on y voyait comme en plein jour.

Tom reconnut dans la personne qui venait de sortir du château lord Evandale lui-même.

Tom le suivit des yeux.

Le jeune lord rejoignit l'Indien.

Et celui-ci le prit familièrement par le bras.

Ce fut pour le vieux serviteur toute une révélation.

Il ne devina point la vérité tout entière, mais il en devina une partie.

Nizam était Indien ; Nizam avait dû fournir la vipère bleue.

Et Nizam était le complice de lord Evandale.

Lord Evandale avait assassiné son frère.

Tom alors se mit à épier l'Indien.

Ce qu'il voulait, c'était la preuve du crime.

Cette preuve obtenue, Tom vengerait le malheureux lord William.

Cependant le frère de lait de lady Évelino ne soupçonnait point encore la véritable identité de Nizam.

Jusqu'alors, du reste, il s'était peu préoccupé du mendiant.

A partir de ce jour, Tom veilla.

Une nuit, à huit jours de distance, il suivit lord Evandale qui avait un nouveau rendez-vous avec Nizam.

A son tour, blotti dans une broussaille, Tom entendit lord Evandale et Nizam causer.

Et quand ils se furent éloignés, Tom se releva, la sueur au front.

Il savait maintenant qui était Nizam.

Nizam était le père de lord Evandale, c'est-à-dire sir George Pembleton.

Sir George dont on avait dressé l'extrait mortuaire à Calcutta, il y avait plus de quinze ans.

Tom ne pouvait plus douter de la complicité de lord Evandale, mais il y avait cependant une chose qu'il ne savait pas.

C'était que lord William n'était point mort.

Or donc, le jour où lord Evandale allait épouser miss Anna, Tom et Betzy quittaient son service.

Ils partirent en plein jour, dans un break de chasse, pour aller prendre à la station voisine le train de Londres.

Le domestique du château qui les conduisit les vit même prendre place dans le convoi.

Lord Evandale était donc persuadé qu'ils étaient partis.

Cependant Tom n'était point allé loin.

Il était descendu à la station voisine, et, laissant Betzy continuer sa route vers Londres, il était demeuré caché dans un fossé jusqu'à la nuit.

Tom avait surpris la veille un rendez-vous donné à Nizam par sir Evandale.

Tom se glissa dans le parc quand la nuit fut venue.

Puis il alla se blottir dans un buisson auprès de l'arbre où le faux Indien attendait souvent lord Evandale.

Les heures s'écoulaient.

Le château était encore plein de lumière et de bruit, et les nombreux invités n'étaient point partis encore.

Cependant Nizam arriva.

Il était pressé sans doute de voir son fils, car, s'étant assis au pied de l'arbre, il attachait sur le château un regard impatient.

Tout à coup un homme bondit auprès de lui.

C'était Tom.

Tom était armé d'un couteau.

Nizam était sans armes.

Tom le prit à la gorge.

Nizam voulut jeter un cri.

— Si tu appelles, tu es mort, dit-il.

L'Indien se débattait.

Tom lui dit :

— Je sais qui tu es. Tu ne te nommes pas Nizam. Tu es sir George Pembleton.

L'Indien eut un ricanement féroce.

— Ah ! tu m'as reconnu ? dit-il.

— Oui, et je sais que tu as tué lord William.

— Non, dit sir George.

— Misérable ! oses-tu donc nier ton crime ?

— Je ne nie pas, répondit Nizam. Je dis la vérité.

— C'est toi qui as apporté la vipère bleue.

— Oui.

— C'est toi qui l'as glissée dans le lit de lord William.

— Oui, dit encore Nizam.

— Et tu oses te défendre ?

— Je n'ai pas assassiné lord William.

— Infâme !

— Lord William n'est pas mort.

Tom jeta un cri et son émotion fut si grande qu'il faillit lâcher l'Indien.

— Lord William n'est pas mort, répéta Nizam. Mais quand tu sauras ce qu'il est devenu, tu regretteras qu'il soit encore au nombre des vivants.

Tom avait renversé Nizam sous lui.

Et lui appuyant son genou sur la poitrine, la pointe de son couteau sur la gorge, il lui dit :

— Parleras-tu, misérable?

— Ah! tu veux savoir?

— Oui.

— Et si je te dis où est lord William, me feras-tu grâce?

— Non.

— Eh bien! dit Nizam, je te dirai ce qu'il est devenu et ce sera ma vengeance!

Et Nizam, ricanant, l'écume à la bouche, raconta à Tom comment le forçat mort avait été substitué au noble lord vivant.

Et quand il eut fini son récit, il ajouta avec un éclat de rire diabolique :

— Mais il ne te sert de rien de savoir que lord William vit, car tu ne le retrouveras pas.

Mêlé aux convicts du Nouveau-Monde, il traîne parmi eux une vie misérable, sous le nom du forçat dont il a pris la place.

— Quel est ce nom? demanda Tom.

— Tu ne le sauras pas.

— Parle! ou je te tue!

— Non, dit Nizam qui cherchait à gagner du temps, car il espérait toujours que lord Evandale viendrait.

— Parle! répéta Tom.

— Non, non, je ne veux pas!

— Eh bien, meurs! dit Tom.

Et il lui plongea son couteau dans la poitrine.

Nizam mourut sans pousser un cri.

Alors Tom se releva :

— Je ne sais pas quel nom porte mon malheureux maître, murmura-t-il, mais qu'importe? La terre a beau être grande, Dieu m'aidera et je le retrouverai.

Et laissant son couteau dans la poitrine de Nizam, Tom prit la fuite.

XXXIV

JOURNAL D'UN FOU DE BEDLAM

XX

Tom se mit donc à la recherche du malheureux lord William.

Mais le monde est grand; et chercher un homme par le monde, quand on ne sait pas sous quel nom il se cache, est chose difficile, sinon impossible.

Tom se mit cependant à l'œuvre.

Il commença par rejoindre sa femme à Londres, et lui fit part des révélations suprêmes de Nizam.

Betzy était une femme de sens et d'intelligence.

Elle écouta Tom jusqu'au bout.

Puis, lorsqu'il eut terminé son récit, elle lui dit :

— Mon ami, il est deux choses qu'il faudrait savoir tout d'abord.

— Lesquelles? demanda Tom.

— D'abord, le nom du lieutenant qui conduisait le convoi des galériens.

— Et puis?

— Et puis de quelle ville d'Écosse venait le malheureux qui est maintenant enterré dans le cimetière du bourg de Pembleton, sous le nom de lord William.

— Tu as raison, dit Tom.

Il avait beaucoup de connaissances à Londres.

Entre autres un détective fameux auquel Scotland yard, c'est-à-dire la préfecture de police de Londres, avait confié les missions les plus délicates.

Tom alla le trouver.

Il lui confia le secret de l'existence de lord William.

En même temps, il lui mit dans la main un chèque de trois cents livres.

Le détective demanda huit jours.

Au bout de ce temps, il fit parvenir cette note au fidèle Tom :

« Un lieutenant de chiourme a passé, il y a sept mois, par le bourg de Pembleton.

« Il se nommait Percy et se rendait à Liverpool, où il conduisait un convoi de galériens.

« Il est probable qu'il s'est embarqué avec eux. »

Tom prit le chemin de fer et s'en alla à Liverpool.

Là, en compulsant les registres de la marine, il trouva en effet le nom de Percy, suivi de la qualification de lieutenant.

Percy s'était embarqué pour la Nouvelle-Zélande avec ses prisonniers.

Tom hésita alors.

S'embarquerait-il, lui aussi, ou bien, auparavant, chercherait-il à savoir le nom de ce galérien qu'on avait substitué à lord William?

Il s'arrêta enfin à ce dernier parti.

Tom prit la route de l'Écosse.

Il alla à Edimbourg, puis à Glascow, prenant des renseignements avec une adresse et une prudence inouïes.

Enfin il arriva dans la petite ville de Perth.

Là, on lui parla d'un événement mystérieux et inexplicable.

Un jeune homme du nom de Walter Bruce avait été condamné pour vol avec effraction à cinq années de déportation.

Ce jeune homme, détenu dans la prison de Perth, s'était couché un soir fort bien portant.

Le lendemain il s'était éveillé en jetant des cris affreux.

Il était fou furieux et son visage était devenu noir.

A ce portrait, Tom crut reconnaître le malheureux dont il recherchait le nom.

Mais son espérance devint une certitude lorsqu'on eut appris que le chiourme, en passant, l'avait emmené, si malade qu'il fût.

Et comme il ne pouvait marcher, on l'avait placé sur le mulet des bagages.

Tom vérifia les dates et acquit la conviction que le départ de Walter Bruce de la ville de Perth avait eu lieu cinq jours avant la mort de lord William.

Il s'agissait, maintenant, de retrouver Walter Bruce.

Tom revint à Londres.

Le fidèle serviteur n'était pas riche.

Quelques centaines de livres sterling, péniblement

...amassées au service de la famille Pembleton, étaient toute sa fortune.

Betzy lui dit :

— Je suis encore jeune, je suis forte. Je travaillerai. Emporte l'argent.

Huit jours après, Tom s'embarquait pour la Nouvelle-Zélande.

Il avait douze cents livres en chèques et banknotes dans une ceinture de cuir.

Les premiers mois de la traversée furent heureux.

Le navire qui portait Tom doubla sans encombre la pointe méridionale de l'Amérique et entra dans les eaux du Pacifique.

Un mois après il fit naufrage.

Il alla se heurter, par une nuit sombre et brumeuse, sur un rocher à fleur d'eau.

Une voie d'eau se déclara, et les pompes furent impuissantes à le sauver.

Au moment de couler à pic, le capitaine fit mettre les embarcations à la mer, et les passagers et les matelots s'y entassèrent tant bien que mal.

Alors commença pour le pauvre Tom une série d'aventures épouvantables.

Pendant dix-sept jours, le radeau qui le portait erra sur l'immensité des eaux, sans direction, sans boussole.

Les provisions s'épuisèrent, la famine vint; on s'égorgea pour se manger.

Le vingtième jour, la terre apparut.

Les malheureux firent des efforts inouïs et abordèrent enfin dans une île sauvage.

Les habitants de cette île étaient des nègres anthropophages.

Tom et ceux de ses compagnons d'infortune qui avaient survécu furent emmenés par les cannibales dans l'intérieur des terres.

Tom était d'une maigreur extrême.

Ce triste privilège lui sauva la vie.

Ses compagnons furent mangés.

Quant à lui, on essaya de l'engraisser, et comme on n'y pouvait parvenir, on le laissa vivre.

Il passa cinq ans au milieu des nègres, en butte aux plus mauvais traitements.

Enfin, un jour, un navire anglais relâcha dans cette île maudite.

Des nègres qui vinrent à bord vendre des fruits, du poisson et de l'huile de phoque, racontèrent qu'ils avaient un blanc parmi eux.

Le capitaine envoya des hommes à terre qui emmenèrent le pauvre Tom.

Le navire faisait voile pour l'Australie et devait toucher à la Nouvelle-Zélande.

Tom reprit courage.

Les nègres lui avaient laissé sa ceinture. Il avait donc encore de l'argent.

Un mois après, Tom, qui n'était plus qu'un fantôme, arriva à Auckland.

Il écrivit à sa femme qui sans doute le croyait mort.

Puis il se mit de nouveau à la recherche de lord William, ou plutôt du convict Walter Bruce.

Après plusieurs jours de recherches inutiles, Tom apprit qu'une centaine de déportés, qui avaient fini leur temps, avaient été dirigés sur l'Australie.

Walter Bruce était-il parmi eux?

Tom n'en savait rien.

Mais il se mit néanmoins en route, et il s'embarqua pour Melbourne.

Là, il commença ses investigations.

Il parcourut les cabarets, interrogea les matelots, questionna les convicts.

Personne ne pouvait lui donner des nouvelles de Walter Bruce.

Mais Tom ne se décourageait point.

Il avait quitté Melbourne pour Sydney, et il était logé dans une misérable hôtellerie quand il fit connaissance d'un Allemand qui se nommait Frantz Hauser.

Frantz était fort misérable.

Soupçonnant quelque argent à Tom, il lui demanda un secours, ajoutant qu'il avait été condamné injustement il y avait sept ou huit ans et transporté à la Nouvelle-Zélande.

— Avez-vous connu un déporté du nom de Walter Bruce? demanda Tom.

— Oui, certes, répondit Frantz, nous l'avions surnommé Milord.

Tom jeta un cri et prit vivement les mains de Frantz en lui disant :

— Parlez! parlez! dites-moi tout ce que vous savez sur lui !

XXXV

JOURNAL D'UN FOU DE BEDLAM

XXI

L'Allemand Frantz Hauser regarda Tom avec étonnement.

— Oui, dit-il, j'ai connu un convict qui se nommait Walter Bruce.

— Il répudiait ce nom, n'est-ce pas?

— Oui, et il disait qu'il était lord; aussi l'appelions-nous milord, mais par dérision, car nous savions bien...

— Vous ne saviez rien, dit Tom brusquement.

Frantz le regarda.

— Celui à qui vous donniez le nom de Walter Bruce était bien lord, en effet, poursuivit Tom; mais peu importe! Où l'avez-vous rencontré?

— Nous avons fait ensemble quatre ans de servitude pénale.

— Où cela?

— A la Nouvelle-Zélande, je vous l'ai dit.

— Et vous vous êtes séparés?

— Oui.

— Pourquoi?

— Mon temps était fini. On m'a rendu ma liberté et on m'a donné à choisir, retourner en Europe ou venir ici.

— Et Walter Bruce?

— Il doit avoir fini son temps aussi.

— Alors il est retourné en Europe?

— Je ne crois pas.

— Ah! fit Tom haletant.

— Je ne réponds pas, poursuivit Frantz, de l'exactitude absolue des renseignements que je vais vous donner. Cependant, écoutez toujours.

— Parlez, dit Tom, dont le cœur battait à rompre.

— Il y a fort peu de convicts qui retournent en

La nuit suivante, l'habitation fut assiégée par une nuée de démons noirs. (Page 71.)

Europe, leur temps fini; la plupart demandent à rester en Australie.

Les uns se font bergers, les autres travaillent aux mines; quelques-uns finissent même par faire fortune.

— Eh bien? fit Tom.

— Il y a six mois, poursuivit Frantz, j'étais à Melbourne et il y avait une grande foire de bestiaux.

Les bœufs et les moutons arrivaient par centaines et toute la ville était pleine de fermiers.

Je crois bien avoir vu ce jour-là, au milieu de la foule un homme qui ressemblait à Walter Bruce; j'ai même cherché à le joindre; mais la foule était si compacte que je l'ai bientôt perdu de vue.

— Eh bien! reprit Tom, en admettant que ce fût bien Walter Bruce que vous ayez vu, quelle conclusion en tireriez-vous?

— Celle-ci, que Walter Bruce est berger chez quelque fermier éleveur de bétail.

— En Australie?

— Sans doute.

— Mais dans quelle partie? l'Australie est grande comme un continent.

9ᵉ LIVRAISON.

— Oui, dit Frantz, mais il faut vous dire qu'à Melbourne il ne vient ordinairement que des troupeaux de l'ouest.

— C'est bien, dit Tom, je chercherai.

— Ce Walter Bruce était donc votre ami? fit l'Allemand.

— C'était mon maître.

— Hein! dit Frantz.

— Mon maître, un noble lord de la libre Angleterre, dit encore Tom.

— Comment un lord a-t-il pu être déporté?

— Oh! dit Tom, ceci est une trop longue histoire que je ne puis raconter aujourd'hui.

— Ah!

— Mais je vous ferai une proposition.

— Parlez.

— Vous êtes misérable?

— Je meurs de faim.

— Eh bien! voulez-vous gagner dix livres par mois!

Les yeux de l'ancien convict s'allumèrent.

— Dix livres! exclama-t-il.

— Oui.

— Que faut-il faire pour cela?
— Il faut m'accompagner et chercher avec moi Walter Bruce.
— Oh! je veux bien, dit l'Allemand.
— Et si nous le retrouvons, poursuivit Tom, vous aurez cinquante livres de gratification.
— Puisqu'il en est ainsi, fit l'Allemand, je suis prêt à vous suivre au bout du monde.

. . . .

Dès le lendemain, Tom et Frantz Hauser s'embarquèrent à Sydney pour Melbourne.

Justement il y avait une foire de bestiaux le surlendemain de leur arrivée.

Tom et son compagnon demeurèrent dans la ville.

Ils attendirent le jour de la foire, qui devait se prolonger pendant toute la semaine.

Tom parcourut toutes les auberges, il chercha dans toutes les rues.

Mais nulle part il ne trouva Walter Bruce.

Cependant Frantz retrouva, lui, un ancien convict devenu berger et qui avait connu Walter Bruce.

Il lui demanda des nouvelles.

— Oh! dit le convict, il y a des hommes qui ont du bonheur.

— Que veux-tu dire?

— Walter Bruce est de ce nombre.

Tom assistait à l'entretien; mais il ne soufflait mot. Son cœur battait à rompre sa poitrine.

— Walter Bruce est donc heureux? demanda Frantz.

— Très-heureux.

— Où est-il?

— A cent lieues d'ici, dans le nord-ouest.

— Tu l'as vu?

— Il y a six mois.

— Et que fait-il?

— Il était berger comme moi quand il est revenu de la Nouvelle-Zélande.

— Et maintenant?

— Maintenant il est fermier et il possède un troupeau à lui.

— Comment a-t-il donc fait pour en arriver là? demanda encore l'Allemand.

— Il a su plaire à la fille d'un riche fermier et il l'a épousée. Le fermier est mort peu de temps après, et Walter Bruce est riche, car sa femme était fille unique.

— Et tu peux nous indiquer au juste l'endroit où il est? demanda encore Frantz.

— Je puis faire mieux, dit le berger.

— Ah!

— Je suis sur une propriété qui n'est distante de la sienne que de quelques milles.

— Bon!

— Je m'en retourne demain, car mes bestiaux sont vendus. Venez avec moi.

— Et tu nous conduiras chez Walter Bruce?

— Oui.

Tom se sentait mourir de bonheur.

Dès le lendemain il se remit en route avec Frantz et le convict devenu berger.

On voyage lentement en Australie.

Les routes, mal tracées, sont sillonnées par des chariots traînés par des bœufs.

Il fallut dix jours aux voyageurs pour franchir les cent lieues qui séparaient Melbourne du pâturage sur lequel Walter Bruce était établi.

Le berger, en arrivant, conduisit Tom à l'habitation de son maître.

— Demain seulement, dit-il, je vous amènerai chez Walter Bruce, car nous ne pourrions aujourd'hui y arriver de jour. Et le pays est infesté de nègres voleurs.

Tom attendit donc le lendemain.

Mais, dès le point du jour, il se mirent en route.

Vers six heures du matin, le convict lui dit :

— Nous sommes encore loin de l'habitation, mais nous foulons déjà les terres de la ferme.

Enfin, vers midi, Tom aperçut une coquette maison blanche s'élevant au milieu de grands arbres.

— C'est là! dit le convict.

Tom sentit ses yeux s'emplir de larmes.

Et puis il se fit cette question :

— Voudra-t-il revenir en Europe maintenant?...

Et ce fut en chancelant, et pleurant comme un enfant, que Tom continua son chemin vers la maison qui, de loin, ressemblait à un nid de tourtereaux.

XXXVI

JOURNAL D'UN FOU DE BEDLAM

XXII

Rien n'était propre et coquet comme cette habitation perdue au milieu d'un océan de verdure.

Les bâtiments d'exploitation, les écuries, les étables étaient entourés de hautes murailles toutes blanches.

La maison de maître était au milieu, avec un jardin pour ceinture.

Tom et ses compagnons restèrent dans la cour principale.

Un petit mulâtre s'y trouvait.

L'ancien convict lui dit :

— Bonjour, Nathan.

— Bonjour, Tobby, répondit le petit mulâtre.

— Voici deux amis à moi, continua le berger, qui viennent rendre visite à M. Bruce.

— M. Bruce n'est pas à l'habitation, répondit le petit nègre.

Tom pâlit.

— Où est-il donc? fit Frantz Hauser.

— Oh! rassurez-vous, il n'est pas en voyage.

— Ah!

— Il est allé visiter un de ses troupeaux qui est parti à un mille d'ici.

— Et il rentrera bientôt?

— Certainement, il ne peut tarder.

— Nous l'attendrons, dit Tom.

— Mais mistress Bruce est à la maison, dit encore le petit nègre, entrez.

Tom hésitait.

— Venez donc, dit l'ancien convict.

Et il passa le premier.

Quelques serviteurs étaient éparpillés dans les cours et le jardin.

La porte de l'habitation était grande ouverte.

Tom vit devant lui un large vestibule plein de fleurs, au bout duquel se développait la volute d'un élégant escalier.

Au bruit de leurs pas, une porte s'ouvrit à droite sous le vestibule.

Une jeune femme leur apparut alors.

Elle avait dans ses bras un enfant à qui elle donnait le sein.

Derrière elle une jolie petite fille de quatre ans se montrait toute rougissante et levant sur les visiteurs de grands yeux étonnés.

Mistress Bruce, car c'était elle, connaissait Tobby.

— Bonjour, Tobby, lui dit-elle.

— Bonjour, madame, répondit le convict.

— Vous vouliez voir M. Walter?

Et, tout en posant cette question, elle jetait un regard curieux sur Frantz Hauser et sur Tom.

— Madame, répondit Tobby en montrant Tom, voici un gentleman qui a beaucoup connu votre mari.

La jeune femme tressaillit, une vive émotion s'empara d'elle, et elle murmura :

— Où donc cela ?

— En Angleterre, dit Tom vivement.

L'émotion de la jeune femme allait toujours croissant.

— En Angleterre? fit-elle.

— Oui, madame.

— Et... à Perth ?

— Oh ! non... à Pembleton castle.

Et Tom parlait avec des larmes pleins les yeux.

La jeune femme le regardait toujours.

— Qui donc êtes-vous? fit-elle enfin.

— Je me nomme Tom.

Elle jeta un cri.

— Tom! dit-elle, vous vous nommez Tom?

— Oui, madame.

— Ah ! mon Dieu !

Et elle chancelait et un tremblement nerveux s'était emparé de tout son corps.

Tom reprit:

— Oui, madame, je me nomme Tom, et je vois à votre émotion que sir Walter vous a souvent parlé de moi.

— Il m'en parle tous les jours encore, répondit-elle.

Et comme elle disait cela, on entendit retentir dans la cour le pas d'un cheval.

Tom se précipita au dehors.

C'était M. Bruce qui arrivait.

Tom s'approcha.

Lui aussi tremblait de tous ses membres, et ses jambes refusèrent de le porter longtemps.

Il fallut que Tobby le convict le soutînt.

M. Walter était un beau jeune homme de vingt-sept ou vingt-huit ans ; et son visage, bruni par le soleil, ne portait plus aucune trace des hideuses morsures de la pièvre bleue.

Il regarda Tom et ne le reconnut pas tout d'abord.

Tom avait maintenant les cheveux tout blancs.

— Quel est cet homme? demanda M. Walter en mettant pied à terre.

— Mon maître, mon bon maître, s'écria Tom, ne me reconnaissez-vous pas ?

M. Bruce jeta un cri.

— Tom! fit-il.

— Ah ! milord, dit Tom d'une voix brisée, je savais bien que je finirais par vous retrouver...

M. Bruce prit Tom dans ses bras et l'y tint longtemps serré.

Puis, avisant Frantz Hauser et Tobby, il leur tendit à chacun la main.

Et un triste sourire effleurant ses lèvres :

— Quand je vous disais que j'étais lord, fit-il, vous ne vouliez pourtant pas me croire !

Il dit à sa femme :

— Chère Lucy, emmenez donc ces braves gens à la salle à manger et faites-leur servir des rafraîchissements et une collation. Moi, j'ai hâte de me trouver seul avec mon cher Tom.

Et il prit le vieux serviteur par le bras et entra dans la maison.

Tom tremblait toujours et il fondait en larmes.

Et lorsqu'ils furent seuls, M. Bruce l'embrassa de nouveau et lui dit :

— Tu me cherchais donc ?

— Il y six ans que j'ai quitté l'Angleterre, répondit Tom, et sans ces maudits sauvages...

— Quels sauvages?

— Oh ! milord, mes souffrances ne sont rien auprès de celles que vous avez endurées.

— Tom, dit M. Bruce, avant de vous dire mon histoire, je veux savoir la vôtre.

M. Walter parlait avec autorité.

— Je vous obéirai, milord, répondit Tom.

Et il raconta comment il avait quitté l'Angleterre pour se mettre à la recherche de l'infortuné lord William.

— Tom, dit alors M. Bruce, il y a une chose que je n'ai jamais pu m'expliquer.

— Laquelle, milord ?

— J'ai perdu la mémoire pendant plus d'une année et j'ai été fou, m'a-t-on dit.

— Ah! fit Tom.

— Le dernier événement de mon ancienne vie dont je me souvienne est celui-ci. Je venais de me mettre au lit, dans ma chambre de New-Pembleton, lorsque je jetai un grand cri. Quelque chose de froid se promenait sur ma figure et j'éprouvais une vive douleur.

— Et puis?

— Je ne me rappelle rien de plus, après cela.

— Ah ! fit Tom.

— Un matin, je me suis comme éveillé d'un long rêve. J'avais une chaîne rivée à la cheville et je travaillais dans une mine d'argent.

De hideux compagnons m'entouraient.

Je me mis à vous appeler, Tom.

— O mon Dieu, fit le vieux serviteur en levant les yeux au ciel.

— Mes compagnons se mirent à rire.

— Ignorez-vous donc qui je suis? m'écriai-je.

— Tu es Walter Bruce, me répondit-on.

— Vous vous trompez, répondis-je. Je me nomme lord William Pembleton.

Mes compagnons de servitude rirent de plus belle.

Et comme je m'indignais, un surveillant s'approcha et me dit:

— Est-ce que tu vas redevenir fou, par hasard?

— Fou ! m'écriai-je.

Il me tourna le dos, et comme j'avais suspendu mon travail, je reçus le soir six coups de corde.

Pendant huit jours, je criai, je m'indignai, j'en

appelai à la justice des hommes et à celle de Dieu. Efforts inutiles !

Ceux à qui je racontais que j'étais lord me répondaient que j'étais Walter Bruce, natif de Perth, en Écosse, et que j'avais été condamné à cinq de servitude pénale.

Ici, M. Bruce s'arrêta un moment, comme accablé sous le poids de ses souvenirs.

Tom pleurait toujours...

XXXVII
JOURNAL D'UN FOU DE BEDLAM
XXIII

Enfin M. Bruce reprit :
— J'étais pourtant bien sûr de mon identité.

Les souvenirs de ma jeunesse me revenaient en foule, et tout à coup mon cœur se prit à battre et mes lèvres murmurèrent un nom :

« Miss Anna ! »

Après mille efforts, je parvins jusqu'au commandant militaire de notre colonie pénitentiaire et je le suppliai de m'écouter.

Il y consentit.

Je voulus alors lui raconter que je n'étais pas Walter Bruce, mais bien lord William.

Il m'écouta froidement, sans m'interrompre.

Puis il chercha mon dossier, le lut et me répondit :

— Vous vous nommez bien Walter Bruce, vous êtes âgé de vingt ans. La cour criminelle de Perth vous a condamné à la déportation.

Tandis que vous étiez détenu dans la prison de Perth, vous avez été atteint d'une maladie étrange, et votre visage s'est défiguré à ce point qu'on a pu croire que vous étiez perdu.

En même temps vous êtes devenu fou.

Votre folie a duré plusieurs mois.

Il a fallu vous transporter de Perth à Liverpool sur un mulet, car vous étiez dans l'impossibilité de marcher.

Embarqué sur un transport de la marine royale, votre folie a continué.

Ce n'est qu'en arrivant ici que la lèpre qui couvrait votre visage s'est détachée.

Alors vous êtes devenu plus calme, et on a pu croire que votre folie était dissipée.

J'étais atterré en entendant ces paroles.

Cependant j'eus de tels élans de franchise, un tel accent de vérité, je lui parlai si bien de mes relations d'autrefois, je coordonnai si parfaitement mes souvenirs, que sa conviction en fut ébranlée.

— Eh bien ! me dit-il, je consens à écrire en Angleterre et à demander de nouveaux renseignements.

Pendant un an j'eus un grand espoir.

Vous deviez me chercher, Tom, je le sentais.

Il était impossible que mon frère ne fût pas ému de ma disparition.

Tom ne répondit pas.

Un an après, le commandant me fit appeler.

— Eh bien ! me dit-il, êtes-vous devenu plus raisonnable ?

Cette question me fit froid au cœur.

— J'ai écrit en Angleterre, me dit-il.

— Et on vous a répondu ?
— Oui.

Il me tendit alors une lettre.

Elle était signée *lord Evandale Pembleton*.

Et c'était bien la signature de sir Evandale, mon frère.

Il écrivait au gouverneur de la Nouvelle-Zélande :

« Monsieur le gouverneur,

« J'ai eu, en effet, un frère aîné, lord William.

« Lord William est mort à New-Pembleton, il y a aujourd'hui deux années.

« Il a succombé à la morsure d'un reptile venimeux.

« Je vous adresse son acte mortuaire dressé par le shériff du comté et signé de noms trop honorables pour qu'on puisse mettre en doute l'authenticité de ce document.

« Mon beau-père, sir Archibald M... me donne le conseil d'adresser une plainte au lord chief-justice, afin que le misérable qui ose usurper le nom de mon malheureux frère soit châtié. »

— Eh bien ! me dit le commandant, persistez-vous encore dans vos assertions ?

Je ne répondis pas et baissai la tête.

J'avais compris.

— Ah ! fit Tom.

— Mon frère m'avait pris mon titre, ma fortune et ma fiancée.

Par quel moyen était-il arrivé à son but ?

Voilà ce que j'ignore et ignorerai probablement toujours, ajouta M. Bruce avec un soupir.

— Je le sais, moi, dit Tom.

— Tu le sais ?

— Oui.

Et Tom, essuyant ses larmes, reprit :

— Vous souvenez-vous du mendiant Nizam

— Le vieil Indien ?

— Oui. Ce misérable...

— Eh bien !

— Eh bien ! Nizam a été le complice de votre frère.

— Qu'avais-je donc fait à ce malheureux ?

Tom eut un rire amer :

— Savez-vous donc quel était cet homme ? dit-il.

— Non.

— C'était sir George Pembleton, le misérable qui avait trahi votre noble père et déshonoré lady Eveline, votre mère.

— Ah ! fit M. Bruce pâlissant.

— Bon chien chasse de race, dit encore Tom. Sir Evandale est son digne fils.

Et alors Tom raconta à M. Bruce ce qui s'était passé et ce que nous savons déjà.

— Mais, dit M. Bruce, lorsque tu eus tué ce misérable, pourquoi n'as-tu rien dit à mon frère ?

— Je voulais vous retrouver auparavant.

— Et il a épousé miss Anna ?

— Je suis parti de New-Pembleton le jour du mariage.

Alors Tom fit le récit de la triste odyssée et de son séjour chez les nègres cannibales.

Et quand il eut fini :

— Je le vois, dit M. Bruce, quand le gouverneur

Sur le banc, un homme jeune encore, dont le visage décèle de longues souffrances... (Page 72.)

de la Nouvelle-Zélande a écrit en Angleterre, tu l'avais déjà quittée.
— Oui.
M. Bruce demeura un instant silencieux.
Puis il reprit :
— A partir du jour où le gouverneur m'avait communiqué la lettre de sir Evandale, je me résignai.
Mes compagnons d'infamie continuaient à m'appeler milord par dérision. Mais moi je ne me vantai plus d'appartenir à la haute aristocratie anglaise.
Les années passèrent.
Un beau jour on m'apprit que j'avais subi ma peine et que j'étais libre.
— Bruce, me dit le gouverneur en me remettant un petit pécule, le fruit de mon dur labeur de cinq années, Bruce, vous avez à choisir : ou être rapatrié en Angleterre, ou rester ici, ou bien encore être conduit en Australie, où vous trouverez du travail.
J'optai pour ce dernier parti.
On m'embarqua pour Melbourne.

J'y arrivai un jour de foire.
Un fermier du nord-ouest m'engagea comme berger et m'emmena dans son habitation.
C'était le père de miss Lucy.
Les souffrances, la rude vie que j'avais menée, le contact des êtres dépravés qui m'entouraient, n'avaient pu effacer chez moi ma distinction native.
Ici, mon ami, se place un roman d'amour trop long à te raconter.
J'avais oublié miss Anna.
Je commençai à soupirer en voyant miss Lucy.
— Et vous l'aimâtes ?
— Comme elle m'aima et comme elle m'aime.
Au bout de deux ans, j'avais conquis la confiance et les bonnes grâces du fermier.
Il me prit un peu à part et me dit :
— Vous aimez ma fille et elle vous aime. Soyez donc unis. En Angleterre, un pareil mariage serait monstrueux. Mais en Australie on est indulgent. Et puis vous m'avez raconté votre histoire, et j'y crois.
— Et c'est ainsi, acheva M. Bruce, que je suis de-

venu le mari de miss Lucy, que j'ai succédé à son père et que je suis heureux.

— Mais, milord, s'écria Tom, vous n'allez pas rester ici, maintenant?

— Si, mon ami.

— Vous renonceriez à revendiquer vos droits?

— A quoi bon? fit celui qui s'était nommé lord William, et qui n'était plus que sir Bruce, le fermier australien.

— Mais c'est impossible!

— Je suis heureux, répéta le jeune homme.

Et comme il disait cela, sa belle jeune femme entra, tenant un de ses enfants par la main et portant l'autre suspendu à son sein.

— Regarde... dit M. Bruce à Tom; que me manque-t-il donc?

XXXVIII

JOURNAL D'UN FOU DE BEDLAM

XXIV

Tom passa plusieurs mois à l'habitation, priant et suppliant chaque jour M. Bruce de se souvenir qu'il s'appelait lord William de son vrai nom.

— Revenez en Angleterre, milord, disait-il, il faut que vous repreniez votre nom et que vous entriez en maître dans le château de vos ancêtres.

Mais M. Bruce répondait :

— Non, mon ami, je suis heureux ici, et j'y resterai.

Tom se désespérait.

— Ecris à ta femme de venir nous rejoindre, disait encore M. Bruce.

Mais Tom ne renonçait pas à convaincre son ancien maître.

— Il faut que vous reveniez en Angleterre, disait-il, il le faut.

Et M. Bruce lui disait encore :

— Ecoute-moi bien, mon pauvre Tom.

— Parlez, maître.

— Je suppose que je suive tes conseils.

— Ah! vous les suivrez!

— Nous revenons en Angleterre.

— Bon.

— Et nous nous présentons à mon frère.

— Il faudra bien qu'il vous reconnaisse!

— Non-seulement il s'y refusera, mais il m'accusera d'être un imposteur.

— Oh! nous lui prouverons bien...

— Que veux-tu que je lui prouve? J'ai maintenant un état civil. Je suis Walter Bruce, un convict libéré et pas autre chose.

— Ah! disait encore Tom, qui ne voulait pas se rendre à ce raisonnement, si sir Evandale refuse de vous reconnaître, il y a quelqu'un qui vous reconnaîtra sûrement.

— Qui donc?

— Miss Anna.

Un nuage passait alors sur le front de lord William.

Et il disait encore :

— Non. Je n'aime plus miss Anna, du reste, j'aime ma femme.

Tom paraissait vaincu et ne disait plus rien.

Mais le lendemain il revenait à la charge.

Enfin, un événement inattendu lui donna la victoire.

En Australie, les fortunes se font rapidement.

Elles sont quelquefois détruites plus rapidement encore.

Le vieux monde a créé là un peuple tout neuf.

Un peuple d'aventuriers, de criminels repentis et ayant subi leur châtiment.

On y a hâte de faire son chemin, et l'activité humaine y est sans limites.

Galérien de bord, convict ensuite, puis libéré, l'homme travaille aux mines et y fait sa fortune très-vite; ou bien il se fait berger, et pour peu qu'il soit actif et intelligent, il a bientôt franchi la ligne de démarcation qui sépare l'ouvrier du patron, le pâtre gagé du fermier propriétaire de troupeaux.

La fortune de ce dernier est excessivement incertaine et soumise à des bouleversements subits.

La veille, le fermier s'est couché riche. Il a cent mille moutons qui broutent les herbes salées, dix-huit lieues carrées de pays qu'il a choisies pour domaine, car l'Angleterre concède la possession du sol à quiconque a su le conquérir.

Le lendemain il s'éveille ruiné.

Comment s'est accompli ce phénomène?

L'Australie est infestée de nègres fugitifs qui ont quitté les colonies, où ils étaient esclaves, pour venir vivre de vol, de brigandage et d'incendie dans cette île grande comme un continent.

L'autorité a même créé contre eux une légion de nègres soumis qu'on appelle la *gendarmerie noire*.

Cette troupe, quoique très-redoutée et rendant de grands services, est néanmoins impuissante à protéger les colons de l'intérieur.

Les nègres marrons, comme on appelle les insoumis, se contentent ordinairement de voler quelques bestiaux.

Mais s'ils croient avoir à se plaindre gravement d'un fermier, alors ils organisent contre lui une véritable expédition.

Une nuit, l'habitation est cernée.

Elle a pourtant de hautes murailles le long desquelles règne un fossé profond.

Elle est défendue par cent cinquante serviteurs, tous dévoués à celui qui est devenu leur maître.

Un troupeau de chiens énormes et demi sauvages fait bonne garde dans les cours et aux portes des étables.

Mais les nègres arrivent par centaines.

Quelquefois même par milliers.

Et si l'habitation est éloignée de toute autre, si de prompts secours n'arrivent pas, le fermier est perdu.

Il est vrai que les nègres lui laisseront quelquefois la vie sauve, mais ils mettront le feu à la maison, à ses bâtiments, couperont les arbres, empoisonneront les fontaines, tueront le bétail qu'ils ne pourront pas emporter.

Alors tout sera à recommencer.

La terre, en Australie, n'a de valeur que par les bras qui la cultivent et les troupeaux qui broutent son herbe salée.

Les serviteurs disparus, les troupeaux dispersés, le fermier n'est plus qu'un pauvre diable.

Un pareil malheur devait arriver à Walter Bruce.

Il avait pourtant toujours vécu avec les nègres en assez bonne intelligence.

Quand ils rôdaient autour de son habitation, il leur envoyait du pain, de la viande et de l'eau-de-vie.

Et les nègres respectaient ses troupeaux et l'appelaient même le *bon blanc*.

Mais un roman d'amour vint gâter toutes ces bonnes dispositions.

Il arriva que le chef d'une horde redoutable de ces bandits, nommé Kukuren, devint amoureux d'une jeune mulâtresse qui était servante à l'habitation.

Il l'aima et osa même venir la demander en mariage à M. Bruce.

Celui-ci lui répondit :

— Adresse-toi à elle. Si elle veut te suivre, je ne m'y opposerai pas.

Le chef fut repoussé.

La mulâtresse avait horreur des nègres marrons.

Il jura de se venger.

Quelques jours après, par une nuit sombre, il pénétra en escaladant les murailles dans l'habitation, arriva jusqu'à la chambre de sa bien-aimée et l'enleva.

Mais la mulâtresse jeta des cris.

Un des bergers du fermier s'arma d'un fusil, se mit à la fenêtre, vit un nègre qui s'enfuyait, l'ajusta et fit feu.

Le nègre tomba mortellement atteint.

Et comme le nègre c'était Kukuren, un chef puissant, M. Bruce comprit qu'il était perdu.

En effet, dès la nuit suivante, l'habitation fut assiégée par une nuée de ces misérables que les fermiers australiens ont surnommé les démons noirs.

Ce fut un siége et une bataille.

M. Bruce se défendit vaillamment.

Mais ses serviteurs tombèrent un à un sous les flèches empoisonnées des nègres.

En même temps ceux-ci mirent le feu à l'habitation.

Barricadé avec sa femme, ses enfants et une poignée de serviteurs, M. Bruce se défendait encore, lorsque enfin la *gendarmerie noire* arriva.

Les nègres prirent la fuite.

M. Bruce eut la vie sauve.

Mais il était désormais ruiné.

Tom avait conservé cette fameuse ceinture que les cannibales n'avaient pas songé à lui enlever.

Tom avait encore sept ou huit cents livres.

C'était plus qu'il n'en fallait pour revenir en Europe.

Et Tom, regardant son maître, lui dit avec un accent de triomphe :

— Oh ! il faudra bien maintenant que vous consentiez à redevenir lord Pembleton.

— Hélas ! répondit M. Bruce, si j'étais seul, je resterais ici, et j'essayerais de reconstituer ma fortune : mais j'ai une femme et des enfants, et la misère m'effraye pour eux.

— Enfin ! s'écria Tom.

. . . .

Un mois après, Walter Bruce, sa femme, ses deux enfants et Tom s'embarquaient à Melbourne, sur un navire qui faisait voile pour l'Angleterre.

Huit jours auparavant, Tom avait écrit à Betzy :

— Nous arrivons enfin. Dans six mois, lord William sera à Londres.

Et Tom quitta l'Australie le cœur plein d'espoir, tandis que Walter Bruce versait des larmes, et songeait à cette habitation perdue dans le désert des prairies, sous le toit de laquelle il avait vécu heureux si longtemps.

XXXIX

JOURNAL D'UN FOU DE BEDLAM

XXV

Retournons à Londres maintenant.

Nous sommes en plein été.

C'est-à-dire pendant la *saison*.

Londres, si brumeux en hiver, a ses jours d'été pleins de soleil et d'air pur.

Alors la coupole de ses édifices resplendit de mille rayons ; ses rues sont joyeuses, ses parcs et ses squares sont remplis d'une foule qui paraît heureuse de vivre.

Hyde-Park surtout est superbe en ces moments-là. Les équipages, les cavaliers, les piétons se croisent dans tous les sens.

Bien après le coucher du soleil, Hyde-Park est encore rempli par la foule.

Tendres fiancés roucoulant tout bas la romance éternelle du premier amour, enfants bruyants jouant aux bords de la Serpentine, vieillards rajeunis par le soleil et femmes vaporeuses rêvant du ciel d'Italie et des lointains bleus que baigne la Méditerranée.

Tout cela va et vient, circule, aspire à pleins poumons la brise du soir qui succède à une chaleur brûlante. Tout cela paraît heureux.

Il est huit heures du soir ; un dernier rayon du jour glisse encore sur le feuillage sombre des grands arbres.

Une jeune femme, tenant un enfant par la main et suivie de deux grands laquais, se promène au bord de la rivière.

C'est celle qui se nommait jadis miss Anna et qui a nom aujourd'hui lady Evandale Pembleton.

L'enfant qu'elle mène par la main est son fils.

Depuis quelques minutes cependant, lady Pembleton paraît inquiète.

Elle a remarqué qu'un homme la suivait à distance.

Quel est cet homme ?

Elle l'ignore.

Ou du moins elle n'a pu le voir d'assez près.

Cependant sa mise et sa tournure sont celles d'un gentleman.

En outre, il a les cheveux tout blancs.

Mais son obstination à suivre la jeune femme a fini par effrayer celle-ci.

Tout à coup le gentleman paraît prendre son parti.

Et, devançant les deux laquais, il s'approche de lady Pembleton, le chapeau à la main.

Lady Pembleton a, tout d'abord, un geste d'effroi.

Mais le gentleman lui dit :

— Milady, ne me reconnaissez-vous pas ?

Et lady Pembleton jette un cri.

— Tom ! dit-elle.

— Oui, milady.

— Tom! le serviteur fidèle du pauvre lord William.
— Lui-même, milady.
— Je vous croyais mort.
— Vous le voyez, milady, je suis vivant, bien vivant, dit Tom.

Lady Pembleton le regarde avec une sorte de stupeur.

Tom reprend :
— Milady, j'arrive d'Australie.
— Ah! vraiment? dit-elle.
— Et j'arrive tout exprès pour vous voir.
— Moi?
— Vous, milady.
— Ce n'est donc point le hasard qui nous met en présence.
— Non, milady; il y a huit jours déjà que je rôde aux environs de votre hôtel.
— Pourquoi n'être point entré?
— Parce que je voulais vous voir seul à seul milady.
— Ah!

Et lady Pembleton redevient inquiète.
— Milady, reprend Tom, nul ne doit entendre ce que je veux vous dire.
— Votre ton mystérieux m'effraye, Tom.
— Il faut absolument que je cause avec vous quelques minutes, milady.
— Eh bien! marchez à côté de moi, Tom, et parlez. Nous sommes presque seuls en ce moment et personne ne nous entendra.
— Milady, j'ai un secret à vous confier.
« Un secret qui vous eût comblé de joie il y a quelques années.
— Ah!
— Et qui maintenant va remplir votre cœur d'une douloureuse tristesse.
— Vous m'effrayez, Tom.
— Milady, poursuivit Tom, je vous l'ai dit, j'arrive d'Australie.
— Eh bien?
— J'ai rencontré là-bas un homme qui se souvenait de vous, qui songeait à vous bien souvent.
— Qui donc peut songer à moi en Australie? demanda lady Pembleton impassible.
— Il se nomme Walter Bruce.
— Ce nom m'est inconnu, Tom.
— Soit, mylady; mais avant de porter ce nom, il en avait un autre.
— Lequel?
— Il se nommait lord William Pembleton.

Lady Pembleton jette un cri.
Puis elle regarde Tom avec stupeur :
— Êtes-vous fou? dit-elle.
— Non, milady, je ne suis pas fou.
— Vous savez pourtant bien que lord William est mort?
— Je l'ai cru comme vous, milady.
— Et moi je l'ai vu mort, Tom.
— Ce n'est pas lord William que vous avez vu mort, milady.
— Ah!
— C'était un galérien nommé Walter Bruce.
— Ah! mon pauvre Tom, dit alors lady Pembleton, je vois bien que le chagrin que vous avez éprouvé de la mort de votre pauvre maître a dérangé votre cerveau.
— Non, milady, je n'ai pas le cerveau dérangé; non, milady, je ne suis point fou.
— Cependant...
— Et je vous supplie de m'écouter...

Lady Pembleton réprime un geste d'impatience.
Puis elle regarde autour d'elle.
Ils sont seuls.
Les deux laquais, voyant la noble dame causer familièrement avec le gentleman, se tiennent respectueusement à distance.
— Soit, dit-elle enfin, parlez.
— Milady, je vous le répète, lord William n'est pas mort.

Lady Pembleton ne répond pas.
— Oh! reprend Tom, vous me croirez quand vous saurez tout.

Et Tom raconte à lady Pembleton tout qu'il sait, tout ce qu'il a vu, tout ce qu'il a fait.

Lady Pembleton, cependant, paraît incrédule.
— Ah! dit alors Tom avec un accent de triomphe, quand vous l'aurez vu, il faudra bien que vous le reconnaissiez.
— Quand je l'aurai vu?
— Oui.
— Mais il n'est donc pas en Australie?
— Il est à Londres.

Lady Pembleton devient toute pâle.
— A Londres! il est à Londres, cet homme?
— Cet homme que vous aimiez, que vous avez pleuré!
— Et je le verrai!
— Vous le verrez.

Et comme Tom parle ainsi, ils se trouvent tous deux à un détour de la rivière.

Un banc est adossé à un saule.

Sur ce banc est un homme, jeune encore, quoique son visage porte les traces de longues souffrances.

Et voyant approcher lady Pembleton, cet homme se lève.
— Miss Anna, dit-il.

Lady Pembleton tressaille.
— Le voilà, dit Tom.

Lady Pembleton contemple froidement Walter Bruce.

Puis, se tournant vers Tom.
— Mon pauvre ami, dit-elle, cet homme ressemble vaguement à lord William, en effet, mais ce n'est pas lui. Lord William est mort.

Walter Bruce jette un cri et s'enfuit.

Et Tom l'entend s'écrier :
— Pourquoi donc suis-je vivant? Je savais bien qu'elle ne me reconnaîtrait pas!

XL

JOURNAL D'UN FOU DE BEDLAM

XXVI

Dans la cité, auprès de Saint-Paul, il y a une rue qu'on nomme *Pater-Noster* street.

C'est la rue des libraires.

Mais les libraires n'en forment pas uniquement la population.

Il y a un peu de tout : des ouvriers et des négo-

Cinq cents livres, ce serait beaucoup pour un autre que pour vous, dit le révérend. (Page 78.)

ciants, des petits rentiers et de pauvres employés.

Et je trouve dans Pater-Noster, au n° 17, un solicitor.

Le solicitor, à Londres, est un avoué-avocat.

Il étudie les causes et il les plaide ensuite.

Le solicitor gagne beaucoup d'argent.

D'abord il se fait payer cher, — ensuite il éternise les procès.

Le client entré riche chez lui en sort ruiné le plus souvent.

Seulement, il a fini par gagner son procès.

Il y avait donc à Londres, dans Pater-Noster, au n° 17, un solicitor.

Ce solicitor avait nom M. Simouns.

La basoche anglaise lui rendait hommage.

C'était un homme d'un grand talent.

Chacune de ses paroles valait une guinée au bas mot, et, pour un solicitor, il était vraiment expéditif.

M. Simouns était un homme jeune encore.

Grand, légèrement obèse, les cheveux rares sur les tempes, absents sur le crâne, le visage encadré par de beaux favoris châtains, les lèvres minces, l'œil

d'un bleu pâle, le teint rosé, le menton creusé d'une fossette.

Tel était M. Simouns.

Il avait de la bonhomie et de la majesté tout à la fois.

Un bourg l'avait porté à la Chambre des communes, mais M. Simouns avait décliné cet honneur.

— Je n'ai pas assez de fortune encore, avait-il dit, pour consacrer mon temps aux affaires publiques.

M. Simouns vous menait quelquefois une affaire très-rondement. Les échos de la cour de Drury-Lane retentissaient encore des sons harmonieux de son éloquence à la fois pathétique et violente.

M. Simouns avait défendu un Irlandais compromis dans les derniers événements du fénianisme, et il l'avait fait acquitter.

Ce qui avait surtout ému et charmé le peuple de Londres, c'est que l'Irlandais n'avait pas dix pence dans sa poche et que M. Simouns avait plaidé pour rien.

Il est vrai qu'en bon Anglais qu'il était, M. Simouns savait ce que vaut la réclame.

10ᵉ LIVRAISON.

Or donc, un matin, M. Simouns arriva dans Pater-Noster.

A Londres, tout homme d'affaires ou de loi qui se respecte a ses bureaux, son étude, son cabinet dans une rue populeuse et commerçante, mais il demeure à la campagne.

Il habite à deux ou trois lieues du centre quelque jolie maison avec un jardin donnant lui-même sur un square.

M. Simouns arrivait dans Pater-Noster à onze heures et retournait chez lui pour dîner.

Donc, M. Simouns descendit de son cab, et il allait pénétrer dans une petite allée assez noire, assez humide, qui donnait accès dans sa maison, lorsqu'un homme, qui paraissait l'attendre depuis longtemps déjà, fit un pas vers lui, ôta son chapeau et dit poliment :

— Pardon, monsieur Simouns.

L'homme était proprement vêtu.

M. Simouns le regarda.

Et son regard semblait dire :

— Il me semble que j'ai déjà vu ce gaillard-là. Mais où?

— Vous ne me reconnaissez pas, je le vois, monsieur Simouns, dit cet homme.

— En effet... cependant... il me semble...

— Il y a près de dix ans que nous ne nous sommes vus.

— Oh! alors...

L'inconnu poursuivit :

— J'étais déjà un client de votre cabinet, quand vous n'en étiez encore que le maître clerc.

— En vérité! fit M. Simouns

— J'étais chez lord Pembleton et je me nomme Tom; c'est moi qui venais vous apporter les affaires de mon noble maître.

— Ah! fort bien, dit M. Simouns, je me souviens maintenant. Oui, oui, je vous reconnais.

— Monsieur Simouns, je désirerais vous entretenir un moment d'une affaire excessivement importante.

— Montez dans mon cabinet, en ce cas.

Et M. Simouns précéda Tom, qui le suivit.

Tom ne souffla pas mot jusqu'au moment où il fut installé dans le cabinet particulier du solicitor.

— Êtes-vous toujours au service de la noble famille Pembleton? demanda alors M. Simouns.

— Oui et non, répondit Tom.

M. Simouns le regarda.

— J'ai quitté le service de sir Evandale, poursuivit Tom, mais je suis toujours le serviteur de lord William.

Comme il était notoire pour tout le Royaume-Uni que lord William était mort et que sir Evandale avait succédé à son frère, M. Simouns regarda Tom et se demanda s'il n'avait pas affaire à un fou.

Mais Tom parlait avec conviction, et il n'y avait aucun indice de folie ni dans son regard, ni dans son attitude, ni dans l'accent de sa voix.

— Pardon, fit M. Simouns, il faut vous expliquer plus clairement, mon ami.

— C'est ce que je vais faire, si vous voulez bien m'écouter.

— Parlez.

Le solicitor est un homme patient par nature et par état. Esprit pratique avant tout, il sait que, dans le récit le plus désordonné, le plus embrouillé d'un client, il y a toujours un côté qui peut être utile à la défense, et que les meilleures causes ne sont pas celles qui semblent les plus claires.

— M. Simouns, dit alors Tom, M. Goldery, votre estimable prédécesseur, était fort dévoué à sir Evandale Pembleton, le père de lord William. C'était un très-honnête homme, M. Goldery.

— Et je me vante d'être aussi honnête que lui, dit M. Simouns avec calme.

— C'est parce que j'en suis persuadé, poursuivit Tom, que je suis venu vous voir.

— Je vous écoute; parlez, répéta M. Simouns.

Un homme de loi est une manière de confesseur; on doit lui tout dire, et il doit tout entendre.

Tom ne passa rien sous silence.

Il raconta l'histoire de sir George Pembleton, le crime abominable dont il s'était rendu coupable.

Ce crime, on le sait, avait eu pour conséquence la naissance de sir Evandale.

Tom raconta donc tout ce qui s'était passé : les alarmes de lady Eveline, l'enfance de lord William et de son frère sir Evandale, enfin le drame mystérieux et terrible qui s'était accompli à New-Pembleton, et qui avait eu pour résultat la substitution du galérien Walter Bruce mort à lord William vivant.

Puis, quand il eut fini, il regarda M. Simouns.

Celui-ci lui dit :

— Tout ce que vous venez de me raconter est vrai, sans doute, mais excessivement invraisemblable. Maintenant, admettons que je le tienne pour vrai, en quoi puis-je vous servir !

— Vous pouvez soutenir les prétentions de lord William.

— Quelles prétentions?

Et M. Simouns eut un sourire qui fit frissonner Tom.

— Mais, dit le pauvre homme, c'est bien simple pourtant. Lord William, n'étant pas mort, entend rentrer dans la possession de son nom, de ses titres et de son immense fortune.

— Voilà qui est impossible.

— Et pourquoi cela?

— Parce qu'aux yeux de la loi lord William est mort et que son acte de décès est en règle.

— Mais en prouvant la substitution?...

— Comment le pouvez-vous?

— En racontant ce qui s'est passé.

M. Simouns haussa les épaules.

— On ne vous croira pas.

— Cependant...

— Un seul homme pourrait offrir un témoignage de quelque valeur dans cette affaire, poursuivit M. Simouns.

— Quel est cet homme?

— C'est le lieutenant de chiourme qui s'est rendu le complice de sir George Pembleton.

— Oh! dit Tom, je le trouverai, cet homme.

— Mais ce témoignage, il ne le donnera pas.

— Il faudra bien qu'il parle!

M. Simouns haussa les épaules.

Puis, après un moment de réflexion, il ajouta :

— Avant tout, il faut être pratique. A votre tour, écoutez-moi, monsieur Tom.

— Parlez, dit Tom, qui semblait plein de foi dans la justice de sa cause.

XLI

JOURNAL D'UN FOU DE BEDLAM

XXVII

M. Simouns reprit donc :
— Celui que vous appelez votre maître et qui peut bien, après tout, être réellement lord William, a été convict, me dites-vous?
— Oui, monsieur, répondit Tom.
— Il y a près de dix années, selon vous qu'il aurait quitté l'Angleterre?
— A peu près.
— Par conséquent, il est méconnaissable pour quiconque n'a pas intérêt à le reconnaître.
— Hélas!
— Donc votre maître se présentera à lord Evandale et lord Evandale haussera les épaules. Il sera reçu de la même manière, sans doute, par la femme du lord.
— S'il faut tout vous dire, monsieur, fit Tom vivement, mon maître a déjà vu lady Pembleton.
— Ah!
— Et elle ne l'a pas reconnu.
— Raison de plus, poursuivit M. Simouns, pour que vous acceptiez mes propositions.
— Parlez, monsieur.
— Il m'est facile de deviner que votre maître et vous revenez d'Australie presque sans ressources.
Tom ne répondit pas.
— Lord Evandale est fabuleusement riche. On l'amènerait, j'en suis certain, à une transaction.
— De quelle transaction voulez-vous parler? fit Tom avec vivacité.
— D'une transaction comme celle-ci, par exemple répliqua M. Simouns.
Lord William consentirait à conserver le nom de Walter Bruce, à retourner en Australie.
— Mais...
— Et lord Evandale lui donnerait trente, quarante, cinquante mille livres.
— Vous êtes fou, monsieur Simouns, dit Tom froidement.
— Ah! vous croyez?
— Mon maître ne veut renoncer à aucun de ses droits.
— Il veut être lord?
— Oui.
— Et rentrer dans la possession pleine et entière de sa fortune?
— Certainement.
— C'est vous qui êtes fou, et lui encore plus fou que vous, monsieur Tom, dit le solicitor.
— Oh! monsieur...
— Et je vais vous le prouver, poursuivit M. Simouns; un seul homme, je vous l'ai dit, le lieutenant de chiourme Percy, pourrait rendre un témoignage digne de foi.
— Je trouverai cet homme, je vous le jure! dit Tom.
— Mais, je vous le répète, cet homme se gardera bien d'éventer la vérité...
— Oh! il faudra...
— Et, le fît-il, continua M. Simouns, cela ne nous avancerait pas à grand'chose.
— Pourquoi?
— Parce que le témoignage d'un chiourme, c'est à dire d'un homme aussi bas placé dans l'échelle sociale, n'inspire qu'une médiocre confiance, et je vous le répète, ajouta M. Simouns, cet homme est le seul qui pourrait, à la rigueur, quelque chose.
— Je le retrouverai, répéta Tom.
— Maintenant, dit encore le solicitor, en supposant que vous retrouviez le lieutenant Percy et qu'il consente à parler, vous supposez, n'est-ce pas, que tout est pour le mieux?
— Dame!
— Vous êtes tout à fait dans l'erreur.
— Ah! fit Tom.
— Le lord chief-justice ne se mêlera point de la chose. Lord Evandale est pair; il siège au Parlement; il faut, pour le poursuivre, une autorisation de la Chambre haute. La Chambre y consentira-t-elle? Il est peu probable.
Vous n'aurez donc alors contre lord Evandale que le recours d'un procès.
Et, vous le savez, monsieur Tom, les procès coûtent cher en Angleterre. Pour mon compte, dit M. Simouns, je ne me chargerais pas d'entreprendre celui-là qu'on ne me versât un cautionnement de dix mille livres.
— Dix mille livres! exclama Tom.
— Pour le moins.
— Deux cent cinquante mille francs de France!
— Et encore, ajouta M. Simouns, je ne rentrerais peut-être pas dans les déboursés de la procédure.
— Mais c'est épouvantable qu'il faille tant d'argent pour reprendre ce qui vous appartient! dit Tom.
— Je ne dis pas non, mais cela est ainsi.
— Mais alors...
— Alors, croyez-moi, votre maître fera bien de se résigner.
— A quoi?
— A une transaction.
— Jamais! dit Tom.
— Comme vous voudrez, fit M. Simouns. Seulement, prenez garde...
Tom le regarda.
— Lord Evandale, poursuivit M. Simouns, est dans une situation que je considère comme inexpugnable.
— Bon! fit Tom.
— Si tout ce que vous m'avez dit est vrai, c'est un homme peu scrupuleux.
— Eh bien?
— Et si vous voulez faire du scandale, il ne reculera devant rien.
— Nous sommes sur le sol de la libre Angleterre! dit Tom avec fierté.
M. Simouns haussa les épaules.
Tom se leva et dit à M. Simouns :
— Je vois, monsieur, je m'étais fait une illusion en comptant sur votre appui.
— Monsieur Tom, répondit le solicitor, je suis encore à votre disposition et à celle de lord William pour amener lord Evandale à une transaction.
— Nous ne voulons pas de transaction, fit Tom avec colère. Adieu, monsieur Simouns.

— Au revoir, monsieur Tom.
Et le solicitor reconduisit Tom jusqu'à la porte de son cabinet.
— Nous nous reverrons, lui dit-il.
— Je ne crois pas, monsieur.
— Et moi j'en suis sûr.
Tom partit.
Il descendit Pater-Noster, puis Sermon-Lane et arriva au bord de la Tamise.
Là il prit le penny-boat de Sprinfields, et passa de l'autre côté dans le Borough.
Puis, une fois sur la rive droite du fleuve, il prit à pied le chemin d'une rue bien connue des lecteurs de cette histoire, Adam street.
C'était dans Adam street que demeurait Betzy, la femme de Tom.
C'était dans la même maison que Tom avait logé lord William, sa femme et ses deux enfants, à leur retour d'Australie.
Tom était désespéré.
Il n'entra point tout d'abord chez lord William. Il monta tout droit chez sa femme.
— Eh bien? demanda-t-elle.
Tom secoua la tête.
— Ces gens de lois n'ont pas d'entrailles, dit-il.
Et il lui raconta son entretien avec M. Simouns.
— Cet homme a raison jusqu'à un certain point, lui dit Betzy ; mais j'ai un autre espoir, moi.
— Lequel?
— Tout à l'heure, reprit Betzy d'un ton de mystère, je suis sortie pour aller au marché.
— Bon! fit Tom.
— Et je me suis croisée avec une femme à pied, le visage couvert d'un voile épais et qui semblait chercher quelque chose.
— Et cette femme?...
— Elle a la tournure et la démarche de miss Anna.
— De lady Pembleton?
— Oui.
Tom tressaillit.
— Et je crois bien, ajouta Betzy, qu'elle cherche voir lord William.
Ce disant, Betzy s'approcha de la fenêtre et regarda dans la rue.
Puis, tout à coup :
— Tiens, dit-elle, la voilà... regarde!
Tom s'approcha vivement de la fenêtre, et à son tour il regarda dans la rue.

XLII
JOURNAL D'UN FOU DE BEDLAM
XXVIII

Tom regarda, lui aussi, dans la rue.
En effet, on voyait une femme qui errait, les yeux levés, et semblait chercher quelque chose.
— Oui, dit-il, c'est elle, c'est bien elle !
Tout à coup cette femme traversa la rue et s'en gouffra dans l'allée étroite de la maison.
Alors Tom dit à sa femme :
— Attends-moi, je vais à sa rencontre.
Et il se précipita dans l'escalier.
La femme qui montait et Tom qui descendait se rencontrèrent sur le palier du second étage.

— Milady? dit Tom tout bas.
La femme releva son voile.
— Je vous cherchais, dit-elle.
Et elle parut toute tremblante et comme honteuse d'avoir pénétré dans ce bouge.
Milady Pembleton, car c'était elle, prit alors le bras de Tom et lui dit tout bas :
— Je suis venue à l'insu de lord Evandale.
— Ah! fit Tom.
— Je voudrais revoir celui que vous dites être lord William.
— Il est ici, dit Tom.
— Dans cette maison?
— Tenez, voilà la porte du logis qu'il habite.
— Et... il est... seul?
— Non, dit Tom, il est avec sa femme et ses enfants.
— Ses enfants?... sa femme?...
Elle prononça ces mots avec un accent étrange.
L'émotion qui l'agitait parut se calmer subitement.
— Eh bien! dit Tom, montez au-dessus chez moi. Betzy et moi nous sortirons et je vous enverrai milord.
Lady Pembleton eût voulu s'en aller peut-être en ce moment, et elle se repentait certainement de sa démarche.
Mais il était trop tard.
Tom la prit par le bras et la fit monter.
Puis il alla chercher lord William.
Lord William fut profondément ému en apprenant que lady Pembleton le venait voir.
— Elle ne m'a pas reconnu l'autre jour, disait-il, mais certes elle me reconnaîtra aujourd'hui.
Ses jambes fléchissaient sous lui quand il entra dans la chambre de Tom.
Celui-ci fit un signe à sa femme, et tous deux sortirent.
Lady Pembleton était demeurée debout son voile baissé.
Quand Tom et Betzy furent sortis, elle le releva.
Tous deux, lord William et elle, se contemplèrent un moment en silence.
Tous deux hésitaient à parler.
Enfin lady Pembleton fit un effort suprême et dit:
— Monsieur, j'ai absolument voulu vous revoir.
— Vous me reconnaissez, milady, je le vois bien, dit lord William.
Elle ne répondit pas à cette question et dit encore:
— Nous sommes bien seuls ici, n'est-ce pas, monsieur?
— Absolument seuls.
— Personne ne peut nous entendre?
— Personne.
— J'ai voulu vous voir, reprit-elle pour me mettre entièrement à votre service.
— Ah ! fit-il en tressaillant.
— Monsieur, continua lady Pembleton, j'ai vu lord William mort, et cependant vous me dites qu'il est vivant.
— C'est moi.
— Soit ! dit-elle, admettons-le.
— Que voulez-vous dire, milady?
— Je vous supplie, dit-elle humblement, de m'écouter jusqu'au bout.

— Parlez !
— Je vous ai donc cru mort, et Dieu sait si je vous ai pleuré.

En parlant ainsi, elle avait des larmes dans les yeux.

— Je vous ai pleuré, reprit-elle, et durant plusieurs mois, j'ai refusé d'entendre parler d'une autre union. Je voulais vivre et mourir fiancée à un mort. Mais mon père me tourmentait, lord Evandale m'aimait. J'ai courbé la tête ; vaincue, j'ai obéi à mon père.

— Après ? fit lord William.

— J'ai fini par aimer cet homme que je n'avais d'abord épousé que par soumission. Il m'a rendue mère, et j'étais la plus heureuse des femmes quand vous êtes tout à coup apparu dans ma vie, vous que je croyais mort. Vous me voyez à votre merci, monsieur. Je viens vous supplier de ne pas faire de scandale, de ne pas troubler la paix dont je jouis, de ne pas engager une lutte inutile, insensée.

— Mais, milady, dit sir William, votre époux m'a dépouillé.

— Nous sommes prêts tous les deux à faire des sacrifices.

— Plaît-il ? fit lord William avec hauteur.

— Il vous sera bien difficile, sinon impossible, de prouver que lord William n'est pas mort.

— Oh ! je le prouverai, dit lord William.

— Alors, à votre tour, vous dépouillerez votre frère et vous couvrirez de honte le nom de Pembleton.

— Pourquoi donc, milady, puisque vous parlez ainsi, fit lord William avec amertume, êtes-vous venue ici ?

— Pour vous proposer une transaction.

— Voyons ?

— Vous quitterez Londres, vous retournerez en Australie, vous garderez ce nom de Walter Bruce, qui est le vôtre maintenant.

— Et que me donnerez-vous en échange ? demanda lord William avec ironie.

— Autant d'or que vous voudrez.

Lord William se prit à sourire.

— Ce que vous me demandez là est impossible, dit-il.

Elle ne se déconcerta point.

— Qu'exigez-vous donc ? fit-elle.

— A votre tour, écoutez-moi, milady.

Lady Pembleton attendit.

— J'ai autant que vous le souci de l'honneur du nom de Pembleton, milady. Vous me proposez une transaction, je vous en offre une autre.

— Voyons ? dit-elle.

— Un homme dont l'identité n'a point été établie, sir George, mon oncle, connu jadis sous le nom de Nizam, a été la cause première de tous mes malheurs. Pourquoi ne serait-il point le seul coupable ?

— Je ne comprends pas, dit-elle.

— Pourquoi sir Evandale, mon frère, ne reconnaîtrait-il pas qu'il a été trompé par cet homme ?

— Et puis ?

— Et ne me reconnaîtrait-il pas, moi, pour son frère ? Nous partagerions la fortune. Il garderait le titre de lord ; mais je veux être Pembleton.

— Ce que vous demandez là est impossible, monsieur.

— Ah ! vous croyez ?

— Oui, dit lady Pembleton sourdement. Le droit d'aînesse existe en Angleterre.

Lord William eut un mouvement de colère.

— Prenez garde, milady, dit-il.

— Monsieur, répliqua lady Pembleton avec un accent glacé, vous dites être lord William ?

— Oh ! vous le savez bien.

— Il vous faudra le prouver.

— Je le prouverai, milady.

— Alors, dit-elle, ce jour-là, lord Evandale vous rendra vos titres, votre nom et votre fortune.

Et elle fit un pas vers la porte.

Lord William fit un geste pour la retenir.

Mais elle ouvrit la porte et dit :

— Si vous étiez le vrai William, celui qui m'aimait, et que j'ai tant aimé, vous m'eussiez tenu un autre langage.

Adieu, monsieur, nous ne nous reverrons que devant la justice.

Et elle sortit majestueusement et la tête haute.

Lord William poussa un cri sourd.

— Et, cependant, fit-il, accablé et cachant sa tête dans ses mains, elle m'a reconnu !

XLIII

JOURNAL D'UN FOU DE BEDLAM

XXIX

Le soir même de ce jour, trois personnes tenaient conseil dans l'hôtel Pembleton.

Les trois personnes étaient lord Evandale, lady Pembleton sa femme, et sir Archibald, son beau-père.

Sir Archibald n'était plus ce gentilhomme magnifique, affectueux et courtois que nous avons connu au début de cette histoire.

Il est des hommes que la prospérité rend meilleurs, d'autres qui deviennent méchants avec le succès.

Sir Archibald était de ce nombre.

Petit gentleman d'origine, à peine esquire, il avait, comme on le sait, fait sa fortune aux Indes.

De retour en Angleterre, cet homme n'avait plus eu qu'un but, — marier sa fille à un grand personnage.

Lord William avait été le premier but de ses intrigues.

Lord William disparu, il avait songé à lord Evandale.

Le récit que lady Pembleton avait fait à lord William était vrai de point en point.

Longtemps elle avait pleuré son fiancé, longtemps elle avait résisté.

Mais enfin il avait fallu céder.

Miss Anna était devenue lady Pembleton.

Puis elle avait aimé son mari, et la naissance de ses enfants avait fini par lui faire oublier l'infortuné lord William, que, du reste, elle croyait mort.

Trois ans après, le convict Walter Bruce était parvenu, on s'en souvient, à intéresser à son sort le gouverneur de la colonie pénitentiaire d'Auckland.

Celui-ci avait écrit en Angleterre.

Lord Evandale était alors absent de Londres, et ce

fut lady Pembleton elle-même qui reçut la fameuse lettre qui lui révélait l'existence de lord William.

Ce fut pour elle un coup de foudre.

Elle se jeta dans les bras de son père.

Sir Archibald lui dit :

— Lord William est mort ; et l'homme qui fait écrire est un imposteur ; mais songez bien à ce que je vais vous dire : lord William serait-il vivant, il doit être mort pour vous.

Vous êtes lady Evandale Pembleton, et votre époux n'a pas, ne peut pas avoir de frère.

Lord Evandale, de retour à Londres, avait commencé par crier, par s'indigner.

Cependant lady Pembleton avait fini par lui arracher l'aveu de son crime.

Lord Evandale avait supprimé son frère, non par cupidité, mais par amour pour miss Anna.

Et lady Pembleton pardonna à sir Evandale, et la jeune fille aimante et naïve d'autrefois devint, sous la double influence de son père et de son mari, la froide et hautaine grande dame que nous venons de voir pénétrer furtivement dans le misérable logis de lord William.

Ce soir-là donc, sir Archibald et lord Evandale, après avoir attendu lady Pembleton avec impatience, l'accablèrent de questions.

— Est-il vraiment méconnaissable ? demanda sir Archibald.

— J'eusse passé toute ma vie auprès de lui sans le reconnaître, répondit lady Pembleton.

— Et il n'accepte pas nos propositions ? fit lord Evandale.

— Il les refuse.

Sir Archibald se prit à sourire.

— Ce sera, dit-il un procès scandaleux ; mais nous en sortirons à notre honneur.

— D'abord, reprit lord Evandale, pour soutenir un procès semblable, il faut beaucoup d'argent.

— Et non-seulement il n'en a pas, dit lady Pembleton, mais il m'a même paru dans le plus profond dénûment.

— Il faut cependant prendre un parti, dit sir Archibald.

— Lequel ?

— Il faut que cet homme quitte Londres.

— Comment l'y contraindre ?

— Je ne sais pas, mais nous trouverons bien un moyen...

Comme sir Archibald disait cela, un laquais apporta une lettre sur un plateau de vermeil et le présenta à lord Evandale.

Le jeune lord prit cette lettre et lut :

LE RÉVÉREND PATTERSON

— Que peut me vouloir ce prêtre ? dit-il.

— Milord, répondit le laquais, ce personnage insiste beaucoup pour voir Votre Seigneurie.

— Faites entrer, dit lord Evandale.

Une minute après, le révérend Patterson parut.

C'était bien le même homme, calme, froid, implacable, un fanatique avec lequel l'homme gris avait soutenu une lutte sans trêve ni merci, et qui poursuivait de sa haine le clergé catholique de Londres.

Le révérend Patterson entra, salua lord Evandale,

et comme sir Archibald et sa fille allaient le laisser seul avec le noble lord, il leur dit :

— Oh ! vous pouvez rester, milady, et vous, monsieur. Il est même nécessaire que vous assistiez à mon entretien avec milord.

Lord Evandale regardait le révérend Patterson avec curiosité.

— Parlez, monsieur, lui dit-il.

— Milord, reprit le révérend Patterson, je suis le chef de la Mission évangélique de la Nouvelle-Angleterre...

— Ah ! fit lord Evandale.

— Les apôtres qui vont porter la lumière de la foi aux sauvages de la Nouvelle-Calédonie et de la Nouvelle-Zélande.

— Fort bien, monsieur, dit lord Evandale.

— Mais une pareille œuvre, poursuivit le révérend Patterson, ne saurait s'accomplir sans d'immenses sacrifices ; et si riche que soit déjà l'association que je préside, elle a néanmoins besoin du concours des fidèles.

Lord Evandale se méprit.

— Je vois ce que c'est, mon révérend, dit lord Evandale, vous venez me demander une souscription. Je suis heureux de m'inscrire pour cinq cents livres.

Un sourire vint aux lèvres du révérend Patterson.

— Cinq cents livres, dit-il, ce serait beaucoup pour un autre que pour vous, milord.

— Alors, inscrivez-moi pour mille.

— Oh ! milord, quand vous saurez quel est le service que je veux vous rendre...

Sir Evandale tressaillit.

— Que voulez-vous dire ? fit-il.

— Milord, reprit le révérend, je vous l'ai dit, l'œuvre que je préside a des missionnaires partout.

— Bon !

— Nous en avons à Auckland.

— Eh bien ?

— Et l'un de ceux-là est de retour en Angleterre.

— En quoi cela peut-il m'intéresser ?

— En ce que ce même missionnaire a beaucoup connu un ancien convict du nom de Walter Bruce.

Lord Evandale pâlit.

Lady Pembleton et son père se regardèrent avec inquiétude.

— En vérité ! fit lord Evandale.

— Je puis même ajouter que Walter Bruce, libéré, est à Londres.

— Ah !

— Et qu'il prétend se nommer, de son vrai nom, lord William Pembleton.

— Cet homme est un imposteur ! s'écria lord Evandale.

— C'est tout à fait mon avis, dit froidement le révérend Patterson.

Et il regarda fixement lord Evandale, et il eut aux lèvres un sourire qu'on aurait pu traduire ainsi :

— Je sais aussi bien que vous à quoi m'en tenir là-dessus, et vous ferez bien de jouer avec moi cartes sur table.

Lord Evandale comprit ce sourire et attendit.

Le révérend Patterson ajouta :

— Que cet homme soit ou non lord William, il peut vous occasionner de très-grands embarras.

— Peuh! fit lord Evandale.
— Et ces embarras, je veux vous les éviter, moi.
— Ah! vraiment?
— Si toutefois nous parvenons à nous entendre.
— Parlez, dit lord Evandale.

XLIV
JOURNAL D'UN FOU DE BEDLAM.
XXX

Que se passa-t-il entre le révérend Patterson, sir Archibald, lord et lady Pembleton?
Nul ne le sait au juste.
Mais le lendemain de ce jour, Tom reçut un singulier billet.
Un billet sans signature, ainsi conçu :
« Une personne qui ne peut se faire connaître, mais qui sait le dévouement profond qu'il a pour lord W... prévient M. Tom que le lieutenant de chiourme Percy est retiré à Perth, en Ecosse, sa ville natale.
« Percy vit misérablement de quelques guinées que lui donne annuellement le gouvernement de S. M. la reine.
« Il est devenu aveugle et vit avec sa fille qui le nourrit de son labeur.
« Il ne faudrait pas grand argent pour le décider à parler. »
Tom porta ce billet à lord William.
Lord William fronça le sourcil.
— Mon ami, dit-il, je crains un piège. N'y va pas.
— Un piège? fit Tom étonné.
— J'ai bien vu que miss Anna me reconnaissait, poursuivit lord William.
— Eh bien?
— Et non-seulement cette femme ne m'aime plus, mais encore elle est devenue la complice de son mari. Elle est venue ici pour m'engager à partir. J'ai résisté. Elle agit.
— Mais dans quel but me ferait-on courir à Perth, si je ne devais pas y trouver le lieutenant Percy?
— Dans le but de nous séparer.
— Vous avez peut-être raison, dit Tom. Au lieu d'y aller, je vais écrire.
Tom connaissait du monde à Perth, entre autres un vieux gentleman qui avait fait longtemps le commerce des chevaux des îles Shetland.
Il s'en alla au télégraphe et lui transcrivit cette dépêche :

« Mon vieil ami,

« Perth est une toute petite ville, et tout le monde doit s'y connaître.
« Vous m'obligerez de me dire s'il s'y trouve un ancien lieutenant de chiourme nommé Percy.
« Réponse payée.
« TOM,
« Ancien intendant de lord Pembleton,
« 17, Adam street, Spitalfields, Londres. »

Puis Tom attendit.
Vers le soir, la réponse arriva :

« Mon cher monsieur Tom,

« Le lieutenant Percy habite Perth, mais il est assez gravement malade.
« Votre dévoué,
« JOHN MURPHY, esq. »

Tom alla montrer la dépêche à lord William.
Celui-ci dit :
— Si peu d'argent qu'il faille pour décider Percy à dire la vérité, il en faut néanmoins.
— Il me reste cent livres, dit Tom.
— Ce n'est point assez.
— Je partirai néanmoins, milord, j'ai des amis à Perth et je trouverai facilement de l'argent, répondit le fidèle Écossais.
Et Tom fit des préparatifs de départ.
Mais comme il allait quitter lord William, un inconnu se présenta dans Adam-street et demanda à lui parler.
Cet homme était petit, déjà vieux, rigoureusement vêtu de noir, et respirant dans toute sa personne le parfum désagréable d'un homme de loi.
Il salua Tom et lui dit :
— Monsieur, je m'appelle Edward Cokeries, et je suis bien votre serviteur.
— Je suis le vôtre, répondit Tom, mais je vous avouerai que je n'ai pas l'honneur de vous connaître.
— Je suis clerc chez M. Simouns, le solicitor de Pater-Noster street.
— Ah! c'est différent, dit Tom.
Et il pensa que M. Simouns avait réfléchi, et peut-être trouvé le moyen de rendre à lord William son nom et sa fortune.
Edward Cokeries poursuivit :
— Je travaille dans une petite pièce attenante au cabinet de M. Simouns.
— Ah!
— Et quand la porte est entr'ouverte, j'entends tout ce qui se passe chez lui.
— Bon! fit Tom.
— Hier matin vous êtes venu chez M. Simouns?
— En effet, monsieur.
— Et j'ai entendu votre conversation.
Tom eut un accès de défiance :
— Ce n'est donc pas M. Simouns qui vous envoie, dit-il.
— Attendez, dit le clerc, laissez-moi aller jusqu'au bout, monsieur Tom.
— Soit, parlez...
— Voici vingt ans que je travaille, poursuivit Edward Cokeries, et j'ai quelques économies. Mon rêve serait d'acheter la charge de M. Simouns, qui est fort riche et veut se retirer. Mais il me manque 3 000 livres, c'est-à-dire 75 000 francs en monnaie française.
— Si vous avez compté sur moi, dit Tom en souriant, vous vous êtes trompé.
— Pas autant que vous le supposez, monsieur Tom.
Le clerc avait un air si mystérieux que Tom le regarda attentivement.
— Je vous l'ai dit, reprit Edward Cokeries, j'ai quelques économies.
— Fort bien.

— Quelque chose comme 10 à 12 000 livres sterling, et je les mettrais volontiers à la disposition de lord William.
— En vérité! exclama Tom.
— En outre, poursuivit le clerc, j'ai une connaissance approfondie des lois et je me fais fort de gagner le procès.
— Serait-ce possible?
— Hier encore j'hésitais à venir vous voir. Mais j'ai pris mon parti, et me voilà.

Tom rayonnait.
— C'est moi qui vous ai écrit...
— La lettre sans signature?
— Oui.
— Alors il est bien vrai que le lieutenant Percy est à Perth?
— Vous devez en avoir la preuve.
— En effet, on m'a répondu de Perth dans ce sens.
— Et vous partez?
— A l'instant.
— Mais quelle somme emportez-vous?
— Deux cents livres.
— Ce n'est point assez.
— Mais dame! fit Tom naïvement, j'emporte tout ce que j'ai.
— Voici un chèque de mille livres, dit le clerc; seulement, je mets à mes avances une condition.
— Parlez!
— Le procès gagné, je veux cinquante mille livres.
— Vous les aurez, dit Tom.

Et il prit le chèque.
— Monsieur, dit Edwarth Cokeries, allez à Perth et ramenez le lieutenant Percy, je réponds de tout.

Lord William, muet de surprise avait assisté à cet entretien.
— Monsieur, dit Tom, puis-je vous écrire en arrivant à Perth?
— C'est complètement inutile.

Et le clerc salua et s'en alla.
— Ah! mon bon maître, dit Tom, vous voyez bien que l'heure du triomphe n'est pas loin!
— Qui sait? dit lord William d'un air de doute.

Tom courut au chemin de fer et prit le train d'Edimbourg.

Il était alors huit heures du soir.

Tom se trouvait seul avec un gentleman dans son wagon.

Le gentleman avait un air honnête et franc.

Il fumait et offrit un cigare à Tom.

Tom l'accepta.

Il se mit à fumer et ne tarda pas à s'endormir d'un profond sommeil.

XLV

JOURNAL D'UN FOU DE BEDLAM

XXXI

Le cigare que le gentleman avait offert à Tom était sans doute imprégné d'un puissant narcotique, car Tom dormit lourdement durant plusieurs heures.

Quand il revint à lui, il se trouva dans une obscurité complète.

En même temps, il voulut faire un mouvement et se sentit garrotté.

On lui avait attaché les jambes et lié les mains derrière le dos.

Comme il n'entendait aucun bruit, il en conclut que le train ne marchait plus.

Mais bientôt, ses yeux commençant à se faire à l'obscurité, il reconnut qu'il n'était plus dans un train du chemin de fer dans lequel il s'était endormi.

Où donc était-il?

Il se mit à crier.

Personne ne répondit.

Il essaya de se lever et retomba.

Il était dans un sol humide, dans quelque cachot sans doute.

Cependant ce sol n'était point fait de terre.

Tom devina soudain une partie de la vérité.

Il était tombé dans un piége, et les gens qui l'avaient garrotté avaient eu pour but de le séparer de lord William.

Tom était un homme énergique.

Dans les moments les plus critiques de son existence, il n'avait jamais perdu complètement la tête.

Tom se mit donc à réfléchir et cessa de crier.

A force de regarder, il lui sembla qu'un rayon de clarté brillait près de lui.

C'était comme un filet de lumière passant au travers d'une fente.

Mais cette clarté s'éteignit.

En même temps, il éprouva comme une légère oscillation.

Tom se retourna sur le dos, et ses mains liées tâtèrent le sol sur lequel il se trouvait.

Il reconnut un parquet ou du moins un sol en planches.

En même temps aussi il respira une forte odeur de goudron.

Puis les oscillations furent plus fortes.

Alors Tom comprit.

Il était dans la cale d'une embarcation quelconque, canot ou navire.

Quelques minutes s'écoulèrent.

Tom entendit tout à coup marcher au-dessus de sa tête.

Et le filet de lumière reparut.

Des pas pressés se firent entendre, puis des voix, puis des oscillations se succédèrent.

Et enfin un dernier bruit lui parvint, qui ne lui laissa plus le moindre doute sur sa situation.

Ce bruit, c'était la respiration haletante d'une machine à vapeur qui se remettait en mouvement.

Et avec ce bruit le mouvement d'une hélice se fit tout à coup sentir.

Tom était à bord d'un navire à vapeur, lui qui s'était endormi dans un wagon de chemin de fer.

Où allait ce navire?

Tom ne le savait pas.

Aux mains de qui était-il tombé?

Il n'aurait pu le dire.

Cependant le nom de lord Evandale vint à ses lèvres.

Alors Tom se reprit à crier.

Pendant longtemps on ne lui répondit pas.

Le navire venait sans doute de lever l'ancre, et les matelots, les gens du bord, occupés à l'appareillage, n'avaient nul souci de lui

Un cri se fit entendre : « Un homme à la mer !.... » (Page 82.)

La machine faisait un bruit d'enfer ; l'hélice précipitait ses rotations.

Tom criait toujours.

Enfin, les pas qu'il avait déjà entendus retentirent de nouveau.

Cette fois, une porte s'ouvrit et un flot de lumière frappa Tom au visage.

En même temps un homme lui apparut.

Cet homme portait un chapeau ciré et une vareuse bleue.

C'est toi qui fais tout ce vacarme? dit-il en regardant Tom.

— Où suis-je? demanda celui-ci. Pourquoi suis-je lié comme un malfaiteur ?

Le matelot se mit à rire.

— Va le demander au commandant, dit-il. Moi, je n'en sais rien. Seulement, si tu cries, je te donnerai vingt-cinq coups de corde. Te voilà prévenu.

Tom ne céda point à la colère qui l'oppressait.

— Mon ami, dit-il avec douceur, je ne tiens pas à recevoir des coups de corde et je me tiendrai tranquille.

11° LIVRAISON.

— A la bonne heure! fit le matelot se radoucissant à son tour.

— Mais, poursuivit Tom, ne pouvez-vous me dire où je suis?

— A fond de cale.

— Sur quel navire?

— A bord du *Régent*, steamer transatlantique.

— Et où allons-nous?

— En Amérique.

— Mais enfin, dit Tom, comment suis-je ici ?

— Je n'en sais rien.

Et le matelot s'en alla.

Quelques heures après, il revint et apporta à Tom un peu de nourriture et un quart de vin.

Puis il lui délia les mains, afin que le malheureux pût manger.

Tom était en proie à un violent désespoir.

Le navire marchait à toute vapeur et fuyait les côtes anglaises.

La journée s'écoula, puis la nuit, puis une autre journée encore.

Deux fois par vingt-quatre heures le même matelot

apportait à manger à Tom, lui déliait les mains, puis, son repas terminé, il le garrottait de nouveau.

Enfin, au bout de trois jours, le matelot lui dit :
— J'ai de nouveaux ordres du commandant.
— Ah? dit Tom.
— Le commandant juge inutile de te laisser plus longtemps à fond de cale.
— Vraiment?
— Il m'a donné l'ordre de te délier et de te mener sur le pont. Il n'y a plus de danger maintenant.
— Que voulez-vous dire? demanda Tom.
— Nous sommes à cent lieues des côtes d'Angleterre, poursuivit le matelot; et il n'est plus à craindre que tu te sauves à la nage.
— Ah! fit Tom.

Et il se laissa délier les pieds et les mains et se trouva libre de ses mouvements.

Le matelot le conduisit sur le pont.

Tom se dit :
— Je suis à bord d'un navire de l'Etat. Le commandant est un officier et ce doit être un galant homme. Je vais m'adresser à lui. Il est impossible qu'il ne m'écoute pas, qu'il ne reconnaisse pas que je suis la victime, soit d'une erreur, soit d'un guet-apens. Alors il me fera rapatrier par le premier navire que nous rencontrerons.

Et Tom attendit une occasion de se trouver en présence du commandant.

Les gens de l'équipage le considéraient avec étonnement, mais aucun ne lui parlait.

Enfin, quelques heures après, comme il était presque nuit, le commandant parut sur le pont.

Tom alla vers lui et le salua.

Mais dès les premiers mots qu'il prononça, le commandant lui dit sèchement :
— Je n'ai pas d'explications à vous donner. J'ai reçu des ordres vous concernant, je les exécute.

Et il lui tourna le dos.

Tom voulut alors s'adresser au second.

Il fut plus mal reçu encore.

Le second lui dit durement :
— Si vous vous plaignez, je vous ferai mettre aux fers.

Alors Tom se dit :
— Je vois bien que je ne puis compter que sur moi.

Et avec ce flegme imperturbable qui caractérise les Anglais, il attendit une occasion de recouvrer sa liberté.

Cette occasion se fit attendre plusieurs jours; mais, enfin, elle se présenta, comme on va le voir ; et Tom avait eu raison de ne pas désespérer.

XLVI
JOURNAL D'UN FOU DE BEDLAM
XXXII

Le *Régent*, grand steamer transatlantique, faisait route pour Buenos-Ayres.

Le quinzième jour de la traversée, il se trouva par le travers du pic de Ténériffe.

Le soleil s'était couché dans une auréole de pourpre, le ciel était d'un bleu sombre.

Cependant quelques nuages grisâtres couraient à l'horizon, vers le sud-ouest, et le vent avait fraîchi tout à coup.

Le commandant, qui était un vieux marin, après avoir successivement braqué sa lunette sur les quatre points cardinaux, avait quelque peu froncé le sourcil.

Mais il n'avait pas dit un mot.

Tom, qui avait paru se résigner à son sort mystérieux, jouissait maintenant à bord de toute sa liberté.

Il était libre de rester sur le pont, et on lui permettait de causer avec les matelots.

Tom ne demandait plus à quitter le navire et à être rapatrié.

Mais il observait tout ce qui se passait et explorait sans cesse l'horizon du regard, espérant toujours y voir poindre une voile.

L'attitude soucieuse du commandant ne lui échappa point ce jour-là.

Toute la journée, il avait examiné le pic qui se dressait majestueux à l'horizon.

Comme la nuit approchait, le commandant donna l'ordre de stopper.

Tom eut un frisson de joie.

Le vent faiblissait de plus en plus, la mer se soulevait, les vagues se couronnaient d'écume; les petits nuages grossissaient et, d'abord épars dans le ciel, ils se réunissaient peu à peu.

— Nous allons avoir un fameux grain, murmuraient les matelots.

La nuit vint.

Avec la nuit la tempête.

Une tempête terrible, épouvantable.

Le steamer se mit à danser au sommet des vagues comme une coquille de noix.

En même temps l'obscurité augmentait.

Mais Tom savait que le pic de Ténériffe n'était pas à plus de deux lieues.

Enfin, comme la tempête était dans toute son horreur, comme l'équipage du steamer obéissait comme un seul homme à la voix tonnante du commandant, tandis que les mâts craquaient sous l'effort du vent un cri se fit entendre :

« Un homme à la mer ! »

Cet homme était-il tombé à l'eau par accident, avait-il été enlevé par une lame, ou bien s'était-il volontairement précipité dans les flots?

Personne en ce moment n'aurait pu le dire.

Quel était cet homme?

Était-ce un matelot ou un passager ?

On ne chercha pas même à le savoir.

Ce ne fut qu'au matin, quand le jour vint, que la tempête se fut apaisée et que le commandant du steamer put constater les avaries de la nuit, qu'on vint lui dire que l'homme tombé à la mer était Tom.

Le commandant haussa les épaules.

— Le pauvre diable a voulu se sauver, pensa-t-il ; mais nous étions trop loin de terre. Il se sera noyé.

Et l'officier écrivit sur son livre de bord :

« Cette nuit, le nommé Tom, que je transportais en Amérique, par ordre et pour le compte de la Mission évangélique, dont le siége est à Londres, a été enlevé par une lame et s'est noyé. »

Puis le steamer continua sa route.

Le commandant se trompait. Tom ne s'était point noyé. Tom était un vigoureux nageur.

Tantôt au sommet des vagues, tantôt plongé dans

des abîmes incommensurables, Tom avait nagé sans relâche. Puis il avait rencontré une épave.

L'épave avait été son salut.

C'était une planche de deux pieds de large sur quatre de long.

Accroché à cette planche, Tom avait nagé encore, nagé toujours, jusqu'à ce que, épuisé, il eût atteint les derniers contreforts du pic.

Le gentleman qui lui avait offert un cigare en wagon, au départ de Londres, les gens qui s'étaient emparés de lui endormi et l'avaient transporté à bord du *Régent* avaient omis un détail.

Ils lui avaient laissé cette vieille ceinture de cuir dans laquelle le vieil Écossais renfermait son argent, cette même ceinture qui n'avait pas tenté davantage, autrefois, les sauvages de l'Océanie.

Tom avait donc de l'argent.

Le soleil le trouva évanoui au bord de la mer à une faible distance du petit bourg de Laguna.

Un pêcheur qui venait visiter ses filets avariés par la tempête lui prodigua ses soins et le rappela à la vie.

Tom, revenu à lui, raconta qu'il avait été enlevé par une lame du pont du steamer le *Régent*.

Le pêcheur le conduisit à Laguna.

Comme Santa-Cruz, la capitale de l'île, Laguna possède beaucoup d'Anglais.

Tom se fit conduire chez le consul et demanda à être rapatrié.

Il lui fallut attendre pour cela qu'un navire vînt à passer.

Enfin, au bout de huit jours, un trois-mâts norwégien relâcha à Santa-Cruz.

Tom s'embarqua, non pour l'Angleterre, mais pour l'Écosse.

Il mit près d'un mois à faire la traversée.

Mais il avait écrit de Ténériffe deux lettres, l'une à sa femme Betzy, l'autre à lord William.

Il leur racontait dans quel piége il était tombé, les engageait à quitter Adam street, à se cacher dans Londres, et à ne rien faire avant qu'il fût de retour.

En même temps il les priait de lui répondre à Perth, poste restante.

Et, dans sa mésaventure, Tom n'avait deviné qu'une partie de la vérité.

Il était convaincu que le clerc Edward Cokeries était de bonne foi, et que le gentleman qui lui avait écrit de Perth pour lui confirmer l'existence du lieutenant Percy était bien sir John Murphy, qu'il avait connu autrefois.

Son enlèvement, il l'attribuait à lord Evandale.

Tom mit donc le pied sur la terre d'Écosse et ne s'arrêta qu'à Perth.

Il courut, en arrivant, à la poste, où il espérait trouver des lettres de lord William ou de Betzy.

Ni l'un ni l'autre ne lui avaient écrit.

Alors il se rendit au domicile du vieux gentleman.

Mais là, à son grand étonnement, il apprit que ce gentleman avait quitté Perth depuis longues années.

Ce n'était donc pas lui qui lui avait écrit.

Tom ne se découragea point.

Il se mit à la recherche du lieutenant Percy.

Mais nulle part, à Perth, on n'avait entendu parler de cet homme.

On ne l'y avait jamais vu.

Personne ne le connaissait.

Alors Tom se souvint des répugnances de lord William lorsqu'il lui avait montré le billet sans signature qui lui révélait l'existence du lieutenant Percy à Perth.

Le pauvre vieux serviteur reprit donc la route de Londres.

En arrivant, il courut dans Adam street.

Mais là une nouvelle surprise, plus navrante encore que les autres, l'attendait.

Lord William et sa famille avaient disparu depuis un mois.

Betzy était partie avec eux.

Où étaient-ils allés?

Nul ne pouvait le dire.

Tom calcula le temps écoulé.

Il y avait près de trois mois qu'il avait quitté Londres.

Mais Tom, on le sait, ne se décourageait jamais complétement.

— Il faudra bien que je les retrouve! se dit-il.

Et il se mit à l'œuvre.

XLVII

JOURNAL D'UN FOU DE BEDLAM

XXXIII

Tom était arrivé à Londres le soir.

A cette heure, les bureaux de banque et de commerce étaient fermés. Les études de gens de loi aussi.

Tom fut obligé d'attendre au lendemain.

Le lendemain, dès neuf heures, il était chez M. Simouns.

Le solicitor ouvrit de grands yeux en l'écoutant.

— Je n'ai jamais eu de clerc du nom d'Edward Cokeries, lui dit-il.

Quant à votre femme, quant à lord William, je n'en ai pas même entendu parler.

Tout ce que vous me racontez, du reste, est moins extraordinaire que vous ne pensez.

Et comme à ces paroles Tom stupéfait le regardait, M. Simouns ajouta:

— Vous auriez dû suivre mon conseil. Nous fussions arrivés à une transaction avec lord Evandale.

— Mais, dit Tom, le misérable a peut-être fait assassiner son frère.

— Ce n'est pas probable.

— Pourtant...

— Lord William, sa femme et ses enfants ont disparu, me dites-vous?

— Oui, répondit Tom.

— Et votre femme aussi?

— Oui.

— Eh bien! on n'assassine pas cinq personnes.

— Que sont-elles devenues alors?

M. Simouns eut pitié du désespoir de Tom:

— Écoutez, lui dit-il, j'ai pour habitude de ne me mêler que des choses de ma profession; cependant, il y a un tel accent de vérité dans vos paroles, je suis si convaincu maintenant que lord William est bien vivant, que je veux prendre votre cause et la sienne en main.

Je ne m'expliquerai pas davantage; mais revenez ce soir, et nous verrons...

Tom passa le reste de la journée à errer dans Londres, cherchant toujours, mais inutilement.

Chercher dans Londres un homme disparu, c'est revenir au vieux proverbe qui dit que c'est peine inutile que chercher une aiguille dans une botte de foin.

Le soir, à six heures, Tom revint dans Pater-Noster Les clercs étaient partis.

Mais M. Simouns attendait Tom.

— Vous n'avez rien trouvé? lui dit-il.

— Hélas! non, répondit Tom.

— Je suis plus heureux que vous, moi.

— Tom poussa un cri de joie.

— Oh! dit M. Simouns, ne vous réjouissez pas si vite, mon pauvre Tom.

— Ils sont... morts?...

— Non, mais ils ont été victimes d'une machination infernale. Savez-vous où est lord William?

— Parlez, dit Tom anxieux.

— Il est à Bedlam.

Tom jeta un cri.

M. Simouns reprit :

— Il y a à Londres un détective fort habile qu'on appelle Rogers.

J'emploie quelquefois cet homme, et j'étais bien sûr qu'en m'adressant à lui je saurais ce que lord William, sa famille et votre femme étaient devenus.

J'ai donc fait venir Rogers ce matin, après votre départ.

Rogers m'a dit :

— L'affaire dont vous me parlez m'a passé par les mains. Je n'ai pas voulu m'en charger, mais je puis vous dire tout ce qui s'est passé.

Et voici ce que Rogers m'a raconté, poursuivit M. Simouns le solicitor.

Le lendemain de votre départ de Londres, lord William a reçu de vous un télégramme.

— De moi? exclama Tom.

— Un faux télégramme, bien entendu.

— Ah!

— Vous écriviez à lord William : « Trouvé Percy. Cokeries ira vous voir, faites ce qu'il vous dira. »

Le même jour, Cokeries s'est présenté.

Il a fait rédiger à lord William un long mémoire fort diffus et muni çà et là d'une phrase incohérente, sous prétexte de formules judiciaires.

Puis, il l'a engagé à porter lui-même ce mémoire au parquet du lord chief-justice.

Deux jours après, lord William a reçu une lettre de vous.

— Mais je n'ai pas pu écrire! s'écria Tom.

— Vous n'avez pas écrit, mais on a imité votre écriture à s'y méprendre.

— Et que me faisait-on dire dans cette lettre?

— Vous annonciez que Percy, déjà aveugle, était malade, et que vous demeuriez auprès de lui jusqu'à ce qu'il fût rétabli.

— Après? fit Tom.

— Huit jours après, lord William a reçu l'invitation de se rendre, sous le nom de Walter Bruce, bien entendu, au parquet du lord chief-justice.

Il est parti tout joyeux.

Le soir, il n'est pas revenu.

Et, comme sa femme et la vôtre commençaient à se montrer inquiètes, une lettre est arrivée.

Elle portait la signature de lord William.

Mais, comme pour vous, on avait imité son écriture à ce point que sa femme s'y est trompée.

Lord William écrivait que le lord chief-justice n'avait pas hésité une minute à admettre son identité à lui lord William, et qu'il avait mandé à sa barre lord Evandale.

Que, ce dernier s'étant présenté, il avait été confronté avec son frère et tout avoué.

Cependant, le lord chief-justice avait reculé devant l'énormité du scandale et la dure nécessité de traduire en justice un membre du Parlement, et que, sur ses instances, une transaction était intervenue entre les deux frères.

Lord William serait mis en possession d'une somme de deux cent cinquante mille livres sterling, de l'hôtel que la famille Pembleton possédait à Paris, dans le faubourg Saint-Honoré, et qu'il consentirait à habiter la France.

Lord William partait donc pour Folkestone, où il allait attendre sa femme et ses enfants.

En même temps il priait Betzy de se rendre à Perth, d'aller retrouver Tom, de lui faire part de la transaction intervenue et de le ramener à Londres d'abord, puis de partir avec lui pour la France.

A la lettre était jointe une banknote de cent livres.

Madame Bruce ne douta pas un seul instant de l'authenticité de cette lettre.

Elle paya ses dettes dans Adam street, envoya chercher un cab et se fit conduire au railway du sud.

Depuis lors on ne l'a revue, ni elle, ni ses enfants.

— Mais, dit Tom, lord William... qu'est-il devenu?

— Le lord chief-justice n'a pas cru un mot du mémoire.

— Ah!

— En même temps, il a reçu une plainte de lord Evandale, qui disait être la victime d'un abominable chantage exercé par un ancien convict.

Tandis que madame Bruce s'en allait à Folkestone, où elle croyait le trouver, lord William était soumis à l'examen de deux médecins aliénistes, qui n'hésitaient pas à déclarer qu'il était fou.

— Et... alors? demanda Tom en tremblant.

— Et alors on l'a enfermé à Bedlam, où il est encore.

— Mais, ma femme?...

— Votre femme est partie pour l'Écosse le même jour.

Elle était dans le wagon des femmes.

A la première station, une dame fort respectable a prétendu qu'on l'avait volée.

Les autres voyageuses se sont récriées.

Un inspecteur de police est venu. On a fouillé tout le monde et on a retrouvé dans la poche de Betzy le porte-monnaie de la vieille dame.

Betzy a été arrêtée et conduite en prison.

Tom eut un accès de désespoir.

— Oh! dit-il, nous sommes perdus!

— Non, pas encore, dit M. Simouns.

Tom le regarda avidement.

On a retrouvé dans la poche de Betzy le porte-monnaie de la vieille dame. (Page 84.)

XLVIII

JOURNAL D'UN FOU DE BEDLAM

XXXIV

M. Simouns parut se recueillir un instant.
Tom le regardait avec avidité et se suspendait pour ainsi dire à ses lèvres.
Enfin, il reprit :
— Vous avez cherché partout le lieutenant Percy?
— Hélas! oui ; et tout me porte à croire qu'il est mort.
— Vous vous trompez.
— Le croyez-vous donc vivant? s'écria Tom.
— J'en ai la certitude.
— Ah !
— Et la preuve.
L'espoir revint au cœur de Tom.
— Écoutez, poursuivit M. Simouns, tandis que vous cherchiez, je cherchais aussi.
— Et vous avez trouvé?
— Le lieutenant Percy vit toujours ; non-seulement il n'est point aveugle, ni malade, mais jouit de toutes ses facultés.

— Et il est à Londres?
— Oui.
Et, parlant ainsi, M. Simouns poussa le bouton d'ivoire d'une sonnette électrique.
Un clerc parut.
— Prenez ma voiture, lui dit M. Simouns, et courez à Dover-Hill. Vous me ramènerez l'homme qui est venu ici hier.
Le clerc partit.
Alors M. Simouns reprit :
— Vous vous abandonniez au désespoir tout à l'heure, mon cher Tom. Maintenant, il ne faut pas vous livrer à une joie immodérée.
— Cependant...
— Écoutez-moi jusqu'au bout. Le lieutenant Percy est donc à Londres ; il parlera, moyennant une somme d'argent que je lui ai promise. Il fera mieux encore, même.
— Que fera-t-il?
— Il fera intervenir les deux autres gardes-chiourme qui étaient avec lui et ont trempé dans la substitution du forçat mort à lord William vivant.
— Oh! mais alors... fit Tom joyeux.

— Attendez. Ces trois hommes ont quitté le service et ils ont une petite position. Mais quand ils auront parlé, non-seulement ils perdront leur pension, mais encore ils tomberont aux mains de la justice.

— Ah! fit Tom.

— Et ils seront condamnés pour le moins à la déportation.

— Mais s'ils s'attendent à un pareil sort, ils ne voudront rien dire, observa Tom qui avait repris peu à peu son sang-froid.

— J'ai trouvé un moyen de les faire parler et de les soustraire à la vindicte de la loi.

— Quel est-il? demanda Tom.

— Nous leur donnerons à chacun quinze cents livres; c'est le prix qu'ils mettent à leurs révélations.

— Bon!

— Ils quitteront l'Angleterre, passeront le détroit et iront en France. Il n'y a pas d'extradition pour ces sortes de crime.

— Mais alors ils ne diront rien...

— Au contraire, ils parleront.

Tom ne comprenait pas.

— A Paris, poursuivit M. Simouns, ils se présenteront chez l'ambassadeur britannique, et ils lui révéleront ce qui s'est passé; ils ajouteront même certains détails relatifs au geôlier de la prison de Perth, qui est encore en fonctions et qui a été le plus coupable dans toute cette affaire. Cet homme, arrêté, pris à l'improviste, avouera tout.

— Mais alors, dit Tom, celui-ci sera condamné.

— Et il le mérite, car, je vous le répète, il a été le plus coupable, et c'est lui qui a servi d'intermédiaire entre les gardes-chiourme et le faux Indien Nizam.

— Alors le procès est gagné d'avance, fit Tom joyeux.

— Oh! pas encore, dit M. Simouns.

— Pourtant.

— Attendez donc, reprit l'homme de loi. En Angleterre, toutes les fois qu'un intérêt privé est en jeu, la justice ne poursuit pas directement.

— Eh bien! dit Tom, nous poursuivrons, nous.

— Oui, mais vous oubliez que lord Evandale est maintenant un homme puissant, et qu'il aura autant de partisans que d'ennemis, si cette affaire arrive au grand jour de la justice.

— Qu'importe, si nous avons les preuves authentiques de son infamie?

— Tant que vous voudrez, répondit M. Simouns; mais s'il se trouve des solicitors pour plaider le pour, il en est d'autres qui plaideront le contre. Et qui vous dit que le lord chief-justice, qui a fait enfermer lord William comme fou, voudra revenir sur son opinion? Qui vous assure que la justice anglaise osera mettre en lumière un pareil scandale?

— Tom baissa la tête.

— Alors, dit-il, à quoi bon les déclarations du lieutenant Percy et de ses complices?

— Avec ceci, répondit M. Simouns, nous obtiendrons une transaction.

— Laquelle?

— Celle-là même que nos adversaires proposaient dans cette lettre faussement attribuée à lord William.

— Deux cent cinquante mille livres?

— Oui, et l'hôtel Pembleton du faubourg Saint-Honoré à Paris.

— Mais comment y arriverions-nous?

— Armés de ces papiers, nous irons trouver lord Évandale, vous et moi.

— Bon! et puis?

— Lord Evandale reculera devant la crainte du procès. Il n'y a qu'un mot à dire pour faire mettre lord William en liberté.

— Et puis?

— Lord William quittera Londres et se rendra à Paris, et là, l'échange aura lieu.

— Quel échange?

— L'échange des deux cent cinquante mille livres et des titres de propriété de l'hôtel Pembleton contre la déclaration du lieutenant Percy et de ses complices, légalisée par l'ambassade anglaise.

Cependant, Tom ne se rendait pas encore.

Il lui semblait dur d'abandonner ainsi ses droits et lord William pour une somme d'argent, si considérable qu'elle fût.

Mais M. Simouns lui dit encore :

— Réfléchissez à toutes les difficultés, à toutes les lenteurs d'un semblable procès.

— C'est vrai, dit Tom.

— Il s'écoulera plusieurs années avant que nous ayons épuisé toutes les juridictions.

— Qu'importe, dit Tom, si nous touchons au but?

— Et pendant ce temps, continua M. Simouns, la femme et les enfants de lord William seront dans une misère profonde; et lord William, enfermé avec des fous, finira par le devenir lui-même.

Cette dernière raison alléguée par M. Simouns triompha des derniers scrupules de Tom.

— Enfin, acheva M. Simouns, je ne vous cache pas que je veux bien avancer sept ou huit mille livres sterlings pour cette affaire, mais que je reculerais devant une somme plus considérable, et pour soutenir le procès, il faut au moins vingt-cinq mille livres.

— Eh bien! dit Tom, qu'il soit fait ainsi que vous le désirez.

— A la bonne heure! répondit M. Simouns.

En ce moment, la porte s'ouvrit et le lieutenant Percy entra.

Tom l'examina curieusement.

C'était un homme encore jeune et vigoureux, et qui paraissait doué d'une grande énergie.

— Tout est convenu avec monsieur, lui dit M. Simouns en lui montrant Tom.

Le lieutenant salua.

— Vous partez ce soir pour Paris.

— Comme il vous plaira, monsieur.

— Voici cinq cents livres pour vous et vos compagnons. Le reste vous sera compté à Paris, à l'hôtel de l'ambassade.

Et M. Simouns prit son livre de chèque et donna un bon sur la banque de cinq cents livres, que le lieutenant Percy mit tranquillement dans sa poche.

XLIX
JOURNAL D'UN FOU DE BEDLAM
XXXV

— Allez faire vos préparatifs de départ, dit alors M. Simouns au lieutenant Percy. Quand vous serez à Paris, vous m'enverrez une dépêche en me donnant l'adresse de l'hôtel dans lequel vous et vos compagnons serez descendus.

— Faudra-t-il nous présenter à l'ambassade tout de suite?

— Non, vous attendrez que monsieur vous rejoigne.

Et M. Simouns montra Tom.

Le lieutenant se leva et partit.

Alors, demeuré seul avec M. Simouns, Tom lui dit :

— Et ma pauvre femme qui est en prison ?

— Elle en sortira avant huit jours.

— Comment cela?

— Je la ferai mettre en liberté sous caution.

— Ah! dit Tom, mais si elle quitte l'Angleterre, la caution sera perdue.

— C'est une somme que nous ajouterons aux frais que lord William me remboursera.

Tom inclina la tête.

— Puis, après un silence, il dit encore :

— Mais ne m'avez-vous pas dit que la femme et les enfants de lord William avaient disparu?

— Oui.

— Peut-être leur est-il arrivé malheur?

— Je l'ai craint comme vous. Mais...

— Mais? fit Tom vivement.

— Je suis à peu près rassuré maintenant.

— Comment cela?

— J'ai mis à leur recherche le détective dont je vous ai parlé.

— Ah !

— Et il m'a envoyé ce matin un *télégramme* de Brighton.

Ce télégramme, le voilà.

Et M. Simouns prit sur son bureau un papier qu'il mit sous les yeux de Tom.

Tom lut :

« M. Simouns, Pater-Noster street, London.

« Ayez bon espoir. Je suis sur la bonne piste.

« ROGERS. »

— Ainsi, vous pensez qu'il les retrouvera?

— Oui certes.

Tom se leva.

— Je reviendrai demain, dit-il.

— Non pas, dit M. Simouns, il ne faut pas que vous reveniez ici.

— Pourquoi?

— Parce que nos adversaires vous croient mort, et qu'ils ne doivent savoir que vous êtes vivant que le jour que vous serez armé du témoignage écrit des gardes-chiourme ; or, en venant ici, vous pouvez être rencontré.

Où êtes-vous logé?

— Nulle part encore.

— Il faut chercher un quartier éloigné, dans l'East-End, du côté de Mail en Road, par exemple.

— Bon! mais quand partirai-je pour Paris?

— Aussitôt que nous aurons des nouvelles positives de madame Bruce et de ses enfants.

— Et lord William, ne le verrai-je pas avant mon départ?

— C'est impossible. D'abord, on ne pénètre pas facilement à Bedlam.

— Oh! cependant, on donne des permissions.

— Oui, mais quand on saurait qu'un homme a visité Walter Bruce, on soupçonnerait que c'est vous, et, je vous le répète, vous êtes mort pour lord Evandale jusqu'au moment décisif.

Tom s'incline.

— Mais où vous reverrai-je? dit-il.

— Demain, entre dix et onze heures, répondit le solicitor, je passerai en cab dans Mail en Road. A la hauteur du work-house, je m'arrêterai et mettrai pied à terre. Soyez dans les environs.

— Fort bien, dit Tom.

Et il partit.

Il suivit le conseil de M. Simouns et s'en alla loger auprès de Mail en Road.

Le lendemain, à l'heure dite, il était devant le work-house, arpentant le trottoir et lorgnant tous les cabs qui passaient.

Enfin, une de ces voitures s'arrêta et un homme en descendit.

C'était le solicitor.

— Madame Bruce est retrouvée, lui dit-il.

Tom eut un cri de joie.

— Tenez, dit M. Simouns, lisez.

Et il lui tendit une lettre.

Cette lettre était du détective Rogers.

« Monsieur, écrivait l'homme de police, j'aime mieux vous faire attendre quelques heures et confier mon message à la poste, de préférence au télégraphe.

« Je vous écris de chez madame Bruce.

« Elle est à Brighton, dans un petit cottage au bord de la mer.

« La pauvre femme ne sait absolument rien. Elle croit son mari à Paris.

« Voici ce qui lui est arrivé.

« Vous savez qu'elle est partie de Londres, il y a trois mois, pour aller rejoindre son mari à Folkestone.

« L'écriture de M. Bruce avait été si merveilleusement imitée qu'elle n'a pas eu le moindre soupçon.

« Un homme l'attendait à la gare de Folkestone.

« Ce n'était pas M. Bruce, comme vous le pensez bien, mais un monsieur qui disait venir de sa part.

« Il avait une autre lettre également signée Walter Bruce et que la pauvre femme a crue être de son mari.

« M. Bruce lui disait que certaines combinaisons étaient changées ; qu'il partait seul pour Paris, où elle ne viendrait le rejoindre que dans quelques semaines.

« Il la priait, en conséquence, de se fier aveuglément à l'honorable gentleman qu'il lui envoyait.

« Madame Bruce crut à cette seconde lettre, comme elle avait cru à la première.

« Elle suivit le gentleman, qui la conduisit à

Brighton, et l'installa dans le cottage où je l'ai trouvée ce matin.

« Tous les quinze jours, elle reçoit une prétendue lettre de son mari, lequel recule toujours son départ pour Paris, sous différents prétextes.

« A chacune de ces lettres, du reste, est joint un envoi d'argent.

« Je n'ai pas cru devoir désillusionner madame Bruce.

« Je me suis borné à lui dire que je venais de votre part, car elle sait que vous vous êtes occupé d'une transaction entre son mari et lord Evandale.

« Je crois même qu'il serait bon de ne rien lui apprendre avant que cette transaction ait abouti et que M. Bruce ait été mis en liberté.

« Du reste, j'attends vos ordres.

« Votre respectueux,
« ROGERS. »

Tom rendit cette lettre à M. Simouns.
— Eh bien? dit-il.
— Eh bien! j'ai envoyé un télégramme à Rogers, lui disant :
« Vous avez bien fait. Ne dites rien. »
— Bon! Et qu'allons-nous faire?
— Vous allez partir pour Paris aujourd'hui même. Voici une lettre de crédit sur la maison Shamphry et Cⁱᵉ, rue de la Victoire.

Tom prit la traite.
— Pardon, monsieur Simouns, dit-il encore.
— Qu'est-ce? demanda le solicitor.
— Lord William sait-il quelque chose?
— Absolument rien.
— Il doit être réduit au plus violent désespoir.
— Sans doute, mais mieux vaut encore ne rien lui dire.
— Pourquoi?
— Parce que nous pourrions donner l'éveil à lord Evandale.
— Soit! dit Tom en baissant la tête.

M. Simouns reprit :
— Ainsi vous allez partir aujourd'hui?
— Oui, monsieur.
— Vous serez à Paris demain matin, et vous vous mettrez aussitôt en rapport avec le lieutenant Percy. Il vient de me télégraphier que lui et ses compagnons sont descendus à l'hôtel de Champagne, rue Montmartre.
— Bon!
— Et vous les conduirez à l'ambassade.

Puis, aussitôt que le procès-verbal aura été dressé et légalisé, vous m'écrivez.
— Et puis?
— Et puis, dame! j'irai voir lord Evandale.

Tom s'inclina et salua M. Simouns, qui remonta dans son cab.

Une heure après, Tom prenait l'express du Sud-Railway et était en route pour Paris.

Quarante-huit heures plus tard, M. Simouns recevait de France le télégramme suivant :

« Déclaration faite. Ambassadeur convaincu. Pièce légalisée.
« Paris ce soir. A Londres demain.

« TOM. »

— Hé! hé! murmura M. Simouns, je commence à croire que lord Evandale fera bien de transiger.

L

JOURNAL D'UN FOU DE BEDLAM

XXXVI

Huit jours s'étaient écoulés.

Tom était revenu le matin même de France.

Deux personnes l'attendaient à la gare, M. Simouns et Betzy.

Betzy, mise en liberté sous caution, était revenue à Londres.

Tom était radieux.

Il rapportait une déclaration signée par le lieutenant Percy et les deux autres gardes-chiourme.

L'ambassadeur avait légalisé la pièce.

— Maintenant, dit M. Simouns, nous pouvons marcher.

Je vais écrire à lord Evandale pour le prier de me recevoir.

Tom, qui avait passé la nuit en chemin de fer, prit un peu de repos.

Puis, à deux heures, comme c'était convenu, il alla prendre M. Simouns dans un cab.

Tous deux se rendirent dans le West-End.

— Je crois, dit M. Simouns, quand ils furent à la porte de lord Evandale, je crois qu'il est inutile, au moins pour le moment, que vous entriez avec moi.

— Pourquoi cela? dit Tom.

— Parce que, répondit M. Simouns, vous auriez peut-être vis-à-vis de lui un mouvement d'indignation qui compromettrait tout. Si j'ai besoin de vous, je vous ferai appeler.

— Comme vous voudrez, répondit Tom.

M. Simouns entra donc seul chez lord Evandale.

Le noble personnage l'attendait dans son cabinet.

Il ne savait pas ce que le solicitor pouvait avoir à lui dire.

Mais comme celui-ci s'était longtemps occupé des affaires de la famille Pembleton, il supposait que c'était une question d'intérêt quelconque qui l'amenait.

M. Simouns demeura debout devant lui.

— De quoi s'agit-il, monsieur Simouns? demanda lord Evandale.

— Milord, répondit le solicitor, je me présente comme l'avoué du frère de Votre Seigneurie.

— Quel frère?

Et lord Evandale se mit à rire.

— Votre frère aîné, lord William Pembleton, répliqua M. Simouns gravement.

— Monsieur, répondit lord Evandale, mon frère est mort voici près de dix ans.

— C'est ce que tout le monde croit.

— Et c'est la vérité, monsieur.

— Milord, dit froidement M. Simouns, il y a deux hommes que tout le monde croit morts aussi, et qui sont vivants.

— En vérité!

— Le premier se nomme Tom.

Lord Evandale tressaillit.

— Et... le second? fit-il.

— C'est le lieutenant de chiourme Percy.

— Je ne connais pas cet homme.

Belzy, quoique Ecossaise, s'intéressa singulièrement à cette exhumation. (Page 95.)

— C'est pourtant lui, dit M. Simouns toujours impassible, qui a aidé sir George Pembleton, votre père, à substituer le cadavre du galérien Walter Bruce au corps de lord William vivant.
— Monsieur, dit lord Evandale, puisque vous êtes si bien renseigné, nous allons causer à cœur ouvert.
— Je l'espère, milord.
— Il y a un adroit bandit, poursuivit lord Evandale, qui se nomme bien réellement Walter Bruce; cet homme a imaginé, pour me soutirer quelque argent, de prétendre qu'il n'était autre que lord William, mon malheureux frère, mort de la piqûre d'un reptile.
— Et... cet homme?...
— Je me suis borné à le dénoncer à la justice.
— Je sais cela.
— Et je crois que la justice, usant d'indulgence, l'a fait enfermer à Bedlam.
— Vous n'en êtes pas sûr, milord?
— Oh ! pas plus sûr que cela, après tout.
— Mais cet homme avait une femme et des enfants?
— C'est possible.

12ᵉ LIVRAISON.

— Et c'est par votre ordre...
— Ah ! pardon, fit lord Evandale avec hauteur, il me semble que vous vous permettez de m'interroger.
— Milord, fit M. Simouns, excusez-moi, mais il faut bien que je vous prouve que je suis plus au courant de cette affaire que vous ne le supposez...
— Soit, parlez...
— Un jour, il y a trois mois, la femme de Walter Bruce, appelons-le ainsi, a reçu une lettre signée de son mari, lettre fausse, du reste, dans laquelle il était question d'une transaction.
— Avec qui?
— Avec vous, milord.
— Ah ! voyons.
— Lord William consentait à ne revendiquer ni son nom, ni son titre, à quitter l'Angleterre et à recevoir en échange deux cent cinquante mille livres.
— Fort bien.
— Cette transaction était raisonnable, et je viens, à mon tour, vous la proposer, milord.
Ce disant, M. Simouns étala un papier sur une table et ajouta :

— Quand Votre Seigneurie aura pris connaissance de ce document, elle n'hésitera pas...

Lord Evandale prit le papier et le lut.

M. Simouns, qui le regardait du coin de l'œil, le vit pâlir à mesure qu'il lisait.

Puis lord Evandale eut un mouvement de colère et il froissa le papier.

— Oh! dit tranquillement M. Simouns, vous pouvez jeter cette pièce au feu, si bon vous semble, milord. C'est une simple copie. Le document authentique, légalisé par l'ambassade britannique, est sous clef dans mon étude.

Lord Evandale parut réfléchir alors.

— Eh bien! dit-il enfin, si je consentais à ce que vous me demandez, quelle serait ma garantie?

— On vous rendrait ce document dont vous venez de prendre connaissance, et qui est la seule pièce sérieuse du procès à soutenir.

— Fort bien. Mais Walter Bruce est à Bedlam...

— Oh! il est facile à Votre Seigneurie de l'en faire sortir.

— Vous croyez?

— Que Votre Seigneurie écrive seulement deux lignes au lord chief-justice, et Walter Bruce sera libre.

— Et il quittera Londres?

— Sur-le-champ.

— Et en échange de l'hôtel de Paris et des deux cent cinquante mille livres on me rendra cette pièce?

— Milord, dit M. Simouns, je suis un homme connu pour ma probité à Londres. Je n'ai jamais donné ma parole sans la tenir.

— C'est bien, dit lord Evandale. Demain, à pareille heure, je serai chez vous et il sera fait comme vous le désirez.

M. Simouns salua lord Evandale et se retira.

Tom était resté dans le cab.

— Eh bien! lui dit M. Simouns, la cause est gagnée.

— Il consent à tout?

— A tout absolument.

— Et lord William sortira de Bedlam?

— Il sera libre demain. Du reste, venez demain à deux heures, tout sera fini.

Tom et M. Simouns se séparèrent à Leicester-square.

M. Simouns retourna à son étude.

Tom rejoignit Betsy, qui avait pris un modeste logement garni dans Drury-Lane.

Tout bon Anglais qui a le cœur joyeux remercie la Providence du bonheur qu'elle lui envoie, le verre à la main.

Les efforts de Tom étaient enfin couronnés de succès.

Il passa le reste de la journée avec Betzy, et ils errèrent de taverne en taverne jusqu'à minuit, buvant du porter, du sherry, du gin et de l'eau-de-vie.

Ils se couchèrent ivres-morts.

Néanmoins, le lendemain, Tom s'éveilla comme à l'ordinaire, la tête calme et l'esprit ouvert.

Il attendit deux heures avec impatience.

Puis quand deux heures sonnèrent, il sauta dans un cab et se fit conduire à Pater-Noster street.

Mais comme il entrait dans cette rue, ordinairement tranquille, il vit une foule compacte qui encombrait les abords de la maison de M. Simouns.

Tom descendit de voiture et s'approcha.

La foule était silencieuse et paraissait consternée.

Tom voulut pénétrer jusqu'à la porte de la maison, criant : Place! place!

Mais il n'y put parvenir.

— Ah çà! dit-il alors en regardant un des roughs qui se trouvaient là, que se passe-t-il donc?

— Il est arrivé un grand malheur, répondit l'homme du peuple.

Tom tressaillit, et une sueur froide coula soudain le long de ses tempes.

LI

JOURNAL D'UN FOU DE BEDLAM

XXXVII

— Mais qu'est-il donc arrivé? demanda Tom anxieux.

— Un grand malheur, monsieur.

— Quel malheur?

— M. Simouns est mort.

Tom jeta un cri.

En ce moment un jeune homme fendit la foule et s'approcha de Tom.

Tom le reconnut.

C'était ce même clerc de M. Simouns que le solicitor avait envoyé chercher le lieutenant Percy quelques jours auparavant.

— Ah! monsieur Tom, dit-il les larmes aux yeux, quel malheur! monsieur Tom, quel malheur!

Tom était stupide.

— Mais cela est impossible! dit-il enfin.

— Oh! je suis comme vous, monsieur ; je ne voulais pas le croire il y a une heure. Mais je l'ai vu mort, bien mort...

Et alors le clerc raconta à Tom que M. Simouns était rentré chez lui, la veille au soir, fort bien portant et de joyeuse humeur.

Il avait soupé comme à son habitude et s'était mis au lit un peu avant minuit.

Le lendemain matin, à huit heures, comme il tardait à sonner son valet de chambre, madame Simouns, inquiète, était allée frapper à sa porte.

Puis, comme on ne répondait pas, elle était entrée.

M. Simouns était couché sur son lit et il était mort.

Un médecin, appelé en toute hâte, avait constaté qu'il venait de succomber à une congestion cérébrale déterminée par une cause inconnue.

Tom, pendant le récit du clerc, avait fait appel à tout son courage, à toute son énergie.

— Mais, dit-il enfin, c'est bien ici qu'il est mort?

— Non, monsieur, il est mort à son domicile, hors de Londres.

— Alors pourquoi tout ce monde?

— Parce que la justice est ici.

— Et pourquoi la justice est-elle ici?

— Oh! elle y est depuis ce matin, monsieur. Il n'y avait pas une heure que la mort de mon pauvre patron était connue, que les juges sont arrivés.

— Mais que viennent-ils donc faire?

— Ils viennent apposer les scellés sur les papiers de M. Simouns.

Cette réponse fut un nouveau coup de foudre pour Tom.

Parmi les papiers de M. Simouns se trouvait évidemment la fameuse déclaration du lieutenant Percy, visée par l'ambassade d'Angleterre à Paris, l'unique pièce au moyen de laquelle on pût amener lord Evandale à composition.

Et Tom connaissait les lenteurs de la justice anglaise.

Il savait que lorsqu'elle met les scellés sur quelque chose, ils y restent longtemps.

Il finit par fendre la foule et entrer dans la maison sur les pas du clerc.

Le cabinet du solicitor était déjà fermé avec des empreintes à la cire.

Et, bien qu'il fût plus de deux heures, lord Evandale n'avait point paru.

Tom passa tout le jour à errer dans Pater-Noster.

Il attendit toujours lord Evandale.

Mais lord Evandale ne parut pas.

Tom était fixé.

M. Simouns n'était pas mort de sa belle mort.

Il avait été frappé par cette main mystérieuse qui avait écrit les lettres faussement attribuées à lord William.

Et Tom se trouvait seul désormais en présence de pareils adversaires.

Mais, nous l'avons dit, Tom était un homme de robuste énergie.

Il ne se décourageait jamais complétement, et il avait la patience des trappeurs du Nouveau-Monde.

Il attendit quinze jours, caché avec Betzy, dans un faubourg de Londres.

Au bout de ce temps, l'étude de M. Simouns reprit ses travaux.

Ce même clerc qui avait appris à Tom la mort de son patron fut nommé, par ordonnance royale, solicitor à la place de M. Simouns.

Tom alla le trouver.

Le clerc était au courant de l'affaire.

— M. Simouns est mort, dit-il; mais me voici solicitor, et je continuerai son œuvre. Je vais obtenir la levée des scellés, et quand nous aurons retrouvé la fameuse pièce, nous mettrons lord Evandale en demeure de s'exécuter.

Au bout de huit jours, le nouveau solicitor obtint la levée des scellés.

Mais, hélas! une nouvelle déception, plus terrible que les autres, attendait Tom.

Les scellés levés, on eut beau fouiller dans les papiers de M. Simouns.

La fameuse pièce avait disparu.

Une main criminelle l'avait détournée sans doute le jour où la justice s'était transportée dans l'étude de Pater-Noster street.

Le nouveau solicitor ne se découragea point cependant.

Il dit à Tom :

— Le lieutenant Percy est toujours à Paris, n'est-ce pas?

— Je le crois.

— Eh bien! il faut aller à Paris et obtenir de lui, fût-ce à prix d'argent, une nouvelle déclaration.

Toujours infatigable, Tom partit.

Le lendemain il était à Paris et courait au domicile du lieutenant.

Là, nouveau coup de foudre.

Le lieutenant était mort depuis huit jours.

En rentrant chez lui, le soir, il avait été écrasé par une charrette de la voirie.

Tom rechercha les deux autres gardes-chiourme; mais il les rechercha en vain.

Alors, fou de colère et de douleur, il s'écria :

— Eh bien! c'est moi qui ferai justice.

Et Tom repartit pour Londres.

. . . .

Le soir du jour où Tom était revenu, lord Évandale sortit du Parlement, où il avait siégé.

Il était alors près de minuit.

Au lieu de remonter dans son carrosse et de rentrer chez lui, lord Évandale renvoya ses gens, il revint à pied dans Pall-Mall, où il avait son club.

Sir Evandale passa une partie de la nuit à jouer au pharaon.

Ce ne fut que vers trois heures du matin qu'il se décida à regagner son hôtel.

— Ah! milord, lui dit le baronnet sir Charles M... est-ce que vous allez à pied?

Oui, certes, répondit lord Evandale.

— N'avez-vous pas peur des étrangleurs?

— En aucune façon. Il n'y a jamais eu d'étrangleurs à Londres.

— Oh! par exemple!

— Je ne crains rien, ajouta lord Evandale.

Et il sortit.

Comme il s'éloignait du club d'un pas rapide, il entendit marcher derrière lui.

Il se retourna et vit un homme qui le suivait.

Lord Evandale pressa le pas.

L'homme en fit autant.

Lord Evandale arriva dans Trafalgar-square.

Au pied de la statue de Nelson il s'arrêta.

Alors l'inconnu vint à lui.

— Deux mots, milord? dit cet homme.

Lord Evandale tressaillit.

— Que me voulez-vous? fit-il.

L'inconnu fit un pas encore.

— Ne me reconnaissez-vous pas, milord?

— Non, dit sèchement lord Evandale.

— Je m'appelle Tom.

— Ah! eh bien?

Je viens vous demander s'il vous plaît de rendre enfin la liberté à lord William.

Lord Evandale se mit à rire :

— Vous êtes fou! dit-il.

— Milord, reprit Tom d'une voix tremblante de fureur, prenez garde !

Arrière! dit lord Evandale.

Et apercevant des policemen à quelque distance il appela à son aide.

Les policemen viendront trop tard, dit Tom.

Et tirant de dessous son manteau un long couteau, il le plongea tout entier dans la poitrine de lord Evandale, qui tomba en poussant un cri.

Les policemen accoururent et s'emparèrent de Tom.

Mais lord Evandale était mort, et lord William était vengé!...

LII

JOURNAL D'UN FOU DE BEDLAM

XXXVIII

Betzy était sans doute dans la confidence des projets de Tom et elle n'avait mis aucune opposition à sa résolution, car elle ne s'inquiéta point de ne pas le voir revenir ce soir-là.

Le lendemain, elle alla rôder aux alentours de l'hôtel de lord Evandale.

La cour était encombrée de monde.

Betzy se mêla à la foule et écouta ce qu'on disait.

On disait que le noble lord avait été frappé d'un coup de couteau comme il traversait Trafalgar-square, à quatre heures du matin.

Par qui?

Selon les uns, c'était par un fénian.

Lord Evandale avait fait à la Chambre, deux jours auparavant, un discours très-violent contre l'Irlande.

Selon les autres, le crime avait eu le vol pour mobile.

Personne ne prononçait le nom de Tom.

Mais comme tout le monde était d'accord sur l'arrestation de l'assassin, Betzy fut fixée sur le sort de Tom.

Betzy était une femme courageuse.

— Tom est en prison, se dit-elle, qu'importe? je continuerai son œuvre.

Betzy, du reste, se faisait des illusions.

Elle pensait que, lord Evandale mort, lady Pembleton se souviendrait qu'elle avait aimé lord William et qu'elle s'empresserait de consentir à la transaction.

Betzy attendit donc quelques jours.

Les funérailles du défunt eurent lieu en grande pompe. Les journaux en parlèrent, comme ils avaient parlé de sa mort.

Mais aucun ne parla des anciens rapports de l'assassin avec sa victime.

Au bout de huit jours, Betzy se présenta à l'hôtel de Pembleton.

Lady Anna consentit à la recevoir.

Betzy lui dit alors :

— Le misérable qui avait abusé de votre confiance, milady, a expié son crime. Refuserez-vous, maintenant, de reconnaître lord William?

Lady Pembleton ne répondit pas.

Elle se borna à agiter un gland de sonnette.

Deux hommes entrèrent, sir Archibald et un inconnu.

Cet inconnu n'était autre que le révérend Patterson.

— Mon père, dit lady Pembleton, faites donc chasser cette misérable folle !

Betzy eut un accès d'indignation :

— Ah ! milady, fit-elle, jusqu'à présent je vous avais crue l'esclave de lord Evandale, mais je vois bien que vous étiez sa complice.

Sir Archibald appela ses valets.

Ceux-ci s'emparèrent de Betzy et la jetèrent dehors.

Betzy se mit à crier.

Deux policemen du quartier la saisirent et la conduisirent à la station de police la plus voisine.

Là, Betzy voulut tout raconter au magistrat qui l'interrogea.

Mais le magistrat lui ferma la bouche et donna ordre de la conduire en prison.

Alors Betzy comprit qu'elle était perdue.

Mais elle avait l'âpre et sauvage énergie de Tom, son mari.

— Puisque je dois rester en prison, se dit-elle, autant vaut que je voie lord William.

Betzy passa trois jours dans la prison de la station de police.

Au bout de ces trois jours, elle donnait de tels signes d'aliénation mentale, riant à gorge déployée, chantant du matin au soir, que le magistrat déclara qu'elle était folle et la fit conduire à Bedlam.

C'était ce que Betzy voulait.

Walter Bruce, c'est-à-dire William, s'y trouvait toujours.

Le secrétaire de Bedlam savait bien qu'il devait garder lord William à perpétuité, et il avait des ordres mystérieux pour le trouver fou à lier.

Mais on avait sans doute jugé inutile de l'instruire des motifs qu'on avait eus de faire arrêter Betzy.

Betzy ne fut donc pas surveillée, et elle put voir lord William.

Celui-ci n'avait nullement perdu la raison ; mais il se mourait lentement de douleur.

Oh ! certes, il ne songeait plus à reconquérir son nom et sa fortune, à cette heure.

Lord William n'avait plus qu'une idée fixe : être rendu à sa famille, revoir sa femme et ses enfants, et retourner avec eux en Australie.

Il avait rédigé un long mémoire où il relatait tout ce qu'il savait de sa lamentable histoire.

Les confidences de Betzy complétèrent ce document.

Or, le hasard, qui se plaît souvent à déjouer les plans les mieux combinés des hommes, le hasard vint tout à coup en aide à lord William et à la malheureuse Betzy.

Un jour, on amena à Bedlam un nouveau pensionnaire.

Betzy l'eut à peine envisagé qu'elle le reconnut.

C'était ce petit homme déjà vieux qui s'était présenté chez Tom, quelques mois auparavant, sous le nom d'Edward Cokeries, se donnant pour un clerc de M. Simouns.

Cet homme, on s'en souvient, avait été l'instrument de lord Evandale ou plutôt du révérend Patterson ; et on a deviné sans doute que c'était lui qui avait si bien imité l'écriture de lord William et transmis à Tom la fausse dépêche de John Murphy, datée de Perth, en Écosse.

Edward Cokeries était fou, réellement fou, et sa folie avait une cause bizarre.

Le lendemain du jour où Tom avait assassiné lord Evandale, il s'était présenté à l'hôtel Pembleton.

Là il avait appris que lord Evandale était mort.

Edward Cokeries était devenu fou subitement.

C'était ce jour-là même que le noble lord devait lui payer une somme de deux mille livres pour prix de sa trahison.

On avait reconduit l'homme de loi chez lui.

Il avait femme et enfants.

Pendant quelques jours on l'avait gardé enfermé dans sa maison.

Mais il avait donné de telles marques de démence furieuse que les voisins épouvantés avaient demandé son incarcération.

On l'avait conduit à Bedlam.

Or, une violente commotion avait ôté la raison à Edward Cokeries.

Une autre émotion non moins grande venait la lui rendre.

A la vue de Betsy et de lord William, Edward Cokeries jeta un cri.

Il n'était plus fou.

Et comme la raison lui était revenue, la mémoire lui revint aussi, et avec elle le repentir.

Un soir, dans un coin du préau, il se jeta aux genoux de lord William et lui demanda pardon, s'accusant de tous les crimes, et avouant qu'il avait été l'instrument de lord Evandale et du révérend Patterson.

C'était lui qui avait fait enlever Tom en chemin de fer;

Lui qui avait fait disparaître le lieutenant Percy;

Lui encore qui avait volé dans l'étude de M. Simouns, tandis qu'on y apposait les scellés, cette fameuse déclaration du garde-chiourme visée par l'ambassade d'Angleterre.

Mais cette pièce, il ne l'avait point rendue à lord Evandale.

Il avait voulu la conserver comme un otage, jusqu'à ce que le noble lord lui eût payé, en trois fois, la somme de huit mille livres, prix stipulé entre eux.

En apprenant la mort du lord, Edward Cokeries avait pensé qu'il ne serait pas payé et le désespoir l'avait rendu fou.

Et quand il eut fait tous ces aveux, Edward Cokeries dit encore :

— Maintenant, milord, si jamais je puis sortir d'ici, je travaillerai à réparer le mal que j'ai fait.

Lord William avait secoué la tête :

— On ne sort pas de Bedlam, avait-il dit.

Et Betsy avait répondu :

— Qui sait?

La courageuse femme avait trouvé un moyen d'évasion, et elle songeait à le mettre à exécution, comme on va le voir.

LIII

JOURNAL D'UN FOU DE BEDLAM

XXXIX

Lord William et Edward Cokeries avaient donc avidement regardé Betzy.

Betzy leur dit :

— J'ai trouvé le moyen de sortir d'ici.

— Comment sortir? demanda lord William d'un air de doute.

— Oh! pas vous, dit-elle, mais moi... Et, pourvu que je sorte, tout ira bien, dit la courageuse femme.

— Que ferez-vous donc? demanda lord William.

— D'abord, monsieur me dira où il a caché le fameux papier.

— Bon! fit Edward Cokeries.

— Quand je serai hors d'ici, j'irai donc chercher le papier.

— Et puis?

— Et puis je le porterai au successeur de M. Simouns.

— Mais comment sortirez-vous, Betsy?

— Oh! très-facilement, comme vous allez voir.

— Parlez.

— Vous savez qu'il y a à Londres une association de dames charitables qui ont pris le nom de Dames des prisons?

— Oui, fit lord William d'un signe de tête.

— Non-seulement elles assistent les condamnés à mort, mais encore elles vont voir les prisonniers qui sont malades.

— Il en vient journellement ici, dit lord William.

— Elles sont masquées, ou plutôt elles portent sur la tête une sorte de cagoule qui ne laisse voir de tout le visage que les yeux.

— Eh bien?

— Une de ces dames est venue hier voir un pauvre fou qui est très-malade.

En traversant la prison et en passant près de moi, elle m'a regardé et m'a dit :

— Bonjour, Betsy!

J'ai fait un geste de surprise.

— Vous me connaissez donc, madame? ai-je demandé.

— Oui, vous êtes la femme de Tom.

Et comme ma surprise augmentait, elle a ajouté :

— Et vous n'êtes pas plus folle que moi.

— Mais ai-je balbutié, comment savez-vous?...

— J'ai visité votre mari à Newgate, et il m'a tout raconté.

— Ah!

— Malheureusement, je ne puis pas faire grand chose pour vous, mais ce que je puis faire, je le ferai.

Je continuais à la regarder avec étonnement.

— Écoutez, me dit-elle, vous voudriez bien sortir d'ici, n'est-ce pas?

— Oh! oui, madame.

— Eh bien! je puis vous faire sortir.

— Comment?

— N'occupez-vous pas une chambre toute seule?

— En effet.

— Dès ce soir, mettez-vous au lit, refusez de manger et plaignez-vous d'être malade.

— Je le ferai, madame.

— Dans deux jours je viendrai vous voir. Je ne serai pas seule; une autre dame des prisons m'accompagnera : soyez sans crainte, je me charge du reste.

Et elle s'est éloignée.

— Tout cela, fit lord William, ne me dit pas comment vous sortirez d'ici, Betzy.

— Je le devine, milord.

— Ah!

— L'une des deux sœurs me prêtera son costume.

— Mais alors elle restera à votre place?

— Sans doute.

— Comment donc sortira-t-elle à son tour?

— En se faisant reconnaître, probablement.

Betzy eut un geste qui pouvait se traduire ainsi :

— Je vous assure que cela m'importe peu.

— Maintenant, dit Betzy, s'adressant à Edward Cokeries, où est le papier ?
— Écoutez, répondit l'homme de loi, je demeure dans Old-Grand-Lane.
— Fort bien, dit Betzy.
— Au troisième étage de la maison qui porte le numéro 7. Vous direz à ma femme que vous venez de ma part, et si elle ne veut pas vous croire vous lui remettrez cet anneau.

Edward Cokeries tira de son doigt une alliance en or qu'il remit à Betzy.

Betzy la passa au sien.

— Après ? dit-elle.

— C'est un pauvre logis que le nôtre, poursuivit Edward Cokeries et les meubles y sont rares. Il y a pourtant sur la cheminée de notre chambre à coucher un buste du duc de Wellington en plâtre.

Bon !

— Le buste est creux, comme bien vous pensez.

— Et je trouverai les papiers dedans ?

— Oui.

— C'est bien, fit Betzy. Il faudra bien, du reste, que votre femme me croie, quand elle saura que vous n'êtes plus fou.

Betsy exécuta à la lettre la première partie de son programme.

Elle feignit d'être malade et ne voulut pas manger le soir.

Elle se mit au lit de bonne heure.

Le lendemain, elle refusa toute nourriture.

Lord William lui avait remis son manuscrit, — ce manuscrit dans lequel il racontait sa lamentable histoire, — et elle l'avait caché sous son oreiller.

Pendant deux jours Betzy ne voulut prendre que quelques cuillerées de bouillon.

Le troisième jour, les dames des prisons arrivèrent vers le soir.

L'une avait un petit paquet sous son bras.

Quand elles furent seules dans la chambre de Betzy, elles fermèrent la porte au verrou.

Alors la première, celle qui avait déjà parlé à la femme de Tom, déplia le paquet.

Il contenait une robe et un capuchon semblables à ceux qu'elle portait elle-même.

— Vite, dit-elle, levez-vous et habillez-vous.

Betzy obéit.

Bedlam est tout un monde.

Les fous, les gardiens, les infirmiers, les médecins, vont, viennent et se croisent dans les corridors multiples.

Les dames des prisons étaient entrées deux dans la cellule de Betzy.

Elles en sortirent trois et nul n'y prit garde.

— Suivez-moi, dit alors la mystérieuse libératrice à Betzy.

L'autre dame les quitta et s'en alla toute seule par un autre chemin.

Betzy et sa protectrice longèrent le corridor, descendirent du premier étage au rez-de chaussée, traversèrent vingt salles différentes et arrivèrent enfin à la porte.

Le portier chef leur ouvrit et les salua au passage.

Quand elles furent dans la rue, la dame des prisons mit une bourse dans les mains de Betzy.

— Maintenant, dit-elle, vous êtes libre. Adieu...

Betzy lui prit la main et la supplia de lui dire son nom.

La dame résista.

— Adieu, répéta-t-elle.

Et elle s'éloigna rapidement.

Betzy ne perdit pas une minute.

Elle se rendit dans Old-Grand-Lane, gardant le costume de dame des prisons qu'on lui avait fait revêtir.

Elle trouva la femme d'Edward Cokeries, qui, en voyant l'anneau de son mari, s'empressa de lui remettre les papiers cachés dans le buste.

Alors Betzy retourna dans Adam street et y reprit ses habits ordinaires.

Puis elle attendit le lendemain avec impatience.

Le lendemain elle courut chez le successeur de M. Simouns.

Elle s'attendait, la pauvre femme, à être reçue avec cordialité.

Il n'en fut rien.

— Ma chère, lui dit le jeune solicitor, depuis que nous ne nous sommes vus, il s'est passé bien des choses.

— Que voulez-vous dire ? fit Betzy étonnée.

— D'abord, votre mari a assassiné lord Evandale.

— C'est un misérable de moins, dit Betzy.

— D'accord. Mais nous avons affaire à des ennemis bien autrement redoutables que lord Evandale.

— A qui donc ?

— A la société des Missions étrangères tout entière.

— Eh bien ?

— Et on ne se heurte pas à de pareilles gens.

— Pourquoi ?

— Mais parce qu'on serait brisé comme verre.

Et le jeune solicitor, baissant la voix, ajouta :

— Je vais vous donner un bon conseil. Si vous voulez sauver votre mari du sort qui l'attend, allez porter ces papiers à lady Pembleton.

Peut-être, en vous voyant désarmée, demandera-t-elle la grâce de Tom.

Et le jeune solicitor congédia Betzy.

Betzy s'en alla la mort dans l'âme.

— Oh! dit-elle, ils peuvent tuer mon pauvre Tom mais ils n'auront pas les preuves de l'infamie de lord Evandale, et peut-être que quelque jour il se trouvera un homme courageux qui prendra en main la cause des opprimés et livrera la guerre aux oppresseurs.

Et Betzy songea alors à cacher les papiers de telle sorte que les amis de lady Pembleton ne pussent les trouver.

. . . .

LIV

JOURNAL D'UN FOU DE BEDLAM

XL

A Londres on vit beaucoup la nuit.

Betzy était rentrée bien souvent après minuit dans son pauvre logis d'Adam street.

Bien souvent aussi, passant devant Rothnite-

Church, il lui avait semblé voir des ombres s'agiter dans le cimetière qui entoure la chapelle.

Betzy n'était pas superstitieuse.

Elle ne croyait pas aux revenants.

Aussi avait-elle deviné que ces ombres étaient vivantes et non point à l'état de fantômes.

Ce n'était ni des djinns, ni des farfadets, ni des âmes en peine sortant de leur tombe.

C'étaient des hommes, — et des hommes qui avaient un but mystérieux en s'introduisant ainsi dans ce cimetière.

Une nuit Betzy s'était accroupie contre les grilles et elle y était demeurée immobile.

La nuit était noire, le brouillard épais.

Deux hommes passèrent tout près d'elle sans la voir.

Les deux hommes causaient, et Betsy entendit leur conversation.

— Ne te trompes-tu pas de tombe? disait l'un.

— Non, non, répondit l'autre.

— C'est que, reprit le premier, il ne faudrait pas que notre vaillant ami, qui, de son vivant, était un bon catholique, reposât plus longtemps dans une tombe protestante, au milieu d'hérétiques.

— Non, non, dit le second; viens, je vais te montrer son tombeau.

Betzy comprit qu'il était question d'une exhumation; et elle sut dès lors quels étaient ces hommes qui se réunissaient quelquefois dans le cimetière de Rothnite.

Ces hommes étaient des fénians.

Un des leurs était mort dans le quartier et on l'avait enterré en cet endroit.

Mais ses amis, ses coreligionnaires voulaient enlever nuitamment sa dépouille, sans doute pour la transporter dans le cimetière Saint-George, qui est une église catholique comme chacun sait.

Betzy était Écossaise, anglicane par conséquent.

Et cependant elle s'intéressa singulièrement à cette exhumation.

Immobile auprès de la grille, perçant le brouillard de son regard ardent, elle vit ouvrir la fosse et enlever le corps.

Ce ne fut que lorsque les deux hommes se furent éloignés avec leur triste fardeau, que Betzy regagna son logis d'Adam street.

Mais elle ne dormit pas, et attendit le jour avec impatience.

Aux premiers rayons de l'aube, Betzy se dirigeait vers la chapelle et entrait dans le cimetière.

Les environs étaient déserts encore.

Betzy était vêtue de noir, et on aurait pu croire qu'elle allait pleurer sur la tombe d'une personne aimée.

Ce n'était point cependant le motif qui amenait l'Écossaise dans le cimetière.

Betzy voulait voir dès ce jour cette tombe qui était maintenant veuve de son cadavre.

Elle se mit donc à suivre la trace des pas que les deux fénians avaient laissée sur l'herbe haute et drue.

Elle arriva à la tombe, que surmontait une croix de fer, et s'agenouilla auprès.

Puis, jetant autour d'elle un rapide et furtif regard, elle reconnut qu'elle était seule et que personne ne pouvait la voir.

Alors elle s'assura que la pierre qui recouvrait la fosse vide pouvait être soulevée facilement.

On ne viendra pas les chercher là, murmurat-elle.

Betzy, en parlant ainsi, faisait allusion au manuscrit de lord William et à la déclaration du lieutenant Percy.

. . . .

Les dernières pages du manuscrit étaient tracées d'une autre main.

Lord William, à l'aide des documents que lui avait fournis Betzy, avait raconté son histoire et les événements qui avaient suivi son incarcération à Bedlam.

Mais après l'avoir emporté, Betzy l'avait complété par le récit des événements postérieurs.

Là s'arrêtait le *Journal d'un fou de Bedlam*. La déclaration du lieutenant Percy y était annexée au moyen d'une épingle.

Alors Vanda et Marmouset se regardèrent.

— Eh bien? fit Vanda.

— Nous n'en savons pas davantage, mais nous en savons assez, dit Marmouset.

— Tom est mort, Betzy est morte...

— Oui. Mais lord William est vivant et sa famille aussi.

L'abbé Samuel n'avait pas encore prononcé une parole.

— Ce que le manuscrit ne nous dit pas, dit-il alors, je vais vous le dire, moi.

— Ah! dit Marmouset en le regardant.

— Il peut y avoir six mois que Betzy a caché les papiers dans la tombe vide où vous les avez trouvés.

C'est donc six mois de son existence, les six derniers, hélas! que je vais vous raconter.

— Parlez, monsieur l'abbé, fit Vanda.

Et tous trois, Marmouset, Vanda et Shoking, regardèrent l'abbé Samuel.

Celui-ci reprit :

— Betzy s'était cachée avec soin tant qu'elle avait eu les papiers en sa possession.

On la recherchait dans Londres pour la ramener à Bedlam; et si elle était revenue à Adam street, c'était précisément pour donner le change à ses persécuteurs, qui ne supposeraient certainement pas qu'elle était rentrée tranquillement chez elle.

Pendant trois mois, on la chercha donc partout ailleurs que dans Adam street.

Betzy ne sortait que le soir.

Alors elle courait dans les rues de Londres et se faisait arrêter sous un autre nom que le sien, pour vagabondage ou ivrognerie.

Elle passait les nuits dans les diverses stations de police, et elle avait un but en agissant ainsi.

Elle espérait toujours rencontrer quelque voleur que l'on conduirait à Newgate le lendemain et qui se chargerait d'apprendre à Tom, dont la mise en jugement traînait en longueur, qu'elle avait retrouvé les papiers.

Ce fut ainsi qu'elle rencontra l'homme gris.

Dès lors Betzy fut plus tranquille.

Tom était averti.

— Qui pouvait dire que Tom ne parviendrait pas à s'évader ?

— Hélas ! interrompit Vanda, le malheureux a été pendu.

— Oui, dit l'abbé Samuel, vous continuerez son œuvre.

— Et l'œuvre est difficile, observa Vanda.

— Non certes, dit Marmouset, n'avons-nous pas la déclaration du lieutenant Percy ?

— Soit, dit Vanda.

— N'avons-nous pas beaucoup d'argent pour soutenir le procès ?

— En effet, dit Shoking, et dans la libre Angleterre, on fait tout ce qu'on veut avec de l'argent.

— Mais, dit l'abbé Samuel, il faudrait auparavant faire mettre lord William en liberté.

— Et c'est difficile, dit Vanda.

— Difficile, soit, mais non impossible, répliqua Marmouset. Demain j'irai voir le successeur de M. Simouns, et, comme le dit Shoking, avec de l'argent on fait bien des choses.

— Même quand on a à lutter avec la société des Missionnaires évangéliques, ajouta l'abbé Samuel.

Comme ils causaient ainsi tous les quatre, un rayon de jour blafard pénétra dans la mansarde et vint se jouer sur le visage pâli de la pauvre morte...

Vanda s'était mise à genoux et récitait les prières des morts.

. . . .

FIN DU JOURNAL D'UN FOU DE BEDLAM.

DEUXIÈME PARTIE

L'HOMME GRIS

L'homme que Marmouset avait devant lui, c'était Rocambole. (Page 99.)

LV

Il était dix heures du matin.

C'est le moment où la cité de Londres, solitaire et déserte depuis la veille au soir, commence à s'emplir de bruit et voit ses rues encombrées par une foule affairée.

Les négociants, les banquiers, les changeurs arrivent de toutes parts.

La gare de Cormon's street, les omnibus, les cabs jettent sur le pavé de la Cité un demi-million de personnes, entre dix et onze heures du matin.

On est parti pour la campagne la veille, entre cinq et six heures : on revient travailler le lendemain.

13ᵉ LIVRAISON.

Au coup de dix heures tout est ouvert, depuis les comptoirs des armateurs jusqu'aux boutiques de change.

Or donc, comme dix heures sonnaient, un cab entra dans Pater-Noster et s'arrêta à la porte de l'étude du solicitor dont l'infortuné M. Simouns avait été jadis le titulaire.

Un jeune homme en descendit.

C'était un élégant gentleman en costume du matin, c'est-à-dire portant un vêtement de même étoffe, pantalon, gilet et jaquette, — ce que les Anglais nomment une *suite*, — ganté de daim et coiffé d'un chapeau gris.

Il s'adressa au valet qui avait pour mission de se

tenir au rez-de-chaussée, sous le vestibule, et d'introduire les visiteurs.

— Mon ami, lui dit-il, n'est-ce pas ici l'étude d'un solicitor ?

Oui, monsieur, répondit le valet.

— M. Simouns, je crois ?

Le valet secoua la tête.

— Oh ! dit-il, ce n'est plus M. Simouns.

— Il s'est retiré ?

— Non, il est mort.

— Fort bien. Quel est donc son successeur ?

— C'est M. James Colcram.

— Bon ! je désirerais lui parler.

— Voilà qui est tout à fait impossible ce matin, monsieur.

— Et pourquoi cela, mon ami ?

— Parce que M. Colcram plaide à la cour de Drury-Lane dans une affaire très-importante.

Le gentleman parut quelque peu désappointé.

— C'est bien, dit-il, je reviendrai demain.

Et il fit un pas de retraite.

Mais le valet le retint :

— Pardon, monsieur, dit-il.

— Qu'est-ce donc, mon ami ?

— Vous venez pour un procès, sans doute ?

— Naturellement.

— M. Colcram a un premier clerc qui est dans l'étude depuis quinze jours seulement, mais qui est au courant de toutes les affaires.

Le gentleman parut hésiter.

— C'est à M. Colcram lui-même que j'aurais voulu parler.

Je puis vous affirmer, monsieur, que M. Salomon Burdett, le maître-clerc, est tout à fait au courant.

— Après ça, murmura le gentleman à part lui, je puis toujours sonder le terrain. Soit. Conduisez-moi auprès de monsieur... Comment l'appelez-vous ?

— Salomon Burdett.

— Bien. Conduisez-moi.

Le valet se dirigea vers l'escalier et le gentleman le suivit.

Ils montèrent au premier étage.

Là, le valet ouvrit une porte, disant :

— C'est ici.

Alors le gentleman aperçut un homme assis devant un bureau surchargé de paperasses.

Cet homme, dont on ne pouvait préciser la taille, car il ne se leva point, portait d'énormes favoris roux, une épaisse chevelure de même couleur et avait sur les yeux des lunettes bleues.

Il salua le gentleman, et d'un geste, lui offrit un siège.

— Monsieur, dit alors le gentleman, j'aurais voulu voir M. Colcram.

— Oh ! monsieur, répondit le maître-clerc, M. Colcram ou moi, c'est absolument la même chose.

— Vraiment ?

— Je suis au courant de toutes les affaires de l'étude.

— Je n'en doute pas. Cependant...

Et le gentleman regarda M. Burdett avec attention.

— Cependant, reprit-il, celle dont je viens vous parler est déjà ancienne.

En effet, dit M. Burdett, elle remonte déjà à plusieurs mois.

Le gentleman eut un geste de surprise :

— Comment pouvez-vous le savoir, monsieur, dit-il, puisque je ne me suis point nommé et ne vous ai pas encore dit de quelle affaire il s'agissait ?

— Je pourrais vous répondre que je suis sorcier, monsieur, dit le clerc, mais je préfère vous dire que je vous ai déjà vu.

— Hein ?

— Vous êtes Français et vous vous nommez monsieur Peytavin.

Le gentilhomme eut un nouveau geste de surprise.

Le clerc continua.

— Je vous ai vu hier à l'enterrement d'une pauvre femme qui se nommait Betsy.

— En vérité !

— La femme d'un certain Tom, qui a été pendu récemment pour avoir assassiné lord Évandale Pembleton.

Le gentilhomme paraissait stupéfait.

— Et c'est bien certainement de l'affaire de lord William Pembleton, dit Walter Bruce, que vous venez me parler.

— En effet, balbutia le gentleman abasourdi.

— Il y a trois mois, poursuivit M. Burdett, Betsy est venue ici.

— Ah !

— Elle apportait à M. Colcram les papiers qui assuraient le gain du procès.

— Cependant, dit Marmouset, car c'était lui, M. Colcram n'a point voulu se charger de soutenir le procès.

— Il avait une bonne raison pour cela.

— Laquelle ?

— M. Colcram est jeune, il n'a pas encore fait sa fortune.

— Bon !

— Et pour soutenir un pareil procès, il faut beaucoup d'argent.

— Et Betsy n'en avait pas ?...

— Hélas ! non.

— Mais les personnes qui ont accepté l'héritage de Betsy, poursuivit Marmouset, ont de l'argent et beaucoup, et elles mettront à la disposition de M. Colcram telle somme qu'il exigera.

M. Burdett secoua la tête.

— Il y a encore une autre raison, reprit-il, qui empêchera M. Colcram de se charger de l'affaire.

— Quelle est-elle ?

— Il est nommé liquidateur de la succession de lord Évandale Pembleton.

— Ah ! fit Marmouset.

Et il regarda M. Burdett avec défiance.

— Enfin, continua celui-ci, M. Colcram ne veut en aucune façon entrer en lutte avec la société des Missionnaires évangéliques, qui est en Angleterre tout aussi puissante que le sont les jésuites en France.

— Monsieur, dit Marmouset en faisant un pas de retraite, excusez-moi de vous avoir dérangé, je me retire.

— Pardon, monsieur, dit M. Burdett, un mot encore.

— Parlez.

— Je ne suis pas M. Colcram, moi.

— Bon !

— Et je puis vous donner un bon conseil.

— J'écoute.

— Vous vous engagez dans une mauvaise voie, en songeant à faire un procès.
— Je ne vois pourtant pas d'autre moyen, fit naïvement Marmouset.
— Bah !
— D'abord vous devez savoir que la justice anglaise n'en finit pas et qu'elle a des longueurs inouïes.
— D'accord.
— Ensuite, vous êtes élève de Rocambole?...
Marmouset fit un pas en arrière.
— Quoi ! dit-il, vous savez?...
— Je sais que tu es un imbécile ! répondit M. Burdett en français.
Et soudain ses lunettes tombèrent.
Marmouset jeta un cri.
L'homme qu'il avait devant lui n'était pas, ne pouvait pas être Rocambole.
Et cependant il avait son regard.
Cependant il avait son timbre de voix.
— Oh ! fit Marmouset ému jusqu'aux larmes, c'est impossible... Vous êtes... non... vous n'êtes pas...
— Je suis encore plus fort que toi, mon pauvre ami, puisque tu ne me reconnais pas.
Et les favoris et l'épaisse chevelure rousse tombèrent à leur tour.
Cette fois, Marmouset ne pouvait douter...
L'homme qu'il avait devant lui, — c'était Rocambole !
Rocambole, qu'il avait cru mort...
Et comme l'émotion de Marmouset était au comble et qu'il se précipitait vers M. Burdett les mains tendues, celui-ci remit sa perruque, rajusta ses favoris, et lui dit froidement, en remettant ses lunettes bleues sur son nez :
— Ne faisons pas de bêtises, mon ami, on peut entrer ici d'un moment à l'autre.
— Vous ! vous ! dit encore Marmouset.
— Moi, répliqua Rocambole, qui commence par te dire que des gens comme nous ne mettent jamais la justice dans leurs affaires.

LVI

Rocambole était subitement redevenu M. Burdett, le maître-clerc de M. Colcram.
Et comme Marmouset continuait à le regarder avec un étonnement profond, il lui dit en souriant :
— Tu ne t'attendais pas à me retrouver ici?
— Certes non, dit Marmouset.
— Est-ce que vous m'avez cru mort?
— Moi non, mais Vanda pleure et se désole.
Rocambole poussa un bouton de sonnette électrique qui se trouvait à la portée de sa main.
Un deuxième clerc entra.
Alors M. Burdett lui dit :
— J'ai à traiter avec ce gentilhomme une affaire excessivement sérieuse. J'entends qu'on ne me dérange sous aucun prétexte.
Le clerc s'inclina.
Mais comme il allait sortir, M. Burdett le rappela.
— Ah ! par exemple, dit-il, si le révérend Patterson se présentait, vous me préviendriez.
— Oui, monsieur.
— Mon bon ami, dit alors Rocambole, raconte-moi donc comment vous êtes sortis du souterrain?
— Nous avons été sauvés par Shoking.
Et Marmouset fit au maître le récit de leurs aventures dans les souterrains de la Tamise, et lui dit comment ils étaient parvenus à suivre ses traces, à lui et à Milon, jusqu'à l'ouverture donnant sur le fleuve.
Puis il lui dit encore comment Vanda avait toujours cru que Milon et lui s'étaient noyés, tandis que lui, Marmouset, avait gardé la conviction inébranlable que le maître n'était pas mort, et que s'il ne reparaissait pas tout de suite, c'est qu'il avait pour cela de bonnes raisons.
— Des raisons excellentes, dit Rocambole.
— Ah !
— Et souviens-toi que je suis provisoirement mort pour tout le monde, excepté pour toi.
— Même pour Vanda?
— Même pour elle.
— Pauvre Vanda !...
Et Marmouset soupira.
— Alors, reprit-il, vous ne nous aiderez pas dans l'affaire de lord William?
— Je ne suis ici que pour cela.
— Mais si vous êtes mort?
— Imbécile ! n'es-tu pas là pour transmettre mes ordres et les exécuter?
— C'est vrai, maître.
— Or, mon ami, poursuivit Rocambole, si nous n'avons affaire qu'à lady Pembleton et à sir Archibald, son père, si même lord Evandale était encore de ce monde, notre besogne serait des plus faciles.
— Peut-être, dit Marmouset.
— Mais nous avons à lutter contre une force bien autrement puissante que le tout-puissant gouvernement britannique.
— Le révérend Patterson?...
— Et la bande noire, mon ami, les soldats à longue redingote et à cravate blanche, qui valent une armée de policemen et de détectives.
— Bon !
— Et qui, jour et nuit, recherchent ce pauvre homme gris qui, tu le sais, a été condamné à être pendu.
— Alors, dit Marmouset, il me semble que vous vous exposez quelque peu ici.
— Ah ! tu crois?
— Et si bien grimé que vous soyez...
— Puisque tu ne m'as pas reconnu, qui veux-tu qui me reconnaisse?
— Ce n'est pas une raison; vos lunettes, votre perruque peuvent se détacher.
— Au lieu de me dire des niaiseries, reprit Rocambole, tu ferais mieux de me demander comment je suis ici.
— Je vous écoute, maître.
— M. Colcram, je te l'ai dit, s'est chargé de la liquidation et de la succession de lord Evandale.
— Bon ! fit Marmouset.
— C'est un homme habile et très-honnête, ce jeune homme.
— Ah !
— Et il fera les choses en conscience.
— Eh bien?
— Ce que le révérend Patterson ne voudrait pas.
— Pourquoi?

— Mais parce que lord Evandale, en échange de la promesse qu'on lui faisait de le débarrasser à tout jamais de son frère, lord Evandale, disons-nous, a signé certains papiers qui attribuent à la Société évangélique des sommes considérables.
— Fort bien.
— Et M. James Colcram prendra certainement les intérêts de lady Pembleton.
— Alors...
— Alors le révérend Patterson, qui est un homme habile, a voulu avoir auprès de M. Colcram un homme tout à fait à lui.
— Et... cet homme?
— C'est moi, dit froidement Rocambole.
— Vous?
— Oui, mon ami.
Rocambole se mit à rire.
— Ah! dit Marmouset, vous serez bien toujours notre maître à tous.
Rocambole continua à sourire.
— Le révérend Patterson a en moi, dit-il, la plus entière confiance, et ce que je lui conseillerai de faire, il le fera.
— Mais...
— Chut! dit Rocambole.
En ce moment le deuxième clerc entra.
— Le révérend Patterson, dit-il.
— Bien, dit Rocambole. Dans une minute.
Le clerc sortit.
Alors Rocambole ouvrit une porte qui donnait dans un cabinet voisin et que recouvrait une draperie.
— Entre là, dit-il, regarde au besoin par le trou de la serrure. Il y a un trou dans la portière percé à la même hauteur : écoute de tes deux oreilles et surtout ne fais pas de bruit.
Marmouset entra dans le cabinet, dont Rocambole referma doucement la porte.
Puis il ouvrit et referma brusquement une autre porte qui donnait sur le carré, à seule fin de faire supposer au révérend Patterson, qui attendait dans la pièce voisine, qu'il venait de congédier son visiteur.
Le révérend Patterson entra.
C'était bien toujours l'homme que nous avons connu autrefois, grand, maigre, altier de visage.
Il s'assit auprès de M. Burdett et lui dit :
— Eh bien?
— J'ai beaucoup réfléchi depuis hier, dit M. Burdett.
— Ah! fit le révérend.
— Et nous ne déposséderons pas lady Pembleton aussi facilement que vous le supposez.
— J'ai des papiers bien en règle, cependant.
— Oui, mais les armes dont nous nous sommes servis peuvent tourner contre nous.
— Que voulez-vous dire?
— Permettez-moi de résumer les situations respectives.
— Faites.
— Nous avons servi lord Evandale contre lord William, son frère, n'est-ce pas?
— Sans doute.
— Maintenant, il s'agit d'assurer le prix de nos services.
— Naturellement.

— Pour cela, il faut dépouiller lady Pembleton d'une grande partie de de sa fortune.
— Eh bien?
— Eh bien! qui nous dit que, ruine pour ruine, lady Pembleton ne se décidera pas à traiter avec lord William, qui est toujours à Bedlam?
— Ah! par exemple!
— C'était fort bien, il y a six mois, poursuivit M. Burdett, d'enfermer lord William à Bedlam.
— Et maintenant?
— Maintenant, il est dangereux qu'il y reste huit jours de plus.
— Je ne vous comprends pas.
— Écoutez-moi et vous me comprendrez.
— Parlez...
— Il y a à Bedlam un homme qui n'est plus fou.
— Quel homme?
— Edward Cokeries.
— Bien.
— Non-seulement il n'est plus fou, mais il est devenu l'ami de lord William.
— Que dites-vous?
— La vérité.
Et M. Burdett chercha dans un dossier qu'il avait sous la main une note écrite en chiffres.
— Je vais vous lire cela, dit-il, et vous verrez...
Le révérend fronça le sourcil.
Quant à Marmouset, du fond de sa cachette, il ne perdait ni un mot ni un geste de cette conversation bizarre...

LVII

Le révérend Patterson prit connaissance de la note que Burdett plaçait sous ses yeux.
Elle pouvait, en substance, se résumer ainsi :
« Le fou Walter Bruce et le fou Edward Cokeries vivaient à Bedlam dans une intimité parfaite et tenaient entre eux de mystérieux conciliabules.
« Or, quelquefois, ils prononçaient tout bas le nom de Betsy.
« Betsy, on se le rappelle, s'était évadée.
« Il était probable que Walter Bruce et Cokeries ignoraient encore la mort de Betsy.
« Mais il était certain aussi que Betsy avait eu en sa possession la fameuse déclaration du lieutenant Percy.
« Qu'était devenue cette pièce?
« La note disait encore qu'on avait fouillé le logis de Betsy après sa mort et qu'on n'avait rien trouvé. »
Quand le révérend Patterson eut pris connaissance de ce document, il regarda M. Burdett.
— Eh bien? fit-il.
— Eh bien, répondit le premier clerc de M. James Colcram, voici ce qui peut fort bien arriver, c'est que lady Pembleton aille voir lord William à Bedlam.
— Bon!
— Qu'elle s'entende avec lui, et que lord William, pour une somme quelconque, fasse régulièrement abandon de tous ses droits.
— Et puis?
— Alors lord William sortira de Bedlam et, au lieu d'un adversaire, nous en aurons deux.
— Diable! mais comment empêcher cela?

Le sacristain fourra la main dans la paillasse et tira la corde. (Page 103.)

— J'ai trouvé le moyen.
— Ah!
— Un moyen excellent de séparer à jamais lord William de lady Pembleton.
— Que comptez-vous donc faire?
— Écoutez-moi bien, mon révérend, dit encore M. Burdett.
— Voyons? dit le chef de la Mission évangélique.
— La captivité de lord William n'a point ébranlé sa raison, comme on pourrait le croire.
— Vraiment?
— Une main mystérieuse, que je soupçonne être celle de cette dame des prisons qui a favorisé l'évasion de Betsy, lui fit avoir des nouvelles de sa femme et de ses enfants.
— Avec la perspective de les réunir, on peut faire faire beaucoup de choses à lord William.
— Mais encore?
— Il faudrait lui préparer une évasion.
— Par exemple!
— Et le faire sortir de Bedlam.
— Bon! Après!

— Après, reprit M. Burdett, on lui mettra quatre à cinq mille livres dans la main, on le conduira à bord d'un navire en partance pour l'Australie, à bord duquel il trouvera sa femme et ses enfants.
— Alors il faudra bien, acheva M. Burdett, que lady Pembleton et sir Archibald, son père, s'exécutent vis-à-vis de nous.
— Vous êtes un habile homme, monsieur Burdett, dit le révérend Patterson.
M. Burdett s'inclina modestement.
— Cependant j'ai une objection à vous faire.
— Laquelle?
— Rien n'est plus facile que de faire ouvrir les portes de Bedlam à lord William.
— Bon!
— Alors pourquoi simuler une évasion?
— Parce que, dit M. Burdett, le jour où on dirait à lord William : on a reconnu que vous n'êtes pas fou, par conséquent vous êtes libre, ce jour-là il se méfierait, et Edward Cokeries plus que lui encore.
— Mais, une fois libre, consentira-t-il à partir?
— Je m'en charge.

— Comment ferez-vous?
— Je lui ferai signer une prétendue transaction avec lady Pembleton.
— Qui n'en saura rien?
— Absolument rien.
— Et il partira pour l'Australie?
— Avec des lettres de crédit sur un banquier de Sidney.
— Fort bien.
— Par cette transaction imaginaire, poursuivit M. Burdett, lady Pembleton s'engagera à payer une pension annuelle de cinq mille livres.
— Ah! et cette pension sera payée?
— La première année, oui.
— Et la seconde?
— Oh! la seconde, c'est différent.
— Pourquoi?
— Mais parce que dans un an la succession de lord Evandale sera tout entière dans nos mains. Alors, lord William et lady Pembleton s'arrangeront comme ils pourront.
— Décidément, monsieur Burdett, dit encore le révérend Patterson, vous êtes un fort habile homme.
M. Burdett salua.
— Maintenant, reprit le révérend, comment préparer cette évasion dont vous parlez?
— Je m'en charge.
— Mais encore?
— Qu'il vous suffise de me donner un mot.
— Pour qui?
— Pour le directeur de Bedlam.
Le révérend s'assit auprès de la table de M. Burdett, et celui-ci mit devant lui du papier et une plume, disant :
— Voulez-vous me permettre de dicter?
— Faites...
M. Burdett dicta :
« Il vous plaira, au nom de la Société dont secrètement vous êtes membre, donner au porteur de ce billet toutes les facilités qu'il vous demandera. »
Le révérend écrivit.
— Maintenant, dit encore M. Burdett, signez de votre signature particulière.
Le révérend mit au bas de la lettre une croix et un P, qu'il fit suivre de trois points.
— Fort bien, dit M. Burdett.
Et il plia le papier et le mit dans sa poche.
— Quand irez-vous à Bedlam? demanda alors le révérend.
— Oh! ce n'est pas moi qui irai.
— Qui donc?
— Un homme dont je suis sûr.
— Et quand nous reverrons-nous?
— Après-demain.
— Ici?
— Oui.
— Et à la même heure?
— Parfaitement.
— Mais Colcram n'y sera-t-il point?
— Non, il plaidera ce jour-là devant la cour de Marlborough.
Le révérend Patterson se leva.
Il fit un pas devant la porte, puis revint :
— Avec tout cela, dit-il, vous n'avez pas entendu parler de l'homme gris.

— On a prétendu qu'il s'était noyé.
— En effet.
— Mais je n'en crois rien, et je vous dirai même toute ma pensée.
— Voyons.
— L'homme gris a vu, en prison, Tom, le condamné à mort.
— Bien!
— Tom a dû lui raconter l'histoire de lord William.
Le révérend Patterson tressaillit.
— C'est pour cela, continua froidement M. Burdett, que je voudrais voir William et sa famille en route pour l'Australie.
— Vous avez raison. Cet homme gris est le seul homme que je craigne.
— Moi aussi.
— Faites donc vite et menez-moi cette évasion à bonne fin.
— Soyez tranquille.
Le révérend s'en alla.
M. Burdett le reconduisit jusqu'à la porte.
Puis, quand le révérend eut descendu l'escalier, le prétendu clerc revint dans son cabinet et rouvrit la porte du cabinet.
— Viens, dit-il.
Marmouset entra.
— As-tu entendu? dit Rocambole.
— Tout.
— Eh bien?
— Eh bien! dit Marmouset en riant, je suis comme le révérend Patterson, je vous admire.
— As-tu deviné qui j'allais charger d'entrer à Bedlam?
— Parbleu! c'est moi. Seulement...
— Quoi donc?
— Il me faut des instructions précises.
— Oh! sois tranquille, dit Rocambole en souriant, je vais te les donner.
Et il alla pousser le verrou de la porte, afin que personne ne vînt les déranger.

LVIII

Il était huit heures du soir.
Le brouillard était plus épais encore que de coutume, et les becs de gaz, noyés dans l'atmosphère, étaient impuissants à éclairer les rues.
Deux hommes cheminaient, néanmoins, dans Lembeth road, parlant tout bas, s'arrêtant quelquefois pour voir si personne ne les suivait, parfois aussi pressant le pas.
Quand ils furent au coin de Lembeth road et de Bethleem place, ils s'arrêtèrent de nouveau.
A leur droite se dressait Bethleem-Hospital, c'est-à-dire la maison célèbre d'aliénés que le peuple de Londres, par corruption, appelle Bedlam.
En face d'eux s'élevait l'église catholique de Saint-George.
— Tout ce que vous venez de me dire, fit alors l'un des deux hommes, est bien extraordinaire, monsieur.
— Comment cela, ami Shoking?
Et Marmouset, car c'était lui, posa sa main sur l'épaule de notre vieille connaissance.

— Vous ne savez pas si l'homme gris est mort ou vivant?
— Je n'en sais rien.
— Cependant vous êtes allé ce matin chez M. Colcram, le solicitor?
— Oui.
— Avec l'intention de le charger du procès?
— Cela est vrai.
— Et voilà que vous renoncez à cette idée!
— C'est que j'en ai une meilleure.
— Eh bien! dit Shoking avec son accent de franchise toute britannique, vous ne m'empêcherez pas de croire...
— Quoi donc?
— Que l'homme gris est vivant.
— Quel rapport peut-il y avoir entre l'homme gris et le solicitor Colcram? dit Marmouset impassible.
— Attendez donc, dit Shoking.
— Voyons.
— Vous avez rencontré l'homme gris ce matin.
— En vérité!
— Et c'est lui qui vous aura dit... qui vous aura conseillé.
— Ami Shoking, dit froidement Marmouset, est-il convenu, oui ou non, entre nous tous, qu'en l'absence de l'homme gris, c'est à moi qu'on obéit?
— Cela est convenu, dit Shoking avec flegme.
— Eh bien! faites ce que je vous commande.
— Soit, j'obéirai.
— Et ne vous préoccupez pas d'autre chose.
— Il faut donc que j'aille d'abord à Saint-George?
— Oui.
— Que je traverse le cimetière, et que j'aille frapper à la porte du chœur. Bien, après?
— Le sacristain viendra vous ouvrir et vous lui direz :
— Je viens de la part de Tom.
— Mais Tom est mort.
— Cela ne fait rien. Le sacristain saura ce que cela veut dire.
— Et puis?
— Et puis il vous remettra une corde.
— Une corde?
— Oui, celle de Tom. La corde du pendu.
— Bon. Ensuite ?
— Vous mettrez la corde dans votre poche et vous viendrez me rejoindre.
— Où m'attendrez-vous?
— Ici.
Et Marmouset s'assit sur un des bancs du square.
Shoking s'en alla.
Il poussa la grille du cimetière, qui était toujours entrebâillée, et il chemina, non sans une superstitieuse terreur, au travers des tombes.
Arrivé à la porte du chœur il frappa.
Le sacristain vint ouvrir.
Le sacristain et Shoking se connaissaient pourtant de longue date.
Mais le premier ne reconnut pas le second.
Il le salua même avec une déférence inquiète et, à tout hasard, il dit :
— Que désirez-vous, mylord?
— Je viens de la part de Shoking.
Le sacristain tressaillit.

— Je connais cette voix, dit-il.
— Ah! ah! fit Shoking.
— C'est la voix de Shoking.
— Et c'est Shoking lui-même.
— Vous?
Et le vieux sacristain ouvrit de grands yeux.
Shoking était en effet quelque peu métamorphosé : il était mis comme un prince, avait des boutons de diamant à sa chemise et des bagues à tous les doigts.
Shoking était redevenu lord Wilmot.
Ce lord excentrique qui, au dire de la plèbe de Londres, s'habillait en mendiant et passait souvent la nuit dans les tavernes ou dans les workhouses.
— Ah! c'est vous? dit le sacristain.
— C'est moi.
— Et vous venez de la part de Tom?
— Oui.
— Vous savez pourtant que Tom est mort.
— Je viens chercher sa corde.
— La corde qu'il avait donnée à l'homme gris et que celui-ci a léguée à l'abbé Samuel?
— Précisément.
— Montez avec moi dans le clocher, Shoking, je vous la donnerai : l'abbé Samuel m'en a donné l'ordre.
— Ah! dit Shoking.
Comme ils gravissaient le petit escalier en spirale du clocher, le vieux sacristain reprit :
— Ah! si cette corde était à moi, je ferais ma fortune, Shoking.
— Comment cela? demanda le nouveau lord.
— Vous n'êtes pas sans savoir que la corde de pendu porte bonheur.
— Certainement non, car sans cela ce serait une corde comme une autre.
— Naturellement.
— Alors, peut-être avez-vous eu la pensée d'en couper un morceau pour vous?
— Dieu m'en garde!
— Comment donc alors feriez-vous votre fortune?
— D'une façon bien simple, si elle était à moi.
— Qu'en feriez-vous?
— Je la vendrais.
— A qui?
— A un gentleman qui m'en a fait offrir cinq cents livres.
— Ah bah! fit Shoking, il est donc bien riche, ce gentleman?
— Mais oui.
— Et comment se nomme-t-il?
— C'est M. John Bell.
— Qu'est-ce que cela?
— Le second directeur de Bedlam.
Puis, après un silence :
— Ah! fort bien, dit Shoking.
Mais un gentleman qui est riche et a un si bel emploi, reprit Shoking, n'a vraiment pas besoin de cela pour être heureux.
— Il paraît que si, dit le sacristain.
Ils arrivèrent dans la chambre où couchait d'ordinaire l'abbé Samuel.
Celui-ci avait éventré la paillasse, car c'était dans la paillasse qu'il avait caché la corde qui avait étranglé le pauvre Tom.
Le sacristain y fourra la main et la prit.
Puis il la remit à Shoking avec un soupir.

— Cinq cents livres! murmura-t-il, de quoi acheter un cottage auprès de Brighton.

Shoking roula la corde et la mit sous son manteau.

— Mais qu'en voulez-vous faire? dit alors le sacristain.

— Moi? rien...

— Comment, rien?

— Du moins, je ne le sais pas.

— Ce n'est donc pas pour vous que vous la venez chercher?

— Non.

— Bizarre! murmura le sacristain.

Et il soupira de nouveau.

— Shoking et lui descendirent.

Puis Shoking franchit de nouveau la porte du chœur et s'en alla, tandis que le sacristain poussait un troisième soupir.

Marmouset n'avait pas bougé du banc sur lequel Shoking l'avait laissé.

— Avez-vous la corde? dit-il.

— Oui, répondit Shoking.

— Eh bien! venez.

— Où allons-nous?

— Vous le verrez, ami Shoking.

Et Marmouset prit le nouveau lord par le bras et l'entraîna vers Bedlam.

LIX

Marmouset eut sans doute bientôt fait sa leçon à Shoking, car un quart d'heure après, celui-ci sonnait à la grande porte de Bethleem-Hospital.

Marmouset demeurait au dehors, disant :

— Je vous attends.

Quand la porte fut ouverte, Shoking entra dans la prison.

— Que désirez-vous, monsieur? demanda le concierge.

— Mon ami, dit Shoking avec humeur, vous pouvez m'appeler milord.

Le concierge se confondit en excuses.

Puis il renouvela sa question.

— Je désire parler au directeur, dit Shoking.

— Lequel?

— Mais au directeur de Bedlam, parbleu!

— C'est que je ferai observer une chose à Votre Seigneurie.

— Quoi donc?

— Bedlam a deux directeurs.

— Ah! fort bien.

— L'un qui se nomme John Bell, esquire.

— Et l'autre?

— Master Blount.

— Lequel est le plus élevé en grade?

— Ils sont égaux.

— Ah! c'est différent. Eh bien! annoncez-moi à celui que vous voudrez.

— Je crois que M. John Bell est sorti; aussi vais-je conduire milord chez M. Blount.

Et le concierge prit un trousseau de clefs à sa ceinture et ouvrit la grille qui séparait le parloir des corridors intérieurs de la prison.

Shoking traversa plusieurs cours et ensuite un jardin au milieu duquel s'élevait un pavillon.

C'était l'habitation particulière de l'honorable M. Blount, l'un des directeurs.

Le concierge sonna à la porte.

Un grand laquais vêtu de rouge vint ouvrir.

— Qui annoncerai-je? demanda-t-il quand le concierge l'eut mis au courant.

— Lord Wilmot, répondit majestueusement Shoking.

M. Blount était encore à souper.

On introduisit Shoking au salon et on le laissa seul quelques minutes.

Ce temps lui suffit pour s'adresser, en guise de monologue, la réflexion suivante :

— Je ferai certainement tout ce que Marmouset m'a dit de faire, je dirai tout ce qu'il m'a chargé de dire, mais, foi de Shoking et de loyal Anglais que je suis, je veux être pendu avec la corde de Tom, que le sacristain m'a donnée, si je comprends quelque chose à tout cela.

Comme Shoking parlait ainsi en lui-même, une porte s'ouvrit au fond du salon et M. Blount entra.

C'était un petit homme un peu obèse, quelque peu chauve, brun de peau, la lèvre souriante et charnue, qui, de temps en temps, mettait à nu de belles dents blanches.

M. Blount était un homme d'environ quarante-huit ans.

Lord Wilmot, c'est-à-dire notre ami Shoking, qui avait décidément du goût pour les grandeurs, lord Wilmot, disons-nous, rendit avec une dignité parfaite le salut que lui adressa M. Blount.

Puis il s'excusa de se présenter aussi tard, et puisa son excuse dans une pressante nécessité.

— Milord, répondit M. Blount, j'écoute Votre Seigneurie.

— Mon cher monsieur, dit alors Shoking sans se départir d'un petit ton protecteur, vous voyez en ma personne un homme aussi malheureux que riche.

— Ah! vraiment?

Et M. Blount regarda le noble personnage avec intérêt.

— Je suis veuf de lady Wilmot, née à Duncaster, poursuivit Shoking.

M. Blount s'inclina.

— Veuf et sans enfant...

Ici lord Wilmot soupira.

Puis il reprit :

— Mais j'ai un neveu... un neveu sur lequel j'avais concentré toutes mes affections.

— Hélas! monsieur, dit charitablement M. Blount, en vous voyant ici, j'ai peur de deviner...

— Vous devinez sûrement, monsieur, mon neveu a perdu la raison.

— En vérité!

— Je lui avais fait donner une brillante éducation. Il parle toutes les langues européennes. Il a fort longtemps habité Paris, et il lui reste même une légère prononciation française quand il parle notre belle langue immortalisée par Shakespeare.

M. Blount s'inclina encore et attendit.

Lord Wilmot continua.

— Sa folie, sa monomanie plutôt, car il est fort raisonnable pour tout le reste, date de son séjour à Paris.

— Ah! fit M. Blount.

Tout le personnel du théâtre se rua sur la corde du pendu. (Page 105.)

— Je lui servais une fort belle pension annuelle, dix mille livres sterling, deux cent cinquante mille francs en monnaie française.

Il menait la vie à grandes guides, était au Jockey-Club, faisait courir et fréquentait les coulisses de l'Opéra.

C'est l'Opéra qui a causé sa folie.

— Peut-être, observa M. Blount, était-il d'une nature exaltée, et la musique, la danse ?...

— Vous n'y êtes pas.

Et lord Wilmot soupira encore.

— J'écoute, fit M. Blount.

— Un soir de l'hiver dernier, à l'Opéra, poursuivit Shoking, on donnait le *Prophète* ; mon neveu, fort amoureux d'un premier sujet de la danse, avait ses entrées dans les coulisses.

— Naturellement, fit M. Blount.

— La salle était splendide, tout le high-life parisien s'y trouvait. Mon neveu allait et venait de la salle dans les coulisses et des coulisses dans la salle.

Pendant le dernier entr'acte, il arriva une catastrophe.

14ᵉ LIVRAISON

Un machiniste se pendit à un fil qui tombait du cintre, le long d'un portant.

— Il se pendit volontairement?

— Oui, monsieur :

— Dans un accès de folie, sans doute ?

— Non, par désespoir d'amour.

— Ah! vraiment ?

— Il était amoureux de cette même danseuse aux pieds de laquelle mon neveu faisait couler un fleuve d'or.

— Et cet événement eut sans doute une influence fatale sur la raison de M. votre neveu? dit encore M. Blount.

— Vous n'y êtes pas...

— Ah !

— Le peuple parisien est le plus superstitieux du monde, poursuivit Shoking.

On avait à peine dépendu le malheureux machiniste, dont le corps était encore chaud, que tout le personnel du théâtre se rua sur la corde.

Elle avait une bonne longueur, cependant.

Mais elle fut dépecée en petits morceaux et chacun

en eut sa part, depuis le régisseur jusqu'au plus modeste valet.

Mon neveu eut également son petit bout.

— Ah! ah!

— Cette même nuit il alla au club, joua et gagna. Les jours suivants, il eut un bonheur insolent.

— Et sa raison?

— Attendez donc! Au bout de huit jours, tout le club était décavé; alors on ourdit une petite conspiration contre mon pauvre neveu.

Un soir qu'il soupait au Café-Anglais, on lui fit prendre un narcotique, il s'endormit profondément.

— Et on lui vola son bout de corde?

— Vous l'avez dit.

— Et le malheureux jeune homme en est devenu fou?

— C'est-à-dire, reprit Shoking, qu'il n'a plus qu'une idée fixe.

— Laquelle?

— Se procurer une corde de pendu.

M. Blount se prit à sourire tristement.

— Hélas! monsieur, dit-il, la folie de votre neveu n'est pas un cas unique.

— Vraiment?

— Et nous avons ici même un gentleman parfaitement raisonnable, du reste, qui est frappé de la même monomanie.

— C'est un de vos pensionnaires?...

— Plût à Dieu! fit M. Blount en levant les yeux au ciel.

Et comme Shoking le regardait:

— C'est mon collègue, ajouta M. Blount, mon co-directeur, l'honorable M. John Bell, qui dirige avec moi cet établissement.

Et M. Blount poussa un gros soupir, tandis qu'un cri d'étonnement échappait au bon Shoking.

LX

M. Blount continua:

— Oui, milord, cela est invraisemblable, et cependant cela est vrai, mon co-directeur, mon collègue, est atteint de monomanie.

— En vérité, dit Shoking.

— Ainsi, poursuivit tristement M. Blount, le directeur d'une maison d'aliénés est lui-même aliéné.

— C'est à n'y pas croire, monsieur.

— Aussi personne ne le croit; je suis allé chercher le lord maire et je lui ai conté cela en grand mystère.

— Et que vous a-t-il répondu?

— Le lord maire a été fort étonné.

Puis, après un moment de réflexion, il m'a dit:

— J'irai demain visiter Bedlam et m'assurerai par moi-même de la vérité de vos assertions.

— Et il est venu?

— Le lendemain.

— Eh bien?

— Il a longuement causé avec M. John Bell.

— Et il s'est aperçu qu'il était fou?

— Nullement, M. John Bell lui a montré l'établissement en détail; il s'est entretenu avec lui de la folie de différents pensionnaires, et a donné au lord maire de telles preuves de bon sens et de raison que celui-ci m'a dit en s'en allant:

— Si de vous deux il en est un qui est fou, c'est vous; et je ne puis m'expliquer votre étrange dénonciation que par l'ardent désir que vous avez d'être seul directeur.

— Ainsi donc, dit Shoking, M. John Bell est raisonnable toutes les fois qu'il ne s'agit pas de corde de pendu?

— Tout ce qu'il y a de plus raisonnable.

— Et d'où est venue cette monomanie?

— C'est une histoire étrange, répondit M. Blount.

— Voyons?

— M. John Bell est Irlandais d'origine, mais il est né à Londres.

Il a la prétention d'être gentilhomme, et prétend que sa famille était riche et puissante autrefois.

— Bon! dit Shoking.

— Quoiqu'il soit protestant comme nous, sa famille était catholique, prétend-il encore.

— Et elle a été persécutée?

— Naturellement; et son arrière grand-père, obligé de quitter l'Irlande, a, dit-il, enfoui une somme considérable dans ses vastes domaines.

— Fort bien.

— M. John Bell a même fait, il y a trois ans, un voyage en Irlande.

— Ah! ah!

— Les terres de sa famille avaient été vendues et il eut bien de la peine à les reconnaître.

— Alors il s'est mis à chercher le trésor?

— C'est-à-dire qu'avec l'assentiment des nouveaux propriétaires, il fallait entreprendre des fouilles sur divers points. Ces fouilles, comme vous le pensez bien, n'ont amené aucun résultat.

M. John Bell est revenu à Londres; et il se fût consolé facilement sans doute, si les journaux d'alors n'avaient parlé à grand bruit d'une somnambule célèbre connue sous le nom de Rachel, et qui avait un talent merveilleux pour découvrir les objets perdus.

— Et, dit encore Shoking, il est allé consulter mistress Rachel?

— Malheureusement.

— Que lui a-t-elle dit?

— Qu'il retrouverait sûrement le trésor enfoui par son ancêtre, et que ce trésor était plus considérable encore qu'il ne le supposait.

— Vraiment?

— Que même avec l'argent, poursuivit M. Blount, il retrouverait des parchemins et des papiers établissant de droit incontestable de porter le titre de lord.

— Peste!

— Mais qu'il ne trouverait tout cela que du moment où il aurait en sa possession de la corde de pendu.

— Et c'est de là que sa folie date?

— Comme bien vous pensez.

— Mais il me semble, dit Shoking, que rien ne doit être plus facile.

— Vous vous trompez. Quand il y a un condamné à mort à Newgate, ce qui n'arrive pas tous les jours, il y a foule pour acheter sa corde par avance. C'est une question d'enchères et M. John Bell n'est pas riche en ce moment.

— Cependant...

— Dernièrement, reprit M. Blount, on a pendu un Écossais du nom de Tom.

— Ah!

— M. John Bell a fait l'impossible pour se procurer la corde.
— Et il n'a pas réussi?
— C'est-à-dire que la corde est en la possession du sacristain de la paroisse catholique de Saint-George.

Shoking se prit à sourire.
— Et le sacristain ne veut pas la vendre?
— Il en demande cinq mille livres.

Shoking accentua son sourire.
— Pourquoi riez-vous? dit M. Blount.
— Excusez-moi, monsieur, répondit Shoking, je vous le dirai tout à l'heure. Veuillez continuer.

M. Blount reprit :
— Comme vous le pensez bien, et si largement que nous soyons rétribués, M. John Bell n'a jamais eu cinq mille livres en sa possession.
— C'est un joli denier, en effet.
— Mais il se trouve toujours des imbéciles qui font des folies le plus raisonnablement du monde.
— Cela est vrai.
— Et M. John Bell a trouvé un de ces imbéciles.
— Ah!
— C'est un ancien brasseur qui a fait une grande fortune, mais qui voudrait encore être plus riche qu'il n'est.
— Et il a prêté cinq mille livres à M. John Bell!
— A la condition que celui-ci, une fois en possession de la fortune de ses aïeux, lui rendrait le quadruple de cette somme.
— C'est un joli usurier, ce brasseur.
— Je ne dis pas non.
— Alors M. John Bell a acheté la corde de pendu au sacristain?
— Hélas! non.
— Pourquoi cela?
— Le sacristain ne voulait plus la vendre.
— Pourquoi donc?
— Entre nous, reprit M. Blount, tous les catholiques sont un peu fénians.
— Je le crois comme vous, monsieur.
— Ils obéissent plus ou moins à un mot d'ordre.
— Eh bien?
— Et le sacristain a répondu qu'il ne voulait plus la vendre. Les fénians le lui ont défendu.

Shoking souriait de plus en plus.

M. Blount fronça le sourcil.
— Mais pourquoi donc riez-vous, milord? demanda-t-il.
— Parce que je connais l'histoire de cette corde.
— Ah?
— Et je sais que le sacristain l'a vendue.
— Bah!
— Pour sept mille livres au lieu de cinq.
— A qui?
— A moi.

Et Shoking tira la corde de dessous son manteau.

M. Blount eut une exclamation de surprise.
— Vous croyez donc aussi à cela? fit-il.
— Moi? Pas le moins du monde.
— Alors, pourquoi avez-vous acheté cette corde?
— Parce que, répondit Shoking, j'ai un petit plan que je désire vous transmettre pour la guérison de mon pauvre neveu.
— Je vous écoute, milord.

— Vous êtes médecin-aliéniste;
— Naturellement.
— Pensez-vous donc que si mon neveu était mis en possession de cette corde, la monomanie disparaîtrait?
— Je ne le pense pas, monsieur.
— Diable! fit Shoking, mais alors j'ai jeté sept mille livres par la fenêtre?
— Je le crains.
— En tout cas, monsieur, cette corde nous servira à quelque chose, reprit Shoking.
— A quoi?
— A pouvoir vous amener mon neveu.
— Comment l'entendez-vous?
— Vous pensez bien que sous aucun autre prétexte il ne consentirait à venir ici. Il faudrait, pour vous l'amener, employer la force, et ce moyen me répugne.
— Je comprends cela, milord.
— Voici donc ce que j'ai imaginé.

M. Blount était tout oreilles.

Mais Shoking lui dit avec flegme :
— Permettez-moi de reprendre haleine.

Et le prétendu lord Wilmot se prit à respirer bruyamment.

LXI

M. Blount examina curieusement la corde.
— Mais, dit-il, êtes-vous bien sûr que ce soit celle du pendu?
— Assurément, dit Shoking. Tenez, voilà encore le nœud coulant tel qu'il a été fait par Calcraft. Et puis le sacristain est un honnête homme...
— Alors, dit encore M. Blount, vous m'amènerez votre neveu demain?
— Non point demain, mais tout de suite, monsieur.
— Ah!
— Il est en bas.
— Où donc?
— A la porte, dans mon carrosse.
— Vraiment!
— Et je me suis même servi pour l'amener d'un joli stratagème, poursuivit Shoking.
— Qu'avez-vous fait?
— Je lui ai bâti un petit roman tout entier.
— Je vous écoute, milord.
— Mon neveu savait que la corde était en la possession du sacristain.
— Bon!
— Je suis allé l'acheter, et je lui ai dit ensuite : Nous arrivons trop tard, la corde est vendue.
— A qui? m'a-t-il demandé.
— Au directeur de l'hôpital de Bethleem.
— Il faut la racheter, m'a-t-il dit vivement.
— C'est ce que je compte faire, ai-je répondu.

Et nous sommes venus ici tous les deux, lui ignorant que je portais la corde cachée sous mon manteau. Comme je voulais causer seul à seul avec vous, je l'ai laissé en bas, lui disant que je me chargeais de la négociation.
— Fort bien, dit M. Blount; mais à présent qu'allez-vous lui dire?
— Que vous hésitez à vous en défaire.

— Bon!

— Mais que peut-être céderez-vous à ses instances, après avoir résisté aux miennes.

— Voilà un bon moyen pour l'amener jusqu'ici. Mais comment me le laisserez-vous?

— J'ai trouvé un autre moyen encore.

— Voyons?

— Votre co-directeur, M. John Bell, est sorti, m'avez-vous dit?

— Oui.

— Eh bien! vous montrerez la corde à mon neveu, mais vous lui direz que vous ne pouvez vous en défaire qu'avec l'assentiment de M. Bell.

— Fort bien.

— Et certainement il voudra rester ici jusqu'à ce que M. Bell vienne à rentrer.

— Tout cela est merveilleusement combiné, milord.

— N'est-ce pas?

— Et si vous voulez, allez chercher votre neveu...

— A l'instant, dit Shoking.

Et le prétendu lord Wilmot se leva.

M. Blount le reconduisit jusqu'au seuil du pavillon et agita un cordon de sonnette qui correspondait avec le logis du concierge.

Celui-ci accourut à la rencontre de Shoking.

Et tandis que Shoking s'en allait, M. Blount appela deux infirmiers et leur dit :

— On va m'amener un fou. Tenez-vous dans une pièce voisine de mon cabinet. On ne sait pas ce qui peut arriver.

Shoking, pendant ce temps, avait rejoint Marmouset, qui l'attendait toujours à la porte de Bedlam.

— Eh bien! lui dit-il, est-ce fait?

— Oui.

— On m'attend?

— Sans doute.

— Quel est celui des directeurs que vous avez vu?

— C'est M. Blount.

— Oh! alors, dit Marmouset en riant, la chose ira toute seule.

— Comment cela?

— Ami Shoking, dit Marmouset, contentez-vous de dire et de faire ce que je vous commande et ne vous occupez pas du reste.

— Cependant, dit Shoking blessé, il y a des choses que je ne comprends pas...

— C'est parfaitement inutile, dit sèchement Marmouset.

Shoking baissa la tête et se tut.

Ils entrèrent à Bedlam.

Marmouset était fort calme, et il pénétra chez M. Blount le sourire aux lèvres.

— Monsieur, lui dit-il, mon oncle, lord Wilmot, me dit que vous ne voulez pas nous céder la corde de pendu.

— Monsieur, répondit M. Blount, qui examinait curieusement Marmouset, mon collègue, M. John Bell, et moi l'avons payée fort cher.

— En vérité?

— Cinq mille livres.

— Je vous en offre dix mille.

— L'offre est pleine de tentation, mais...

— Vous hésitez? dit Marmouset.

— Oui et non.

— Plaît-il?

— Pour mon compte, je n'hésite pas, mais M. John Bell est sorti.

— Ah!

— Et je ne puis rien faire sans son assentiment.

— Je comprends cela. Mais M. Bell ne tardera sans doute pas à rentrer?

— Il sera ici dans une heure sans doute.

— Eh bien! je vais l'attendre.

Puis, regardant Shoking, Marmouset ajouta :

— Mon oncle, voici l'heure de l'ouverture du Parlement. Je vous engage à ne pas manquer à la séance.

— Je vais donc te laisser ici?

Et Shoking échangea un malicieux sourire avec M. Blount.

— Oh! soyez tranquille, mon oncle, une fois en possession de la corde, je vous rejoindrai.

— Fort bien, dit le prétendu lord Wilmot.

Et il s'en alla en serrant la main à M. Blount qui continuait à sourire.

Alors Marmouset et le directeur de Bedlam se trouvèrent seuls.

— Monsieur, dit M. Blount, oserais-je vous offrir une tasse de thé, en attendant le retour de mon collègue?

— Merci bien, dit Marmouset. Je désire causer un moment avec vous.

— A vos ordres, monsieur.

— Mon cher directeur, reprit Marmouset changeant tout à coup de ton et d'attitude, mon oncle est un parfait imbécile.

— Monsieur!

— Il a joué avec vous le rôle que je l'avais chargé de jouer avec M. Bell.

— Que voulez-vous dire? fit M. Blount étonné.

— Il vous a apporté la corde...

M. Blount eut un nouveau geste de surprise.

— Connaissez-vous cela? dit encore Marmouset.

Et il mit sous les yeux du directeur de Bedlam la lettre écrite par le révérend Patterson.

Ce billet, on s'en souvient, dicté par Rocambole, devenu M. Burdett, premier clerc de maître Colcram, était ainsi conçu :

« Il vous plaira, au nom de la Société dont, secrètement, vous êtes membre, donner au porteur de ce billet toutes les facilités qu'il vous demandera. »

A peine eut-il jeté les yeux sur ce papier que M. Blount tressaillit et regarda vivement Marmouset.

— Ainsi donc, monsieur, fit-il, vous... n'êtes pas?...

— Non, dit Marmouset en riant, je ne suis pas fou, et je ne donnerais pas trois schellings de cette corde.

— Ah!... mais alors?

— Alors j'avais besoin de vous voir... et de m'entendre avec vous...

— Sur quoi?

— D'abord sur la manière de faire ce que nous voudrons de votre collègue M. John Bell.

M. Blount leva les yeux au ciel.

— Et cette corde est un excellent moyen, ajouta Marmouset.

— Et puis?

— Et puis, je veux faire évader un prisonnier.

Ce papier vous ordonne de m'obéir, dit Marmouset.

M. Blount s'inclina.

— Je suis à vos ordres, dit-il.

LXII

Que se passa-t-il entre Marmouset et M. Blount? Nul ne le sut.

Mais, une heure après, le directeur donna ordre à deux infirmiers de conduire le prétendu fou dans une cellule et de veiller sur lui avec le plus grand soin.

Marmouset se laissa, du reste, emmener sans la moindre résistance.

Seulement il avait eu soin d'enrouler autour de son corps la fameuse corde du pendu.

Une heure plus tard, M. John Bell rentra.

M. Blount avait donné l'ordre qu'on le prévînt de son retour.

M. John Bell habitait un autre pavillon en tout semblable à celui de M. Blount.

Les deux directeurs avaient des rapports de service continuels. Mais ils vivaient à part l'un de l'autre.

Il y avait même entre eux une certaine jalousie, une sorte de rivalité qui prenait sa source dans le raisonnement que chacun d'eux se faisait :

— L'Angleterre n'a qu'une reine ; pourquoi Bedlam a-t-il deux directeurs égaux en pouvoirs et dont les deux volontés peuvent se heurter à chaque instant?

Ne serait-il pas plus simple qu'on congédiât mon collègue?

Aussi, à moins de circonstances graves, M. Blount n'allait jamais chez M. Bell.

Et M. Bell ne faisait pas davantage visite à M. Blount.

Cependant, aussitôt qu'il fut prévenu que M. Bell était rentré, M. Blount se hâta de se rendre chez son collègue.

M. Blount, on l'a vu par le billet du révérend Patterson, était affilié à la mystérieuse association qui, du fond d'un petit logement d'Oxford street, gouvernait le monde.

Il était de la Société des missions évangéliques.

M. Bell, au contraire, non-seulement ne faisait point partie de la Société, mais encore il était catholique.

Il ne fallait donc pas songer à se servir de lui comme on pouvait se servir de M. Blount.

Du reste, c'était un homme intègre, à cheval sur son service et les règlements, en dépit de sa monomanie.

M. Blount se rendit donc chez lui.

M. Bell parut fort étonné.

— Je regrette, mon cher collègue, dit M. Blount, que vous soyez sorti ce soir.

— Pourquoi cela? demanda M. Bell.

— Parce qu'on nous a amené un nouveau pensionnaire.

— Eh bien! vous l'avez reçu?

— Sans doute.

— Alors tout est pour le mieux.

— Soit, mais vu l'importance du personnage...

— Ah! c'est un personnage important?

— C'est le neveu de lord Wilmot.

— Lord Wilmot?

— Oui.

— J'ignorais ce nom.

— Cela n'a rien d'extraordinaire. Il y a six cents lords en Angleterre.

— Pour le moins.

— Mais celui-ci est fabuleusement riche.

— Ah! ah!

— Au point qu'il a payé dix mille livres la corde du pendu Tom.

M. John Bell fit un bond sur son siège.

— Que dites-vous? fit-il.

— La vérité.

— Lord Wilmot a acheté la corde de Tom?

— Non pas lui, mais son neveu.

— Et le neveu est fou?

— Non, pas plus que vous.

— Cependant.

— Cependant on me l'a amené ce soir.

— Pourquoi donc, puisqu'il n'est pas fou?

— Sa famille a jugé qu'il était fou, du moment qu'il payait un bout de corde dix mille livres.

M. John Bell haussa les épaules.

— Alors c'est lord Wilmot qui le fait enfermer?

— Oui.

— Nous ne pouvons pourtant pas, dit-il, nous prêter éternellement à de pareilles monstruosités.

— Plaît-il? fit M. Blount.

— Bedlam est une maison de fous.

— Sans doute.

— Et pas autre chose.

— Je ne dis pas non.

— Et parce qu'il plaît à une famille...

— Mais les médecins pensent que le jeune homme est fou.

— Alors, je suis fou, moi aussi, dit M. Bell avec emportement.

— Je ne dis pas cela.

— Pourtant, continua M. Bell en poussant un profond soupir, vous savez si j'avais envie d'avoir cette corde.

M. Blount ne répondit pas.

— Mais de qui l'a-t-il donc achetée?

— Du sacristain de Saint-George.

— Le misérable! il m'avait pourtant donné sa parole.

Et M. Bell frappait du pied.

— Eh bien! reprit M. Blount, c'est sir Arthur qui la possède maintenant.

— Ah! le neveu de lord Wilmot s'appelle sir Arthur?

— Oui.

— Mais lui a-t-on donc laissé la corde?

— Certainement.

— Il l'a?

— Roulée comme une ceinture autour de son corps.

M. Bell demeura pensif un moment.

Puis une inspiration traversa sans doute son esprit.

— Je veux le voir, dit-il.

— Qui cela?

— Sir Arthur.

— Mais il est couché.
— Eh bien! il se lèvera.
— Ne pourriez-vous attendre à demain?
— Non, dit vivement M. Bell.

Et il ouvrit la porte de son cabinet, ajoutant :
— Dans quel pavillon l'avez-vous logé?
— Dans le pavillon du sud.
— Bon !
— Au numéro 17.
— J'y vais.
— Mais, mon cher collègue...

M. Bell ne répondit pas à M. Blount.

M. Bell était déjà hors de son cabinet et descendait l'escalier quatre à quatre.

Et M. Blount souriait en le voyant s'éloigner et murmurait :
— C'est lui qui est fou, par exemple.

M. Bell gagna le pavillon du sud, arriva au n° 17 et pénétra dans la chambre qu'on avait donnée à Marmouset.

Celui-ci n'était point couché, comme l'avait dit M. Blount.

Il était assis devant une table et écrivait tranquillement:

En voyant entrer M. Bell, dont le visage était empourpré, il le regarda avec curiosité.
— Monsieur, dit M. Bell, vous vous nommez sir Arthur.
— Oui, monsieur.
— Je m'appelle John Bell.
— Ah !
— Et je suis le directeur de cette maison.
— Qui est une maison de fous, dit froidement Marmouset.
— Oui, monsieur.
— Et dans laquelle on m'a entraîné traîtreusement car je ne suis pas fou, monsieur.
— Je le crois, dit M. Bell.
— Vraiment !

Et Marmouset parut tout joyeux.

Les infirmiers souriaient, car une pareille scène n'avait rien de nouveau pour eux.
— Allez-vous-en ! leur dit M. Bell d'un ton impérieux.

Et il demeura seul avec Marmouset.

LXIII

M. John Bell avait le visage empourpré et ses yeux avaient un éclat fiévreux.
— Monsieur, reprit-il, quand les infirmiers furent partis, je le vois fort bien, vous n'êtes pas fou.
— Assurément non, dit Marmouset.
— Et cependant votre famille vous fait enfermer?
— Comme vous voyez...
— Je vous engage à réclamer, monsieur.
— Peuh ! dit Marmouset. En Angleterre, il y a des avocats qui savent prouver la folie, et ma famille a pris ses précautions.

M. John Bell frappa du pied avec colère.
— Je ne me rendrai pas complice d'une pareille infamie, moi, dit-il.
— Hélas ! monsieur, à moins que vous ne me laissiez évader, je ne vois pas... quel moyen...
— Évader ! évader ! s'écria M. John Bell.
— Pourquoi pas? fit froidement Marmouset.
— Voilà qui est tout à fait impossible.
— Pourquoi?
— Mais parce que je ne puis manquer à faire mon devoir.

Marmouset se mit à rire.
— Cependant, dit-il, vous convenez que je ne suis pas fou.
— Certainement, j'en conviens.
— On peut avoir la fantaisie de posséder de la corde de pendu sans que pour cela...

M. John Bell interrompit vivement Marmouset.
— Vous possédez donc bien réellement cette corde?
— La voilà, dit Marmouset.

Et il ouvrit son paletot, et M. John Bell ébloui, vit la corde enroulée autour de son corps.

M. John Bell avait les yeux hors de la tête.
— Ah! fit-il, si je possédais cette corde...
— Eh bien, que feriez-vous.
— Je serais riche.
— Ah bah!
— Fabuleusement riche, avant quinze jours.
— Comment cela? fit Marmouset en souriant.

Et M. John Bell, qui avait grand besoin, en ce moment, d'une de ces douches bienfaisantes qu'il prodiguait outre mesure à ses pensionnaires, M. John Bell, disons-nous, se mit à raconter avec une grande exaltation l'histoire de ses aïeux, de leurs trésors enfouis et la prophétie de la somnambule qui lui avait dit qu'il ne retrouverait cette fortune qu'autant qu'il aurait en sa possession une corde de pendu.
— Ah! vraiment, fit Marmouset, elle vous a dit cela?
— Oui, monsieur.
— Et vous y croyiez?
— Comme à la lumière du soleil.
— Moi aussi, dit froidement Marmouset.
— Aussi, reprit M. John Bell, si vous me prêtiez cette corde.
— Oh! non pas, dit vivement Marmouset.
— Si vous me la vendiez...
— Pas pour cent mille livres.

M. John Bell jeta un cri de désespoir.
— Ecoutez, dit Marmouset, nous pourrions peut-être nous entendre.
— Vrai ! s'écria M. John Bell.

Et il roulait des yeux enfiévrés.
— Quelle est votre situation ici?
— J'ai deux mille livres de traitement.
— C'est peu.
— Mais aussi, quand j'aurai retrouvé les trésors...
— Vous donnerez votre démission?
— Oh! certainement.
— Eh bien ! pourquoi ne la donnez-vous pas tout de suite?
— Parce que je n'ai pas retrouvé... l'argent.
— Mais si vous aviez ma corde...
— Oh ! je la retrouverais, alors.
— Eh bien ! dit Marmouset, évadons-nous ensemble.
— Et puis.
— Et puis j'irai avec vous en Irlande ; et si la somnambule nous a trompés, si nous ne trouvons rien, eh bien ! je consens à revenir ici avec vous.

M. John Bell parut se calmer un peu.

Ce que vous me proposez là est impossible à première vue, dit-il, mais il y a un moyen de tout concilier.

— Ah! vraiment!

— Écoutez-moi, reprit M. John Bell, les médecins ont remarqué souvent l'influence heureuse des voyages sur certains cerveaux troublés.

— Ah!

— Plusieurs fois j'ai sollicité la permission de faire un voyage et d'emmener avec moi certains de mes pensionnaires dont j'espérais la guérison.

— Et cette permission vous a été accordée.

— Oui.

— Alors vous la demanderiez pour moi?

— Certainement.

Mais il faudrait pour cela que ma famille n'en sût rien

— Oh! elle n'en aura pas le temps.

— Comment cela?

— Nous partirons dès demain.

— Fort bien, dit Marmouset. Mais nous ne partirons pas seuls.

— Que voulez-vous dire?

— Vous avez ici un fou auquel je m'intéresse particulièrement.

— Bah?

— Et que je veux emmener.

— A quoi bon?

— Pardon, dit Marmouset. J'ai écouté votre histoire, vous écouterez bien la mienne, j'imagine.

— Parlez, dit M. John Bell, résigné à tout, pourvu qu'il eût tôt ou tard la bienheureuse corde.

— Savez-vous quelle est cette corde? reprit Marmouset.

— C'est celle d'un homme appelé Tom.

— Justement.

— Et Tom, avant de mourir, usant de son droit, l'a léguée au sacristain de Saint-George.

— Précisément.

— Et le sacristain vous l'a vendue.

— A une condition, monsieur.

— Laquelle?

— C'est que je ferai sortir de prison un pauvre diable qui dit être lord William Pembleton.

M. John Bell eut un geste d'effroi.

— Oh! quant à cela, monsieur, dit-il, c'est tout-à-fait impossible.

— Pourquoi donc?

— Parce que lord William Pembleton est tout à fait fou...

— Je ne dis pas non...

— Et que les gens qui l'ont fait enfermer...

— Sont très-puissants, n'est-ce pas?

— Excessivement puissants.

— Alors vous ne prendriez pas sur vous?...

— Je ne puis rien prendre sur moi.

— Je vous engage à réfléchir...

— Oh! c'est inutile.

— Je le regrette, dit froidement Marmouset.

— Mais, monsieur...

— J'ai engagé au sacristain ma parole de gentleman, et...

— Monsieur, dit vivement M. John Bell, si je vous écoutais, je manquerais à tous mes devoirs.

— Mais si vous ne m'écoutez pas, vous n'aurez point la corde. Bonsoir, monsieur...

Et Marmouset reboutonna son paletot, et la corde disparut...

M. John Bell suait à grosses gouttes, et il était en proie au plus violent désespoir.

— Je vous engage, dit encore Marmouset, à me laisser dormir et à aller vous coucher vous-même.

— Adieu! dit le pauvre directeur éperdu.

— Réfléchissez, acheva Marmouset. La nuit porte conseil.

Et il tourna le dos à M. John Bell et se dirigea vers son lit.

LXIV

Marmouset, dès le lendemain matin, descendit dans le préau.

Il était fort élégamment vêtu, lord Wilmot ayant eu soin de lui envoyer à la première heure du linge, des habits et un valet de chambre.

Mais ceux qui le connaissaient depuis longtemps auraient pu constater chez lui une singulière métamorphose.

Marmouset avait d'ordinaire les cheveux châtains et une petite moustache brune aux coins relevés comme la moustache d'un officier français.

Tout cela avait disparu.

Marmouset s'était présenté à Bedlam avec des cheveux blonds, un menton rasé et une belle paire de favoris tirant sur le roux et taillés à l'anglaise.

Marmouset descendit donc au préau.

Il examina curieusement plusieurs fous, échangea même avec quelques-uns des paroles courtoises et finit par s'arrêter devant un homme jeune encore, mais aux traits amaigris, à l'œil enfiévré, qui était assis à l'écart sur un banc et paraissait fuir la société de ses compagnons d'infortune.

— Ce doit être mon homme, pensa Marmouset.

Et il se promena de long en large, ne perdant pas de vue le pensionnaire de Bedlam.

Celui-ci, du reste, ne fit aucune attention à lui.

Il avait les yeux fixés sur la porte du préau et paraissait attendre quelqu'un.

Enfin, cette porte s'ouvrit et un petit homme aux cheveux grisonnants, au visage anguleux, tenant par sa physionomie du renard et de la fouine tout à la fois, entra à son tour dans le préau.

Alors le visage de cet homme que Marmouset examinait s'éclaira d'un rayon de joie.

Puis il quitta son banc et alla à la rencontre du nouveau venu.

Marmouset le suivit à distance.

Les deux pensionnaires se tendirent la main.

Et Marmouset entendit ces mots :

— Bonjour, Edward Cokeries.

— Bonjour, milord.

Puis ils se prirent par le bras et allèrent s'asseoir sur le banc où le premier était assis tout à l'heure.

— C'est bien eux, dit Marmouset.

Et il s'approcha du banc à son tour.

Les deux fous eurent un geste de défiance et presque d'effroi.

Le premier même fit mine de vouloir se lever et,

s'éloigner. Mais Marmouset le salua et lui dit d'un ton fort respectueux :

— Pardon, milord...

Le fou tressaillit, puis il répondit vivement :

— Vous vous trompez, monsieur, je ne suis pas lord !... Je ne le suis pas... Je m'appelle Walter Bruce, rien que Walter Bruce...

— Comme vous vous êtes nommé autrefois lord William Pembleton.

Et Marmouset se leva de nouveau fort respectueusement.

Cette attitude impressionna vivement le pensionnaire de Bedlam.

— Qui donc êtes-vous, fit-il, vous qui me connaissez ?

— Je suis un ami, dit Marmouset.

— Je n'ai plus d'ami.

— Vous vous trompez, milord.

— Non, je n'en ai plus, dit lord William en secouant la tête.

— C'est Tom qui m'envoie...

— Tom est mort.

— Je le sais ; mais avant de mourir il m'a tout confié.

Ce nom de Tom avait fait battre le cœur de lord William.

— Où donc avez-vous connu Tom ? fit-il.

— Je ne l'ai pas connu.

— Alors vous ne pouvez venir en son nom...

— J'ai vu Betzy.

— Betzy ! vous connaissez Betzy ?

— Je la connaissais, milord.

— Ah !

— Elle est morte.

Edward Cokeries et lord William jetèrent simultanément un cri.

— Voilà notre dernière espérance qui s'en va, murmura le petit homme grisonnant.

— Vous vous trompez, monsieur, dit Marmouset, Betzy est morte à temps. Elle a pu mettre la main sur les papiers que vous aviez cachés chez vous.

Edward Cokeries regarda Marmouset avec défiance :

— Comment savez-vous cela ? fit-il.

— J'ai les papiers en ma possession.

— Ah !

— Et je sais toute l'histoire de lord William.

— Mais qui donc êtes-vous ? s'écria de nouveau lord William.

— Un homme qui vous fera sortir d'ici demain, répondit Marmouset.

— Sortir d'ici ! Vous me feriez sortir d'ici ?

— Oui, milord.

— Ah ! dit lord William d'une voix entre-coupée par les sanglots, ce ne serait pas généreux à vous, monsieur, de vous rire ainsi de deux malheureux comme nous.

— Milord, reprit Marmouset, vous n'êtes pas fou, vous ne l'avez jamais été.

— Certainement non, dit lord William.

— Edward Cokeries que voilà a été fou quelques heures, mais il ne l'est plus.

— Je ne le crois pas, dit le petit homme.

— Eh bien ! regardez-moi tous deux, reprit Marmouset, ai-je l'air d'un fou, moi aussi ?

— Non, dit lord William. Cependant vous êtes ici...

— Oui, milord.

— Victime sans doute de quelque famille avide ?...

— J'y suis de mon plein gré, milord.

— Oh ! c'est impossible.

— J'y suis venu pour vous.

— Pour moi !

— Oui, pour vous sauver...

— Mais...

— Pour vous rendre à votre femme et à vos enfants.

A ces mots, les yeux de lord William s'emplirent de larmes.

— Ne pleurez pas, milord, votre femme et vos enfants sont à l'abri du besoin.

— Vrai ? Vous me le jurez ?...

— Je vous le jure.

Lord William leva les yeux au ciel.

— Et bientôt, continua Marmouset, vous serez dans leurs bras.

— Ah ! je crois rêver, dit lord William frémissant.

— Chut ! fit Marmouset, calmez-vous, milord, essayez de dominer votre émotion et écoutez-moi...

Edward Cokeries et lord William regardaient maintenant avec avidité cet homme qu'ils voyaient pour la première fois.

— Mais qui donc êtes-vous ? demanda une fois encore le malheureux lord William.

— Milord, dit Marmouset, avez-vous jamais entendu parler de l'homme gris ?

— Qu'est-ce que cela ?

— Oh ! je le sais moi, dit vivement Edward Cokeries.

— Ah ! vous le savez ?

— L'homme gris a fait trembler bien souvent le révérend Patterson...

— Ah ! vous savez cela ? dit encore Marmouset.

— Oui, certes. Eh bien ?

— Eh bien ! l'homme gris a connu Tom en prison.

— Bon !

— Et il s'est intéressé à lord William.

— Est-ce possible ?

— Et il a juré de lui rendre la liberté d'abord, puis sa fortune et son nom.

— Oh ! s'écria Edward Cokeries, si ce que dites-là est vrai, si l'homme gris s'intéresse à nous...

— Je vous le jure.

— Alors nous sommes sauvés, car il peut tout ce qu'il veut, l'homme gris.

— Et je viens de sa part, exclama Marmouset.

LXV

Marmouset reprit :

— C'est l'homme gris qui m'envoie.

— Qui donc êtes-vous ? demanda encore lord William.

— Moi, dit Marmouset, je ne suis rien, ou presque rien, et mon nom ne vous apprendrait pas grand'chose ; qu'il vous suffise de savoir que je suis dévoué corps et âme à celui que les Anglais appellent l'homme gris et qui pour nous, Français, a un autre nom.

— Ah ! vous êtes Français ?

— Oui.

— Et l'homme gris vous envoie ?

— Pour vous dire de vous tenir prêt.

M. John Bell, d'abord prêt à se servir de son fouet, reconnut Marmouset. (Page 114.)

— A quoi?
— A sortir d'ici.
Lord William secoua la tête.
— Il y a bien des gens qui ont essayé de sortir d'ici, dit-il.
— Et qui n'y sont pas parvenus?
— Hélas! non.
— Eh bien! nous en sortirons, nous.
— Comment?
— Par la grande porte, en plein jour.
Lord William secoua encore la tête.
— Pour aujourd'hui, dit Marmouset, il m'est impossible de vous en dire davantage.
— Ah!
— Sous peine de désobéir aux instructions de l'homme gris.
Cependant Edward Cokeries eut une ombre de défiance :
— Mais enfin, dit-il, qui nous prouvera que vous venez de la part de l'homme gris?
— Ah! fit Marmouset, vous voulez une preuve?
— Oui, dit lord William, et après je me fierai complétement à vous.

15ᵉ LIVRAISON.

— Tenez, dit Marmouset en tirant sa main droite de sa poche, regardez...
— Ma bague! exclama le clerc.
— Oui, celle que vous avez remise à Betsy, et que j'ai reprise à son doigt, après lui avoir fermé le yeux, car j'ai reçu son dernier soupir.
— Maintenant, je vous crois, dit Edward Cokeries.
— Cependant, fit lord William, qui peut nous répondre que Betsy n'est pas tombée au pouvoir de mes ennemis?
— S'il en était ainsi, dit Marmouset, vos ennemis auraient en leur possession les papiers qui peuvent vous aider à recouvrer votre fortune.
— Eh bien?
— Et au lieu d'essayer de vous faire sortir d'ici, vos ennemis vous y laisseraient bien tranquillement.
L'argument était sans réplique.
Aussi le front de lord William s'éclaircit-il soudain.
Edward Cokeries tendit la main à Marmouset
— Nous sommes à vous, dit-il, et ce que vous nous direz de faire, nous le ferons.
En ce moment, un nouveau personnage apparut dans la cour.

C'était M. John Bell.

Tout monomane qu'il était, M. John Bell était un directeur sévère.

Il avait même une réputation de dureté, et les fous les plus indomptés tremblaient à sa vue.

Aussi personne n'osait l'aborder, quand par hasard il lui prenait fantaisie de se promener dans la prison.

Marmouset, en le voyant, dit à ses nouveaux amis :
— Permettez, je vais aller saluer le directeur.
— N'y allez pas, dit vivement lord William.
— Gardez-vous en bien, ajouta Edward Cokeries.
— Pourquoi cela?
— Mais parce que c'est un homme très-méchant.
— Ah bah !
— Et que lorsqu'on a le malheur de lui adresser une réclamation, il vous répond par l'ordre donné aux infirmiers de vous administrer une douche.
— J'ai voulu lui raconter mon histoire, reprit lord William.
— Et il ne vous a pas écouté?
— Il m'a fait mettre au cachot.
— Moi, dit Edward Cokeries, j'ai eu le fouet.
— Eh bien ! dit Marmouset en riant, vous allez voir que rien de tout cela ne m'arrivera.

Et il alla droit à M. John Bell.

Celui-ci se promenait les sourcils froncés, la tête penchée sur la poitrine.

Il marchait d'un pas inégal et brusque, murmurait des mots sans suite et ressemblait bien plus à un fou qu'à un directeur de maison d'aliénés.

Les fous qui se trouvaient dans le préau s'écartaient de lui avec terreur.

De temps en temps il relevait la tête et lançait à droite et à gauche un regard féroce.

Puis il retombait dans sa méditation.

Tout à coup, Marmouset se trouva devant lui.

M. John Bell leva d'abord le fouet plombé dont il était toujours armé.

Mais il reconnut Marmouset.

— Ah ! c'est vous, sir Arthur? dit-il.

Et il eut un sourire aux lèvres et salua le gentleman.
— C'est moi, dit Marmouset
— Avez-vous réfléchi?

Et Marmouset cligna de l'œil.
— Oui, dit M. John Bell. J'ai réfléchi que j'avais assez de pouvoir pour obtenir le renvoi du sacristain.
— A quoi bon?
— Pour le punir de son manque de loyauté avec moi.
— Ah bah !
— Il m'avait promis la corde au prix de cinq mille livres.
— Je lui en ai donné dix, et je l'ai eue. Tout le monde eût agi comme lui, monsieur.

M. John Bell frappa du pied.
— Cet homme n'en est pas moins un homme sans parole, dit-il.
— Au lieu de vous irriter contre lui, reprit Marmouset, vous feriez bien mieux de réfléchir à mes propositions.

M. Bell soupira.
— Hélas! dit-il, elles sont impossibles
— Pourquoi donc?

M. John Bell abaissa le diapason de sa voix et prit tout à coup un air mystérieux.
— Monsieur, dit-il, je vous crois un parfait gentleman.
— J'ai cette prétention, monsieur.
— Incapable de manquer à la parole qu'il aurait donnée, poursuivit M. Bell.
— Assurément.
— Si je vous demandais votre parole?...
— A quel propos?
— Votre parole de ne révéler à âme qui vive le secret que je vais vous confier.
— Je vous la donne, monsieur.
— Votre parole de gentleman?
— Et de gentilhomme, ce qui vaut mieux encore.
— Alors, dit M. John Bell poussant un nouveau soupir, vous allez comprendre pourquoi il m'est impossible d'accepter la condition que vous me faites d'emmener avec nous lord William.
— Voyons? dit Marmouset.
— Sir Arthur, reprit M. John Bell, l'homme dont je parle, est, dit-on, lord William Pembleton, et je penche d'autant plus à le croire qu'il n'est nullement fou.
— Vous êtes dans le vrai, monsieur.
— Cependant il est condamné à mourir ici.
— Vraiment?
— Et il y est par la volonté d'une puissance contre laquelle je me garderais bien de lutter.
— Quelle est cette puissance?
— Ce n'est pas un homme, c'est une association.
— Ah! ah!
— Et une association religieuse, qui plus est.
— Bon, dit Marmouset, on m'a parlé de cela.
— Vraiment?
— Cela se nomme la Société des missions évangéliques.
— Précisément.
— Et c'est quelque chose d'équivalent à ce que, sur le continent, on appelle les Jésuites.
— Vous y êtes.
— Et vous craignez ces gens-là?
— Comme le feu...
— Ah! ah! dit Marmouset en riant; eh bien! si c'est le seul obstacle qui vous sépare de ma corde, elle est à vous.
— Que voulez-vous dire?

Et les yeux de M. John Bell étincelèrent.
— Faites-moi donner de quoi écrire, ajouta Marmouset.
— Et puis?
— Et, ma lettre écrite, faites-la porter à son adresse.
— Mais...
— Je ne puis vous en dire davantage, ajouta Marmouset, mais vous verrez le résultat.
— Venez dans mon cabinet, dit M. John Bell qui le prit familièrement par le bras.

LXVI

Le cabinet de M. John Bell était au rez-de-chaussée de l'un des pavillons qui donnaient sur le préau.

Les fous, voyant passer le nouveau pensionnaire donnant familièrement le bras au terrible directeur, se regardaient avec étonnement.

Lord William et Edward Cokeries n'étaient pas les moins stupéfaits.

Marmouset eut le temps de se retourner et de les regarder tous deux.

Il leur fit même un petit signe qui voulait dire :
— Eh bien! que vous disais-je?

M. John Bell ouvrit la porte de son cabinet.
— Mettez-vous là, dit-il en s'installant devant une table.

Marmouset prit une plume et écrivit une longue lettre.

A qui?

M. John Bell n'en savait rien.

Que contenait-elle?

Il n'en savait pas davantage.

Cependant, debout derrière Marmouset, il regardait par-dessus son épaule.

Mais Marmouset écrivait dans une langue inconnue. Ce n'était ni de l'anglais, ni du français, ni du russe.

Cette langue bizarre frappa même si fort M. John Bell, qu'il dit à Marmouset :
— Mais dans quel langage écrivez-vous!
— J'écris en javanais, répondit Marmouset.
— Bah!
— C'est comme j'ai l'honneur de vous le dire.
— Et à qui écrivez-vous?
— Vous allez voir.

Marmouset prit une enveloppe et mit l'adresse en bon anglais :

Pater-Noster street, 17.
Monsieur Burdett, maître clerc,
chez le solicitor James Colcram.

Puis il ferma la lettre et la remit à M. John Bell.
— Si cela arrive avant midi, dit-il, j'ai bon espoir que nous pourrons partir demain.
— En vérité?
— Mon Dieu! oui.
— Et nous emmènerons lord William?
— Ainsi qu'un certain Edward Cokeries.
— A quoi bon?
— C'est à prendre ou à laisser, dit froidement Marmouset.

En même temps, il déboutonna de nouveau son paletot.

Et la bienheureuse corde que Marmouset portait en guise de ceinture apparut aux yeux éblouis et fascinés de M. John Bell.

Marmouset se leva alors.
— Mais, dit encore M. John Bell, je ne vois pas trop quels rapports il peut y avoir entre ce M. Burdett à qui vous écrivez et la Société des missions évangéliques.
— Vous le verrez avant ce soir, dit Marmouset.

Et il ne voulut pas s'expliquer davantage.

M. John Bell se résigna à attendre, et Marmouset retourna dans le préau.

Là, il rejoignit lord William et Edward Cokeries.

Ceux-ci lui témoignèrent leur étonnement.
— Ne vous ai-je pas dit, fit Marmouset en souriant, que je venais de la part de l'homme gris?
— Sans doute, dit lord William.
— Et M. Cokeries ne vous a-t-il pas dit que l'homme gris faisait ce qu'il voulait?
— En effet.
— Et bien! l'homme gris m'a donné une partie de sa mystérieuse puissance en m'envoyant ici, voilà tout.

Et Marmouset ne s'expliqua pas davantage avec lord William et Cokeries qu'il ne s'était expliqué avec M. John Bell.

. . . .

M. John Bell, cependant, était toujours en proie à une vive exaltation.

Il se promenait à grands pas dans son cabinet et murmurait :
— Il me faut la corde, il me la faut !

Et il se reprenait à rêver millions, parchemins nobiliaires, et il se voyait siégeant au Parlement quelque jour.

Il n'y avait pas une heure que la lettre écrite par Marmouset était partie, portée par un infirmier de Bedlam, que M. John Bell, toujours en proie à son exaltation et à ses rêves de fortune, entendit frapper à sa porte.
— Entrez! dit-il d'un ton bourru.

La porte s'ouvrit et livra passage à M. Blount.

Le co-directeur de Bedlam avait une mine quelque peu effarée.
— Mon cher collègue, dit-il, je voudrais causer sérieusement avec vous.
— Ah! dit M. John Bell d'un air de mauvaise humeur.
— Il s'agit de choses graves.
— En vérité ?

Et M. John Bell, toujours maussade, avança un siège à M. Blount.

Celui-ci poursuivit :
— Vous savez que nous avons ici un pensionnaire qu'il nous est enjoint de surveiller rigoureusement?
— Nous en avons plusieurs comme ça.
— Oui, dit M. Blount, mais celui dont je parle... est Walter Bruce...
— Dites lord William Pembleton.
— Soit.
— Eh bien? fit M. John Bell.
— Nous avons du lord chief-justice l'ordre formel de ne le laisser communiquer avec personne du dehors.
— C'est vrai.
— Et nous perdrions certainement notre place, vous et moi....
— Après? fit M. John Bell.
— Eh bien! il est venu tout à l'heure une dame qui voulait absolument voir lord William.
— Ah!
— Et cette dame, devinez qui elle est ?
— Je n'en sais rien.
— C'est lady Evandale Pembleton.
— Est-ce possible? fit M. John Bell stupéfait.
— C'est la vérité.
— Mais alors... qu'avez-vous fait?
— J'ai refusé.
— Cependant, fit M. John Bell, c'est lord Evandale et lady Evandale sa femme qui ont fait enfermer lord William.
— Oui.
— Alors, il n'y avait pas d'inconvénient.

— Je n'ai pas voulu laisser entrer cette dame sans vous consulter.
— Diable! fit M. John Bell.
Et il tomba dans une rêverie profonde.

LXVII

Tandis que M. Blount et M. John Bell se regardaient en gens qui paraissent fort embarrassés, un valet infirmier leur apporta une carte.
M. Blount y jeta les yeux et tressaillit.
— Qu'est-ce? dit M. John Bell.
— C'est la carte du révérend Patterson.
M. John Bell fronça le sourcil.
— Diable! fit-il, que peut-il bien nous vouloir?
M. Blount était non moins inquiet, en apparence du moins.
— Faites entrer, dit-il.
Et le révérend Patterson, vêtu de sa longue redingote noire, coiffé de son chapeau de quaker, entra modestement, furtivement, les yeux baissés comme il convient à un homme d'église dont le royaume, selon la parole de l'Evangile, n'est pas de ce monde.

Il s'excusa fort poliment, humblement même, de déranger ces messieurs qui sans doute avaient de graves occupations, demandant pardon à d'honorables et importants gentlemen comme eux, de les venir entretenir de ses petites affaires.
Puis, tous ses compliments débités, toutes ses excuses faites, il releva la tête.
— Messieurs, dit-il alors, je ne suis que l'humble exécuteur des volontés du lord chief-justice.
M. John Bell frissonna.
— Je vous ai transmis, il y a quelque temps, les idées de Sa Seigneurie qui voulait que vous visitassiez avec le plus grand soin un fou d'espèce dangereuse appelé Walter Bruce.
— En effet, dit M. Blount.
— Cet homme, poursuivit le révérend en regardant particulièrement M. John Bell, prétend être lord William Pembleton, lequel est mort, comme chacun sait.
— Incontestablement, dit M. Blount.
— Mais vous n'ignorez pas, poursuivit le révérend, que ce misérable a la prétention de soutenir des droits imaginaires.
M. Blount crut devoir sourire.
— Il a fait faire, poursuivit M. Patterson, par quel moyen? je l'ignore, une note à lady Evandale Pembleton.
— Lady Evandale a été non-seulement effrayée des menaces de cet homme, mais encore elle a été jusqu'à un certain point ébranlée dans sa conviction.
— Comment cela? fit M. Blount étonné.
— Le mémoire de cet individu qui signe effrontément lord William, alors que, en réalité, il s'appelle Walter Bruce, ce mémoire, dis-je, a vivement ému lady Evandale.
— En vérité? dit M. John Bell.
— Il ne serait pas impossible même que lady Evandale ne voulût voir cet homme.
— Ah!

— Qu'elle ne vînt ici...
— Elle est déjà venue, dit vivement M. Blount.
M. Patterson fit un soubresaut sur le siège qu'on lui avait avancé.
— Est-ce possible? dit-il.
— Il y a moins d'une heure, dit encore M. Blount.
— Et... demanda le révérend d'une voix étranglée, que s'est-il passé?
— Elle ne l'a pas vu...
— Ah!
— Je m'y suis opposé, dit M. Blount.
— Vraiment?
Et le visage du révérend se rasséréna.
— Mais, poursuivit M. Blount, elle doit revenir.
— Quand?
— Demain.
— Il ne faut pas qu'elle le voie.
— Ce sera difficile de l'empêcher.
— Comment?
— Elle doit m'apporter un ordre du lord chancelier.
Le révérend avait de nouveau froncé le sourcil.
— N'y a-t-il donc aucun moyen d'empêcher cette entrevue? dit-il.
— Il y en aurait bien un, hasarda M. John Bell.
— Lequel?
— Ce serait... que ce Walter Bruce... ne fût... plus ici...
— Et que... ferez-vous pour cela? demanda encore le révérend.
— Je l'emmènerais avec moi.
— Où donc?
— Je compte faire un voyage.
— Ah! ah!
— Et j'emmènerais avec moi un ou deux de mes fous. Les voyages sont quelquefois un remède pour la folie.
— Alors vous partiriez demain?
— Ce soir même, au besoin.
— Il faut partir ce soir, dit vivement le révérend.
L'œil de M. John Bell s'illumina.
Il songeait à la corde de pendu, que sir Arthur ne ferait plus maintenant aucune difficulté de lui prêter.
Cependant M. John Bell, comme on va voir, était consciencieux.
— Il y a pourtant, dit-il, un grand danger dans l'exécution de ce plan.
— Lequel? demanda le révérend.
— Je compte aller en Irlande.
— Bon!
— En Irlande, je n'ai plus l'autorité dont je jouis en Angleterre.
— Eh bien?
Ce Walter Bruce est un homme résolu.
— Je le sais.
— Audacieux.
— Il l'a prouvé.
— Et s'il allait m'échapper?...
— J'aimerais encore mieux cela, dit le révérend Patterson, que de le voir s'entretenir avec lady Pembleton.
— Qu'à cela tienne, dit M. John Bell, je suis prêt à partir.
— Et surtout, emmenez-le, ajouta le révérend.

M. John Bell parut, suivi de lord William, de Marmouset et de Cokeries. (Page 120.)

Quelques minutes après, M. Blount reconduisait M. Patterson jusqu'à la porte de Bedlam.
Le révérend souriait. Il était radieux.
— Le bonhomme, disait-il a joliment bien donné dans le piége.
— Ah! c'est que, dit M. Blount, l'homme que vous m'avez envoyé est fort habile.
— Il y paraît.
— Il est merveilleux d'adresse, ce sir Arthur.
— Ah! il se nomme sir Arthur?
— Oui. Vous l'ignoriez donc?
— Je ne le connais pas.
— Bah! mais alors...
— C'est un homme fort habile que j'emploie dans toute cette affaire, un certain M. Burdett, qui l'a choisi.
— Alors vous ne l'avez jamais vu?
— Jamais.
— Voulez-vous le voir?
— Oh! c'est parfaitement inutile.
Le révérend Patterson s'en alla enchanté de la tournure que prenait toute cette affaire.

LXVIII

A peine le révérend Patterson était-il parti que M. John Bell s'empressa de retourner au préau où il avait laissé sir Arthur.
Mais sir Arthur n'y était plus.
Il était remonté dans sa chambre.
M. John Bell avait trop hâte de le revoir pour ne pas l'y rejoindre.
Certes, si en ce moment le lord maire de Londres fût venu visiter Bedlam et qu'il eût rencontré le second directeur, il n'aurait peut-être pas émis la même opinion qu'à la première visite.
M. John Bell était écarlate.
Sa physionomie, sa démarche saccadée, la fièvre qui brillait dans ses yeux, tout en lui annonçait la folie et une folie incurable.
Il entra chez Marmouset comme un ouragan.
Le prétendu sir Arthur était fort tranquillement assis devant une table et écrivait.
— Eh bien! dit-il en regardant M. John Bell qui haletait, je gage que vous m'apportez une nouvelle importante?

— Une très-grande nouvelle, dit M. John Bell.
— Voyons?
— Rien ne s'oppose plus à notre départ.
— Vraiment?
— Et nous pourrons emmener avec nous Walter Bruce.
— Vous voulez dire lord William?
— Oui.
— Ah! c'est que, dit Marmouset toujours calme, j'ai une fantaisie singulière.
— Laquelle?
— Je voudrais avoir votre opinion sur cette affaire.
— Quelle affaire?
— Savoir si vous croyez réellement à l'histoire de lord William.
— J'y crois, dit M. John Bell.
— Alors, dit Marmouset, convenez que vous vous êtes fait l'instrument d'une horrible spéculation de famille.
— Non pas moi, dit John Bell.
— Qui donc alors?
— Le lord chief-justice.
— Auquel vous obéissez?
— Forcément, hélas!
— Alors le lord chief-justice vous permet de l'emmener avec vous dans ce voyage?
— Oui, ou plutôt c'est le révérend Patterson.
— Ce qui est absolument la même chose.
— Vous avez raison, dit M. John Bell.

Marmouset ouvrit négligemment son paletot et M. John Bell put voir une fois de plus la fameuse corde roulée autour de ses reins.

Cette vue acheva de le surexciter.
— Vous savez que nous partons ce soir? dit-il.
— Ah! fit Marmouset avec flegme.
— Par l'express de Liverpool...
— Vraiment?
— C'est la route la plus courte pour aller en Irlande.
— Cela dépend du comté dans lequel on se rend.
— C'est juste, mais cette voie est la plus courte.
— Soit, dit Marmouset.

Et il reboutonna son paletot.
— Oh! reprit M. John Bell, je crois aux paroles de la somnambule comme à la lumière du soleil.
— Cherchez une autre comparaison, dit Marmouset, car à Londres vous pourriez vous tromper.
— Comment cela?
— Dame! on voit si rarement le soleil!
— C'est juste. Mais enfin je crois aux paroles de la somnambule...
— Ah! ceci est une autre affaire... et...
— Et je retrouverai les trésors de mes aïeux, grâce à la corde du pendu.
— J'en suis très-persuadé, dit Marmouset.
— Les trésors et les parchemins...
— Ah! il y a des parchemins aussi?
— Oui. Et quand je les aurai trouvés, j'aurai droit au titre de lord.
— Bravo!
— Je siégerai à la Chambre haute, poursuivit sir John Bell avec exaltation, je parlerai en faveur de l'Irlande...
— A merveille!
— Et j'attaquerai le lord chief-justice.
— Alors vous défendrez au besoin lord William?
— Incontestablement.

Marmouset se mordit les lèvres pour ne pas rire.
— Que me chantait donc Rocambole? pensa-t-il. A l'entendre, M. John Bell était un homme difficile à prendre et à mettre dans notre jeu... Eh bien! mais nous l'eussions créé tout exprès pour en faire un complice de notre cause qu'il ne serait pas plus réussi.
— Ainsi, reprit M. John Bell, tout cela est bien convenu, n'est-ce pas?
— Sans doute.
— Nous partons ce soir?
— Oui.

M. John Bell se gratta l'oreille.
— Il n'y a plus, dit-il, qu'une chose qui m'embarrasse quelque peu.
— Laquelle?
— Comment emmènerons-nous lord William? Consentira-t-il à venir?
— Oh! je m'en charge.
— Est-ce que vous tenez aussi à emmener cet ancien homme de loi?
— Edward Cokeries?
— Oui.

Je n'y tiens aucunement, moi, mais c'est une des conditions que le sacristain m'a faites en me vendant la corde.
— Nous l'emmènerons, alors. Chère corde! bienheureuse corde!

Et le grave directeur de Bedlam se mit à danser par la chambre.

Il ne s'arrêta que lorsque les pas d'un infirmier se firent entendre dans le corridor.
— Un joli médecin aliéniste! pensait Marmouset. Il est plus fou que le plus fou de ses pensionnaires.

On frappa à la porte.

M. John Bell calma sa joie subitement et alla ouvrir.

L'infirmier apportait sur un plateau la carte de lord Wilmot.

L'excellent lord était au parloir et il voulait voir son neveu et se rendre compte par lui-même de son état mental.
— Goddam! murmura John Bell après avoir écouté l'infirmier qu'il congédia ensuite, pourvu qu'il n'ait pas la fantaisie de vous emmener, à présent!
— Qu'est-ce que ça fait?
— Comment! vous me le demandez?
— Sans doute.
— Mais, alors, vous ne partiriez pas?
— Au contraire. A huit heures précises, vous me trouveriez à la gare de Charring-Cross.
— Vous me le promettez?

Et M. John Bell regardait Marmouset avec anxiété:
— Je vous le jure.

Et quittant M. John Bell, qui avait bonne envie de se remettre à danser, Marmouset descendit au parloir, où lord Wilmot, c'est-à-dire Shoking, l'attendait...

LXIX

Shoking attendait au parloir.

Marmouset lui trouva la mine quelque peu bouleversée.

Et se mettant à rire, il lui dit :
— Je ne m'attendais guère à ta visite.
— Et moi je ne comptais pas venir, dit Shoking.
Puis il jeta un regard autour de lui, parut s'assurer que personne ne pouvait les entendre.
— Nous sommes seuls? dit Shoking, bien seuls?
— Voyons, reprit Marmouset, de quoi s'agit-il? Je n'en sais absolument rien.
— Hein?
— J'ai fait hier tout ce que vous avez voulu, n'est-ce pas?
— Sans doute. Eh bien?
— Mais je vous ai dit que j'agissais comme un instrument inconscient, que je parlais comme un perroquet et que je répétais une leçon qu'on m'avait apprise.
— Et puis?
— Mais que je ne comprenais absolument rien à tout cela.
— Il n'était pas nécessaire que vous comprissiez, ami Shoking.
— C'est ce que je me suis dit, et il paraît que je dois continuer... à ne pas comprendre?
— Peut-être bien. Mais enfin, de quoi s'agit-il?
— Oh! d'une chose fort simple en apparence.
— Voyons?
— Tout à l'heure, je me promenais dans le Strand, lorgnant les demoiselles de boutique et examinant les étalages ; tout à coup on me frappe sur l'épaule.
— Qui donc?
— Un homme que je voyais pour la première fois.
— Comment était-il?
— Un blond avec des lunettes ; il avait des papiers sous son bras ; un homme de loi, pour sûr.
Marmouset se prit à sourire, car dans le signalement il avait reconnu M. Burdett.
— Ah! fit-il, êtes-vous sûr aussi, Shoking, que le personnage vous fût inconnu?
— Parfaitement sûr.
— Vous ne l'aviez jamais vu?
— Jamais. Mais pourquoi me demandez-vous cela?
— Oh! dit Marmouset, je pensais que peut-être vous l'aviez déjà vu ; car, au signalement que vous me donnez, je reconnais cet homme.
— En vérité? dit Shoking.
— C'est le premier clerc de M. Colcram, le solicitor.
— Ah! fort bien. Mais je ne l'avais jamais vu.
— Soit. Et que vous a-t-il dit, M. Burdett, car il se nomme M. Burdett.
— Un mot qui m'a stupéfié. Il m'a dit : Bonjour, milord.
— Vraiment?
— J'avais repris cependant mes habits ordinaires et j'étais redevenu Shoking, le pauvre diable.
— Bon! dit Marmouset souriant toujours.
— Et l'ai regardé alors et je lui ai dit : Gentleman, vous vous moquez de moi.
— Je me moque si peu de vous, m'a-t-il répondu, que je vais vous dire votre nom.
— Je m'appelle Shoking.
— Parfaitement, mais vous vous nommez aussi lord Wilmot.
— Ah! vous savez cela?
— Et vous avez fait enfermer hier soir, à Bedlam, sir Arthur, votre neveu?

— C'est vrai. Mais comment le savez-vous?
— Peu vous importe. J'ai un message à vous donner pour lui.
— Pour sir Arthur!
— Sir Arthur ou Marmouset, c'est la même chose. Vous voyez que je suis au courant.
— Et il vous a remis une lettre?
— Oui, en m'engageant à vous l'apporter tout de suite.
— Où est-elle?
— La voilà.
Et Shoking tira la lettre de sa poche et la tendit à Marmouset.
Celui-ci l'ouvrit.
Elle était écrite dans cette langue bizarre que M. John Bell n'avait pu déchiffrer, et que Marmouset lui avait dit être du javanais.
Marmouset lut :

« J'ai envoyé une fausse lady Pembleton. Le révérend, effrayé, a dû autoriser M. John Bell à partir avec lord William. Si tu pars ce soir, ne manque pas, à la gare de Charring-Cross, d'acheter le *Pall Mall Gazette*.

« Tu reconnaîtras sans doute le libraire.

« Il te donnera un exemplaire du journal, dans lequel tu trouveras une lettre.

« Cette lettre renferme les instructions.

« BURDETT. »

Shoking aurait bien voulu savoir ce que contenait cette lettre.
Mais Marmouset jugea probablement inutile de lui en faire part, car il la mit dans sa poche fort tranquillement.
— C'est bien, dit-il.
— Pardon, observa Shoking, je voudrais vous faire une question.
— J'y répondrai si je peux. Parle.
— Comment se fait-il que cet homme que je n'avais jamais vu m'ait abordé? Il aurait fort bien pu se tromper.
— C'est que cet homme te connaissait.
— Ah bah!
— Comme tu le connaissais toi-même.
— Mais je vous dis que c'est la première fois que je le vois.
— Et moi je t'affirme le contraire.
— Oh! par exemple!
— Tu l'as même beaucoup connu...
Shoking tressaillit.
Marmouset souriait toujours.
— Tu as vécu longtemps avec lui.
— Oh! non, dit Shoking, c'est impossible.
— Quoi donc?
— Ce ne peut être... n'est-ce pas?...
Un nom allait monter à ses lèvres...
— Chut! dit Marmouset, pas un mot de plus.
Va-t'en dit encore Marmouset.
— Et quand faudra-t-il que je revienne?
— Ici?
— Oui.
— Tu ne reviendras pas.
— Pourquoi?
— Parce que je n'y serai plus.

— Vous voulez sortir de Bedlam?
— Sans doute. Je m'en vais ce soir.
— Et où allez-vous?
— A la gare de Liverpool.
— Seul?
— Non, avec lord William et Edward Cokeries.

Shoking tombait d'ébahissement en ébahissement.
— Et puis? fit-il haletant.
— A Liverpool nous nous embarquerons pour l'Irlande.
— Mais alors, dit Shoking, Vanda... et moi...?
— Vous vous tiendrez tranquilles à Londres.
— Jusqu'à quand?
— Jusqu'à ce que je vous écrive, si je vous écris.
— Ma foi! dit Shoking un peu vexé, c'est tout de même désagréable d'avoir affaire à des gens aussi mystérieux que vous.

Marmouset ne se fâcha point.
— Je suis mystérieux, dit-il, parce que je n'en sais guère plus long que toi. J'attends de nouvelles instructions.

Shoking étouffa un cri.
— Ah! cette fois, dit-il, je comprends..... et l'homme que j'ai rencontré..... Mais je suis donc un idiot de ne pas l'avoir reconnu?... Cet homme, c'était...
— Tais-toi! dit Marmouset sèchement.

Et il congédia le prétendu lord Wilmot, et reprit le chemin du préau, où il allait avertir lord William et Edward Cokeries de leur prochain départ.

LXX

A sept heures ce soir-là, un cab à quatre places stationnait devant la principale porte de Bedlam.
Les domestiques avaient déjà chargé dessus une demi-douzaine de colis.
C'étaient les bagages de M. John Bell.
Son valet de chambre, qui était du voyage, causait familièrement avec le cocher.
— Nous sommes de vieilles connaissances, Tobby, disait-il.
— En effet, monsieur Jack, répondit le cocher. Voici bien près de dix ans que nous nous connaissons.
— Oui, Tobby, il y a bien dix ans, en effet.
— Dame! reprit Tobby le cabman, voici plus de trente fois que je vous amène.
— C'est comme une fatalité, monsieur Jack, et toutes les fois que les policemen amènent un fou à l'hospice, c'est moi qui passe en ce moment dans la rue et à qui ils font signe de s'arrêter pour le prendre.
— Et les pourboires, dans ces cas-là, sont maigres, n'est-ce pas, Tobby?
— Oh! il y a quelquefois des fous généreux.
— Eh bien! cette fois, vous ne vous plaindrez pas, Tobby.
— Mais, monsieur Jack, il me semble que je ne vais pas voiturer des fous aujourd'hui?
— Mais si...
— On m'a dit cependant que j'allais conduire M. Bell, un de vos directeurs, au chemin de fer.
— On vous a dit la vérité, Tobby.
— Et M. Bell n'est pas fou, que je sache, monsieur Jack.

Jack se prit à sourire :
— M. Bell n'est pas seul, dit-il.
— Ah!
— Il emmène avec lui trois pensionnaires de Bedlam.
— Qui sont guéris sans doute?
— Oui et non.
— Je ne vous comprends pas, dit Jack.
— Écoutez-moi, Tobby, je vais vous dire la vérité tout entière.
— Parlez, monsieur Jack.
— Vous allez conduire quatre personnes à l'intérieur et moi sur le siège.
— Ce qui fait cinq, monsieur Jack.
— Eh bien! sur les cinq personnes, il n'y a véritablement qu'un fou.
— En vérité?
— Et, ce fou, je vous le montrerai quand nous arriverons à Charring-Cross.
— Pourquoi pas tout de suite, monsieur Jack?
— Non, j'ai mes raisons pour cela.
— Comme il vous plaira, monsieur Jack.
— Qu'il vous suffise de savoir, Tobby, que l'homme le plus heureux de Bedlam, en ce moment, ce n'est pas une de ces cinq personnes, comme vous pourriez le croire.
— Qui donc est-ce?
— C'est M. Blount, le second directeur.
— Et pourquoi est-il si joyeux, monsieur Jack?
— Parce que M. Bell s'en va.
— Question de jalousie, peut-être...
— Chut! dit Jack, voici nos voyageurs.

En effet, la porte s'ouvrit et M. John Bell parut, coiffé d'une casquette à double visière, une lorgnette et une gibecière en bandoulière et un plaid sur l'épaule.

Derrière lui venait lord William, à qui Marmouset donnait le bras.

Edward Cokeries fermait la marche.

M. John Bell était toujours dans le même état d'exaltation.

Il interpella Tobby.
— Hé! cabman, lui dit-il, votre cheval marche-t-il bien, au moins?
— Ah! pour ça, oui, Votre Honneur...
— C'est que je ne veux pas manquer le chemin. Songez donc, Tobby, il y a pour moi de sept ou huit cent mille livres, peut-être...
— Juste ciel! dit Tobby; mais il faudrait encore chercher pour trouver une pareille fortune à Londres.
— Et d'un titre de lord... ajouta M. John Bell.

Jack souriait toujours.
— Les chemins de fer sont vraiment bien mal organisés, poursuivit M. John Bell. Il faut aller à Charring-Cross pour repasser ensuite la Tamise et revenir à London Bridge, puis ensuite... gagner le Liverpool railway par une voie souterraine... Oh! ça n'en finit pas.

Et M. John Bell ouvrit la portière du cab.
— Quelle heure est-il, cabman?
— Sept heures un quart, monsieur.
— Alors nous arriverons à temps?
— Plus d'un quart d'heure d'avance.

Marmouset, lord William et Edward Cokeries étaient déjà installés dans le cab.

Tu trouveras tes instructions pointées sur le journal au crayon bleu. (Page 122.)

— Fouettez donc votre cheval, cabman, dit alors M. Bell à son tour. Il est en bien mauvais état, votre cheval.

— Il est maigre, mais il est bon, monsieur.

— Cabman, poursuivit M. John Bell au moment où Jack refermait la portière, si nous arrivons à temps, vous aurez une couronne pour votre course et un shelling de pourboire; et puis, quand je serai lord, je vous donnerai un cheval pour remplacer celui-là, qui décidément a fort mauvaise façon.

Jack grimpa sur le siége à côté de Tobby, et le cab partit à une allure modérée, se dirigeant vers le pont de Westminster.

Et comme tout cab aime à causer pour abréger les longueurs de la route, Tobby reprit :

— Ma foi! monsieur Jack, si M. John Bell n'était pas le directeur, je croirais volontiers...

— Taisez-vous donc, Tobby.

— C'est que les trois autres ont tout à fait l'air raisonnable, monsieur Jack.

— Je vous ai dit, Tobby, que sur les quatre il y avait un seul fou.

— Bon!

— Et que je vous le montrerais à la gare.

— C'est bien, dit Tobby. Pour que vous me répondiez ainsi, il faut que vous ayez vos raisons.

Et il parla d'autre chose.

Vingt minutes après, le cab entrait dans la gare de Charring-Cross, laquelle, on le sait, est située à l'entrée du Strand, tout auprès de Trafalgar-Place.

M. Bell s'élança hors de la voiture avant même que Tobby eût fini de tourner correctement devant le péristyle.

Alors Jack dit en souriant :

— Regarde bien maintenant, Tobby.

— Eh bien? monsieur Jack.

— Eh bien! le seul, l'unique fou, c'est M. John Bell.

— Ah! par exemple!

— Il est fou à lier, et M. Blount m'a donné ses instructions, ajouta Jack d'un ton de mystère.

Il paya le cabman et s'occupa du transport des bagages.

. . . .

Pendant ce temps, Marmouset, que M. John Bell appelait toujours sir Arthur, arrivait dans la gare et cherchait des yeux l'étalage du libraire qui, en Angleterre comme en France, se trouve dans chaque station.

L'étalage était dans un coin, à gauche.

Assis à son bureau, le libraire avait la tête dans ses deux mains, des lunettes bleues sur les yeux, et paraissait lire avec une grande attention un livre ouvert devant lui.

— Pardon, monsieur, dit Marmouset, auriez-vous encore par hasard un exemplaire de *Pall Mall Gazette*?

Le libraire tressaillit et leva vivement la tête.

Puis, avec la main gauche, il remonta ses lunettes sur son front.

Marmouset étouffa un cri.

— Milon! dit-il.

— Tu vois, répondit le vieux compagnon de Rocambole, tu vois que moi non plus je ne suis pas mort.

Et Milon laissa retomber ses lunettes bleues sur son nez.

LXXI

Milon avait laissé retomber ses lunettes sur son nez.

— Voilà le *Pall Mall Gazette*, dit-il.

Puis, regardant l'horloge qui se trouvait dans la gare :

— Il y a encore vingt minutes avant le départ, ajouta-t-il.

— C'est vrai, dit Marmouset.

— Et nous avons le temps de causer.

— Causons, fit Marmouset.

— Tu penses bien, reprit Milon, que le maître n'a pas écrit une lettre.

— Comment! dans le numéro du journal que tu me donnes, il n'y a pas une lettre?

— Non.

— Mais alors... ces instructions...?

— Tu les trouveras dans le journal.

— Comment ça?

— Tu trouveras de page en page un mot, une ligne, une lettre qui sont pointés au crayon bleu.

— Ah! fort bien.

— Tu les assembleras et tu sauras ce que tu as à faire.

— Je comprends.

— Mais comme nous avons le temps, poursuivit Milon, je puis te le dire tout de suite.

— Ah!

— Tu seras demain matin à Liverpool.

— Fort bien.

— Le premier steamer qui chauffera pour Dublin se nomme la *Crimée*, le capitaine est de nos amis.

— Ah! vraiment? Mais nous nous embarquerons donc?

— Sans doute.

— Et nous irons en Irlande?

— Pas tout à fait.

Marmouset ouvrit de grands yeux.

— Du moment où nous nous embarquons, dit-il, je ne vois pas où nous nous arrêterions en chemin, à moins qu'on ne mette à présent pied à terre en pleine mer.

— C'est que tu ne sais pas la géographie.

— Plaît-il?

— Ce qui ne fait pas honneur à l'éducation brillante que le maître et moi nous t'avons donnée, dit Milon, qui s'était repris à tutoyer Marmouset.

— Ah! c'est juste, fit celui-ci, j'oubliais l'île de Man.

— Sans doute, et tous les steamers touchant au port de Douglas.

— Alors, nous irons jusqu'à l'île de Man?

— Oui.

— Et là, que ferons-nous?

— Ah! dit Milon, je ne vais pas avoir le temps de tout te dire, car voici M. John Bell qui s'approche.

— Diable!

— Qu'il te suffise de savoir qu'il y a une somnambule à l'île de Man.

— Et nous irons la consulter?

— Oui, et elle vous dira où se trouve le trésor que cherche M. John Bell.

— Mais puisque nous ne devons pas aller jusqu'en Irlande...

— Chut! le *Pall Mall Gazette* t'apprendra le reste. Voici M. John Bell.

En effet, le directeur de Bedlam, qui trépignait d'impatience, venait droit à sir Arthur.

Sir Arthur posa un shelling sur la table du prétendu libraire.

Milon lui rendit six pence et lui dit en pur anglais :

— Bon voyage, gentleman.

Marmouset fourra le journal dans sa poche et rejoignit M. John Bell.

Celui-ci lui dit :

— Le cabman avait raison. Nous sommes arrivés un bon quart d'heure trop tôt. Il me plaît beaucoup, ce cabman.

— En vérité? dit Marmouset.

— Et quand je serai lord, je lui achèterai un cheval... Je n'ai qu'une parole, moi.

— Avez-vous fait enregistrer vos bagages? dit Marmouset.

— Jack s'en est occupé.

Et M. John Bell regarda l'horloge à son tour.

— Décidément, dit-il, ces chemins de fer sont d'une lenteur intolérable.

— Soyez tranquille, nous partirons à l'heure. Où sont nos deux fous?

— Jack les surveille.

Marmouset prit le bras de M. Bell et poursuivit :

— Je viens de causer avec le libraire, et il m'a donné un renseignement précieux.

— Que vous a-t-il dit?

— Que les steamers touchent à l'île de Man.

— Encore un retard? dit M. Bell en frappant du pied.

— Mais à l'île de Man il y a une somnambule qui fait merveille.

— Une somnambule?

— Oui.

— A quoi bon, puisque nous avons la corde?

— C'est égal, dit Marmouset, elle a une grande réputation, et il paraît qu'elle a retrouvé beaucoup de trésors déjà.

— En vérité?
— C'est du moins ce que le libraire m'a dit.

M. John Bell tomba dans une profonde rêverie, d'où il fut bientôt tiré par la cloche du départ.

Jack avait retenu tout un compartiment, et il s'y trouvait installé déjà avec lord William et Edouard Cokeries.

M. Bell et Marmouset y prirent place à leur tour. Le train partit.

Pendant tout le voyage, lord William et Edouard Cokeries furent silencieux.

En revanche, M. John Bell se livra à toutes sortes de divagations.

Il ne dormit pas de la nuit et traça le programme minutieux de l'existence qu'il comptait mener aussitôt qu'il serait en possession de la fortune et des trésors de ses aïeux.

De temps en temps, Jack levait les yeux au ciel et semblait dire :
— Si cela continue, il faudra l'attacher.

Enfin on arriva à Edimbourg à sept heures du matin.

M. Bell, grâce à son indicateur, était au courant du départ des steamers.
— C'est à neuf heures que la *Crimée* lève l'ancre, dit-il, nous n'aurions pas le temps de déjeuner à terre.
— Nous déjeunerons à bord, répondit Marmouset.

Et ils se rendirent directement de la gare sur le pont. La *Crimée* chauffait.

— Une fois à bord, Marmouset tira le *Pall Mall Gazette* de sa poche et prit connaissance de la mystérieuse correspondance de Rocambole.

Puis, quand il sut ce qu'il avait à faire, il se mit à la recherche du capitaine.

M. John Bell se creusait les yeux à regarder l'horizon, et croyait déjà voir la terre d'Irlande lui apparaître dans le brouillard du matin.

LXXII

Revenons au révérend Patterson, le *Deus ex machina* mystérieux des persécutions dont le malheureux lord William Pembleton était la victime depuis si longtemps.

Le révérend Patterson, en quittant Bedlam, se rendit en toute hâte à *Pater-Noster street*.

M. Colcram était absent.

Mais M. Burdett était dans son bureau.

Le premier clerc de maître Colcram reçut en souriant le chef de la Mission évangélique.
— Je sais par avance, dit-il, ce que vous venez m'apprendre.
— Vraiment?
— Lady Pembleton est allée à Bedlam.
— Vous savez cela?
— Je sais tout, dit M. Burdett.
— Ah!
— Mais les deux directeurs, pris d'une peur salutaire, ont refusé de lui laisser voir Walter Bruce.
— Précisément.
— Lady Pembleton reviendra demain.
— Oui. Mais...
— Mais Walter Bruce sera parti, voulez-vous dire?
— En effet, M. John Bell part ce soir.
— Et il l'emmène?

— Naturellement ; ce qui fait que nous voilà débarrassés.

Le révérend tressaillit.
— Mon cher monsieur, continua M. Burdett, lord William n'est pas fou, vous le savez.
— Non certes, il n'est pas fou.
— Mais, en revanche, le directeur de Bedlam, M. John Bell, est fou...
— A lier.
— Par conséquent, poursuivit M. Burdett, rien ne serait plus facile pour lord William que de s'évader?
— Pourvu qu'il ne vienne pas à Londres, peu m'importe !
— Vous pensez bien que s'il s'échappait, c'est la première chose qu'il ferait.

Le révérend Patterson fronça le sourcil.
— Mais, ajouta M. Burdett, j'ai pris mes précautions ; et l'homme qui joue le rôle de sir Arthur est un garçon hardi et prudent tout à la fois.
— L'avez-vous vu aujourd'hui?
— Non, c'était parfaitement inutile, je lui ai fait tenir mes instructions.

Le révérend Patterson s'était assis auprès du bureau de M. Burdett.
— Maintenant, continua-t-il, laissons un moment lord William et M. John Bell tranquilles, et causons d'une autre affaire.
— Je vous écoute, dit M. Burdett.
— Lady Pembleton est allée à Bedlam?
— Vous le savez aussi bien que moi.
— C'est une preuve qu'elle essayera de ne point s'exécuter, c'est-à-dire qu'elle refusera de payer les sommes souscrites par le feu lord Evandale.
— Naturellement. Mais nous saurons bien l'y forcer.
— J'y compte. Seulement, je suis moins au courant que vous des choses de la procédure.
— Et vous vous demandez si tout cela sera fort long?
— Dame !
— Un solicitor ordinaire demanderait deux ans.
— Et vous?
— Je mènerai la chose si rondement que nous aurons atteint la fin en trois mois.
— Vous me le promettez?
— Je vous le jure.

Les yeux du révérend pétillèrent.
— Eh bien ! dit-il, je compte sur vous, et même je vais vous laisser agir sans me mêler de rien, d'autant plus que je m'absente de Londres.
— Vous partez?
— Oui, je vais en France pour quelques jours.
— Excusez ma curiosité, dit M. Burdett, mais qu'allez-vous faire en France?
— Tâcher de retrouver la piste d'un homme qui est le seul que je craigne sérieusement.

M. Burdett ne sourcilla pas.
— De quel homme voulez-vous parler? dit-il.
— D'un certain chef fénian qui est, dit-on, Français d'origine.
— Et que vous appelez?
— Qu'on surnomme l'homme gris.
— Ah! fit M. Burdett, j'ai entendu parler de cela. Cet homme gris n'était-il pas à Newgate?
— Précisément.

Et ne s'était-il pas évadé la veille même du jour fixé pour son exécution ?

— Les fénians ont fait sauter une partie du mur de Newgate pour le délivrer.

— Oui, dit M. Burdett, c'est bien cela. Et vous craignez cet homme ?

— C'est le seul adversaire sérieux que j'aie jamais rencontré.

— Mais qui vous dit qu'il ait quitté Londres ?

— C'est ce que m'affirme un détective en qui j'ai pleine confiance.

— Et, selon lui, il serait allé en France ?

— Oui.

— Eh bien ! dit encore M. Burdett, allez en France, mon révérend. Pendant ce temps, nous amènerons à bien, ici, la succession de lord Evandale.

Le révérend Patterson fit ses adieux à M. Burdett et prit congé de lui.

Quand il fut parti, M. Burdett se prit à sourire.

— Tu ne tiens pas encore l'homme gris, dit-il.

⁎ ⁎ ⁎ ⁎ ⁎ ⁎ ⁎ ⁎ ⁎ ⁎

Le révérend était monté dans son cab et disait au cabman :

— Conduisez-moi dans Elgin Cressent.

C'était dans Elgin Cressent que le révérend avait son domicile particulier.

Le cab descendit Fleet street, remonta Farington road et gagna cette longue artère qui coupe Londres dans une partie de sa longueur et qu'on appelle Oxford street.

C'était la route la plus déserte.

Mais comme le révérend entrait dans Oxford, il croisa un autre cab, et dans ce cab un gentleman poussa un petit cri et fit un signe au révérend.

En même temps, il donna ordre à son cocher d'arrêter.

Le révérend en fit autant.

Alors le gentleman, qui n'était autre que sir Archibald, le père de lady Pembleton, sauta lestement en bas de sa voiture et vint tendre la main au révérend Patterson.

Celui-ci l'accueillit assez froidement.

Mais sir Archibald n'y prit garde :

— Où allez-vous ? dit-il.

— Je rentre chez moi.

— Dans Elgin Cressent ?

— Oui.

— Je vous accompagne. Mon cab va suivre. Permettez que je monte à côté de vous, j'ai beaucoup de choses à vous dire.

Et sir Archibald s'installa à côté du révérend, après avoir fait signe à son cabman de suivre à vide.

M. Patterson, lui, n'avait absolument rien à dire à sir Archibald et il était visiblement contrarié de cette rencontre.

Sir Archibald continua :

— Figurez-vous que j'arrive d'Écosse.

— Ah !

— Où je suis allé conduire lady Pembleton, ma fille.

A ces paroles le révérend stupéfait regarda sir Archibald.

— Votre fille ? dit-il.

— Sans doute.

— Vous avez conduit lady Pembleton en Écosse ?

— A New-Pembleton, oui, mon révérend.

— Et quand êtes-vous partis ?

— Il y a cinq jours.

— Mais vous êtes revenus aujourd'hui ?

— Moi, oui.

— Et lady Pembleton aussi ?

— Non, elle est restée à New-Pembleton.

Le révérend regarda alors sir Archibald d'un air plein de défiance.

— Je crois que vous vous moquez de moi, dit-il.

LXXIII

Sir Archibald fit un haut-le-corps.

— Et pourquoi donc voulez-vous, mon révérend, dit-il, que je me moque de vous ?

— Je n'en sais rien, mais je constate le fait.

— Plaît-il ?

— Lady Pembleton n'est pas en Écosse.

— Par exemple !

— Elle est à Londres...

— Vous êtes dans l'erreur, mon révérend !

— Et je vous en fournirai la preuve.

Sir Archibald regarda le révérend Patterson.

— Mais, dit-il, c'est vous qui vous moquez de moi...

— Allons donc !

— Je vous répète que ma fille est à New-Pembleton, c'est-à-dire à cent lieues de Londres.

Le révérend baussa les épaules.

— Tenez, sir Archibald, dit-il, vous feriez mieux de jouer avec moi cartes sur table.

— Que voulez-vous dire ?

— Écoutez-moi un moment.

— Bon, fit sir Archibald, parlez !

— Ni lady Pembleton ni vous ne nierez que je vous ai rendu, il y a plusieurs mois, un grand service.

— Et nous en sommes reconnaissants, mon révérend.

— Sans moi, poursuivit le révérend Patterson, vous ne vous seriez pas débarrassés aussi facilement de Walter Bruce.

Sir Archibald tressaillit à ce nom.

— Eh bien ? fit-il.

— Il est vrai, poursuivit le révérend, que l'association dont je suis le chef ne travaille pas pour l'unique amour de Dieu, et que lord Evandale a contracté vis-à-vis de nous des engagements assez lourds.

— Que nous ne cherchons pas à éluder, mon révérend.

Et sir Archibald prononça ces mots avec un accent de franchise qui stupéfia Patterson.

— En vérité ? dit celui-ci.

— Vous le savez, reprit sir Archibald, je suis riche, fabuleusement riche. Aussi était-ce moins une question de fortune qu'une question de titres qui nous a fait traiter avec vous. Ce que nous ne voulions pas, c'était un procès qui viendrait dévoiler le drame mystérieux dont New-Pembleton avait été le théâtre ; ce que nous voulions, c'était que lord William demeurât éternellement Walter Bruce.

— Et vous songiez à nous payer les sommes considérables souscrites à notre profit par feu lord Evandale ?
— Mais nous y songeons encore, dit sir Archibald.
— Voilà qui est bizarre...
Et le révérend Patterson regarda sir Archibald dans le blanc des yeux.
— Et nous sommes à votre disposition, ajouta celui-ci...
— Alors, dit froidement le révérend, donnez-moi une explication, sir Archibald.
— Laquelle ?
— Expliquez-moi pourquoi lady Pembleton a voulu revoir Walter Bruce, c'est-à-dire lord William.
— Je ne sache pas que cette fantaisie lui soit venue.
— Alors c'est à votre insu ?
— Sans doute.
— Elle s'est présentée à Bedlam.
— Allons donc !
— Et elle a demandé à voir lord William.
— Vous m'étonnez, dit sir Archibald, mais quand cela est-il arrivé?
— Aujourd'hui même.
— Ah ! par exemple ! s'écria sir Archibald, voilà qui est tout à fait impossible.
— Vous croyez?
— Matériellement impossible, parce que, je vous le répète, lady Pembleton est en Écosse depuis cinq jours.
Sir Archibald parlait avec un tel accent de conviction que le révérend Patterson fut un peu ébranlé.
— Cependant, dit-il, une femme s'est présentée à Bedlam aujourd'hui même.
— Et cette femme...
— A demandé à voir lord William.
— Et elle a dit se nommer lady Pembleton ?
— Oui.
Sir Archibald paraissait stupéfait.
— Je ne comprends rien à tout cela, dit-il ; quelle autre femme que ma fille oserait prendre le nom de lady Pembleton?
Le révérend Patterson ne répondit pas.
Un soupçon vague encore, mais rapide, avait envahi son esprit.
Un soupçon provoqué par un souvenir.
Le révérend se rappelait maintenant que le bon et jovial directeur de Newgate, dans l'espoir d'obtenir des aveux de l'homme gris, s'était plu à le mettre en contact avec Tom le condamné à mort.
Or, qui pouvait dire que Tom n'eût pas raconté son histoire et celle de lord William à l'homme gris?
Et si cela était, l'homme gris, avec son caractère chevaleresque, n'avait-il pas épousé la cause de lord William ?
Du moment où une femme, disant se nommer lady Pembleton, s'était présentée à Bedlam, il y avait de par le monde des gens qui s'occupaient de lord William.
Quels étaient-ils?
Voilà ce que le révérend ne savait pas ; mais l'homme gris s'était spontanément offert à sa pensée.

Cependant, le révérend Patterson ne confia point ses soupçons à sir Archibald.
Tandis qu'ils causaient, le cab avait roulé grand train et il entrait en ce moment dans Elgin Cressent.
— Je commence à vous croire, sir Archibald, dit le révérend.
— Ah ! c'est fort heureux, répondit le père de lady Pembleton.
— Mais je préférerais cent fois que vous m'eussiez trompé.
— Et pourquoi cela?
— Nous voici à ma porte; entrons, je vous dirai tout.
Le révérend Patterson était quelque peu agité.
Sir Archibald s'en aperçut.
— Mais, dit-il, que soupçonnez-vous donc?
— Venez, venez toujours.
Et le révérend s'élança hors du cab, tira une clef de sa poche et pénétra dans sa maison.
Sir Archibald le suivit.
Un valet vint à leur rencontre.
— Monsieur, dit-il, le détective Scotowe sort d'ici.
— Ah ! dit le révérend.
— Il voulait parler à Votre Honneur et il a attendu fort longtemps dans le cabinet; mais enfin, ne sachant pas si Votre Honneur rentrerait, il est parti.
— Et il n'a rien dit ?
— Il a laissé une lettre pour Votre Honneur.
— Où ça?
— Sur la cheminée du cabinet.
Le révérend entra précipitamment dans son cabinet qui était au rez-de-chaussée.
Il courut à la cheminée, prit la lettre et l'ouvrit.
La lettre ne contenait que trois lignes :

« Victoire !
« J'ai retrouvé l'homme gris.
« Notre homme se cache sous des lunettes bleues, une perruque blonde et le nom de Burdett.
« Il est maître-clerc chez M. Colcram, le solicitor.
« J'attends des ordres pour agir.
« W. SCOTOWE. »

Le révérend Patterson était devenu d'une pâleur mortelle à la lecture de cette lettre.
— Ah ! murmura-t-il, cet homme est plus fort que moi décidément. Voici quinze jours qu'il se moque de moi et me roule comme un enfant...
Et il se laissa tomber sur un siège et faillit s'évanouir.

LXXIV

Le révérend Patterson et sir Archibald se regardèrent un moment avec une égale stupeur.
Le premier paraissait anéanti.
Le second ne comprenait pas, mais il devinait quelque épouvantable catastrophe.
Et comme le révérend Patterson demeurait bouche béante, stupide, sir Archibald lui dit enfin :
— Mais que vous arrive-t-il donc ?
Alors le révérend eut une explosion de colère.
— Ah ! vous voulez le savoir? dit-il.
— Oui, fit sir Archibald.
— Eh bien ! je vais vous le dire, reprit-il hors de

lui. Vous m'avez pris pour un homme habile, jusqu'ici ?
— Dam !
— Eh bien ! vous vous êtes trompé.
Et il eut un rire nerveux effrayant.
— Que voulez-vous dire ? balbutia sir Archibald.
— Je suis un parfait imbécile, un misérable niais, poursuivit le révérend Patterson.
— Oh !
— Et voici trois semaines que je suis joué, dit-il, roulé par un homme à qui j'ai donné toute ma confiance, et qui est mon plus cruel ennemi.
Sir Archibald ne comprenait toujours pas.
Le révérend poursuivit :
— Voulez-vous savoir ce qui est arrivé ?
— Parlez.
— Eh bien ! ce n'est pas lady Pembleton qui s'est présentée à Bedlam.
— Parbleu ! je le sais bien.
— Et lord William n'y est plus.
Sir Archibald jeta un cri.
— Lord William n'est plus à Bedlam ?
— Non.
— Où donc est-il ?
— Il est en route pour l'Irlande.
— Mais vous êtes fou ! exclama sir Archibald.
— Pas encore... mais je vais le devenir.
Et le révérend enfonçait, en parlant ainsi, ses ongles dans sa poitrine, et se promenait dans sa chambre du pas saccadé et inégal d'une bête féroce enfermée dans une cage de fer.
— Mais enfin, dit sir Archibald, expliquez-vous... Comment se fait-il que lord William ne soit plus à Bedlam ?
— Parce qu'on lui en a ouvert la porte.
— Mais qui donc ?
— Moi ! parbleu ! moi...
— Vous !
Et sir Archibald regarda le révérend avec une surprise croissante.
Celui-ci poursuivit :
— Depuis trois semaines je suis aveuglément les conseils d'un homme qui a certainement juré de rendre à lord William ses titres et sa fortune.
— Mais ce que vous dites là est impossible !
— C'est la vérité, vous dis-je.
Et le révérend riait d'un rire nerveux, et il ajouta :
— Puisque je ne suis qu'un imbécile !...
Et comme il parlait ainsi, une sonnette se fit entendre, annonçant l'arrivée d'un visiteur.
Ce coup de sonnette calma un peu le révérend.
Il regarda sir Archibald.
— Silence ! dit-il.
Au même instant, la porte du cabinet s'ouvrit et un homme entra.
C'était le détective Scotowe.
Le révérend Patterson avait sur lui-même un empire extraordinaire.
Dans les quelques secondes qui s'étaient écoulées entre le coup de sonnette et l'entrée du détective, il avait eu le temps de reprendre le masque de glace qui pesait ordinairement sur son visage.
— Ah ! vous voilà, dit-il en regardant le détective.
— Excusez-moi, dit celui-ci. Comme je m'éloignais et me trouvais déjà à l'autre bout d'Elgin Crescent, j'ai vu une voiture qui s'arrêtait à la porte de la maison de Votre Honneur.
Alors j'ai eu le pressentiment que c'était Votre Honneur qui entrait, et je suis revenu sur mes pas.
— Et vous avez bien fait, dit froidement le révérend Patterson.
— Vous avez lu ma lettre ?
— Oui, certes.
— Eh bien ?
— Eh bien ! vous êtes un habile homme, à moins que vous ne vous trompiez cependant...
— Oh ! je ne me trompe pas, dit le détective
— Vous êtes sûr que l'homme gris ?...
— N'est autre que M. Burdett.
— Ah !
— Il loge à deux pas de Pater-Noster dans Sermon-Lane.
— Bon !
— Quand il est rentré chez lui, le soir, il ôte ses lunettes, sa perruque blonde et ses favoris roux.
— Et il loge seul ?
— Non ; il est avec un Français, une sorte d'hercule qu'on appelle Milon, et qui est libraire à la gare de Charring-Cross.
— Ah ! dit encore M. Patterson, devenu tout pensif et qui ne paraissait pas se souvenir que sir Archibald était là.
En effet, depuis l'arrivée du détective, sir Archibald n'avait fait ni un geste, ni prononcé un mot.
Il était là, assis dans un fauteuil, regardant tour à tour le révérend redevenu calme et froid et le détective qui paraissait enchanté de sa découverte.
— Alors, reprit le détective, je n'ai rien voulu prendre sur moi sans les ordres de Votre Honneur.
— Comment cela ?
— On peut arrêter l'homme gris, soit dans son logis particulier, soit dans l'étude de M. Colcram.
— Toutes vos mesures sont-elles prises pour cette arrestation ?
— Toutes.
— Combien avez-vous d'hommes à vos ordres ?
— Huit.
Le révérend regarda la pendule.
— Il est huit heures du soir, dit-il.
— Eh bien ? fit le détective.
— Êtes-vous sûr que son logis de Sermon-Lane n'a pas deux issues ?
— Très-sûr.
— Que la maison n'a pas deux escaliers ?
— Elle n'en a qu'un.
— Et la rue est facile à cerner ?
— Très-facile. C'est une ruelle, son nom l'indique.
— Eh bien ! dit le révérend dont l'œil eut un fauve éclair, il ne faut pas attendre à demain.
— Vous êtes d'avis qu'il faut l'arrêter ce soir ?
— Et le plus tôt possible.
— Avant minuit, dit le détective Scotowe, nous l'aurons réintégré à Newgate.
— Et après-demain il sera pendu, ajouta le révérend Patterson.
— Mais de qui donc parlez-vous ? demanda enfin Archibald.
— D'un homme qui a un nom bizarre — l'homme gris.
Et le révérend Patterson murmura :

— Allons! tout n'est pas perdu encore... puisque l'homme gris sera pendu.

LXXV

C'était, en effet, dans Sermon-Lane que logeait Rocambole, ou plutôt M. Burdett, le maître clerc de M. Colcram le solicitor de Pater-Noster.

Pourquoi avait-il choisi cette rue?

Par une raison toute simple ; c'est que dans cette rue il y avait une maison qu'il connaissait, et dans cette maison une chambre qu'il avait occupée quelques heures.

Cette chambre était celle que miss Ellen avait louée, au temps où elle était dame des prisons, et dans laquelle elle venait changer de costume, quand elle avait accompli ses douloureux devoirs envers les prisonniers.

Rocambole en avait conservé une clef.

Cette clef, on ne la lui avait jamais ôtée pendant son séjour à Newgate.

Le bon directeur, espérant toujours qu'il ferait des révélations, s'était, on s'en souvient, montré pour lui plein d'égards.

Donc, le jour, ou plutôt la nuit où le maître et Milon recouvrèrent leur liberté en se jetant résolûment à la nage dans la Tamise, Rocambole se souvint de la clef et de Sermon-Lane.

Nageurs vigoureux tous les deux, Milon et lui avaient traversé la Tamise comme s'il se fût agi d'un ruisseau, et ils s'étaient assis un moment, le fleuve passé, sur la berge de la rive droite, qui fait face à la Cité.

— Alors Milon avait dit à Rocambole :

— Nous sommes libres, c'est vrai, mais nous ne sommes pas hors de danger.

— Que veux-tu dire.

— Nos habits sont ruisselants,

— Crains-tu donc les rhumatismes?

— Ce n'est pas ça que je veux dire?

Alors explique-toi.

— Pour faire sécher nos habits, il faut que nous allions quelque part.

— Sans doute.

— Dans une taverne, une maison de nuit, un boarding, quelconque, enfin.

— Continue.

— Et comme nous ne sommes pas dans la saison des bains froids, nous pouvons fort bien éveiller l'attention d'un policeman.

— C'est puissamment raisonné, dit Rocambole d'un ton railleur ; mais entre nous, mon vieux, nous en avons vu bien d'autres.

— Ah! dame! c'est vrai.

— Mais, poursuivit Rocambole, nous n'aurons même pas à faire des frais d'imagination en cette circonstance.

— Plaît-il? fit Milon.

— Nous avons un logis tout trouvé.

— Le bateau à vapeur de miss Ellen?

— Non pas.

— Cependant ce bateau doit nous attendre?

— Oui, mais tu sais bien que nous restons à Londres maintenant.

— Ah! c'est juste.

— Nous avons donc un logis.

— Où ça?

— Dans la cité.

— Et... on nous attend?..,

— Non.

— Alors qui nous ouvrira?

— Cette clef.

Et Rocambole tira la clef de sa poche et la montra à son fidèle compagnon.

Puis il regarda le ciel toujours noir.

— Nous avons deux heures devant nous, dit-il. Allons-nous-en!

Ils remontèrent au pont de Londres, gagnèrent la Cité et entrèrent dans Sermon-Lane.

La ruelle était déserte : la maison dans laquelle était la chambre de miss Ellen était ouverte toute la nuit, c'est-à-dire que la porte avait un petit secret, un loquet dissimulé.

Ce qui permettait aux locataires de monter à toute heure.

Rocambole et Milon prirent donc possession de la chambre de miss Ellen, et le maître dit en souriant :

— Ce n'est pas ici qu'on viendra nous chercher.

A Londres, personne ne s'occupe de son voisin.

Les gens qui habitaient la maison rencontrèrent le lendemain Milon et Rocambole dans l'escalier et se bornèrent à cette réflexion :

— Tiens, il paraît que nous avons de nouveaux locataires.

Et ce fut tout.

Huit jours après, Milon et Rocambole avaient chacun une profession différente.

Milon était allé toucher une traite de mille livres sur la maison Davis, Humphry et Cie, dont il s'était muni en quittant Paris.

Puis il avait acheté une place d'étalagiste à la gare de Charring-Cross.

Rocambole était devenu M. Burdett.

Tous les matins Milon partait à sept heures ; Burdett, à huit.

Ce dernier ne rentrait jamais dans la journée.

A six heures, après avoir congédié les clercs de l'étude, M. Burdett descendait Fleet street et le Strand et se dirigeait vers la gare de Charring-Cross.

A ce même moment, le nouveau libraire fermait son étalage et quittait la gare.

Tous deux se rencontraient sous le péristyle, se prenaient sous le bras, et traversant Trafalgar square, ils se dirigeaient tantôt vers Leicester square, tantôt vers Haymarket.

Ils prenaient un verre de sherry au café de la Régence pour l'unique plaisir d'entendre parler français.

Puis ils allaient dîner, tantôt dans une taverne, quelquefois chez un pâtissier, le plus souvent chez un marchand de poisson qui se trouvait à l'angle de Picadilly.

Jamais ils ne rentraient avant dix ou onze heures du soir.

Or, précisément, ce jour-là même où le détective Scotowe apprenait au révérend Patterson que l'homme gris n'était autre que le clerc M. Burdett, Rocambole et Milon sortaient vers neuf heures de leur restaurant habituel.

Ils se tenaient par le bras et descendaient Haymarkett

Milon dit à Rocambole :

— Avez-vous remarqué un homme qui a dîné en face de nous?

— Oui, c'est quelque employé de solicitor.

— C'est un mouchard, dit Milon.

— Bah!

— Et un Français encore.

— Comment le sais-tu?

— Je le connais de Paris.

— Eh bien! il aura fait de mauvaises affaires à Paris, et il est venu chercher de la besogne à Londres.

— Et c'est nous qu'il moucharde.

— Allons donc!

— J'en suis sûr, dit Milon.

En ce moment il se retourna.

— Tenez, dit-il en serrant le bras de Rocambole, voyez plutôt.

Rocambole sans cesser de marcher, tourna la tête à demi.

En effet, l'homme les suivait.

— Alors, dit Rocambole, nous allons nous amuser un peu. Pressons le pas.

— J'aimerais bien m'en débarrasser, dit Milon.

— C'est ce que nous allons faire. Tu vas voir.

Et Rocambole continua à entraîner Milon.

LXXVI

Rocambole était parfaitement méconnaissable pour tous ceux qui avaient connu l'homme gris.

Milon s'était fait pareillement une tête, et on sait que Marmouset l'avait regardé à deux fois, ce même jour-là, avant de savoir à qui il avait affaire.

Tous deux avaient un air bien anglais, et Rocambole eut quelque peine à adopter l'opinion de Milon.

Et tandis qu'ils descendaient Haymarket :

— Écoute donc, fit-il, parlant français tout bas.

— Allez, dit Milon.

— Je ne dis pas que tu n'aies pas reconnu cet homme...

— Je l'ai parfaitement reconnu.

— Je ne dis pas que ce ne soit pas un mouchard...

— C'en est un.

— Mais es-tu bien sûr que ce soit après nous qu'il en ait?

— Dame! il nous suit...

— Ce n'est pas une raison.

— Écoute-moi jusqu'au bout.

— Parlez, maître.

— La police est à nos trousses depuis mon évasion, je le sais ; ou plutôt elle n'y est plus.

— Comment cela?

— A Scotland yard, qui est la préfecture de Londres, il y a deux opinions sur mon sort, et toutes deux ont de chauds partisans.

— Ah! fit Milon.

— Les uns, et ce sont les plus nombreux, disent que j'ai été enseveli sous les ruines du souterrain.

— Bon! et les autres?

— Les autres prétendent que je ne suis plus à Londres.

— Eh bien! dit Milon, puisque cet homme nous suit, il faut croire qu'il y a une troisième opinion,

qui consiste à supposer que l'homme gris se cache sous la perruque et les lunettes de M. Burdett, le premier clerc du solicitor Colcram.

— Non, dit froidement Rocambole.

Milon secoua la tête.

— Cette troisième opinion, si elle existait, aurait pour représentant un homme qui est bien autrement à craindre pour moi que tous les policemen du Royaume-Uni.

— Et... cet homme?...

— C'est le révérend Patterson.

— Qui vous dit que ce n'est pas lui qui vous fait suivre?

— Il est possible qu'on me recherche par ses ordres. Mais ce n'est pas lui, tu penses bien, qui soupçonne l'homme gris sous la pelure de M. Burdett.

Milon ne répondit rien, mais il se retourna de nouveau.

Le mouchard, comme il disait, descendit Haymarket comme eux.

Seulement il avait passé sur l'autre trottoir.

Alors il pressa légèrement le bras de Rocambole.

— Vous voyez bien... fit-il.

Rocambole fronça le sourcil.

— Nous allons bien voir, dit-il.

Ils prirent Sauton street, qui est toujours une rue moins encombrée, et entrèrent dans le magasin de cigares qui est en face de Sauton hôtel.

Le mystérieux personnage entra pareillement dans Sauton street.

— Il me prend une fameuse envie, dit Milon, tandis que Rocambole allumait un cigare.

— Laquelle?

— J'ai envie de marcher sur lui et de l'assommer d'un coup de poing.

— Tu es un imbécile! dit Rocambole.

— Ah! dit Milon, vous croyez?

Et le colosse baissa humblement la tête.

Rocambole sortit le premier du magasin de cigares.

L'inconnu s'était arrêté sur le trottoir opposé.

Alors Rocambole traversa la rue et marcha droit à lui. L'inconnu ne bougea pas.

Rocambole lui dit en anglais :

— Qu'est-ce que tu fais donc à Londres, toi ?

L'inconnu tressaillit.

— Excusez-moi, répondit-il en mauvais anglais, je cherche à gagner ma vie.

— Tu es Français ?

— Oui.

— Pourquoi nous suis-tu?

— On me donne une guinée par jour pour cela.

— Et qui donc te paie si généreusement?

— Un détective du nom de Scotowe.

Milon, qui avait suivi Rocambole, écoutait ébahi.

Milon ne comprenait pas, et certes, un autre que lui n'aurait pas compris davantage ce singulier homme de police qui vendait son secret du premier mot.

Mais Milon oubliait une chose, la puissance fascinatrice du regard de Rocambole.

Et Rocambole avait subitement relevé ses lunettes et il fixait sur le mouchard devenu tout tremblant son œil clair et dominateur.

— Alors, dit-il, tu sais qui je suis?

LA CORDE DU PENDU

La chambre était vide; Rocambole et Milon avaient disparu. (Page 131.)

— Il paraît que vous êtes l'homme gris qui s'est évadé de Newgate.

— Fort bien, dit tranquillement Rocambole.

Il mit la main dans sa poche et en retira une poignée de souverains.

— Tiens, dit-il en tendant cet or au mouchard, prends cela et va-t'en.

Celui-ci balbutia quelques mots d'excuse, prit l'argent et se sauva.

Alors Rocambole se mit à rire.

— Tu vois, dit-il à Milon, ce n'est pas plus difficile que cela. Allons-nous-en.

— Je ne comprends rien à ce qui vient de se passer, dit le colosse.

— Tu n'as pas besoin de comprendre, viens.

Et ils continuèrent...

Chaque soir, ils avaient coutume de s'en aller à Evans taverne dans Covent-Garden, boire de l'ale ou du porter.

— Ne changeons rien à nos habitudes, dit Rocambole.

Et ils passèrent leur soirée à Evans taverne, écou-

17ᵉ LIVRAISON.

tant chanter cet horrible chœur d'hommes en habit noir qui fait les délices de ce lieu bizarre.

A dix heures, Rocambole mit dans sa poche le journal qu'il avait parcouru.

— Je suppose, dit Milon, que nous n'allons pas retourner dans Sermon-Lane ?

— Pourquoi pas ?

— Mais puisque la police sait...

— La police ne sait rien, dit Rocambole avec flegme.

— Après ça, dit philosophiquement Milon, comme j'ai coutume d'aller partout où vous allez, cela m'est bien égal.

Et ils rentrèrent dans Sermon-Lane.

Quand ils furent dans la petite chambre de miss Ellen, Rocambole ôta sa perruque, se débarrassa de ses lunettes, fit tomber ses favoris postiches et redevint lui-même.

Milon, pendant ce temps, avait allumé une pipe et s'était mis à la fenêtre.

Mais tout à coup il se jeta vivement en arrière.

— Qu'est-ce qu'il y a donc ? dit Rocambole.

— Ah! maître, dit le colosse, cette fois, vous en conviendrez, je crois que nous sommes pincés.
— Bah! dit Rocambole.
Il s'approcha de la fenêtre et se pencha dans la rue.
La rue était pleine de policemen.
— Et pas moyen de s'échapper!... murmura Milon avec désespoir.

LXXVII

On le voit, le révérend Patterson n'avait pas perdu de temps.
Il était allé en toute hâte chez le lord chief-justice et lui avait fait part des révélations du détective Scotowe.
Puis il avait couru à Newgate.
Le pauvre directeur, qui riait toujours autrefois, ne riait plus.
Il était même devenu mélancolique et tressaillait des pieds à la tête chaque fois que retentissait la sonnette qui annonçait l'arrivée d'un visiteur.
Il croyait sans cesse voir arriver un homme vêtu de noir lui apportant sa révocation.
Le révérend Patterson s'était donc présenté à Newgate et avait demandé à le voir.
Le bon directeur était seul dans son cabinet, la tête penchée et le front rembruni.
Le révérend entra.
— Ah! mon cher monsieur, dit le directeur, vous venez m'accabler de vos reproches, et certes vous en avez bien le droit; peut-être même m'apportez-vous ma révocation?
— Nullement, dit le révérend Patterson.
Cette affirmation ne ramena point un sourire sur les lèvres du bon directeur.
— Le jour où elle m'arrivera, dit-il, je m'inclinerai. J'ai mérité mon sort. Ah! cet homme gris m'a bien trompé... Et moi qui le croyais un vrai gentleman...
Ici le directeur poussa un nouveau soupir.
— Savez-vous, poursuivit-il, que ces misérables m'ont bâillonné et garrotté comme un criminel?
— Je sais cela, mon cher monsieur.
— Que ces brigands de féniens ont voulu faire sauter Newgate et toute la Cité?
— Je sais encore cela.
— Oh! je donnerais tout ce que je possède pour qu'on me ramenât ce misérable.
Un sourire vint aux lèvres du révérend.
— Je gage, dit-il, que vous ne le traiteriez plus avec tant d'égards?
— Je le ferais mettre aux fers jusqu'à l'heure où il serait pendu, monsieur.
— Et la cellule, l'avez-vous conservée?
— Sans doute.
— Il n'y a personne dedans?
— Absolument personne.
— Tant mieux! dit froidement le révérend.
Et comme le bon directeur le regardait avec étonnement, le révérend poursuivit:
— Consolez-vous, cher monsieur, cette cellule, vide à cette heure, sera habitée cette nuit même.
— Que dites-vous? exclama l'honorable directeur.

— Je vous dis qu'elle sera occupée...
— Par qui?
— Mais par l'homme gris.
Le directeur jeta un cri.
— Vous l'avez donc repris?
— Pas encore, mais nous le reprendrons.
La joie qui avait un moment illuminé le visage du bon directeur s'évanouit.
— Je crains, dit-il, que vous ne vous fassiez encore des illusions.
— Faites toujours préparer la cellule et disposez tout pour le recevoir, dit le révérend.
Et il s'en alla sans vouloir s'expliquer davantage.
Cependant le révérend garda son cab et se fit conduire devant Saint-Paul.
Là il mit pied à terre et parut chercher quelqu'un.
Six heures sonnaient en ce moment.
Un homme qui se promenait sur la place vint à lui.
C'était le détective Scotowe.
— Eh bien? dit vivement le révérend.
— Nos deux hommes, le prétendu clerc et le libraire, ont été suivis par nos agents toute la soirée, dit-il.
— Bon! et où sont-ils maintenant?
— Ils ne sont pas rentrés encore.
— Mais rentreront-ils?
— J'en suis sûr.
— Comment le saurez-vous?
— On me préviendra.
Comme Scotowe disait cela, un homme déboucha sur la place et parut chercher quelqu'un.
— Ah! ah! fit le détective, je crois que voilà ce que j'attendais.
Le nouveau venu se dirigea vers lui.
— Sont-ils rentrés? demanda le détective.
— A l'instant.
— Eh bien! s'ils reviennent, il ne faut pas perdre un seul instant.
— Oh! tout est prêt, dit Scotowe.
— Où sont vos hommes?
— J'en ai placé six dans le bas de Sermon-Lane. Ils sont cachés dans un public-house. Il suffira d'un coup de sifflet pour les faire sortir.
— Et les autres?
— Les autres sont sous Doctor's Commouns.
— Eh bien, marchons.
Le détective dit quelques mots à l'oreille de son agent qui partit comme un trait.
Un quart d'heure après, Sermon-Lane était investi par les policemen, et Milon, qui fumait sa pipe à la fenêtre, se rejetait vivement en arrière.
Le détective Scotowe avait pris toutes ses précautions.
La rue était pleine de policemen et toutes les issues étaient gardées.
Le révérend ne s'était pas éloigné, comme on aurait pu le croire.
Il s'était approché avec les policemen, et il dit:
— Êtes-vous bien sûr que la maison n'a qu'une issue?
— Parfaitement sûr, répondit le détective. D'ailleurs il y a un de mes hommes dans l'escalier.
— Mais la porte est fermée.
— Oh! ça ne fait rien. Tenez...

Et Scotowe fit mouvoir le loquet habilement dissimulé.

— Vos hommes sont-ils armés?
— Oui.
— Alors, montons, dit le révérend.

Une partie des policemen demeura dans la rue; l'autre suivit Scotowe et le révérend, qui marchait le premier.

Dans l'escalier, ils trouvèrent l'homme aposté par Scotowe.

Cet homme était sur le carré, à la porte même de la chambre.

— Ils sont là, dit-il tout bas.

Et il montra la porte.

Scotowe frappa.

On ne lui répondit point.

— Ils y sont cependant, dit encore le détective.

Et il montra un filet de lumière qui passait par la porte.

Scotowe frappa de nouveau.

On ne répondit pas davantage.

— Enfoncez la porte! ordonna le révérend.
— C'est inutile, la clef est dessus.

En effet, la clef était dans la serrure.

Scotowe tourna cette clef et la porte s'ouvrit.

Mais soudain, le révérend Patterson jeta un cri de rage et de désespoir.

La chambre était vide.

Une lumière brûlait sur la cheminée. Sur la table la pipe de Milon était encore chaude.

Mais Milon et Rocambole avaient disparu...

LXXVIII

Qu'était devenu Rocambole?

Où avait passé son compagnon le libraire de Charring-Cross?

Le révérend Patterson, stupéfait, pâle de colère, était sur le seuil de la chambre et ne comprenait pas.

Le détective Scotowe s'élança au dehors et dit à l'homme qui était resté dans l'escalier:

— Mais tu as dû le voir sortir?
— Non, répondit le policeman, je vous jure que je n'ai rien vu et que la porte ne s'est pas ouverte.

Le détective descendit dans la rue.

Il questionna les policemen qui s'y trouvaient.

L'un de ceux-ci avait vu un homme à la fenêtre et fumant.

Puis un autre homme s'était approché.

Puis encore tous les deux s'étaient rejetés en arrière.

Le détective remonta.

Il y avait un placard dans la chambre, il l'ouvrit.

Armé d'une lumière, il examina le placard.

Il était vide et les murs étaient pleins.

Un minutieux examen des quatre murs, du plancher et du plafond démontra qu'il n'y avait dans cette chambre ni issue mystérieuse, ni cachette d'aucune sorte.

Et cependant Rocambole et Milon n'étaient plus là.

Et le policeman placé en faction dans l'escalier jurait qu'il avait vu la porte de la chambre se fermer sur eux, et que cette porte ne s'était point rouverte.

— Ce ne sont pas des hommes, s'écria alors le détective, ce sont des démons!

— Ou plutôt, murmura un des policemen, des fantômes qui s'évanouissent en soufflant dessus.

Le révérend Patterson ne disait rien.

Il était comme atterré.

Enfin, cependant, il parut sortir de cet état d'hébétement.

— Monsieur, dit-il au détective, il est impossible que ces deux hommes ne soient pas sortis par la porte?

Le policeman protesta.

— S'il en est ainsi, dit le détective, ils sont dans la maison.

— Il faut la visiter tout entière.

— Mais, mon révérend, hasarda le détective, vous savez bien qu'en Angleterre le domicile des citoyens est inviolable.

— Bah! répondit le révérend, suivez-moi, j'en fais mon affaire.

Et il frappa à la porte voisine.

Le locataire vint ouvrir.

— Monsieur, dit le révérend Patterson, nous sommes à la recherche d'un malfaiteur de la pire espèce, un de ces maudits fénians qui ont voulu faire sauter la Cité de Londres il y a quelques jours.

— Vous ne le trouverez pas chez moi, répondit le locataire, je suis tout seul.

— N'importe! dit le révérend, voici une banknote de cinq livres, permettez-moi de visiter votre domicile.

En Angleterre, l'argent ouvre les portes que la loi ne saurait ouvrir.

Grâce à ce talisman, le révérend Patterson et le détective Scotowe visitèrent toute la maison depuis le rez-de-chaussée jusqu'aux combles.

Nulle part, ils ne trouvèrent trace de l'homme gris ni de son compagnon.

Ils revinrent alors dans la chambre et ne furent pas plus heureux.

Le révérend était au comble de la stupeur.

Cependant il ne perdait pas aisément la tête, et il dit au détective:

— L'homme nous échappe, mais il y a des papiers qui ne doivent pas nous échapper.

— Ah! fit M. Scotowe.

Le révérend Patterson avait fait ce raisonnement bien simple:

Du moment où M. Burdett et l'homme gris ne font qu'un, celui-ci est nanti de cette fameuse déclaration signée par le lieutenant Percy et visée par l'ambassade anglaise de Paris.

Or, cette pièce doit être dans les paperasses de l'étude de M. Colcram, le solicitor. Il nous la faut donc à tout prix.

— Mais où prendrez-vous ces papiers? demanda le détective.

— Venez avec nous et emmenez vos hommes, répondit le révérend Patterson.

Ils abandonnèrent tous la maison de Sermon-Lane et prirent le chemin de Pater-Noster street.

C'était là, on le sait, qu'étaient les bureaux de M. Colcram, le solicitor.

Mais M. Colcram habitait hors de la Cité, dans Elgin-Crescent, à deux pas de la maison du révérend.

La maison où était l'étude, comme presque toutes celles de la Cité, n'avait pas d'habitants, la nuit, et était confiée à la garde d'un concierge.

Le concierge ouvrit la porte d'entrée.

Mais M. Patterson eut beau lui exhiber un ordre du lord chief-justice, et le détective Scotowe décliner sa qualité, le concierge refusa de laisser le révérend pénétrer dans les bureaux, en l'absence de M. Colcram.

Le révérend Patterson ne se tint pas pour battu.

— Faites cerner la maison, dit-il à M. Scotowe, veillez à ce que personne n'entre ou ne sorte, et attendez-moi.

Le révérend monta lestement dans un cab qu'il envoya chercher à la station, et dit au cabman :

— Conduisez-moi dans Elgin-Cressent.

Trois quarts d'heure après, le révérend arrivait chez M. Colcram.

Le solicitor travaillait et n'était pas encore au lit.

Il connaissait le révérend et savait quel pouvoir occulte et mystérieux il possédait.

Aussi n'avait-il pas hésité à repousser d'abord la malheureuse Betsy et ensuite à se charger des intérêts de la Société évangélique dans la succession de lord Evandale Pembleton.

Le révérend Patterson n'avait donc pas à lui faire mystère de la situation.

Il lui avait appris que son maître clerc, à qui il avait accordé toute sa confiance, n'était autre que l'homme gris, ce qui stupéfiait M. Colcram.

Il lui raconta l'expédition infructueuse de Sermon-Lane, et finit par lui dire :

— Il est impossible que les papiers que nous cherchons ne soient pas chez vous.

M. Colcram ne fit aucune difficulté pour accompagner le révérend.

Tous deux remontèrent dans la voiture et prirent le chemin de la Cité.

Le détective Scotowe avait fidèlement exécuté la consigne que le révérend lui avait donnée.

Personne n'était entré dans la maison, personne n'en était sorti.

M. Colcram et le révérend se livrèrent alors à une perquisition minutieuse, et firent un véritable inventaire de tout ce qui se trouvait dans l'étude.

Non-seulement ils ne retrouvèrent pas la fameuse pièce, mais encore ils constatèrent que tous les papiers relatifs à l'affaire de lord William avaient disparu.

Le révérend Patterson écumait.

Le jour les surprit dans cette besogne.

Quand le révérend, ivre de rage, se décida enfin à se retirer, un commissionnaire qui était assis au coin de la rue, vint à lui et lui remit une lettre qu'un gentleman lui avait confiée.

La lettre était à l'adresse du révérend.

Il l'ouvrit et lut :

« Vous vous êtes donné bien de la peine pour rien, cette nuit.

« Vous n'avez pas trouvé les papiers, pas plus que vous ne m'avez arrêté.

« Mille compliments de condoléance.

« L'HOMME GRIS. »

Le révérend poussa un cri de rage.

Rocambole le raillait après lui avoir échappé.

Comment donc était-il parvenu à échapper au détective Scotowe et à ses policemen?

C'est ce que nous allons vous dire.

LXXIX

Reportons-nous donc au moment où Milon avait crié à Rocambole :

— Nous sommes pincés !

Rocambole s'était approché de la fenêtre et avait jeté un regard rapide dans la rue.

La rue était encombrée de policemen.

— Et pas une arme pour nous défendre ! dit Milon, pris d'un accès de désespoir.

— Tu te trompes, dit Rocambole.

Il tira de sa poche deux revolvers et en donna un à Milon.

— Mais il est probable, ajouta-t-il, que nous ne nous en servirons pas.

— Nous nous laisserons prendre sans nous défendre?

Et Milon, ahuri, regarda le maître.

Rocambole haussa les épaules.

— Imbécile ! dit-il.

Milon ouvre bouche béante.

— Je n'ai point le temps de te donner des explications, poursuivit le maître ; cependant, comme tu pourrais faire quelque bêtise, écoute-moi vite, car les minutes valent des heures en ce moment.

— Parlez, dit Milon.

— Ce qui arrive, je l'avais prévu.

— Ah ! Milon, et vous avez voulu rentrer tout de même ?

— J'avais mes raisons pour cela.

— Enfin nous sommes pincés.

— Pas encore.

— Cependant...

— Tais-toi, et écoute.

Milon attendit.

— Tu n'as donc rien vu en venant ici?

— Mais... je ne me rappelle pas... la rue était déserte...

— Il y avait un homme sous une porte, en face de cette maison.

— Et cet homme?

— Il s'est glissé dans l'escalier quand nous sommes entrés.

— Et c'est... un ami ?

— Non, c'est un policeman. Tiens, il est là, derrière la porte.

— Alors il nous barrera le passage?

— Non... Tu vas voir... Pose ta pipe et filons !

Et Rocambole ouvrit la porte et se plaça de manière à être dans la pleine lumière de la lampe qui se trouvait sur la cheminée.

Le policeman qui, en effet, allait ouvrir la bouche pour appeler à son aide, et avait déjà un revolver au poing, le policeman tressaillit.

Rocambole venait de lui faire un signe mystérieux, un signe qui consistait à tracer une croix sur son front avec l'index de la main gauche.

Et le policeman, muet, s'effaça.

Alors Rocambole lui dit tout bas :

— Je suis l'homme gris.

Rocambole laissa pendre sa jambe et hissa Milon à son tour. (Page 133.)

Le policeman ne broncha pas.
Rocambole se tourna vers Milon stupéfait.
— Suis-moi, dit-il.
Milon sortit de la chambre à son tour.
Rocambole tira la porte, la ferma sans bruit, et laissa la clef dans la serrure.
Puis il monta lestement l'escalier.
Milon le suivit.
Ils arrivèrent ainsi tout en haut.
Milon suivait toujours le maître et comprenait que ce n'était pas le moment de le questionner.
En haut de l'escalier, il y avait une porte entrebâillée.
Cette porte donnait sur une chambre veuve de tout meuble et de tout locataire, et qui prenait jour sur les toits par une de ces fenêtres qu'on appelle tabatières.
La fenêtre était ouverte.
— Sers-moi de marchepied, dit alors le maître. Après je te tendrai la jambe.
Et il monta lestement sur les épaules de Milon, atteignit la tabatière et grimpa sur le toit.
Puis il laissa pendre sa jambe, et comme il était d'une force peu commune, il hissa Milon à son tour.

Une fois qu'ils furent tous deux sur le toit, Rocambole laissa retomber sans bruit le châssis vitré, et la tabatière se trouva fermée.
— A présent, dit-il, il s'agit de ne pas avoir le vertige. Suis-moi toujours.
Le toit était en pente raide, couvert d'ardoises et fort glissant.
Rocambole marchait avec une sûreté de pied et une souplesse que lui eût envié un couvreur de profession.
Quant à Milon, il avait été entrepreneur de bâtisse, comme on sait.
Et quand il se mit à suivre Rocambole, il murmura :
— Bon ! ça me connaît... je suis du bâtiment.
De toit en toit, car ils passèrent sur plusieurs maisons, ils arrivèrent à l'extrémité méridionale de Sermon-Lane.
Alors Rocambole s'arrêta.
— Est-ce que nous allons rester ici ? dit Milon.
— Non certes.
Et Rocambole, se baissant, frappa trois petits coups sur le toit.
Alors un trou se fit devant eux ; une planche qui

avait la couleur de l'ardoise, bascula comme le battant d'une porte, et Milon vit au-dessous de lui une mansarde au milieu de laquelle il y avait un lit sur lequel ils tombèrent l'un après l'autre.

Puis Rocambole ferma la trappe et ils se trouvèrent dans une obscurité profonde.

— Où sommes-nous? demanda alors Milon.
— Chez un ami qui ne tardera pas à rentrer.
— Un des nôtres?
— Non, un ami à moi. Tu penses bien que j'ai des amis à Londres.
— Qui donc nous a ouvert, alors?
— Personne. C'est moi.
— Cependant vous avez frappé...
— J'ai fait mouvoir un ressort en tapant dessus trois petits coups secs.
— Ainsi nous sommes en sûreté?
— Parfaitement; et maintenant, ajouta Rocambole, nous pouvons causer.
— Alors vous allez m'expliquer pourquoi le policeman nous a laissés passer?
— Sans doute. Le policeman, que j'avais reconnu en passant, est un Irlandais.
— Ah!
— Et un fénian.
— Vous lui avez fait le signe des fénians?
— Oui.
— Bon! je comprends... C'est égal, dit Milon, nous avons joué gros jeu.
— Je ne dis pas non, mais c'était nécessaire.
— Pourquoi?
— Je veux prouver au révérend Patterson que je ne le crains pas.
— Ah! c'est différent, dit Milon. Mais les papiers?...
— Quels papiers?
— Ceux qui sont à l'étude de M. Colcram?
— Ils n'y sont plus. Je les ai emportés ce soir, en m'en allant.

Et Rocambole ouvrit son paletot et montra une serviette en maroquin qu'il avait placée dans la poche intérieure de côté.

Milon respira bruyamment.

— Mais, dit-il tout à coup, le révérend sait maintenant qui vous êtes?
— Sans doute.
— Et il va transmettre ses ordres en Irlande pour faire arrêter Marmouset?

Un sourire vint aux lèvres de Rocambole.

— Nous tâcherons de parer le coup, dit-il.

LXXX

Cependant le révérend Patterson n'avait point perdu complètement la tête.

Après avoir froissé la lettre de l'homme gris et l'avoir déchirée en mille morceaux, il s'était pris à réfléchir.

Le révérend réfléchissait vite et bien.

S'acharner à la poursuite de l'homme gris, c'était perdre un temps inutile.

Le révérend se tint le raisonnement que voici :

— Je n'en puis plus douter. L'homme gris a pris en main la cause de lord William, et avec un pareil adversaire, il n'y a pas à perdre une minute.

Que m'a fait faire M. Burdett, c'est-à-dire l'homme gris?

Il m'a persuadé que je devais laisser lord William sortir de Bedlam, et il m'a fait jouer son jeu.

A cette heure lord William est en route pour l'Irlande.

Arrivé en Irlande, il s'échappera des mains de John Bell et reviendra tranquillement à Londres.

La première chose à faire donc est de s'emparer de lord William de gré ou de force et de le confisquer.

Cette résolution prise, le révérend dit au détective Scotowe :

— Vous partez aujourd'hui même.
— Pour quel pays?
— Pour l'Irlande.
— Que vais-je y faire?
— Vous assurer de la personne de trois hommes, un directeur d'une maison d'aliénés et deux de ses pensionnaires qui ont quitté Bedlam hier soir.
— Je connais cette histoire, dit le détective.
— Ah! fit le révérend Patterson.
— M. John Bell, — c'est bien de lui que vous voulez parler, n'est-ce pas?
— Oui.
— M. John Bell, qui est plus fou que le plus fou de ses hôtes de Bedlam, a pris l'express de Liverpool, non point avec deux personnes, mais avec quatre.
— Comment savez-vous cela?
— Eh! tout à fait par hasard. Un des hommes que j'emploie était hier à la gare de Charring-Cross et il a vu partir M. John Bell et ses compagnons.
— Et ils étaient quatre?
— Non, cinq.
— Quels étaient donc les deux autres?
— Le valet de chambre de M. John Bell d'abord.
— Et puis?
— Et puis un certain Arthur, qui est le détenteur de la corde de pendu.
— Ah! c'est juste, dit le révérend, qui se rappela alors les demi-confidences de M. Burdett.

Puis il reprit :

— Il faut donc que vous partiez pour l'Irlande.
— Bon! dit le détective.
— Et vous arrêtiez tout ce monde-là.
— Sous quel prétexte?
— Oh! un prétexte bien simple. M. John Bell, directeur de Bedlam, devenu fou subitement, a pris la folie avec trois autres fous. La folie de ses compagnons sera plus difficile à constater que la sienne.
— Et je le ramènerai à Londres?
— Non.
— Qu'en ferai-je alors?
— Vous les incarcérerez tous les quatre dans la maison de fous de Dublin.
— Et puis?
— Et puis vous reviendrez, et nous nous remettrons à la recherche de l'homme gris.
— Pardon, mon révérend, dit M. Scotowe, mais nous n'avons pas besoin d'aller jusqu'en Irlande.
— Plaît-il? dit le révérend Patterson étonné.
— Vous savez que tous les navires qui partent de Liverpool pour Dublin touchent à l'île de Man.
— C'est juste. Eh bien?

— M. John Bell s'est embarqué il y a à peine une heure, si toutefois il n'est pas encore à Liverpool.

— Bon! dit le révérend qui ne comprenait pas encore.

— Envoyez une dépêche au commandant du petit port de Douglas.

— Et que contiendra cette dépêche?

— L'ordre de retenir dans le port, jusqu'à nouvel ordre, le steamer qui porte M. John Bell.

— Et à quoi cela nous avancera-t-il? demanda le révérend.

— Il y a une maison de fous à l'île de Man.

— Ah! je l'ignorais.

— Une maison plus fameuse encore que Bedlam.

— En vérité?

— Et cela par la raison qu'il ne s'y trouve que des fous incurables. Quand on y est entré, on n'en sort plus.

— Peuh! dit le révérend, les murs de celle de Dublin sont certainement tout aussi épais.

— Oui, dit M. Scotowe avec un sourire mystérieux; mais l'île de Man nous offre moins de danger que Dublin.

— Comment l'entendez-vous?

— Voyons, reprit le détective, je suis assez au courant des petites affaires de la Société évangélique pour savoir que vous ne vous souciez pas beaucoup de la folie de M. John Bell.

— Certes, non.

— Mais la chair de poule vous vient rien qu'à la pensée que lord William, autrement dit le fou Walter Bruce, peut reparaître à Londres au premier jour.

— En effet.

— Or, lord William, vous en convenez encore, a un rude auxiliaire maintenant...

— Un démon, dit le révérend.

— Démon peut-être, dit M. Scotowe, fénian à coup sûr.

— Eh bien? fit encore le révérend Patterson.

— Suivez bien mon raisonnement, reprit M. Scotowe. Je suppose que j'aille à Dublin, que je fasse incarcérer M. John Bell et ses compagnons, et que l'homme gris, qui, j'en suis sûr, ne s'endort pas non plus, arrive après moi.

— Bon.

— Dublin est la capitale de l'Irlande, et l'Irlande est la patrie des fénians. Il y en a partout, dans la milice, dans les prisons, dans les chemins de fer, à bord des navires.

M. Patterson frissonna.

— Vous pensez bien que si l'homme gris veut délivrer lord William, il ne manquera pas de complices.

— Vous avez raison, dit le révérend.

— L'île de Man vaut donc mieux?

— Infiniment mieux. Seulement le steamer attendra-t-il?

— Ordre de l'amirauté, certainement.

— Mais où avoir cet ordre?

— Parbleu! dit M. Scotowe, il y a un homme qui peut l'obtenir d'ici une heure.

— Et... cet homme?

— C'est sir Archibald.

— Vous avez raison, dit le révérend, je cours chez sir Archibald.

— Et moi, dit M. Scotowe, comme je ne doute pas un seul instant que vous n'ayez la dépêche d'ici une heure, je cours au chemin de fer et je pars pour Liverpool.

M. Scotowe et le révérend Patterson se séparèrent.

Le révérend monta dans son cab et donna au cocher l'adresse de l'hôtel de Pembleton.

C'était là qu'habitait sir Archibald depuis la mort de son gendre sir Evandale.

Le jour avait grandi, et les premiers rayons du soleil commençaient à triompher du brouillard.

A cette heure même, le steamer qui emportait M. John Bell et ses compagnons sortait du bassin de Liverpool et prenait la mer.

LXXXI

Maintenant, quittons Londres et rendons-nous à Liverpool au moment où M. John Bell et ses compagnons descendirent à bord du steamer.

Marmouset, on s'en souvient, s'était approché du capitaine au moment où on allait lever l'ancre.

Le capitaine était un grand jeune homme aux cheveux blonds et aux yeux bleus.

Il avait la taille d'un Écossais et répondait au nom de Robert Wallace.

Cependant il y avait des matelots à Portsmouth et à Liverpool qui prétendaient que ce n'était pas son vrai nom et qu'ils l'avaient connu à bord d'un navire américain sous celui de William Bright.

Ils ajoutaient même que le capitaine était Irlandais et non Écossais.

Mais l'Amirauté ne s'était sans doute jamais occupée de ces rumeurs, car le capitaine Robert Wallace commandait un des plus beaux steamers de la marine anglaise et jouissait de l'estime de ses chefs.

Marmouset s'approcha donc de lui et le salua.

Robert Wallace laissa tomber sur lui un regard clair et froid et attendit.

— Monsieur, dit Marmouset, je me nomme sir Arthur.

Le capitaine salua.

— Je suis le neveu de lord Wilmot.

Nouveau salut du capitaine.

— Un ami de mon oncle a dû vous écrire pour me recommander à vous.

— En effet, monsieur.

— Et... cet ami...

Robert Wallace posa un doigt sur ses lèvres.

— Il est des noms, dit-il, qu'il est inutile de prononcer.

— Fort bien, nous nous sommes compris.

Puis, après quelques secondes de silence, Marmouset reprit:

— Il me tarde d'être en mer.

— Et à moi aussi, dit le capitaine. Permettez-moi donc, monsieur, de commander l'appareillage.

Les ancres remontaient lentement du fond de l'eau et la machine faisait entendre sa bruyante respiration.

— Voilà un homme qui parle peu, pensa Marmouset. Mais je crois qu'on peut compter sur lui le cas échéant.

Et il rejoignit John Bell, dont l'exaltation était loin de se calmer.

Enfin le navire se mit en marche, l'hélice tourna et un panache de fumée monta dans le ciel gris.

Mais comme le steamer sortait de la rade, le capitaine tressaillit tout à coup et donna l'ordre de stopper.

— Que faites-vous? demanda vivement Marmouset.

— Regardez! dit froidement le capitaine.

Et, étendant la main, il lui montra le sémaphore qui dominait la ville.

— Qu'est-ce que cela? fit Marmouset.

— Un signal.

— Et... ce signal?

— Nous donne l'ordre de stopper.

— Pourquoi?

— Dépêche de Londres.

— Ah! fit Marmouset qui pâlit.

Le capitaine eut un sourire mystérieux.

— Ne craignez rien, dit-il.

— Je crains tout, au contraire, fit Marmouset, on peut vous donner l'ordre de nous débarquer.

Le capitaine ne répondit pas.

Le navire, qui s'était élancé vers la haute mer avec une vitesse prodigieuse, était maintenant immobile.

M. John Bell, qui n'avait pas entendu les explications du capitaine, entra en fureur.

Il marcha droit à lui et lui dit :

— Ah çà ! est-ce que vous vous moquez de nous, capitaine?

— Je ne me moque jamais de personne, monsieur.

— Alors pourquoi ne marchons-nous pas?

— Parce qu'il est survenu un accident à la machine, répondit Robert Wallace avec le plus grand calme.

Et il tourna le dos à M. John Bell écumant.

Puis il prit sa lunette et la braqua sur le port.

Marmouset, lui aussi, regardait et était fort anxieux.

Cette dépêche pouvait fort bien être un ordre de l'Amirauté, sollicité par ce démon incarné qu'on appelait le révérend Patterson.

Et alors, tout était perdu!

Le capitaine devinait sans doute la pensée de Marmouset, mais il n'en soufflait mot.

Enfin une barque se détacha du milieu des navires et prit la mer.

Alors le capitaine dit à Marmouset :

— Voici la dépêche.

La barque, — un petit canot à quatre avirons, — volait sur les vagues.

Ce fut l'affaire d'une demi-heure environ.

Une demi-heure, qui fut pour Marmouset un siècle d'angoisses, et donna à M. John Bell l'occasion de s'irriter outre mesure.

Enfin elle accosta le navire par tribord.

Un des quatre matelots saisit l'échelle à deux mains et monta à bord.

Le capitaine s'était avancé à sa rencontre.

Marmouset n'avait pas un souffle aux lèvres, et les battements de son cœur avaient été subitement suspendus au moment où le matelot remettait la dépêche au capitaine.

— C'est pour vous, lui dit-il

Et il lui tendit la dépêche.

Marmouset s'en empara, l'ouvrit et la lut avidement.

La dépêche était signée *Burdett.*

Rocambole avait devancé le révérend Patterson, on le voit, et il n'avait pas perdu de temps depuis le moment où nous l'avons vu pénétrer par le toit dans cette mansarde d'une maison de Sermon-Lane.

La dépêche était laconique.

« Burdett découvert. A l'abri. Mais le révérend sur ses gardes. Faites de même. Aurez de nouvelles instructions. »

Cela ne disait pas grand'chose, et cela disait tout.

Le révérend Patterson avait, dans M. Burdett, reconnu l'homme gris. Par conséquent, il avait la conviction et même la certitude d'avoir fait fausse route, en laissant lord William quitter Bedlam.

Par conséquent encore, il était probable qu'il allait prendre des mesures énergiques pour l'empêcher d'arriver en Irlande. Du moins telles furent les conjectures du capitaine et de Marmouset.

— Enfin, dit celui-ci, j'aime encore mieux ça, partons...

Le capitaine avait renvoyé le matelot dans son canot, donné ses ordres, et le steamer venait de se remettre en marche.

— Monsieur, dit alors Marmouset au capitaine, si cette dépêche avait contenu l'ordre de nous débarquer, qu'auriez-vous fait?

— J'aurais désobéi, répondit Robert Wallace.

Et il retomba dans son mutisme, et, sous prétexte de service, il tourna le dos à Marmouset, comme il l'avait tourné à M. John Bell.

Pendant ce temps-là, le steamer marchait à toute vapeur.

LXXXII

Suivons maintenant le détective Scotowe.

Cet homme était habile, et jouissait parmi les hommes de police d'une grande réputation.

Il n'avait fallu rien moins qu'un adversaire comme Rocambole pour qu'il perdît une partie aussi bien engagée.

Mais il se promettait bien de prendre sa revanche, et ce fut avec la plus vive impatience qu'il vit s'écouler les douze heures de chemin de fer qui séparent Londres de Liverpool.

Arrivé dans cette dernière ville, il n'eut pas de peine à retrouver les traces de M. John Bell et de ses compagnons.

Le directeur de Bedlam s'était embarqué le matin même.

M. Scotowe alla au télégramme sous-marin et prit des renseignements.

Le steamer, parti le matin, avait touché à l'île de Man et s'y trouvait encore, par suite d'un ordre venu de l'Amirauté et que le bureau de Liverpool avait transmis.

Cet ordre fort laconique était adressé au capitaine du port de Douglas et ainsi conçu :

« Retenez jusqu'à nouvel ordre steamer et capitaine Robert Wallace ; surveillez passagers. »

Je reviendrai dans deux jours, répéta Vanda; au revoir, sir Archibald! (Page 144.)

— Allons! pensa M. Scotowe, le révérend Patterson n'a pas perdu de temps.

Cependant, comme aucun navire ne partait le soir pour l'Irlande, M. Scotowe fut contraint de passer la soirée et la nuit à Liverpool.

Ce retard le contrariait fort.

Avec son flair d'homme de police, il comprenait que l'homme gris ne demeurerait pas inactif à Londres et que, lui aussi, transmettrait quelque avis mystérieux aux passagers du steamer.

On était dans la mauvaise saison et la mer d'Irlande, le canal, comme disent les Anglais, était d'une navigation périlleuse et fort pénible.

Sans cela, M. Scotowe eût frété une barque et fût bravement parti pour l'île de Man.

Il se résigna donc à ne partir que le lendemain matin, et comme il n'avait rien à faire il s'en alla passer sa soirée sur le port, dans une taverne fréquentée par des matelots.

Il venait d'y entrer et de demander un grog au gin, quand un matelot de haute taille et de forte encolure entra et vint s'asseoir à une table voisine de la sienne.

18° LIVRAISON.

Le matelot avait une épaisse chevelure noire, le teint hâlé et la barbe grisonnante.

Il frappa du poing sur la table et demanda une bouteille de porter.

Puis, quand il eut vidé son premier verre, il dit en patois irlandais :

— Qui veut embarquer pour l'île de Man?

A cette question, M. Scotowe tressaillit. Mais il ne souffla mot.

Un autre matelot, qui s'était endormi dans un coin, ouvrit les yeux, leva la tête et regarda le nouveau venu.

— Ah! c'est vous, Ben? fit-il.

Ben est l'abréviation de Benjamin.

— C'est moi, dit le vieux matelot. Je viens boire un coup avant d'embarquer.

— Et où allez-vous, Ben?

— En Irlande.

— Quand partez-vous?

— Tout à l'heure, aussitôt la marée venue.

— Avec votre barque *Queen Victoria*?

— Oui, dit Ben, et quoiqu'elle n'ait pas vingt pieds

de long et qu'elle ait un faible tirant d'eau, elle tient la mer comme une frégate.

— La mer est mauvaise, Ben.
— Pas pour moi.
— Il y a des brisants terribles dans le canal.
— Mes quatre matelots connaissent ces parages aussi bien que moi. Et puis, il faut que je parte. J'ai une bonne affaire à traiter à l'île de Man.
— Ainsi, dit encore le matelot, vous allez prendre la mer cette nuit?
— Le vent est bon, il souffle de nord-est, et nous entrerons dans le port de Douvres bien avant le jour.
— Que le bon Dieu vous protège, Ben! mais ce n'est pas moi qui partirais.

Ben haussa les épaules.

Quelques autres marins se mêlèrent à la conversation et s'accordèrent à dire que la mer était mauvaise.

M. Scotowe ne disait rien.

Enfin, la bouteille de porter étant vide, Ben se leva.

— Alors, puisqu'il n'y a pas de passagers pour l'île de Man ici, dit-il, bonsoir!

Mais comme il faisait un pas vers la porte, M. Scotowe le retint.

— Pardon, dit-il.

Ben le regarda et parut faire attention à lui pour la première fois.

— Sérieusement, lui dit M. Scotowe, vous partez cette nuit?
— Sans doute, gentleman.
— Et vous allez à Douglas?
— Oui, gentleman.
— Et vous croyez pouvoir y arriver avant le jour.
— Ça ne fait pas de doute pour moi.
— Combien me demanderiez-vous pour mon voyage?
— Deux livres et huit schellings.
— Eh bien! dit M. Scotowe, je vais avec vous.

Et il tira son porte-monnaie et paya son passage d'avance.

— Est-ce que vous avez des bagages? demanda Ben.
— Rien que ce sac de nuit.

Et M. Scotowe laissa voir une petite valise de cuir qu'il avait placée sur un banc auprès de lui.

— Alors, venez, dit Ben.
— Voilà un gentleman, murmura un des matelots, qui n'a pas peur de faire naufrage.
— Il est de fait, dit un autre, que la mer est mauvaise.
— Bah! la coque de noix de Ben en a vu bien d'autres, répondit celui qui s'était réveillé en sursaut.

Et M. Scotowe suivit Ben.

. . . .

Une heure après, la *coque de noix* sautait sur les lames; tantôt elle disparaissait au fond d'un abîme, tantôt elle se montrait à la crête d'une vague de cent pieds de haut. M. Scotowe était cramponné aux cordages pour n'être pas enlevé par un coup de vent.

Ben était à la barre et fumait sa pipe.

Les quatre matelots et le mousse partageaient son insouciance. Mais M. Scotowe commençait à se repentir de sa témérité, lorsqu'un homme qui dormait au fond de la barque se leva et s'approcha de lui.

M. Scotowe n'avait fait aucune attention à lui en embarquant.

Il avait bien vu un homme couché, recouvert d'un monceau de filets en guise de couvertures, mais il avait pensé que c'était un des hommes d'équipage.

Le dormeur, brusquement éveillé, s'approcha donc de M. Scotowe.

— Eh! lui dit-il, trouvez-vous pas que la mer est mauvaise et qu'on est rudement secoué, hein?

M. Scotowe tressaillit.

Où donc avait-il déjà entendu cette voix?

Il chercha à voir le visage de son interlocuteur.

Mais la nuit était noire et la lueur du fanal de poupe ne parvenait pas jusqu'à eux.

LXXXIII

L'inconnu avait appuyé sa main sur l'épaule de M. Scotowe.

Il sembla au détective que cette main était de fer.

— Que me voulez-vous? dit-il.
— Mais, répondit l'inconnu, je suis comme vous à bord, la mer est mauvaise et je vous demande votre avis.
— Sur quoi?
— Pensez-vous que notre barque tienne jusqu'au port?
— Je n'en sais rien.

M. Scotowe répondait distraitement.

M. Scotowe se posait de nouveau cette question :
— Mais où donc ai-je entendu cette voix?

L'inconnu appuyait toujours sur lui cette main qui avait le poids d'une enclume.

— Vous ne paraissez pas fort effrayé? dit-il encore.
— A la grâce de Dieu! dit M. Scotowe.
— Ah! vous croyez à Dieu, vous?

Et l'inconnu eut un rire sec et moqueur.

— Pourquoi n'y croirais-je pas? répondit M. Scotowe.

Et il eut un geste d'impatience.

L'inconnu continua à rire.

— C'est que vous faites un métier d'enfer, dit-il.

M. Scotowe tressaillit et fit un pas en arrière.

— Que voulez-vous dire? balbutia-t-il.
— Vous êtes détective, n'est-ce pas? reprit l'inconnu toujours raillant.
— Que vous importe!
— Vous avez même fait une assez belle découverte l'autre jour à Londres...

Ces derniers mots furent une révélation tout entière pour M. Scotowe.

Il voulut se dégager de l'étreinte de l'inconnu.

— Laissez-moi, dit-il tout ému.

L'inconnu ricana.

— Ne me touchez pas...

L'inconnu éclata de rire.

Et saisissant M. Scotowe par les deux bras, il le traîna dans le cercle de lumière décrit par le fanal de poupe.

— Regardez-moi donc, gentleman! fit-il alors.

M. Scotowe jeta un cri :

— L'homme gris.
— Parbleu! oui, l'homme gris, répondit Rocambole, car c'était lui.

Et comme M. Scotowe jetait autour de lui un regard éperdu et semblait chercher quelqu'un qui pût venir à son aide, Rocambole poursuivit d'un ton railleur :

— Vraiment, mon cher monsieur, vous êtes bien au-dessous de votre réputation. On vous dit un homme habile, mais vous avez fort grossièrement donné tête baissée dans un piège.

La peur s'empara de M. Scotowe.

— A moi, cria-t-il, monsieur Ben, à moi !

— Qu'est-ce qu'il y a donc par là? demanda le patron de la barque.

Et il s'approcha.

— Vous auriez dû, poursuivit Rocambole, reconnaître monsieur.

Et comme M. Scotowe demeurait bouche béante :

— M. Ben, le patron, et le libraire de Charring-Cross ne font qu'un, mon cher monsieur, ajouta Rocambole, riant toujours.

Les dents de M. Scotowe claquaient de terreur.

— Ah! murmura-t-il enfin, je suis un homme perdu.

— Cela me fait tout à fait cet effet-là, dit Rocambole.

Et il adressa la parole à Ben, ou plutôt à Milon, dans une langue inconnue à M. Scotowe.

Tous deux causèrent ainsi quelques minutes.

Le détective sentait ses cheveux se hérisser et ses jambes fléchir.

Enfin Rocambole lui adressa de nouveau ces mots en anglais :

— Mon cher monsieur Scotowe, lui dit-il, nous allons vous donner à choisir.

— Que voulez-vous que je choisisse? balbutia-t-il.

— Comment voulez-vous mourir?

Et Rocambole tira un revolver de sa poche.

Puis froidement, et tandis que le détective épouvanté reculait d'un pas encore :

— Voulez-vous que je vous brûle la cervelle, ou bien préférez-vous que nous vous lancions à la mer?

M. Scotowe jeta un cri et tomba à genoux.

— Grâce! balbutia-t-il, faites-moi grâce de la vie! j'ai une femme et des enfants, monsieur.

Rocambole se mit à rire.

— Supposons, dit-il, que l'autre nuit vous soyez parvenu à me mettre la main au collet, m'auriez-vous fait grâce? Auriez-vous consenti à ne me point conduire à Newgate, où m'attendait une belle cravate de chanvre?

— Grâce! grâce! balbutiait M. Scotowe.

Et il demeurait à genoux.

— Vous savez le proverbe, dit Rocambole, il vaut mieux tuer le loup qu'être dévoré par lui.

« Croyez bien, mon cher monsieur, que je n'ai pour vous aucun sentiment de haine personnelle. »

Ces mots ramenèrent un peu d'espoir au cœur de M. Scotowe.

— Mais, poursuivit Rocambole, si je faisais la folie de vous laisser la vie, je m'en repentirais tôt ou tard.

— Non, dit vivement le détective, non, je vous le jure.

— Tarare ! fit Rocambole, je sais ce que vaut la parole d'un homme de police.

— Je vous jure, monsieur, que je n'entreprendrai jamais plus rien contre vous.

Et M. Scotowe, suppliant, demeurait à genoux.

Rocambole et Milon échangèrent encore quelques mots dans cette langue qui était inconnue au détective.

Celui-ci, toujours à genoux, attendait sa destinée.

— Mon cher monsieur, dit alors Rocambole, vous vous nommez Jack Scotowe ?

— Oui, monsieur.

— Vous êtes détective ?

— Je ne le suis plus; et si vous me faites grâce, je vous jure...

— Attendez... ce n'est point de cela qu'il s'agit. Vous êtes détective au service de la Société évangélique?

— Je l'ai été, pour mon malheur.

— Par conséquent, vous avez des papiers constatant votre identité ?

— Oui.

— Une lettre de crédit du révérend Patterson ?

— Oui, dit encore M. Scotowe.

— Eh bien ! il faut nous donner tout cela.

— Et vous ne me tuerez point? vous me ferez grâce ?

— Oui, ou plutôt cela dépendra de vous...

Et Rocambole attacha son regard clair et froid sur le détective frissonnant.

— Donnez-moi ces papiers-là d'abord, dit-il.

M. Scotowe se montra d'une docilité parfaite.

Il ouvrit son paletot, tira son portefeuille de sa poche et le tendit à Rocambole.

— Veille sur monsieur, dit celui-ci à Milon.

Puis, le portefeuille à la main, il alla s'asseoir au-dessous du fanal.

LXXXIV

Le portefeuille contenait différents papiers dont un seul eût suffi à établir l'identité de Scotowe.

Il renfermait, en outre, un *laissez-passer* fort curieux.

Cette pièce était sans doute celle que cherchait Rocambole, car il eut un mouvement de joie, qui se traduisit par un geste quand il la déplia.

Le *laissez-passer* mystérieux était une feuille de papier jaune, aux coins arrondis, dans le milieu de laquelle étaient deux croix en sautoir à l'encre rouge, et, au-dessous, à l'encre violette, un *R*... et un *P*...

Avec cette feuille, M. Scotowe se trouvait investi d'un pouvoir presque illimité.

Il pouvait aller où il voudrait requérir une véritable armée de gens en robe noire, se faire ouvrir les prisons, ordonner l'arrestation immédiate d'une ou plusieurs personnes.

Cette pièce, enfin, était le sauf-conduit que lui avait donné le révérend Patterson, au nom de la Société évangélique. Quand il eut pris connaissance des différents papiers que renfermait le portefeuille, Rocambole le mit dans sa poche.

Puis il revint à Scotowe, auprès duquel se trouvait toujours Milon.

Milon n'attendait qu'un signal pour le prendre par les épaules et le jeter à la mer.

Alors Rocambole dit à M. Scotowe :

— Écoutez-moi bien, monsieur, l'heure est solennelle pour vous.

Le détective jeta sur lui un regard éperdu.

— Votre sort dépend de la sincérité de vos paroles et des réponses que vous me ferez.

— Je suis prêt à répondre à monsieur, répondit le détective.

— Voyons, reprit Rocambole, procédons par ordre : où allez-vous ?

— A l'île de Man.

— Quelle était la mission dont vous étiez chargé ?

— Je devais arrêter M. John Bell, le directeur de Bedlam, et les personnes qui sont avec lui.

— Et puis ?

— Je devais les conduire dans une maison de fous qui se trouve à l'île de Man.

— Et les y laisser ?

— Oui.

— Mais n'était-il pas convenu avec le révérend que vous lui écririez aussitôt l'arrestation faite ?

— Cela était convenu en effet.

— Eh bien, dit Rocambole, vous allez vous accroupir au fond de la barque, poser sur vos genoux une planche, sur cette planche du papier, et écrire la lettre que je vais vous dicter.

Cette proposition, cet ordre plutôt, n'aurait rien eu d'extraordinaire en un tout autre moment.

Mais la mer était épouvantable, le vent soufflait avec furie, et la barque éprouvait les secousses les plus violentes.

Cependant M. Scotowe, qui savait l'homme gris capable de mettre ses menaces à exécution, M. Scotowe prit la pose que celui-ci lui indiquait.

Milon décrocha le fanal.

Puis il prit au fond de la barque une planchette et posa dessus un buvard après lequel tenaient un encrier et une plume.

Et, le fanal à la main, il se mit à éclairer M. Scotowe.

Celui-ci regarda Rocambole :

— Forcément, dit-il, mon écriture sera tremblée, et peut-être verra-t-on que je n'avais pas mon libre arbitre en écrivant.

Rocambole eut un sourire :

— Ne vous préoccupez pas de cela, dit-il. Écrivez.

M. Scotowe prit la plume et attendit.

Rocambole dicta :

« Mon cher révérend, M. John Bell, lord William et les deux autres sont en sûreté ; et ce n'est pas eux qui nous gêneront.

« Cependant, je ne retourne pas à Londres.

« Pourquoi ?

« Je vais vous le dire.

« M. John Bell est fou, cela est évident. Mais il y a une chose raisonnable et vraie dans sa folie.

« Cette chose, c'est l'existence des trésors enfouis par ses aïeux.

« Je ne puis pas m'expliquer davantage, je suis en mer, sur un canot de dix pieds de long, que les flots secouent comme un brin de paille.

« Où vais-je ? en Irlande.

« J'ai accompli la mission que vous m'avez donnée et, par conséquent, je suis libre.

« Cependant, je vais vous faire une proposition. Écoutez-moi.

« Je suis certain de retrouver les trésors que cherchait ce pauvre M. John Bell. Voulez-vous partager ?

« Si oui, prenez le plus prochain steamer et venez directement à Cork.

« Il y a sur le port une auberge qui a pour enseigne :

A la Verte Erin.

« Je vous y attendrai.

« Votre serviteur dévoué,

« Scotowe »

M. Scotowe écrivit cette lettre jusqu'au bout.

— Maintenant, dit Rocambole, vous devez très-certainement accompagner votre signature d'un signe mystérieux.

— En effet, dit M. Scotowe.

— Ce signe, vous allez le tracer, et prenez bien garde à ceci : c'est que votre vie dépend de votre sincérité. Si vous me trompez, vous êtes un homme mort.

Comme Rocambole parlait ainsi, une lueur brilla sur la mer.

— Regardez bien, dit-il encore. Cette lueur, c'est le fanal du beaupré d'un navire.

L'équipage, le capitaine, tout est fénian à bord ; c'est vous dire que tout cela m'est dévoué.

— Ah ! fit M. Scotowe.

Et il regarda de nouveau Rocambole.

— Au point du jour, ce navire nous apercevra et nous l'accosterons.

Le capitaine vous prendra à son bord et vous fera mettre aux fers dans la cale.

Le navire fait route pour l'Irlande.

Vous demeurerez aux fers jusqu'à ce qu'une dépêche de Liverpool nous apprenne que le révérend Patterson vient de s'embarquer pour l'Irlande.

Si le révérend demeure à Londres, c'est que le signe que vous avez apposé au bas de votre signature ne sera pas sincère.

Alors on vous mettra un boulet aux pieds et on vous enverra au fond de la mer servir de nourriture aux poissons.

M. Scotowe reprit la plume.

Puis il traça au bas de la lettre les deux croix du révérend Patterson. Mais il les renversa et ajouta un point au-dessous.

— C'est bien, dit Rocambole ; fermez la lettre et écrivez l'adresse.

Le détective obéit encore.

Alors Rocambole mit la lettre dans sa poche et ne prononça plus un mot.

La mer était de plus en plus furieuse, mais la barque tenait bon.

Enfin le jour parut.

Alors Milon hissa un pavillon blanc au haut de son mât. Le pavillon fut aperçu du navire, et le navire, qui était un brick de commerce, mit son canot à la mer.

Et une heure après, M. Scotowe était aux fers dans

la cale. Quant à Rocambole et à Milon, ils continuaient leur route vers l'île de Man, et le maître disait à son vieux compagnon :

— Je crois que cette fois nous tenons le révérend Patterson, et que l'heure de l'expiation sonnera prochainement pour lui.

LXXXV

Cependant le steamer qui emportait M. John Bell et ses compagnons avait mouillé le matin précédent dans le petit port de Douglas, dans l'île de Man.

A peine avait-il jeté l'ancre qu'une barque portant un officier de la marine royale l'accosta.

L'officier monta à bord.

— Capitaine, dit-il à M. Robert Wallace, vous comptiez vous arrêter une heure ici ?

— Le temps de déposer des passagers et d'en prendre d'autres, répondit le capitaine.

— Eh bien! reprit l'officier, je viens vous communiquer une dépêche de l'Amirauté.

— Ah! dit flegmatiquement le capitaine.

Et l'officier mit sous ses yeux un télégramme ainsi conçu :

« Ordre au capitaine Robert Wallace de rester à l'île de Man et d'y attendre de nouvelles instructions. »

— Mais, monsieur, dit le capitaine, il y a à bord beaucoup de passagers pour l'Irlande.

— Je le sais.

— Et qui sont pressés d'arriver.

— Aussi le cas est-il prévu.

— Ah!

— Un autre steamer chauffe sur le port.

— Fort bien.

— Prêt à faire route pour Dublin.

— Et il prendra mes passagers ?

— Tous, à l'exception de cinq.

— Qui donc ?

— Un M. John Bell d'abord.

— Le directeur de Bedlam ?

— Justement !

— Et puis ? fit tranquillement le capitaine.

— Et puis un nommé Walter Bruce, ancien convict.

— Bon !

— Un homme de loi appelé Arthur Cokeries.

— Est-ce tout ?

— Non, dit l'officier, il y a encore un gentleman du nom de sir Arthur.

— Alors, je vais garder ces hommes à bord ?

— Jusqu'à nouvel ordre.

— Et s'ils demandent à se promener par la ville ?

— Je n'y vois aucun inconvénient du moment où vous m'en répondez.

— J'en réponds, dit sir Robert Wallace.

Et l'officier, ayant accompli sa mission, redescendit dans son canot et s'en alla.

Pendant son colloque avec le capitaine, un homme s'était tenu à distance respectueuse.

Cet homme, c'était Marmouset.

Marmouset rejoignit alors M. Robert Wallace.

— C'est un ordre d'arrestation nous concernant que vous avez reçu? lui dit-il.

Le capitaine lui montra la dépêche.

— Heureusement, dit Marmouset, que le maître ne doit pas rester inactif à Londres.

— Je l'espère bien.

— Mais, en attendant, qu'allons-nous faire ?

— Obéir.

— Et si les agents du révérend Patterson arrivent avant le maître ?

— Alors, dit froidement le capitaine, nous verrons ce que nous avons à faire.

M. John Bell se promenait, pendant ce temps, d'un pas fiévreux et saccadé sur le pont.

L'arrivée de l'officier l'avait quelque peu intrigué, lui aussi. Mais son étonnement fit place à une vive impatience quand il vit que le steamer, après avoir éteint ses feux, demeurait immobile au milieu du port.

Aussi s'approcha-t-il vivement du capitaine.

— Mais que faisons-nous donc ici, monsieur ? dit-il. Croyez-vous donc que j'aie du temps à perdre ?

— Monsieur, répondit courtoisement le capitaine, nous attendons ce steamer que vous voyez là-bas dans un coin du port, qui chauffe et qui va bientôt prendre la mer.

— Et pourquoi l'attendons-nous ?

— Parce qu'il va nous accoster.

— Pourquoi donc ?

— Pour prendre les passagers qui sont à bord.

— Je ne comprends pas, dit M. Bell.

— Et les conduire en Irlande.

— Comment, monsieur, dit John Bell, dont le visage s'empourprait de plus en plus, nous ne descendrons pas à Douglas ? Cependant vous savez que je dois y consulter une somnambule fameuse...

— Aussi, monsieur, répliqua le capitaine, descendrez-vous à Douglas, vous.

— Et pas les autres ?

— Vous et vos amis.

— Et quand repartirons-nous ?

— Quand vous aurez consulté la somnambule.

— Ah! fort bien, dit M. John Bell qui parut se calmer.

Un quart d'heure après, en effet, le steamer qui chauffait accosta le navire du capitaine Robert Wallace.

Un pont volant fut jeté d'un bord à l'autre, et le transbordement des passagers s'effectua.

Mais, en ce moment, le capitaine du second steamer s'approcha de Robert Wallace et lui dit en patois irlandais :

— Moi aussi, j'ai reçu une dépêche.

— Ah! fit le capitaine.

— Elle vient de Liverpool et elle est pour vous.

— Donnez...

Et Robert Wallace tendit vivement la main.

La dépêche était ainsi conçue :

« Arrivés à Liverpool, Milon et moi. Prévenez Marmouset. Recevrez ordre rester île de Man. Vous inquiétez pas. Tout va bien.

« R... »

Robert Wallace tendit la dépêche à Marmouset. Le visage un peu assombri de celui-ci s'éclaircit.

— Enfin, dit-il, allons-nous pouvoir descendre à terre ?

— Sans doute.
— Quand?
— Dans une heure, je ferai mettre le canot à la mer, et vous pourrez aller au quai.

M. John Bell était redevenu d'une impatience indicible. Il arpentait le pont comme une bête fauve fait le tour de sa cage.

Marmouset ne parvenait plus à le calmer.

— Tous ces retards, disait le directeur de Bedlam, sont une combinaison infernale inventée par M. Blount, mon collègue, qui a toujours eu envie de me supplanter et d'être seul directeur de Bedlam.

Aussi, quand j'aurai retrouvé mes trésors et mes parchemins, quand je serai lord, je le ferai destituer de son emploi...

Et M. John Bell, parlant ainsi, avait les yeux à fleur de tête et l'écume à la bouche.

Enfin on mit le canot à la mer.

— Allons, monsieur, dit alors Marmouset, vous voyez bien que tout vient à point à qui sait attendre, et le moment est venu d'aller consulter la somnambule.

LXXXVI

Faisons maintenant un pas en arrière et revenons à Londres.

Un gentleman qui avait été joliment ému, c'était sir Archibald, le père de lady Evandale Pembleton. La peur qui s'était emparée du révérend Patterson à la nouvelle que l'homme gris avait mis la main dans ses affaires, avait gagné l'honorable baronnet, car sir Archibald, devenu beau-père de lord, avait obtenu de la reine le titre de baronnet.

Elle l'avait même si bien dominé pendant quelques heures, que sir Archibald n'avait pas même songé à demander compte au révérend de son étrange conduite.

Ce ne fut qu'après avoir pris toute la journée et une partie du lendemain le rôle d'instrument, que sir Archibald commença à réfléchir. Ou plutôt il se souvint.

Il se souvint de la façon singulière dont le révérend Patterson l'avait reçu, quand, sautant à bas de son cab dans Piccadilly, il était allé, lui sir Archibald, lui tendre les deux mains.

Le révérend avait paru fort choqué de la prétendue visite de lady Pembleton à lord William.

En outre, il avait paru croire que sir Archibald et sa fille essayaient de se soustraire aux engagements contractés par lord Evandale vis-à-vis de la Société évangélique. Puis sir Archibald se posa une question :

Pourquoi le révérend avait-il favorisé le départ de M. John Bell emmenant en Irlande lord William?

Et le baronnet trouva la solution de ce problème dans la crainte qu'avait eue le révérend que quelque transaction n'intervînt entre les spoliateurs et le spolié.

Toutes ces réflexions furent le fruit d'une méditation de plusieurs heures.

Il y avait maintenant une chose certaine, c'est que cet arrangement, s'il intervenait jamais, serait excessivement désagréable au révérend et à la Société évangélique.

Pourquoi? Et sir Archibald, effrayé, trouva pareillement une réponse à cette question nouvelle.

Le révérend Patterson et la Société évangélique avaient un gros appétit relativement à la succession de lord Evandale.

Donc le lendemain, vers midi, sir Archibald prit une grande résolution, demanda sa voiture et se fit conduire dans Elgin-Crescent.

Il voulait voir le révérend Patterson.

— Je ne sais pas au juste, se disait-il en chemin, ce qu'a signé lord Evandale. Je veux le savoir.

Mais sir Archibald en fut pour ses peines de déplacement.

Le révérend Patterson n'était pas chez lui; n'étant pas rentré la veille au soir, il était probablement en voyage.

Courait-il après lord William, lui aussi, ne se fiant ainsi qu'à moitié aux lumières du détective Scotowe.

C'était probable.

Sir Archibald demeura fort indécis; et, rentrant à l'hôtel Pembleton, il eut même quelque velléité de se rendre au railway de Liverpool et de courir après le révérend, comme celui-ci courait après l'ex-pensionnaire de Bedlam.

Or, pendant qu'il hésitait encore, on lui apporta une carte.

Une carte sur laquelle était un nom de femme :

LA COMTESSE VANDA R...

— Qu'est-ce que cela? demanda sir Archibald au laquais qui venait d'entrer.

— Une dame fort belle qui insiste particulièrement pour voir Votre Honneur, lui fut-il répondu.

— Qu'elle entre donc! dit sir Archibald.

Et il alla au-devant de la visiteuse.

Vanda parut.

Car c'était bien Vanda, la compagne fidèle de Rocambole, qui se présentait à l'hôtel Pembleton.

Sir Archibald n'était pas encore un vieillard.

Il avait cinquante-huit ans, en paraissait cinquante à peine, et avait rapporté des Indes, où il avait passé sa jeunesse, un tempérament plein de fougue et d'arrière-jeunesse.

Vanda avait fait appel à tout l'arsenal des coquetteries féminines.

Elle était merveilleusement belle, et se retrouvait grande dame jusqu'au bout des ongles.

Sir Archibald fut ébloui.

Que lui voulait-elle? Il n'en savait absolument rien; mais il la contemplait avec une sorte d'extase frémissante.

Vanda arma ses lèvres de son sourire le plus fascinateur et lui dit :

— Je vous demande mille pardons, sir Archibald, de me présenter ainsi chez vous, mais il s'agit de très-graves intérêts.

Sir Archibal lui avança un fauteuil, et, tout tremblant, demeura debout devant elle.

— Je vous écoute, madame, balbutia-t-il.

Vanda reprit :

— Monsieur le baronnet, je connais plusieurs personnes qui jouent en ce moment un rôle important dans votre existence et celle de lady Pembleton, votre fille.

— Ah! dit sir Archibald.
— Le révérend Patterson d'abord.
Sir Archibald tressaillit.
— Et puis, continua Vanda, un certain homme gris qui a mis Londres sens dessus dessous depuis un mois.
Un cri échappa au baronnet.
— Je vous dirai même, poursuivit Vanda, que je viens de sa part.
— De la part de l'homme gris?
— Oui.
Sir Archibald, malgré son étonnement, regardait toujours Vanda et ne paraissait nullement effrayé.
Vanda reprit :
— L'homme gris a quitté Londres ce matin.
— Ah!
— Mais il m'a chargée de vous voir.
— Madame, balbutia sir Archibald, permettez-moi de vous dire que je ne connais nullement l'homme gris.
— Je le sais, monsieur.
— Et que par conséquent...
— Vous vous étonnez qu'il ait affaire à vous?
— Justement.
— Quand vous m'aurez écoutée, monsieur, vous ne serez plus étonné, répondit Vanda souriante.
Sir Archibald avait fini par s'asseoir, et il avait approché son fauteuil près du fauteuil de Vanda.
Puis, toujours ému, toujours palpitant :
— Parlez donc, madame, je vous écoute et suis tout oreilles.

LXXXVII

Vanda reprit avec le plus grand calme :
— Vous m'excuserez, monsieur, de vous dire tout de suite que je connais l'histoire d'un certain Walter Bruce.
Sir Archibald fit un brusque mouvement.
— D'un certain Walter Bruce, poursuivit-elle, qui dit être lord William.
— Oh! madame...
— Souffrez que j'aille jusqu'au bout, monsieur. L'homme gris, qui m'envoie vers vous, a pris en main les intérêts de cet homme, et quand l'homme gris se mêle de quelque chose, il réussit toujours.
Sir Archibald était devenu fort pâle.
Vanda continua :
— Vous devez savoir que feu lord Evandale, votre gendre, avait confié ses intérêts à la Société évangélique?
— En effet, balbutia Archibald.
— Lord Evandale avait signé un peu à la légère certains actes.
— Ah!
— Et la conséquence de ces actes serait la spoliation complète de lady Pembleton, votre fille.
— En vérité!
— Le révérend Patterson, le chef occulte de cette société non moins dangereuse que déloyale, avait confié les pièces dont je vous parle à l'étude du solicitor M. Colcram.
— Bon! fit sir Archibald.
— Ce révérend avait même une confiance absolue dans un certain maître clerc appelé M. Burdett.

— Après? dit le baronnet d'une voix étranglée.
— Or, reprit Vanda, ce M. Burdett et l'homme gris ne font qu'un.
— Je le sais, madame.
— Et l'homme gris a disparu.
— Hélas!
— Et il a emporté les pièces en question.
— Est-ce possible?
— Ce qui fait que le révérend se trouve sans armes contre vous et lady Pembleton.
Un rayon de joie éclata dans les yeux de sir Archibald.
Vanda se reprit à sourire.
— Oh! dit-elle, ne vous réjouissez pas, monsieur, vous n'avez rien à gagner à cela.
— Vraiment?
— Vous avez changé d'adversaire, voilà tout.
— Mais enfin, murmura sir Archibald, que veut l'homme gris?
— Je vous apporte ses propositions.
— Parlez, madame.
— L'homme gris est à la tête d'une association non moins redoutable, non moins puissante que la Société évangélique.
— Il est fénian, n'est-ce pas?
— Peut-être...
Sir Archibald, la sueur au front, attendit
— L'homme gris, continua Vanda, a juré de rendre à sir William sa liberté d'abord.
— Je ne m'y oppose pas.
— Ensuite sa fortune...
Sir Archibald ne souffla mot.
— Enfin son nom et son titre.
— Oh! dit alors sir Archibald, ceci est tout à fait impossible, madame.
— Pourquoi?
— Parce que lord William est mort.
— Pour tout le monde, excepté pour vous.
— Soit. Mais enfin il n'est pas possible de prouver son identité.
— Rien n'est plus facile, au contraire.
— Comment?
— A l'aide d'une certaine déclaration faite par le lieutenant de chiourme Percy.
— Oh! dit sir Archibald qui retrouvait un peu de calme et de présence d'esprit, cette fameuse pièce dont on a tant parlé pourrait bien ne pas exister.
— Vous vous trompez, monsieur.
— Vous croyez?
— Elle est dans les mains de l'homme gris.
Un nuage passa sur le front de sir Archibald.
— Ce sera donc un procès à soutenir, dit-il; un procès long et difficile, sinon douteux.
— Vous vous trompez encore, monsieur.
Et le sourire n'avait pas abandonné un seul instant les lèvres de Vanda.
Sir Archibald la regardait et ne paraissait pas très-effrayé.
— L'homme gris n'intente jamais de procès, dit Vanda.
— Ah!
— Par l'excellente raison qu'étant hors la loi en Angleterre, il aurait mauvaise grâce à s'adresser à la justice.

— Alors, reprit sir Archibald, je ne vois pas ce que lady Pembleton et moi avons à craindre.

— Monsieur, répondit Vanda, l'homme gris, pour faire triompher la cause de lord William ne s'adressera pas à la justice; mais il emploiera des moyens autrement terribles.

Cette fois Vanda cessa de sourire, et sir Archibald eut peur.

— Vous aimez votre fille, poursuivit Vanda, il est inutile de vous le demander. Eh bien! je viens vous donner un bon conseil.

— Ah! fit encore sir Archibald.

— Si les papiers que l'homme gris a emportés étaient restés aux mains du révérend Patterson, vous couriez le risque d'être complétement dépouillés des biens de lord Evandale. Mais vous-même vous êtes riche, sir Archibald, et perte d'argent est toujours réparable.

— Cela est vrai.

— Et lady Pembleton conservait son nom et léguait à ses enfants les titres de la noble maison Pembleton.

— Eh bien?

— Maintenant, si vous refusez les propositions de l'homme gris, il est fort probable que lady Pembleton perdra non-seulement sa fortune et son nom, mais encore la vie.

Sir Archibald frissonna.

— Que venez-vous donc me proposer? demanda-t-il.

— L'abandon pur et simple de la fortune de lord William.

— C'est impossible, madame.

— En outre, la reconnaissance de lord William comme chef de la maison Pembleton.

— Jamais!

— Monsieur, dit froidement Vanda, j'ai mission de vous donner le temps de réfléchir. Je reviendrai dans deux jours...

Et Vanda se leva.

Le sourire avait reparu sur ses lèvres, et malgré l'épouvante qui emplissait l'âme du baronnet, il se sentait de plus en plus fasciné.

— Je reviendrai dans deux jours, répéta-t-elle. Au revoir, sir Archibald.

Et quand elle fut partie, sir Archibald passa la main sur son front et murmura :

— J'ai peur plus encore de cette femme que de l'homme gris.

Sir Archibald sentait une tempête s'élever dans son cœur.

Une tempête d'amour sauvage et frénétique, et il ne songeait guère en ce moment à sa fille, lady Evandale Pembleton.

LXXXVIII

Le port de Douglas est tout petit et la ville n'est pas grande.

Des rues étroites, des maisons basses, quelques édifices çà et là en carton-pierre.

Telle est la capitale de l'île de Man.

A peine fut-il débarqué, que M. John Bell se mit à marcher à grands pas.

— Mon cher monsieur, lui dit Marmouset, il ne s'agit pas de courir, il faut encore savoir où l'on va.

— Nous allons chez la somnambule, répondit M. John Bell.

— D'accord; mais où est-elle?

— Je n'en sais rien.

— Eh bien! dit Marmouset, laissez-moi me renseigner alors.

Marmouset ne parlait ainsi que parce qu'il avait remarqué, au moment où il mettait le pied sur le quai, un jeune homme qui le regardait avec attention.

Ce jeune homme était vêtu comme un pêcheur; il portait la grosse vareuse en toile goudronnée et le bonnet de laine brune, mais il avait les mains blanches.

A la façon dont il regardait Marmouset, celui-ci avait compris que cet homme ne lui était pas aussi étranger qu'il pouvait le croire.

Et comme Marmouset s'était mis en route, ce jeune homme avait paru vouloir le suivre.

Marmouset alla droit à lui.

— Pardon, lui dit-il, pourriez-vous me donner un renseignement?

— Volontiers, répondit cet homme avec un sourire.

— N'y a-t-il pas une somnambule à Douglas?

— Oui, dit le pêcheur.

— Où demeure-t-elle?

— Je vais vous conduire.

Et le prétendu pêcheur cligna de l'œil.

M. John Bell ajouta vivement :

— Il y a une guinée pour vous, mon ami; mais allongez donc le pas; je vous prie. Est-ce loin?

— Tout droit devant nous, au haut de cette rue, dit le pêcheur.

M. John Bell se mit à marcher en avant.

Alors le pêcheur se trouva côte à côte avec Marmouset et lui dit :

— Est-ce vous qu'on appelle sir Arthur?

— Pour le moment, dit Marmouset en souriant.

— Bien! dit l'inconnu. Alors j'ai une mission pour vous.

Et il lui glissa un papier dans les mains.

— Qu'est-ce que cela? dit Marmouset.

— Un télégramme.

— D'où vient-il?

— De Liverpool; il est arrivé il y a une heure.

Marmouset ouvrit le télégramme et lut :

« Prévenez somnambule qu'elle retienne M. John Bell. Faites que sir Arthur m'attende.

« R... »

Le télégramme portait cette adresse :

George Black, Douglas, île de Man.

Marmouset regarda cet homme, puis il lui fit le signe mystérieux des fénians.

Georges Black répondit par le même signe.

Après quoi Marmouset lui dit :

— La recommandation du maître était inutile.

— Pourquoi?

— Parce que nous sommes prisonniers ici.

— Bah! dit le fénian George Black, si le maître

Les infirmiers lui avaient administré une douche. (Page 151.)

ne voulait pas que vous restiez, je me chargerais bien de vous enlever du port cette nuit, malgré le capitaine, malgré les ordres donnés par M. Washburn.

— Quest-ce que cela? demanda Marmouset qui entendait ce nom pour la première fois.

— M. Washburn est le représentant de la Société évangélique à l'île de Man.

— Ah! fort bien.

— Et je vous le montrerai tout à l'heure.

— Les instructions qu'on m'a données à mon départ de Londres, reprit Marmouset, disent que la somnambule est à nous.

— Tout à fait à nous.

— Est-elle vraiment somnambule?

Un sourire vint aux lèvres de George Black.

— Quand il le faut, dit-il.

M. John Bell semblait avoir des ailes aux pieds. Il était à plus de dix pas en avant.

George Black et Marmouset cheminaient côte à côte.

Lord William et Edward Cokeries suivaient.

19ᵉ LIVRAISON.

La rue dans laquelle ils s'étaient engagés en quittant le port était longue, étroite et décrivait un plan incliné.

Tout en haut de la rue, M. John Bell s'arrêta.

Alors George Black et Marmouset doublèrent le pas et le rejoignirent.

— C'est ici, dit George Black.

Il prit M. John Bell par la main et le fit entrer dans une allée étroite et sombre au fond de laquelle se trouvait un escalier.

Puis ils montèrent au premier étage.

— C'est là, dit George Black en montrant une porte.

En effet, sur cette porte il y avait une pancarte sur laquelle était écrit un nom :

Déborah!

M. John Bell, déjà généreux comme s'il eût été en possession des trésors de ses aïeux, donna une guinée à George Black en lui disant d'un ton protecteur :

— Tu peux t'en aller, mon garçon.

George Black redescendit l'escalier.

Mais en passant il se pencha à l'oreille de Marmouset et lui dit :
— Nous nous retrouverons ce soir sur le port.
— Bien, fit Marmouset d'un signe de tête.
Cependant M. John Bell frappa à la porte.
— Entrez! répondit de l'intérieur une voix chevrotante, la clef est dans la serrure.
M. John Bell tourna cette clef.
La porte ouverte, le directeur de Bedlam et ses compagnons se trouvèrent au seuil d'un singulier taudis.
Une vieille femme était accroupie sur une chaise, comme une sibylle sur son trépied.
Les murs de la chambre étaient sombres; d'épais rideaux interceptaient le jour qui venait de la fenêtre, et il était impossible de voir le visage de la somnambule.
— Que demandez-vous? fit-elle.
— Une consultation, répondit M. John Bell.
— Est-ce pour une malade?
— Non.
— Alors c'est pour retrouver un objet perdu?
— Oui.
— C'est cinq guinées, et on paye d'avance, dit la vieille femme sans quitter sa chaise. Posez l'argent sur cette table.
M. John Bell s'empressa d'obéir.
— Bien, dit la somnambule. Maintenant, attendez que je m'endorme.
Elle se renversa sur sa chaise et ferma les yeux.
M. John Bell avait des battements de cœur à briser sa poitrine, et son visage avait acquis cette teinte pourprée que prend le homard qu'on met dans l'eau bouillante.

LXXXIX

Il y a, paraît-il, deux catégories bien distinctes de somnambules.
La première comprend les sujets qui ne peuvent s'endormir qu'à l'oide d'un magnétiseur.
La seconde se compose de ceux qui s'endorment tout seuls, par le seul fait de la volonté.
La somnambule de l'île de Man était de ce nombre.
Elle avait fermé les yeux et demeurait immobile.
M. John Bell et ses compagnons gardaient le silence; mais on eût entendu les battements du cœur du directeur de Bedlam.
Quelques minutes s'écoulèrent.
Enfin la tête de la somnambule s'inclina doucement sur son épaule gauche.
En même temps ses lèvres s'entr'ouvrirent et elle dit :
— Je vois...
— Ah! s'écria M. John Bell, vous voyez?
— Oui, interrogez-moi.
— Savez-vous qui je suis? demanda le directeur frémissant.
— Vous êtes un noble lord.
M. John Bell se retourna vers tous ses compagnons d'un air triomphant.
— Vous le voyez, dit-il; elle l'a dit, je suis un noble lord.
— Vous êtes à la recherche d'un trésor, poursuivit la somnambule.

— C'est vrai.
— D'un trésor enfoui.
— C'est encore vrai. Mais... le trouverai-je?
Et la voix de M. John Bell tremblait d'émotion.
— Vous le trouverez, dit encore la somnambule.
— Quand?
— Avant huit jours.
— En quel endroit? Voyez-vous où il est?
— Oui.
— Oh! alors, dites vite, fit M. John Bell dont les yeux étaient enflammés.
La somnambule ne répondit pas.
— Mais parlez donc! s'écria encore M. John Bell.
— Elle est fatiguée... attendez... souffla Marmouset à son oreille.
Et malgré son impatience, M. John Bell attendit.
Enfin la somnambule se remit à parler.
— Je vois, dit-elle, au delà de la mer une terre; ce n'est pas un continent, c'est une île.
— L'Irlande?
— Peut-être bien... oui, c'est l'Irlande.
— Après, après? fit le bouillant directeur.
— Vous vous embarquerez et vous toucherez à un petit port qui est au sud de cette terre.
— C'est Cork?...
— Oui, c'est possible.
— Après?
— Vous prendrez un chemin qui s'étend derrière le port, et vous gravirez une colline. Vous marcherez pendant deux heures environ.
— Et puis je m'arrêterai?
— Vous arriverez au milieu d'une vaste forêt de chênes dont les arbres ont plus de deux siècles.
— Ah! fit M. John Bell qui palpitait et se suspendait aux lèvres de la somnambule.
— Le trésor que vous cherchez est enfoui au pied de l'un de ces arbres.
— Lequel?
Mais la somnambule se tut de nouveau.
Le visage de M. John Bell était inondé de sueur.
— Après, après? disait-il d'une voix étranglée.
Mais la somnambule ne répondit pas.
— Laissez-la donc reposer un moment encore, murmura Marmouset en regardant M. John Bell.
Tout à coup la somnambule fit un brusque mouvement. Elle s'agita dans son fauteuil comme la sibylle antique savait se trémousser sur son trépied.
— Il y a, dit-elle, il y a ici un homme qui a une corde autour des reins.
— C'est vrai, dit M. John Bell, c'est parfaitement vrai.
— Une corde de pendu, ajouta-t-elle.
— Eh bien?
Et M. John Bell allait et venait par la chambre d'un pas saccadé.
— Auprès de lui, poursuivit la somnambule, il y a un autre homme, il est à sa droite.
Lord William était en effet à la droite de Marmouset.
— Il faut, continua la pythonisse, que vous emmeniez ces deux hommes avec vous.
— J'y compte bien, dit M. John Bell.
— La corde vous sera d'un grand secours; mais, pour que ce secours soit absolument utile, il est nécessaire qu'en pénétrant dans la forêt de chênes,

ces deux gentlemen tiennent chacun un bout de corde.

— Ils le feront, j'en réponds, dit encore M. John Bell. Maintenant, dites-moi à quoi je reconnaîtrai l'arbre au pied duquel...

— Je ne puis vous le dire aujourd'hui.

— Pourquoi?

— Je ne vois plus.

— Alors nous bouleverserons la forêt.

— Vous perdrez votre peine, il y a plus de deux mille arbres dans ce bois et tous se ressemblent.

M. John Bell eut un accès de désespoir.

— Mais alors, comment faire? s'écria-t-il.

— Je vais vous indiquer un moyen.

— Parlez! parlez vite!

— Il faut d'abord faire toucher cette corde à un fou.

M. John Bell tressaillit.

— Pourquoi à un fou? demanda-t-il.

— Je ne puis vous le dire; mais cette précaution est indispensable.

— Soit, et puis après?

— Quand vous aurez fait cela, vous vous embarquerez; vous irez à Cork, vous suivrez le sentier que je vous ai indiqué, puis vous gagnerez le bois de chênes, et les deux gentlemen marcheront en tenant la corde chacun d'une main.

— Bon! dit M. John Bell.

— Ils se garderont bien de regarder à leurs pieds, poursuivit la somnambule, et ils chemineront les yeux en l'air.

— Après, après? fit le bouillant directeur de Bedlam.

— L'un d'eux fera tout à coup un faux pas. Alors arrêtez-vous. L'arbre au pied duquel est le trésor est justement celui qui sera le plus près du gentleman qui aura trébuché.

M. John Bell jeta un cri de joie.

Ce cri réveilla la somnambule, qui rouvrit brusquement les yeux et promena autour d'elle un regard morne.

Puis, fixant ce regard sur M. John Bell :

— C'est vous qui m'avez consultée, n'est-ce pas?

— Oui, c'est moi, répondit-il.

— Eh bien! êtes-vous satisfait?

— Très-satisfait.

— Vous m'excuserez de cette question, dit la vieille femme, mais une fois réveillée je ne vois et sais plus rien.

M. John Bell posa deux autres guinées sur la table.

Puis regardant ses compagnons :

— Eh bien, dit-il, il faut partir... partir au plus vite...

Et il s'élança vers la porte.

Marmouset le suivit.

Mais quand ils furent dans la rue, il lui dit :

— La chose ne me paraît pas aussi facile qu'à vous, cher monsieur John Bell.

— Hein? dit le directeur en tressaillant.

Et il regarda Marmouset d'un air ahuri.

XC

— Non sans doute, reprit Marmouset, il faut d'abord faire toucher la corde à un fou.

— Eh bien! répondit M. John Bell, n'avons-nous pas sous la main lord William?

Marmouset haussa les épaules :

— Vous savez bien, dit-il, que lord William n'est pas fou.

— C'est juste. Mais nous avons Edward Cokeries.

— Il n'est plus fou.

— Mais il l'a été.

— Je crois que ce n'est pas la même chose : je suis même certain que ça n'aurait aucune vertu.

— Diable! fit M. John Bell, mais alors!...

— Alors il faut trouver un autre fou, un vrai.

— Mais où?

Et M. John Bell parut fort embarrassé.

Puis, tout à coup, se frappant le front :

— Rien de plus facile, dit-il.

— Bah! fit Marmouset.

— Il y a une maison de fous à Douglas.

— En êtes-vous sûr?

— Très-sûr, sir Arthur; la maison de Bedlam et celle-ci ont même quelquefois des rapports, et je puis même ajouter que je connais le directeur.

Marmouset fronça quelque peu le sourcil.

— Je ne l'ai jamais vu, poursuivit M. John Bell, mais nous nous sommes écrit fort souvent.

Marmouset respira.

— Il se nomme M. Woodmans.

— Mais vous ne savez pas davantage où se trouve la maison de fous?

— Oh! rien n'est plus facile que de le demander, répondit M. John Bell.

Et comme il disait cela, ils aperçurent George Black, le matelot qui, tout à l'heure, leur avait servi de guide.

George Black s'en allait tranquillement comme un homme qui n'a rien à faire.

M. John Bell l'appela.

George se retourna et vint à lui, son bonnet à la main.

Alors M. John Bell, qui n'épuisait pas encore les trésors de ses aïeux, lui offrit une nouvelle guinée pour le conduire à la maison du lord.

Ils se mirent en marche.

Mais comme ils approchaient, Marmouset s'arrêta brusquement.

— Mon cher monsieur Bell, lui dit-il, veuillez me permettre une observation.

— Parlez, dit M. John Bell étonné.

— Mon avis est qu'il faut être prudent en toutes choses.

— Que voulez-vous dire?

— M. Woodmans, dites-vous, ne vous a jamais vu?

— Jamais.

— Hum!

Et Marmouset parut se livrer à une méditation profonde.

— Écoutez-moi bien, dit-il enfin. Vous croyez à la corde de pendu? Moi aussi.

— Parbleu! fit M. John Bell.

— Mais il y a beaucoup de gens qui n'y croient pas. Il en est même qui pourraient s'étonner que vous, un médecin aliéniste...

M. John Bell haussa les épaules.

— Vous êtes en proie, il faut bien l'avouer, à une certaine surexcitation.

— C'est que j'ai hâte de devenir lord et millionnaire, dit M. John Bell.

— D'accord, mais...

— Mais quoi?

— M. Woodmans pourrait s'étonner en vous voyant ainsi.

— Oh! par exemple!

— Et je crois qu'il serait plus prudent de le faire prévenir de votre visite.

— Par qui?

— Par moi, par exemple, qui suis plus calme que vous.

— Mais cela va nous retarder encore.

— Oh! d'un quart d'heure seulement. Et puis, ajouta Marmouset, un malheur est bien vite arrivé.

M. John Bell tressaillit et regarda Marmouset.

— Sans doute, reprit celui-ci, il faut éviter que M. Woodmans ne se trouve sous le coup d'une fâcheuse impression, auquel cas...

Marmouset s'arrêta, et M. John Bell sentit quelques gouttes de sueur perler à son front.

— Auquel cas, poursuivit Marmouset, M. Woodmans se figurerait que vous avez perdu la raison, écrirait à Londres, et vous garderait en attendant la réponse. Alors ce n'est plus un quart d'heure, mais trois jours que vous perdriez.

M. John Bell était devenu fort pâle.

— Eh bien! dit-il enfin, faites comme vous voudrez. Entrez seul dans la maison de fous.

— Vous m'attendrez à la porte?

— Oui.

L'hospice des aliénés de Douglas était situé tout en haut de la ville, sur une colline, et entouré de hautes murailles qui protégeaient un vaste jardin.

M. John Bell et ses compagnons arrivèrent à la grille.

Mais, pendant le trajet, Marmouset avait eu le temps d'échanger quelques mots avec George Black en patois irlandais.

M. John Bell ne comprenait pas ce langage.

D'ailleurs, l'eût-il compris, le malheur n'eût pas été grand, car il n'écoutait pas.

M. John Bell était fou à lier.

Donc Marmouset avait dit à George Black :

— M. Washburn fera ce qu'il voudra ensuite, mais pour le moment je vais me conformer aux instructions de l'homme gris.

— Quelles sont-elles?

— De trouver un moyen quelconque de laisser M. John Bell à l'île de Man.

— Et le moyen?

— Je l'ai trouvé.

— Ah!

— Vous allez voir. Mais surveillez-moi bien M. John Bell en attendant.

— Vous entrez seul dans l'hospice? demanda le fénian.

— Oui, restez là.

Et Marmouset sonna.

Un infirmier vint ouvrir la grille. Marmouset lui dit :

— L'honorable M. Woodmans est-il visible?

— Oui, monsieur.

Marmouset entra, et comme l'infirmier lui disait en traversant un corridor :

— Qui donc annoncerai-je?

— Son collègue de Londres, M. John Bell, directeur de Bedlam-Hospital.

L'infirmier s'inclina et conduisit Marmouset au cabinet de M. Woodmans, persuadé qu'il avait affaire à M. John Bell lui-même.

XCI

M. Woodmans était tout l'opposé du vénérable M. John Bell.

Ce dernier était un homme vif, remuant, très-actif déjà et même exalté bien avant de devenir fou.

M. Woodmans était le prototype de l'Anglais flegmatique et paresseux.

Tout homme qui marchait pour le plaisir de marcher, qui parlait sans avoir rien à dire, buvait sans soif et mangeait sans faim, était, aux yeux de M. Woodmans, un homme sur la pente de la folie, s'il n'était pas déjà complétement fou.

M. Woodmans était assis devant une large table couverte de livres et de papiers, quand Marmouset entra.

M. Woodmans ne se leva pas, mais il tendit la main au prétendu M. John Bell et lui dit :

— Bonjour, mon cher collègue; voici la première fois que nous nous voyons, et nous nous connaissons cependant depuis bien longtemps.

— C'est vrai, dit Marmouset avec flegme, nous nous sommes écrit fort souvent.

— Et, certes, je ne m'attendais pas à votre visite.

— Je viens vous demander un vrai service, dit Marmouset.

— Ah! ah!

— Je me rends en Irlande avec trois de nos pensionnaires de Bedlam.

— Bon! fit M. Woodmans.

— Il y a parmi eux un certain Walter Bruce que je considérais comme à peu près guéri, et j'espérais que le voyage lui rendrait complétement la raison.

— Et il a eu une rechute peut-être?

— Une rechute singulière, pendant la traversée. Figurez-vous que tout à coup il a cessé d'être Walter Bruce pour lui; il rêve, il croit être John Bell, c'est-à-dire votre serviteur.

M. Woodmans accueillit cette confidence sans rire.

— Mon cher collègue, dit-il, voici un cas de folie qui n'est pas aussi rare que vous le pensez.

— Ah! vraiment?

— Je l'ai même, durant ma carrière, observé plusieurs fois. Tenez, je me souviens qu'il y a six ans, deux matelots se prirent de querelle et convinrent de se battre à coups de couteau.

Une femme que tous deux aimaient était le brandon de discorde.

L'un s'appelait Tom, l'autre Tobby.

Ils se rendirent aux portes de la ville, et là Tobby s'imagina tout à coup qu'il s'appelait Tom et que c'était Tom...

— Ah! bon! je comprends, fit Marmouset. Eh bien! tel est le cas de mon malheureux pensionnaire.

— Fort bien! fit M. Woodmans, et vous venez me demander sans doute un conseil?

— Non pas un conseil, mais un service...
— Parlez !
— Je me rends en Irlande, où j'ai quelques propriétés, et du moment où le malheureux Walter Bruce est retombé dans sa folie, je ne veux pas m'en embarrasser.
— Ah! je comprends, dit M. Woodmans, vous voulez me le confier jusqu'à votre retour?
— Précisément.
— Eh bien ! envoyez-le-moi.
— Je vais aller vous le chercher.
— Il est donc tout près?
— Il est à la porte. Ah! il faut vous dire que sa folie se complique d'une bizarre monomanie; non-seulement il croit qu'il est John Bell, mais encore il prétend qu'à l'aide d'une certaine corde de pendu il trouvera ses trésors.
— Encore un genre de folie très-commun, dit M. Woodmans.
Et il allait certainement raconter une anecdote à l'appui, quand Marmouset se leva.
— Attendez-moi une minute, mon cher collègue, dit-il; je vais aller vous chercher mon malheureux pensionnaire.
Et Marmouset quitta M. Woodmans et retourna à la grille de l'hospice.
M. John Bell l'attendait avec la plus vive impatience.
— Venez, lui dit Marmouset. M. Woodmans est prévenu, il va vous recevoir à bras ouverts et vous choisirez vous-même le fou qui devra toucher la corde.
M. John Bell eut un cri de joie.
Il s'empressa de suivre Marmouset, et celui-ci le conduisit au cabinet de M. Woodmans.
Le flegmatique directeur ne se leva pas.
Mais M. John Bell se précipita vers lui, lui sauta au cou et s'écria :
— Ah! mon cher collègue, que je suis donc heureux de vous voir !
— Et moi, donc! fit tranquillement M. Woodmans.
— D'autant plus charmé, poursuivit M. John Bell, que je vais bientôt abandonner notre profession.
— Ah! fit M. Woodmans qui regardait cet homme dont le visage empourpré et les yeux à fleur de tête annonçaient l'exaltation.
— Oui, reprit M. John Bell, je vais envoyer ma démission.
— Vraiment?
— Je suis lord, mon bon ami, et je serai bientôt riche.
— On m'a dit cela, répondit M. Woodmans qui avait pour habitude de ne jamais contrarier les fous.
— Sir Arthur a apporté la fameuse corde, poursuivit M. John Bell.
— Qu'est-ce que sir Arthur?
— C'est moi, dit Marmouset, clignant de l'œil et regardant M. Woodmans à la dérobée.
— Et qu'en voulez-vous faire de cette corde ?
— La faire toucher à un de vos pensionnaires.
— Fort bien, dit M. Woodmans.
Et il poussa le bouton d'une sonnette électrique.
A cet appel, deux infirmiers entrèrent.
— Conduisez monsieur chez Jonatham, dit M. Woodmans.

— Donnez-moi la corde, dit M. John Bell.
— La voilà, dit Marmouset.
M. John Bell s'empara de la fameuse corde de Tom le pendu, puis, sans défiance, il suivit les deux infirmiers.
M. Woodmans et Marmouset restaient seuls.
— On va lui donner une douche, dit M. Woodmans.
— Il en a besoin, murmura Marmouset qui se mordit les lèvres pour ne pas rire.
Mais la gaieté de Marmouset devait être de courte durée.
En ce moment la porte du cabinet de M. Woodmans s'ouvrit de nouveau et un valet annonça :
— M. Washburn.
Et, à ce nom, Marmouset tressaillit.
M. Woodmans se leva précipitamment de son siège pour recevoir le nouveau venu.
M. Washburn entra.
C'était un petit homme maigre, chétif, anguleux, au regard constamment baissé.
— Mon cher monsieur, dit-il en regardant M. Woodmans, n'avez-vous pas reçu la visite de M. John Bell, directeur de Bedlam-Hospital à Londres ?
— Le voilà, dit M. Woodmans.
Et il montrait Marmouset.
— Ah! c'est monsieur, fit M. Washburn.
Et il regarda Marmouset avec une attention soupçonneuse qui fit tressaillir l'élève de Rocambole, et, malgré son aplomb ordinaire, le mit quelque peu mal à l'aise.
— Ah! c'est monsieur? répéta M. Washburn.
Et il regardait toujours Marmouset.

XCII

M. Washburn continuait à regarder Marmouset.
— Ah ! dit-il encore, c'est vous qui êtes M. John Bell ?
— C'est moi.
Et Marmouset retrouva peu à peu son sang-froid et sa présence d'esprit.
M. Woodmans était fort mal à son aise.
Il connaissait la qualité de M. Washburn et le pouvoir occulte dont il jouissait.
Ce dernier s'adressa alors directement à Marmouset.
— Vous n'êtes pas venu seul ici?
— Non certes, dit Marmouset.
— Vous avez amené un fou du nom de Walter Bruce?
— Oui.
— Et un autre appelé Edward Cokeries.
— Précisément.
— Où sont-ils ?
M. Woodmans s'empressa de répondre pour Marmouset :
— Quant à Walter Bruce, dit-il, il est ici et en sûreté.
— Oui, dit M. Washburn, mais l'autre?
— L'autre m'attend à la porte, dit Marmouset.
— Et puis, ajouta M. Washburn, tirant un carnet de sa poche et le consultant, n'avez-vous pas aussi un certain sir Arthur?
— Parfaitement.

— Où est-il ?
— A la porte avec Edward Cokeries.
— Je désirerais les voir tous les deux.

Marmouset se leva.

— Je vais aller vous les chercher, dit-il.
— Fort bien, reprit M. Washburn, mais je vais tout de suite vous dire...

Il s'arrêta et regarda une fois encore Marmouset redevenu impassible.

— Eh bien ? fit celui-ci.
— Je dois vous dire que j'ai reçu de Londres un télégramme.
— Ah !
— Un télégramme vous concernant, vous, monsieur John Bell.
— En vérité ! dit Marmouset toujours calme.
— Ce télégramme, poursuivit M. Washburn, émane de Scotland Yard, c'est-à-dire de la police.
— Eh bien ?
— Et il me donne l'ordre de vous faire enfermer ici, vous, monsieur John Bell, ainsi que les personnes de votre suite.

Marmouset feignit une surprise extrême.

Quant à M. Woodmans, il fit un véritable soubresaut sur son siège et s'écria :

— Mais ne vous trompez-vous point, cher monsieur ?
— Aucunement, dit M. Washburn.
— Songez donc que monsieur est mon collègue ! dit encore M. Woodmans.
— Je le sais.
— Qu'il est directeur de Bedlam...
— D'accord.
— Qu'enfin, acheva M. Woodmans, à bout d'arguments, nous sommes ici dans une maison de fous.
— Sans doute.
— Et que me forcer à retenir chez moi un collègue et ami M. John Bell, c'est le faire passer pour fou. Or, vous voyez...

M. Woodmans n'acheva pas car M. Washburn tira de sa poche le télégramme et lui mit sous les yeux.

Le télégramme, qui portait le timbre de Scotland Yard, était signé R... P.

C'était la griffe du révérend Patterson.

Et certes, cette griffe était sans doute bien connue de M. Woodmans, car il s'inclina avec un respect rempli de terreur.

Le télégramme était ainsi conçu :

« John Bell, directeur de Bedlam, parti de Londres avec deux fous dangereux, Walter Bruce, ancien convict, Edward Cokeries, et un autre personnage nommé sir Arthur.

« Arrêtez-les tous les quatre et enfermez-les maison de fous, île de Man.

« Directeur de ladite maison, répondra d'eux sur sa place, jusqu'à l'arrivée du détective Scotowe, qui aura pleins pouvoirs.

« Entendez-vous avec le capitaine du port de Douglas au besoin. »

Marmouset prit à son tour connaissance du télégramme.

Puis il le rendit à M. Washburn.

— Monsieur, lui dit-il, vous avez des ordres formels, et, certes, ce n'est pas moi qui vous empêcherai de les exécuter. Cependant, je crois devoir vous donner une explication.

— Ah ! parlez, mon cher collègue, parlez, s'écria M. Woodmans. Je suis vraiment au supplice. Un homme tel que vous soupçonné de folie...

Marmouset se prit à sourire.

— Non pas de folie, dit-il, mais de complicité avec les fous.

— Hein ? fit M. Washburn.

— Que voulez-vous dire ? exclama M. Woodmans stupéfait.

— Je vois que ni l'un ni l'autre ne comprenez, dit encore Marmouset, souriant toujours.

— Expliquez-vous donc ? dit l'agent de la Société évangélique.

— Alors écoutez-moi.

Et Marmouset se renversa sur le dossier de son fauteuil et prit une pose nonchalante et dégagée.

Puis s'adressant à M. Woodmans :

— Vous savez, mon cher collègue, dit-il, que, de tout temps, les maisons de fous ont prêté plus ou moins les mains à des crimes mystérieux.

M. Washburn fronça le sourcil.

— Continuez, mon cher collègue, dit M. Woodmans.

— Et Walter Bruce, qui voyage avec moi, n'est point fou.

— Ah, par exemple ! dit M. Woodmans.

— Du moins il ne l'était pas quand il est entré à Bedlam.

— Ah !

— Et c'est à Bedlam qu'il l'est devenu.

— Mais... pourquoi... l'a-t-on enfermé ?

— Il y a de la politique là-dessous.

Et Marmouset cligna de l'œil.

— Au temps qu'il avait toute sa raison, poursuivit Marmouset, il s'est mis en hostilité avec la Société évangélique, dont monsieur est ici le représentant.

M. Washburn s'inclina froidement.

— Et la Société évangélique, ne sachant pas que cet homme était devenu complètement fou, me soupçonne d'avoir cherché à favoriser son évasion.

— Ah ! bien, je comprends, dit M. Woodmans.

— Or donc, continua Marmouset, M. Washburn fait son devoir, vous faites le vôtre et moi le mien. Me voici votre pensionnaire jusqu'à nouvel ordre.

— Oh ! pas pour longtemps, espérons-le, dit M. Woodmans.

— Jusqu'à l'arrivée du détective Scotowe, ajouta le représentant de la Société évangélique.

— Et quand doit-il arriver ?

— Demain, ou peut-être même ce soir.

M. Woodmans respira.

— Un mot encore, dit Marmouset.

Et il se tourna vers M. Washburn.

XCIII

— Vous pensez bien, dit le prétendu M. John Bell, c'est-à-dire Marmouset, vous pensez bien, monsieur, que du moment où on vous a donné l'ordre de me faire arrêter, je sais à quoi m'en tenir sur les petites précautions que vous avez dû prendre.

Le capitaine du port est prévenu ; le navire à

bord duquel je suis arrivé a l'ordre de ne pas reprendre la mer, et la milice de la ville a mon signalement, n'est-ce pas?
— Tout cela est exact, monsieur.
— Donc il ne m'est pas possible de m'échapper.
— Je ne le crois pas, dit M. Washburn.
— Par conséquent, je vais vous demander une petite faveur.
— Si elle est compatible avec les ordres que j'ai reçus...
— Je le crois.
— Alors, parlez, monsieur.
— Je vous ai dit que j'avais laissé à la porte Edward Cokeries et sir Arthur?
— Oui.
— Edward Cokeries est fou; mais sa folie est en voie de guérison.

M. Washburn eut un petit mouvement d'épaules qui signifiait : Qu'est-ce que cela peut me faire?

— Quant à sir Arthur, poursuivit Marmouset, il n'est pas fou le moins du monde.
— Eh bien?
— C'est un gentleman de mes amis qui voyage avec moi pour son agrément et n'est nullement mon pensionnaire.
— Où voulez-vous en venir, monsieur?
— A ceci, que vous ne me refuserez pas d'apprendre moi-même à sir Arthur notre mésaventure.
— Bon!
— Pas plus que vous ne me refuserez la faculté d'employer la ruse pour amener ici Edward Cokeries.
— Qu'à cela ne tienne, dit M. Washburn.
— Ainsi vous me permettez d'aller les chercher?
— C'est-à-dire que je vais aller avec vous.
— Fort bien, dit Marmouset.

Et il se leva.

— Mon cher monsieur John Bell, dit alors M. Woodmans, je suis le maître absolu dans ma maison.
— Cela va sans dire, répondit Marmouset.
— Et vous mangerez à ma table, mon cher collègue.
— Alors vous inviterez sir Arthur aussi?
— Comme vous voudrez.
— Merci, dit Marmouset.

Et il sortit, accompagné de M. Washburn.

Quand ils furent dans le corridor, celui-ci lui dit :

— Mon cher monsieur, je dois vous prévenir d'une chose.
— Laquelle, monsieur?
— Je ne suis pas venu seul ici.
— Ah!
— J'ai laissé devant la maison une demi-douzaine de policemen.
— Vraiment, monsieur?
— Et si vous tentiez, une fois dehors, de prendre la fuite, ils vous arrêteraient aussitôt.
— Oh! monsieur, dit Marmouset, rassurez-vous. Vous n'aurez nul besoin d'en venir là. Je suis un gentleman et je vous donne ma parole d'honneur...
— C'est bien, dit M. Washburn.

Et ils continuèrent leur chemin.

Arrivés à la grille, Marmouset ajouta :

— Permettez-moi de dire un mot à l'oreille de sir Arthur.
— Faites, répondit M. Washburn.

Et il se mit à distance.

Alors Marmouset, ayant franchi la grille, s'approcha vivement de lord William et d'Edward Cokeries et leur dit :

— Je n'ai pas le temps d'entrer dans des explications. Nous sommes prisonniers.

Lord William pâlit.

— Rassurez-vous, poursuivit Marmouset, l'homme gris ne peut tarder à venir, et il nous délivrera. Pour le moment écoutez-moi bien.
— Voyons? fit lord William.
— Vous allez me suivre à l'intérieur de cette maison.
— Bon!
— Je ne m'appelle plus sir Arthur.
— Comment vous nommez-vous donc?
— Je suis M. John Bell...
— Mais...
— Je vous expliquerai cela plus tard. Et vous, vous êtes sir Arthur.
— Moi!
— Oui, vous. Venez.

Et Marmouset prit lord William par le bras et le présenta à M. Washburn, disant :

— Voilà sir Arthur, le gentleman dont je vous ai parlé.

Mais au moment où M. Washburn allait leur faire franchir à tous trois la grille de la maison de fous, un homme s'approcha de Marmouset.

C'était Georges Black, le matelot.

Et Georges Black lui fit un signe mystérieux qui voulait dire :

— Ne craignez rien, moi et nos frères nous veillons sur vous...

. . . .

Une heure après, Marmouset et lord William, l'un sous le nom de M. John Bell, l'autre se laissant appeler sir Arthur, étaient les pensionnaires de M. Woodmans.

M. Washburn était parti.

M. Woodmans se confondait en excuses auprès de celui qu'il persistait à appeler son cher collègue.

Et Marmouset lui disait en souriant :

— Ne vous tourmentez pas ainsi, mon cher ami, le détective Scotowe ne peut tarder d'arriver et tout s'expliquera à notre satisfaction mutuelle.

Marmouset et lord William furent logés dans le pavillon du directeur et mangèrent à sa table.

Edward Cokeries ne fit aucune difficulté de s'accommoder d'une cellule de fou.

Quant au véritable M. John Bell, il faut en convenir, il n'avait aucun agrément.

Les infirmiers, obéissant à la consigne qu'ils avaient reçue, lui avaient administré une douche.

M. John Bell avait crié, juré, tempêté.

Alors on lui avait mis la camisole de force.

Il avait eu beau protester, crier bien haut qu'il était M. John Bell, médecin aliéniste et directeur de Bedlam, il avait réclamé vainement la visite de M. Woodmans.

M. Woodmans n'était point venu.

Et comme on ne parvenait pas à le calmer, on avait

eu recours à une deuxième douche, puis à une troisième.

La journée s'était écoulée ainsi, puis la nuit.

Le lendemain matin, Marmouset et lord William, qui partageaient la même chambre, étaient encore au lit quand la porte s'ouvrit. M. Woodmans entra tout joyeux.

— Ah! dit-il, je crois que tout va s'expliquer, mon cher collègue. Je vous amène M. Scotowe, qui vient d'arriver.

Et il s'effaça pour laisser entrer un second personnage.

Marmouset eut toutes les peines du monde à se contenir et à ne pas pousser un cri.

L'homme qui entrait, celui que M. Woodmans appelait M. Scotowe, était Rocambole lui-même.

Rocambole qui, derrière M. Woodmans, posa un doigt sur ses lèvres...

XCIV

Rocambole n'était pas seul.

Il était accompagné de M. Washburn.

Et M. Washburn ne doutait pas qu'il n'eût affaire au détective Scotowe.

Une heure auparavant, une barque pontée était entrée dans le petit port de Douglas.

Un homme avait sauté lestement sur le quai.

Un matelot l'y attendait.

Et ce matelot était George Black, le fénian.

George et Rocambole se connaissaient, ils s'étaient vus à Londres.

Mais Rocambole, qui avait reconnu le fénian, fut obligé néanmoins de recourir au signe mystérieux, car George Black ne le reconnaissait pas.

Avec cette merveilleuse aptitude qu'il possédait de changer de vêtements, de tournure et même de visage, Rocambole avait étudié la tête, la démarche et les allures de M. Scotowe, et était pour ainsi dire entré dans la peau du détective.

Il était devenu gras, chauve, rubicond ; il avait de gros favoris grisonnants taillés en côtelettes, et il portait sous le bras un volumineux portefeuille.

Milon qui l'avait vu faire ce bout de toilette, à bord de la barque pontée, s'en était quelque peu étonné.

Mais Rocambole avait répondu :

— Je ne crois pas que M. Washburn ait jamais vu M. Scotowe, mais enfin il faut tout prévoir.

Ce ne fut qu'après le signe mystérieux que George Black reconnut l'homme gris.

— Je suis M. Scotowe, dit celui-ci en souriant.

— Ah! fort bien, je comprends.

— Et voici ses papiers, ajouta Rocambole en montrant le portefeuille.

— Mais, dit George, le vrai Scotowe, où est-il ?

— Oh! répondit Rocambole en souriant, il n'y a pas à nous occuper de lui.

— Ah !

— Il ne viendra pas ici.

— Je comprends.

— Où sont mes amis ? demanda encore Rocambole.

— M. Washburn les a fait enfermer hier.

— Où cela ?

— Dans la maison de fous.

— Tous ?

— Tous. Seulement sir Arthur s'est bien amusé.

— Comment ? fit Rocambole qui avait quelque orgueil de son élève.

George Black lui raconta alors la plaisante idée qu'avait eue Marmouset de se faire passer pour M. John Bell, et de donner celui-ci pour lord William.

Et quand il eut fini, Rocambole dit à George Black :

— Il a, sans le savoir, simplifié ma besogne. Où demeure M. Washburn ?

— Ici près.

— Conduisez-moi chez lui.

George Black obéit, et quelques minutes après, Rocambole frappait à la porte du représentant de la terrible Société évangélique.

La métamorphose de Rocambole était d'ailleurs inutile. M. Washburn n'avait jamais vu le détective Scotowe, mais il ne douta nullement de son identité, lorsque Rocambole lui eut mis sous les yeux les divers papiers de M. Scotowe et la fameuse lettre de crédit signée par le révérend Patterson.

M. Washburn lui rendit compte de sa mission.

— Ils sont tous enfermés, dit-il.

— Vous pensez bien, lui dit Rocambole, que nous ne tenons pas à garder M. John Bell, ni son ami le gentleman sir Arthur ; et si le révérend a d'abord donné l'ordre de les arrêter, c'était pour être bien sûr que le fou Walter Bruce ne nous échapperait pas.

— Fort bien, dit M. Washburn. Et l'autre fou ?

— Edward Cokeries ?

— Oui.

— Oh ! celui-là, je le réintégrerai à Bedlam à mon retour à Londres.

— Alors nous devons garder ici lord William ?

— Monsieur, dit sévèrement le faux Scotowe, ne prononcez jamais ce nom. Sachez qu'il n'y a pas, qu'il n'y a jamais eu de lord William.

M. Washburn s'inclina.

— Il n'y a qu'un ancien convict du nom de Walter Bruce, et cet homme est devenu fou.

— Ainsi vous allez laisser Walter Bruce ici ?

— Jusqu'à nouvel ordre.

— Et vous rendrez la liberté à M. John Bell ?

— C'est-à-dire que je le ramènerai en Angleterre, et là peut-être aura-t-il un compte sévère de sa conduite à rendre au lord chief-justice.

— J'espère que tout au moins, dit M. Washburn il sera destitué.

— Quant à cela, n'en doutez pas.

M. Washburn avait donc conduit le faux M. Scotowe à la maison de fous.

Comme sir William n'avait jamais vu Rocambole, il ne sut pas tout d'abord s'il avait affaire réellement ou non à M. Scotowe.

Mais il ne souffla mot, car Marmouset lui avait imposé silence du regard.

On devine la scène qui suivit.

Marmouset, prenant au sérieux le rôle de M. John Bell, se répandit en récriminations et accabla de reproches M. Scotowe.

Rocambole, qui jouait à ravir le rôle de détective, se confondit en excuses.

Il ajouta même que M. John Bell serait indemnisé par le gouvernement, pour le préjudice qu'on lui avait causé en l'arrêtant illégalement.

M. Patterson saisit la crinière de son cheval et M. Scotowe l'imita. (Page 160.)

Seulement il lui fit un petit bout de morale qu'il termina par ces mots :

— Le convict Walter Bruce est un homme fort dangereux que la justice anglaise a le plus grand intérêt à ne jamais perdre de vue, et vous avez commis une grave imprudence en l'emmenant avec vous.

— Vraiment? fit le faux M. John Bell d'un air naïf.

— Certainememt; car s'il se fût évadé, vous auriez eu un compte sévère à rendre.

— Est-ce que vous allez me le laisser ici? demanda M. Woodmans.

— Oui, monsieur, et prenez bien garde qu'il s'échappe.

— Oh! répondit M. Woodmans, ne craignez pas cela. D'ailleurs, je lui laisserai la camisole de force nuit et jour, et on le douchera d'importance.

. . . .

Deux heures plus tard, Rocambole, Marmouset, lord William, Edward Cokeries et Milon étaient à bord du steamer commandé par le capitaine Robert Wallace.

— Ah çà, maître, dit alors Marmouset, où allons-nous, maintenant?

20ᵉ LIVRAISON.

— En Irlande.

— Bah! qu'allons-nous y faire?

— Chercher les trésors et les parchemins de ce pauvre M. John Bell, répondit Rocambole en riant.

Et le steamer pour qui le faux Scotowe avait fait lever la consigne, quitta le port de Douglas et mit le cap sur l'Irlande.

XCV

Sir Archibald, pendant ce temps, était allé, on s'en souvient, chez le révérend Patterson.

Mais le révérend était absent de chez lui.

On avait même répondu à sir Archibald qu'on ne savait pas si le révérend rentrerait.

Et, en effet, le révérend n'était pas rentré.

Il avait bien autre chose à faire, vraiment, que de s'en revenir dans Elgin-Crescent.

On s'en souvient encore, le chef occulte de la Société évangélique avait un bureau dans Oxfort street.

C'était là qu'il traitait toutes les affaires mystérieuses qui se rattachaient à la prospérité et au bien-être de cette vaste association dont il tenait entre ses mains tous les rouages et tous les fils.

Le révérend avait donc passé à son bureau d'Oxfort street le lendemain du départ de M. Scotowe, et il y avait trouvé une dépêche du détective.

M. Scotowe lui annonçait qu'il partait pour Douglas, dans l'île de Man.

Le surlendemain, qui était précisément le jour où sir Archibald se présenta chez lui, le révérend reçut par la poste, non plus une dépêche, mais une lettre de M. Scotowe.

Cette lettre, on se le rappelle, le détective l'avait écrite sous menace de mort, et c'était Rocambole, qui l'avait dictée.

Le paraphe, le signe mystérieux, tout y était.

Quand il eut pris connaissance de cette lettre, le révérend Patterson éprouva une immense joie.

Lord William était en sûreté.

De plus, M Scotowe lui offrait de partager un trésor.

Or cet homme qui vivait plus que simplement et paraissait complétement détaché des biens de ce monde, ce fanatique religieux qui rêvait la domination de l'univers, aimait l'or non pour lui, mais pour la somme de puissance que l'or pouvait lui donner.

Il ne songea pas un seul instant à mettre en doute la sincérité de la lettre de M. Scotowe.

Le détective lui donnait rendez-vous à Cork, qui est un port du sud de l'Irlande.

— Il faut partir, pensa-t-il.

Et il ne rentra point dans la maison d'Elgin-Crescent: il se contenta de faire une petite valise avec le peu de linge et de vêtements qu'il avait dans Oxfort street, prit son sac de voyage, remplaça sa longue redingote noire, sa cravate blanche et son chapeau noir à tuyau de poêle par un costume marron, une suite, comme disent les Anglais, et un petit chapeau d'étoffe de forme ronde.

Puis, ainsi équipé, il monta dans un cab et se fit conduire au railway de Liverpool.

Le lendemain matin, M. Patterson était à bord d'un steamer qui levait l'ancre.

Il y a deux services à Liverpool pour l'Irlande.

L'un s'effectue entre Liverpool et Dublin.

Le second entre Cork et Liverpool.

M. Patterson ne songea même pas au premier de ces deux services.

Cependant, s'il eût été prudent, il aurait dû relâcher à l'île de Man et s'assurer par lui-même que lord William s'y trouvait, enfermé dans la maison de fous.

Mais il avait confiance en M. Scotowe.

Et puis il était pressé d'arriver à Cork.

Il prit donc le steamer qui se dirige sur cette dernière ville, en droite ligne, sans toucher à l'île de Man.

La mer était mauvaise.

Le révérend, qui n'avait pas le cœur solide, passa le jour et la nuit suivit couché dans son cadre, se tordant les boyaux et refusant toute nourriture.

Mais l'appât des trésors de M. John Bell soutenait son courage, et quand enfin la terre d'Irlande fut signalée, le révérend fit appel à toute son énergie et monta sur le pont.

Le gros temps qui avait régné pendant la nuit s'était calmé.

La mer était bien encore houleuse, mais le vent était tombé et le steamer marchait sous vapeur.

Le jour naissait, le soleil allait bientôt paraître dans un ciel d'un gris froid et terne ; et la verte Erin émergeait du sein des flots avec ses plaines vertes et ses collines bleues.

Le révérend se mit à respirer l'air du matin à pleins poumons.

Trois ou quatre passagers faisaient comme lui et se promenaient de long en large sur le pont.

L'un d'eux salua le révérend.

Le révérend, un peu surpris, lui rendit son salut.

Alors le passager vint à lui, disant :

— Je vois que Votre Honneur ne me reconnaît pas.

Le révérend tressaillit et regarda plus attentivement son interlocuteur.

— Il est possible que je vous aie vu, monsieur, dit-il, mais il m'est impossible de me rappeler en quel endroit.

— Mon révérend, répondit le gentleman, je me nomme Shoking.

Ce nom produisit sur M. Patterson l'effet d'un coup de tonnerre.

Shoking, c'était l'ami, le compagnon de l'homme gris.

— Excusez-moi, reprit Shoking, tandis que le révérend demeurait bouche béante, mais j'ai toujours été quelque peu causeur de ma nature... et ayant la bonne fortune de reconnaître Votre Honneur....

— Après? dit sèchement M. Patterson.

— Je vais en Irlande comme vous, poursuivit Shoking.

— Fort bien, dit le révérend.

Et il tourna le dos à Shoking.

Une vague et mystérieuse terreur s'était emparée du révérend Patterson.

Pourquoi Shoking était-il à bord de ce steamer?

Et n'était-ce pas l'homme gris qui l'avait mis à ses trousses?

Il s'écoula une heure encore avant que le steamer entrât dans le port de Cork.

M. Patterson était au supplice.

Il regardait Shoking du coin de l'œil.

Mais Shoking paraissait ne plus faire attention à lui.

Enfin les passagers mirent pied à terre.

M. Patterson, une fois sur le quai, regarda autour de lui.

Il espérait voir M. Scotowe.

Mais il eut beau chercher, il n'aperçut point le détective.

En revanche, un homme s'approcha de lui :

— N'est-ce pas au révérend Patterson que j'ai l'honneur de parler? dit-il.

— Oui, répondit M. Patterson de plus en plus distrait.

— C'est M. Scotowe qui m'envoie, répondit cet homme.

Et, comme preuve à l'appui, il tira de sa poche une lettre, qu'il remit au chef de la Société évangélique.

XCVI

Le révérend Patterson prit la lettre, l'ouvrit et lut :

« M. John Bell n'était pas le seul qui eût vent des trésors enfouis par ses aïeux.

« Il s'est formé ici une association de féniens qui se sont mis à la recherche de ces trésors.

« Mais, jusqu'à présent, ils ne sont pas sur la bonne piste, tandis que j'y suis.

« Seulement, mon révérend, il faut que nous prenions mille précautions, et je n'ai pas jugé prudent de vous attendre à Cork, ainsi que la chose était indiquée par ma précédente lettre.

« L'endroit où les trésors sont enfouis est situé à six milles de Cork.

« Je vous attends à moitié chemin.

« Suivez la personne qui vous remettra la lettre.

« C'est un homme sûr.

« Scotowe. »

C'était bien l'écriture du détective, c'était bien sa signature.

Et le révérend Patterson ne mit pas un seul instant en doute son authenticité.

Il regarda alors le messager.

C'était un homme jeune, dont le costume annonçait un matelot.

Mais il suffisait de regarder ses mains fines et blanches et son visage, qui ne portait aucune trace du hâle de la mer, pour être convaincu que ce costume était un déguisement.

— Vous êtes un homme à M. Scotowe? fit le révérend.

— Oui, répondit-il en clignant de l'œil.

— Eh bien! je suis prêt à vous suivre.

Et le révérend Patterson regarda encore furtivement autour de lui.

Il craignait d'apercevoir ce maudit Shoking, qui certainement ne venait en Irlande que pour l'espionner.

— Venez, dit le prétendu matelot.

Et il entraîna le révérend loin du port.

Puis il le fit entrer dans un dédale de petites ruelles humides et sombres, dans lesquelles grouillait une population famélique et à moitié nue.

Plusieurs fois, en chemin, le révérend se retourna.

Il croyait toujours voir Shoking derrière lui.

En même temps ce n'était pas sans une certaine appréhension qu'il passait au milieu de cette population catholique et ennemie de l'Angleterre, lui, le plus redoutable ennemi du catholicisme.

Mais il n'eut aucune défiance à l'égard de son guide.

La lettre de M. Scotowe le rassurait.

Enfin le prétendu matelot s'arrêta au fond d'une sorte d'impasse.

— C'est ici, dit-il.

Le révérend leva la tête et vit une branche de houx se balançant au-dessus d'une porte.

Il reconnut une auberge.

— Qu'allons-nous donc faire là-dedans? dit le révérend étonné.

— Monsieur, répondit son guide, M. Scotowe ne juge pas prudent que vous sortiez de Cork en plein jour.

— Ah! vraiment.

— Il faut attendre la nuit.

— Bon!

— Et je vous ai conduit ici parce que cette auberge est loin du port, loin des hôtels où descendent les étrangers, et que les personnes qui peuvent avoir intérêt à vous suivre ne viendront pas vous chercher ici.

Le révérend Patterson ne fit aucune objection, et il entra dans l'auberge à la suite de son guide.

L'auberge était encombrée de matelots, de calfats et de toutes sortes de gens de mer.

On y buvait, on y mangeait, on y chantait, et on s'y querellait.

Personne ne fit attention aux nouveaux venus.

Le prétendu matelot, toujours suivi par le révérend, traversa la salle commune, dit quelques mots au land-lord qui était assis à son comptoir, prit une clef accrochée au mur et gagna un escalier en bois qui se trouvait dans un coin.

Puis il monta au premier étage et ouvrit une porte.

— Voilà ma chambre, dit-il, et vous êtes ici chez vous.

— Ah! dit M. Patterson, vous logez dans cette auberge?

— Oui, monsieur.

— Alors je vais rester ici?

— Jusqu'à ce soir. On vous apportera à déjeuner tout à l'heure, et je viendrai partager votre dîner.

La chambre était plus que modestement meublée.

Elle prenait jour sur la rue par une fenêtre à guillotine.

La fenêtre anglaise par excellence.

Le révérend Patterson eût certes préféré un autre logis, mais il savait s'accommoder de tout au besoin.

Il eût certainement préféré partir tout de suite; mais il avait confiance dans la prudence de M. Scotowe, et il se résigna.

Le faux matelot le quitta en disant :

— Je vais tout préparer pour notre départ.

M. Patterson demeura donc seul.

Une heure après une servante lui monta du thé, du jambon et des œufs.

Il déjeuna d'assez bon appétit, bien que la présence de Shoking à Cork ne laissât pas que de l'inquiéter de plus en plus.

Son repas fini, il se mit à la fenêtre.

Il avait toujours peur, chaque fois qu'un passant traversait la rue, de reconnaître Shoking dans ce passant.

La journée lui parut longue.

Enfin, comme la nuit arrivait, la porte de sa chambre se rouvrit et le faux matelot reparut.

— Je me suis procuré des chevaux, dit-il, nous allons souper, puis nous partirons.

Le révérend Patterson prit ce deuxième repas, qui se composa de roastbeef, de pommes de terre et d'un morceau de pudding, avec non moins d'appétit.

Quand il eut vidé son dernier verre de pale ale, la nuit était complétement venue.

— Voici le moment, dit le faux matelot.

Et il jeta sur les épaules du révérend un gros caban de mer, en ajoutant :

— Vous ne risquez rien de mettre le capuchon ; il fera froid cette nuit, et il vient une petite brise qui coupe les oreilles.

M. Patterson suivit cette recommandation.

Puis ils descendirent.

Deux petits chevaux irlandais à tous crins, de cette race solide et agreste qui a fait la réputation hippique de la verte Erin, piaffaient à la porte de l'auberge, avec une peau de mouton sur le dos en guise de selle et une corde dans la bouche tenant lieu de bride.

M. Patterson, qui était grand, enfourcha sa monture, et ses pieds touchaient presque le sol.

— Allons ! en route, dit le faux matelot.

Et les deux petits chevaux partirent ventre à terre, arrachant au pavé inégal et pointu des rues tortueuses des myriades d'étincelles.

XCVII

C'est chose commune à Cork, la petite ville irlandaise, de voir des gens à cheval traverser ses rues au grand galop de ses poneys à tous crins, qu'on monte sans selle ni bride. Les paysans des environs viennent journellement s'approvisionner à la ville, et ils s'attardent volontiers dans les cabarets à boire du gin et de l'eau-de-vie de pomme de terre.

Aussi personne ne prit garde à M. Patterson et à son guide.

Ils sortirent de Cork et se trouvèrent sur la pente assez raide d'une colline.

Les petits chevaux galopaient avec peine.

M. Patterson était Anglais, et tout Anglais de distinction, laïque ou clergyman, est bon cavalier.

Son guide ne soufflait pas un mot.

Cependant, quand ils furent en haut de la colline, ils s'arrêtèrent un moment.

La nuit était sombre et le brouillard commençait à couvrir la mer au loin.

Derrière les voyageurs, au-dessus d'eux, la ville, le port, déjà perdus dans la brume, n'étaient plus trahis que par les lueurs rougeâtres du gaz.

Devant eux s'étendait une succession confuse de plaines, de vallons, de forêts.

Tout cela noir, perdu dans l'obscurité, mystérieux comme l'inconnu.

— Il faut rester un moment ici, dit le faux matelot.

— Pourquoi ? demanda le révérend Patterson.

— Parce que j'attends un signal.

— Ah ! et ce signal ?...

— C'est M. Scotowe qui doit nous le faire.

Le révérend ne comprenait pas bien.

Aussi le faux matelot compléta sa pensée.

— M. Scotowe va nous faire signe d'avancer ou de reculer, cela dépend.

— Comment ?

— Nous avancerons si tout est prêt pour les fouilles.

— Et si ce n'est pas prêt ?

— Nous retournerions à Cork, en ce cas.

M. Patterson frissonna et se souvint de Shoking.

— Mais ce cas est improbable, ajouta le guide du révérend.

M. Patterson respira.

— M. Scotowe est donc tout près de nous ? dit-il.

— Non. Il doit être à plus de trois lieues d'ici.

— Alors comment peut-il nous faire un signal ?

— Tenez, voyez plutôt...

Et le guide tendit la main vers la mer.

Une lueur brillait à l'horizon.

On eût dit une étoile perçant le brouillard.

Mais c'était bien réellement un feu allumé par la main des hommes.

— Alors, nous pouvons avancer ? dit le révérend.

— Pas encore.

— Hein ?

— Si un second feu s'allume tout auprès de celui-là...

— Eh bien.

— Alors nous continuerons notre chemin.

— Ah ! fort bien.

— Mais si dans un quart d'heure ce feu-là brille toujours seul, il faudra redescendre à Cork.

M. Patterson prit sa montre, qui était à répétition, et la fit sonner.

— Huit heures un quart, dit-il. Attendons... Mais tout aussitôt, à une faible distance du premier feu, un autre brasier s'alluma.

— En avant ! dit le faux matelot, en avant.

Et il lança son cheval sur une pente rapide, disant à M. Patterson :

— Ne cherchez pas à guider votre cheval, fiez-vous à lui.

Pendant une heure, le révérend, toujours précédé par son guide, fut emporté dans une course furibonde presque fantastique, descendant des ravins, sautant les haies et les fossés, tantôt foulant de grasses prairies, tantôt galopant à travers des landes pierreuses.

Les deux brasiers flamboyaient toujours à l'horizon.

— Halte ! cria tout à coup le guide.

Et il arrêta brusquement son cheval.

M. Patterson l'imita.

Puis le révérend regarda devant lui.

Dans la nuit sombre se détachaient deux silhouettes complétement noires.

Et ces silhouettes montaient et venaient à la rencontre de M. Patterson.

— Voilà M. Scotowe, dit le guide.

— Ah ! fit le révérend.

Et il lui sembla qu'on lui enlevait un poids énorme de dessus la poitrine.

En effet, les silhouettes approchaient encore ; bientôt des voix humaines parvinrent à l'oreille de M. Patterson.

— C'est vous, monsieur Patterson ? dit l'une d'elles.

— C'est moi, répondit le révérend.

M. Scotowe n'était pas seul, comme on le voit.

Un homme l'accompagnait.

Quel était-il?
Le révérend Patterson n'aurait pu le dire.
La nuit était sombre, et d'ailleurs cet homme avait jeté sur ses épaules un caban de matelot dont il avait rabattu le capuchon sur son visage, sans doute pour le préserver des âpres morsures de la bise.

M. Patterson serra la main de M. Scotowe.
— Vous le voyez, dit-il, je suis exact.
— Très-exact, répondit M. Scotowe.

Et il eut comme un accent de tristesse.
— Il manque d'enthousiasme, il me semble, pensa M. Patterson. N'aurait-il pas découvert l'endroit où sont les trésors?
— Marchons, dit encore le détective.

Et il se plaça à côté du révérend qui avait mis son cheval au pas.
Puis il marcha silencieusement.
— Eh! monsieur Scotowe, dit le révérend, vous paraissez soucieux?
— Moi? Nullement, répondit M. Scotowe.
— Sommes-nous loin encore?
— Assez loin.

Et le détective retomba dans son mutisme.
Le compagnon mystérieux de M. Scotowe n'avait pas prononcé un mot.
Le révérend éprouva de nouveau une vague inquiétude.
— Tout cela me semble fort bizarre, murmura-t-il.

En ce moment, un bruit lointain, le galop d'un cheval, parvint à son oreille.
Un cavalier arrivait derrière eux bride abattue.
Alors le silencieux compagnon du détective se retourna, posa deux doigts sur sa bouche et fit entendre un coup de sifflet doucement modulé.
M. Patterson eut un battement de cœur...

XCVIII

Le cavalier qui galopait derrière M. Scotowe et le révérend paraissait dévorer l'espace.
En effet, il eut bientôt rejoint la petite troupe.
Alors le révérend le vit ranger son cheval côte à côte de celui de son guide.
Quel était cet homme?
D'abord on ne pouvait guère voir son visage : il était pareillement affublé d'un caban dont le capuchon était rabattu.
Ensuite il ne prononça pas un seul mot.
Le révérend Patterson se dit :
— C'est un des hommes enrôlés par M. Scotowe, et M. Scotowe est un homme prudent et intelligent.

Tandis que le révérend se livrait à cet éloge mental de M. Scotowe, celui-ci ne prononçait pas une parole et cheminait le front penché.
Cet aspect taciturne avait déjà quelque peu inquiété M. Patterson.
Il y avait environ dix minutes que le cavalier avait rejoint la petite troupe, quand un nouveau bruit de galop se fit entendre.
La même scène recommença.
Le compagnon mystérieux fit entendre un second coup de sifflet, et un second cavalier vint bientôt grossir la petite caravane.

Alors M. Patterson n'y tint plus.
— Ah çà ! mon cher M. Scotowe, dit-il, vous allez m'expliquer tout cela, j'imagine?

A ces paroles, le compagnon du détective se retourna à demi.
Il leva même un singulier regard sur M. Patterson.
M. Patterson tressaillit. Son regard avait rencontré un regard, et, au milieu des ténèbres, ils s'étaient heurtés, lumineux comme deux lames d'épée d'où jaillit une étincelle.
M. Scotowe fit mine de n'avoir pas entendu.
Le révérend renouvela sa question :
— Mon cher monsieur, répéta-t-il, est-ce que nous allons prendre comme ça des compagnons de route de distance en distance?
— Non, dit M. Scotowe, c'est fini.

Il prononça ces mots du ton d'un homme qui s'arrache à une méditation profonde.
Et il retomba aussitôt dans son mutisme et sa rêverie.
La caravane avançait toujours.
Elle suivait maintenant un sentier ardu qui serpentait au flanc d'une colline taillée en pain de sucre.
Tout en haut de cette colline les deux brasiers projetaient dans le ciel noir leurs dernières lueurs.
M. Patterson s'impatienta.
— Mon cher monsieur Scotowe, dit-il, vous me permettrez de vous dire que je trouve tout cela extraordinaire.
Le détective releva la tête.
— Ah! dit-il.
— Enfin nous allons, j'imagine, à la recherche du trésor?
— Oui, monsieur.
— Et tous ces gens-là viennent avec nous?
— Oui, dit encore le détective.

Ce fut tout. Il n'y avait pas moyen de lui arracher une parole.
M. Patterson se rejeta sur le prétendu matelot qui lui avait servi de guide.
— Hé ! l'ami! fit-il.
— Que désirez-vous, monsieur ?
Le révérend se pencha sur sa selle, et approchant ses lèvres de l'oreille du cavalier :
— M. Scotowe ne me paraît pas de bonne humeur, ce soir, dit-il.
— Il y a des jours comme ça, monsieur.
— Vous le connaissez depuis longtemps?
— Oh! certainement. Nous avons travaillé ensemble plusieurs fois, monsieur.
— Enfin, approchons-nous?
— Je le crois.
— Vous n'en êtes donc pas sûr?
— Pas aussi sûr que M. Scotowe, qui a déjà reconnu les lieux.
— Mais pourquoi emmenons-nous tout ce monde-là avec nous? dit encore le révérend, que le piéton et les deux autres cavaliers inquiétaient fort.
— Il paraît que M. Scotowe en a besoin.
— Pourquoi faire?
— Pour s'assurer des trésors.

Et le guide du révérend trouva qu'il avait fort nettement répondu à toutes les questions que M. Patterson lui avait posées et qu'il avait, lui aussi, le droit de garder à son tour le silence.

On arriva enfin au sommet de la colline.

— Halte! cria le compagnon de M. Scotowe.

C'était la première fois qu'il parlait.

Tout le monde s'arrêta, et alors M. Patterson put examiner le lieu où il était.

C'était un plateau assez étroit, couronné par quelques arbres rabougris.

On avait allumé deux feux sur ce plateau, et tous deux commençaient à s'éteindre faute d'aliments.

Était-ce donc là que les ancêtres de M. John Bell avaient enfoui leurs trésors et leurs parchemins?

Le guide mit pied à terre.

Sur un signe impérieux de cet homme, qui paraissait commander à M. Scotowe lui-même, les autres cavaliers l'imitèrent.

En même temps le révérend, d'abord ébloui par la lumière que le feu projetait, le révérend s'aperçut que d'autres hommes se trouvaient sur le plateau.

Ils étaient couchés autour de l'un des brasiers, et ils se tenaient un à un, étirant les bras, se frottant les yeux, comme des gens qui dormaient conscienceusement et qu'on vient d'éveiller en sursaut.

M. Patterson eut un geste d'effroi.

Et s'adressant de nouveau à M. Scotowe :

— Mais, dit-il, à quoi servent tous ces gens-là? En avons-nous donc besoin?

— Il paraît que oui, dit M. Scotowe.

Les cavaliers avaient débarrassé leurs chevaux de la corde qui leur servait de bride.

Et les animaux rendus à la liberté s'étaient mis à brouter tranquillement l'herbe qui couvrait le sol.

M. Patterson, cependant, n'avait pas quitté sa selle.

Son guide, qui avait mis pied à terre, s'approcha de lui.

— Ah çà, monsieur, lui dit-il, est-ce que vous ne descendez pas?

— Allons-nous donc rester longtemps ici?

— Jusqu'au jour.

— Pourquoi?

— Mais parce que nous ne pourrions pas continuer notre chemin la nuit.

— Je croyais que l'*endroit* était ici près?

— Oui, de l'autre côté de la colline, dans un ravin profond, escarpé, où descendre la nuit serait s'exposer à une mort certaine.

Tandis que le guide donnait ces explications à M. Patterson, le mystérieux compagnon de M. Scotowe faisait jeter du bois dans les deux brasiers.

Il se trouva en ce moment dans un rayon de clarté et il avait rejeté son capuchon en arrière.

M. Patterson le regarda.

Cet homme avait un visage qui était parfaitement inconnu au révérend.

Et cependant, leurs regards s'étant rencontrés de nouveau, M. Patterson éprouva un véritable sentiment d'épouvante, détourna les yeux et les reporta sur M. Scotowe.

M. Scotowe baissait la tête comme un homme condamné à quelque mystérieux et terrible châtiment.

XCIX

Les chevaux, débarrassés de leurs couvertures et de leurs bridons, s'étaient donc mis à paître fort tranquillement.

Les hommes, couchés auprès du feu et qui s'étaient relevés un moment, se recouchèrent.

Le mystérieux compagnon de M. Scotowe se roula dans son manteau et s'étendit tout de son long sur la terre les pieds vers le brasier.

Tout le monde l'imita, même M. Scotowe.

Le révérend Patterson commençait à être fort inquiet.

Cependant il était loin de soupçonner la vérité tout entière.

Mais les allures de M. Scotowe étaient si singulières, qu'un homme moins défiant que lui eût éprouvé les mêmes angoisses.

Couché comme les autres auprès du brasier le plus large, le révérend se posait plusieurs questions et avait du mal à les résoudre.

Il se disait par exemple que M. Scotowe avait bien mis du monde dans la confidence.

Était-il besoin de huit ou dix hommes pour déterrer quelques sacs pleins d'or et une cassette renfermant des parchemins?

Et ces gens-là auraient-ils une part proportionnelle dans la trouvaille, ou bien étaient-ce de simples mercenaires?

M. Patterson avait peine à croire à cette dernière hypothèse.

Enfin, pourquoi M. Scotowe était-il si taciturne?

Pourquoi le compagnon qu'il s'était choisi pour venir à la rencontre du révérend paraissait-il le véritable chef de l'expédition?

Toutes ces questions, toutes ces suppositions se heurtaient dans le cerveau un peu troublé de M. Patterson.

Il se prit même, un moment, à taxer sa conduite de folie, et à regretter sa paisible maison d'Elgin-Crescent et son bureau d'Oxfort street.

Il se demanda même si son voyage n'était pas un voyage inutile, et si les trésors promis existaient réellement.

Enfin, il y avait un point plus obscur encore pour lui que tous les autres.

Pourquoi M. Scotowe, qui n'avait fait le métier de détective que pour vivre, avait-il éprouvé le besoin de partager les trésors avec lui, c'est-à-dire avec la Société évangélique?

Tandis que le révérend se demandait tout cela, le campement s'était tout à fait organisé.

Deux hommes étaient debout aux deux extrémités des brasiers.

Les autres étaient couchés et dormaient.

Les deux hommes qui se promenaient à petits pas, s'arrêtant parfois pour prêter l'oreille, étaient des sentinelles.

On redoutait donc un danger?

Le révérend s'était couché côte à côte de M. Scotowe.

Celui-ci faisait semblant de dormir.

Enfin le révérend n'y tint plus.

Il poussa le détective du coude.

M. Scotowe ouvrit les yeux.

— Mon cher monsieur, lui dit tout bas M. Patterson, il faut vous expliquer loyalement avec moi.

— Ah! dit le détective.

Et il attacha sur le révérend un étrange regard.

— Pourquoi nous sommes-nous arrêtés ici?

— Parce que... balbutia M. Scotowe, il paraît... que le ravin est profond... et qu'on ne saurait... sans danger... y descendre pendant la nuit.
— Monsieur Scotowe, vous me trompez !
Le détective ne répondit pas.
— Vous m'avez attiré dans un piége, poursuivit le révérend espérant toutefois que le détective allait protester.
Mais M. Scotowe se borna à balbutier quelques mots inintelligibles.
— Répondez, reprit M. Patterson.
Et, quoique parlant à voix basse, il avait pris un ton impérieux.
— Je ne le puis, répondit M. Scotowe.
Le détective s'était rapproché du révérend et il avait approché les lèvres de l'oreille de M. Patterson.
Et d'une voix faible comme un souffle il murmura :
— Ne jetez pas un cri, ne faites pas un mouvement, ou nous sommes perdus.
M. Patterson sentit son front s'inonder de sueur.
Le compagnon au regard étrange semblait dormir en ce moment, et il était assez loin de M. Scotowe et du révérend pour que, le crépitement du feu couvrant leurs paroles, il ne pût les entendre.
M. Scotowe reprit :
— Je ne suis pas libre.
— Vraiment ! fit M. Patterson.
— Je vous ai écrit sous menace de mort.
Le cœur du révérend battit violemment.
— Je ne sais pas s'il y a un trésor, continua le détective.
— Mais alors?..
— Et si je vous ai fait venir, c'est qu'on m'a dicté la lettre que je vous ai écrite un poignard sur la gorge.
M. Scotowe parlait d'une voix étranglée.
— Ainsi, fit M. Patterson, nous sommes prisonniers ?
— Oui.
— Prisonniers de qui ?
M. Scotowe ne répondit pas tout d'abord.
Puis il se décida à ajouter :
— Nous sommes prisonniers de cet homme qui commande aux autres.
— Quel est cet homme?
M. Scotowe se tut encore.
Alors un soupçon terrible traversa l'esprit affolé du révérend Patterson.
Il se souvint de l'homme gris.
Et comme cette pensée montait de son cœur à ses lèvres, un des dormeurs souleva sa tête et parut s'éveiller en sursaut.
Ce n'était point cet homme, dont le regard avait troublé si fort M. Scotowe, qui était le vrai chef de l'expédition.
C'était un de ceux qui avaient rejoint la petite troupe, pendant sa marche au grand galop de l'un des poneys irlandais.
Et cet homme exposa un moment sa tête nue à la clarté rougeâtre du brasier.
Puis il se recoucha.
Mais M. Patterson avait eu le temps de le voir.
Il l'avait vu et reconnu.

Cet homme, c'était Shoking.
Du moment où Shoking était là, — M. Patterson n'en pouvait plus douter, — il était aux mains des fénians et de l'homme gris.
Cependant il ne fit pas un mouvement, il ne jeta pas un cri, il n'eut pas même un tressaillement.
Le révérend était un homme de tête et de sang-froid.
Le danger était grand, terrible, épouvantable peut-être... mais il n'y avait aucun moyen de le conjurer.
A son tour, il approcha ses lèvres de l'oreille de M. Scotowe et lui dit :
— N'avez-vous donc pas trouvé à l'île de Man un moyen de leur échapper ?
— Je ne suis pas allé à l'île de Man.
— Est-ce possible ?
— C'est la vérité.
M. Patterson comprit tout.
— Nous sommes joués par l'homme gris, dit-il.
M. Scotowe eut un clignement de paupières affirmatif.
— Et nous sommes en son pouvoir ?
— Oui, fit encore le détective.
— Savez-vous ce qu'il veut faire de nous ?
— Il m'a promis que j'aurais la vie sauve.
— Bon ! mais moi !...
— Ah ! vous, je ne sais pas...
Et tandis que M. Patterson sentait un frisson parcourir tout son corps, M. Scotowe retomba dans un farouche et morne silence.
L'homme au regard étrange dormait toujours.

C

Il y eut un long silence entre M. Scotowe et le révérend Patterson.
Le détective tremblait que le chef de la troupe ne s'éveillât.
M. Patterson réfléchissait à sa situation.
Et, dame ! cette situation, il faut en convenir, n'était pas brillante.
Le révérend savait par expérience quel adversaire était l'homme gris.
Cependant un homme de la trempe de M. Patterson ne perd jamais complétement la tête.
Il se prit à envisager froidement l'avenir et à se souvenir du passé.
L'homme gris lui ôterait-il la vie ?
Il ne le croyait pas.
Le passé de cet homme sans cesse dévoué à une cause chevaleresque lui en était garant.
Or le révérend Patterson avait pour principe que tant qu'un homme n'est pas mort il peut se tirer d'affaire.
Le chef de la caravane et tous les gens de sa petite troupe dormaient.
Dans le silence de la nuit, on entendait leurs ronflements sonores.
— Si je pouvais m'échapper, songea tout à coup M. Patterson, et, de nouveau, il poussa légèrement le coude à M. Scotowe.
Le détective ouvrit les yeux et le regarda.
M. Patterson colla encore ses lèvres à son oreille et lui souffla ces mots :

— Est-ce que nous ne pourrions pas nous évader?

Le détective tressaillit.

Mais il secoua la tête presque aussitôt.

— Impossible ! murmura-t-il.

— Pourquoi?

— Tous ces gens-là ont le sommeil léger. Et les deux sentinelles qui se promènent?

— Il n'y en a plus qu'une, voyez...

En effet, l'un des deux hommes que le chef avait laissés debout pour garder le campement était maintenant couché auprès de ses compagnons et dormait comme eux.

— L'autre sentinelle suffit pour donner l'alarme, dit encore M. Scotowe.

— Elle s'endormira peut-être à son tour.

— Quand même cela arriverait, reprit le détective, nous ne serions pas beaucoup plus avancés.

— Pourquoi?

— D'abord nous sommes dans un pays complétement désert.

— Qu'importe !

— Et on nous aurait bientôt rattrapés.

— Cependant, continua M. Patterson, il me vient une idée.

— Laquelle?

— Supposez que la deuxième sentinelle fasse comme la première.

— Qu'elle s'endorme?

— Oui.

— Eh bien? fit M. Scotowe.

— Et que nous puissions nous glisser dans l'herbe jusqu'aux chevaux qu'on a laissés en liberté et qui rôdent autour de nous?

— Bon ! dit le détective, et puis?

— Et puis, dame ! nous sautons chacun sur un cheval et nous galopons ventre à terre jusqu'à Cork.

M. Scotowe eut un sourire mélancolique.

— Je veux bien essayer, le cas échéant, mais je n'ai pas grand espoir.

— Quelle heure peut-il bien être? demanda le révérend.

— Environ deux heures du matin.

— Nous avons donc encore près de quatre heures de nuit?

— A peu près.

— Que la sentinelle s'endorme... et nous verrons...

L'assurance de M. Patterson rendait quelque confiance à M. Scotowe.

— Après ça, pensait le détective, il ne peut m'arriver quelque chose de pire, et autant vaut essayer de reconquérir sa liberté.

Ils attendirent.

La sentinelle se promenait toujours, faisant le tour du brasier et regardant si tout le monde dormait.

— Il a une fameuse envie de faire comme les autres, pensait M. Patterson qui, de temps en temps, l'observait du coin de l'œil.

En effet, au bout d'une heure environ de ce manége, le gardien finit par venir s'asseoir auprès de lui.

— Tout à l'heure il dormira, souffla encore M. Patterson à l'oreille de M. Scotowe.

Et M. Patterson avait raison.

La seconde sentinelle fit comme la première ; elle finit par s'allonger sur le sol, les pieds au feu, la tête en dehors du cercle, et bientôt un ronflement concentré apprit au révérend qu'il y avait un dormeur de plus.

— Je crois que voici le moment, dit-il à M. Scotowe.

— Attendez donc encore, répondit le détective.

— Vous n'osez donc pas?

— Mais si, seulement je voudrais attendre...

— Quoi donc?

— Que les chevaux qui vont et viennent sur le plateau cherchant l'herbe la plus drue se rapprochent de nous.

— Soit, dit M. Patterson.

Et ils attendirent, en effet, environ un quart d'heure.

Au bout de ce temps, un des chevaux se trouva tout près du brasier.

Si près même, que, grâce à la lueur du brasier, M. Patterson crut le reconnaître.

C'était justement celui qu'il avait monté en venant de Cork.

Et comme il faisait un mouvement, M. Scotowe le retint.

— Un mot encore, dit-il.

— Dites.

— Le galop des chevaux donnera l'alarme, si nous les montons de suite.

— Nous les tiendrons par la bride jusqu'au bord du plateau.

— Soit.

Alors ces deux hommes, que l'amour de la liberté soutenait, se mirent à glisser sur eux-mêmes, se repliant comme des reptiles et s'éloignant par des mouvements imperceptibles du cercle des dormeurs.

Ni le chef ni la petite troupe ne bougeaient.

M. Scotowe et M. Patterson rampèrent dans l'herbe comme des couleuvres.

De temps en temps, ils s'arrêtaient, tant ils avaient peur que leurs gardiens ne se réveillassent.

Mais personne ne s'éveillait.

Et, tout à coup, M. Patterson se redressa et saisit à la crinière son cheval.

M. Scotowe s'était pareillement approché d'un autre poney et il imitait M. Patterson.

Ils étaient maintenant hors du cercle de lumière décrit par le brasier, et, par conséquent, plongés dans les ténèbres.

Ils se rapprochèrent l'un de l'autre.

— L'herbe est épaisse, dit M. Patterson, on n'entendra pas courir les chevaux.

— Peut-être... répondit M. Scotowe.

Et le révérend sauta lestement sur la croupe du poney.

M. Scotowe l'imita.

— A la grâce de Dieu ! murmura encore M. Patterson.

Et il donna deux vigoureux coups de talon au petit cheval à tous crins, qui s'élança en avant et prit le galop précipité.

— Je crois que nous sommes sauvés, et l'homme gris me payera cher cette aventure, pensait le vin-

Patterson vit, gisant à ses pieds, le corps inanimé de Scotowe. (Page 163.)

dicatif homme d'église; et il talonnait toujours son cheval qui fuyait avec la rapidité de l'éclair.

CI

En trois minutes, M. Patterson et M. Scotowe eurent mis un quart de mille entre le brasier et eux.

Ils étaient au bord du plateau.

Et il lança son cheval sur une pente rapide.

Du reste, il était persuadé que cette route était celle qu'il avait gravie quelques heures auparavant pour arriver sur le plateau.

M. Stocowe le suivait.

Aucun bruit ne s'était fait derrière eux.

Les gens de l'homme gris dormaient sans doute toujours.

M. Scotowe rangea son cheval à côté de celui du révérend.

La nuit était noire, et c'eût été folie que chercher à s'orienter.

Les poneys galopaient avec cette sûreté de pied qu'ont les chevaux de montagne.

21ᵉ LIVRAISON.

— Que nous cheminions ainsi un quart d'heure encore avant qu'on s'aperçoive de notre fuite, dit le révérend, et nous sommes sauvés.

— Soit, dit le détective qui ne paraissait pas fort convaincu; mais où allons-nous?

— Nous retournons à Cork.

— En êtes-vous bien sûr, monsieur?

— D'abord, dit M. Patterson, il est une chose qui ne fait pas doute pour moi. Nous sommes sur la route que nous avons déjà suivie.

— Peut-être, dit M. Scotowe.

— Ensuite, continua le révérend, remarquez que je monte le même cheval qu'il y a quelques heures.

— Eh bien?

— Ce cheval a été loué à Cork, donc il est de cette ville, et, obéissant à son instinct, il y retourne.

— Mais, qui peut dire que celui que je monte vient aussi de Cork? demanda M. Scotowe.

— Remarquez encore, dit le révérend, que depuis que nous sommes partis, c'est toujours le mien qui tient la tête.

Et le révérend stimulait sa monture, qui galopait toujours sur cette pente vertigineuse.

Cependant, tout à coup, M. Scotowe entendit sonner les sabots de son cheval.

— Oh! dit-il, je savais bien que nous nous trompions.

— Plaît-il? fit le révérend.

— Nous galopons maintenant sur des cailloux.

— Qu'importe!

— Depuis l'endroit que nous avons quitté jusqu'à Cork, il n'y a presque que de l'herbe.

— Eh! bien! fit le révérend, si nous n'allons pas à Cork, nous arriverons bien toujours quelque part.

— Oh! certainement, fit M. Scotowe.

Et dans l'accent du détective, il y avait une seconde raillerie.

— Pourvu que nous atteignions une ville, dit encore le révérend.

— Et que nous ne tombions pas dans un village de fénians.

Ce nom faisait toujours frissonner M. Patterson.

La pente devenait de plus en plus rapide.

M. Scotowe voulut s'arrêter.

Mais le révérend lança son cheval plus franchement encore.

— Fuyons! fuyons! disait-il.

Tout à coup un bruit lointain se fit entendre.

Un bruit qui retentissait au-dessus de leurs têtes et qui semblait se perdre dans les nuages.

C'était un coup de sifflet que de mystérieux échos se mirent à répéter à l'infini.

Alors M. Scotowe se tourna sur sa selle et regarda derrière lui.

Tout en haut de la colline, dont ils descendaient les pentes abruptes, le ciel était rouge.

C'était la lueur des brasiers allumés sur le plateau.

— On s'est aperçu de notre fuite! murmura le détective.

— Eh bien! répondit Patterson, n'avons-nous pas une jolie avance maintenant?

Et il continua à talonner son cheval.

La pente semblait devoir ne pas finir.

Les petits chevaux galopaient toujours avec force, et de temps en temps M. Scotowe, se retournant et levant la tête, interrogeait ce point du ciel qui était rouge et cherchait à voir se profiler dessus les silhouettes de ceux dont ils étaient naguère les prisonniers.

Mais M. Scotowe n'apercevait rien.

A part ce coin lumineux, tout le reste était noir.

Où allaient les deux fugitifs?

Ils ne le savaient pas.

M. Patterson répétait :

— A la grâce de Dieu! Vous verrez bien, mon cher, que nous finirons par nous trouver hors de danger.

Soudain une lueur se fit au milieu de ces ténèbres.

Une lueur qui était sous leurs pieds, comme celle du brasier éclairait le ciel au-dessus de leur tête.

M. Patterson arrêta brusquement son cheval.

— Regardez! dit-il.

— Oh! je vois, fit M. Scotowe.

— Qu'allons-nous faire?

— Marcher tout de même. Cette lueur que nous apercevons et qui ressemble à une étoile au fond d'un puits, est bien certainement celle d'une maison ou d'une ferme.

— Ainsi il faut avancer?

— Dame!

— Et, dit M. Patterson, si ce sont des fénians?

— A la grâce de Dieu! dit à son tour M. Scotowe.

Les chevaux repartirent.

La pente devenait plus douce, la lumière grandissait.

En même temps, autour d'eux, les deux cavaliers voyaient surgir, comme de noirs fantômes, des collines et des blocs de rochers aux formes fantastiques.

M. Scotowe s'arrêta encore.

— Nous nous sommes trompés une fois de plus, dit-il.

— Ah! dit le révérend.

— Savez-vous où nous sommes?

— Non.

— Dans un entonnoir. Nous descendons au fond d'un ravin.

— Et cette lumière?

— C'est un feu allumé en plein air.

— Des bergers sans doute?...

— Ou des fénians.

Les chevaux de M. Patterson se hérissèrent.

— Il faut tourner bride, dit-il.

— A quoi bon? dit M. Scotowe.

Le détective paraissait résigné à son tour.

Il poussa son cheval.

Et le cheval de M. Patterson suivit celui de M. Scotowe, malgré les efforts de son cavalier pour le retenir.

En ce moment, un deuxième coup de sifflet traversa l'espace.

En même temps la lumière qui baissait au fond du ravin s'éteignit brusquement...

CII

Alors commença pour le révérend Patterson et M. Scotowe une course vertigineuse, insensée, fantastique.

Ils eussent voulu retenir leurs chevaux qu'ils ne l'eussent pu.

Les petits poneys galopaient comme des hippogriffes sur cette pente qui devenait de plus en plus verticale, électrisés sans doute par ce coup de sifflet qui s'était fait entendre au-dessus de leurs têtes.

En même temps le ciel disparaissait, et des murs de granit semblaient monter aux deux côtés des cavaliers épouvantés.

— Nous sommes perdus! s'écria M. Scotowe.

Le révérend ne répondit pas.

Affolé de terreur, il s'était accroché à la crinière de son cheval pour ne pas tomber.

La pente continuait, et l'extrémité était si grande que dans un moment où le révérend Patterson pensait à reconquérir sa raison, il se dit :

— Évidemment nous descendons au fond de quelque volcan éteint creusé en forme d'entonnoir.

M. Scotowe ne criait plus.

Comme le révérend, il s'était cramponné à la crinière de son cheval.

Mais il le serrait si fort que son poney pointa tout à coup, donna un coup de reins terrible, et M. Scotowe, forcé de lâcher prise, tomba dans le vide les mains étendues en avant.

Le révérend entendit un cri.

Puis le bruit lointain de la chute d'un corps.

M. Scotowe avait été lancé très-certainement au fond de l'abîme.

Et, sans nul doute, il était tué sur le coup, car aucune plainte ne remonta des profondeurs du gouffre.

Son cheval, après s'être arrêté un moment, avait repris sa course, et il galopait maintenant sans cavalier côte à côte du poney de M. Patterson.

Certes, le révérend ne songeait plus maintenant à échapper par la fuite aux griffes de l'homme gris.

Ce qu'il cherchait, c'était à éviter le sort du malheureux M. Scotowe.

Il débattrait ensuite le prix de sa vie avec l'homme gris ; mais, pour le moment, il fallait sauver cette même vie et la sauver quand même.

Aussi le révérend fit-il appel à toute sa science d'écuyer, lui qu'on avait vu jadis, caracoler à Hyde-Park et sur l'hippodrome d'Epsom.

Il se cramponna du mieux qu'il put et répéta une dernière fois le mot de l'infortuné M. Scotowe :

— A la grâce de Dieu!

Le cheval galopait toujours, et l'obscurité était si profonde que M. Patterson ne voyait même plus le poney de M. Scotowe, quoique le vaillant petit animal eût continué à courir auprès du sien.

Enfin, cette lumière qu'ils avaient vu briller au fond de l'abîme et qui s'était certainement éteinte quand avait retenti le coup de sifflet, cette lumière brilla de nouveau.

Cette fois elle était tout près du révérend, à une centaine de mètres au-dessous de lui tout au plus.

Le révérend, ébloui, ferma les yeux.

Car cette lumière, brillant tout à coup, avait répandu autour d'elle une gerbe de rayons; et comme l'éclair qui illumine tout à coup les horreurs ténébreuses d'une tempête, elle avait révélé à M. Patterson toutes ces profondeurs inconnues pour lui jusque-là.

M. Patterson ne s'était trompé qu'à moitié.

Il n'était pas dans le cratère d'un volcan éteint, mais dans l'entonnoir, creusé par les hommes, d'une montagne dont les flancs recélaient sans doute de la houille.

Le volcan était une mine.

La lumière qui projetait son immense clarté sur ces murs de granit et éclairait enfin cette route inclinée qui du sommet de la montagne descendait au fond de la mine, était celle d'un fanal gigantesque planté sur un poteau.

Au pied de ce poteau gisait quelque chose d'inerte que le révérend frissonnant reconnut aussitôt.

C'était le corps meurtri et sans vie du pauvre M. Scotowe.

A l'apparition de la lumière, les chevaux avaient subitement ralenti leur allure forcenée.

M. Patterson respira.

Il cessa de se cramponner à la crinière emmêlée de son poney, et retrouva son équilibre et son aplomb de cavalier, et, en même temps aussi, il revint un peu d'ordre dans ses idées.

Or, tout à l'heure, M. Patterson avait recommandé son âme à Dieu, et certes il n'eût pas donné un penny de son existence.

Maintenant, rien ne lui paraissait désespéré.

Le fantastique faisait place à la réalité.

Et ce qu'il y avait de plus effrayant dans la réalité, c'était à coup sûr la mort de M. Scotowe.

Tout le reste s'expliquait de la façon la plus naturelle.

Les chevaux, poussés vigoureusement en avant, avaient pris la première route venue.

Puis s'animant, obéissant à la pente inclinée d'abord et à leur vaillance naturelle ensuite, ils s'étaient emportés.

Maintenant, pour M. Patterson, la chose la plus claire, c'est qu'il était loin de l'homme gris.

Qu'il allait arriver au fond d'un puisard fréquenté par de paisibles mineurs qui n'avaient, sans aucun doute, aucune relation avec le redoutable chef fénian, et qu'il trouverait chez eux un abri provisoire, si toutefois le puisard dont il n'apercevait que l'entrée n'était pas déserté par les mineurs.

Mais la sécurité de M. Patterson devait être de courte durée.

Soudain, un nouveau bruit traversa l'espace. C'était ce même coup de sifflet qui avait retenti par deux fois déjà au-dessus de sa tête.

Puis à ce bruit un autre succéda.

Le révérend entendit galoper des chevaux sur la pente qu'il venait de descendre.

On était à sa poursuite.

Et le révérend sentit un frisson parcourir tout son corps et, comme l'infortuné détective tout à l'heure, il murmura :

— Ah ! je sens bien cette fois que je suis perdu.

Soudain le cheval s'arrêta.

Il était auprès du poteau qui supportait la lanterne.

Et, muet d'horreur, M. Patterson put voir gisant à ses pieds le corps brisé de M. Scotowe au milieu d'une large flaque de sang.

CIII

L'entrée du puisard proprement dit, c'est-à-dire du souterrain, s'ouvrait à deux pas du poteau.

Au coup de sifflet, le révérend Patterson vit une autre lueur surgir au fond de ce gouffre, ou plutôt une succession de lueurs qui étaient mobiles et s'agitaient en tous sens.

Il eut bien vite deviné ce que c'était.

C'étaient les mineurs, qui tous avaient une lampe au front, et qui accouraient sans doute à ce coup de sifflet comme à un signal.

Le galop infernal qui retentissait en haut, au-dessus de lui, se rapprochait de plus en plus de M. Patterson.

Et de même que plusieurs mineurs montaient des profondeurs du souterrain, le révérend comprit que plusieurs hommes à cheval étaient à sa poursuite.

Son poney à lui s'était arrêté.

L'autre flairait avec une sorte d'effroi le cadavre de M. Scotowe.

Les mineurs arrivèrent avant les hommes à cheval.

M. Patterson se vit entouré d'une douzaine d'hommes nus jusqu'à la ceinture, ayant une lampe fixée au-dessus de leur tête par un anneau de fer.

Ces hommes étaient noirs comme des démons et ils entourèrent M. Patterson qui était descendu de cheval.

L'un d'eux, un géant, lui adressa la parole en anglais :

— Qui es-tu et que fais-tu ici?

— Je suis un voyageur égaré, dit le révérend.

Ils se mirent tous à rire.

— N'es-tu pas plutôt un prisonnier fugitif? reprit le géant.

M. Patterson fit un geste négatif; mais il n'eut même pas la force de parler.

Il avait levé la tête et il voyait maintenant les cavaliers qui le poursuivaient courir dans le cercle de lumière décrit par le fanal.

Ils étaient au nombre de six, galopant deux par deux.

M. Patterson reconnut à leur tête cet homme qui était le chef de la troupe à laquelle il avait essayé d'échapper.

Les cavaliers arrivèrent et sautèrent lestement à terre.

Les mineurs saluèrent avec un respect qui acheva de bouleverser M. Patterson.

Alors le chef mit une main sur l'épaule du révérend et lui dit :

— Vous êtes bon cavalier, mon révérend; mais vous avez peut-être eu tort de ne point finir comme M. Scotowe.

M. Patterson frissonna.

— Ce pauvre Scotowe, poursuivit le chef, je lui avais pourtant non-seulement fait grâce de la vie, mais je lui avais dit encore que je le conduirais en France aussitôt mes petites affaires terminées ici.

Tandis que le chef parlait, M. Patterson le regardait avidement.

Il le regardait d'un air qui voulait dire :

— Il n'y a pourtant que l'homme gris qui puisse parler ainsi, et je ne le reconnais pas cependant.

Le chef comprit le sens de ce regard, et il se mit à rire.

— Mon révérend, dit-il, je vois que vous ne me remettez pas...

M. Patterson fit un pas en arrière.

— Oh! cette voix! dit-il.

— La voix de M. Burdett, ricana le chef. Comment ne m'avez-vous pas reconnu déjà, mon cher monsieur?

Le révérend se redressa :

— Eh bien! dit-il, puisque c'est vous, car vous changez de visage à volonté, hâtez-vous de me dire ce que vous comptez faire de moi. Je n'attends ni merci ni pitié.

— Vous avez peut-être raison, répondit l'homme gris, car c'était lui.

— Parlez donc.

Et le révérend croisa ses bras sur sa poitrine et prit l'attitude d'un homme qui attend tranquillement la mort.

L'homme gris répondit :

— Nous marchons l'un et l'autre vers le même but, monsieur, et notre but est multiple. Voici des années que c'est entre nous un duel de toutes les heures, de toutes les minutes. Vous avez triomphé parfois, et quand vous êtes parvenu à me loger à Newgate, vous avez dû croire que la lutte était terminée.

— Après? dit froidement M. Patterson.

— Quelques heures encore et l'homme gris se balancera au bout d'une corde, ricana celui-ci. Vous vous êtes donc trompé de quelques heures.

— Mais dites-moi donc, monsieur, fit M. Patterson avec hauteur, ce que vous comptez faire de moi. J'ai hâte d'en finir, même avec la vie.

— Bah! vous ne pensez pas un mot de ce que vous dites, répondit l'homme gris, riant toujours.

Et puis vous savez que les fénians, — et je suis un de leurs chefs, — ne versent le sang qu'à la dernière extrémité. Par conséquent, je ne vous condamne pas à mort.

Le révérend s'attendait à cette déclaration, aussi ne broncha-t-il point et son visage conserva-t-il toute son impassibilité.

Il avait eu le temps de se remettre de ses émotions et de ses transes.

Maintenant qu'il savait que sa vie n'était pas en jeu, il était tranquille.

De même que l'homme gris s'était évadé de Newgate-la-Triste au jour fixé pour son exécution, de même le révérend espérait bien échapper à sa manière tôt ou tard.

Et ce fut d'un ton presque dégagé qu'il dit à l'homme gris :

— Pour Dieu, monsieur, soyez généreux jusqu'au bout et dites-moi tout de suite quel genre de captivité vous me réservez.

— Mon révérend, répondit l'homme gris, vous êtes condamné à une détention perpétuelle.

— Où cela?

— Au fond de cette mine.

Et l'homme gris montrait de la main l'entrée du puisard.

— Prenez garde, ricana le révérend. Vous savez qu'il n'y a rien de perpétuel en ce monde.

— Ah! par exemple, dit l'homme gris, s'il vous arrivait, durant votre captivité, un de ces accidents qui réduisent un homme à l'impuissance de nuire désormais; si, cessant d'être un objet de convoitise, vous deveniez par hasard un objet de pitié... oh! alors, on vous rendrait à la liberté.

Cette fois le révérend Patterson sentit ses tempes se mouiller.

Il ne devinait pas encore, mais il pressentait quelque chose d'épouvantable!...

— A cheval! cria alors l'homme gris à ses hommes, qui avaient mis pied à terre.

M. Patterson fut enlevé de terre et remis à califourchon sur son poney.

Puis la petite troupe s'engouffra au galop dans le puisard de la mine...

CIV

La mine dans laquelle l'homme gris et sa bande entraient à cheval, était une de ces galeries larges de dix pieds et hautes de trente à certains endroits, qui s'enfoncent profondément sous terre par une pente douce, mais qui n'est jamais interrompue.

La voie est large pour faciliter l'extraction de la houille.

Au milieu un double rail permet de manœuvrer de petits wagons traînés par des chevaux.

Des deux côtés du rail, une voiture attelée peut passer facilement.

De distance en distance, un fanal est suspendu à la voûte.

La galerie ressemble, du reste, à un tunnel de chemin de fer.

M. Patterson galopait au milieu des compagnons de l'homme gris.

Celui-ci était à l'avant.

Le révérend aurait voulu s'arrêter qu'il ne l'aurait pu.

Tantôt la petite troupe entrait dans le cercle de lumière décrit par un fanal; tantôt elle se retrouvait dans l'obscurité pour revoir la lumière peu après.

Cette nouvelle course dura environ un quart d'heure, mais elle eut pour le révérend Patterson la durée d'un siècle.

Enfin l'homme gris, qui galopait toujours en avant, s'arrêta.

La galerie souterraine qu'il venait de parcourir aboutissait à une immense rotonde où convergeaient comme les rayons d'une roue au moyeu, une dizaine d'autres galeries plus étroites.

— Halte! cria l'homme gris.

Et il sauta à bas de son cheval.

Ses compagnons l'imitèrent.

Alors les mineurs, ces hommes qui avaient une lampe sur la tête et qui avaient constamment couru à côté des chevaux, entourèrent le révérend Patterson.

— Descendez, lui ordonna l'un d'eux.

Le révérend obéit.

Il était pâle, il frissonnait même un peu; mais sa pâleur et son émotion étaient toutes nerveuses.

Au fond, cet homme avait une âme de bronze, et du moment qu'on lui avait dit qu'il aurait la vie sauve, il ne voyait nullement la nécessité de se désespérer.

L'homme gris s'approcha de lui alors.

Il le prit même familièrement par le bras et lui dit :

— Venez donc. Nous sommes forcés de continuer notre chemin à pied; mais nous causerons en amis.

Il parlait avec bonhomie, comme un homme qui a les meilleures intentions du monde.

M. Patterson se laissa emmener.

Au moment de quitter la rotonde et d'entrer dans une galerie très-étroite, M. Patterson se retourna.

Il put voir alors que les compagnons de l'homme gris ne le suivaient point.

Deux mineurs seulement marchaient en avant pour éclairer la route, car cette galerie n'avait point de fanaux suspendus à la voûte.

L'homme gris, nous l'avons dit, avait familièrement passé son bras sous le bras du révérend.

— Vraiment, dit-il alors, vous devez être fort mécontent de vous, mon cher monsieur.

— Ah! dit M. Patterson.

— Et vous qui êtes un homme fort, vous vous êtes laissé jouer comme un enfant.

— Monsieur, répliqua M. Patterson, je suis en votre pouvoir, cela doit vous suffire, et vous pourriez bien m'épargner vos railleries.

— Je ne raille pas, monsieur, je constate, dit froidement l'homme gris. Je vais même vous prouver que la pensée de vous railler était loin de mon esprit.

— Ah!

— Et vous apprendre quel est le sort que je vous réserve.

M. Patterson attendit.

— Je vous l'ai dit, poursuivit l'homme gris, je vous condamne à une captivité éternelle, à moins qu'un accident ne vous réduise à l'impuissance de nuire.

— Ou qu'on ne me vienne délivrer, dit M. Patterson dont l'orgueil se réveilla.

— Cela me paraît difficile, monsieur. Mais enfin libre à vous de nourrir cet espoir.

Les hommes qui éclairaient le chemin s'arrêtèrent tout à coup.

Alors M. Patterson regarda où il se trouvait.

La galerie qu'il venait de parcourir aboutissait à une autre rotonde, mais beaucoup plus petite, celle-là.

Au milieu, il y avait une chose étrange qui attira tout à coup l'attention de M. Patterson.

A première vue, c'était une boîte, une sorte de coffre haut de six pieds, large de quatre.

En l'examinant de plus près, c'était une cage.

Une cage à énormes barreaux de fer.

— Voilà votre habitation, dit froidement l'homme gris.

M. Patterson frissonna, ses cheveux se hérissèrent.

Il voulut même dégager son bras que l'homme gris tenait sous le sien.

Mais il ne le put.

— Toute résistance est impossible, lui dit celui-ci.

— Misérable! hurla M. Patterson.

L'homme gris fit un signe.

Les mineurs se ruèrent sur le révérend et le prirent à bras-le-corps.

M. Patterson, malgré ses cris, malgré sa résistance fut enlevé de terre et porté dans la cage, dont la porte se referma brusquement sur lui.

Il s'y trouvait du reste une table et une chaise.

Il pouvait s'asseoir.

— On vous apportera à manger deux fois par jour, lui dit l'homme gris.

Et il s'en alla.

M. Patterson eut un accès de rage folle.

Il se cramponna à ses barreaux, il cria, il hurla, essayant de secouer sa cage de fer.

Mais elle était trop lourde pour être même ébranlée.

Les mineurs et leurs lampes s'éloignèrent.

Un moment encore il les aperçut à l'extrémité de la galerie.

Puis tout disparut et des ténèbres opaques environnèrent M. Patterson.

Plusieurs heures s'écoulèrent.

Aucun écho ne répercutait les cris du révérend. Aucun bruit ne parvenait jusqu'à lui.

Quand il eut bien crié, quand il se fut meurtri les mains, les bras et les épaules aux barreaux de la cage, il tomba épuisé sur le sol.

Peut-être même allait-il fermer les yeux et s'évanouir, lorsque soudain une clarté immense, fulgurante, dix fois plus insupportable que la lumière du soleil qu'on regarderait en face, se fit autour de lui.

Les murs de la rotonde venaient de s'éclairer, ou plutôt une draperie qui les recouvrait avait été brusquement arrachée, et sur les murs recouverts de glaces étincelantes, un réflecteur d'une puissance colossale concentrait des gerbes de lumière électrique.

M. Patterson éprouva une douleur semblable à celle que lui aurait procurée un fer rouge appliqué sur les yeux.

Il les ferma, mais ses paupières furent impuissantes à le préserver de cet éblouissement.

Et alors le révérend comprit de quel accident l'homme gris avait voulu parler.

Il se souvint de Denis le Tyran, qui aveuglait ses prisonniers en les faisant passer sans transition de l'obscurité la plus profonde à la lumière ardente du soleil.

M. Patterson était condamné à devenir aveugle!...

CV

Comment cet éblouissement inouï, cette irradiation fulgurante étaient-ils produits?

M. Patterson ne chercha point à se l'expliquer.

Le révérend avait jeté un cri de douleur d'abord.

Il avait fermé les yeux ensuite ; mais cette précaution était impuissante.

La lumière était si crue, si ardente, qu'elle passait au travers de ses paupières.

Cela dura six minutes environ.

Puis tout à coup, brusquement, sans transition aucune, la lumière s'éteignit.

Les ténèbres régnaient de nouveau dans le souterrain.

Mais M. Patterson avait toujours les yeux pleins de flammes et il voyait rouge.

Comment se préserver désormais de cette lumière aveuglante?

Tandis que M. Patterson y songeait et faisait de tristes réflexions au fond de sa cage de fer, des pas retentirent dans le lointain sous les galeries sonores de la mine.

Les hommes méchants ont souvent foi dans la bonté et la mansuétude des autres hommes.

M. Patterson, qui avait toujours été sans pitié, qui, marchant droit à son but, avait toujours sacrifié quiconque embarrassait sa route, — M. Patterson se prit à songer que l'homme gris s'était fait à Londres une réputation de bonté, d'humanité et de charité tout à fait évangélique.

Cet homme ne pouvait avoir l'atroce pensée de lui arracher la vue, et sans doute, il ne l'avait soumis qu'à une épreuve.

Aussi, quand il entendit des pas, eut-il un frisson d'espérance.

Appuyé aux barreaux de son étrange prison, il tournait la tête dans la direction du bruit, lorsqu'une lumière faible, celle-là, brilla dans le lointain.

C'était la lumière d'une lanterne qu'un homme portait à la main.

L'homme s'avança.

M. Patterson espéra que c'était l'homme gris.

L'homme gris qui, peut-être, venait lui offrir sa grâce en échange de sa renonciation à la fortune de lord William.

L'homme marchait toujours.

Quand il ne fut plus qu'à une faible distance, M. Patterson le reconnut, car la clarté de la lanterne enveloppait son visage.

Ce n'était pas l'homme gris.

C'était Shoking.

Shoking le mendiant, l'homme à qui M. Patterson avait dédaigneusement tourné le dos à bord du steamer.

Shoking s'approcha de la cage.

M. Patterson reconnut alors qu'il avait un panier à la main.

Shoking lui apportait à manger.

— Bonjour, mon révérend, dit le mendiant.

M. Patterson le regarda et ne répondit rien.

— Vous êtes donc toujours fier avec moi, mon révérend? fit Shoking d'un ton bonhomme.

— Je ne suis fier avec personne, répondit M. Patterson.

— A la bonne heure! je vois que nous pourrons faire un bout de conversation, dit Shoking.

— Avez-vous donc quelque chose à me dire?

— D'abord, je vous apporte à manger.

Et, ouvrant son panier, Shoking fit passer au révérend, à travers les barreaux, d'abord du pain, ensuite une bouteille de vin et de la viande.

— Excusez-moi, dit-il, si je ne vous apporte ni couteau, ni fourchette, mais l'homme gris ne le veut pas.

— Et pourquoi ne le veut-il pas?

— Il a peur que le désespoir ne s'empare de vous.

— Ah !

— Et que la fantaisie de vous suicider ne vous prenne.

— L'homme gris a tort, dit M. Patterson.

— C'est mon opinion, dit Shoking, un homme comme vous, mon révérend, est exempt de faiblesse.

M. Patterson posa sur la table les aliments que lui apportait Shoking; mais il n'y toucha point.

— Est-ce que vous n'avez pas faim?

— Non, pas encore.

— C'est que, dit Shoking, vous serez obligé, si vous attendez mon départ, de manger dans l'obscurité.

Ces mots, fort naïfs en apparence, firent tressaillir M. Patterson.

— Les ténèbres ne me déplaisent pas, dit-il.

— Surtout quand elles succèdent à la petite lumière de tout à l'heure, n'est-ce pas?

M. Patterson regarda Shoking d'une façon étrange.

— Ah ! vous savez? fit-il.

— Pardieu !

— Et... cette lumière?...

— Vous en entendrez parler tout à l'heure.

— Encore?

— D'heure en heure monsieur.

— **Mais pourquoi?**

Et M. Patterson fit cette question d'une voix sourde et étranglée.

— Monsieur, reprit Shoking, puisque vous vous montrez moins fier avec moi, aujourd'hui, je veux bien vous donner quelques explications.

— Ah! fit le révérend.

— Cette lumière qui a dû vous brûler les yeux tout à l'heure, a été inventée par John O'Brien, un Irlandais de pure race, qui est un des principaux chefs féniens.

— Dans quel but?

— C'est un petit supplice que les féniens ont inventé pour ceux de leurs ennemis qui tombent en leur pouvoir.

— Et ce supplice répété?...

— On en a fait l'expérience, monsieur; en trois jours, celui qui y est soumis devient aveugle.

M. Patterson frissonna.

— Et c'est le sort qui m'est destiné? fit-il.

— Cela dépend de vous.

— Comment cela ?

— Tel que vous me voyez, reprit Shoking, non-seulement je vous apporte à manger, mais encore je viens jouer auprès de vous le rôle d'ambassadeur.

— C'est l'homme gris qui vous envoie?

— Oui.

— Eh bien! que me veut-il?

— Attendez, dit Shoking, j'ai d'abord quelques petites explications à vous donner.

— Je vous écoute.

— L'homme gris s'est entendu avec les autres chefs féniens, poursuivit Shoking, et il espère mener à bonne fin, d'ici à deux ans, tous les projets conçus avec eux.

— Bon! dit le révérend Patterson. Ensuite?

— Ensuite il est certain d'avoir rendu à lord William Pembleton sa fortune et son nom d'ici à deux mois.

— Eh bien?

— Eh bien, dit Shoking, voici pour vous l'occasion d'accepter ou de refuser ce que va vous proposer l'homme gris.

Dans le premier cas, vous sortirez d'ici dans deux ans, avec vos yeux.

— Et dans le second?

— Vous serez aveugle avant huit jours.

M. Patterson garda un silence farouche pendant quelques minutes...

CVI

Shoking attendit.

Shoking était, on le sait, le plus flegmatique des hommes et il n'était jamais pressé.

— Ainsi, dit enfin M. Patterson, si je refuse ce que vous allez me proposer, je serai aveugle?

— Avant huit jours.

— Et si j'accepte?

— Alors votre captivité sera subordonnée à la réussite des opérations de l'homme gris. Le jour où vous ne serez plus à craindre, on vous rendra à la liberté...

— Et, jusque-là, je serai condamné à vivre dans cette cage?

— C'est de toute nécessité.

Il y eut un nouveau silence.

M. Patterson semblait rouler sous son crâne chauve les pensées les plus amères

Mais, nous l'avons dit, c'était un homme pratique avant tout, et qui ne s'abandonnait jamais à la désespérance.

M. Patterson reprit donc :

— Sans doute l'homme gris vous a donné ses pleins pouvoirs?

— Naturellement.

— Alors vous allez me faire part de ses propositions?

— Oui.

— Je vous écoute, fit le révérend.

— Monsieur, dit Shoking, vous êtes l'homme le plus puissant de toute l'Angleterre, du moins vous l'étiez il y a quelques jours encore.

— Après? fit M. Patterson.

— Vous commandez à une innombrable armée de gens en robes noires, qu'on appelle le clergé anglican, et la Société évangélique pourrait faire échec au gouvernement de la reine si la fantaisie vous en prenait ?

— Peut-être ! fit M. Patterson avec un accent d'orgueil.

— Eh bien ! dit Shoking, l'homme gris a une singulière idée.

— Ah !

— Il voudrait pouvoir disposer de cette puissance pendant un certain temps.

— Je ne vous comprends pas, dit M. Patterson.

— Souffrez donc que je m'explique.

— Parlez !

— Supposons que vous êtes le colonel d'un régiment.

— Bon !

— La reine trouve que vous ne gouvernez pas bien les troupes placées sous vos ordres, et elle vous donne un supérieur, c'est-à-dire un général.

— Après ?

— Dorénavant c'est le général qui commande et c'est vous qui obéissez.

— Je comprends de moins en moins, dit M. Patterson.

— Attendez, vous allez voir.

Et Shoking poursuivit :

— Il a donc pris fantaisie à l'homme gris de se substituer à vous et de devenir, pour un certain temps, le chef occulte de la Société évangélique.

— Voilà qui est tout à fait impossible !

— Et pourquoi cela?

— Mais parce qu'on n'obéira jamais à l'homme gris.

— Soit, mais on obéira à vous.

— Oui, certes.

— Et pour que l'homme gris gouverne, il suffit que vous lui obéissiez et transmettiez les ordres qu'il vous donnera.

M. Patterson partit d'un éclat de rire.

— L'homme gris a-t-il donc fait un pareil rêve? dit-il.

— Sans doute.

— Maître Shoking, fit le révérend avec hauteur, je suis aux mains de l'homme gris et il peut disposer de ma vie et faire de mon corps ce qu'il

voudra; mais il n'aura aucun empire sur ma volonté.
— Ainsi vous refusez.
— Je refuse.
— Comme il vous plaira! dit Shoking.

M. Patterson le vit alors tirer de sa poche un objet qu'il ne définit pas bien tout de suite.

C'était une paire de lunettes à verres convexes, que Shoking posa gravement sur son nez.

En même temps, il mit deux doigts sur sa bouche et donna un coup de sifflet.

Puis il éteignit sa lanterne qu'il avait placée à terre, et le révérend Patterson se trouva plongé de nouveau dans l'obscurité.

Quelques minutes s'écoulèrent.

Puis tout à coup la draperie qui couvrait les murs de la rotonde glissa sur ses tringles, le réflecteur électrique s'éclaira et des myriades de rayons fulgurants inondèrent M. Patterson.

Le révérend jeta un cri, et, à demi aveuglé, il se rejeta au fond de la cage.

Il fermait les yeux, il les couvrait de ses mains tendues.

Vains efforts! la lumière électrique passait au travers de ses doigts et de ses paupières.

Et la souffrance qui s'empara de lui fut telle qu'il lui sembla que mille pointes d'aiguilles traversaient son corps de part en part et qu'il avait dans l'arcade sourcilière des charbons ardents à la place de ses yeux.

— Monsieur, lui dit alors Shoking, grâce à mes lunettes, je n'ai rien à craindre, moi, et nous pouvons continuer à causer.

— Vous êtes des misérables! hurla le révérend.

L'éblouissement dura cinq minutes.

Puis Shoking donna un nouveau coup de sifflet.

Alors tout s'éteignit et la rotonde rentra dans les ténèbres les plus opaques.

Alors aussi, M. Patterson éprouva un soulagement sans bornes.

Quelque chose de semblable à la sensation qui s'empare de l'homme qui se noyait, et que l'on retire de l'eau une minute avant que l'asphyxie ne soit complète.

— Voici la deuxième expérience, dit Shoking, que le révérend ne voyait plus, mais qui était toujours auprès de la cage de fer. Vous allez juger de ses résultats. Attendez que je rallume ma lanterne.

Et Shoking frotta une allumette sur son pantalon et se procura de la lumière.

Mais M. Patterson, qui avait entendu le pétillement du phosphore, demeura plongé dans l'obscurité.

— Vos allumettes ne valent rien, dit-il d'un ton ironique.

— Bah! dit Shoking.

— Elles ne prennent pas.

— Vous croyez?

— La preuve en est que vous n'avez pu allumer votre lanterne.

— Vous vous trompez, mon révérend.

— Plaît-il?

— Ma lanterne est allumée.

— Vous mentez... vous...

M. Patterson n'acheva pas, il avait aperçu une lueur indécise à travers un brouillard épais.

— Je crois que vous êtes aveugle déjà, dit froidement Shoking. Ah dame! vous l'avez voulu.

M. Patterson jeta un cri épouvantable.

Un cri qui ressemblait au rugissement de la bête fauve prise au piège.

Un cri rauque et bestial, cri de désespoir et d'agonie s'il en fut!

— Aussi, dit froidement Shoking, pourquoi ne disiez-vous pas que vous aviez déjà de mauvais yeux?

M. Patterson ne répondit pas.

Il se roulait sur le sol de la cage en blasphémant, et s'arrachait le peu de cheveux grisonnants qu'il avait encore sur les tempes.

CVII

Cependant M. Patterson n'était pas tout à fait aveugle encore.

La lanterne de Shoking lui apparaissait maintenant comme un point rouge dans un brouillard.

On eût dit la lueur d'un réverbère dans les rues de Londres par une de ces nuits brumeuses où la circulation des voitures se trouve forcément interrompue.

Et comme il continuait à se tordre furieux, écumant, sur le sol de la cage de fer, il entendit la voix de Shoking.

Shoking disait :

— Il est impossible, monsieur, que vous soyez aveugle déjà. Et si peu que vous y voyiez encore, on peut vous guérir.

Ces mots galvanisèrent M. Patterson.

Il se releva subitement.

— Oui, dit-il, je vois... je vois encore...

— Vous apercevez ma lanterne?

— Oui.

— Comme un point rouge?

— Dans le brouillard, oui.

— L'homme gris possède une certaine pommade, continua Shoking, qui, appliquée sur vos paupières, vous rendrait la vue en cinq minutes.

M. Patterson s'était cramponné aux barreaux de la cage et les étreignait de ses mains crispées.

— Est-ce bien vrai ce que vous dites? fit-il.

— Oui, monsieur, dit Shoking.

— Mais il ne voudra pas me guérir?

— L'homme gris?

— Oui, cet homme est un misérable... Il a juré ma perte...

— Vous vous trompez, monsieur Patterson, dit une autre voix que celle de Shoking.

Le révérend jeta un cri.

Il avait reconnu la voix de l'homme gris.

Celui-ci reprit :

— Du moment où vous n'avez point encore complètement perdu la vue, je puis vous la rendre.

— Et... vous me... la rendrez?

— A l'instant même. Approchez...

M. Patterson colla son visage aux barreaux de la grille.

Il voyait bien le point rougeâtre qui indiquait la

Vous avez oublié les deux croix en sautoir qui sont votre paraphe. (Page 170.)

l anterne; mais il n'apercevait ni Shoking, ni l'homme gris, qui cependant était tout près de lui.

L'homme gris dit encore :

— Fermez les yeux et tenez vos paupières baissées.

M. Patterson obéit.

Alors il sentit la main de l'homme gris effleurer son visage.

Et l'homme passa sur ses paupières un de ses doigts qui paraissait mouillé.

Le révérend éprouva alors une singulière sensation de fraîcheur.

On eût dit qu'on venait d'appliquer sur ses yeux brûlants un double morceau de glace.

Cette sensation était délicieuse et suspendit tout net l'horrible souffrance de M. Patterson.

— Monsieur, dit alors l'homme gris, vous n'ouvrirez les yeux que lorsque je vous le dirai.

— Oui, fit M. Patterson d'un ton soumis.

— Il faut quelques minutes pour que le remède ait le temps d'opérer, et nous allons mettre ces quelques minutes à profit.

— Que voulez-vous de moi? murmura le révérend redevenu tout tremblant.

22ᵉ LIVRAISON.

— Nous allons causer un brin.

— Ah !

— Shoking vous a fait part de mes intentions et de mes désirs?

— Oui, balbutia M. Patterson.

— Tout à l'heure, poursuivit l'homme gris, vous rouvrirez les yeux et pourrez constater que votre vue sera redevenue aussi nette, aussi claire qu'elle l'était ce matin encore.

— Eh bien? fit M. Patterson.

— Mais que la terrible épreuve que vous venez de subir se renouvelle trois ou quatre fois de suite, et la pommade dont je viens de me servir sera impuissante à vous rendre la vue.

— Vous renouvellerez donc... ce supplice?...

— Cela dépend de vous.

— Oh! dit M. Patterson, ce que vous me demandez est impossible.

— Alors, monsieur, ne vous étonnez pas que j'use de mon droit... Vous m'eussiez bien fait pendre sans scrupule, vous !

— Je ne puis pas trahir les intérêts de la Société évangélique, dit encore M. Patterson.

— Comme il vous plaira, dit l'homme gris d'un ton léger.

Puis il ajouta :

— Vous pouvez ouvrir les yeux, maintenant.

M. Patterson entr'ouvrit timidement les paupières.

O miracle!

La vue avait retrouvé toute sa limpidité.

Il voyait maintenant une gerbe de rayons lumineux s'échappant de la lanterne que tenait Shoking.

Il apercevait ce dernier.

Il voyait distinctement l'homme gris qui le regardait, lui aussi.

— Mon révérend, reprit celui-ci, il y a un homme à Londres qui est votre bras droit, votre « alter ego » et qu'on nomme M. Ascott.

M. Patterson eut un geste de surprise...

— Cependant, poursuivit l'homme gris, M. Ascott et vous, pour des raisons que vous savez aussi bien que moi, n'avez pas l'air de vous connaître. Vous vous rencontrez dans le monde et n'échangez jamais de paroles.

A peine vous saluez-vous.

Pourtant, si vous quittez Londres, si vous vous absentez, l'armée mystérieuse à laquelle vous commandez obéit dès lors à M. Ascott.

— Où voulez-vous donc en venir en me disant cela? fit M. Patterson.

— Je veux en venir à vous prier d'écrire un mot à M. Ascott.

— Dans quel but?

— Un mot que je vais vous dicter.

— Dictez toujours, dit M. Patterson, je verrai ensuite si je puis écrire...

Et il attendit que l'homme gris dévoilât toute sa pensée.

CVIII

Tout à l'heure encore, le révérend Patterson semblait préférer la mort, la cécité, tous les maux possibles, en un mot, à la perspective de trahir la Société évangélique et de résigner tout ou partie de son autorité.

Maintenant, au contraire, il paraissait résigné à faire tout ce que l'homme gris exigerait.

Celui-ci fit un signe à Shoking.

Shoking ouvrit le panier qu'il avait apporté et duquel il avait tiré des provisions pour le repas du révérend.

Au fond de ce panier était un petit buvard qui renfermait du papier, des plumes et de l'encre.

Shoking le passa à M. Patterson à travers les barreaux.

M. Patterson le prit et le posa sur la table tout ouvert. Puis, poussant un profond soupir, il regarda l'homme gris.

— Je suis en votre pouvoir, dit-il, et je vois bien qu'il ne me reste qu'à obéir.

Il prit donc la plume et attendit.

— Monsieur, lui dit l'homme gris, croyez bien que je ne veux pas me mêler, en votre absence, des questions purement religieuses. Je ne me servirai de votre pouvoir que pour mes propres affaires et celles des personnes auxquelles je m'intéresse.

M. Patterson ne répondit pas.

Il avait la plume à la main et attendait...

Alors l'homme gris reprit :

— Je suis quelque peu au courant de vos habitudes, monsieur. Vous vous absentez souvent de Londres, sans jamais prévenir personne, pas même M. Ascott.

Celui-ci sait alors ce qu'il a à faire, et il attend un mot de vous, si votre absence se prolonge.

— Tout cela est parfaitement vrai, murmura M. Patterson.

— Écrivez donc ce que je vais vous dicter.

— Faites.

L'homme gris dicta :

« Mon cher Ascott,

« Je vous écris de Glascow en Écosse. »

Le révérend eut un geste d'étonnement.

— Dame! dit l'homme gris en souriant, vous pensez bien que je ne vais pas faire savoir à M. Ascott l'endroit réel où vous êtes.

Le révérend écrivit, et l'homme gris continua.

« J'ai quitté Londres précipitamment, sans même avoir le temps de vous avertir.

« Qu'il vous suffise de savoir que mon voyage sera heureux pour notre œuvre.

« Je vais m'embarquer demain pour les îles Servi.

« Je suis à la recherche d'un trésor.

« Quand reviendrai-je? je l'ignore.

« Peut-être mon absence sera-t-elle de courte durée, peut-être se prolongera-t-elle plusieurs semaines.

« Cette lettre vous sera remise par M. Bury.

« M. Bury est mon lieutenant en Écosse, comme vous l'êtes à Londres.

« Il est au courant de l'affaire qui m'occupe et vous l'expliquera dans tous ses détails.

« Obéissez-lui comme à moi-même. »

Le révérend écrivait docilement sous la dictée de l'homme gris.

— Est-ce tout? fit-il.

— C'est tout, il ne vous reste qu'à signer.

— Pardon, dit le révérend, mais comment savez vous que M. Ascott et M. Bury ne se connaissent pas?

— Je sais cela comme je sais tant d'autres choses, dit l'homme gris.

M. Patterson poussa un nouveau soupir et signa.

— Passez-moi donc votre lettre, fit l'homme gris.

Et il la prit à travers les barreaux, tandis que Shoking apportait sa lanterne.

Un sourire lui vint aux lèvres :

— Mon cher monsieur Patterson, dit-il, vous êtes si troublé que vous avez oublié quelque chose.

— Quoi donc?

— Les deux croix en sautoir que vous avez coutume de mettre dans votre paraphe.

M. Patterson tressaillit.

— Sans cette marque, votre lettre serait considérée comme non avenue, poursuivit l'homme gris.

— Mais...

— Il y a mieux, M. Ascott devinera qu'il vous est arrivé malheur et que je ne suis pas M. Bury.

Et l'homme gris passa la lettre au révérend en disant :

— Veuillez donc ajouter cette petite formalité.

— Jamais! dit M. Patterson.
— Je m'y attendais, dit l'homme gris. Allons, Shoking, mon ami, M. Patterson préfère devenir aveugle. Éteins ta lanterne et mettons nos lunettes. On va faire jouer le réflecteur.

M. Patterson jeta un cri.
— Arrêtez! dit-il.
— Ah! la peur vous prend?
— J'ajouterai le paraphe, je ferai ce que vous voudrez, mais...
— Mais quoi?
— Faites-moi une promesse.
— Voyons?
— Promettez-moi qu'il n'arrivera pas malheur à M. Ascott.
— Je vous le promets.
— Et que vous me tirerez d'ici le plus tôt possible?
— Je vous le promets encore.

Alors M. Patterson ramassa la lettre qui était tombée à terre et ajouta le paraphe et les deux croix à sa signature.
— A présent, mettez l'adresse, dit l'homme gris.
M. Patterson obéit encore.
Puis il rendit la lettre, que l'homme gris mit tranquillement dans sa poche.
— Au revoir, mon révérend, dit-il.
Et il s'éloigna.

M. Patterson avait mis son front dans ses mains et paraissait plongé dans une douloureuse méditation.
— Ah! mon révérend, lui dit Shoking, vous avez donc cru comme ça que vous enfonceriez le maître?
Le révérend ne répondit pas.
— Vous êtes malin, dit encore Shoking, mais pas assez pour nous. Bonsoir, je vous laisse ma lanterne.
Et Shoking posa sa lanterne à terre et s'en alla.
M. Patterson le suivit des yeux.
Puis il haussa imperceptiblement les épaules.
— Imbéciles, murmura-t-il, j'ai signé et paraphé ma lettre, mais j'ai barré les deux *t* de mon nom d'une certaine manière dont Ascott ne sera pas dupe.
« Allons! tout espoir n'est point perdu. »
Et M. Patterson parut se résigner momentanément à son triste sort.

CIX

Maintenant, retournons à Londres.
Il était six heures du matin, et la capitale du Royaume-Uni avait endossé son plus épais brouillard.
On n'y voyait pas à dix mètres de distance.
Les magasins en ouvrant leurs portes avaient allumé leurs becs de gaz; les voitures circulaient difficilement et les piétons se heurtaient à chaque pas les uns aux autres, sur les larges trottoirs d'Oxford street.
Deux gentlemen qui marchaient fort vite tous les deux et en sens inverse donnèrent tout à coup tête baissée l'un dans l'autre.
— Maladroit! dit l'un.
— Excusez-moi! répondit l'autre.
Puis ils poussèrent tous deux une exclamation identique suivie d'un nom différent.

— Sir Edmund! dit l'un.
— Sir Charles Ascott, murmura l'autre.
Et ils se prirent par le bras.
— Où allez-vous? dit le premier.
— Au bureau du révérend.
— J'en viens.
— L'avez-vous vu?
— Non. Il n'est pas de retour.
— Voilà qui est bizarre, murmura sir Charles Ascott.
— Je faisais la même réflexion que vous, répondit sir Edmund.
— Sir Edmund, reprit M. Ascott, je n'aime pas beaucoup causer en plein air.
— Ni moi, mon cher.
— Allons au bureau, nous échangerons quelques réflexions.
— J'allais vous le proposer, répondit sir Edmund.
Ce dernier rebroussa chemin et sir Charles Ascott le prenant par le bras, ils hâtèrent le pas.
Quelques minutes après, ils entraient tous les deux dans le petit rez-de-chaussée d'Oxford où le révérend Patterson avait établi son bureau de mystérieuses correspondances.
Il y avait toujours là une manière de commis ou de secrétaire qui écrivait à sept heures du matin et ne s'en allait qu'à sept heures du soir.
C'était un petit homme déjà vieux, au teint blafard, aux habits usés, portant des lunettes bleues sur un nez pointu, et laissant entrevoir de longues dents jaunes à travers des lèvres minces et comme fendues avec un couteau.
Cet homme, qu'on appelait Bob, jouissait, du reste, de la confiance du révérend Patterson, de M. Ascott, de sir Edmund et de tous les gros bonnets de la Société évangélique.
M. Ascott et sir Edmund entrèrent.
Le petit homme releva ses lunettes sur son nez.
— Oh! dit-il, c'est vous, monsieur Ascott?
— C'est moi, Bob.
M. Ascott était un gentleman fort distingué, encore jeune, au visage plein, encadré de beaux favoris châtains; il avait une belle prestance et un certain air de bonhomie que corrigeait cependant un petit œil vif et malicieux.
— Sir Edmund, que je vois revenir avec vous, dit Bob, a dû vous dire que je n'avais encore aucune nouvelle de M. Patterson.
— En effet, Bob.
Et M. Ascott s'assit auprès du poêle.
— Depuis combien de jours est-il parti?
— Il y en aura huit demain, monsieur, répondit Bob, qui laissa retomber ses lunettes sur le bout de son nez.
— C'est bien long, murmura sir Edmund.
— M. Patterson a fait des absences autrement longues, dit tranquillement Bob.
— Oui, reprit M. Ascott, mais il avait coutume de m'écrire avant de partir.
— Pas toujours, monsieur, dit encore Bob.
— Cela est vrai, dit M. Ascott, une ou deux fois M. Patterson est parti sans m'avertir, mais il m'a écrit le lendemain.
— Et il ne vous a pas écrit cette fois?
— Non.

— Enfin, dit sir Edmund s'adressant à Bob, quand il est parti, que vous a-t-il dit?
— Qu'il allait en Irlande.
— Ah! et il n'a pas annoncé son prochain retour?
— Non.

M. Ascott fronçait le sourcil. Bob taillait sa plume pour se donner une contenance; quant à sir Edmund, il paraissait non moins préoccupé.

Il y eut un moment de silence parmi les trois hommes.

Enfin M. Ascott murmura :
— Ne vous semble-t-il pas que tout cela est fort extraordinaire?
— Très-extraordinaire, en effet, dit sir Edmund.
— Plus qu'extraordinaire, fit Bob à son tour.
— J'ai le pressentiment de quelque malheur, poursuivit M. Ascott.
— Moi aussi, dit sir Edmund.

Bob secoua la tête.
— Je ne suis pas de votre avis, dit-il.
— Vraiment? fit M. Ascott.
— Non, monsieur.
— Expliquez donc votre pensée, Bob.
— Volontiers, répondit le commis qui posa sa plume derrière l'oreille.

M. Ascott et sir Edmund se regardèrent.
— Je vais vous dire mon opinion, reprit Bob. M. Patterson est à la chasse.
— Vous moquez-vous de nous, Bob?
— Pas le moins du monde, monsieur.
— Alors, expliquez-vous.
— M. Patterson chasse l'homme.
— Que voulez-vous dire?
— Il est à la poursuite d'un homme, répéta Bob.
— Et cet homme, comment l'appelez-vous?
— Je ne sais pas son nom, ni le lord chief-justice non plus, et M. Patterson pas davantage.
— Vous voulez parler de l'homme gris?
— Justement.

M. Ascott et sir Edmund se regardèrent.
— En effet, dit le premier, pour que M. Patterson soit parti si précipitamment, il a fallu un motif bien impérieux...
— Vous savez, observa Bob, que l'homme gris, qu'on croyait tenir, est parvenu à s'échapper.
— Oui, je sais cela.
— Et si M. Patterson, qui a comme nous le plus grand intérêt à livrer cet homme à Calcraft, est parti, c'est qu'il est sur ses traces. Par conséquent...

Bob s'arrêta.
— Eh bien? dit sir Edmund.
— Par conséquent, reprit Bob, il n'y a pas à s'inquiéter.
— Je ne suis pas de votre avis, moi, répondit M. Ascott.
— Pourquoi donc?
— Et il serait arrivé malheur à M. Patterson que cela ne m'étonnerait pas, surtout si, comme vous le dites, Bob, M. Patterson court après l'homme gris.

Ce nom avait, paraît-il, le privilége de jeter l'épouvante dans l'âme des membres de la Société évangélique, car M. Ascott, sir Edmund et Bob se regardaient en frissonnant.

En ce moment le timbre de la porte retentit, annonçant un visiteur.

Bob se leva vivement pour aller ouvrir.
— Qui sait, fit-il, c'est peut-être M. Patterson!

CX

Bob alla donc ouvrir.

Un homme qu'il n'avait jamais vu entra en saluant et dit :
— Seriez-vous, par hasard, monsieur Ascott?
— Non, répondit Bob, ce n'est pas moi. Le voilà.

Et il montra le gentleman.

Le nouveau venu salua de nouveau.

Puis il porta à son front l'index de la main droite et fit un signe de croix mystérieux.

M. Ascott tressaillit et répondit par le même.

Le visiteur et le visité appartenaient tous les deux à la Société évangélique.

M. Ascott salua donc après avoir fait le signe de croix; puis il attendit.

L'inconnu rendit le salut et répéta le même signe, non plus sur le front, mais sur l'épaule gauche.
— Oh! oh! fit M. Ascott qui s'inclina très-bas, vous êtes donc mon supérieur?
— Comme vous voyez, répond l'inconnu.
— D'où venez-vous?
— D'Écosse.
— Pour voir M. Patterson?
— Non, c'est lui qui m'envoie.

Sir Edmund, Bob et M. Ascott poussèrent en même temps un cri de joie.

Alors l'inconnu ajouta :
— Je me nomme Bury, et voici ce que je vous apporte.

Il tira une lettre de sa poche et la tendit à M. Ascott.

C'était la lettre du révérend Patterson.

M. Ascott en prit connaissance, arriva à la signature et se convainquit que non-seulement c'était bien l'écriture de M. Patterson, mais que, encore, la signature était irréprochable.

Il avait lu rapidement le corps de la lettre et n'avait examiné attentivement que la signature.

Alors il se tourna vers M. Bury, l'Écossais, et lui dit :
— Je suis à vos ordres, monsieur.
— Monsieur, répondit l'Écossais, je n'ai aucun ordre à vous donner aujourd'hui. J'arrive et j'ai besoin de prendre l'air de Londres, tout d'abord; mais, demain, vous vous tiendrez à ma disposition.
— Sans aucun doute, monsieur, répondit sir Charles Ascott.
— Je suis logé à Santon hôtel, Santon street, dans Hay-Markett, poursuivit l'Écossais, et je vous y attendrai demain à neuf heures.
— J'y serai, monsieur.

M. Bury se leva, salua froidement et fit un pas vers la porte.

Puis il parut se raviser.
— Oh! pardon, dit-il en revenant sur ses pas, j'oubliais une chose essentielle.

M. Ascott attendit.
— Vous pensez bien, reprit M. Bury, que, pour que M. Patterson, notre bien-aimé chef, m'ait investi de ses pleins pouvoirs, il faut qu'il s'agisse d'une chose excessivement grave.

— Cela est vraisemblable, dit M. Ascott.
— Je vais m'occuper ici d'un vaste intérêt, poursuivit l'Écossais, et il me faut beaucoup d'argent.

M. Ascott répondit :
— Fixez le chiffre que vous désirez; je vous porterai demain un chèque sur la banque.
— Trente mille livres pour commencer.
— Peste! murmura Bob, est-ce que la Société veut acheter un royaume sur le continent?
— Peut-être bien, dit M. Bury en souriant.

Et il s'en alla.

Quand il fut parti, sir Edmund regarda M. Ascott qui avait toujours entre les mains la lettre du révérend.
— Eh bien! dit-il, nous voilà rassurés sur M. Patterson.
— Oui, dit M. Ascott, mais je ne suis pas content, moi.
— Pourquoi donc?
— Parce que je n'aurais jamais cru que le révérend me ferait l'injure de placer quelqu'un au-dessus de moi.
— Ce qui n'empêche pas, dit sir Edmund, qu'il faut obéir.
— Hélas! dit M. Ascott en soupirant.

Bob se caressait la joue avec les barbes de sa plume.
— Trente mille livres sterling! murmurait-il, voilà une jolie somme, et ce n'est que pour commencer, paraît-il.
— La caisse de la Société est assez riche pour supporter de pareilles saignées, dit M. Ascott.
— A la condition, toutefois, grommela Bob, qu'on ne les renouvellera pas souvent.

M. Ascott eut un geste qui voulait dire :
— Voilà qui m'est tout à fait indifférent.

Et sir Edmund ajouta :
— M. Patterson est notre chef suprême. Nous lui devons une obéissance passive, et quand il commande il faut nous exécuter.
— Et puis, ajouta M. Ascott, croyez bien que le révérend a toujours posé une livre contre une banknote; et s'il sème beaucoup, c'est pour récolter six fois plus. N'est-ce pas, Bob?

Bob faisait toujours la grimace.
— Ce M. Bury ne me revient qu'à moitié, murmura-t-il.
— Il ne me revient même pas du tout, Bob, mon ami, dit M. Ascott.
— C'est pourtant, observa sir Edmund, un parfait gentleman.
— Pardon, monsieur, dit Bob, je ne suis qu'un pauvre plumitif, et Dieu me garde de vouloir m'ingérer plus que je ne dois dans les affaires de votre Société... mais...

Bob s'arrêta indécis.
— Mais quoi? dit M. Ascott.
— Serait-ce une indiscrétion de vous demander à voir la lettre du révérend?
— Assurément non, reprit M. Ascott.

Et il tendit la lettre à Bob.

Bob la lut, examina chaque mot, et, tout à coup, poussa un cri.
— J'en étais sûr! dit-il.
— Hein? fit M. Ascott.

— Monsieur, répliqua Bob, M. Patterson n'a pas écrit cette lettre de son plein gré.
— Oh! par exemple! voyez donc la signature et le paraphe, Bob.
— Le paraphe est irréprochable, monsieur.
— Et les deux croix en sautoir?
— Pareillement, monsieur.
— Alors qui vous fait supposer?...
— Monsieur, dit Bob, il y a deux *t* à Patterson?
— Sans doute.
— Eh bien! il n'y en a qu'un de barré.
— Est-ce possible! s'écria M. Ascott.
— Voyez plutôt.

Et Bob lui rendit la lettre.

M. Ascott pâlit.
— Cela est vrai, murmura-t-il.

Bob secoua la tête et ajouta :
— Il y a de l'homme gris là-dessous.

Et Bob, M. Ascott et sir Edmund se regardèrent en frissonnant.

CXI

M. Ascott était un homme de sang-froid.
— Donnez-moi donc la lettre, Bob, dit-il.

Il se mit à relire le billet écrit par M. Patterson.
— J'ai voulu me rendre compte d'une chose, dit-il, du plus ou moins de fermeté de l'écriture.

Or, elle est un peu tremblée.
— Preuve, dit sir Edmund, que M. Patterson a écrit sous le coup d'une vive émotion.
— Très-vive certainement, car M. Patterson est un homme qui ne s'effraye pas facilement.
— Pourvu qu'on ne l'ait pas tué! dit Bob, qui frissonnait de plus en plus.
— Mes bons amis, dit alors M. Ascott, il ne s'agit pas en ce moment de perdre la tête. Il faut, au contraire, raisonner et prendre une résolution.
— Laquelle? fit sir Edmund.
— Vous n'avez plus aucun doute, n'est-ce pas, sur la situation de M. Patterson?
— Oui.
— Il est certain, dit Bob, qu'il est aux mains de l'homme gris.
— Ou d'un parti de fénians quelconque, fit sir Edmund.
— Mais alors, dit M. Ascott, l'homme qui sort d'ici n'est pas M. Bury?
— Assurément non.
— C'est ce qu'il faut savoir.
— Comment?
— Par le télégraphe. Je vais adresser une dépêche à M. Bury, à Glasgow. Si M. Bury ne répond pas, c'est qu'il est à Londres.
— Je ne suis pas de votre avis, observa respectueusement sir Edmund.
— Pourquoi cela?
— Vous allez voir. De deux choses l'une, — ou l'homme qui sort d'ici est bien M. Bury, ou c'est un imposteur qui prend son nom, de concert avec ceux qui ont dicté cette lettre.
— Bien.
— Dans le premier cas, M. Bury nous aurait trahis.
— Cela est certain.
— Dans le second, il faut éviter de donner l'éveil

à nos ennemis, si nous voulons leur arracher M. Patterson.

— Cependant il faut savoir à quoi s'en tenir.
— Sans doute.
— Comment, alors?
— Je vais partir ce soir. Demain, à midi, je serai à Glascow, et à quatre heures au plus tard, vous aurez une dépêche chiffrée de moi.
— Il sera trop tard, dit Bob.
— Pourquoi donc?
— Parce que vous avez, monsieur Ascott, pris rendez-vous pour demain matin avec le prétendu M. Bury.
— Bon!
— Et que vous lui avez promis un chèque de trente mille livres.
— Cela ne fait absolument rien, dit sir Edmund.

Bob fit un soubresaut sur sa chaise.
— Comment! s'écria-t-il, vous donneriez une pareille somme à un homme qui, — maintenant, nous en sommes sûrs, est un agent de l'homme gris?

Sir Edmund se prit à sourire.
— Vous oubliez une chose, Bob.
— Laquelle? monsieur.
— Vous oubliez que lorsqu'un chèque est de cette importance, la Banque paye à un jour de vue.
— Ah! c'est juste, dit Bob en respirant.
— Eh bien! M. Ascott donne le chèque.
— Fort bien!
— La Banque à qui on le présente remet au lendemain pour payer. Mais, dans l'intervalle, j'ai eu le temps d'expédier une dépêche à M. Ascott, et M. Ascott va former opposition au payement du chèque.

Bob respirait bruyamment.

M. Ascott, calme et froid, trahissait à peine sa préoccupation par un léger froncement de sourcils.

— Vous avez raison, sir Edmund, dit-il. Il faut partir ce soir même et ne pas perdre une minute. Tant que vous n'aurez pas vu le vénérable M. Bury il nous sera impossible d'agir.

— Ah! monsieur, dit Bob, qui, après avoir eu un moment de joie en songeant qu'on sauverait l'argent, retombait dans son anxiété à propos de M. Patterson, nous allons peut-être nous donner un mal inutile.

— Que voulez-vous dire, Bob?
— M. Patterson est peut-être déjà mort!
— Non, dit M. Ascott.
— Qu'en savez-vous?
— Mathématiquement cela est impossible.
— Comment cela?
— Suivez-moi bien, Bob, et vous aussi, sir Edmund, et vous allez comprendre.

Tous deux regardèrent M. Ascott avec avidité.

M. Ascott reprit:
— Ce n'est pas d'hier que nous sommes en lutte avec le personnage mystérieux qu'on appelle l'homme gris.

— Certes, non, dit Bob, et nous nous sommes même joliment échauffé la bile pour le faire mettre à Newgate.

— Or, nous avons un dossier assez complet sur lui.

— Cela est vrai, monsieur.
— Et ce dossier, qui nous révèle une foule de choses, sauf son nom véritable, nous apprend que l'homme gris a horreur du sang et qu'il ne le verse qu'à la dernière extrémité.

Donc M. Patterson est prisonnier, sans doute, mais il n'est pas mort.

— C'est égal, dit Bob, ceci n'est qu'une supposition. J'aimerais mieux une preuve.
— Je vais vous la fournir, Bob.
— Ah!
— Supposons que M. Patterson ait écrit cette lettre de son plein gré, certainement il nous écrirait encore dans quelques jours pour nous donner de ses nouvelles.

— Naturellement, monsieur.
— Et si nous devons obéir à M. Bury, c'est à la condition que, de temps en temps, une lettre nous parviendra pour nous expliquer son absence prolongée.

— Eh! dit Bob, ceci est assez logique, monsieur.
— Donc, M. Patterson est prisonnier, mais il est vivant et il s'agit de le retrouver.
— Et nous le retrouverons, dit Bob.

Sir Edmund se leva.
— Vous comprenez que si je pars ce soir, dit-il, il faut que je m'occupe de certains préparatifs.
— Naturellement, dit M. Ascott, allez, sir Edmund, et ne regardez pas au prix de la dépêche.
— Elle aura la longueur d'une lettre et sera détaillée fort clairement, répondit sir Edmund.

Et le gentleman serra la main à M. Ascott et à Bob et sortit, les laissant en tête-à-tête.

CXII

Après avoir donné certains ordres à Bob, M. Ascott quitta à son tour le bureau d'Oxfort-street.

M. Ascott était quelque peu soucieux; mais c'était un homme d'une rare énergie, et il ne s'effrayait jamais par avance des difficultés les plus insurmontables.

— Il n'y a qu'un homme, se disait-il, qui ait pu toucher à M. Patterson, et c'est l'homme gris; mais je me sens de force à lutter avec lui, nous verrons bien.

M. Ascott demeurait dans Piccadilly.

Il habitait, à lui seul, une petite maison à laquelle était attenant un bout de jardin.

Il était garçon, vivait au dehors et ne rentrait jamais que pour se coucher.

Un groom était son unique domestique.

M. Ascott rentra donc chez lui et fit sa toilette pour aller dîner en ville.

Et, tout en s'habillant, il se livra à une méditation profonde.

— L'objet de la lutte entre M. Patterson et l'homme gris, disait-il, n'est plus comme autrefois le neveu de lord Palmure, l'enfant de Jenny l'Irlandaise.

Non, l'homme gris a pris une autre cause en main.

Il veut restituer au fou Walter Bruce la fortune et le titre de lord William Pembleton.

Or donc, pour avoir une trace quelconque, un point de départ qui me permette d'agir, il faut que je cause avec sir Archibald, le père de lady Pembleton.

Car, tandis que M. Patterson disparaissait, sir Archibald a dû être le but de quelque tentative.

M. Ascott, on le voit, devinait une partie du jeu de son adversaire.

Il était d'un club, dans Pall-Mall, où il dînait presque tous les jours.

Or, ce club était précisément celui que fréquentait sir Archibald.

M. Ascott s'en alla donc dans Pall-Mall.

Quand il y arriva, on allait se mettre à table, et M. Ascott entendit un nom qui lui fit dresser l'oreille.

Deux membres du cercle causaient à mi-voix, et l'un d'eux prononçait le nom de sir Archibald.

M. Ascott écouta.

— Mais sir Archibald est un vieillard, disait l'un.
— A peu près, répondit l'autre.
— Il a au moins soixante ans...
— N'en eût-il que cinquante, sa conduite n'en serait pas moins une folie.
— De quoi s'agit-il donc? pensa M. Ascott, de plus en plus attentif.
— Oui, mon ami, reprit l'un des deux interlocuteurs, il faut que ce pauvre Archibald soit fou.
— Dame! si cette femme l'a ensorcelé; est-elle belle au moins?
— Splendide.
— Et ils sont partis?
— Pour la France. A l'heure qu'il est ils sont en mer.

M. Ascott s'approcha, il salua les deux gentlemen et leur dit :
— Vous m'excuserez, n'est-ce pas? Mais sir Archibald est un de mes bons amis.
— Eh bien! vous savez ce qui lui est arrivé?
— Sans doute, il est parti.
— Oui.
— Avec une femme.
— Une aventurière, une Française... ou une Russe, on ne sait pas au juste.

M. Ascott n'eut pas besoin d'en savoir davantage.

Il était fixé.

La Société évangélique, dont il connaissait tous les secrets, avait fait faire un vrai travail sur l'homme gris. Son évasion, d'abord incompréhensible, avait fini par être expliquée, et si on n'avait pu le reprendre, du moins on savait quelles personnes avaient favorisé sa fuite.

Et parmi ces personnes, il y avait une femme très-belle, Française selon les uns, Russe selon les autres.

M. Ascott n'eut pas un seul instant de doute et d'hésitation.

La femme qui emmenait sir Archibald en France était bien celle qui avait aidé l'évasion de l'homme gris.

La conclusion était donc toute naturelle.

Tandis qu'il s'emparait de M. Patterson, l'homme gris se débarrassait de sir Archibald.

M. Ascott rentra chez lui, tout pensif, vers onze heures du soir. Il y trouva un billet qui venait d'arriver.

Ce billet était signé : BURY.

Le représentant écossais de la Société évangélique écrivait :

« Une affaire imprévue m'empêchera de vous attendre demain matin à Santon hôtel.

« Mais vous m'y trouverez sûrement à huit heures du soir. Venez, j'ai besoin de vous. »

Une joie visible se peignit sur le visage de M. Ascott, qui fit ce calcul :
— Sir Edmund, à cette heure, roule vers l'Écosse. Demain, à midi, il sera à Glascow...

En admettant qu'il ne m'adresse un télégramme qu'à cinq heures, j'ai temps de le recevoir avant huit.

Et M. Ascott se mit au lit, souffla sa bougie, et, au lieu de s'endormir, se mit à rêver dans l'obscurité au moyen de battre un adversaire aussi redoutable que l'homme gris.

. . . .

Le lendemain, M. Ascott se rendit dans Oxford street.

Bob fronça le sourcil en le voyant entrer.
— Vous venez prendre le chèque? dit-il.
— Oui, dit M. Ascott.
— Trente mille livres! murmurait Bob en soupirant et prenant dans la caisse le livre de chèques, sept cent cinquante mille francs d'argent de France... S'ils allaient nous voler cela, ces gredins de fénians!...
— Ils nous le voleront peut-être, dit froidement M. Ascott.

Bob fut si vivement ému que ses lunettes, qu'il avait relevées sur son front, retombèrent brusquement sur son nez.
— Mais, monsieur...
— Mon cher Bob, dit froidement M. Ascott, l'argent de la Société est-il donc à vous?
— Ma foi! monsieur, à vous parler franc, je vous dirai que, quand je paie, ça me fait cet effet-là.
— Il faut vous corriger, Bob.

Et M. Ascott prit le chèque et retourna chez lui.

A six heures moins un quart, le télégramme attendu arriva.

C'était une page de chiffres.

L'employé du télégraphe ne put, en faisant signer son reçu, retenir cette exclamation :
— Une dépêche de cinq livres, peste!

M. Ascott, l'employé parti, s'assit devant une table, prit la plume et se mit à traduire la dépêche chiffrée de sir Edmund, qui écrivait non pas de Glascow, mais d'Édimbourg.

CXIII

La dépêche de sir Edmund était ainsi conçue :

« Mon cher monsieur Ascott,

« Je suis arrivé ce matin à Glascow.

« Là, à mon grand étonnement, j'ai appris que M. Bury résidait depuis un mois à Édimbourg.

« Je suis donc reparti pour Édimbourg, et voici le résultat de mes investigations.

« M. Bury est parti il y a huit jours, sur un télégramme de M. Patterson.

« Mistress Bury m'a montré non-seulement le télégramme, mais encore une lettre du révérend, arrivée quatre heures plus tôt.

« La lettre disait :

« Mon cher Bury,

« Préparez-vous à faire un voyage peut-être un peu long ; mais il le faut, et le bien de notre Société l'exige.

« Dans quelques jours, quelques heures peut-être, vous recevrez de moi un télégramme.

« Ce sera l'ordre du départ.

« A vous,

« PATTERSON ».

« Or, mon cher monsieur Ascott, cette lettre mystérieuse est bien de M. Patterson.

« Il a barré les deux *t*, et son paraphe est sérieux.

« Mistress Bury m'a montré la dépêche.

« Elle disait :

« Prenez le railway de Londres. Vous trouverez une personne à la gare qui vous donnera vos instructions. »

« Enfin, mon ami, mistress Bury, fort étonnée de toutes mes questions, m'a conduit dans la chambre à coucher de son mari où j'ai pu voir son portrait.

« Je suis demeuré confondu.

« L'homme que nous avons vu hier est bien M. Bury.

« Cela ne fait pas pour moi l'ombre d'un doute ; cependant, comme deux opinions valent mieux qu'une, j'ai prié mistress Bury de me confier une photographie de son mari.

« Je vous l'adresse par la poste et vous la recevrez demain.

« Laissez-moi, maintenant, vous dire ce que j'en pense.

« Nous nous sommes monté la tête tous les trois, hier, Bob, vous et moi.

« Nous avons pris pour une intention ce qui n'était certainement qu'un oubli.

« M. Patterson a écrit précipitamment.

« Vous en avez conclu que son écriture était tremblée.

« Or, vous savez aussi bien que moi que le révérend est un homme mystérieux et qui daigne rarement nous consulter.

« Quelle est la mission donnée à M. Bury ?

« Je l'ignore.

« Mais je suis bien certain d'une chose, c'est que c'est à M. Bury que nous avons réellement affaire, vous et moi.

« Néanmoins, je vais rester ici et attendre vos ordres ; je ne repartirai pour Londres qu'après avoir reçu un mot de vous, lettre ou télégramme.

« Votre dévoué,

« Edmund B... »

Cette longue missive avait quelque peu bouleversé M. Charles Ascott, et s'il ne se rangea pas complétement à l'opinion de M. Edmund, du moins suspendit-il son jugement à l'endroit de ce M. Bury vrai ou faux, jusqu'à ce qu'il eût reçu la photographie annoncée.

L'heure de le revoir, du reste, approchait.

M. Ascott alla dîner, puis, à huit heures précises, il se présenta à Santon hôtel.

M. Bury l'attendait non point dans sa chambre, mais dans la salle à manger.

Il était à table et dînait tranquillement en compagnie d'un vieux gentleman aux cheveux blancs et à la carrure herculéenne.

— Mon cher monsieur Ascott, lui dit M. Bury, aimez-vous les voyages ?

M. Ascott tressaillit.

Puis il répondit :

— J'ai toujours obéi à mes supérieurs.

— Je vous dis cela parce que nous partons demain.

— Vous et moi ?

— Oui, par l'express-train de onze heures.

— Et où allons-nous ?

— En Écosse, au château de lady Pembleton.

M. Ascott s'inclina.

— Avez-vous le chèque ?

M. Ascott ne sourcilla pas.

Il ouvrit son portefeuille et dit :

— Le voici.

Mais M. Bury ajouta négligemment :

— Gardez-le, vous le toucherez vous-même demain matin, et vous arriverez à la gare avec l'argent.

L'inquiétude de M. Ascott, inquiétude tout intérieure et que rien dans sa physionomie n'avait manifestée, se dissipa.

Il avait l'argent ; il le conservait.

M. Bury n'échangea donc avec lui que quelques mots, en lui offrant un verre de vin de Porto et un cigare.

Puis il le congédia en lui disant :

— A demain, nous nous retrouverons à la gare. N'oubliez pas de toucher le chèque.

— Je commence à me ranger tout à fait à l'opinion de sir Edmund, pensa-t-il en s'en allant ; c'est au vrai M. Bury que j'ai affaire.

Le lendemain matin, à neuf heures, M. Ascott reçut par la poste la photographie que mistress Bury avait confiée à sir Edmund.

C'était le portrait, frappant de ressemblance, du gentleman qui logeait à Santon hôtel.

M. Ascott tout joyeux courut au bureau qui se trouvait dans Oxford street.

Bob s'y trouvait déjà.

M. Ascott lui montra la dépêche reçue la veille, la photographie arrivée le matin, et enfin sa conversation avec M. Bury.

— Ce qui fait, dit Bob froidement, que vous avez toujours le chèque ?

— Toujours.

— Eh bien ! gardez-le...

M. Ascott regarda Bob.

Bob était calme, presque impassible.

— Je ne sors pas de mon idée, dit-il.

— Et... cette idée ?...

— C'est que nous sommes joués par l'homme gris et que M. Patterson est entre ses mains, répondit le plumitif avec l'accent d'une conviction profonde.

FIN DE L'HOMME GRIS

Demander la continuation des Aventures de Rocambole, dans **LE RETOUR DE ROCAMBOLE**, que *LA PETITE PRESSE* a publié en feuilleton, et qui paraît à la suite de **LA CORDE DU PENDU**, chez tous les libraires et marchands de journaux, en livraisons *illustrées* à 10 cent. (2 par semaine), et en séries à 50 cent.

Rocambole trouva Turgis dans son atelier, la palette et les pinceaux à la main... (Page 173.)

dant lesquelles il me sembla que j'étais paralysé des pieds à la tête, l'horrible réalité se dressa tout à coup devant moi; alors saisi d'un vertige qui ressemblait à un accès de folie, je m'élançai vers l'horrible créature qui venait de mutiler l'enfant et lui détachai dans les reins un si vigoureux coup de pied, que je l'envoyai tomber, la tête la première, dans un coin de la pièce, où elle resta sans mouvement, puis j'ouvris la porte et, bondissant dehors, je me mis à courir à travers la campagne sans savoir où j'allais.

Dans cette course folle, j'avais incessamment deux tableaux devant les yeux : d'un côté, la jeune mère cherchant son enfant avec des larmes, des sanglots, des cris de désespoir ; de l'autre et à la même heure, cette enfant effroyablement mutilée, puis livrée à un saltimbanque qui allait la disloquer et la faire *travailler* dans les foires et marchés!

Le jour commençait à poindre quand je rentrai dans mon garni.

Ce que j'avais fait durant toute cette nuit, je ne saurais le dire, mais j'avais dû parcourir un trajet considérable, car j'étais brisé de fatigue.

— Et cette infortunée jeune femme, vous ignorez ce qu'elle est devenue ?

— Je voulus le savoir. Huit jours après, je me rendis à Fontenay-aux-Roses, non sans avoir longtemps hésité, retenu par la crainte d'être reconnu pour avoir été vu rôdant dans le pays le jour de l'enlèvement de l'enfant. Ce fut donc avec quelque appréhension que je me dirigeai vers la jolie villa où de si charmants tableaux s'étaient déroulés sous mes yeux. Quel changement, grand Dieu ! La maison était close du haut en bas, les fleurs étaient couchées, toutes flétries, dans les hautes herbes qui avaient envahi le jardin; on eût dit un immense tombeau au milieu d'un cimetière. J'aurais voulu interroger quelqu'un, mais je craignais d'attirer l'attention sur moi. J'allais donc m'éloigner, lorsque j'entendis la voix de deux femmes qui venaient de s'arrêter en face de cette demeure.

23ᵉ LIVRAISON.

— Comment! disait l'une, on n'a jamais su ce qu'était devenue la pauvre petite?

— Jamais, répondit l'autre. Au reste, ça n'a rien d'étonnant; on ne voyait jamais personne chez la mère; on disait qu'elle n'avait pas de famille.

— Et elle, la pauvre jeune femme, qu'est-elle devenue?

— Que voulez-vous? Son enfant était toute sa vie, il est arrivé ce qu'on devait prévoir, le lendemain du malheur elle était folle.

Folle! ça me donna un coup si violent que, craignant de laisser voir mon trouble, je partis sans en écouter davantage.

Rocambole garda quelques instants le silence.

Il paraissait sous l'empire d'une profonde agitation.

— Et M. Badoir, reprit-il enfin, quand l'avez-vous revu?

— Quinze jours après; il avait sans doute voulu me laisser le temps de me calmer. Il me remit les cinq cents francs convenus et m'annonça qu'il m'avait trouvé une bonne place. J'étais dans la misère, j'avais besoin de lui, je ne lui fis aucun reproche, heureux de me caser en qualité de cocher dans une grande maison où, grâce à sa recommandation j'entrais dès le lendemain.

— Et depuis?

— Bien des années s'étaient écoulées sans que j'eusse entendu parler de lui, lorsqu'un jour, il y a de cela six mois environ, il vint me trouver chez un nouveau maître, où il m'avait découvert je ne sais comment, et me proposa d'entrer chez M. le comte de Sinabria.

— Il méditait déjà l'affaire dans laquelle vous lui avez donné un si fameux coup de main.

— C'est ce que j'ai pensé depuis.

— Eh bien, que dites-vous de l'idée de Rascal?

— Mon garçon, tu peux lui dire qu'à mon approbation; je n'ai pas compté avec M. Badoir, mais je sais, pour l'avoir entendu dire par M. le comte, qu'il doit être quelque chose comme millionnaire, nous serions donc bien naïfs de ne pas le faire chanter. Dis à Rascal de venir me voir et nous mitonnerons cette petite affaire-là ensemble.

Rocambole se leva, remercia chaleureusement son collègue d'avoir bien voulu l'honorer d'un si long entretien, puis, après avoir payé leur consommation, il sortit.

Il prit une voiture rue de Varennes et se fit conduire chez lui pour y quitter son travestissement.

Il y trouva Albert de Prytavin qui venait de rentrer.

— J'arrive d'Aubervilliers, lui dit ce dernier.

— Qu'as-tu fait de ce côté? lui demanda Rocambole.

— J'ai réussi à obtenir des renseignements sur notre homme.

— Quels sont-ils?

— Excellents... à notre point de vue.

— C'est-à-dire détestables.

— Il est joueur et ivrogne.

— Parfait! Combien gagne-t-il?

— Quinze cents francs.

— C'est beaucoup pour un garçon de bureau.

— C'est le maximum.

— Il doit être criblé de dettes?

— Ses appointements sont frappés d'oppositions, aussi est-il menacé de perdre sa place.

— Tu lui as parlé?

— Oui, mais sans préciser; j'ai jeté des jalons.

— Comment cela a-t-il pris?

— A merveille; je suis sûr du succès.

— Il faudra le revoir dans quelques jours, jouer cartes sur table, connaître le chiffre de ses dettes et t'engager à les payer une fois l'affaire faite.

Une heure après, Rocambole avait repris le costume et la physionomie de M. Portal.

A quatre heures, il montait en voiture et se faisait conduire rue Duperré.

C'était là qu'il avait rendez-vous avec Jacques Turgis.

Le jeune homme l'attendait dans son atelier, où il le trouva devant une toile, la palette et les pinceaux à la main.

— Voilà un beau paysage, s'écria Rocambole en lui serrant la main.

— Dites admirable, répliqua Jacques.

Et comme Rocambole le regardait avec quelque surprise :

— Vous ne voyez donc pas que j'en fais une copie. Tenez, voici l'original, le plus beau Ruysdaël qu'il y ait au monde, peut-être.

Et il lui montrait un tableau posé sur un chevalet en face de lui.

— A qui appartient-il? demanda Rocambole.

— A un marchand de tableaux de la rue Laffitte, qui l'a acheté cinquante mille francs.

— Ça! cinquante mille francs! s'écria Rocambole stupéfait.

— On lui en offre soixante mille, et il les refuse.

— Êtes-vous sûr qu'il ne fasse pas une sottise?

— C'est le plus rapace et le plus retors des marchands; il n'a jamais fait une mauvaise affaire.

— Tant mieux pour lui; mais à propos d'affaire, parlons donc de celle qui vous intéresse. Avez-vous vu mademoiselle Tatiane?

— Et je lui ai parlé.

— Eh bien?

— Savez-vous ce que lui disait ce misérable? s'écria l'artiste saisi d'une colère subite; il lui parlait de son amour, sollicitait d'elle l'autorisation de demander sa main à son oncle, et comme elle répondait par un refus, il lui déclarait sur un ton de menace qu'elle serait bientôt sa femme, en dépit de tous et en dépit d'elle-même. J'aurais donné tout au monde pour pouvoir aller le souffleter chez lui, mais je m'étais engagé à ne rien faire sans vous consulter.

— Et vous avez bien fait de vous rappeler votre parole. Mais vous savez donc où il demeure?

— Sans doute, rue Cassette, chez son associé.

— Et le nom de cet associé?

— M. Badoir.

Rocambole tressaillit.

— Le plus honnête homme du monde, m'a dit mademoiselle Tatiane, et évidemment trompé sur le compte de ce sir Ralph.

— Peut-être, murmura Rocambole.

— Comment! douteriez-vous de la probité...

— Non, non, je ne doute pas, je sais à quoi m'en tenir sur ce point et je suis ravi du renseignement que vous venez de me donner; je verrai bientôt M. Badoir, et quant à sir Ralph, son mariage n'est pas encore fait, rassurez-vous.

XXIX

L'ATELIER

— Ce n'est pas tout, reprit Jacques Turgis, sir Ralph a déclaré en outre à mademoiselle Tatiane que son amour pour moi étant la véritable raison de son refus, quoiqu'elle affirmât le contraire, elle allait attirer sur ma tête les plus terribles catastrophes, si elle s'obstinait à le repousser, et c'est là surtout ce qui l'a bouleversée, la chère petite.

— Ne dédaignez pas ces menaces et tenez-vous toujours sur vos gardes, dit Rocambole à l'artiste, cet homme est capable de tout.

— Ah! si le ciel pouvait lui inspirer la pensée de m'attaquer franchement et à visage découvert !

— Parbleu ! vous n'êtes pas difficile, mais n'y comptez pas, le ciel ne vous enverra pas cette joie, cet homme n'attaque jamais de front. Je connais ses façons de procéder, j'ai pu le juger à l'œuvre et je vous jure qu'il est dangereux, très-dangereux.

— Ne m'avez-vous pas dit que vous connaissiez sur son compte les choses les plus compromettantes ?

— De quoi l'envoyer au bagne, et même plus loin... je veux dire plus haut.

— Alors pourquoi ne pas le dévoiler ? Il suffirait de dire un mot à M. Mauvillars pour le faire chasser.

— Malheureusement ce mot, je ne puis le dire,
— Qui vous arrête ?

— Il tient entre ses mains l'honneur et la vie d'une pauvre jeune femme, si bien prise dans les filets où il l'a fait tomber, qu'il peut l'envoyer sur les bancs de la cour d'assises et la faire condamner à coup sûr, quoique innocente du crime qui lui serait imputé, et, le jour où il serait dénoncé, c'est sur elle que retomberait sa colère, car c'est à elle seule qu'il attribuerait la révélation de son passé. Il lui a donné cet avertissement et voilà ce qui m'empêche de rien faire contre lui.

— Mais combien de temps serez-vous donc astreint à ces ménagements ?

— Tant que je n'aurai pas trouvé le moyen d'arracher de ses mains la jeune femme dont je viens de vous parler.

— Et cela peut durer ?

— Huit ou dix jours, c'est l'échéance fatale à laquelle le drame doit se dénouer d'une façon quelconque.

— Et pendant tout ce temps, s'écria Jacques, il sera libre de voir Tatiane et de lui parler !

— Devant sa famille, car il sera facile à la jeune fille de ne jamais se trouver seule avec lui, et alors que vous importe ?

— La pensée de savoir cet ange si candide et si pur exposé aux regards et aux hommages de ce misérable, cette seule pensée me révolte.

Il s'écria au bout d'un instant :

— Mais non, les énormités qu'il a sur la conscience doivent le tenir dans des transes perpétuelles et il est impossible que dans cette situation il ait l'audace de demander la main de Tatiane.

— Peut-être au contraire voit-il là un moyen de salut, et je suis tenté de le croire.

— Comment cela ?

— Tenez, je ne sais si je me trompe, mais je crois avoir deviné son plan. Associé de M. Badoir, homme d'une honorabilité incontestée, sinon incontestable, gendre de M. Mauvillars, archi-millionnaire et recommandable sous tous les rapports, il voit là un rempart d'honneur et de probité derrière lequel il est impossible qu'on soupçonne un aventurier couvert de crimes, et se croit assuré, dans tous les cas, de trouver mille moyens de salut dans la haute influence de deux personnages directement intéressés à le tirer d'embarras par tous les moyens possibles.

— Mais c'est épouvantable ! s'écria l'artiste hors de lui, et vous voulez que je laisse plus longtemps Tatiane face à face avec cet infâme !

— Je vous demande de la prudence et de la circonspection, voilà tout. Encore une fois, je vous le répète, j'ai acquis la preuve que nous avions affaire à des ennemis redoutables et d'une habileté effrayante, combattons-les avec leurs propres armes, c'est le seul moyen de les vaincre ; maintenant je vous quitte pour m'occuper de vos affaires. Je pars plus riche de trois renseignements qui vont m'être d'un grand secours : 1° la résolution de sir Ralph d'épouser mademoiselle Tatiane, même contre son gré; 2° l'association de sir Ralph et de lord Mac-Field avec M. Badoir; 3° enfin, l'adresse de ce dernier. Allons, à bientôt, monsieur Turgis, rappelez-vous ma recommandation ; soyez constamment sur vos gardes, rapportez-vous en entièrement à moi du soin de surveiller les agissements de sir Ralph et absorbez-vous dans votre Ruysdaël, c'est ce que vous avez de mieux à faire dans votre propre intérêt et dans celui de mademoiselle Tatiane.

Il ajouta, en jetant un coup d'œil sur la copie de l'artiste :

— Je trouve cela fort beau, tout aussi beau que l'original, mais je me demande par quel étrange caprice un artiste de votre talent peut consacrer à faire une copie le temps qu'il pourrait employer beaucoup mieux en créant une œuvre qui ne pourrait que grandir son nom.

— Voici la clef du mystère, répondit Jacques ; Chaumont, le marchand de tableaux auquel appartient cette toile, m'a rendu quelques services, dans le temps où je n'étais pas sûr de manger tous les jours, services dont il se remboursait à gros intérêts, il est vrai, en vendant un très-bon prix ce qu'il m'achetait pour un morceau de pain, mais dont je lui ai toujours su gré, néanmoins, puisqu'après tout il m'a sauvé la vie. Or, il y a quelques jours, un riche étranger, un Anglais, je crois, entra dans la boutique de Chaumont et lui demanda le prix de son Ruysdaël, exposé à la vitrine de celui-ci : « Quatre-vingt mille francs, » répondit le marchand. Ce chiffre parut décourager l'amateur qui, après un moment de réflexion, dit au père Chaumont :

— Connaissez-vous le peintre Jacques Turgis ?
— Si je le connais ! C'est moi qui l'ai lancé.

C'est la prétention de Chaumont d'avoir lancé tous les artistes arrivés.

— Ne trouvez-vous pas comme moi, reprit l'Anglais, qu'il y a quelque rapport entre sa manière et celle de Ruysdaël?

Chaumont, qui a trois toiles de moi dans sa galerie, flaira une affaire.

— Un rapport frappant, monsieur, s'écria-t-il; et je vois que j'ai affaire à un connaisseur, car l'opinion que vous venez d'exprimer là est celle de tous les paysagistes.

Tenez, Corot me le disait encore l'autre jour, c'est étonnant comme les toiles de Jacques Turgis se rapprochent des Ruysdaël.

— J'en ai été frappé, dit l'Anglais.

— Parbleu! monsieur, reprit Chaumont, c'est le cas de dire que vous tombez à pique, j'ai justement dans ma galerie trois toiles de Jacques Turgis où cette ressemblance avec le Ruysdaël se manifeste d'une façon particulièrement saisissante, c'est même pour cela que je les ai achetés; venez les voir, et je suis sûr...

— Non, répondit l'Anglais, ce serait inutile, c'est ce Ruysdaël qui me plaît.

— Mais puisque vous ne voulez pas y mettre le prix et que vous raffolez du talent de Jacques Turgis, surnommé le Ruysdaël moderne...

— A juste titre, répliqua l'Anglais; or, voilà la petite combinaison que j'ai à vous soumettre. Ne pouvant avoir le Ruysdaël original et la manière de Jacques Turgis ayant un rapport frappant avec celle du paysagiste hollandais, je voudrais une copie de cette toile par le jeune peintre français.

Le père Chaumont commença par jeter les hauts cris en déclarant qu'un artiste de ma valeur ne consentirait jamais à faire une copie.

C'était un truc pour amener l'étranger à payer très-cher une copie déclarée impossible.

Le truc réussit pleinement, sans doute, car le jour même le père Chaumont venait me proposer cette affaire en m'offrant un prix très-raisonnable, c'est-à-dire tout à fait en dehors de ses habitudes.

J'ai consenti, et je viens vous dire la raison qui m'avait déterminé; vous savez maintenant pourquoi je fais cette copie.

— Et je ne puis que vous approuver; encore une fois ne vous occupez plus que de cela, vos affaires ne peuvent qu'y gagner. Adieu, vous me reverrez maintenant quand j'aurai besoin de vous ou que j'aurai quelque chose de nouveau à vous annoncer.

— Adieu, monsieur Portal.

Le jour tombait et le crépuscule commençait à venir lorsque ce dernier sortit de l'atelier de l'artiste.

Il se croisa dans la rue avec deux individus en blouse, auxquels il ne fit aucune attention, mais qui, eux, se retournèrent dès qu'il fut passé et le regardèrent s'éloigner avec l'expression d'une profonde surprise.

— M. Portal! s'écria l'un d'eux, pas possible! M. Portal chez Jacques Turgis! comment diable! le connaît-il et que vient-il faire là?

Et, se tournant vers son compagnon :

— Dites donc, père Vulcain, avez-vous jamais entendu parler de M. Portal par votre fils?

— Jamais, et je suis sûr qu'ils ne se connaissaient pas.

— Voilà qui est furieusement louche.

— Je suis de votre avis et la chose me paraît assez grave pour que nous entrions quelque part afin de creuser cette affaire. Qu'en dites-vous, sir Ralph!

— J'allais vous le proposer, père Vulcain, d'autant plus que le petit plan dont nous avons à causer ne peut guère non plus se traiter en plein air.

Puis jetant un regard autour de lui :

— Vous qui avez habité le quartier, dit-il au vieux modèle, connaissez-vous un bon marchand de vin de ce côté?

— Ils sont tous bons; tenez, entrons chez celui-ci, au coin de la rue Fontaine.

— Entrons, mais c'est bien entendu, n'est-ce pas? vous êtes bien résolu à vous venger des odieux procédés d'un fils ingrat envers un père qui s'est sacrifié pour lui toute sa vie et auquel il doit sa gloire?

— Je vous l'ai dit, mon fils est un gueux, un sacripant, un monstre d'ingratitude, et je serai sans pitié pour lui comme il l'a été envers son auteur.

— A la bonne heure, vous avez du sang dans les veines, vous, vous n'êtes pas un père Cassandre.

— Suffit, il apprendra ce que c'est que de manquer d'égards envers son père en lui refusant l'absinthe. Mais voilà le marchand de vin, entrons et déroulez-moi votre plan.

Nous saurons plus tard quel était le plan de sir Ralph et pourquoi il avait besoin du concours du père Vulcain.

XXX

UN PÈRE MODÈLE

Il était six heures environ lorsque le père Vulcain et sir Ralph, ce dernier vêtu d'une blouse comme son compagnon, sortaient de chez le marchand de vin, où ils venaient de tramer le complot que nous connaîtrons plus tard par ses résultats.

Ils allaient descendre la rue Fontaine pour gagner les boulevards, quand sir Ralph, saisissant le bras du vieux modèle :

— Père Vulcain, lui dit-il en lui montrant un jeune homme qui, lui, remontait cette rue et se dirigeait vers le boulevard extérieur, est-ce que vous n'avez pas vu ce particulier-là quelque part?

— Mais, je ne me trompe pas, c'est Jacques, dit le père Vulcain.

— C'est ce qu'il me semble.

— Ne dirait-on pas le fils d'un prince? Voyez donc un peu quelle cassure, quel galbe et quel chic!

— Oui, oui, c'est flatteur pour vous, on ne soupçonnerait jamais qu'il est votre fils.

— Possible, dit le modèle, peu ravi de ce compliment, mais, après tout, à qui doit-il tout ça?

— A vous, c'est incontestable; il avait dans son père un exemple qui lui a été d'un grand secours, en ce sens qu'il n'a eu qu'à faire exactement le contraire pour devenir un grand artiste et un homme distingué.

— Sir Ralph, riposta le père Vulcain d'un air piqué, je n'aime pas qu'on me *bêche*.

— C'est une simple plaisanterie, car vous êtes aussi une illustration dans votre genre, père Vulcain, et vous laisserez un nom dans l'histoire des modèles.

La mère Alexandre, ayant pris la main de Turgis, lui demanda : « Aimez-vous cette jeune fille? » (Page 184.)

— Je m'en flatte.
— Mais, dites-moi, ne trouvez-vous pas que votre fils a quelque chose de vainqueur dans la démarche?
— Ça ne me frappe pas.
— Moi, ça me frappe et ça me fait faire une réflexion.
— Laquelle?
— Vu cette démarche et vu les divinités qui habitent les hauteurs vers lesquelles il se dirige, je me demande s'il n'irait pas se reposer en ce moment, chez quelque beauté moins candide, de la tenue mélancolique et distinguée qu'il est contraint de s'imposer devant la pure et naïve Tatiane.
— Dame! dit le père Vulcain, on a vu plus fort que ça ; on brûle de l'encens aux pieds de l'une et on fume sa bouffarde chez l'autre, et généralement on revient toujours à celle qui se contente de l'encens du tabac.
— Vous parlez comme un philosophe, père Vulcain ; aussi suis-je porté à croire que le beau ténébreux de la candide Tatiane se rend à cette heure chez quelque vierge à la bouffarde.

— Je ne dis pas non, c'est un joli cavalier, galbeux et genreux, qui a fait beaucoup de ravages dans le cœur de ces dames, et peut-être lui reste-t-il quelques incendies à éteindre avant d'allumer les flambeaux de l'hyménée.

— Ah! si je pouvais le surprendre en flagrant délit de liaison demi-mondaine! Si j'avais un nom et une adresse à citer à la charmante Tatiane et à son oncle, quel coup de massue pour mon heureux rival! Quel atout pour moi... et pour vous aussi, père Vulcain.

— Et ce sera bien fait pour lui, car il est certain que, s'il épouse cette petite pimbêche, il me trouvera déplacé dans ses soirées.

— Tandis que, moi, je vous y invite d'avance.

Le vieux modèle pressa silencieusement la main de sir Ralph.

— Mais, vous savez, dit-il, l'habit à queue de mo-

rue fait totalement défaut dans ma garde-robe.
— Je me charge de le fournir.

Tout en causant ainsi, ils suivaient de loin Jacques Turgis, qui marchait lentement, l'air rêveur et non vainqueur, comme l'avait dit sir Ralph.

Arrivé au boulevard, le jeune homme tourna à gauche.

Sir Ralph et le père Vulcain continuèrent à le suivre.

— Ah çà, ce fils dénaturé vous a donc jeté à la porte ? demanda sir Ralph au modèle.

— Je ne puis dire cela, ce serait exagérer, répondit le père Vulcain ; seulement, comme je crois vous l'avoir dit un jour, il voulait imposer des conditions à son père, il dédaignait mes amis, il trouvait mauvais qu'ils vinssent prendre l'absinthe et fumer une pipe avec moi dans son atelier, sous prétexte que ça lui faisait du tort vis-à-vis des marchands de tableaux et de sa clientèle de grandes dames et d'aristos.

— Bref, il méprisait son père !

— Il me méprisait au point de vouloir payer lui-même ma nourriture au restaurant, au lieu de me remettre l'argent en mains propres, disant que je le dépensais à boire et qu'il ne me restait plus un sou au milieu du mois.

— Des calomnies ?

— Pures ; non que ça me soit arrivé quelquefois, mais quoi ! on est artiste ou on ne l'est pas, et, comme dit Alexandre Dumas dans *Kean* : De l'ordre ! et que deviendrait le génie ? Bref, il m'avait imposé une vie d'huître, antipathique à ma nature et à mes aspirations, voilà pourquoi nous avons rompu.

On était parvenu à la barrière Blanche.

Jacques traversa la chaussée.

— Ah ! dit sir Ralph, nous brûlons, le domicile de la belle n'est pas loin.

Et ses traits rayonnèrent.

Il ne doutait pas qu'un artiste jeune, joli garçon et déjà presque célèbre comme Jacques Turgis, n'eût quelques liaisons dans ce quartier et il comptait tirer un immense parti de cette découverte.

— Eh bien, non, s'écria tout à coup le père Vulcain, vous n'y êtes pas du tout.

— Que voulez-vous dire ? lui demanda sir Ralph.

— Je veux dire que vous vous mettez le doigt dans l'œil.

— Voyons, expliquez-vous.

— Il ne s'agit pas du tout d'amour en ce moment.

— Vous croyez ?

— Je suis sûr.

— Vous savez où il va ?

— Parbleu !

— Eh bien ?

— Il va *béquiller*.

— Hein ?

— Manger, si vous aimez mieux.

— Ah !

— Tenez, voyez-vous là, en face, cette boutique si bien éclairée ?

— Parfaitement.

— C'est la table d'hôte où il prend ses repas.

— Vous êtes sûr de...

— J'y suis allé quelquefois avec lui.

— Alors, c'est bien, je me suis trompé, dit sir Ralph avec l'expression d'un vif désappointement.

— Et nous n'avons plus qu'à tourner les talons, dit le modèle.

Il fit un mouvement pour rebrousser chemin.

Sir Ralph allait l'imiter, quand une réflexion traversa tout à coup son esprit.

— Un instant, dit-il.

— Qu'est-ce ? demanda le père Vulcain.

— La partie n'est peut-être pas encore perdue.

— Puisque je vous dis qu'il va manger.

— J'entends bien, mais je connais quelque peu les mœurs de messieurs les artistes ; ils ne font guère mystère de leurs amours et les affichent même très-volontiers et emmènent généralement à leur pension leurs épouses de la main gauche.

— C'est tout de même vrai, ce que vous dites-là, dit le modèle, et j'ai vu beaucoup de couples de ce genre-là à la table d'hôte en face.

— Il faudrait pouvoir y entrer, dit sir Ralph.

— Qui vous en empêche ?

— Moi, oui, mais vous ? que dirait votre fils ?

— N'est-ce que cela ? ne vous inquiétez pas, répliqua le père Vulcain en traversant la chaussée.

— Que comptez-vous faire ?

— Il y a un café attenant à la salle du restaurant.

— Compris ; nous pouvons nous installer dans le café sans crainte d'être vus.

— Mieux que cela.

— Quoi donc ?

— Non-seulement nous ne serons pas vus, mais nous pourrons voir et entendre.

— C'est à merveille, entrons donc.

— Laissons d'abord Jacques entrer et s'installer.

Le père Vulcain ne s'était pas trompé ; après avoir traversé la chaussée, Jacques Turgis était entré dans l'établissement que le vieux modèle avait désigné à sir Ralph.

Les deux derniers y pénétrèrent eux-mêmes cinq minutes après l'artiste.

Comme l'avait dit le père Vulcain, l'établissement était partagé en deux pièces.

L'une, la plus vaste, était affectée au restaurant.

De l'autre on avait fait le café.

Il fallait traverser le café pour se rendre à la table d'hôte, et les deux pièces étaient partagées par une cloison vitrée, garnie de rideaux si transparents qu'ils permettaient de distinguer parfaitement les convives.

En outre, la porte qui donnait passage dans l'une et dans l'autre pièce était ouverte, sans doute pour laisser pénétrer l'air dans une pièce garnie de vingt convives, de sorte qu'on devait entendre tout ce que disaient ceux-ci.

Sir Ralph commença par demander deux absinthes.

Puis, approchant son visage de la vitre :

— Voyons s'il a pris place à côté d'une femme, murmura-t-il.

Il ne tarda pas à découvrir Jacques Turgis.

Mais, nouvelle déception ! il était assis entre deux jeunes gens.

Les femmes ne manquaient pas. Il y en avait de tous les âges et de toutes les conditions, c'est-à-dire de toutes les toilettes, car ces dames appartenaient toutes à la même condition; seulement elles y occupaient un rang plus ou moins distingué.

— Il nous reste encore une espérance, dit sir Ralph au père Vulcain, écoutons et peut-être apprendrons-nous quelque chose.

Il achevait à peine, quand une voix s'écria tout à coup :

— Eh bien, mon ami Jacques, comment vont les amours?

Sir Ralph tressaillit de joie.

— J'avais raison d'espérer, s'écria-t-il, nous le tenons.

Et, se frottant les mains :

— Allons, allons, nous allons rire !

XXXI

LA MÈRE ALEXANDRE.

Sir Ralph attendit avec anxiété la réponse que l'artiste allait faire à cette question :

— Comment vont les amours ?

Jacques sourit.

— Très-mal, répondit-il avec une emphase railleuse ; il y a longtemps que j'ai rompu tous les liens qui m'attachaient à la terre pour me réfugier dans le seul amour vrai, l'amour de l'art.

— Les voilà bien tous ! s'écria une jolie fille à la mise excentrique et aux allures quelque peu hasardées, quand ils veulent nous lâcher, c'est toujours le même refrain, l'art ! Pendant six mois nous sommes tout pour eux : ils nous accablent de gentillesses et de petits noms : ma chatte blanche, mon petit lapin bleu, mon petit chien en sucre ; il n'y a rien d'assez joli pour nous dans le dictionnaire des amours. Puis un beau jour, nous devenons *les liens qui les attachent à la terre*, et v'lan ! ils nous plantent là pour se réfugier au ciel de l'art. As-tu fini avec ton ciel? L'art par-ci, l'art par-là, toujours l'art. Tenez, voulez-vous que je vous dise ? eh bien ! l'art, je voudrais qu'il fût dans le troisième dessous. Voilà ma manière de voir à son égard.

Un bruyant éclat de rire accueillit cet anathème contre l'art.

— Nom d'une palette ! s'écria un jeune homme, c'est étonnant comme ça me rappelle les imprécations de Camille par mademoiselle Rachel.

— Mireille, ajouta un autre, avez-vous lu *Colomba*?

— Connais pas, ça a-t-il des pattes?

— Non, mais ça a des ailes. Eh bien ! lisez *Colomba*, et vous y verrez que, le jour où vous serez fatiguée de Paris, vous avez un emploi tout trouvé en Corse, celui de vociératrice.

— Ah ! voilà que je vocifère à présent ! eh bien ! merci, vous êtes joli, vous, répliqua Mireille, qui depuis deux ans avait quitté son nom de Sophie pour celui de l'héroïne du poëme provençal.

Puis, se tournant brusquement vers son voisin, un jeune homme blond que ses fureurs faisaient éclater de rire :

— Quant à toi, mon amour, le jour où tu voudras me faire passer à l'état de lien qui t'attache à la terre, je te préviens que j'irai te faire un boucan dans ton ciel de l'art ! Ah ! mais, que ce sera ça et que je ne t'y laisserai pas moisir.

— Mireille, mon amie, répliqua le jeune homme en lui riant respectueusement au nez, depuis que tu fréquentes le théâtre des Batignolles, tu négliges singulièrement ton style. Qu'as-tu fait, hélas ! de ce beau langage qui était une de tes séductions à l'époque où j'eus la chance inouïe de toucher ton cœur à force d'amour, d'égards, de soupirs?

— Et de mobilier, murmura une voix.

— Ta, ta, ta, s'écria le jeune homme qui avait interrogé Jacques, laissons là les amours d'Edgar et de Mireille, qui éclatent librement au grand soleil et sous l'œil de Dieu, et revenons à mon interpellation, à laquelle notre ami Jacques n'a pas répondu du tout.

— Au contraire, dit l'artiste, je t'ai répondu que l'art seul désormais...

— Fort bien, mais où prends-tu l'art? Ne serait-ce point par hasard dans les yeux d'une ravissante jeune fille qui attirait tous les regards à l'une des dernières représentations des Italiens et qui fixait particulièrement les tiens ?

Jacques était devenu tout à coup sérieux.

— J'ai beaucoup regardé cette jeune fille, j'en conviens, répondit-il, mais comme tout le monde, puisque tu reconnais toi-même qu'elle attirait l'attention de la salle entière.

— Oui, mais la salle entière ne la regardait pas du même œil et avec les mêmes sentiments que toi ; la salle entière ne pâlissait pas de jalousie en la voyant causer avec un individu qu'elle paraissait écouter avec émotion, émotion pénible, j'en conviens, et qui devait te rassurer complètement sur la façon dont ses hommages étaient accueillis.

Il y eut un moment de silence.

— Eh bien ! oui, répondit Jacques d'une voix grave, j'avoue que j'ai regardé cette jeune fille avec un sentiment d'admiration et d'enthousiasme que ne devaient pas éprouver les autres spectateurs, mais de là à aimer il y a loin. D'ailleurs, le sentiment qu'elle m'a inspiré est de ceux qu'on croirait profaner en les étalant devant tous, en les exposant aux propos d'une table d'hôte, et je prie ceux qui tiennent à ne pas m'être désagréables à ne plus revenir sur un sujet dont je garde le secret au fond de ma pensée et qui n'en sortira jamais.

— A moins qu'on ne l'en arrache malgré vous, dit une voix.

Cette voix était celle d'une femme d'une cinquantaine d'années, dont la mise *bizarre* annonçait le désordre et le mauvais goût, plutôt que la gêne.

Tout ce qu'elle portait sur elle, y compris le chapeau jaune qui couvrait ses cheveux gris, sortait évidemment de chez la marchande à la toilette.

Ses traits anguleux et couperosés conservaient la trace d'une vie agitée, successivement traversée par la misère et par les passions, et ses yeux, où brûlait une flamme mystérieuse, trahissaient un état d'exaltation permanente, étrange et inexplicable pour qui ne connaissait pas la singulière profession à laquelle elle se livrait.

— Bon ! s'écria Mireille en riant, voilà la mère Alexandre qui enfourche son dada, nous allons rire.

— Vous êtes une petite sotte, ma chère, lui dit la

mère Alexandre, en lui jetant un regard de travers, et vous en serez bientôt convaincue si M. Jacques consent...

— A tout ce que vous voudrez, mère Alexandre, répondit l'artiste, je n'ai pas l'irrévérence de douter de votre science, je crois même au magnétisme dans une certaine mesure, mais je crois en même temps que je suis un sujet récalcitrant, peu susceptible de subir son influence, aussi vous autorisai-je de grand cœur à tenter sur moi tout ce qu'il vous plaira.

— Ainsi, c'est bien entendu, vous me permettez de vous contraindre à révéler ici même et à haute voix le secret que vous avez résolu de garder au fond de votre cœur?

— Je ne crois pas courir grand risque en vous accordant toute liberté sur ce point, répondit Jacques en souriant ; arrachez-moi donc ce secret et tous ceux qu'il vous plaira pendant que vous y serez.

— Fort bien, mais vous allez venir vous asseoir près de moi pour plus de commodité.

— Quant à cela, non, je suis bien là, j'y reste.

— Pardon, je ne vous demande pas si cela vous convient, je vous dis que vous allez y venir et vous y viendrez.

— Compris, c'est par la force.

— Justement.

— Allez-y donc, mère Alexandre, envoyez le fluide.

Il se croisa les bras, et toujours souriant, il fixa son regard sur la magnétiseuse.

Tous regardèrent également la mère Alexandre avec un sourire d'incrédulité.

Celle-ci restait impassible.

— Retirez-vous de là, dit-elle au jeune homme qui était assis près d'elle, cette place est pour M. Jacques.

Le jeune homme se retira en riant comme les autres.

Alors la mère Alexandre, posant ses coudes sur la table et sa tête dans ses deux mains, darda sur Jacques un regard étincelant comme celui de la vipère.

Il se fit un profond silence.

Cinq minutes s'écoulèrent ainsi.

Ce temps écoulé, le sourire s'effaçait peu à peu des lèvres de l'artiste.

Un instant après, son œil prenait un éclat vitreux et restait fixe.

Puis il se leva et faisant le tour de la table, avec quelque chose d'automatique dans la démarche, il vint s'asseoir près de la magnétiseuse, se tourna vers elle et la regarda en face.

On ne riait plus et une curiosité émue se lisait sur tous les visages.

La mère Alexandre prit la main du jeune homme et, continuant à le regarder fixement :

— Aimez-vous cette jeune fille ? lui demanda-t-elle.

— Oui, répondit Jacques.

— Lui avez-vous parlé ?

— Souvent.

— Vous êtes donc reçu dans sa famille ?

— Oui.

— Et elle, croyez-vous qu'elle vous aime ?

— J'en suis sûr.

— Dites-moi son nom?

— Tatiane.

— Ce n'est pas un nom français.

— C'est un nom italien, qu'elle tient de son parrain.

— Vous voudriez l'épouser ?

— C'est mon plus ardent désir.

— L'espérez-vous ?

— Oui, quoique...

— Vous avez une inquiétude sur ce point, expliquez-vous.

— Elle est exposée aux persécutions d'un misérable qui...

La magnétiseuse fut interrompue par plusieurs voix.

— Assez, mère Alexandre, assez, lui cria-t-on, nous sommes convaincus maintenant, et il serait indiscret de pousser vos questions plus loin.

— Comme vous voudrez.

Et elle dit à Jacques :

— Retournez à votre place.

Jacques obéit.

Quand il eut repris sa place, elle le regarda encore en faisant deux ou trois passes.

Jacques fit un soubresaut, promena autour de lui un regard étonné, puis apercevant la mère Alexandre.

— Eh bien ! vous le voyez, lui dit-il, je n'ai pas bougé de place.

— C'est-à-dire que vous venez d'y retourner après avoir passé dix minutes près de moi.

— Allons donc ! s'écria l'artiste.

— Demandez donc à tous ceux qui viennent d'assister à notre entretien, ce que vous m'avez dit concernant mademoiselle Tatiane.

— Tatiane ! murmura Jacques bouleversé, j'ai prononcé son nom ?

— Dame ! nous l'ignorions tous.

— C'est effrayant, balbutia-t-il.

— Eh bien ! ma petite, que dites-vous de ça? demanda la mère Alexandre à Mireille.

— Je dis que vous me faites l'effet du diable en personne, répondit celle-ci en la regardant avec épouvante.

— Quelle femme ! disait de son côté sir Ralph, atterré comme les autres de la puissance de la magnétiseuse, je me souviendrai de cette scène-là.

— Allons, nous n'avons plus rien à faire ici, filons.

XXXII

Quand ils furent dehors, sir Ralph dit au père Vulcain :

— Pas de maîtresse ! voilà ce dont nous venons d'acquérir la preuve ; juste le contraire de ce que j'espérais.

— C'est vrai, pas de chance ! dit le père Vulcain en tirant de sa poche un brûle-gueule atrocement culotté.

— C'est égal, je ne regrette pas le spectacle auquel je viens d'assister, c'est curieux et instructif; j'y ai appris à connaître le magnétisme, que je raillais comme tant de gens, sans jamais m'être rendu

Non, non, s'écria Badoir d'une voix étranglée, je ne veux pas, je ne veux pas vous suivre! (Page 191.)

compte de ses effets. Quelle femme que cette mère Alexandre, et qui croirait jamais qu'une nature aussi vulgaire possède une telle puissance!

— J'en suis encore épaté, dit le vieux modèle tout en bourrant sa pipe.

— Enfin, si fâcheux qu'ait été le résultat de notre espionnage, nous devons toujours nous féliciter de savoir à quoi nous en tenir, car nous savons maintenant qu'il faut plus que jamais persévérer dans le petit plan que nous venons de combiner tous les deux.

— Et qui ferait honneur à un diplomate, je ne crains pas de le dire, ajouta le père Vulcain.

— Ainsi, lui dit sir Ralph, il est bien entendu que la porte de votre fils ne vous est pas fermée?

— Pas du tout; je puis aller le voir, si ça me plaît, et c'est ma dignité seule qui m'en empêche.

— Bon!

— Et quand nous mettons-nous à l'œuvre? demanda le modèle.

24ᵉ LIVRAISON.

— Je saurai cela tout à l'heure; la chose dépend d'une réponse que je ne connais pas encore.

— Quand vous voudrez; quant à moi, ça m'est indifférent, dit Vulcain avec cette insouciance de brute qu'il devait autant à son instinct naturel qu'à l'abus de l'absinthe.

— Dans tous les cas, lui dit sir Ralph, trouvez-vous, dans trois jours, à cinq heures, chez le marchand de vin de la rue Fontaine; j'y serai, et nous déciderons du jour et de l'heure.

— C'est convenu.

Sir Ralph quitta le vieux modèle et prit une voiture sur le boulevard, près de la barrière Blanche.

Où se fit-il conduire? C'est ce que nous ne saurions dire; mais, une heure après, il se présentait chez M. Badoir, débarrassé de sa blouse et dans une tenue des plus convenables.

Il n'y trouva que Mac-Field, installé dans une chambre d'un confortable luxueux.

On sait que, pour plus de sécurité, les deux complices, en fondant la maison Badoir et Ce, avaient eu soin d'établir leur domicile chez leur associé.

— Eh bien, demanda vivement sir Ralph, M. Badoir ?

— Pas encore rentré.

— Mauvais signe.

— Comment cela ?

— S'il eût eu une bonne nouvelle à m'apporter, il se serait hâté.

— Ah çà, s'écria Mac-Field, est-ce que sérieusement vous comptiez inspirer à la jolie Tatiane autre chose qu'une profonde aversion ?

Sir Ralph tressaillit à ce mot.

— Je ne comptais pas sur son amour, puisque je sais qu'elle aime Jacques Turgis, répliqua-t-il ; mais j'espérais que, dans l'intérêt même de celui-ci et pour le soustraire à l'effet de mes menaces, elle consentirait.

— C'est possible, après tout ; nous ne savons rien encore, mais j'ai de mauvais pressentiments.

— J'en serais au désespoir, car je vous l'ai dit, j'aime éperdument cette jeune fille et ce n'est pas seulement une affaire que j'ai eue en vue en demandant sa main.

Mac-Field allait répliquer quand on frappa à sa porte.

— Entrez, cria-t-il.

La porte s'ouvrit.

C'était M. Badoir.

Il était vêtu comme pour une soirée.

— Eh bien ? lui demanda sir Ralph, en allant audevant de lui avec tous les signes d'une violente agitation.

— Refusé, répondit le banquier en se laissant tomber sur un siège.

Il y eut une pause.

— Tatiane était là ? demanda enfin sir Ralph dont la voix tremblait légèrement.

— Elle y était, répondit M. Badoir.

— Avez-vous remarqué l'impression que lui causait votre demande ?

— Naturellement.

— Eh bien ?

— Eh bien ! elle a pâli et s'est mise à trembler de tous ses membres.

— Et puis ?

— Ma demande faite, M. Mauvillars me répondit : « Mon cher Badoir, je ne connais guère sir Ralph, mais je vous connais, vous ; je sais que vous êtes l'honneur même et que vous n'avez pu vous associer qu'à un homme d'honneur. Vous avez dû vous entourer de tous les renseignements, de toutes les garanties imaginables avant de conclure un contrat qui vous rend solidaire, non-seulement de tous les actes, mais du passé même de votre associé ; ce titre est donc pour sir Ralph la meilleure des recommandations à mes yeux, je n'en exige pas d'autre et suis tout prêt à accueillir sa demande ; mais ce n'est pas moi qui épouse, c'est Tatiane, c'est elle qui engage sa vie entière dans cette union, c'est donc à elle de décider si elle accepte celui dont va dépendre désormais tout son bonheur, toute sa destinée. »

Puis, se tournant vers la jeune fille :

« Tatiane, lui dit-il, tu viens d'entendre M. Bapoir, c'est à toi de répondre, je te laisse entièrement libre. »

— Et alors ? demanda sir Ralph avec une sourde colère.

— Tatiane était très-pâle, comme je vous l'ai dit, et c'est avec une anxiété évidente qu'elle avait attendu la réponse de son oncle. Pendant que celui-ci parlait, elle dardait sur lui un regard fiévreux, et son agitation était si violente, que je craignais de la voir tomber sans connaissance sur le parquet.

— Détails très-flatteurs pour moi, dit sir Ralph d'une voix frémissante, mais je tiens à connaître la vérité tout entière ; poursuivez donc, monsieur Badoir.

M. Badoir reprit :

— Son agitation s'était un peu calmée lorsqu'elle avait entendu M. Mauvillars déclarer qu'elle était entièrement libre de son choix et que c'était à elle seule à prendre une décision dans cette circonstance. Ce fut donc avec un peu plus d'assurance qu'elle me répondit, sur l'invitation de son oncle.

— Monsieur Badoir, me dit-elle, veuillez dire à sir Ralph que je suis très-honorée de sa demande, mais que je suis résolue à ne pas me marier.

— C'est la réponse qu'elle m'a faite à moi-même, dit sir Ralph avec un accent dans lequel perçait une violente colère.

Il ajouta en frappant du pied :

— Elle en réserve une autre à M. Jacques Turgis ; ah ! mais, moi aussi, je lui réserve quelque chose, à celui-là.

Il fit quelques pas en proie à une émotion qui faisait trembler tout son corps.

— A lui et à elle, ajouta-t-il en s'arrêtant tout à coup ; non-seulement je rendrai leur mariage impossible ; mais, puisqu'elle me contraint d'employer la force et la ruse pour l'obtenir, je la mettrai, comme je le lui ai dit, dans l'obligation absolue d'accepter cette main qu'elle repousse aujourd'hui. Oh ! ce sera quelque chose d'effroyable, mais je l'ai prévenue, elle l'aura voulu, qu'elle ne s'en prenne donc qu'à elle-même.

Ces menaces semblaient mettre M. Badoir à la torture.

— Voyons, sir Ralph, dit-il à celui-ci, calmez-vous, et, je vous en supplie, renoncez à ces projets de vengeance qui me font frémir et dont j'assumerais en partie la responsabilité par la démarche que vous m'avez contraint de faire aujourd'hui près de M. Mauvillars. Après tout, quels sont les torts de Tatiane à votre égard ? Vous dites qu'elle aime Jacques Turgis ; je l'ai observée depuis et je le crois comme vous, mais elle le connaît depuis longtemps et elle l'aimait avant de vous connaître, vous. Qu'avez-vous donc à lui reprocher ? Je ne vous demande pas d'être généreux, soyez juste seulement ; envisagez d'un œil calme et impartial la conduite de Tatiane et vous serez forcé de convenir que vous n'avez contre elle aucun grief réel.

Il y eut un instant de silence.

Puis, sir Ralph vint se poser devant le banquier, les bras croisés sur la poitrine, et, d'une voix pleine d'ironie :

— Monsieur Badoir, lui dit-il, je vous trouve magnifique, vous prêchez la générosité, le pardon des injures et l'oubli des offenses avec une éloquence vraiment entraînante, seulement.... permettez-moi de vous demander ce que vous feriez à ma place.

— Ce que je vous conseille de faire vous-même.

— Bref, vous êtes du parti de la clémence?

— Oui, en ce cas surtout, la clémence devant être chose facile vis-à-vis d'une jeune fille à laquelle, je vous le répète, vous n'avez rien à reprocher.

Sir Ralph le regarda en silence.

Mais l'ironie empreinte sur ses traits s'accentua avec une énergie qui parut gêner singulièrement M. Badoir.

— Mais, lui demanda-t-il enfin, qu'avez-vous donc à me regarder ainsi?

— Je suis sous l'empire d'une profonde surprise, monsieur Badoir.

— Et la cause de cette surprise?

— Ces sentiments sont fort beaux assurément et je ne puis que les admirer, mais...

— Mais quoi?

— Mais pourriez-vous me dire ce que vous avez fait de Louise Prévôt et de la petite Jeanne?

A ces mots, M. Badoir se leva brusquement, devint horriblement pâle, puis se laissa retomber sur son siége, comme foudroyé.

XXXIII

ENTRE ASSOCIÉS

Sir Ralph garda quelques instants le silence.

Toujours debout en face de M. Badoir, il semblait se faire une joie cruelle de le laisser écrasé sous le coup qu'il venait de lui porter.

— Louise Prévôt, balbutia enfin le banquier, je ne connais... je ne sais ce que vous voulez dire.

— Bah! dit sir Ralph en ricanant, et vous voilà tout bouleversé au seul nom d'une personne que vous ne connaissez pas.

M. Badoir ne trouva rien à répliquer!

— Eh bien, moi, répliqua sir Ralph, je suis plus avancé que vous, et je vais vous dire ce que c'est que Louise Prévôt.

— Vous! fit le banquier stupéfait.

— Louise Prévôt, reprit sir Ralph, était une jeune et charmante personne mariée à un misérable criblé de vices qui, après l'avoir plongée dans la misère, la poussait ouvertement à tirer parti de sa beauté, lorsqu'elle rencontra un jeune homme qui, mis au courant de cette horrible situation par une amie de cette infortunée, lui procura les moyens de fuir ce mari infâme en prenant un établissement de couturière.

Ce protecteur, aussi délicat que généreux, ne voyait que rarement sa protégée et quoique vivement touché de sa beauté et de ses malheurs, il lui cacha longtemps avec soin l'impression qu'elle avait produite sur lui. Mais celle-ci n'avait pas tardé à deviner les sentiments qu'elle lui avait inspirés, et la générosité avec laquelle il s'attachait à dissimuler son amour avait produit sur elle beaucoup plus d'effet que les plus ardentes déclarations. La situation était pleine de périls et devait fatalement faire explosion quelque jour; c'est ce qui arriva. Un an

après, Louise était mère et deux ans plus tard, son protecteur, que nous nommerons Pierre Valcresson, si vous voulez, la quittait pour aller chercher fortune en Amérique, n'hésitant pas à s'imposer la douleur d'une longue séparation pour assurer l'avenir de Louise et de son enfant. Au reste, il se proposait de les appeler près de lui le jour où il aurait réussi, ne voulant pas exposer sa Louise bien-aimée aux angoisses qui devaient infailliblement l'attendre à ses débuts. Et puis il était rassuré sur son sort en partant, car il laissait près d'elle un ami dévoué, en même temps son parent, un certain M. Badoir, cœur loyal, âme généreuse, nature d'élite, en qui il avait une entière confiance. N'est-ce pas, monsieur Badoir, qu'on est heureux d'avoir de pareils amis?

— Mais, répliqua le banquier, qui vous dit que j'aie manqué aux devoirs de l'amitié?

— Ce n'est pas moi, pas encore du moins, nous examinerons cela tout à l'heure. Au bout d'une année de séjour en Amérique, les affaires de Valcresson commençaient à prospérer, et pour comble de bonne fortune, il lui tombait du ciel un héritage, grâce auquel, avec son intelligence, ses relations et sa connaissance du pays, il comptait gagner plusieurs millions dans l'espace de quelques années. C'est ce qu'il écrivit à son bon parent et ami, M. Badoir, en lui envoyant une certaine somme et une lettre pour sa chère Louise, qu'il priait de venir le rejoindre au plus vite. Or, que fit M. Badoir, ce modèle des amis? il garda la somme et la lettre, et au lieu de sa chère Louise et de son enfant, qu'il attendait avec tant d'impatience, Pierre Valcresson recevait bientôt une affreuse nouvelle. Son parent et ami lui apprenait que Louise Prévôt avait quitté sa villa de Fontenay-aux-Roses dans un accès d'aliénation mentale, que tout faisait supposer qu'elle avait emmené son enfant avec elle et qu'il avait fait vainement les plus actives recherches pour retrouver leurs traces.

Le pauvre Valcresson en éprouva une si violente secousse, que sa raison en fut ébranlée et que ses affaires, jusque-là si brillantes, prirent tout à coup une très-mauvaise tournure. Dégoûté de la vie, l'esprit affaibli par une catastrophe aussi terrible qu'imprévue et qui désormais lui montrait l'avenir sans but et sans intérêt, il marcha rapidement à sa ruine et fit deux fois faillite en quelques années. Enfin, il parvint à dominer le désespoir dans lequel il était resté si longtemps écrasé, et se jetant alors corps et âme dans les affaires, s'y absorbant tout entier pour oublier sa douleur, il répara rapidement tous ses désastres et devint bientôt un des plus riches négociants de New-York. M. Badoir avait, de ce côté, quelque mystérieux correspondant qui le tenait au courant des variations que subissait la fortune de cet oncle d'Amérique, et c'est lorsqu'il apprit que cette fortune, désormais solidement assise, se chiffrait par millions, qu'il résolut de faire disparaître du même coup, sous la trappe de madade Claude, la comtesse de Sinabria, et l'enfant qu'elle portait dans son sein, cohéritiers avec lui d'une part de ces millions. Voilà l'histoire de Valcresson et de Louise Prévôt, voilà du moins tout ce que j'en sais, et je vous dirai tout à l'heure comment ces détails sont venus à ma connaissance, mais je serais très-curieux de savoir d'abord ce que sont devenus la jeune femme et son enfant et je pense que vous pourriez me renseigner à cet égard si vous vouliez consulter vos souvenirs.

— Moi, s'écria M. Badoir, je l'ignore complétement. Je ne sais autre chose, au sujet de Louise Prévôt, que ce que vous venez de raconter vous-même.

— Pourquoi donc avez-vous tremblé et pâli tout à l'heure quand j'ai prononcé ce nom? Rien ne motive un pareil trouble dans tout ce que je viens de vous dire.

— Mais, répliqua le banquier avec embarras, c'est... la surprise. J'étais si loin de croire que vous connaissiez cette jeune femme.

— Alors vous ne savez rien de plus, décidément?
— Absolument rien.
— Allons, je vois bien qu'il faut que je vienne encore en aide à vos souvenirs.

M. Badoir regarda sir Ralph avec une inquiétude qu'il essayait vainement de dissimuler.

Ce dernier reprit :

— Eh bien, monsieur Badoir, Louise Prévôt a quitté sa villa de Fontenay-aux-Roses dans un accès de folie, et la cause de cette folie, puisqu'il faut vous l'apprendre, c'était l'enlèvement de son enfant, arrachée de son berceau pendant son sommeil par... Faut-il vous dire aussi le nom du ravisseur? Faut-il vous apprendre l'ignoble bouge où fut conduite la pauvre petite Jeanne endormie? faut-il vous nommer la famille de bandits aux mains de laquelle on la livrait? Enfin, voulez-vous que je vous fasse le récit de l'horrible scène qui se passa à son réveil et de l'effroyable mutilation que lui fit subir... madame Claude ?

A mesure que sir Ralph déroulait ces souvenirs, M. Badoir détournait de plus en plus la tête, et en entendant les dernières paroles il se leva d'un bond et recula de quelques pas.

— Quand je songe, s'écria sir Ralph avec un ricanement insultant, quand je songe que vous faisiez la bégueule avec nous, que vous nous trouviez trop tarés pour nous accorder l'honneur d'associer notre nom au nom si honorable de M. Badoir, et que tout à l'heure encore vous me reprochiez comme un crime de vouloir unir mon nom souillé à celui d'une innocente jeune fille! Quand je songe à tout cela, monsieur Badoir, je ne sais si je dois rire ou m'indigner de tant d'impudence. Et qui vous a poussé à ces actes sauvages, à ce double crime cent fois plus épouvantable que ceux que vous nous reprochiez? Le même mobile qui vous a déterminé à supprimer la comtesse de Sinabria et son enfant. Naturellement, toute la fortune de Pierre Valcresson devait revenir à Louise Prévôt, qu'il n'eût pas manqué d'épouser à la mort de son mari ; c'était la ruine de toutes vos espérances, et le seul moyen de conjurer ce péril, pour un homme d'une logique aussi serrée, aussi radicale que vous l'êtes, c'était de se débarrasser de la mère et de l'enfant, et vous saviez bien qu'en enlevant l'enfant vous poussiez fatalement la mère à la folie ou à la mort. Voilà tout ce que je sais de cette sinistre histoire, dit sir Ralph en terminant, et vous ne pouvez nier que je ne sois parfaitement renseigné, mais j'ignore ce que sont devenues la mère et l'enfant, et voilà ce que vous pourriez peut-être m'apprendre, vous.

— Je vous jure que je l'ignore, répondit M. Badoir.

— Je veux bien vous croire; et maintenant, mon cher monsieur Badoir, moi, qui ne me pique pas comme vous de finesse et de mystère dans tous les actes de ma vie, je vais vous dire franchement à quelle source j'ai puisé tous les renseignements que je viens de vous donner.

M. Badoir écouta avec l'expression d'une vive curiosité.

— Nous avons là-bas, près de Pierre Valcresson, un ami, un complice, si vous l'aimez mieux, qui nous tient au courant de toute la vie de celui-ci. Ce complice, qui est son domestique de confiance, en fouillant un peu partout chez son maître, a découvert toute la correspondance de Louise Prévôt et la vôtre jusqu'à la nouvelle de la disparition de la mère et de l'enfant inclusivement, et m'a tout envoyé. Voilà pour la première partie. Quant à la seconde, concernant l'enlèvement de l'enfant et tous les détails qui s'y rapportent, nous en devons la communication à l'obligeance d'un personnage bien placé pour être au courant de cette affaire, car c'est François lui-même, François votre complice.

M. Badoir était atterré.

— Je vous ai gardé une bonne nouvelle pour la fin, monsieur Badoir, ajouta sir Ralph. Que savez-vous de la santé de Pierre Valcresson ?

— D'après la dernière lettre que j'ai reçue il y a quelques jours, elle est excellente.

— Bien! Quelle heure est-il maintenant?

— Mais, répondit M. Badoir en regardant la pendule, il est neuf heures et demie.

— Eh bien! Pierre Valcresson doit être mort depuis deux heures.

XXXIV

BILAN SOCIAL

Cette fois encore M. Badoir avait éprouvé une violente secousse.

— Mort ! s'écria-t-il, Pierre Valcresson, mort !

— Depuis deux heures, comme je viens de vous le dire, répondit tranquillement sir Ralph.

— Comment est-ce possible? à quoi attribuer une mort si rapide, arrivant à heure fixe, et comment pourriez-vous prévoir de si loin un événement aussi extraordinaire et que rien ne fait supposer, puisque je viens de recevoir les meilleures nouvelles de sa santé?

— Je vais vous donner l'explication de tout ce qui vous semble impossible, monsieur Badoir, répondit sir Ralph, car non-seulement je ne veux laisser planer aucun mystère sur cette affaire, mais je tiens, au contraire, à ce que vous soyez instruit de tout ce que nous faisons, Mac-Field et moi, pour un but qui nous est commun à tous trois, afin de vous unir à nous dans une étroite complicité.

Cette déclaration parut impressionner désagréablement M. Badoir qui, dès lors, attendit avec plus d'angoisse que de curiosité les explications de sir Ralph.

— Nous aussi, monsieur Badoir, reprit sir Ralph, nous sommes doués comme vous d'une logique rigoureuse, implacable, en vertu de laquelle nous marchons droit au but que nous nous sommes proposé, sans nous inquiéter des ruines et des désastres que nous laissons sur notre passage. Or, nous nous sommes fait ce raisonnement, dont la justesse vous frappera, je l'espère : que cherchons-nous dans une union avec mademoiselle Tatiane Valcresson, en dehors de la passion qu'elle m'inspire ? Une part de l'héritage de son oncle. Quel est le moyen le plus sûr et le plus pratique d'hériter d'un homme ? c'est de le supprimer. S'il y a quelque chose au monde de clair, de logique et d'indiscutable, je crois que c'est ce raisonnement-là. En conséquence, inspirés d'ailleurs par votre exemple au sujet de Louise Prévôt et de son enfant, que vous aviez exécutés avec une résolution, une énergie qui font le plus grand honneur à la fermeté de vos principes, en conséquence, dis-je, il fut décidé entre nous que j'écrirais à notre ami Charles Durand une lettre ainsi conçue : « Le moment est venu, le temps presse, il faut conclure le 4 du mois prochain dans la soirée. »

Il savait ce que nous entendions par *conclure*.

La lettre est partie et il a dû la recevoir le premier du mois.

Or, voilà comment les choses se sont passées, car le programme de l'affaire avait été médité, discuté et définitivement arrêté entre nous trois quelques jours avant que nous ne prissions la fuite à la suite du meurtre des époux Christiani. M. Valcresson a des habitudes très-régulières, toute la journée est consacrée au travail, et le soir, après son dîner, il se repose en parcourant les journaux, en fumant un cigare et en prenant un grog, que lui prépare son domestique Charles Durand. Ce Charles, espèce d'aventurier, tombé un jour au pouvoir d'une tribu de Peaux-Rouges, où d'abord il avait eu le désagrément d'être scalpé, était resté quelques années parmi ces sauvages, qui l'avaient initié à la connaissance de certains poisons d'autant plus dangereux qu'ils ne laissaient aucune trace. Il en était un, entre autres, qui produisait exactement tous les effets de l'apoplexie, et c'est sur celui-là que se fixa notre choix, et il fut convenu que Charles l'emploierait dès qu'il recevrait de nous l'ordre de *conclure*. Nous ne devions envoyer cet ordre, cela va sans dire, que le jour où nous aurions, l'un ou l'autre, un titre à une part de l'héritage Valcresson.

Notre premier soin, en arrivant à Paris, fut donc de nous mettre à la recherche de la famille de ce dernier, dans le but de connaître la position et de pénétrer les secrets de chacun de ses membres, afin d'en tirer parti. Vous avez ainsi l'explication du hasard qui me fit me rencontrer avec vous dans l'affaire de la comtesse de Sinabria, hasard heureux pour celle-ci, puisque sans moi elle serait aujourd'hui au fond de la cave des époux Claude. Notre attention se fixa ensuite sur deux autres familles, les Taureins et les Mauvillars, ceux-ci en vue de Tatiane, future héritière de Pierre Valcresson, car elle n'était pas autre chose pour moi avant le jour où je la vis au bal donné par son oncle ; les Taureins, dans l'espoir d'une catastrophe, inspirée par sa liaison avec Nanine la Rousse, créature redoutable dont on pouvait tout espérer, qui, par l'appât d'une fortune pouvait se laisser entraîner à tout, même à la complicité d'un meurtre déjà tout préparé et si habilement combiné, qu'en supprimant M. Taureins, on laissait planer tous les soupçons sur sa femme, qui, désormais à notre discrétion, se trouvait dans l'impossibilité de refuser la main de Mac-Field.

M. Badoir écoutait sir Ralph avec une stupeur qui alla bientôt jusqu'à l'hébétement.

Cet amas de crimes, de combinaisons monstrueuses, entassés, enchevêtrés l'un dans l'autre, lui produisait l'effet d'un effroyable cauchemar et, aux regards hallucinés qu'il promenait autour de lui, on eût dit que sa raison commençait à s'égarer.

— Mais tout cela est horrible, tout cela est révoltant, s'écria-t-il en se frappant enfin le front avec désespoir.

— Je ne dis pas le contraire, répliqua sir Ralph, mais tout cela est dépassé par deux drames effroyables qui ont pour titre : l'un, *la Comtesse de Sinabria*; l'autre, *Louise Prévôt et la petite Jeanne*, et l'auteur de ces deux drames, vous le connaissez, monsieur Badoir.

Le banquier courba la tête.

— Je poursuis, reprit sir Ralph. L'une des deux affaires que nous avions combinées et qui devait nous assurer à chacun une part dans l'héritage Valcresson, l'affaire Taureins, est ratée, quant à présent du moins, par suite de la trahison d'un individu sur lequel nous comptions et qui a tout fait manquer, par sa folle passion pour madame Taureins. C'est un Allemand du nom de Goëzmann, très-fin, très-roué, que l'amour a rendu imbécile et qui, en fait de faveurs, a reçu à travers le visage deux coups de cravache qui l'ont défiguré pour toujours. Ce châtiment lui a été infligé par un homme dont je vous ai déjà parlé, M. Portal, notre ennemi et le vôtre.

— Je n'ai pas eu affaire à cet homme, répliqua vivement M. Badoir, et je ne vois pas pourquoi...

— Vous le trouveriez sur votre chemin? Vous l'y rencontrerez cependant, gardez-vous d'en douter. C'est lui qui a pénétré le complot organisé contre madame Taureins par la marquise de Santarès et son propre mari; c'est lui qui a sauvé cette jeune femme d'un supplice qui, pour une nature délicate et fière comme la sienne, était cent fois pire que la mort, et j'ai quelques raisons de craindre qu'il ne soit au courant de l'affaire Sinabria. Heureusement toutes nos précautions sont bien prises de ce côté, je tiens la comtesse écrasée sous un amas de preuves qui la mettent si complètement à ma discrétion, que je défie qui que ce soit de l'arracher de mes griffes. Mais revenons; je dis donc que, sur deux affaires, il en est une qui nous échappe momentanément, car nous la reprendrons en sous-œuvre, et je ne désespère pas de voir un jour, bientôt peut-être, madame Taureins porter le beau nom de Mac-Field ; mais, quant à l'autre affaire, c'est-à-dire mon mariage avec mademoiselle Tatiane Valcresson, celle-là est en bonne voie, je suis sûr du succès, et c'est du jour où j'ai eu la certitude de compter bientôt parmi les héritiers de Pierre Valcresson, que j'ai écrit à notre ami Charles de verser enfin à celui-ci le poison apoplectique dont je viens de vous parler et qui, à cette heure, a fait son office.

Après un long silence, sir Ralph reprit :
— Mais ce n'est pas tout : il est une autre affaire dont je ne vous ai rien dit jusqu'à présent.
— Encore ! s'écria M. Badoir avec effroi.
— Oh ! rassurez-vous, il s'agit d'un personnage qui vous inspire peu d'intérêt.
— Son nom ? demanda le banquier.
— M. Pontif.
— Pontif ! Que lui voulez-vous ? A quoi peut-il vous servir ? Que voulez-vous tirer de lui ?
— M. Pontif et Tatiane Valcresson représentent à eux deux une tête dans l'héritage à venir, soit environ quatre millions à partager... et que je voudrais bien ne pas partager.
— Mais vous voulez donc sa mort ? s'écria M. Badoir hors de lui.
— Oh ! par des moyens doux, innocents, tout à fait anodins.
— Qu'entendez-vous par là ?
— J'ai imaginé tout un système de petites persécutions destinées à le rendre d'abord imbécile ; et il en est si peu éloigné qu'il y aura peu de choses à faire pour cela. Une fois idiot, il s'affaissera peu à peu et finira par s'éteindre tout doucement, sans même s'en apercevoir. Voyons, monsieur Badoir, est-il une fin plus enviable que celle-ci, et croyez-vous que mon procédé ne soit pas plein d'humanité, comparé à celui que vous avez employé vis-à-vis de la petite Jeanne ?
Le banquier frissonna à ce nom.
— Je vous en supplie, monsieur, dit-il à sir Ralph, cessez de me rappeler cet horrible souvenir, vous ne savez pas comment cela s'est passé et je vous jure que je suis moins coupable que vous ne pensez.
— C'est possible, je ne suis pas votre juge et ne tiens nullement à creuser l'affaire. Quant à M. Pontif, je dois vous dire qu'il est venu à ma connaissance une nouvelle qui rend son cas fort grave et me force à m'occuper de lui dans le plus bref délai.
— Qu'est-ce donc ?
— Il songe à se marier.
— C'est impossible, il a soixante-sept ans.
— Vous savez bien que c'est son idée fixe, et cette fois la chose prend des proportions sérieuses, car il s'agit d'une jeune élève du Conservatoire qui veut un époux riche à tout prix et aussi rapproché de la tombe que possible. Quant à mon exécuteur des hautes œuvres, spécialement chargé desdites persécutions, il vous est connu, c'est Arthur, le digne fils des époux Claude. Je lui ai loué une petite chambre au cinquième et dernier étage, juste au-dessus de M. Pontif, il s'y est installé dès hier et a déjà dû commencer à travailler celui-ci.
Voilà où nous en sommes. Maintenant, monsieur Badoir, résumons-nous.

XXXV

UNE TRANSFORMATION

Cet entretien semblait mettre M. Badoir à la torture.
Après s'être rendu coupable des crimes que nous avons fait connaître, il eût voulu les oublier, et peut-être était-il parvenu à se persuader qu'ils n'existaient pas à force de les éloigner de sa pensée.

Mais voilà qu'au moment même où il avait réussi à endormir sa conscience, un homme venait brutalement tirer de l'oubli où il les avait ensevelis tous ces tableaux effrayants, voilà qu'il faisait impitoyablement défiler sous ses yeux, comme des fantômes menaçants, toutes ces victimes de sa cupidité, et qu'il secouait les remords au fond de son âme, qu'ils remplissaient de cris et de sanglots.

Alors, pour la première fois peut-être, il avait eu horreur de lui-même et s'était senti glacé d'épouvante à la pensée de tout ce qu'il avait fait.

Ce fut donc avec un mélange de crainte et de colère qu'il s'écria :

— Oh ! assez, sir Ralph, assez sur ce sujet, je vous en supplie.

— Non pas, s'écria celui-ci, il faut que je résume les faits accomplis et que je fasse à chacun sa part dans l'héritage, proportionnée aux services rendus. Reconnaissons tout d'abord que cet héritage nous échappait à tous, si Louise Prévôt et son enfant eussent vécu ; car il est incontestable que Pierre Valcresson eût reconnu l'une et épousé l'autre et qu'il eût laissé son immense fortune à celle-ci. C'est donc vous, monsieur Badoir, qui, en déterminant la folie, puis la disparition de la mère, en enlevant l'enfant et en la mettant dans l'impossibilité de révéler ni son nom, ni sa demeure, ni aucun détail pouvant établir son identité, nous avez conservé les millions de l'oncle Valcresson. Je sais bien que j'ai rendu moi-même un immense service à l'association en fixant à bref délai le partage de cette immense fortune dont nous n'eussions jamais vu un sou peut-être sans le parti énergique auquel je me suis décidé ; mais, enfin, il faut bien reconnaître qu'il n'y avait plus rien à faire et que tout était perdu pour nous sans l'heureuse inspiration de M. Badoir concernant Louise et la petite Jeanne. Donc, pour récompenser notre digne associé suivant ses mérites et l'importance du service rendu, je propose qu'une fois le partage fait nous lui allouions un million sur ce qui nous reviendra à Mac-Field et à moi.

— Adopté, dit Mac-Field.

— Je n'en veux pas ! je n'en veux pas ! s'écria M. Badoir en se levant tout à coup en proie à une espèce de vertige.

— Nous comprenons tout ce qu'il y a de généreux dans ce refus, répliqua sir Ralph avec une admiration ironique, mais nous avons trop le sentiment de la justice, pour ne pas persister dans notre détermination.

— Votre sentiment de justice, oh ! je n'en suis pas dupe, dit le banquier, cette récompense n'a d'autre but que d'établir ma complicité dans l'assassinat de Pierre Valcresson et dans tous les crimes que vous avez commis.

— Il y a un peu de vrai dans ce que vous dites là, monsieur Badoir, répliqua sir Ralph, et je dois reconnaître que vous ne manquez pas de perspicacité, mais remarquez qu'en vous forçant, par ce moyen, à accepter une part de la responsabilité de nos... actes, nous prenons notre part des vôtres, puisque cette complicité, une fois constatée, nous rend tous trois solidaires l'un de l'autre, et avouez que si l'on pouvait analyser exactement la qualité de toutes nos petites infamies, tout l'avantage serait de votre côté dans ce partage forcé. Mais je crois voir où le bât vous blesse, et je vais vous le dire.

Quand vous poussiez la comtesse de Sinabria vers la trappe du bouge de la rue de Vanves, quand vous jetiez la petite Jeanne entre les mains de la mère Claude pour qu'elle en fît ce que vous savez, vous n'aviez qu'un complice, qui avait le même intérêt que vous à garder le silence, et qui, une fois désintéressé par vous, moyennant une petite rente viagère, vous laissait jouir en paix, sans trouble et sans inquiétude, du fruit de vos travaux. Alors, pour peu que vous ayez les instincts bucoliques et que vous partagiez le goût bien connu des gens vertueux pour le lever de l'aurore, vous vous retiriez dans quelque splendide campagne, ornée d'un beau parc aux arbres séculaires, et là vous finissiez tranquillement vos jours, si calme, si parfaitement heureux, si bien entouré de l'estime et de la considération générales, que vous finissiez vous-même par vous y laisser prendre et par considérer le passé comme un rêve. Voilà la douce et commode existence que vous vous étiez arrangée, voilà le charmant et confortable édifice que vous aviez bâti sur les larmes, le désespoir, les tortures, la mort de quelques victimes sacrifiées à votre bonheur, et il faut avouer que c'était très-séduisant. Mais, hélas! nous paraissons, nous venons nous mêler à vos petites affaires, et d'un souffle nous dispersons à tous les vents cette gracieuse oasis que vous habitiez déjà en songe.

Au lieu d'un complice subalterne, soumis, facile à reléguer dans quelque coin au prix d'un faible sacrifice, vous vous trouvez associé, indissolublement lié à deux hommes résolus, déterminés, marchant toujours en avant, vous traînant à leur suite, de gré ou de force, dans la voie sinistre déjà parcourue, et bien décidés à ne s'arrêter que le jour où ils atteindront le but déjà marqué dans le livre des destins : la fortune ou l'échafaud.

A ce dernier mot, M. Badoir se leva d'un bond, s'élança à l'autre extrémité de la pièce en proie à un vertige qui faisait claquer ses dents et trembler tous ses membres, et se blottissant dans un coin, l'œil hagard et les traits bouleversés :

— Non, non! s'écria-t-il d'une voix étranglée, je ne veux pas, je ne veux pas vous suivre, je ne veux pas de complicité, je ne veux rien, je renonce à tout, prenez tout.

Et, se ramassant tout à fait sur lui-même, comme s'il eût espéré disparaître tout à fait, il plongea sa tête dans ses deux mains comme pour échapper à cette terrible vision de l'échafaud qu'on venait de faire flamboyer devant son imagination et balbutia tout bas :

— Je ne veux rien, laissez-moi, laissez-moi, je ne veux rien!

Sir Ralph le regarda quelques instants avec une pitié méprisante.

Puis il reprit :

— Mais, nous, monsieur Badoir, nous sommes de loyaux complices, nous ne sommes pas gens à rompre une association librement contractée par tous au moment même où elle va produire ses résultats ; non, non! vous nous avez mal jugés si vous nous avez crus capables d'une telle indélicatesse, nous respecterons jusqu'au bout le contrat qui nous lie, nous partagerons avec vous ce que nous avons gagné avec votre concours si intelligent, si actif, et le partage sera égal, sauf la prime d'un million que nous vous attribuons, mon ami Mac-Field et moi, et que vous avez si bien méritée.

M. Badoir était comme foudroyé.

Il releva enfin la tête et, tournant vers sir Ralph des yeux dans lesquels on eût cru voir passer les pâles lueurs de l'agonie.

— Écoutez, lui dit-il, je viens de vous dire que je renonçais à tout, que je ne voulais rien de l'héritage de Valcresson, eh bien...

Il passa la main sur son front comme si ses idées lui échappaient.

Il reprit enfin :

— Eh bien, écoutez : je vous abandonne jusqu'à ma part, jusqu'à ce qui me revient, à moi, légalement, et je ne vous demande en échange que de rompre notre association et de me rendre ma liberté, voilà tout. Vous ne pouvez repousser une pareille proposition, vous avez tout avantage à l'accepter, n'est-ce pas?

Sir Ralph se fit un cruel plaisir de faire attendre sa réponse au banquier qui dardait sur lui des regards pleins d'anxiété.

— Eh bien, mon cher monsieur Badoir, dit-il enfin, nous ne pouvons accepter cette offre généreuse et vous allez comprendre pourquoi.

— Vous refusez! vous refusez! s'écria le banquier avec l'expression du plus violent désespoir.

Puis, quittant brusquement la place où il se tenait accroupi, et s'élançant d'un bond vers sir Ralph qui se tint sur ses gardes, le croyant devenu tout à coup fou furieux.

— Écoutez, écoutez, balbutia-t-il d'une voix stridente, saccadée, et que le tremblement continuel de sa mâchoire rendait presque inintelligible, j'ai une autre proposition à vous faire, et celle-là, il est impossible que vous ne l'acceptiez pas.

— Voyons cela, répondit sir Ralph d'un ton calme et froid qui tranchait avec la violente agitation du banquier.

— Voyons, reprit M. Badoir, vous êtes un homme de sens, d'intelligence, et il est impossible que vous ne compreniez pas.

— Au fait, monsieur Badoir, au fait, lui dit tranquillement sir Ralph.

— Eh bien, voilà! les combinaisons les plus habiles échouent bien souvent, il en peut être ainsi de celle qui doit nous livrer les millions de Valcresson. Eh bien, rendez-moi ma liberté, et outre tous mes droits sur cette fortune éventuelle, je vous donne les trois quarts de la mienne, c'est-à-dire, un million.

Et, le regard ardemment fixé sur sir Ralph, il attendit sa réponse comme si c'eût été un arrêt de vie ou de mort.

XXXVI

UNE VOIE DANGEREUSE

Sir Ralph commença par éclater de rire.

— Parbleu! monsieur Badoir, dit-il enfin, il faut

avouer que vous donnez en ce moment un curieux spectacle. Depuis dix ans vous couvez l'héritage de votre parent et ami Pierre Valcresson, depuis dix ans vous amassez crimes sur crimes, atrocités sur atrocités, pour atteindre ce but, qui est devenu votre idée fixe, et, au moment de réaliser ce rêve, si longtemps et si ardemment poursuivi, quand, par un hasard inouï, inespéré, l'homme dont vous convoitez la fortune meurt tout à coup, au lieu de vous la faire attendre vingt ans encore, comme vous deviez le craindre, voilà que vous renoncez brusquement à cet héritage! Et ce n'est pas tout : non-seulement vous ne voulez plus toucher un sou de ces millions qui vous donnaient le vertige, mais vous poussez tout à coup le mépris des richesses jusqu'à vouloir vous dépouiller de presque toute votre fortune, fortune acquise longuement, patiemment, à force de travail, d'économie, d'usure et de privations. Allons, allons, voilà une étrange conversion, avouez-le, monsieur Badoir.

— Je vous l'ai dit, répliqua le banquier, il n'est pas de sacrifices que je ne fasse pour reprendre ma liberté, pour rompre l'association qui nous lie, pour vous laisser, avec tous mes droits à l'héritage Valcresson, toute la responsabilité de ce qui a été fait en vue de cette fortune. Je vous en supplie, sir Ralph, ne repoussez pas ma proposition, et, si ce n'est pas encore assez, eh bien! prenez tout et laissez-moi cinq ou six mille livres de rente, de quoi vivre ignoré dans quelque coin.

— Désolé, monsieur Badoir, reprit sir Ralph, mais je ne puis vous accorder votre demande.

A cette réponse, M. Badoir chancela et s'appuya sur un meuble, comme saisi d'un étourdissement.

— Je comprends, balbutia-t-il, vous voulez ma perte.

— Nullement, et je vais vous expliquer le motif de ma résolution. Je compte être l'époux de Tatiane avant trois semaines et nous ne recevrons pas avant cette époque la nouvelle de la mort de Pierre Valcresson. Mais supposons un instant que je vienne à échouer dans la combinaison que j'ai imaginée pour forcer la jeune fille à m'accorder sa main, supposition que je considère comme tout à fait invraisemblable depuis quelques jours surtout, mais qu'il est toujours prudent d'admettre, quels seraient nos titres pour aller réclamer quelque chose de cet héritage, qui est notre œuvre, puisque sans nous, je le répète, on l'eût attendu vingt et peut-être trente ans encore, c'est-à-dire jusqu'à la mort, inclusivement, de tous les cohéritiers? Nous n'aurions qu'à nous croiser les bras et à regarder ceux-ci se partager en paix cette fortune que nous aurions jetée dans leurs mains en risquant notre tête. Vous, au contraire, vous pourriez faire valoir hardiment vos droits, plaider au besoin et récolter en grande partie du moins tout ce que nous avons semé; vous voyez donc bien qu'il est de notre intérêt absolu de vous conserver comme associé et de vous laisser votre part de responsabilité comme stimulant.

Mais j'ai encore un autre motif pour vous garder parmi nous.

— Lequel? demanda le banquier avec inquiétude.

— Toujours en cas d'échec près de Tatiane, je veux vous avoir là, sous la main, pour vous charger de décider la jeune fille à m'accepter pour mari. Retenez bien ceci, monsieur Badoir, il me faut Tatiane, d'abord parce que je l'aime, ensuite parce que ce mariage nous offre un gage de sécurité contre les poursuites auxquelles nous sommes incessamment exposés, Mac-Field et moi, et dont les conséquences seraient le déshonneur de la famille Mauvillars et votre perte, à vous, monsieur Badoir, car, sachez-le bien, pour votre gouverne, le jour où nous tomberions sous la main de la justice, le jour où notre tête serait en jeu, nous n'hésiterions pas un instant à vous entraîner avec nous dans l'abîme.

M. Badoir était atterré.

Les motifs que faisait valoir sir Ralph lui démontraient clairement qu'il était rivé pour toujours à ces deux hommes.

— Mais, reprit-il, toujours en proie à un trouble profond, ce n'est pas seulement pour tout ce qui concerne l'affaire Valcresson que vous avez à redouter les poursuites de la justice, il en est une autre, à laquelle je suis complètement étranger, le meurtre des époux Christiani.

— Pour lequel, je vous l'ai dit, deux détectives ont été envoyés de New-York à Paris et nous recherchent activement à cette heure. Non, vous n'êtes pour rien dans cette affaire; mais, puisque nous avons mis en commun tous nos petits délits, pourquoi ne pas ajouter celui-ci à la masse commune? C'est ce que nous avons décidé, Mac-Field et moi, et de même que nous acceptons la responsabilité de ce que vous avez commis seul contre Louise Prévôt et son enfant, vous voudrez bien endosser celle de l'affaire Christiani.

— Que voulez-vous dire? demanda M. Badoir en attachant sur sir Ralph un regard terrifié.

— Je veux dire que, tout devenant désormais commun entre nous, nous comptons sur vous pour nous sauver de ce danger.

[1] — Mais je ne puis empêcher qu'on ne vous découvre, s'écria le banquier.

— C'est surtout pour nous mettre à l'abri de ce désagrément que nous avons conçu la pensée de créer la maison Badoir et C°, où nous croyons parfaitement à l'abri de toutes les recherches.

— Mais, enfin, si cette précaution ne suffisait pas?

— J'en serais désolé pour nous d'abord et on ne peut plus contrarié pour vous, mon cher monsieur Badoir.

— Pour moi? mais cela ne me regarde pas, vous ne pouvez pourtant pas m'accuser de complicité dans un meurtre qui s'est accompli à New-York, où je n'ai jamais été et à une époque où je ne vous connaissais pas.

— C'est absolument impossible, vous avez raison; mais, comme on n'a qu'une tête à perdre, une fois condamnés, nous sommes décidés à entrer dans la voie des aveux, comme disent les journaux, et alors nous dirons tout, non-seulement en ce qui concerne le meurtre des époux Christiani, mais aussi au sujet de l'affaire Valcresson, sans oublier aucun des épisodes qui s'y rattachent, ne doutant pas que le tribunal, touché de tant de franchise, ne signe immédiatement un recours en grâce, ou tout au moins une commutation de peine en notre faveur.

— Oh! mais c'est affreux! c'est affreux! s'écria

Vous aurez demain votre sous-ventrière, ricanait Arthur, en même temps que votre plastron sudorifuge. (Page 198.)

M. Badoir en se laissant tomber sur un siége avec accablement.

— Oui, reprit sir Ralph avec un sourire ironique, la situation que nous vous faisons s'éloigne singulièrement de la douce et calme existence que vous aviez rêvée et que nous sommes venus troubler si brutalement. Mais, que voulez-vous? nous avons fait notre rêve aussi, nous, et il faut que l'un des deux soit sacrifié à l'autre. Notre rêve, notre idée fixe, à nous, c'est de sauver notre tête, et c'est sur vous que nous avons jeté les yeux pour cela. Or, du moment où vous serez bien convaincu que votre tête et la nôtre doivent tomber dans le même panier, je suis sûr que nous pourrons compter sur votre dévouement et que vous veillerez sur nous avec la même sollicitude que si nous étions vos enfants.

— Mais ce que vous faites là est odieux, s'écria le banquier avec désespoir. Vous êtes recherchés tous deux en ce moment par la police américaine, dont les agents peuvent vous découvrir demain, aujourd'hui, dans une heure peut-être, et vous voulez me rendre responsable de cette arrestation. Voyons, réfléchissez, que voulez-vous que je fasse pour l'empêcher? Changez les rôles, mettez-vous à ma place, que feriez-vous?

— Je l'ignore complétement, et il est probable que je serais fort embarrassé, répondit tranquillement sir Ralph, mais on est bien fort quand on a sa tête à défendre, et, dès que la vôtre est intéressée dans l'affaire, je suis sûr que vous accomplirez des miracles pour épier, veiller, prévoir et éloigner, par tous les moyens imaginables, le péril que nous redoutons. C'est une immense responsabilité pour vous, monsieur Badoir, j'en conviens, et il y a dans cette combinaison quelque chose qui choque la justice et même le bon sens, c'est incontestable, mais quelle sécurité pour nous, de quel rempart de sollicitude vous allez nous entourer déso-r

25ᵉ LIV. AISON.

mais! Considérez la question à ce point de vue et vous conviendrez que c'est une heureuse inspiration, que nous avons eue là.

M. Badoir comprit enfin qu'il était inutile de discuter et de supplier davantage.

Il se tut et resta sombre et immobile dans son fauteuil.

On frappa en ce moment.

C'était le domestique de M. Badoir, qui entra et remit une carte à sir Ralph.

Celui-ci y jeta un coup d'œil. Le nom inscrit sur cette carte était Goëzmann.

— On attend? demanda sir Ralph.
— Oui, monsieur, dans le cabinet.
— C'est bien.

Il sortit et se rendit dans le cabinet de M. Badoir.

L'Allemand était là, plus hideux que jamais avec sa figure balafrée de deux larges lignes rouges.

Ses traits blafards exprimaient en ce moment une joie féroce.

— Eh bien! lui demanda sir Ralph, quoi de neuf?
— J'ai découvert sa demeure, dit l'Allemand d'une voix sifflante.
— La demeure de qui?
— De madame Taureins.
— Parfait, et son adresse?
— Chez notre ami!
— M. Portal?
— Oui, de sorte que notre haine pourra les viser tous deux à la fois.
— Suivez-moi, nous allons nous entendre avec Mac-Field.

Et ils sortirent tous deux.

XXXVII

DEUX VIEUX AMIS

Nous avons des raisons pour ne pas faire assister le lecteur au conciliabule qui se tint ce soir-là, au sujet de madame Taureins, entre sir Ralph, Mac-Field et l'Allemand Goëzmann, devenu l'ennemi mortel de la jeune femme et de l'homme qui lui avait infligé un si rude châtiment.

Franchissons un intervalle de vingt-quatre heures et dirigeons-nous vers la rue Duperré, entre quatre et cinq heures.

Là nous assistons à la rencontre de deux personnages assez équivoques de mine et de mise, qui jettent un cri de surprise en s'apercevant l'un l'autre.

— Père Vulcain!
— Arthur!

Le pâle voyou de la rue de Vanves est méconnaissable.

Il a échangé sa blouse, son pantalon de toile et sa casquette plate contre une redingote vert pomme, un gilet jaune ouvert, un pantalon à plis, dit à la Jocko, et un chapeau tromblon, le tout à la dernière mode de 1840, acheté seize francs cinquante chez un marchand de bric-à-brac.

Aussi excite-t-il la stupeur du père Vulcain, qui tourne autour de lui avec une respectueuse admiration.

— Peste! murmure-t-il, plus que ça de garde-robe! Excusez du peu; ah çà, mais tu as donc fait un héritage?
— Non, répond Arthur d'un air suffisant, j'ai trouvé un emploi.
— Bah! auditeur au conseil d'État.
— Non, je suis déjà auditeur à l'Ambigu, ce serait du cumul.
— Enfin, quel est ton emploi?
— Gêneur.
— Hein? tu dis?
— Gêneur.
— J'en connais beaucoup, mais ils ne sont pas payés pour ça.
— Ils ne sont pas malins!
— Enfin, explique-moi...
— Volontiers, mais j'ai comme un commencement de pépie; si nous écrasions un grain?
— Ça me flatterait; mais, pour ce qui est de la braise, je ne crains pas de l'avouer, les toiles se touchent.
— N'y a pas d'affront, répliqua le gamin.

Et, avec un geste plein de fatuité, il plongea les mains dans les poches de son pantalon à plis et les secoua fortement.

Il en sortit un son argentin qui fit dresser l'oreille au vieux modèle.

— Pas possible! cria-t-il, t'as donc tes grandes entrées dans les caves de la Banque de France?
— Faudrait me donner la peine de me baisser pour ramasser l'or; je laisse ce soin à mon bailleur de fonds.

Tout en causant, ils étaient arrivés à la porte d'un marchand de vin.

— Honneur au dieu Plutus! dit le vieux modèle, qui, ayant posé successivement pour tous les dieux de l'Olympe, se flattait de connaître sa mythologie.

Et il se rangea sur le seuil pour laisser passer Arthur.

— Je n'en ferai rien; à vous la pose, répliqua celui-ci, en s'effaçant à son tour avec une exquise urbanité.

Cet assaut de politesse se termina comme de coutume, c'est-à-dire qu'ils finirent par entrer tous les deux à la fois.

Quand ils furent installés dans un petit cabinet et devant une chopine d'absinthe, car c'était aussi la liqueur favorite d'Arthur, ce dernier prit ainsi la parole :

— Vous connaissez sir Ralph, père Vulcain?
— A preuve que pas plus tard qu'hier, nous causions comme une paire d'amis chez le marchand de vin du coin; un bon zigue, sir Ralph!
— Donc, l'autre jour, il vient nous rendre une visite, et, après avoir présenté ses hommages à ma mère, sans aller toutefois jusqu'à lui baiser la main, il me dit tout aussitôt, comme dans je ne sais plus quelle pièce de l'Ambigu : Arthur, as-tu du cœur?
— Dame! que je réponds, pas au point d'en être gêné, mais enfin, quand il en faut, on sait où le trouver.
— Ce peu suffit pour la circonstance; or voilà ce dont il s'agit; j'ai un vieil ami qui a une singulière maladie; son sang s'épaissit considérablement, mais

à ce point qu'il finirait par s'arrêter dans ses veines s'il n'était fortement secoué par de continuelles émotions, bonnes ou mauvaises, peu importe, mais pourtant, mauvaises de préférence, ce sont les plus efficaces, c'est l'avis du médecin.

— En voilà une drôle de maladie! que je m'écrie en regardant sir Ralph dans les deux yeux.

— Eh bien, Arthur, reprend sir Ralph, c'est sur toi que j'ai compté pour faire circuler le sang de mon vieil ami dans ses vieilles veines.

— Je le ferai circuler de mon mieux, dis-je à sir Ralph, mais c'est la première fois qu'on m'emploie à ce genre de...

— Tu es intelligent, un peu d'imagination suffit pour trouver des motifs d'émotion, je sais que je puis compter sur toi.

— Bon, mais où demeure-t-il votre vieil ami?

— Rue Duperré, 17.

— Et vous l'appelez?

— M. Pontif.

— C'est bon, j'irai flâner par là et je verrai...

— Du tout, s'écrie sir Ralph, je t'ai loué une chambre dans la maison, au-dessus de son appartement.

— Pas possible! Je serai logé?

— Et meublé comme un prince.

— C'est un rêve.

— Plus trois francs par jour pour la nourriture et les distractions.

— Trois francs! à moi! à moi tout seul! pour en faire ce que je voudrai?

— Absolument.

— Dans mes bras!

Il refusa de s'y précipiter et ajouta en me tenant à distance :

— Sans compter les gratifications que tu tireras de M. Pontif, auquel tu pourras rendre bien des petits services et qui les acceptera sans défiance, car il a la candeur d'un enfant.

— Suffit, j'en abuserai.

— Ah! j'allais oublier; il y a dans la maison une jeune élève du Conservatoire et sa mère, qui ont des idées matrimoniales à l'endroit de M. Pontif, c'est là que l'infortuné puise ces émotions douces qui lui sont si fatales. Il s'agit de jeter beaucoup de bâtons dans les roues de ce côté.

— On en jettera.

Et sir Ralph, qui en affaires a toujours l'habitude d'éclairer, se fendit de vingt-cinq francs en me disant :

— Il faudrait voir à changer de frusques, une tenue décente est de rigueur pour inspirer la confiance.

— Pour lors, j'ai songé à un marchand de bric-à-brac dont la boutique n'a pas d'apparence, mais qui, dans son arrière-magasin, tient tout ce qu'il y a de plus chouette en fait de vêtements d'homme. Ce n'est pas la mode d'hier, ni même celle d'aujourd'hui qu'on trouve chez lui, c'est celle de demain. En effet, en sortant de sa boutique, j'allai promener mon vêtement au boulevard des Italiens, et je n'en ai pas trouvé un seul pareil au mien! misère! ils étaient tous en retard de vingt-quatre heures. Aussi, quand je suis allé étrangler un perroquet chez Toroni, me regardaient-ils tous avec des éclats de rire qui dissimulaient mal l'envie que je leur inspirais, et ce n'est vraiment pas trop cher, le vêtement complet, chapeau compris, seize francs cinquante. On m'a assuré que c'était plus cher chez Dusautoy.

— Eh! bien, non, ce n'est pas trop cher, s'écria le père Vulcain en examinant Arthur des pieds à la tête; car, ma parole d'honneur! tu es pourri de chic, un vrai fils de famille, quoi!

Puis il s'écria en se touchant le front :

— Mais j'y pense, tu dis que ce monsieur près duquel tu vas jouer le rôle de gêneur demeure rue Duperré?

— Oui, père Vulcain.

— Numéro?

— 17.

— C'est bien cela; eh bien, c'est là aussi que demeure mon fils.

— Ah! oui, un peintre; j'ai entendu parler de ça.

— Même que j'allais chez lui quand je t'ai rencontré.

— Je croyais qu'il y avait du froid entre vous.

— Et tu ne te trompais pas; mais, que veux-tu? on a un cœur de père.

— Et les toiles qui se touchent, ajouta Arthur en riant.

— Arthur, tu es un sceptique, le sentiment paternel parle seul en moi.

— Ça ne m'étonne pas, vous êtes capable de tout, père Vulcain, même de pardonner à votre fils, qui doit avoir les plus grands torts envers vous.

— Ils sont oubliés, déclara le vieux modèle avec un geste plein de noblesse.

— Père Vulcain, je vous étreindrais si je ne craignais de froisser ma chemise, que j'ai mise toute blanche il y a huit jours.

Il ajouta, en tirant une pièce de cinq francs de la poche de son pantalon :

— Mais assez causé comme ça; il faut que je me rende près de M. Pontif, qui m'avait prié de lui rapporter du tabac de la Civette et dont le nez doit s'impatienter.

— Eh bien, dit le père Vulcain, nous allons faire route ensemble, puisque je me rends chez mon fils.

Arthur avait frappé violemment sur la table avec sa pièce de cinq francs.

Quand le garçon parut, il la lui jeta avec un geste royal en lui disant :

— Payez-vous, garçon.

Le garçon sortit.

— Et ta mère? demanda le modèle.

— Elle est mélancolique.

— Pourquoi ça?

— Elle avait l'habitude de nous battre, ma sœur et moi, chaque fois qu'elle se piquait le nez, c'était sa manie, à cette pauvre vieille.

— Eh bien?

— Eh bien, ma sœur est femme de chambre et moi j'ai quitté ma bonne mère pour m'occuper de M. Pontif.

— Je comprends.

— N'ayant plus personne sous la main, elle a voulu se rattraper sur mon père.

— Et alors?

— La première fois papa y a écrasé le nez d'un coup de talon de botte.

— Fichtre !

— La seconde fois il y a démoli la mâchoire par le même procédé ; plus de quenottes sur le devant, son jeu de dominos est très-incomplet.

— Pas de chance !

— Ça l'a dégoûtée du jeu.

— De sorte qu'elle ne bat plus personne ?

— Et voilà la cause de sa mélancolie.

Le garçon rapportait la monnaie.

Arthur lui octroya deux sous et sortit, suivi du père Vulcain.

XXXVIII

LES PETITES MISÈRES DE M. PONTIF

Quelques instants après, le père Vulcain pénétrait dans la maison habitée par son fils.

Il était toujours accompagné de son ami Arthur.

— Bonjour, m'ame Cither, dit le jeune voyou à la concierge, grosse commère à la figure rubiconde et refrognée, dont le menton, orné d'une petite forêt de poils jaunâtres, achevait de lui donner une ressemblance avec un boule-dogue.

— Bonjour, monsieur Arthur, répondit madame Cither en continuant de balayer sa loge, eh bien ! ce bon M. Pontif...

Elle s'interrompit tout à coup pour adresser la parole à une locataire qui rentrait et qui filait devant sa loge avec l'intention évidente de passer inaperçue.

Mais si madame Cither avait la tête du boule-dogue, elle avait l'œil du lynx, et, de plus, la langue de la vipère, ce qui constituait un phénomène assez singulier, mais moins rare qu'on ne pense et dont on trouve même de nombreux exemples dans les loges de Paris.

Peut-être faut-il attribuer cette bizarrerie à l'air méphitique qu'on y respire.

La locataire n'échappa donc pas à l'œil de lynx de la concierge qui, se penchant en dehors de sa porte, lui cria avec un affreux sourire :

— Eh ! bonjour, madame Torchebœuf, comment allez-vous aujourd'hui ? Et mademoiselle Torchebœuf, est-elle contente ? J'ai entendu parler de ses succès au Conservatoire ; j'ai vu ça dans le *Figaro*, où il n'est question que de mademoiselle Torchebœuf.

La locataire se retourna vivement et le teint enflammé, l'œil étincelant de colère :

— Madame Cither, s'écria-t-elle...

Mais soit que la colère l'étouffât, soit qu'elle reconnût l'impossibilité d'articuler son grief contre la concierge, elle s'interrompit net et se mit à gravir rapidement l'escalier.

— Qu'a-t-elle donc ? demanda Arthur à la concierge.

— Je le sais bien ce qu'elle a, répondit celle-ci en aspirant bruyamment une prise de tabac, dont la moitié resta dans ses moustaches jaunes, elle n'aime pas qu'on l'appelle par son nom. Dame ! est-ce que c'est ma faute, à moi ? C'est-y son nom, c'est-y pas son nom ? Je ne peux pourtant pas l'appeler Montmorency quand elle s'appelle Torchebœuf. Et ajoutez à ça que c'est la veuve d'un boucher. Ah ! ah ! ah ! j'en ris comme une petite folle. Ah ! oui, que sa fille a eu un succès au Conservatoire, quelle veste ! mes enfants, quelle veste ! ils en ont assez rigolé au *Figaro*. Elle dit que sa fille a cent mille livres de rente dans le gosier ; ils sont tout au fond alors, car jusqu'à présent il n'en sort que des chats, une vraie gouttière, quoi ! On n'en avait jamais tant vu au Conservatoire ; on se demande quand ce sera épuisé. C'est pourtant pas l'assurance qui lui manquait, malheur ! Si jamais elle tombe malade, ce ne sera pas d'un accès de pudeur ! Ah ! pauvre M. Pontif ! En voilà un qui en verra de toutes les nuances de l'arc-en-ciel ! Il n'est que temps qu'il les tire de la dèche : ça porte des fourrures, du velours, des ombrelles à canne, des talons Louis XV, des tignasses de cheveux dans le dos, et ça donne 10 francs à une pauvre concierge au jour de l'an ! 10 francs ! mais qu'elle les garde donc ses 10 francs, Dieu merci ! je suis au-dessus de ça.

— Bon ! murmura Arthur, je commence à comprendre.

Puis s'adressant à la concierge d'un ton plein de bonhomie :

— Voyons, madame Cither, ne vous gênez donc pas, dites tout ce que vous avez sur le cœur ; pourquoi vous contraindre ?

— Moi, répliqua la concierge, je n'ai rien à dire de mes locataires, les affaires des autres ne me regardent pas. Dieu merci ! je suis connue dans le quartier, on sait que je n'aime pas les potins ; mais faut pas qu'on fasse sa tête quand on n'a pas seulement de quoi donner des étrennes à sa concierge. Quant à son nom, de quoi se plaint-elle ? Eh bien, quoi ! elle est Torchebœuf, elle est Torchebœuf ! Est-ce que j'y puis quelque chose ?

Puis, changeant tout à coup de ton :

— Ah ! dites donc, vous, monsieur Arthur, vous avez comme un air de tourner autour de ma nièce ; je vous préviens que ça ne me va pas ; Louisette est une honnête fille, innocente comme l'enfant qui vient de naître, et si vous faisiez mine de la détourner, suffit, je viens de faire l'acquisition d'un manche à balai tout neuf, je ne vous dis que ça.

— Et ça me suffit, répondit Arthur, je respecterai l'innocence de Louisette, je le jure sur vos moustaches jaunes.

Et sans attendre la réplique de madame Cither, il s'élança dans l'escalier.

Le père Vulcain le suivait d'un pas plus modéré.

Au second étage, ils se rencontrèrent avec un personnage qui venait de sonner à une porte et qui se redressait de toute sa hauteur avant d'entrer, car la porte venait de s'ouvrir.

Une jeune fille, d'une mise excentrique et d'une tournure très-dégagée, était sur le seuil, adressant au visiteur un sourire des moins décourageants.

C'était mademoiselle Isoline Torchebœuf, la jeune élève du Conservatoire.

— Tiens, monsieur Pontif, s'écria Arthur.

Et, glissant la main dans la poche de sa redingote vert pomme :

— Je viens de la Civette, lui dit-il, et je vous apporte un quart de...

Qui est là? dit la voix de femme: sir Ralph? — Oui. — Entrez... (Page 200.)

M. Pontif lui fit un signe qui signifiait clairement:
— Silence! pas un mot de plus devant cette jeune fille.
— Hein! quoi? dit Arthur, qui avait parfaitemen compris.
— Nous parlerons de cela plus tard, lui dit M. Pontif en faisant mine d'entrer.
— Non pas, prenez-le tout de suite, lui dit le gamin en lui mettant dans la main le petit paquet qu'il venait de tirer de sa poche, mademoiselle sai bien qu'à votre âge on a ses petites manies; d'ailleurs, ça n'est pas sale de priser, quand on a soin de veiller sur sa roupie, et on peut dire que vous surveillez les vôtres, vous, monsieur Pontif, car, sauf celle de l'autre jour, qui a disparu tout à coup au moment où vous preniez votre café et qu'on n'a jamais pu savoir où elle était passée...
— Allons, assez, dit M. Pontif en s'emparant vivement du paquet de tabac qu'il fourra dans sa poche.

— Dame! écoutez donc, reprit Arthur, on n'arrive pas comme ça à soixante-sept ans sans avoir quelques petites infirmités, et vous devez vous estimer heureux d'en être quitte pour cette maladie de peau...
— Imbécile! murmura M. Pontif en lui jetant un regard de colère.
— Quant à votre râtelier, il ne vous gêne pas, n'est-ce pas? reprit Arthur, c'est l'essentiel; on n'a pas de coquetterie à votre âge, et, pourvu que ça fonctionne bien...
— Ah çà! à la fin, voulez-vous me laisser la paix? s'écria M. Pontif hors de lui.
— Mais qu'est-ce qu'il a donc? qu'est-ce qu'il a donc? murmura Arthur avec une naïveté parfaitement jouée.
Puis il ajouta, au moment où le vieillard allait disparaître :
— Monsieur Pontif?
— Quoi, encore? s'écria celui-ci.

— Je viens de passer chez la blanchisseuse, vous aurez votre corset demain matin; quant à la sous-ventrière.

— Animal! murmura M. Pontif en s'élançant vers mademoiselle Torchebœuf.

— On vous la livrera après-demain, en même temps que le plastron sudorifuge, si efficace contre les sueurs abondantes dont monsieur est affligé, lui cria Arthur avant que la porte ne se fût refermée.

Puis, éclatant de rire et se tournant vers le père Vulcain :

— Eh bien! lui dit-il, si elle n'en est pas dégoûtée, ce ne sera pas ma faute. Mais ce n'est rien que cela, nous n'en sommes encore qu'aux roses; nous allons nous y mettre sérieusement, et alors ça va être drôle.

— A quel étage demeures-tu? lui demanda le vieux modèle.

— Au cinquième, juste au-dessus de M. Pontif pour avoir toujours l'œil sur lui. Et votre fils?

— Au troisième.

— Nous y voilà.

— Alors, au revoir.

Et le père Vulcain frappait à une porte, tandis que son jeune ami continuait à monter.

— Entrez, cria-t-on de l'intérieur.

Vulcain s'aperçut alors que la clef était à la porte.

Il ouvrit et entra.

Jacques Turgis était seul et en train de travailler à sa copie, qui était presque terminée.

— Tiens, c'est toi, mon père, s'écria-t-il en s'avançant vers celui-ci, la main tendue, voici bien longtemps que tu n'es venu me voir.

— C'est vrai, répondit le modèle en pressant la main de son fils avec une expression d'humilité dont celui-ci parut touché.

— Pourquoi donc avoir tant tardé à venir, mon père?

— Que veux-tu, répondit le père Vulcain en courbant la tête, je m'étais comporté comme un gueux, comme un chenapan, à ton égard, et quand j'ai compris enfin l'indignité de ma conduite, j'en ai été si honteux que je n'osais plus revenir.

— Tu avais tort, mon père, répliqua Jacques avec un accent plein d'effusion, et je suis d'autant plus heureux de te revoir, que tu me reviens, j'en suis sûr, entièrement converti.

— Ah! je te le jure, mon cher Jacques.

Le jeune homme ajouta, en jetant un coup d'œil sur la blouse, le pantalon déchiré et les souliers éculés du vieux modèle :

— Nous allons passer aujourd'hui même chez mon tailleur.

— Ton tailleur! Allons donc! Non, mais chez un marchand d'habits, puisque tu es assez bon pour...

— Oh! assez, mon père.

— Et en attendant que je trouve de l'ouvrage, des poses ou autre chose, reprit le père Vulcain de ce ton humble et repentant qui touchait si vivement son fils, je viendrai ici me réchauffer, te tenir compagnie et faire tes commissions, si tu le veux bien.

— Tu feras ce que tu voudras, mon père; sauf le travail, auquel je m'oppose, tu es d'âge à te reposer, et je gagne assez pour subvenir à tes besoins.

— Excellent fils! s'écria le modèle en pressant de nouveau la main de Jacques; ah! tiens, tu me fais rougir, tu méritais d'avoir un autre père.

— Bah! oublions le passé, et maintenant que tu es rentré dans la bonne voie, ne songeons qu'au bonheur de nous voir réunis.

Il ajouta avec un sourire plein d'indulgence.

— Mais, j'y songe, voici l'heure de l'absinthe.

— L'absinthe, s'écria le père Vulcain avec un geste d'horreur, ne m'en parle jamais, c'est ce qui m'avait dégradé, j'y ai renoncé pour toujours; sans ça, tu ne m'aurais jamais revu.

— Ah! mon père, s'écria Jacques avec transport, si tu savais comme tu me rends heureux !

Et, se jetant dans ses bras, il le pressa fortement contre sa poitrine.

Il avait des larmes dans les yeux.

— Ah! que c'est bon de faire son devoir, dit le modèle essuyant ses yeux parfaitement secs; je commence à comprendre ça.

— Ah! c'est maintenant, s'écria l'artiste en regagnant sa palette et ses pinceaux, c'est maintenant que je vais avoir du cœur à l'ouvrage!

XXXIX

PRÉPARATIFS

Le lendemain, vers la chute du jour, Arthur sortait pour se rendre au petit restaurant où il dînait tous les jours.

Pour vingt et un sous, il faisait là des repas de Sardanapale :

Potage, deux plats au choix, un dessert, un carafon de vin et pain à discrétion.

Et tout lui paraissait succulent. Jamais il ne s'était vu à pareille fête.

En descendant la rue Fontaine, où était situé ce restaurant phénoménal, il s'arrêta tout à coup devant les bocaux rouges et bleus d'un pharmacien.

Une inspiration venait de jaillir de son cerveau.

Il entra, se fit servir une drogue dont il sera parlé plus tard et sortit de là avec un sourire méphistophélique.

Puis, quelques pas plus loin, il entrait à son restaurant.

Il ne s'y trouvait encore que peu de clients

Avant de prendre place à une table, il parcourut la salle d'un coup d'œil et trouva sans doute ce qu'il cherchait, car il se dirigea droit vers un coin presque obscur.

Un seul client s'y trouvait attablé.

C'était sir Ralph.

— Eh bien, dit Arthur à celui-ci, comment trouvez-vous mon petit restaurant?

— Franchement, répondit sir Ralph, à juger des mets par les exhalaisons, il ne me dit rien de bon; je doute que Lucullus y eût pris ses repas. Au reste il répond assez exactement à l'opinion que je m'en étais faite.

— Je vois ce que c'est, vous avez des préjugés sur les restaurants à vingt et un sous.

— Je l'avoue, et je viens de voir servir une cervelle qui ne fait que m'y affermir; elle était rouge, bleue, jaune, verte et toute zébrée de lignes violacées : une vraie carte géographique ; et un bouquet !

— Eh bien, vous avez été trompé par les apparences ; tout est exquis ici ; vous allez en juger.

— J'aime mieux m'en rapporter à toi, et, puisque tu trouves la cuisine si exquise, je te cède ma part.

— Oh ! je ne suis pas bégueule, je l'accepte.

— Commande donc deux dîners, et tu les consommeras à toi seul.

— Ça va.

Et Arthur commanda deux juliennes.

— Eh bien, demanda sir Ralph, qu'as-tu à m'apprendre au sujet de M. Pontif ?

— Une grande nouvelle : il va donner un déjeuner auquel il a invité de nombreux amis.

— A quelle occasion ?

— Pour leur présenter mademoiselle Isoline Torchebœuf ; c'est comme qui dirait un déjeuner de fiançailles.

— Déjà ! s'écria sir Ralph.

— Le bonhomme est très-épris.

— Et la jeune fille ?

— Très-pressée de se marier avec n'importe qui, pourvu qu'il y ait un sac ; ce n'est pourtant pas ma faute si elle conserve quelques illusions au sujet de M. Pontif.

Et il raconta à sir Ralph la scène de la veille.

— Mais, bah ! ajouta Arthur, on lui prouverait qu'il est lépreux, qu'elle le prendrait tout de même, après ce qui vient de lui arriver au Conservatoire.

— Oui, j'ai vu cela dans le *Figaro*, dit sir Ralph, et j'en ai conclu qu'elle allait redoubler d'efforts pour fasciner le candide M. Pontif.

— Il en perd la cervelle.

— Et as-tu quelque plan pour empêcher ?...

— J'en ai trente-six, mais très-vagues ; je verrai, je guetterai, et, comme je suis toujours là à l'affût sur l'escalier ou chez M. Pontif même, je saurai bien trouver quelque occasion... Enfin, comptez sur moi.

— Tu sais que si tu réussis, il y aura une récompense ?

— Ce n'est pas de refus.

— Allons, j'ai confiance en toi ; mais tu ne tiens pas à ce que je te regarde dîner jusqu'au bout, n'est-ce pas ?

— Dame ! à moins que ça ne vous amuse.

— C'est curieux ; mais j'ai affaire ailleurs, je vais payer ton dîner et le mien au comptoir.

— Allez-y, je ne suis pas susceptible.

— Dès que le déjeuner des fiançailles aura eu lieu, écris-le et donne-moi un rendez-vous ; j'ai hâte d'en connaître les détails.

— Convenu, et soyez tranquille, je vous tiendrai au courant de tout, je serai là, et il ne m'échappera ni un mot, ni un geste, ni un coup d'œil.

— A bientôt donc !

Sir Ralph se leva, paya au comptoir et sortit.

Une fois dehors il remonta la rue Fontaine jusqu'à la rue Duperré et entra chez le marchand de vin qui fait le coin de ces deux rues.

C'est là, si l'on s'en souvient, qu'il avait déjà eu une entrevue avec le père Vulcain.

Celui-ci l'y attendait, toujours en compagnie de la chopine d'absinthe pour laquelle il avait exprimé la veille une si profonde horreur.

Sa mise avait subi une transformation aussi complète que celle de son jeune ami Arthur, mais beaucoup moins excentrique.

Il était convenablement vêtu, ce qui empêcha sir Ralph de le reconnaître au premier abord, quoiqu'il fût seul dans le cabinet où il l'attendait.

— Peste ! père Vulcain, lui dit-il enfin après l'avoir examiné de près, quelle toilette ! un vrai gandin !

— Oui, oui, on a l'air cossu, répondit le vieux modèle en se rengorgeant.

— On a donc fait quelque bonne affaire ?

— Je suis allé voir mon fils hier, comme c'était convenu.

— Eh bien, comment avez-vous été accueilli ? de demanda vivement sir Ralph.

— A bras ouverts.

— Bah !

— S'il y avait eu un veau gras dans l'atelier, il l'aurait tué.

— Pour fêter le retour du père prodigue.

— Et sa conversion.

— Ah ! vous lui avez fait croire...

Le père Vulcain haussa les épaules.

— Non, dit-il avec un dandinement plein de fatuité, on ne sait pas jouer sa petite comédie ! On est gnole, on est gauche, on est emprunté.

— Enfin que s'est-il passé ?

— Je suis entré chez lui la tête basse et la rougeur au front comme un enfant de chœur qui a bu les burettes de M. le curé, j'ai confessé mes fautes avec la componction d'une vieille dévote, je me suis traité de chenapan, de gredin, de pas grand'chose, de père marâtre indigne de posséder un pareil fils, la grande scène de Tartuffe avec Orgon, quoi.

— Et il n'a pas soupçonné ?...

— Il a coupé dedans comme dans du beurre. Pas fort, mon fils, pas fort, murmura le modèle avec un épanouissement de vanité.

Malgré sa dépravation, sir Ralph eut peine à dissimuler le sentiment de profond dégoût que lui inspirait ce père se vantant d'avoir abusé de la bonne foi et de la générosité de son fils.

— Ce n'est pas tout, reprit le vieux modèle rayonnant comme s'il eût raconté quelque beau trait, une fois la paix faite, voilà le pauvre garçon qui, par pitié pour ma petite faiblesse, me propose l'absinthe, lui qui n'en a jamais pris. Ah ! c'est là que j'ai été vraiment beau, sir Ralph ! C'est là qu'il eût fallu me voir ! C'est à ce moment que j'ai été digne d'être contemplé par quarante siècles du haut des Pyramides. L'absinthe ! me suis-je écrié avec une indignation qui faisait trembler ma voix, car positivement elle tremblait, cette liqueur infâme qui m'a perdu, qui m'a dégradé, qui avait tout tué, tout éteint en moi, jusqu'au sentiment paternel, ah ! ne m'en parle jamais, elle ne touchera plus mes lèvres !

— Et qu'a-t-il dit à cela ?

— Les larmes lui sont venues aux yeux et il s'est jeté dans mes bras, fallait voir ça de près ; jamais acteur n'a obtenu un pareil succès. Enfoncé l'artiste, pas de force à lutter avec son auteur ; on est vieux, mais on n'est pas ramolli, ah ! mais non.

Sir Ralph regardait le vieux modèle avec stupeur.

Il restait pétrifié devant une si complète absence de sens moral et ne se sentit même pas le courage d'applaudir son complice.

— Et, reprit-il au bout d'un instant, c'est à la suite de ce beau mouvement qu'il a décidé de vous habiller des pieds à la tête?

— Il ne pouvait pas faire moins.

— Alors notre but est atteint, notre cause est complétement gagnée et vous avez un libre accès chez votre fils?

— J'y passerai toutes mes journées, c'est convenu.

— Et, demanda sir Ralph avec quelque hésitation, rien n'est changé, notre plan tient toujours?

— Pourquoi pas? répliqua le père Vulcain avec un étonnement dont le cynisme acheva de stupéfier sir Ralph.

— En effet, dit-il en dissimulant son impression, il n'y a aucune raison pour cela.

Il se leva en ajoutant :

— Je vais à Montmartre, rue de l'Empereur, voulez-vous m'accompagner?

— Tout de même, répondit le modèle en avalant d'un trait ce qui restait de sa chopine d'absinthe.

Dix minutes après ils gravissaient ensemble la rue de l'Empereur, qui conduit au plateau de la butte Montmartre, après l'avoir contournée.

Il était huit heures et la nuit était complète.

Sir Ralph s'arrêta vers le milieu de la rue, en face d'une petite maison à un seul étage et isolée des autres par un jardin.

— C'est là, dit-il au père Vulcain.

Il frappa à la porte.

Au bout d'un instant, on entendit une voix de femme qui demandait :

— Qui est là?

— La personne qui vous a annoncé sa visite pour ce soir.

— Sir Ralph?

— Oui.

— Entrez.

La porte s'entr'ouvrit et sir Ralph entra en disant au vieux modèle :

— J'en ai pour un quart d'heure, attendez-moi là.

— C'est drôle, murmura celui-ci quand il fut seul, il me semble avoir entendu cette voix il n'y a pas longtemps de cela.

Mais il se creusa vainement l'esprit pour se rappeler en quel lieu il avait entendu cette voix de femme. Au bout d'un quart d'heure sir Ralph sortait de cette maison.

— Voilà qui est convenu, dit-il à la femme, qui le reconduisait et tenait toujours la porte entr'ouverte, de manière à ne pas se laisser voir, vous serez à ma disposition pour tel jour qu'il me plaira?

— A la seule condition de m'écrire la veille, répondit la femme.

— Je n'y manquerai pas, et le soir une voiture viendra vous prendre.

La porte se referma.

— Maintenant, dit sir Ralph au père Vulcain, rentrons dans Paris.

XL

AMOUR ET PEINTURE

Jacques Turgis était en train de *piocher* son Ruysdaël, tout en causant avec son père, qui fumait un cigare, assis dans un grand fauteuil et les pieds devant le feu, lorsqu'on frappa à la porte.

— Entrez, cria-t-il.

On entra.

C'était madame Cither, qui, vu l'heure matinale, était en jupon court avec d'immenses poches, pareilles à des sacs à plâtre.

Elle tenait à la main une lettre qu'elle remit à l'artiste en disant :

— Monsieur Jacques, je dois vous prévenir qu'elle est à la loge depuis huit heures, mais j'étais allée faire une course *ultra minos*...

— Hein? comment dites-vous? lui demanda Jacques stupéfait.

— *Ultra minos!* c'est à vous que je l'ai entendu dire, un jour que vous alliez à Neuilly.

— *Extra muros*, madame Cither, dit l'artiste en souriant.

— Chacun prononce à sa façon. Moi, je dis *ultra minos*.

C'était à Romainville que j'étais allée causer avec mon homme d'affaires pour un tas de misères que veut me faire la famille de mon défunt au sujet d'un héritage *donc* que j'ai tous les droits de mon côté, vu que je suis mariée sous le régime *sacerdotal*. Faut vous dire qu'il faisait un temps à ne pas mettre un caniche à la porte; c'était bien le cas de dire : *O tempus! ô mores!* Quel temps pour la morue! Enfin il n'y avait pas à dire : mon bel ami, pas une minute à perdre, le temps pressait, et comme dit le proverbe : Il faut battre son frère pendant qu'il est chauve. Je prends donc l'omnibus qui me met en haut de Belleville, même qu'arrivée là je me croise avec un pauvre mort qu'on conduisait au cimetière, sa dernière demeure; c'est bien le cas de dire : Dis-moi qui tu entres, je te dirai si tu y es; même que j'ai causé avec des membres de la famille, et il paraît que le pauvre homme était mort d'une fièvre *moqueuse*. Mais ça ne me regardait pas, j'avais d'autres chiens à peigner et pour lors...

Deux coups frappés à la porte interrompirent madame Cither, qui courut ouvrir et s'esquiva en même temps.

Un individu d'une soixantaine d'années, à l'œil dur et cupide, à la physionomie grossière et brutale, entra et se dirigea aussitôt vers l'artiste.

— Eh bien, où en sommes-nous?... dit-il à celui-ci, en attachant successivement son œil de faucon sur chaque toile, la copie et l'original.

— Vous voyez, monsieur Chaumont, répondit l'artiste, encore quarante-huit heures de travail et tout sera fini.

— Ainsi je puis faire prendre l'une et l'autre dans trois jours?

— Dans trois jours, c'est entendu.

— Votre copie est parfaite, dit le marchand de tableaux, après avoir sérieusement examiné la toile de Jacques.

Turgis, les yeux pleins de larmes, venait de tomber aux pieds de la jeune fille. (Page 205.)

— Je crois avoir rendu assez fidèlement l'original.
— C'est au point qu'on pourrait s'y tromper.
Il ajouta en regardant l'original du même œil qu'un autre eût regardé une maîtresse adorée :
— J'ai vu ce matin un amateur qui est venu voir mon Ruysdaël vingt fois depuis un mois, savez-vous ce qu'il m'en donne ?
— Je ne devine pas.
— Quatre-vingt mille francs.
— Juste le prix que vous en demandez.
— Plus souvent que je le céderai pour ce prix-là ; il ne sortira pas de chez moi à moins de cent mille francs.
— Et le jour où l'on vous en donnera cent mille francs, vous en voudrez cent vingt mille.
— Il les vaut ! s'écria le marchand avec conviction.
— Vous y voilà arrivé, répliqua Jacques en éclatant de rire, il vaut cent vingt mille francs, pas un sou de moins.

26ᵉ LIVRAISON.

— On ne sait pas, dit M. Chaumont en hochant la tête.
Puis, serrant la main de l'artiste :
— C'est entendu : dans trois jours je viendrai prendre les deux toiles. Adieu, mon cher Jacques, je suis enchanté de votre copie, c'est un vrai chef-d'œuvre.
Et il sortit en se frottant les mains.
— Voyons donc ce que me veut cette grande lettre, dit Jacques quand il fut seul.
C'était une invitation pour un bal que donnait le surlendemain la baronne de Villarsay.
— L'invitation me semble un peu tardive, murmura l'artiste.
Il chercha du regard la date.
Elle remontait à trois jours.
Il réfléchit un instant et ses traits exprimèrent une vive émotion.
Il venait de se faire ce raisonnement :
La baronne de Villarsay, amie intime de madame

Taureins, est liée en même temps avec toute la famille de celle-ci, et particulièrement avec les Mauvillars; or, qui sait si le nom de Jacques Turgis n'avait pas été omis dans la liste d'invitations, et si ce nom ne lui a pas été rappelé par Tatiane avec cette finesse qui distingue les plus innocentes quand l'amour les inspire.

Cette façon d'expliquer le retard qu'on avait mis dans l'envoi de l'invitation le charmait trop vivement pour qu'il hésitât à l'interpréter ainsi, et, du fond du cœur, il remercia la baronne de Villarsay d'un oubli qui lui valait une nouvelle preuve d'amour de sa chère Tatiane.

Le père Vulcain jetait un coup d'œil à la dérobée sur son fils tout en fumant son cigare, car il prétendait avoir renoncé au brûle-gueule en même temps qu'à l'absinthe, et l'émotion du jeune homme ne lui échappa pas.

— Il paraît que cette lettre t'apporte une bonne nouvelle, lui dit-il, car tu parais bien heureux.

— Oui, mon père, au comble du bonheur.

— Une commande, peut-être? une toile dont on te donne un bon prix?

— Oh! si ce n'était que cela!

— C'est quelque chose pourtant pour un artiste.

— C'est qu'il ne s'agit pas de l'artiste en ce moment, mon père, mais de l'homme.

— Comprends pas.

— Eh bien, mon père, cette bonne nouvelle est tout simplement une invitation à un bal.

— Rien que ça?

— Oui, mais à ce bal je vais rencontrer une jeune fille qui...

— Bon! j'y suis, une amourette! j'ai connu ça dans mon temps.

— Non, pas une amourette, mon père, mais un amour immense, aussi pur que profond; mais bientôt, je l'espère, nous aurons occasion de causer de cela plus longuement.

— Je comprends, il y a du *conjungo* sous jeu.

— Pas encore, mais je n'en désespère pas.

Il ajouta en se remettant au travail:

— Eh bien, père, as-tu enfin trouvé un logement dans les environs?

— Mieux que ça, répondit le modèle.

— Comment?

— J'ai trouvé mon affaire dans la maison.

— Bah! la concierge, à laquelle j'en avais parlé, m'a répondu que tous les logements étaient occupés.

— Oui, mais moi j'en connais un qui sera libre dans quinze jours au plus.

— Lequel?

— Au cinquième, une chambre louée toute garnie par madame Cither à un jeune homme que je connais un peu et qui m'a prévenu en confidence qu'il le quitterait dans dix ou douze jours.

— Parfait! s'écria Jacques tout joyeux, voilà qui se trouve à merveille, tu seras enfin logé convenablement, au lieu de coucher chaque nuit dans cet atelier, sur un matelas, ce que tu aurais pu éviter, du reste, en allant à l'hôtel, comme je te l'avais proposé.

— C'était de la dépense inutile, répliqua le modèle, je n'ai pas des habitudes de petite maîtresse, moi, et je suis très-bien ici. D'ailleurs, huit ou dix jours sont bientôt passés.

On comprendra sans peine combien parurent longues à l'artiste les quarante-huit heures qui le séparaient de cette soirée, où il allait rencontrer Tatiane, car il ne doutait pas qu'elle y fût.

Aussi, pour tromper son impatience, se mit-il à travailler avec un redoublement d'ardeur.

Et comme il était en verve, comme chaque coup de pinceau portait et n'avait pas besoin de retouche, sa copie se trouva terminée le surlendemain dans la matinée.

— Enfin, s'écria-t-il en donnant la dernière touche, je puis maintenant m'absorber tout entier dans mon bonheur.

Il sortit pour faire quelques emplettes et se rendit un peu tard à sa table d'hôte, où, par extraordinaire, la mère Alexandre manquait ce soir-là, ce qui l'exposa, de la part de ses amis, à quelques plaisanteries un peu risquées sur la passion dont ils le disaient atteint à l'endroit de la magnétiseuse.

Puis, vers neuf heures, il gagna son appartement, situé rue Duperré, comme son atelier, mais quelques maisons plus haut, et procéda minutieusement à sa toilette.

Il était dix heures et demie lorsqu'il envoya chercher une voiture par son concierge, et à onze heures il descendait dans la cour de l'hôtel de la jeune baronne, rue de Miromesnil.

Il s'écoula plus de vingt minutes encore avant qu'il pût pénétrer dans l'intérieur de l'hôtel, tant la cour, le perron et l'antichambre étaient encombrés d'invités, et il serait difficile de dire la quantité de malédictions dont il accabla ceux qui retardaient encore pour lui le moment de revoir sa jolie Tatiane.

Enfin la foule s'écoula peu à peu et il put entrer dans la salle de bal.

Il se hâta de la parcourir après avoir salué la maîtresse de la maison.

Mais Tatiane n'y était pas.

La famille Mauvillars n'avait pas encore paru.

XLI

UN MYSTÈRE

Jacques Turgis, très-désappointé en reconnaissant que Tatiane n'était pas là, se mit à se promener autour des danses, en se disant qu'après tout il n'y avait pas là de quoi se désespérer et qu'il n'y avait rien d'étonnant à ce que la famille Mauvillars ne fût pas encore arrivée, puisque les salons de la baronne de Villarsay n'étaient encore qu'à moitié remplis.

Et, pour calmer son impatience, il s'approcha des danseurs et tâcha de s'intéresser au quadrille des lanciers, qui déroulait en ce moment ses bizarres et gracieuses figures.

Mais, au bout d'une demi-heure, il passait de l'impatience à l'inquiétude, et, quoiqu'il fût toujours en face des danseurs, il ne distinguait plus rien qu'une espèce de tourbillon confus et inexplicable qui s'enroulait et s'emmêlait à la lueur éclatante des bougies comme une fantastique vision.

Il attendit encore cependant, il attendit longtemps; mais, lorsque, après avoir consulté sa montre, il s'aperçut qu'il était minuit, il se sentit saisi d'un affreux pressentiment et il lui devint impossible de subir plus longtemps l'angoisse qui le dévorait.

Après quelques minutes d'hésitation, il se dirigea vers la baronne de Villarsay et saisissant pour l'aborder un moment où elle était seule :

— Madame la baronne, lui dit-il avec quelque embarras, est-ce que M. ou madame Mauvillars seraient malades ?

— Pourquoi cela, monsieur Turgis ? répondit la jeune femme avec un imperceptible sourire.

— C'est que... je sais qu'ils se rendent assidûment à vos soirées, et, ne les ayant pas encore aperçus, quoiqu'il soit plus de minuit...

— Cela vous inquiète au sujet de M. et madame Mauvillars, n'est-ce pas ? dit la baronne, toujours sur le même ton.

Elle ajouta aussitôt :

— Rassurez-vous, monsieur Turgis, mademoiselle Tatiane n'est pas malade.

Le jeune homme se troubla légèrement en se voyant si bien compris.

Cependant le gracieux et indulgent sourire de la baronne lui rendit un peu d'assurance et il reprit :

— Alors, puisque personne n'est malade, ce n'est qu'un retard et ils viendront ?

— Permettez-moi de vous faire observer que vous tranchez un peu témérairement les questions, lui dit la jeune baronne, qui dit qu'il n'y ait personne de malade chez eux ? Ce n'est pas moi.

Jacques fixa sur elle un regard bouleversé, et d'une voix troublée :

— Mais, balbutia-t-il, ce n'est pas mademoiselle Tatiane au moins, puisque vous venez de m'affirmer...

Il n'eut pas la force d'achever.

— Mais, reprit la baronne, il n'y a pas que mademoiselle Tatiane au monde, comme vous paraissez le croire, monsieur Turgis ; il y a d'autres personnes sur le globe et particulièrement dans la famille Mauvillars.

— Vous avez raison, madame, répondit l'artiste, aussi m'intéressai-je à la famille entière, et si j'ai prononcé le nom de mademoiselle Tatiane...

La fin de la phrase ne venait pas.

— C'est que vous vous intéressez à elle un peu plus qu'aux autres, voilà tout, dit la jeune femme avec une bonhomie quelque peu ironique.

Elle ajouta aussitôt avec un charmant sourire :

— Allons, pardonnez-moi d'avoir un peu joué avec vos terreurs d'amoureux et rassurez-vous, monsieur Turgis, il n'est rien arrivé de fâcheux à mademoiselle Tatiane... personnellement.

— Est-ce que quelqu'un de sa famille serait malade ? demanda Jacques avec une inquiétude visible.

— Malheureusement oui, répondit la baronne.

— De sorte que...

— Elle ne viendra pas, comme vous l'avez deviné.

— Ah ! fit l'artiste.

— La chère petite m'a écrit une lettre, il y a quelques heures à peine, par laquelle elle m'apprend que sa grand'maman Mauvillars ne pouvant se rendre à ma soirée, par suite d'indisposition, elle se voit privée elle-même de ce plaisir, quoique la pauvre femme s'y fût opposée de tous ses efforts. Mais elle sait que son grand-père et sa grand'mère ne peuvent vivre sans elle, et elle est si parfaitement bonne, cette chère enfant, qu'elle n'a pas hésité à renoncer à une fête qui, je le sais, avait pour elle bien des attraits.

— En effet, la danse est un grand plaisir à son âge, insinua Jacques.

— Vous voudriez bien me faire causer, lui dit la baronne avec un fin sourire, mais je ne dis que ce que je veux et non ce qu'on veut me faire dire. Cependant, pour vous consoler un peu de l'absence de Tatiane, je veux vous raconter un petit incident, assez insignifiant en apparence, mais qui ne vous déplaira pas, j'en suis sûre. Ma petite amie est venue me voir, il y a deux jours, dans la matinée, et, mettant l'entretien sur ma fête, à laquelle alors elle se faisait une joie d'assister, elle me dit : « Vous aurez, comme de coutume, une société d'élite, les plus beaux noms en tout genre ; je serais curieuse de les connaître d'avance. Laissez-moi donc parcourir la liste de vos invitations. » Il faut vous dire que Tatiane est traitée ici en enfant gâtée, elle peut tout s'y permettre, et elle le sait bien. Je lui donne ma liste, elle la lit avec attention, puis, me la rendant : « Elle est fort belle, me dit-elle, l'art surtout y est fort bien représenté, la peinture historique, la peinture religieuse, la peinture de genre, la marine... » Je l'arrêtai d'un geste, j'avais compris. « Il y manque un genre et un nom, lui dis-je, et, grâce à toi, ma chérie, je puis encore réparer un oubli fâcheux. » Je pris une lettre d'invitation et, la faisant asseoir devant mon secrétaire : « Ecris une adresse sur cette lettre. » Elle trempa la plume dans l'encrier et attendit tout émue. Elle aussi avait compris. Je dictai : « M. Jacques Turgis, peintre paysagiste, rue Duperré, 17. » Et maintenant, ajoutai-je, trouves-tu ma liste complète ? « Mais, répondit-elle en souriant et rougissant à la fois, il me semble qu'il n'y manque plus rien. » Eh bien ! que dites-vous de cela, monsieur Turgis ?

— Je dis que vous êtes la plus charmante et la meilleure des femmes, répondit Jacques avec une émotion contenue.

— Alors je vous laisse avec votre bonheur et je vais m'occuper des autres.

Et elle s'éloigna, laissant l'artiste en proie à un profond ravissement.

Sous cette nouvelle impression, la fête, qui jusque-là lui avait paru monotone et presque lugubre, lui sembla tout à coup brillante et pleine d'entrain.

Il était occupé à admirer les toilettes, qu'il trouvait toutes du meilleur goût, quand son regard rencontra brusquement une figure qui l'impressionna désagréablement.

Cette figure était celle de Mac-Field, qu'il se rappela vaguement avoir vu à la fête de M. Mauvillars.

Mac-Field le regardait en ce moment et un sourire sinistre effleurait ses lèvres.

L'expression de cette tête, naturellement peu sympathique, avait quelque chose de si effrayant en ce moment que l'artiste en fut violemment impressionné.

Ce sombre et fatal sourire, ce regard attaché sur lui avec un sentiment de joie diabolique semblaient lui annoncer quelque malheur.

Il venait de détourner la tête pour se soustraire à cette funeste impression, quand tout à coup il resta frappé de stupeur en entendant ces deux noms annoncés d'une voix retentissante :
— Sir Ralph Sitson !
— Mademoiselle Tatiane Valcresson !
— Oh! j'ai mal entendu, murmura-t-il; Tatiane seule ici et arrivant immédiatement après cet homme! non, c'est impossible.
Et il s'élança vers la porte du salon.

Mais alors il se crut subitement frappé de folie devant le spectacle qui s'offrit à ses regards, spectacle si étrange, si prodigieux, si invraisemblable que l'assemblée entière en restait frappée d'immobilité, regardant ce qui se passait sous ses yeux avec autant d'effarement que si elle eût vu surgir tout à coup du parquet quelque apparition surnaturelle.

C'est qu'en effet il était permis à tous de douter du témoignage de leurs yeux en voyant s'avancer lentement, au milieu des invités, qui s'écartaient avec stupeur, Tatiane Valcresson appuyée sur le bras de sir Ralph.

Et ce qui ajoutait encore à l'étonnement dont chacun était saisi, ce qui confirmait Jacques dans la pensée qu'il était sous l'empire d'un accès de folie et qu'il croyait voir ce qui ne pouvait être que le produit de son esprit en délire, c'était l'expression de la physionomie de Tatiane.

Jamais peut-être son teint n'avait été si frais et si reposé; jamais le sourire, qui était un de ses plus grands charmes, ne s'était épanoui si calme et si pur sur son gracieux visage; jamais elle n'avait traversé la foule de ses admirateurs d'un air plus virginal et plus radieux.

Quant à sir Ralph, ses traits respiraient à la fois l'orgueil et le bonheur.

Il passait calme et fier au milieu de la foule stupéfaite.

— Oh ! oui, oui, je rêve ou je suis fou, balbutia Jacques en passant lentement la main sur son front, mais je vais savoir si tout cela existe ou non, si c'est Tatiane ou un fantôme créé par mon imagination en délire; elle va passer près de moi, elle va me voir et alors...

Tatiane passa près de lui.

Elle le vit et pas un muscle de son visage ne tressaillit, et elle conserva immuable l'expression calme et radieuse de sa physionomie.

XLII

OU LE MYSTÈRE S'ÉPAISSIT

Les trois quarts des invités qui remplissaient les salons de la baronne de Villarsay connaissaient Tatiane et la famille Mauvillars; aussi, à l'étonnement de voir la jeune fille entrer au bras d'un inconnu, succéda celui de n'apercevoir derrière elle aucun des membres de sa famille.

Tout mouvement s'était arrêté : l'orchestre jouait une valse, mais personne ne valsait.

Tous les danseurs s'étaient réunis sur le même point et formaient, dans la longueur du salon, deux haies compactes au milieu desquelles passaient les deux nouveaux venus.

C'était un spectacle étrange, presque fantastique, et à voir cette fraîche et pure jeune fille passer, épanouie et souriante, au bras de cet inconnu, à travers cette foule élégante, immobile et frappée de stupeur, sous l'éclatante lumière des bougies qui faisaient étinceler les diamants sur son passage, aux sons de cette musique jouant une valse qui ressemblait à une rêverie, on eût cru voir se réaliser un de ces contes de fées qui restent si éblouissants et si merveilleux dans les yeux et dans l'imagination des enfants.

On eût dit une de ces gracieuses princesses, touchantes victimes de la mauvaise fée, traversant, au bras d'un sombre génie, les splendeurs d'un château enchanté, et marchant, la joie au front et l'innocence au cœur, vers quelque effrayante et mystérieuse destinée.

La baronne de Villarsay était aussi pâle et presque aussi bouleversée que Jacques Turgis.

Amie de la famille et mise au courant de tout ce qui s'y passait d'important, connaissant l'amour de Tatiane pour Jacques et l'horreur que lui inspirait sir Ralph, sachant enfin le refus formel pour lequel la jeune fille avait accueilli la demande de ce dernier, refus aussitôt ratifié par M. Mauvillars, elle restait ahurie, pétrifiée devant ce qui se passait sous ses yeux, ne pouvant croire à ce qu'elle voyait et se demandant, comme Jacques, si ce n'était pas quelque mauvais rêve.

A la fin cependant les légers murmures, les chuchotements qui couraient dans la foule étonnée l'arrachèrent à la stupeur sous laquelle toutes ses facultés étaient restées un moment anéanties.

Elle alla droit à sir Ralph.

— Monsieur, lui dit-elle, permettez-moi de vous demander l'explication d'un fait dont tout le monde est aussi surpris que moi, vous devez le remarquer.

— A quel fait madame la baronne fait-elle allusion? demanda sir Ralph avec un calme parfait.

— Je me demande, monsieur, comment il se fait que mademoiselle Tatiane soit seule ici avec vous.

Sir Ralph sourit.

Puis, il répondit avec une imperturbable assurance :

— Il y aurait là une énormité dont vous auriez en effet le droit de vous étonner, et même plus, madame la baronne, mais rassurez-vous, je suis aussi incapable que mademoiselle Tatiane elle-même d'une pareille inconvenance.

— Dites d'un pareil scandale, monsieur, car il n'y a pas d'autre nom à donner à ce qui se passe en ce moment si vous ne parvenez à l'expliquer.

En prononçant ces mots, la baronne de Villarsay avait fixé sur Tatiane un regard sévère.

Mais, à son extrême surprise, la jeune fille, au lieu de se troubler sous ce regard, resta impassible dans sa sérénité.

— L'explication que vous me demandez est fort simple, madame, répondit sir Ralph, et je m'étonne même que vous n'ayez pas deviné la vérité.

Tous les regards étaient fixés sur lui et chacun attendait avec une impatience pleine d'anxiété l'explication qui devait dissiper les pénibles pensées que faisait naître cet étrange incident.

— Parlez donc, monsieur, dit vivement la baronne.

— Eh bien, madame, répondit froidement sir Ralph

je suis entré seul dans votre salon avec mademoiselle Tatiane, il est vrai, mais nous sommes venus avec M. Mauvillars et tout mon tort est de ne pas l'avoir attendu pour entrer.

— Comment! s'écria la jeune femme, M. Mauvillars est là?

— Sans doute, madame, mademoiselle Tatiane n'y serait pas sans cela.

— Où est-il donc alors et comment se fait-il?...

— L'un des chevaux s'étant abattu au moment où la voiture entrait dans la cour de votre hôtel, M. Mauvillars m'a prié de le précéder avec mademoiselle Tatiane pendant qu'il allait examiner avec son cocher si son cheval ne s'était pas blessé. J'aurais dû l'attendre dans l'antichambre, j'en conviens, mais je le croyais sur mes pas, et convaincu que nous le précédions de quelques secondes seulement, j'ai cru pouvoir entrer avec mademoiselle.

— Mais, reprit la baronne, madame de Mauvillars est donc restée aussi pour voir l'état de son cheval au lieu d'accompagner sa nièce?

— Madame Mauvillars est demeurée chez elle, madame; elle n'a pas cru pouvoir s'éloigner de sa belle-mère, qui est légèrement indisposée.

— Je l'ai appris, en effet, mais M. Mauvillars tarde bien à paraître, dit la baronne en portant ses regards du côté de la porte.

— C'est la réflexion que je me faisais à moi-même, dit sir Ralph.

— Je vais au-devant de lui; je suis impatiente de savoir...

— Permettez-moi d'y aller avec vous, madame, ce retard m'étonne et doit inquiéter mademoiselle Tatiane.

Si la jeune fille était réellement inquiète, rien dans son attitude ni dans l'expression de sa physionomie ne pouvait le faire supposer.

Cette expression était toujours la même et n'avait pas varié depuis son entrée.

La jeune femme, qui l'examinait avec une surprise toujours croissante, crut enfin avoir trouvé l'explication de ce mutisme obstiné, de cette immuable placidité.

— Evidemment, pensa-t-elle, cet homme, repoussé, il y a quelques jours, a trouvé le moyen de se faire agréer par l'oncle et de décider celui-ci à contraindre la volonté de sa nièce, dont la raison a sans doute été ébranlée par ce coup, c'est la seule interprétation à donner à ce silence et à cette impassibilité dans une telle situation.

Elle allait se diriger vers la porte du salon, suivie de sir Ralph et de Tatiane, quand ce nom se fit entendre tout à coup avec un sanglot si déchirant, si désespéré, qu'un frisson de pitié parcourut toute l'assemblée:

— Tatiane! Tatiane!

Et, au même instant, Jacques, les yeux pleins de larmes, les traits pâles et bouleversés, venait tomber aux pieds de la jeune fille.

Puis, saisissant sa main, et levant sur elle un regard effaré:

— Tatiane, balbutia-t-il avec l'accent d'une douleur navrante, oh! qui vous a contrainte à venir ici au bras de cet homme? Que se passe-t-il, ô mon Dieu? Expliquez-moi cet effroyable mystère? Parlez... oh! parlez, Tatiane!

Pour la première fois, au son de cette voix, une émotion se manifesta sur les traits de la jeune fille, qui devint tout à coup sérieuse; un éclair brilla dans ses yeux bleus et sa main s'éleva au-dessus de la tête du jeune homme avec un geste plein d'une douce pitié, tandis que son beau front se contractait légèrement, comme si elle eût cherché à rappeler quelque souvenir.

Sir Ralph suivait les progrès de cette émotion avec tous les signes d'une violente angoisse.

— Tatiane! Tatiane! s'écria de nouveau le malheureux artiste au paroxysme du désespoir, oh! parlez, regardez-moi, je suis Jacques, dites-moi tout; mais, d'abord, repoussez cet homme avec horreur, c'est un misérable. Tatiane, oh! ne me reconnaissez-vous pas; je suis Jacques, Jacques qui vous aime; oh! ayez pitié de moi, Tatiane!

Alors la jeune fille abaissa lentement son regard vers lui, son visage se troubla et sa bouche s'entr'ouvrit pour parler.

Mais aucun son ne sortit de ses lèvres.

Au comble de l'anxiété, sir Ralph jeta autour de lui un rapide coup d'œil et rencontra tout de suite celui qu'il cherchait.

C'était Mac-Field.

Les deux complices échangèrent un regard d'intelligence.

— Tatiane! je baise vos pieds, oh! parlez, dites-moi tout, je vous en supplie, reprit Jacques.

Et saisissant le bas de sa robe, il la couvrait de larmes et de baisers.

— Mais vous voyez bien que cet homme est fou, complètement fou, s'écria tout à coup Mac-Field.

Et se précipitant sur Jacques, il l'enleva de terre et l'entraîna vers une fenêtre, loin de la jeune fille.

— Non, je ne suis pas fou, je ne suis pas fou, criait Jacques en se débattant avec une furie qui fit partager à tout le monde l'opinion de Mac-Field.

Pendant ce temps, sir Ralph s'était hâté de se diriger du côté de la porte avec la baronne de Villarsay et tenant toujours Tatiane à son bras.

Quand ils furent arrivés à l'antichambre, la jeune femme demanda à l'un de ses domestiques s'il avait vu M. Mauvillars.

Celui-ci répondit négativement.

— Peut-être est-il encore dans la cour, dit-elle en se dirigeant vers le perron.

Mais comme elle allait poser le pied sur la première marche:

— Ne prenez pas une peine inutile, madame, lui dit sir Ralph.

— Que voulez-vous dire? monsieur, lui demanda la baronne avec surprise.

— Je veux dire, madame, que tout à l'heure, devant vos invités, j'ai menti par égard pour cette jeune fille.

— Quoi! balbutia la baronne atterrée, M. Mauvillars?...

— Dort tranquillement chez lui à cette heure et je suis venu seul à votre fête avec mademoiselle Tatiane.

La jeune femme laissa échapper un cri et resta un instant comme étourdie.

— Grand Dieu ! s'écria-t-elle enfin avec un geste désespéré, est-ce bien possible !

— Informez-vous, madame, et l'on vous dira que M. Mauvillars n'a pas paru ici.

— Mais alors, monsieur, que voulez-vous que je pense, mon Dieu.

— Tout ce qu'il vous plaira, madame, répondit sir Ralph avec un calme ironique et en entraînant Tatiane.

Et, avant que la jeune fille fût revenue du coup qui venait d'ébranler un instant son esprit, ils avaient disparu tous les deux.

XLIII

CONSOLATIONS.

Le lendemain matin, vers onze heures, Jacques Turgis se présentait chez la baronne de Villarsay et demandait à lui parler.

Le domestique auquel il s'adressa le regarda d'un air aussi ahuri que s'il lui eût demandé la lune.

— Mais, monsieur, lui dit-il, vous n'y songez pas ; madame la baronne ne reçoit jamais avant deux heures, et encore ! Mais à onze heures ! et le lendemain du jour où madame la baronne a donné une fête ! C'est tout au plus si elle est éveillée.

— Je sais fort bien qu'en me présentant à cette heure je choque tous les usages et toutes les convenances, répondit l'artiste, et pourtant je me permettrai d'insister, car il s'agit d'une affaire fort grave.

— Dame ! monsieur, je vais vous conduire à la femme de chambre de madame la baronne et vous lui parlerez.

Il lui fit traverser plusieurs pièces et l'introduisit dans une petite salle d'attente.

Puis il appuya sur un timbre et presque aussitôt Jacques voyait entrer une jeune fille.

— Anna, lui dit le domestique, monsieur voudrait parler à madame la baronne.

Et il sortit.

— Mademoiselle, dit alors Jacques à la femme de chambre, je ne m'ignore pas qu'on ne se présente pas à pareille heure chez une femme comme madame la baronne ; mais j'espère cependant qu'elle sera assez bonne pour me recevoir quand elle saura qui je suis.

Il remit sa carte à Anna, qui y jeta un coup d'œil.

Elle connaissait l'incident du bal et savait le rôle qu'y avait joué le peintre Jacques Turgis. Aussi se sentit-elle prise d'une vive sympathie pour l'amant désespéré qui avait si vivement excité l'intérêt de toutes les femmes.

Et puis, Jacques était affreusement pâle ; il avait les paupières rouges et les yeux battus comme un homme qui n'a pas fermé l'œil de la nuit, et ses traits fatigués portaient l'empreinte d'une mortelle tristesse.

Toutes ces raisons lui gagnèrent aussitôt le cœur de la femme de chambre.

— En effet, monsieur, lui dit-elle de sa plus douce voix, madame la baronne n'aurait pu vous recevoir à pareille heure, mais, pour un hasard tout à fait exceptionnel et dont j'ignore la cause, madame est levée et tout habillée, de sorte qu'il n'est pas impossible... enfin je vais remettre à madame la baronne la carte de monsieur.

Elle sortit aussitôt.

Un instant après, la porte de la petite salle s'ouvrait et c'était la jeune baronne elle-même qui se présentait.

— Madame la baronne, lui dit Jacques en allant à elle et en pressant la main qu'elle lui présentait, laissez-moi d'abord m'excuser de...

— Oh ! trêve de cérémonies, lui dit la jeune femme en l'interrompant, vous souffrez, vous n'avez pu attendre plus longtemps et vous êtes venu me demander l'explication d'un événement qui vous brise le cœur, n'est-ce pas ?

— Vous avez deviné, madame, répondit l'artiste.

— Eh bien, vous avez bien fait de venir, monsieur Jacques, et non-seulement je vous excuse, mais je vous estime d'avoir écouté avant tout le cri de votre cœur, qui doit cruellement souffrir.

— Ah ! madame, murmura Jacques en se laissant tomber sur un siège, en face de la jeune femme.

— Malheureusement, reprit la baronne après un moment d'hésitation, j'ai le regret de vous avouer que, loin de pouvoir verser quelque baume sur votre blessure, je vais, au contraire, vous retourner le poignard dans la plaie.

Jacques lui jeta un regard plein d'angoisse, regard si profondément navrant, que la jeune femme en eut le cœur serré.

Elle reprit cependant :

— Ce que je vais faire là est cruel, c'est une tâche de bourreau ; mais pour arriver à pénétrer le mystère qui enveloppe cette affaire, il faut que vous connaissiez la vérité.

— Je suis venu pour vous la demander, et je suis prêt à l'entendre, madame, répondit l'artiste avec un tremblement qui trahissait son émotion.

— Je ne doute pas de votre résolution, lui dit la baronne. Cependant, armez-vous de courage, vous en aurez besoin, je vous en préviens.

— Parlez, madame, parlez, je vous en supplie, dit Jacques d'une voix de plus en plus troublée.

— Ne croyez pas que je sois restée indifférente à votre douleur, monsieur Turgis, non ; je n'étais pas loin de vous lorsque vous êtes revenu à la raison, quand vous vous êtes arraché avec un sentiment de colère et d'horreur des bras de lord Mac-Field, qui cependant...

— Pardon, pardon, madame, dit Jacques en interrompant vivement la jeune femme, vous connaissez ce lord Mac-Field ?

— Pour l'avoir rencontré à deux ou trois fêtes, et, entre autres, à celle de M. Mauvillars.

— N'est-il pas lié avec sir Ralph ?

— Je les ai vus plusieurs fois ensemble, en effet.

— Et moi, je me suis rappelé tout à coup les avoir vus causer intimement dans un coin du salon de M. Mauvillars, et voilà pourquoi j'ai repoussé lord Mac-Field avec horreur, car hier ces deux hommes s'entendaient, je le jure, et c'est pour obéir à un mot d'ordre convenu d'avance entre eux que ce Mac-Field s'est précipité sur moi et m'a arraché des pieds de Tatiane au moment où, se penchant vers moi, elle allait me parler.

— Cela est possible, répondit la baronne, car tout

dans cette affaire, est mystérieux et incompréhensible. Mais nous reviendrons sur cet incident et sur les soupçons que vous avez conçus. J'étais donc près de vous lorsque, recouvrant quelque sang-froid, vous avez jeté un regard de tous côtés en murmurant : Où est-elle? Et si alors je ne vous ai pas abordé, c'est que vous étiez incapable de rien entendre en ce moment. Une jeune femme vous répondit : Elle est partie. Vous vous êtes élancé alors vers la porte, et je vous ai laissé sortir, me réservant de vous écrire le lendemain pour vous apprendre ce que je vais vous dire de vive voix et vous déclarer que je me mettais à votre disposition pour tous les services que je puis vous rendre dans cette triste circonstance.

— Merci! oh! merci, madame, s'écria Jacques en baisant, dans un élan de reconnaissance, la main de la jeune femme, car, hélas! que deviendrais-je sans vous! Qui me parlerait de Tatiane? Qui me dirait...

— Calmez-vous et écoutez-moi, dit la jeune femme, je devine sans peine l'objet de votre préoccupation, et, à vrai dire, je n'ai pas été trop surprise tout à l'heure quand on m'a remis votre carte en annonçant que vous étiez là.

— Eh bien! madame, demanda l'artiste avec une appréhension visible, qu'est-il advenu pendant ces dix minutes de délire où je ne distinguais rien de ce qui se passait autour de moi? Que vous a dit M. Mauvillars, qui a dû entrer immédiatement après Tatiane, comme l'avait annoncé sir Ralph?

— Vous touchez justement le point difficile à aborder, répondit la baronne.

— Parlez, madame, et ne me cachez rien, car, vous l'avez dit tout à l'heure, dans mon intérêt comme dans celui de Tatiane, il faut que je connaisse la vérité tout entière.

— Écoutez-moi donc; quand on vous eut emporté, je dis à sir Ralph : M. Mauvillars tarde bien, cela m'inquiète, je vais au-devant de lui. Je vous accompagne dit-il alors. Et il me suivit, tenant toujours le bras de Tatiane, qui continuait à obéir à son impulsion, machinalement, passivement, sans prononcer un mot, sans se départir un instant de cette inexplicable sérénité, que l'aspect de votre désespoir avait pu seul troubler quelques minutes. Arrivés au perron, et comme je m'informais de M. Mauvillars, sir Ralph me dit : Inutile de le chercher, madame, il n'est pas là, il est chez lui, et je suis venu seul avec mademoiselle Tatiane. A ces mots, je jetai un cri de désespoir en lui disant : Que voulez-vous donc que je pense, monsieur? — Tout ce qu'il vous plaira, me répondit-il froidement. Et il partit, emmenant Tatiane, qui le suivit avec cette même docilité que je ne puis m'expliquer que par quelque dérangement d'esprit.

Jacques était en proie à une violente agitation.

De pâles qu'ils étaient, ses traits étaient devenus livides et son regard fixe brillait d'un éclat surnaturel.

— Seule! murmura-t-il enfin, elle est venue seule avec lui! et il sont repartis seuls!... Mon Dieu! mon Dieu! que penser, qu'y a-t-il au fond de cet effroyable mystère?

Après un instant de silence, il s'écria de nouveau avec un accent déchirant :

— Seule! avec lui! ah! elle est perdue mon Dieu! elle est perdue pour moi!

La jeune femme lui prit la main et d'une voix douce et pénétrante :

— Monsieur Turgis, lui dit-elle, savez-vous pourquoi je suis levée et tout habillée à cette heure matinale?

Jacques avait à peine compris.

— Non, non, madame, répondit-il machinalement.

— Je vais chez Tatiane à laquelle je m'intéresse autant que vous-même.

— Vous allez la voir, madame! s'écria le jeune homme avec explosion, oh! permettez moi de revenir tantôt vous demander...

— Mieux que cela : venez avec moi. Vous m'attendrez dans ma voiture pendant que je serai près d'elle, de sorte qu'avant une heure vous saurez... tout ce que j'aurai pu tirer d'elle.

— Oh! que vous êtes bonne, madame.

Un instant après, la voiture de la baronne les emportait tous deux.

XLIV

LA FAMILLE.

L'intention de la baronne de Villarsay, en se rendant chez les époux Mauvillars, avait été de se faire conduire à la chambre de Tatiane et d'avoir une explication avec elle.

Cette chambre était située dans l'aile opposée à celle qu'habitaient M. et madame Mauvillars, de sorte qu'il paraissait facile d'y arriver sans être vu par ceux-ci.

Mais, à peine était-elle entrée dans la cour, laissant, comme nous l'avons dit, Jacques Turgis dans sa voiture, qu'elle vit un vieux domestique venir à elle d'un air effaré :

— Ah! madame la baronne, lui dit-il, vous arrivez à propos.

— Comment cela? demanda la jeune femme stupéfaite.

— Monsieur allait se rendre chez vous.

— Chez moi! si tôt! dit la baronne avec surprise.

— Si madame la baronne veut me suivre, je vais l'introduire dans le salon, où est réunie toute la famille.

— Et la cause de cette réunion? demanda la baronne.

— Je l'ignore, mais il se passe quelque chose d'extraordinaire, car tout le monde paraît consterné.

— Et mademoiselle Tatiane fait partie de la réunion?

— Non, madame la baronne.

— Allons, conduisez-moi.

Un instant après, le vieux domestique ouvrait la porte du salon et annonçait :

— Madame la baronne de Villarsay.

Quatre personnes étaient réunies là, assises, mornes et tristes, au milieu de la pièce.

C'étaient M. et madame Mauvillars et les deux grands-parents.

A l'annonce de la baronne, tous quatre se levèrent, comme mus par un même ressort, et tournèrent vers celle-ci des regards où se peignaient à la fois la stupeur et l'anxiété.

M. Mauvillars marcha vers elle, lui prit la main, et d'une voix où se trahissait une solennelle tristesse :

— Vous ici, à une heure aussi insolite, lui dit-il, c'est donc vrai ce que l'on dit ?

La baronne resta un instant interdite, ne sachant au juste comment interpréter ces paroles, quelque peu enigmatiques, et n'osant faire un pas en avant dans la crainte de commettre quelque inconséquence.

— Expliquez-vous plus clairement, mon ami, dit-elle enfin, et je vous répondrai.

— Veuillez prendre place parmi nous, dit M. Mauvillars en lui avançant un siége entre sa femme et son père.

Toutes les mains se tendirent vers celle de la baronne qui les pressa en silence et s'assit en proie à une vive émotion.

— Voici la lettre que je viens de recevoir, dit alors M. Mauvillars à la jeune femme.

Il ouvrit cette lettre et lut :

« Monsieur, il s'est passé hier, à la fête donnée par madame la baronne de Villarsay, un fait dont je crois de mon devoir de vous prévenir le premier. Mais permettez-moi d'abord une courte explication ; j'aimais mademoiselle Tatiane Valcresson, votre nièce, j'ai eu l'honneur de vous faire demander sa main par M. Badoir, votre parent et mon ami, et, malgré toutes les garanties que vous trouviez dans l'amitié dont m'honore cet homme si respectable, j'ai eu l'immense douleur de voir ma demande repoussée. Si je n'eusse vu qu'une affaire d'intérêt ou de convenance dans l'alliance que je sollicitais, j'aurais pu me résigner, mais j'adorais mademoiselle Tatiane et j'avais rêvé dans cette union un bonheur auquel je ne me sentais pas le courage de renoncer. A partir de ce moment je résolus de mettre tout en œuvre pour conquérir ce bonheur, qui m'avait été refusé quand je l'avais demandé loyalement, et en conséquence de cette résolution, je me présentai hier au bal de madame la baronne de Villarsay avec mademoiselle Tatiane Valcresson à mon bras. Notre entrée ne pouvait manquer d'être remarquée, toutes les danses ont cessé à notre apparition, tous les invités se sont pressés sur notre passage, et nous avons traversé ainsi deux fois le salon sous les regards stupéfaits de deux cents personnes dont vous êtes plus ou moins connu et qui aujourd'hui répandront la nouvelle dans tout Paris.

« C'est à la suite de ce fait, qui me met vis-à-vis de vous dans une situation toute nouvelle, que je viens aujourd'hui, pour la seconde fois, vous demander la main de mademoiselle Valcresson. Inutile d'ajouter, après l'événement que je viens de vous rapporter, qu'il s'est fait une révolution complète dans les sentiments de mademoiselle Tatiane à mon égard et que vous la trouverez toute disposée à accepter aujourd'hui la demande qu'elle a repoussée il y a quelques jours. Il ne me reste plus qu'à connaître votre décision et j'aurai l'honneur d'aller vous la demander aujourd'hui même.

« Agréez, monsieur, l'assurance de ma plus haute considération.

« SIR RALPH SITSON. »

Quand il eut terminé la lecture de cette lettre, M. Mauvillars se tourna vers la baronne :

— Eh bien ! lui demanda-t-il, qu'y a-t-il de vrai dans ce que vous venez d'entendre ?

— Malheureusement, répondit la jeune femme d'une voix grave, tout est vrai, du moins quant au fait matériel raconté par sir Ralph, car j'ignore entièrement à quel mobile a pu obéir Tatiane en accomplissant un acte aussi contraire à son caractère qu'aux sentiments que je lui ai souvent entendu exprimer à l'égard de sir Ralph.

Un morne et douloureux silence accueillit la déclaration de la jeune femme.

— Ainsi, c'est vrai ! murmura enfin M. Mauvillars, nous n'en pouvons plus douter.

Il reprit au bout d'un instant :

— Permettez-moi de vous adresser quelques questions, madame, car tout cela est si horrible, si invraisemblable, que j'ai besoin, pour en pénétrer mon esprit, que les faits me soient précisés.

— Interrogez-moi, je suis prête à répondre à toutes vos questions, répliqua la baronne.

— Vous étiez là au moment où ils sont entrés ?

— J'étais là, j'ai entendu annoncer sir Ralph, mademoiselle Tatiane Valcresson ; d'abord très-surprise du rapprochement de ces deux noms, mais convaincue que les nouveau-venus entraient isolément, je fais un mouvement pour aller au-devant de Tatiane, et reste pétrifiée en la voyant entrer appuyée au bras de sir Ralph.

— Ah ! s'écria M. Mauvillars en portant la main à sa gorge comme s'il eût étouffé.

Le grand-père, lui, laissa tomber lourdement sa tête sur sa poitrine, tandis que sa femme portait son mouchoir à ses yeux, déjà rougis par les larmes.

— Et tout le monde les a vus, comme il le dit ? reprit M. Mauvillars.

— Tous nos invités ont couru au-devant d'eux et se sont échelonnés sur leur passage, aussi stupéfaits et presque aussi désolés que moi, car il n'en était pas un parmi eux dont Tatiane n'eût conquis la sympathie.

— Mais alors, s'écria M. Mauvillars, qu'avez-vous pensé ? qu'avez-vous dit ?

— J'ai demandé à sir Ralph une explication.

— Et il a répondu ?...

— Devant tous il a répondu que vous étiez là et que vous alliez entrer ; mais, à moi, il m'a déclaré qu'il était venu seul avec Tatiane, puis il est parti avec elle, me laissant si bouleversée que la pensée ne me vint qu'après leur départ que j'eusse dû la retenir près de moi.

— Mais elle, elle, Tatiane, que disait-elle et quelle était sa contenance ?

— Elle n'a pas prononcé un mot, et elle est restée, tout le temps de sa présence au bal, aussi calme et aussi souriante que si elle eût été entourée de sa famille.

— Quoi ! elle ne comprenait pas l'infamie...

— Ne dis pas cela ! ne dis pas cela ! s'écria le grand-père en se levant tout à coup, pâle et tremblant, ne prononce pas un pareil mot quand il s'agit de Tatiane, tu la calomnies. Je ne comprends rien à tout cela, je ne sais comment cela est arrivé ; mais, quoi qu'on puisse dire, quoi qu'on puisse prouver

Monsieur Turgis, dit M. Mauvillars, laissez-moi vous serrer la main; vous êtes un homme de cœur. (Page 214.)

contre Tatiane, je la connais, moi, la chère petite, je connais l'innocence de son cœur, et devant l'évidence même je dirai que c'est faux, qu'on se trompe et qu'elle n'est pas coupable.

— Et tu auras raison, Joseph, ajouta la grand-mère avec un sanglot.

— Je partage entièrement cet avis, dit à son tour la baronne; moi aussi, j'ai une foi aveugle dans l'innocence de Tatiane et la sérénité même qu'elle conservait dans une telle circonstance est pour moi la preuve qu'elle ne saurait être coupable.

— Elle n'en est pas moins perdue aux yeux du monde, s'écria M. Mauvillars avec un accent désespéré, et d'ailleurs, quelque douleur que nous en ressentions tous, quelle que soit notre confiance dans l'innocence et dans les principes de Tatiane, nous ne saurions pourtant admettre qu'elle ait consenti à se rendre à une fête, seule avec un inconnu, sans comprendre la gravité d'un pareil acte. Voilà qui domine tout et ce dont il faut que nous ayons une explication immédiate.

Il tira le cordon d'une sonnette.

— Pierre, dit-il au vieux domestique qui s'était présenté, avez-vous vu mademoiselle Tatiane ce matin?

— Non, monsieur, répondit Pierre; mais je viens de parler à Malvina, la femme de chambre, et il paraît qu'elle dort encore.

— Dites à Malvina d'aller l'éveiller et de la prévenir que nous l'attendons ici dans ce salon.

— J'y cours, monsieur, répondit Pierre en sortant lentement.

— Tout ce que nous pourrions dire maintenant serait inutile, dit M. Mauvillars; nous ne pouvons que nous perdre en conjectures, attendons.

Chacun comprit la justesse de cette observation, et il ne fut plus prononcé une parole.

Le salon était plongé, depuis un quart d'heure,

27ᵉ LIVRAISON.

dans ce lugubre silence, quand la porte s'ouvrit doucement.

C'était Tatiane qui entrait.

XLV

LE TRIBUNAL DE FAMILLE

Les cinq personnes qui attendaient Tatiane dans ce salon restèrent stupéfaites en voyant sa charmante tête apparaître, fraîche, candide et épanouie comme de coutume.

Un moment interdite à l'aspect de ces figures graves, attristées et presque menaçantes, la jeune fille jeta un cri de joie à la vue de la baronne de Villarsay, et, courant à elle :

— Vous, ma chère Céline! s'écria-t-elle.

Mais un bras l'arrêta dans son élan.

C'était celui de M. Mauvillars.

— Vous paraissez surprise de voir ici madame la baronne de Villarsay, lui dit-il en laissant tomber sur elle un regard sévère.

— Très-surprise, répondit Tatiane, sans remarquer l'expression de ce regard. Après la fatigue qu'a dû lui occasionner son bal, je la croyais encore endormie.

— Et vous ne devinez pas le motif de sa présence ici à pareille heure?

— Pas du tout.

Il se fit un silence.

M. Mauvillars contemplait la jeune fille avec un inexprimable sentiment de stupeur et tout le monde semblait frappé comme lui de l'air de candeur et de sérénité qu'elle conservait après les événements de la nuit.

C'est que jamais cette ravissante expression n'avait éclaté avec autant de charme sur sa jolie tête.

Éveillée par Malvina et pressée de se rendre à l'invitation de son oncle, elle avait passé à la hâte une robe de chambre et avait relevé négligemment sa belle chevelure blonde, dont la masse, formant un splendide fouillis autour de son front d'enfant, accentuait encore le caractère naïf de sa physionomie.

— Asseyez-vous là, en face de nous, lui dit M. Mauvillars, et répondez à mes questions.

Cette fois Tatiane fut frappée du ton dont lui parlait son oncle et de l'expression triste et sévère empreinte sur tous les visages.

Nature tendre, délicate et profondément impressionnable, elle se troubla tout à coup devant ces figures qui, au lieu de sourire à son approche, comme de coutume, lui restaient pour ainsi dire fermées et se dressaient devant elle, sombres et hostiles, et ce fut avec un douloureux serrement de cœur qu'elle prit place sur le siège que lui désignait son oncle.

— Tatiane, lui demanda enfin M. Mauvillars, où avez-vous passé cette nuit?

A cette question, la jeune fille regarda M. Mauvillars du même air que s'il lui eût parlé une langue étrangère, incompréhensible pour elle.

— Vous refusez de répondre? reprit celui-ci.

— Oh! non, mon oncle, dit Tatiane du ton le plus naturel, mais c'est que... j'ai mal entendu.

— Je répète donc ma question, et vous prie de me dire où vous avez passé la nuit.

Au lieu de se choquer, de rougir, de paraître embarrassée, comme on s'y attendait, la jeune fille ne montra qu'une profonde surprise.

— Mais, mon oncle, répondit-elle avec un vague sourire, où voulez-vous que je l'aie passée, si ce n'est dans mon lit, que je viens de quitter.

Cette absence complète de trouble, cet accent de parfaite sincérité, cette surprise si naïvement exprimée portèrent au plus haut point la stupeur des cinq personnes qui l'écoutaient.

Aussi fût-ce avec quelque embarras que M. Mauvillars reprit la parole :

— Vous venez de quitter votre lit, c'est évident, dit-il, mais pouvez-vous me dire où vous étiez de minuit à une heure du matin?

— Mais, toujours dans mon lit, mon oncle, puisque je me suis couchée à dix heures en même temps que grand-papa et grand'maman Mauvillars, répondit Tatiane avec un sourire dont l'expression toute particulière laissait deviner qu'elle croyait à quelque mystification.

— Alors, répliqua M. Mauvillars, comment se fait-il qu'on vous ait vue, de minuit à une heure, au bal de madame la baronne de Villarsay?

— Moi! moi! au bal de... ah! pour le coup, mon oncle, c'est trop fort!

Et elle faillit éclater de rire.

Mais un coup d'œil jeté sur les quatre personnes assises en face d'elle l'arrêta tout à coup.

Toutes étaient d'une gravité si solennelle et d'une tristesse si navrante que Tatiane en fut subitement atterrée.

— Mais, murmura-t-elle d'une voix qui devint tout à coup tremblante, qu'y a-t-il donc? que se passe-t-il ici, et que me veut-on?

Ses fraîches couleurs s'étaient évanouies comme un soleil qui se couche, et elle promenait autour d'elle des regards troublés.

La jeune baronne fut émue de pitié.

Elle se leva, s'approcha d'elle, et, prenant sa main qu'elle pressa affectueusement dans les siennes:

— Mon enfant, lui dit-elle, pourquoi nier que tu as paru à ma fête, puisque je t'ai vue, puisque je t'ai parlé?

La jeune fille se leva brusquement et, le regard plongé dans les yeux de la baronne, la main posée sur son épaule :

— Vous m'avez vue à votre fête? vous m'avez parlé? murmura-t-elle d'une voix altérée par l'émotion.

— Oui, mon enfant, répondit la jeune femme, tu as traversé mon salon au milieu de mes deux cents invités stupéfaits de te voir là sans ta famille.

— Ainsi, reprit Tatiane, j'aurais été là seule?

— Seule! oh! non, malheureusement, dit M. Mauvillars.

— Je ne comprends pas, balbutia la jeune fille.

— Vous êtes entrée à ce bal au bras d'un homme, un inconnu.

— Moi! moi!

— Et cet homme, c'était sir Ralph.

— Sir Ralph!

Tatiane avait jeté ce nom avec un cri d'horreur.

Puis elle resta immobile, les traits pâles et bouleversés, et murmurant d'un air égaré :

— Sir Ralph avec moi ! au bal ! cette nuit !

Elle garda quelques instants le silence, la tête penchée sur la poitrine, le regard fixé sur le parquet.

Puis, sortant peu à peu de cette torpeur et promenant lentement autour d'elle ses beaux yeux bleus :

— Je vous en prie, dit-elle d'une voix calme et douce, répondez à la question que je vais vous adresser et fixez-moi sur un point qui m'inquiète sérieusement; suis-je folle ou ai-je l'usage de ma raison?

— Folle, chère petite? quelle idée! lui dit la baronne.

— Alors, puisque je ne suis pas folle, je puis affirmer que je me suis couchée à dix heures, que je n'ai quitté mon lit que ce matin, il y a dix minutes, et que c'est vous qui êtes dans l'erreur quand vous dites m'avoir vue à votre bal.

— Mais, chère enfant, répliqua la jeune femme, en supposant que j'aie pu commettre une méprise aussi prodigieuse, on ne saurait admettre que deux cents personnes aient été dupes de la même erreur, et tout le monde t'a reconnue.

— Tout le monde s'est trompé, s'écria Tatiane, car il m'est bien plus difficile d'admettre, moi, que je n'ai pas passé la nuit dans mon lit et surtout que j'aie pu me rendre à votre fête en compagnie de sir Ralph. La folie seule pourrait expliquer un pareil oubli de toute pudeur et de tous les sentiments dont je suis animée, je le répète; puisque je ne suis pas folle, cela n'est pas.

La baronne de Villarsay garda un instant le silence.

On devinait qu'elle venait de concevoir un projet et qu'elle hésitait à le mettre à exécution.

— Allons, dit-elle enfin avec un geste résolu, il faut que la lumière se fasse, il le faut à tout prix.

Et, se tournant vers M. Mauvillars :

— Veuillez sonner, lui dit-elle.

M. Mauvillars obéit.

Pierre, le vieux domestique qui avait introduit la baronne, parut un instant après.

La jeune femme alla au-devant de lui et lui dit quelques mots à l'oreille.

— Bien, madame la baronne, répondit le vieux serviteur en se retirant.

— Que prétendez-vous faire? demanda Tatiane à la jeune femme.

— C'est mon secret, répondit celle-ci.

— Une accusation pareille ! s'écria la jeune fille, avec plus de stupeur que de désespoir, oh ! mais c'est inouï, c'est odieux.

Puis, après un moment de réflexion, elle s'écria tout à coup en s'adressant à la baronne :

— Eh bien, puisque vous m'avez vue, quelle était la toilette que je portais !

— La toilette de faye rose que je t'ai vue, il y a deux mois, au bal de madame de Tréviannes.

— Bien, répliqua vivement Tatiane, elle est depuis quinze jours chez ma couturière et c'est la seule robe rose que j'aie dans ma garde-robe.

— En vérité? Tu me dis bien vrai, Tatiane? demanda la baronne avec un rayon d'espoir dans les yeux.

— Venez visiter ma garde-robe, veuillez nous accompagner, ma tante, et, si vous trouvez chez moi cette toilette de faye rose, croyez alors tout ce qu'il vous plaira.

— Soit, car je ne demande qu'à être convaincue, répondit la baronne.

Et elle quitta le salon avec Tatiane et madame Mauvillars.

Cette épreuve devait être décisive, aussi la jeune fille était-elle rayonnante.

Un instant après, elle ouvrait la porte de sa chambre en leur disant :

— Tenez, cherchez d'abord dans cette pièce.

Les deux femmes fouillèrent toute la pièce sans rien découvrir.

— Rien ici, dit avec joie madame Mauvillars.

— Visitons maintenant mon cabinet de toilette, dit Tatiane en ouvrant avec empressement la porte qui conduisait à cette pièce.

Mais à peine eut-elle poussé cette porte qu'elle s'arrêta sur le seuil en laissant échapper un cri étouffé. Le premier objet qui avait frappé ses regards était sa robe de faye rose pendue à une patère.

— Malheureuse enfant ! s'écria madame Mauvillars avec un accent désespéré, mais la voilà, cette robe !

Tatiane porta la main à son front, en murmurant tout bas :

— Oh ! oui, oui, je dois être folle.

— Allons, ma chère Tatiane, lui dit la baronne en la forçant à s'appuyer sur son bras, on nous attend au salon, il faut descendre.

Tatiane la suivit machinalement et sans rien dire.

— Eh bien? demanda M. Mauvillars en les voyant reparaître.

— La robe rose est là, répondit tristement madame Mauvillars.

— Reprenez votre place, Tatiane, dit froidement M. Mauvillars à la jeune fille, qui obéit avec une morne résignation.

Au même instant la porte s'ouvrait; Pierre entrait et disait à la baronne de Villarsay :

— Madame la baronne, voici la personne.

— Introduisez-la, dit la jeune femme.

Pierre annonça :

— M. Jacques Turgis.

— Lui! lui! s'écria Tatiane en cachant dans ses deux mains son visage, qui venait de se couvrir d'une rougeur subite.

XLVI

UN GRAND CŒUR

Jacques Turgis entra.

Il paraissait extrêmement ému; mais, à l'aspect de Tatiane, assise en face de cinq personnes à l'air sombre et désolé, comme un criminel devant ses juges, il s'arrêta interdit et en proie à une profonde angoisse.

— Mes amis, dit alors la baronne en s'adressant à

toute la famille, je vous présente M. Jacques Turgis, artiste peintre, homme de cœur et de talent, et dont le témoignage a une grande importance dans l'affaire qui nous occupe, car il aime Tatiane.

— Ah! fit M. Mauvillars en observant l'artiste.

— Il l'aime d'un amour profond, respectueux et discret, reprit la baronne, car il ne m'a pas confié ses sentiments, c'est moi qui les ai surpris, et, si je vous les révèle aujourd'hui, c'est pour vous faire comprendre la valeur que nous devons attacher à ses moindres paroles dans cette circonstance.

La jeune femme reprit après un moment de réflexion :

— M. Turgis assistait à ma fête et, comme moi, il a vu Tatiane s'y présenter appuyée sur le bras de sir Ralph. Est-ce vrai, monsieur Turgis?

A cette question, Tatiane releva la tête, la tourna lentement vers Jacques, fixa sur lui un regard à la fois inquiet et anxieux, et attendit avec tous les signes d'une profonde agitation.

Jacques garda quelques instants le silence, regardant tour à tour Tatiane et les juges, et évidemment en proie à une irrésolution qui prenait sa source dans la crainte d'affliger la jeune fille.

La baronne de Villarsay devina ce sentiment, et, adressant aussitôt la parole à l'artiste :

— Monsieur Turgis, lui dit-elle, il y a dans cette étrange affaire un mystère qui peut causer la perte de Tatiane, si nous ne parvenons à le pénétrer; c'est donc dans son intérêt que je vous adjure de dire la vérité sans ménagement ni réticence, comme je vieus de le faire moi-même, et vous savez si j'aime cette chère enfant.

— Répondez, monsieur, lui demanda à son tour M. Mauvillars, avez-vous vu ma nièce, mademoiselle Tatiane Valcresson, entrer, hier à minuit, dans le salon de madame la baronne de Villarsay, au bras de sir Ralph?

Tatiane attendit la réponse de Jacques avec une appréhension qui ramena la pâleur sur ses traits.

C'est qu'elle avait dans son amour et dans sa loyauté une foi aveugle, et elle se disait :

— Quand il aura parlé, je saurai enfin si malgré moi, malgré ma volonté et, pour ainsi dire, sans ma participation, j'ai commis l'acte inouï dont on m'accuse.

— Rappelez-vous ce que je viens de vous dire, monsieur Turgis, lui dit la baronne, songez que l'honneur, que la destinée entière de Tatiane sont en jeu en ce moment et qu'il n'est qu'un seul moyen de la sauver, c'est de dire et de chercher la vérité par tous les moyens possibles.

— Eh bien, oui, monsieur, répondit enfin Jacques en se tournant vers M. Mauvillars, oui, j'ai vu mademoiselle Tatiane se présenter à la fête de madame la baronne, appuyée sur le bras de sir Ralph.

Et, après cette déclaration, prononcée lentement, mot à mot, avec un effort visible, il se laissa tomber, accablé, sur le siége qu'on lui avait avancé.

— Il m'a vue! murmura alors Tatiane avec l'accent d'un sombre désespoir, c'est donc vrai, j'y étais... et j'y étais avec cet homme! Oh! quelle honte! mon Dieu! quelle honte!

— Eh bien, Tatiane, lui demanda M. Mauvillars, qu'avez-vous à répondre à cela?

— Toujours la même chose, mon oncle, répondit la jeune fille, je n'ai pas quitté ma chambre, je n'ai rien à dire de plus.

— Vous révoquez donc en doute la bonne foi de M. Turgis?

— Dieu m'en garde! mon oncle, j'estime trop le caractère de M. Turgis pour douter de sa parole; mais, quand l'univers entier se joindrait à lui pour affirmer que j'ai été vue à ce bal, je ferais toujours la même réponse : je n'ai pas quitté ma chambre.

Puis changeant tout à coup de ton :

— Voyons, mon oncle, ma bonne tante, mes chers vieux parents, dit-elle d'une voix altérée par les sanglots qui lui montaient à la gorge, vous tous qui aimez votre Tatiane, vous qui, la suivant depuis son enfance, l'avez vu se développer heure par heure sous vos yeux, vous devant qui elle a toujours ouvert son cœur et qui avez pu y voir éclore, à mesure qu'elle les ressentait elle-même, tous ses sentiments et toutes ses pensées, voyons, dites, croyez-vous qu'elle soit capable de mentir? Croyez-vous qu'elle ait pu quitter, la nuit, en cachette, cette maison où elle a grandi dans la pureté et dans l'innocence, pour aller où? au milieu d'une fête, pleine d'amis et de connaisssances qui devaient la dénoncer le lendemain! avec qui? avec un homme qui ne lui inspirait que de l'horreur et dont elle avait refusé la main quelques jours auparavant? Voyons, mes chers parents, réfléchissez et dites si cela est possible.

Ces paroles, prononcées d'une voix douce et pénétrante, et que rendaient plus touchantes encore les larmes qui ruisselaient sur ce charmant visage, où éclataient si vivement la franchise et la naïveté de son âme, produisirent une profonde impression sur tous ceux qui l'écoutaient.

— Non! s'écria le grand-père avec explosion, cela n'est pas possible, ma chère petite Tatiane est incapable de mentir, je ne vois que cela et je ne crois qu'elle.

Et, n'y pouvant plus tenir, il courut à la jeune fille et la pressa dans ses bras, mêlant ses larmes aux siennes.

Jacques n'était pas moins ému que le vieillard.

Il eût voulu aller se jeter aux pieds de Tatiane et lui demander pardon de la douleur qu'il venait de lui causer en déclarant qu'il l'avait vue avec sir Ralph, mais, obligé de se contenir, il se contentait de la regarder de loin, et la contraction de ses traits trahissait seule l'émotion à laquelle il était en proie.

— Hélas! dit enfin M. Mauvillars au milieu du silence qui s'était fait, moi aussi je connais l'innocence de Tatiane, moi aussi je la sais incapable de mentir; mais enfin, quand de toutes parts on vient vous dire : « Elle était à ce bal; elle y était au bras de sir Ralph, je l'y ai vue! » et quand cette déclaration vous est faite par les gens qui l'aiment le plus, qui donneraient tout au monde pour prouver son innocence, que faire à cela? Comment douter devant le témoignage de deux cents personnes, venant confirmer les faits avancés dans la lettre de ce sir Ralph?

— Vous avez raison, mon oncle, reprit Tatiane en essuyant ses larmes; tout est contre moi, tous les témoignages s'élèvent pour m'accabler, et je n'ai

Le mensonge et l'infamie sont écrits sur le visage de cet homme, dit Turgis en désignant sir Ralph. (Page 215.)

que ma parole à opposer à toutes ces preuves. Rendez-vous donc à l'évidence, qui me condamne, je n'ai plus rien à dire et renonce à me défendre davantage.

— Mais, malheureuse enfant, s'écria M. Mauvillars, comprends donc l'horrible situation qui nous est faite. Que nous consentions à t'absoudre, nous tous qui connaissons la noblesse et la candeur de ton âme, tu n'en seras pas moins perdue aux yeux du monde, qui a vu et ne peut croire que ce qu'il a vu.

— Je comprends cela, mon oncle, répondit Tatiane, mais je n'y puis rien faire; victime de je ne sais quelle effroyable fatalité, je ne puis que courber la tête sous la réprobation qui me frappe injustement et attendre dans les larmes que la honte et la douleur me tuent.

— Mon Dieu! mon Dieu! murmura madame Mauvillars avec l'accent du plus profond désespoir, comment sortir de cette terrible situation? comment pénétrer l'épouvantable mystère qui nous enveloppe? comment arracher cette pauvre enfant de l'abîme où elle est tombée et où elle va périr si Dieu ne lui vient en aide?

Jacques se leva.

— Madame, dit-il d'une voix grave et émue, il est peut-être un moyen, sinon de porter la lumière dans les ténèbres qui entourent cette affaire, du moins d'attester aux yeux du monde l'innocence de mademoiselle Tatiane et de témoigner hautement qu'en dépit de toutes les apparences qui s'élèvent contre elle sa considération n'a rien souffert dans l'opinion de ceux qui la connaissent et sont à même de l'apprécier.

— Et ce moyen? demanda vivement monsieur Mauvillars.

— Oh! parlez, monsieur, dit Tatiane d'une voix tremblante.

Tous les regards étaient tournés vers l'artiste, et chacun attendait avec une émotion anxieuse la parole qui allait tomber de sa bouche, la voie de salut qu'il allait indiquer.

— Monsieur Mauvillars, reprit Jacques, pardonnez-moi de faire ici mon propre éloge, les circonstances l'exigent. Né dans la plus humble des conditions, j'ai eu à traverser de ces épreuves où beaucoup, et des plus fiers, laissent toujours quelque chose de leur considération ou de leur dignité; j'en suis sorti, moi, sans y rien abandonner dont ma conscience ait à rougir, j'ai dégagé mon nom du creuset de la misère, pur et sans tache, j'ai payé cher le peu de renommée que j'ai conquis dans mon art et la place que je me suis faite dans la société, mais jamais au prix d'une bassesse ou d'une concession à la probité; enfin, monsieur, consultez mes amis, mes camarades, mes maîtres, et tous vous diront avec quel soin scrupuleux j'ai toujours veillé sur mon honneur, tous vous jureront que je suis homme à tout lui sacrifier, jusqu'à mon propre cœur, jusqu'à la plus impérieuse des passions; eh bien, monsieur Mauvillars, je vous demande la main de mademoiselle Tatiane Valcresson.

Dans le silence qui suivit ces paroles, on entendit la voix de Tatiane prononcer le nom de Jacques d'une voix basse et profondément attendrie.

Les deux grands-parents, les traits radieux et les yeux pleins de larmes, paraissaient résister avec peine à la tentation de courir se jeter dans les bras du jeune homme.

Madame Mauvillars et la jeune baronne laissèrent déborder elles-mêmes le sentiment d'admiration dont elles étaient pénétrées pour l'artiste.

M. Mauvillars, lui, semblait impassible, et chacun se demandait avec inquiétude ce qui se passait en lui, lorsque, marchant tout à coup vers l'artiste:

— Monsieur Turgis, lui dit-il avec une brusquerie qui dissimulait mal son émotion, laissez-moi vous serrer la main, vous êtes un homme de cœur.

A ce mouvement inattendu, Tatiane était devenue rayonnante.

Déjà elle s'abandonnait à l'espoir avec cette naïveté charmante qui formait un des traits caractéristiques de cette nature toute d'expansion, quand, la porte s'ouvrant doucement, Pierre parut sur le seuil et annonça:

— Sir Ralph Sitson!

XLVII

LA RECHERCHE DE LA VÉRITÉ

A l'entrée de sir Ralph, Tatiane s'était levée brusquement et avait jeté de son côté des regards effarés.

Puis, saisie d'une faiblesse subite et se sentant fléchir sur ses jambes, elle s'était laissée retomber sur son siège, toute pâle et toute tremblante.

Quant à lui, il était calme ou tentait de le paraître.

Il s'avança d'un pas lent et grave, feignant de ne pas voir les regards sombres et irrités qui se dirigeaient vers lui.

Arrivé au milieu du salon, à quelques pas des cinq personnes qui s'y trouvaient assises, ayant à sa gauche Tatiane et à sa droite Jacques Turgis, auquel il affecta de n'accorder aucune attention, il salua en silence et attendit qu'on l'invitât à s'asseoir.

Ce n'est pas par là du moins que commença M. Mauvillars.

— Monsieur, lui dit-il avec une froideur hautaine, mademoiselle Tatiane, ma nièce, a hérité de son père une fortune de trois cent mille francs, qui, depuis douze ans que je l'ai reçue en dépôt, a fructifié entre mes mains et a presque doublé.

— Monsieur! fit sir Ralph avec un geste plein de noblesse qui signifiait clairement: De grâce, laissons-là les questions d'argent.

— Laissez-moi continuer, lui dit M. Mauvillars d'un ton bref.

Il reprit:

— Ce n'est pas tout, j'ai cent cinquante mille livres de rentes, je n'ai pas d'enfants, j'ai toujours considéré Tatiane comme ma fille, et tout le monde sait qu'elle héritera un jour de ma fortune. Vous avez été mis au courant de tous ces détails, dont je ne fais mystère à personne, et vous m'avez fait demander la main de ma nièce. Votre demande ayant été repoussée, vous eussiez dû vous en tenir là, et c'est ce qu'eût fait un honnête homme, mais non un chevalier d'industrie à la recherche d'une fortune et décidé à la conquérir par tous les moyens possibles. C'est alors que vous avez imaginé je ne sais quelle combinaison infernale pour me contraindre à vous accorder la main de Tatiane, c'est alors que vous l'avez compromise publiquement, de manière à ce qu'elle n'eût plus d'autre alternative que de choisir entre le déshonneur et vous, c'est-à-dire entre deux hontes. Voilà ce que vous avez fait, monsieur; eh bien, laissez-moi vous dire ma pensée en deux mots: si je n'écoutais que les sentiments que vous m'inspirez, je vous aurais déjà fait jeter à la porte.

Sir Ralph avait écouté ce compliment avec une résignation apparente, mais que démentaient la pâleur et la contraction de ses traits.

— Monsieur Mauvillars, répliqua-t-il, je n'ai qu'un mot à répondre à une apostrophe qui, vous l'avouerez, ne brille pas au moins par la modération, je vous demande mademoiselle Tatiane sans dot.

M. Mauvillars répondit par un éclat de rire ironique.

— Voilà de la grandeur d'âme à bon marché, lui dit-il, Tatiane a une fortune personnelle de six cent mille francs dont nul ne peut la priver, et vous savez que nous l'aimons trop pour ne pas lui laisser au moins les trois quarts de notre fortune.

— Je vous assure, monsieur, que l'amour a été mon seul mobile dans cette circonstance.

— Laissons cela de côté, monsieur, et parlons d'autre chose. Vous m'avez écrit pour me faire savoir ce qui s'était passé chez madame la baronne de Villarsay, qui m'a confirmé le fait énoncé dans votre lettre, mais vous ajoutez que je dois voir dans ce fait la preuve que les sentiments de mademoiselle Tatiane à votre égard ont complètement changé et qu'elle est toute disposée désormais à accepter la main qu'elle a refusée d'abord.

— Oh! s'écria Tatiane avec un inexprimable sentiment d'horreur.

— Voici sa réponse, monsieur, reprit M. Mauvillars, et non-seulement ce déplorable événement n'a rien changé aux sentiments que vous lui inspiriez, mais elle affirme n'avoir pas quitté sa chambre de toute la nuit, et nie conséquemment avoir paru à votre bras au bal de madame la baronne de Villarsay.

— A cela j'ai une réponse bien simple à faire, dit sir Ralph, que madame la baronne prononce, et je m'engage d'avance à m'en rapporter à sa déclaration.

— Je viens de vous le dire, madame la baronne confirme le fait, il est donc incontestable ; d'un autre côté, Tatiane, qui est incapable de mentir, déclare avoir passé la nuit entière dans son lit ; or, vous seul, monsieur, qui avez entraîné cette jeune fille au sein d'une fête dans le dessein de la compromettre publiquement, vous seul, pouvez nous donner l'explication de ce mystère, et je vous adjure de nous dire la vérité.

— Oh ! je vous en prie, je vous en supplie, monsieur, s'écria tout à coup Tatiane en se tournant vers sir Ralph, les mains jointes et le regard suppliant, faites-nous connaître la vérité sur cette horrible affaire.

Il y eut un moment de silence. Sir Ralph semblait hésiter et ses traits exprimaient un embarras qui donna quelque espoir à la jeune fille.

— Oh ! je vous en prie en grâce, monsieur, dites la vérité et je vous pardonnerai du fond du cœur tout le mal que vous m'avez fait.

— Mon Dieu, mademoiselle, dit enfin sir Ralph, je suis désolé de la réponse que je vais vous faire, mais enfin l'évidence est là. Non-seulement nous sommes entrés ensemble à cette fête, mais tout le monde a pu voir que vous y paraissiez sans la moindre contrainte, que vous y étiez venue de votre plein gré, que vous vous appuyiez sur mon bras, le calme au front et le sourire aux lèvres, et que le sentiment qui dominait dans l'expression de votre physionomie était un sentiment de bonheur ; la vérité que vous me priez de dire, vous la connaissez donc comme moi, et s'il y a un mystère dans cette affaire pour ceux qui nous écoutent, ce mystère n'existe pas plus pour vous que pour moi-même.

— Oh ! le malheureux ! le malheureux ! s'écria Tatiane en se frappant le front avec un geste désespéré, il voudrait faire croire que je suis sa complice.

Puis, se tournant de nouveau vers sir Ralph :

— Voyons, monsieur, lui dit-elle d'une voix frémissante, répondez aux questions que je vais vous adresser, si ce n'est pour moi, au moins pour ma famille et pour mes amis, mes juges en ce moment. Dites-leur donc, je vous en supplie, comment vous avez pénétré près de moi, par quel moyen vous avez pu me résoudre à vous suivre et comment il se fait que je sois arrivée chez madame la baronne de Villarsay en toilette de bal, sans en avoir conscience, sans en avoir conservé le moindre souvenir.

— Hélas ! mademoiselle, répondit sir Ralph, je comprends parfaitement le but où tendent ces questions, mais je suis désolé de ne pouvoir me rendre au désir qu'elles me laissent deviner et qu'il m'est absolument impossible de satisfaire. Comment, en effet, voulez-vous que je fasse croire que vous n'êtes pas venue avec moi à ce bal quand deux cents personnes vous y ont vue ? Comment pourrais-je affirmer que vous n'aviez pas conscience de vos actes quand chacun a admiré sur votre physionomie l'expression de sérénité qui lui est habituelle ? Quant à dire toute la vérité devant votre famille, c'est à quoi je ne saurais me résoudre, et je crois m'expliquer assez clairement en leur déclarant que je suis prêt à réparer le tort que j'ai fait à votre réputation.

— Oh ! c'est affreux ! c'est affreux ? s'écria Tatiane en se tordant de désespoir.

Puis, se levant tout à coup :

— Mon oncle, mes chers parents, mes amis, dit-elle d'une voix tremblante d'émotion ; je vous jure par tout ce que j'ai de plus cher, par le souvenir de ma mère, je vous jure qu'il ment, qu'il ment pour me perdre et pour me contraindre à l'accepter pour époux.

— Monsieur Mauvillars, dit à son tour Jacques Turgis, mademoiselle Tatiane a deviné les desseins de cet homme ; le mensonge et l'infamie sont écrits en toutes lettres sur son visage, et plus que jamais, depuis qu'il l'a calomniée, je suis convaincu de l'innocence de mademoiselle Tatiane, dont je vous demande de nouveau la main.

Sir Ralph se tourna lentement vers l'artiste et dardant sur lui un regard haineux.

— Vous n'êtes pas l'oncle de mademoiselle Tatiane, vous, monsieur, lui dit-il ; je vous demanderai raison de vos paroles.

— C'est avec joie que je vous ferai cet honneur, monsieur, répliqua vivement Jacques, et dès demain.

— Oh ! dit sir Ralph avec un sourire ironique, je suis moins pressé que vous ; avant de vous demander réparation, j'en ai une à accorder ici, celle-là passera d'abord, si vous le voulez bien.

— Mais moi, je ne veux pas, je ne veux pas ! s'écria Tatiane en sanglotant tout à coup, je préfère la mort à cette odieuse union ! la mort ou un couvent, où je passerai le reste de mes jours !

— Ni la mort, ni un couvent ne vous rendraient l'honneur, Tatiane, lui dit gravement son oncle.

La baronne de Villarsay prit tout à coup la parole :

— Mon ami, dit-elle à M. Mauvillars, puisque sir Ralph, par un sentiment de délicatesse que je me permets de trouver excessif, refuse de nous faire connaître la vérité, il faut la chercher ailleurs, et je viens de penser à une personne dont le témoignage pourrait peut-être jeter quelque lumière dans ces ténèbres.

— Qui donc ? demanda vivement la jeune fille.

Sir Ralph attendit en fronçant légèrement le sourcil.

— Malvina, ta femme de chambre, répondit la baronne.

Tatiane jeta un cri de joie.

— En effet, dit-elle, comment n'y avons-nous pas encore songé ?

Au nom de Malvina, le front de sir Ralph s'était rasséréné, et un équivoque sourire avait effleuré ses lèvres.

M. Mauvillars avait déjà sonné et avait donné

ordre à Pierre, qui s'était présenté aussitôt de lui envoyer Malvina.

La jeune femme de chambre entrait un instant après.

Le lecteur se souvient sans doute que Malvina était la fille des époux Claude, de Vanves, et qu'elle avait été placée près de Tatiane par la mystérieuse influence de Mac-Field et de sir Ralph.

— Malvina, lui dit M. Mauvillars, vous avez été appelée cette nuit par mademoiselle Tatiane, n'est-ce pas?

— Non, monsieur, répondit la femme de chambre, après avoir jeté un coup d'œil du côté de sir Ralph, ou du moins, si mademoiselle m'a appelée, je lui en demande bien pardon, mais je n'ai rien entendu.

— Ainsi vous êtes sûre, bien sûre de ne pas vous être relevée vers minuit pour vous rendre près de votre jeune maîtresse?

— Oh! très-sûre, monsieur, je me suis couchée à dix heures, je me suis endormie de suite et ne me suis éveillée que ce matin à sept heures.

— C'est bien, c'est tout ce que j'avais à vous demander; vous pouvez vous retirer.

Quand elle fut sortie:

— Vous pouvez en faire autant, monsieur, dit froidement M. Mauvillars à sir Ralph, je vais continuer de chercher la vérité que vous refusez de nous faire connaître et bientôt vous recevrez de mes nouvelles.

Sir Ralph salua en silence et sortit.

XLVIII

LUEUR D'ESPOIR

Après le départ de sir Ralph, il y eut un long silence.

Ce fut Tatiane qui le rompit.

— N'est-ce pas, mon cher oncle, dit-elle à M. Mauvillars, que vous ne croyez pas aux calomnies de cet homme?

— Je le crois capable de tout et j'entrevois dans cette affaire quelque infernale machination, répondit M. Mauvillars, mais il reste toujours ce fait terrible, écrasant, inexplicable, tu as été vue entrant avec lui seul au bal de madame la baronne, te promenant calme et souriante parmi les invités, stupéfaits et scandalisés d'un pareil spectacle, que veux-tu que je dise à ceux qui ont été témoins de cette énormité et que veux-tu que j'en pense moi-même?

— Vous avez raison, mon oncle, dit Tatiane avec l'accent d'un morne désespoir, il y a là de quoi confondre la raison et je conviens qu'il est impossible de révoquer en doute ce qu'on a vu de ses propres yeux, et c'est comme si vous aviez vu, puisque ce fait inouï, incroyable vous est attesté par mon amie, par M. Jacques Turgis, et vous sera répété aujourd'hui peut-être par cent personnes.

— Écoutez, monsieur Mauvillars, dit alors Jacques Turgis, nous nous trouvons en ce moment entre deux affirmations absolument contradictoires et également dignes de foi l'une et l'autre; d'un côté, madame la baronne de Villarsay et ses deux cents invités déclarant qu'ils ont vu mademoiselle Tatiane entrer au bal appuyée au bras de sir Ralph; de l'autre, mademoiselle Tatiane jurant solennellement qu'elle a passé la nuit entière dans son lit; eh! bien, si vous voulez m'en croire, ne portons aucun jugement, ne décidons rien avant d'avoir éclairci cet inexplicable mystère; si j'ai le bonheur de vous inspirer quelque confiance, permettez-moi de joindre mes efforts aux vôtres pour arriver à ce résultat.

— Je vous remercie et j'accepte votre offre, monsieur, répondit M. Mauvillars, mais voici à quelles conditions: si, malgré tout ce que vous allons tenter, ce mystère reste impénétrable, l'honneur exige que Tatiane, perdue par sir Ralph, devienne son épouse; si au contraire vous parvenez à prouver hautement et publiquement que Tatiane, victime d'un complot infâme, est innocente et si vous le démontrez de manière à ce que l'ombre d'un doute ne puisse s'élever désormais sur sa réputation, alors vous aurez conquis Tatiane et je vous la donne.

— Ah! monsieur, s'écria Jacques en se jetant sur la main de M. Mauvillars, qu'il pressa énergiquement dans les siennes.

— Mon cher oncle! s'écria à son tour la jeune fille dans un transport de joie qui la rendit aussitôt toute confuse.

— Hélas! mes enfants, répondit M. Mauvillars en hochant tristement la tête, vous hâtez vous trop de vous réjouir: la tâche que nous allons entreprendre là est bien difficile, pour ne pas dire impossible, et si nous y échouons, si Tatiane reste compromise, je vous le répète, je serai inflexible, elle sera la femme de sir Ralph.

— Soutenu par ma foi dans l'innocence de mademoiselle Tatiane et par la perspective du bonheur qui m'est promis, s'écria Jacques avec exaltation, je suis sûr du succès.

— Mais il faut nous fixer une époque: combien demandez-vous de temps?

— Huit jours, répondit vivement l'artiste.

— Moi, je de quinze, et je vais écrire immédiatement à sir Ralph que, ce temps écoulé, je lui ferai part de ma résolution, et, si le ciel est pour nous dans l'entreprise où nous allons nous engager, soyez tranquille, c'est moi qui me charge du châtiment de ce misérable.

— Mais, s'écria Jacques, il m'a provoqué.

— C'est bon, c'est bon, nous verrons quand nous en serons là; quant à présent, ne songeons qu'à l'œuvre que nous avons à accomplir, elle offre assez de difficultés pour nous absorber tout entiers. Nous sommes deux, il est vrai, mais...

— Nous serons trois, dit Jacques.

— Quel est donc le troisième?

— Un ennemi de sir Ralph, un homme aussi habile que déterminé qui a juré sa perte et dont l'aide et les conseils nous seront d'un grand secours. On le nomme M. Portal et il est rentier, je vous le présenterai et nous nous entendrons tous trois pour combiner un plan.

— Vous avez une grande confiance dans cet homme?

— Une confiance aveugle et que vous partagerez dès que vous l'aurez vu; malgré les obstacles presque insurmontables qui se dressent devant nous, je

Ce qu'il y a? Un sauvage, monsieur, qui vient d'être découvert dans cette maison. (Page 219.)

répondrai du succès s'il consent à nous accorder son concours, et, vu la haine dont il est animé contre sir Ralph, je suis à peu près certain de l'obtenir.

— Eh bien, allez voir ce M. Portal et entendez-vous avec lui, nous n'avons pas une minute à perdre.

Jacques quitta la famille Mauvillars, le cœur plein de joie et d'espoir, mais ne se dissimulant pas cependant les immenses difficultés qui se dressaient entre lui et la réalisation de son rêve.

Une demi-heure après, il arrivait rue Amelot, chez Rocambole, pour lui M. Portal.

Il le trouva avec Paul de Tréviannes, qui depuis le jour où elle avait été si miraculeusement sauvée du piége infâme qui lui avait été tendu par son mari et Nanine la Rousse, venait souvent prendre des nouvelles de madame Taureins, rue Amelot.

Il lui avait parlé quelquefois, mais toujours en présence de Vanda, qui néanmoins avait eu beaucoup de peine à y consentir, et ne lui accordait que rarement cette faveur, ne voulant pas, disait-elle,

28e LIVRAISON.

même à ses propres yeux, qu'il pût y avoir rien d'équivoque dans la protection dont M. Portal entourait une jeune femme arrachée par lui aux dangers qu'elle courait près d'un mari infâme.

En voyant entrer Jacques Turgis, Paul de Tréviannes allait se retirer après lui avoir pressé la main, quand Rocambole le retenant d'un geste :

— Restez, lui dit-il, vous pouvez, vous devez même assister à notre entretien, car nous avons affaire tous les trois aux mêmes ennemis, nos intérêts sont intimement liés les uns aux autres et nous avons tout à gagner à nous entr'aider en nous confiant mutuellement les machinations que dirigent contre nous nos ennemis communs.

Puis, s'adressant à Jacques Turgis :

— D'ailleurs, lui dit-il, je crois deviner l'affaire qui vous amène, et si, comme je le pense, il s'agit du scandale causé hier par l'entrée de mademoiselle Tatiane au bras de sir Ralph chez la baronne de Villarsay, vous n'avez rien à cacher sur ce point à M. de

Tréviannes, car il assistait à ce bal et m'exprimait tout à l'heure le douloureux étonnement que lui avait causé cet étrange spectacle.

— Alors, répliqua vivement l'artiste, je tiens à ce que M. de Tréviannes entende tout ce que j'avais à vous dire, car il a dû concevoir de mademoiselle Tatiane une opinion absolument fausse et que je tiens à détruire.

Alors il se mit à raconter dans le plus grand détail toutes les scènes que nous avons déroulées sous les yeux du lecteur.

Quand il eut terminé ce récit :

— Eh bien ! demanda-t-il à Rocambole, entrevoyez-vous quelque clarté dans ces ténèbres?

— Je n'ai vu mademoiselle Tatiane qu'une seule fois, répondit Rocambole, et c'est parce que je partage votre opinion à son égard c'est, parce que j'ai, comme vous, une confiance entière dans son innocence et dans sa bonne foi, que je trouve cette affaire absolument incompréhensible.

— Mais vous ne doutez pas, n'est-ce pas, reprit vivement Jacques, qu'elle ne soit victime de quelque infâme et ténébreuse machination?

— J'en doute d'autant moins que je sais déjà ce dont ce sir Ralph est capable, que je connais de lui un complot non moins extraordinaire, non moins impénétrable, non moins perfidement ourdi que celui dans lequel il a pris mademoiselle **Tatiane** ; mais, comme je suis parvenu à porter **la lumière dans celui** dont je vous parle, je ne désespère pas **d'arriver à** démêler les fils de cette nouvelle trame.

— Ah ! que le ciel vous entende ! s'écria Jacques, je vous devrais plus que la vie, plus que l'honneur même, car je mets celui de Tatiane au-dessus du mien.

— Voyons, reprit Rocambole, il **faut marcher pas** à pas et méthodiquement dans ces **ténèbres,** c'est le seul moyen de n'y pas faire fausse route et **d'arriver** à trouver la voie de la vérité. Procédons donc par ordre en suivant la méthode que j'ai toujours adoptée et qui m'a constamment réussi dans les affaires de cette nature, c'est-à-dire commençons par étudier le personnel de la maison sur laquelle doivent porter nos investigations et plus particulièrement les gens qui, se trouvant en contact direct avec la victime, doivent connaître l'affaire ou peut-être même y avoir joué un rôle. Mademoiselle Tartiane a-t-elle une femme de chambre attachée à son service?

— Oui, répondit Jacques.

— La jeune fille n'a pu s'habiller sans son aide, surtout pour un bal?

— C'est ce qu'on a pensé, et Tatiane elle-même, entrevoyant un espoir de trouver la lumière de ce côté, a demandé à ce qu'elle fût interrogée ; j'ai oublié de vous rapporter ce détail.

— Eh bien, qu'en est-il résulté?

— Une obscurité plus complète encore, car Malvina, c'est le nom de la femme de chambre, a déclaré avoir dormi toute la nuit, depuis dix heures jusqu'à sept heures du matin.

— Malvina ! demanda Paul de Tréviannes, vous dites qu'elle se nomme Malvina?

— Oui, c'est son nom.

— C'est que j'ai connu, dans une circonstance assez extraordinaire, une jeune fille de ce nom qui...

Paul de Tréviannes se rappelait sa romanesque excursion dans la rue de Vanves et le bouge où il avait été coup sur coup entraîné, puis sauvé par une jeune fille qu'il avait entendu appeler Malvina.

Mais, songeant aussitôt au milieu dans lequel il l'avait vue, à la hideuse famille à laquelle elle appartenait, il murmura aussitôt :

— Non, non, ce ne peut-être celle-là.

S'il eût raconté son histoire, s'il eût prononcé le nom de la rue de Vanves, s'il eût nommé sir Ralph d'abord, puis les époux Claude, il eût tout à coup fait luire la lumière aux yeux de Rocambole, qui, dans le fait de cette jeune fille placée près de Tatiane, eût deviné tout de suite la main de sir Ralph.

Il garda le silence et la lumière ne se fit pas.

— Quel âge à cette femme de chambre? demanda Rocambole.

— Une vingtaine d'années.

— Ses mœurs?

— Je ne sais rien sur ce point.

— Moi, je saurai bientôt à quoi m'en tenir, et, si je ne me trompe, c'est là qu'il faut chercher. Cette jeune fille a dû mentir, il est impossible qu'elle ne sache rien. J'aurai sondé le terrain dans la journée, ce soir au plus tard, revenez donc demain, j'espère avoir quelque chose à vous apprendre.

Jacques remercia chaleureusement Rocambole et **prit congé de lui.**

XLIX

UN ANTHROPOPHAGE A PARIS

Jacques Turgis se sentait presque heureux en quittant Rocambole.

Et pourtant rien n'était changé dans l'horrible situation qui était faite à sa chère Tatiane ; nulle lueur n'avait pénétré dans le sombre abîme où elle se débattait et qui menaçait d'engloutir tous ses rêves, toute son âme et toute sa vie ; car comment supporter l'existence sans Tatiane?

Mais M. Portal lui avait promis de l'aider à pénétrer les ténèbres qui enveloppaient cette mystérieuse affaire, et, comme tous ceux qui approchaient ce singulier personnage, il avait en lui une foi si complète, si aveugle, que le succès lui semblait désormais assuré.

Et le succès, c'était le bonheur, car il se rappelait avec ravissement les paroles de M. Mauvillars : « Si vous parvenez à sauver Tatiane, vous l'aurez conquise, et je vous la donne. »

Parole précieuse et à laquelle se mêlait un adorable souvenir : le cri de joie par lequel sa chère et naïve Tatiane avait accueilli cette promesse.

C'était donc la joie dans l'âme et le front rayonnant que Jacques se dirigeait vers sa demeure, lorsqu'en entrant dans la rue Duperré il remarqua un attroupement considérable aux abords de la maison qu'il habitait.

Il reconnut bientôt que c'était bien en face du

n° 17 que cette foule s'était amassée et il fut frappé de l'agitation extraordinaire qui s'y manifestait.

Aux gestes animés auxquels se livraient tous les individus qui composaient cette foule, à l'extrême animation qu'exprimaient leurs visages, aux mille propos qui s'échangeaient entre eux, remplissant la rue d'un murmure bruyant et incessant, assez semblable au bruit continu de la vague déferlant sur la plage, il était évident qu'il se passait là quelque chose d'extraordinaire.

Ne pouvant percer la masse qui encombrait la rue, le trottoir et jusqu'à l'allée de la maison, Jacques demanda quelle était la cause de cette espèce d'émeute.

— Ah! monsieur, répondit une vieille dame qui tenait son chien sous son bras, une aventure étonnante, comme on n'en a jamais vu dans Paris.

— Pas possible !

— Un sauvage, monsieur, un sauvage, une manière de Peau-Rouge qui s'est échappé des îles Marquises et qu'on vient de découvrir dans cette maison.

— Non, madame, dit à son tour un personnage au ventre proéminent, au ton doctoral et emphatique, vous n'y êtes pas du tout ; les sauvages des îles Marquises sont doux et inoffensifs, tandis que celui-ci est d'un aspect terrible. D'après ce qu'on dit de lui, je serais plutôt porté à croire que c'est un naturel de l'Afrique centrale et septentrionale du sud de l'équateur, contrée fertile en anthropophages, comme chacun sait.

— On assure qu'il a un anneau d'or au nez, dit un garçon boucher, qui attendait obstinément l'apparition du sauvage avec trente kilos de viande sur sa tête.

— Avec un diamant gros comme une noix, répliqua une cuisinière.

— Ce n'est pas étonnant, dit le gros monsieur, dans ce pays-là les enfants jouent aux osselets avec des pierres précieuses.

— Où s'est-il réfugié? demanda Jacques, qui écoutait tous ces détails sans rire.

— On ne sait pas, répondit la dame au chien ; ce qu'il y a de certain, c'est que tous les locataires se sont renfermés et barricadés chez eux et qu'ils sont dans des transes terribles, s'attendant toujours à être attaqués par le sauvage qui, dit-on, est d'une force herculéenne, un taureau, quoi ! capable de renverser d'un coup d'épaule toutes les portes et tous les meubles entassés derrière. Aussi tenez, voyez-les, ils sont tous aux fenêtres, si pâles qu'on les dirait enfarinés comme des pierrots.

En effet, toutes les fenêtres étaient garnies de locataires aux visages livides et effarés.

— Où est-il? demandaient les gens de la rue aux locataires des premier et deuxième étages.

— Nous ne savons pas, répondirent deux vieillards du premier, dont les mâchoires tremblaient tellement qu'on les entendait claquer comme des castagnettes.

— Êtes-vous bien barricadés?

— Nous avons traîné notre lit et notre armoire à glace devant la porte, mais on le dit si fort !

— Il n'en fera qu'une bouchée!

— Seigneur! Jésus! Sainte Vierge ! murmura la femme qui se mit à flageoler sur ses jambes.

— Vous savez qu'il est anthropophage!

— On nous l'a dit, répondit le vieillard en fléchissant à son tour, mais nous sommes si maigres !

— Raison de plus, vous êtes croustillants, et il y a des anthropophages qui aiment ça, et il paraît que celui-ci a des dents!

— Zénobie, murmura le vieillard en pâlissant encore, mets ton pantalon de futaine, donne-moi mon paletot à longs poils et ma casquette de loutre.

— Avez-vous de la viande? leur cria le boucher.

— Nous avons un gigot.

— Est-il cuit?

— Non.

— Tant mieux !

— Pourquoi?

— Ce gigot peut vous sauver.

— Comment ça?

— Si le sauvage enfonce votre porte, lancez-lui le gigot dans les jambes, il se jettera dessus et vous filerez pendant qu'il le dévorera.

— Merci, bon jeune homme; merci.

— Dame ! faut être juste, c't homme, s'il n'a mangé personne depuis le sud de l'équateur jusqu'à Paris, il doit avoir le ventre furieusement creux.

Tout à coup, des cris aigus et déchirants partirent de tous les étages de la maison, mais successivement, comme une gamme descendante, partant du cinquième étage pour arriver jusqu'au premier.

Les femmes lançaient des notes si aiguës et si affolées qu'on eût cru toucher à la fin du monde, et, dans leur effarement, elles se penchaient au balcon de leur fenêtre en criant :

— Le sauvage! le sauvage! le voilà ! Il frappe à notre porte, nous sommes perdus !

— Zénobie! Zénobie! s'écriait le vieillard du premier en courant de tous côtés comme un insensé, ma casquette de loutre! mon paletot à longs poils!

Et dans l'égoïsme de la peur, il oubliait le pantalon de futaine, qui devait garantir Zénobie contre les dents de l'anthropophage.

Au moment même où se déclarait cette panique, un petit jeune homme, vêtu d'un pantalon à plis, d'un gilet jaune et d'une redingote vert pomme, descendait rapidement l'escalier et courait se jeter dans la foule en s'écriant :

— Je viens de le voir, je viens de voir le sauvage.

— Il ne vous a rien mangé? lui cria quelqu'un.

— Je lui ai jeté mon chapeau, il est en train de le dévorer.

— Comment est-il? lui demanda-t-on de toutes parts.

— D'abord il est tout nu, mais là ce qui s'appelle nu comme un ver.

— Ah! le vilain effronté ! s'écria la vieille dame au chien avec un geste plein de pudeur.

— C'est ce qui l'a fait reconnaître tout de suite comme sauvage par la nièce de la portière, car

c'est elle qui l'a découvert et qui a donné l'alarme.
— Est-ce vrai qu'il a un anneau dans le nez?
— Énorme.
— Et un diamant à l'anneau?
— Fabuleux, il jette des feux qu'on dirait vingt becs de gaz.
— Enfin comment est-il?
— D'abord il a la peau toute rouge.
— Naturellement.
— Et puis il est tout tatoué des pieds à la tête de mille dessins bizarres.
— Ça fait frissonner rien que d'y penser, dit la vieille au chien.
— Il a un soleil dans le dos et une pipe culottée sur la poitrine, ce qui me fait penser qu'il appartient à la redoutable tribu des Pipards.
— La plus féroce des tribus du sud de l'équateur, prononça gravement le personnage au ton doctoral.
— De quoi est-il armé? demanda une voix.
— D'un casse-tête qu'il brandit incessamment en l'air avec des claquements de dents comme un loup affamé, répondit Arthur, que le lecteur a déjà reconnu à son costume.

En ce moment arrivait au milieu de la foule une grosse commère aux traits courts, carrés, ramassés comme ceux d'un boule-dogue, et la lèvre ornée d'une moustache jaune, aux poils épars, hérissés et saupoudrés de tabac.
— Qu'est-ce qu'y a, qu'est-ce qu'y a dans la maison? demanda-t-elle en fronçant ses épais sourcils.
— Comment, qu'est-ce qu'il y a? répondit la dame au chien, mais il y a un sauvage dans la maison.
— Ça ne pouvait pas manquer, répliqua la commère, toutes les fois que je vas *ultra-minos*, il arrive quelque chose, cette fois c'est un sauvage. Ah! ben, attends, attends, je vas t'en donner, moi, du sauvage!

Et perçant la foule à coups de coude:
— Laissez-moi passer, je suis madame Cither, la concierge de la maison.

Grâce à ce procédé énergique, elle eut rapidement gagné sa loge.
— Prenez garde, madame Cither, lui crièrent plusieurs personnes, c'est un sauvage de l'équateur, tout ce qu'il y a de plus féroce, et il est armé d'un casse-tête.
— Moi aussi j'ai un casse-tête, dit la concierge en démanchant un balai, et tout neuf.
— C'est ça, s'écria Arthur, étrennez-le sur les reins du sauvage, j'aime mieux ça.
— Un sauvage! s'écria madame Cither en brandissant son manche à balai comme un sabre, attends donc, je vais t'apprendre à venir salir mes escaliers et à faire du bruit dans une maison tranquille; tu vas déloger plus vite que ça et t'en retourner dans tes équateurs.
— Ma tante, ma tante! cria une voix au fond de la loge.
— Qu'est-ce que c'est? demanda madame Cither.

Une tête pâle et bouleversée sortit de la ruelle du lit.

C'était celle de Louisette.
— N'y allez pas, ma tante, cria-t-elle d'une voix tremblante, c'est un anthropophage, ça mange le monde.
— Je me mettrai en travers, riposta la concierge, et nous verrons si ça passera.

Où est-il, ton *autrepophage*?
— Au quatrième, ma tante; mais n'y allez pas, il ne vous laissera que les os.
— A moins que je ne lui brise les siens, et c'est ce que nous allons voir.

Et, son manche à balai à la main, elle gravit résolûment l'escalier en murmurant:
— A-t-on jamais vu un pareil sauvage? choisir justement ma maison pour y faire ses orgies!

Pendant qu'elle montait, Arthur se frottait les mains en disant tout bas:
— Allons, nous allons rire; ça va faire du bien à ma rate, elle avait besoin de ça.

L

UNE POSITION CRITIQUE

Il nous faut remonter de quelques heures en arrière pour faire connaître au lecteur l'histoire de l'anthropophage de la rue Duperré.

Ce jour-là avait été choisi par M. Pontif pour donner à ses amis le grand déjeuner à l'issue duquel il devait leur présenter mademoiselle Isoline Torchebœuf comme sa fiancée.

Et, comme le déjeuner ne devait avoir lieu qu'à une heure, M. Pontif avait décidé de prendre le matin une tasse de café au lait.

Il avait résolu également de réclamer les services d'Arthur pour aider le cuisinier qui devait lui apporter un déjeuner de chez Potel et Chabot.

Enfin, M. Pontif, sachant parfaitement compter et n'étant pas de ceux qui jettent l'argent par les fenêtres, s'était fait ce raisonnement: puisque j'emploie Arthur, puisque sa journée qu'il avait m'appartient, moyennant trois francs, fort joli denier pour un gamin de son âge, pourquoi ne ferait-il pas mon café au lait, ma femme de ménage étant malade en ce moment?

Et il avait recommandé à Arthur de venir dès huit heures du matin.

Funeste inspiration!

Tout en confectionnant le café au lait, pendant que M. Pontif, mollement couché dans son lit, rêvait aux charmes de la belle Isoline, Arthur avait tiré de sa poche de la drogue qu'il avait achetée quelques jours auparavant chez un pharmacien de la rue Fontaine, et il l'avait perfidement mêlé au café, tout en fredonnant sa chanson favorite pour inspirer confiance au vieux chef de bureau:

Je reviens d'enterrer ma tante,
Je l'ai mis' dans un p'tit cercueil,
Elle me laiss' quat' mille liv' de rente,
Avec ça j' porterai son deuil.
J'y ai fait faire un' bell' boît' de chêne,
Ousqu'ell' peut s'étendre à loisir;
Là-dedans ell' n'aura pas de gêne,
Où y a d' la gên' y a pas d' plaisir.

Puis il avait porté la tasse de café à M. Pontif, qui s'était montré fort sensible à cette attention.

Il avait bien trouvé d'abord une certaine amertume à ce café, mais, Arthur lui ayant fait observer que c'était le goût particulier du pur moka, il avait achevé sa tasse avec délices.

Puis, Arthur ayant demandé à se retirer pour aller s'habiller, afin de lui faire honneur vis-à-vis de ses convives, il s'était décidé à se lever et à procéder lui-même à une toilette digne de la circonstance.

Vers onze heures environ, M. Pontif venait de passer un caleçon de flanelle rouge, un gilet de même étoffe et de même couleur, c'était une de ses petites coquetteries, lorsqu'il crut entendre sortir de ses entrailles des bruits insolites, tenant à la fois des vagissements d'un nouveau-né et des miaulements d'un chat en délire.

Un doute affreux traversa son esprit :

— Grand Dieu ! murmura-t-il, se pourrait-il que précisément aujourd'hui, quand j'attends ma fiancée !... Oh ! non, c'est impossible ! le destin ne serait pas assez cruel...

Une violente douleur, rapide comme un coup de foudre et prenant sa source au même point d'où étaient partis les miaulements, fut la réponse du destin.

Il n'y avait pas à s'y tromper, c'était ça.

M. Pontif voulut s'habiller à la hâte pour aller méditer ailleurs sur le phénomène qui se manifestait en lui.

Mais *ailleurs*, c'était sur le carré, et les manifestations se reproduisaient rapides et puissantes.

— Je ne puis pourtant pas y aller en cet état, murmura M. Pontif en proie à des angoisses qui le faisaient rougir et pâlir tour à tour.

Et il se précipita vers sa chemise, qu'il avait étendue avec soin sur une chaise.

Mais à peine l'avait-il touchée qu'il se redressa tout à coup, en proie à une crise qui le rendit livide et menaça de lui faire jaillir les yeux de la tête.

Puis, saisi de vertige, renonçant brusquement à l'idée de passer sa chemise, comme à une entreprise folle, il saisit son appartement en courant, ouvrit la porte qui donnait sur le carré, franchit le palier comme un sylphe et s'élança d'un bond vers le port du salut.

Il était sauvé.

Mais, penché au-dessus de la cage de l'escalier, à l'étage supérieur, Arthur veillait, et une pensée infernale venait de lui traverser l'esprit.

Il descendit à pas de loup. Or, comme M. Pontif savourait avec volupté la joie de pouvoir désormais, libre de toute préoccupation, se consacrer tout entier à ses amis et à sa fiancée, il entendit un bruit sec qui lui donna la chair de poule, et, aussitôt après ce bruit, ces paroles prononcées par la voix d'Arthur :

— Quel vent ! pristi, quel vent !

Il regarda par une ouverture pratiquée à hauteur d'homme dans la porte qui le cachait aux regards des profanes, et alors il devint affreusement pâle.

Le bruit sec qu'il venait d'entendre lui était expliqué.

C'était sa porte qui s'était refermée.

Et la clef était en dedans !

Et ses invités allaient arriver, et avec eux madame Torchebœuf et la charmante Isoline !

Et il était là en caleçon et en gilet de flanelle rouge !

Quand il se fut rendu exactement compte de sa position, M. Pontif sentit ses cheveux se dresser sur sa tête.

Que faire ? Comment sortir de cet effroyable situation ?

C'était à en devenir fou.

Si Arthur eût été là, il eût pu se hasarder et franchir un étage dans ce léger costume pour aller lui faire part de son embarras et le prier de l'en tirer.

Mais Arthur venait de sortir.

— Que faire, mon Dieu ? que faire ? murmurait M. Pontif en se labourant le crâne avec ses ongles, car il n'avait pas encore posé sa perruque sur sa tête, un amour de perruque blonde qui le rajeunissait de vingt ans. Que faire ? Aller moi-même à la recherche d'un serrurier ? Il n'y faut pas songer, j'aurais à mes trousses tous les polissons du quartier, sans compter les sergents de ville qui pourraient bien me conduire au poste. Passer la matinée dans ce réduit ?... C'est également impossible. Outre que d'autres y ont des droits que je dois respecter, dans une demi-heure toute l'armée de Potel et de Chabot va arriver avec sa batterie, ils vont encombrer le carré et l'escalier, carillonner à ma porte, faire amasser les voisins, enfin une vrai bacchanale, pendant laquelle arriveront à la file mes amis, madame Torchebœuf, la candide et pudique Isoline ; on m'appellera, on me cherchera partout, on finira par me découvrir... ici... sous ses yeux ?

A cette pensée, M. Pontif faillit s'évanouir.

Il faut avouer que la situation était tendue et que les désolantes perspectives qui se déroulaient devant lui étaient de nature à troubler un cerveau plus solide que le sien.

Aussi était-il tombé dans un accablement qui eût inquiété ses amis s'ils eussent été là. C'étaient les premiers symptômes de la folie.

D'abord il murmura des paroles incohérentes.

Puis un sourire idiot se dessina sur ses lèvres.

Puis enfin, se croyant au sein d'un splendide paysage de l'Amérique, il se figura être nègre et se mit à danser la danse des Cocos piétinant sur place, se dandinant à droite et à gauche, l'index de chaque main élevé à la hauteur de la tête, et murmura d'une voix douce et plaintive cette chanson bien connue :

> Dansez, Bamboula,
> Maître n'est pas là.

Vu le lieu où il se passait, ce spectacle était navrant.

Bref, la folie envahissait le cerveau, sir Ralph touchait au but qu'il s'était proposé en confiant M. Pontif aux soins d'Arthur, quand tout à coup l'infortuné s'arrêta en équilibre sur l'orteil du pied gauche.

Une idée venait de traverser la case qui restait encore lucide dans son cerveau :

— Si j'appelais madame Cither? se dit-il en se touchant le front.

Cette inspiration c'était le salut.

Madame Cither allait accourir à son appel, il l'enverrait chercher un serrurier, sa porte était ouverte avant un quart d'heure, il s'élançait triomphant dans son appartement, procédait à sa toilette et se trouvait prêt à temps pour recevoir les marmitons d'abord, puis ses amis et la pure et touchante Isoline.

— Sauvé! merci, mon Dieu, merci! s'écria M. Pontif, jetant instinctivement ce cri qui, au boulevard, couronne tous les dénouements heureux.

Puis, ouvrant discrètement la porte du réduit, prêtant attentivement l'oreille et jetant un regard prudent à droite et à gauche, il s'avança, sur la pointe des pieds, jusqu'à une fenêtre de l'escalier donnant sur la cour, se pencha en dehors et cria d'une voix tonnante :

— Madame Cither!

— Qui qu'appelle? répondit une voix de femme.

— M. Pontif, montez vite.

Et craignant d'attirer, par ce cri, quelque locataire sur le palier, il courut à son refuge.

Malheureusement madame Cither, nous le savons déjà, était allée *ultra minos*; cette circonstance causa la perte de M. Pontif, sur lequel la fatalité s'acharnait impitoyablement ce jour-là.

Au bout de quelques instants, il entendait le bruit d'un pas dans l'escalier :

— Un pas de femme, c'est elle, murmura-t-il tout joyeux.

Ce n'était pas madame Cither. Mais c'était Louisette, sa nièce, récemment débarquée de sa campagne.

— Peu importe, se dit M. Pontif, elle saura bien trouver un serrurier.

Et, oubliant la légèreté de son costume, il ouvrit brusquement la porte et s'avança vers la jeune fille.

A son aspect, celle-ci atterrée et paralysée d'abord par la peur, s'élança tout à coup dans l'escalier, qu'elle se mit à dégringoler en jetant des cris qui attirèrent aussitôt tous les locataires sur les paliers.

— Qu'y a-t-il? lui demanda-t-on de toutes parts.

— Un sauvage dans la maison, répondit Louisette qui, malheureusement, avait vu, à la foire de son pays, un Caraïbe de la rue Mouffetard mangeant des poules crues.

Et elle continuait de descendre en criant.

Au même instant Arthur, qui n'était pas loin, parcourait à son tour l'escalier en criant aux locataires :

— Je viens de le voir, c'est un anthropophage, rentrez chez vous, barricadez-vous derrière vos portes.

Aux premiers cris de Louisette, M. Pontif s'était précipité dans son refuge, d'où il écoutait ce vacarme, plus mort que vif.

LI

LES TORTURES DE M. PONTIF.

C'est à la suite du vacarme causé par les cris de Louisette et par les recommandations d'Arthur aux locataires concernant l'anthropophage que madame Cither, se frayant de vive force un passage à travers la foule, était arrivée à sa loge.

Nous avons vu que son premier mouvement, en entendant parler de l'intrus qui venait de si loin salir ses escaliers et troubler la tranquillité de sa maison, avait été de s'armer d'un manche à balai tout neuf et de s'élancer intrépidement au-devant de l'ennemi.

Elle parcourut ainsi tous les étages sans rien rencontrer.

Elle allait gravir le cinquième lorsqu'une porte s'ouvrant tout à coup une voix lui cria :

— Madame Cither!

Elle se retourna brusquement et elle aussi, à l'aspect d'un homme en caleçon et en gilet de flanelle rouges, avait fait un bond en arrière en jetant des cris de terreur.

— N'ayez pas peur, madame Cither, c'est moi, lui dit le faux sauvage, c'est moi, moi, M. Pontif.

La concierge cessa tout à coup de crier, s'approcha du chef de bureau, l'examina, le flaira, le palpa, puis elle s'écria avec colère :

— Monsieur Pontif! déguisé en sauvage! eh bien, à la bonne heure, il ne vous manquait plus que ça! Ah çà, avez-vous fini? Est-ce la dernière de vos farces? Il serait temps de vous arrêter, voyez-vous, je commence à en avoir assez! A votre âge, de perdre votre temps à faire des charges et des mystifications! Oh! vous avez beau jouer l'indignation, Arthur m'a tout dit.

— Madame Cither, s'écria M. Pontif en saisissant la main de la concierge, qui le repoussa avec un geste plein de pudeur, je me laverai plus tard de cette infâme accusation; quant à présent, je n'ai plus qu'un souci, qu'une préoccupation, rentrer chez moi.

— Qui vous en empêche!

— J'étais là quand le vent a poussé ma porte, la clef est en dedans; j'ai été obligé d'appeler, Louisette est venue et...

— Et elle vous a pris pour un sauvage, voilà ce que vous vouliez, encore une farce! Ah çà, encore une fois, monsieur Pontif, avez-vous bientôt fini vos fredaines? Je vous préviens que la moutarde commence à me monter au nez et que je ne souffrirai pas davantage qu'on trouble ainsi ma maison et qu'on tourne le sang à mes locataires.

Madame Cither était furieuse.

Sa voix avait atteint un tel diapason qu'elle était parvenue jusqu'à plusieurs locataires qui, l'oreille collée à la porte, attendaient dans des transes mortelles l'attaque de l'anthropophage.

En entendant la voix de leur concierge, ils se rassurèrent un peu, et plusieurs portes s'entrebâillèrent, laissant passer des têtes d'hommes et de femmes, pâles et effarées.

A leur vue, M. Pontif se sentit défaillir.

— Madame Cither, murmura-t-il en se rapprochant de la concierge d'un air suppliant.

— Ne m'approchez pas, homme dépravé, s'écria celle-ci en levant son manche à balai, vous devriez rougir de vous montrer dans un pareil costume devant une personne du sexe.

Puis, apercevant les têtes qui se montraient timidement aux portes.

— Arrivez donc, arrivez donc, leur cria-t-elle, le voilà cet *autre pophage* qui met la maison sens dessus dessous et qui cause une émeute dans la rue, c'est M. Pontif; encore une farce de sa façon! mais venez donc, accourez tous; le spectacle en vaut la peine, allez?

— Madame Cither, je vous en supplie, madame Cither!... balbutiait M. Pontif en se rapprochant de celle-ci pour lui parler à l'oreille...

— Ne m'approchez pas, vieil érotique, s'écria la concierge en faisant un bond en arrière; il ne vous manquait plus que de me compromettre à présent.

Pendant ce temps, les locataires du quatrième, hommes et femmes, sortaient de leur appartement et venaient se grouper sur le carré.

M. Pontif était atterré.

— Je suis perdu! je suis déshonoré! murmurait-il en les regardant d'un air ahuri.

Il perdit tout à fait la tête en entendant les portes s'ouvrir et se refermer aux étages inférieurs et en voyant arriver successivement tous les locataires de la maison, qui bientôt formèrent un cercle compacto autour de lui.

— Comment! comment! murmurèrent alors des voix indignées, c'est M. Pontif qui fait tout ce tapage?

— Il est vraiment très-bien comme ça, M. Pontif, disaient les femmes en comprimant une violente envie de rire; on comprend qu'il veuille se montrer dans ce costume, qui est du dernier galant.

L'infortuné Pontif aurait voulu être à cent pieds sous terre.

Il promenait autour de lui des regards effarés, cherchant vainement un coin où il pût se cacher, se demandant avec angoisse quand et comment allait finir cette horrible scène, en proie à des hallucinations qui lui montraient sous un jour fantastique le cercle qui l'enveloppait et les risées dont il était l'objet.

— Ah çà, monsieur Pontif, lui dit enfin un locataire, savez-vous que c'est une singulière idée que vous avez eue là?

— Monsieur, répondit M. Pontif que l'émotion faisait bégayer; je vous... je vous jure... que jamais... que jamais je n'ai songé... D'ailleurs... mon caractère, mon âge... enfin, monsieur, voilà ce que c'est...

Il fut interrompu tout à coup par un bruit de ferraille partant de l'escalier.

— Grand Dieu! murmura-t-il, ce sont les marmitons de Potel et Chabot.

Et s'adressant à la concierge qui, appuyée sur son manche à balai, le contemplait d'un air railleur :

— Je vous en supplie, madame Cither, allez chercher un serrurier, ma porte est fermée, la clef en dedans, et...

— M. Pontif? demanda en ce moment le cuisinier, qui débouchait de l'escalier à la tête de ses marmitons et de la batterie de cuisine.

— Le voilà, répondit madame Cither d'un ton gouailleur.

Le cuisinier et les marmitons jetèrent sur M. Pontif des regards stupéfaits.

— Où faut-il entrer? demanda le cuisinier.

— Voilà l'appartement de monsieur, dit madame Cither.

— Alors, reprit le cuisinier, si monsieur veut bien nous introduire, il n'y a pas de temps à perdre, car, vu la presse d'aujourd'hui, nous sommes en retard d'une bonne demi-heure.

— Quelle heure est-il donc? demanda vivement M. Pontif.

— Midi trois quarts, monsieur.

Le chef de bureau frissonna de tous ses membres.

— L'heure à laquelle j'attends mes convives, balbutia-t-il d'une voix troublée.

Puis, s'adressant brusquement à l'un des marmitons :

— Mon ami, lui dit-il, ma porte est fermée, cours vite chercher un serrurier, ramène-le et je te promets une bonne récompense.

Madame Cither qui, entendant un bruit de pas, venait de se pencher au-dessus de la rampe de l'escalier, s'écria tout à coup d'une voix triomphante :

— Ah bien! en voilà qui ne sont pas en retard, on voit bien qu'il s'agit de bâfrer.

M. Pontif devint blafard.

— Que voulez-vous dire? que voulez-vous dire, madame Cither? demanda-t-il avec une angoisse qui contractait son visage.

— Une bonne nouvelle, monsieur Pontif, voici madame et mademoiselle Torchebœuf qui montent.

M. Pontif ferma les yeux et étendit les bras pour chercher un point d'appui. Il voyait tout tourner et sentait ses jambes se dérober sous lui.

— Elles sont superbes, s'écria madame Cither, et on sent d'ici les parfums dont la belle Isoline est inondée, elle a des roses blanches dans les cheveux, emblème de son innocence; as-tu fini? et madame Torchebœuf! plus que ça de toilette, excusez! Elle a mis son châle tapis pour la circonstance, il est tout frais, on voit qu'il sort de chez *sa tante*, à qui elle le donne à garder toute l'année, même l'hiver. Faut voir comme elle se carre! on dirait une châsse. Ah! elle s'arrête pour faire bouffer la robe de sa fille par derrière, c'est tout simple, elle veut mettre en relief tous ses avantages; dame! elle en a enfin trouvé le placement, faut soigner ça, vieille intrigante, va !

Elle ajouta presque aussitôt :

— Tiens, tiens, tiens, c'est le défilé qui commence, voilà les autres invités qui arrivent à la file; des dames très-bien, ma foi! des toilettes épatantes! des châles des Indes! c'est le châle tapis de madame Torchebœuf qui va faire une drôle de figure à côté de ça.

— Les voilà! les voilà tous, dites-vous? s'écria M. Pontif en roulant autour de lui des regards affolés.

Et, saisi d'une inspiration à laquelle il regretta sans doute aussitôt d'avoir obéi, il fendit la foule des locataires et s'élança dans son refuge favori dont on l'entendit tirer le verrou.

Cette résolution désespérée excita les bruyants éclats de rire de madame Cither, des locataires et des marmitons, et c'est au milieu de ce concert assourdissant que débouchèrent successivement sur le carré les dames Torchebœuf et tous les invités de M. Pontif.

Rien ne saurait donner une idée de leur stupeur à l'aspect de tous ces gens riant aux larmes, se tordant, se roulant le long des murs, se livrant aux poses les plus bizarres et les plus diverses dans un accès de gaieté qui ressemblait à de la folie.

Le premier moment de surprise passé, madame Torchebœuf, écrasant d'un regard de mépris son ennemie, madame Cither, qui était venue lui rire sous le nez, traversa majestueusement cette foule affolée, alla droit à la porte de M. Pontif et tira le cordon de la sonnette.

— C'est pas là, il a changé de logement, lui cria la concierge.

— Comment! il a changé!

— Oui, à présent, c'est là qu'il a établi son domicile.

Et madame Cither désignait le refuge où venait de s'enfermer M. Pontif.

— Que signifie cette mauvaise plaisanterie?

Alors tous les locataires, la main tendue vers le réduit, comme un chœur d'opéra prêtant un serment solennel, se mirent à chanter sur l'air des *Lampions* :

— Il est là! il est là! il ne sortira pas de là; il est là! il est là! il est là! il ne sortira pas de là.

Qu'on se figure, si l'on peut, la figure que devait faire en ce moment le pauvre M. Pontif.

Madame Torchebœuf ayant sonné trois fois en vain, les invités commencèrent à s'étonner.

— Quand je vous dis qu'il est là, leur dit madame Cither.

— Madame Cither a raison, dirent tous les locataires à la fois, il est là.

Alors un des invités s'approchant de la porte :

— Allons, mon cher Pontif, répondez, lui dit-il.

Un gémissement se fit entendre d'abord, puis la porte s'ouvrit, et un spectacle lamentable s'offrit aux regards des assistants.

M. Pontif, debout sur le seuil du refuge, les bras le long du corps, la tête penchée sur la poitrine, les traits livides et l'œil mourant, avait plutôt l'air d'un mort que d'un vivant.

— Isoline, retournez-vous, dit sévèrement madame Torchebœuf à sa fille.

— Mais que diable faites-vous là dans ce costume et dans cette attitude? demanda l'invité à M. Pontif.

Celui-ci allait répondre quand on entendit une voix crier :

— Voilà le serrurier!

C'était Arthur, qui s'élança en même temps vers M. Pontif en lui disant :

— C'est moi qui vous sauve.

— Trop tard, murmura M. Pontif en se touchant le front, j'ai reçu un coup là.

— Appuyez-vous sur mon bras, c'est le bras d'un ami.

La porte venait de s'ouvrir. M. Pontif rentra aussitôt, appuyé sur le bras de son ami Arthur et suivi de tous ses invités.

LII

LE RUYSDAEL.

Nous avons dit que Jacques Turgis était arrivé rue Duperré au plus fort de l'émotion causée par la présence du sauvage dans la maison gouvernée par madame Cither.

Dans la disposition d'esprit où il se trouvait, il s'était amusé quelque temps de tous les propos échangés dans la foule au sujet de l'anthropophage, puis il s'était décidé à se rendre à son appartement pour y échanger sa toilette contre son costume d'atelier.

On sait que cet appartement était situé dans la même rue, quelques maisons plus haut.

Il était là depuis une heure environ quand il entendit frapper bruyamment à sa porte.

— Voilà un particulier bien pressé, pensa-t-il.

Et il courut ouvrir.

Un homme se précipita aussitôt dans sa chambre et, se posant devant lui, le regard farouche et le visage bouleversé :

— Mon tableau? mon tableau? lui dit-il d'une voix rauque.

Cet homme était Chaumont, le marchand de tableaux.

— Votre tableau! dit Jacques en le considérant avec surprise, eh bien, mais, il est à l'atelier, vous pouvez le faire prendre avec la copie, qui est terminée.

— A l'atelier, murmura le marchand en se frappant le front, vous dites qu'il est à l'atelier! il n'est pas ici.

Et se laissant tomber comme une masse dans un fauteuil :

— Je suis perdu, balbutia-t-il d'une voix haletante, je suis perdu!

— Ah ça, qu'avez-vous donc? lui demanda Jacques, que vous est-il arrivé? Vous n'avez pas l'air d'avoir les idées bien saines, ce matin ; madame Chaumont serait-elle malade?

— Eh? si ce n'était que cela! s'écria naïvement le marchand en bondissant de son siége comme une bête fauve.

— C'est pourtant déjà quelque chose, répliqua Jacques en souriant.

Chaumont revint aussitôt à Jacques, et, frappant violemment du pied :

— Il ne s'agit pas de ma femme, hurla-t-il, en lui jetant un regard furibond, il s'agit de mon tableau qui m'a été volé.

— Volé! Ah! ça que voulez-vous dire, monsieur Chaumont? D'où peut vous venir cette singulière idée?

— Je viens de passer à l'atelier, il n'y est pas.

Et M. Chaumont lui tamponnait les tempes, le front et les poignets. (Page 226.)

— Allons donc ! répondit Jacques en souriant, c'est impossible.

Il ajouta :

— Vous avez parlé à mon père ?

— Votre père n'y était pas.

— Comment donc êtes-vous entré dans mon atelier ?

— La clef était à la porte.

— Et mon père n'était pas là ?

— Non.

— Il était descendu pour quelque commission.

— Je ne sais, mais mon tableau ! se mit à hurler de nouveau M. Chaumont en frappant du poing sur un meuble, mon tableau n'y est pas.

— C'est-à-dire qu'il n'est pas à sa place accoutumée, dit Jacques ; cela tient à ce que mon père fait son lit dans mon atelier, ce qui l'oblige à ranger chaque soir les deux toiles dans un coin.

— Je n'ai pas vu de lit.

— Il l'avait enlevé et n'avait pas encore fait l'atelier, voilà tout ce que cela prouve. Rassurez-vous donc, mon cher monsieur Chaumont, vous allez revoir votre cher Ruysdaël, et vous pourrez le faire emporter tout de suite avec la copie qui est complètement terminée.

Et, endossant sa vareuse de drap rouge

— Allons, dit-il, descendons.

Le marchand de tableaux le suivit un peu moins farouche, mais toujours très-agité :

— C'est égal, dit-il avec humeur, vous avouerez que votre père est bien imprudent de laisser la clef à la porte d'un atelier qui renferme une pareille toile.

29ᵉ LIVRAISON.

— Je vous répète, monsieur Chaumont, que mon père n'a pu être absent que quelques minutes. Tenez, il est fumeur, je parierais qu'il était chez le marchand de tabac qui demeure juste en face du n° 17.

Un instant après ils étaient dans la rue.

L'espèce d'émeute dont M. Pontif avait été la cause involontaire et infortunée s'était dissipée.

La rue et le trottoir étaient entièrement libres, et la porte était enfin dégagée.

— Allons, montons, dit Jacques à M. Chaumont, j'ai hâte de dissiper les nuages amassés sur votre front, et qui, je vous le jure, ne vous rajeunissent pas du tout.

Il gravit rapidement les trois étages qui conduisaient à son atelier.

La clef était encore à la porte. Jacques l'ouvrit et entra après le marchand de tableaux.

— Tiens, dit-il un peu troublé, mon père n'est pas encore rentré.

— Eh bien, mon tableau, où est-il? Montrez-le-moi, lui demanda brusquement M. Chaumont.

Jacques parcourut l'atelier d'un coup d'œil.

Alors une pâleur mortelle se répandit sur ses traits, il éleva les bras au-dessus de sa tête en jetant un cri rauque, et s'affaissa brusquement sur un siège, qui heureusement se trouvait là.

— Ah! mon Dieu, s'écria le marchand de tableaux en le regardant avec épouvante, mon Dieu! je ne m'étais donc pas trompé, c'est donc vrai; il est volé!

L'artiste ne répondit pas, il ne bougea pas.

Le corps affaissé, les bras pendants de chaque côté du fauteuil, la tête penchée sur la poitrine, si pâle et si complétement immobile, qu'on eût dit une tête de marbre; il avait toutes les apparences de la mort.

M. Chaumont s'aperçut qu'il avait perdu connaissance, mais il en fut fort peu touché.

Son tableau seul le préoccupait et il ne songeait même pas à tenter de rappeler à la vie le malheureux artiste étendu là, inanimé sous ses yeux.

— Mon tableau! mon tableau! criait-il en parcourant l'atelier et en se frappant le front comme un fou furieux, mon tableau volé! volé!

Il s'arrêta tout à coup et, se croisant les bras avec un geste plein de violence :

— Quatre-vingt mille francs! s'écria-t-il avec un éclat de rire d'une ironie sauvage, j'en ai refusé quatre-vingt mille francs!

Et, recommençant à arpenter l'atelier d'un pas furieux,

— Imbécile! imbécile! s'écria-t-il en accentuant chaque syllabe avec rage.

Puis, s'arrêtant tout à coup devant l'artiste, toujours immobile :

— Il prend bien son temps pour s'évanouir, celui-ci, dit-il en dardant sur lui un regard impitoyable.

Il ajouta après un moment de réflexion :

— Il faut pourtant que je m'occupe de lui si je veux qu'il m'aide à retrouver sinon mon tableau, au moins la trace du voleur.

Il jeta un regard autour de lui, et, ayant aperçu dans un coin une fontaine avec une cuvette et une serviette accrochée à côté, il y courut.

Il revenait bientôt avec la cuvette pleine d'eau et la serviette.

Alors, après avoir déboutonné le col de chemise du jeune homme et l'avoir débarrassé de sa cravate, il lui tamponna les tempes, le front et les poignets, avec de l'eau fraîche.

Stimulé par le désir de se mettre au plus vite à la recherche de son tableau, il continua de lui prodiguer ses soins avec une patience et une sollicitude des plus touchantes jusqu'au moment où le teint, en se colorant d'une légère rougeur, annonça enfin le retour à la vie.

Jacques promena autour de lui un regard vague et inconscient, puis, apercevant le marchand de tableaux agenouillé près de lui, une serviette à la main :

— M. Chaumont, murmura-t-il.

Et, le regardant fixement :

— Que faites-vous dans cette position? lui demanda-t-il

— Vous ne vous rappelez donc pas? s'écria celui-ci en se relevant tout à coup, mon tableau?

A ce mot qui lui rappelait brutalement la terrible vérité, Jacques faillit s'évanouir de nouveau.

— Allons, allons, du courage! lui dit doucement le marchand, comprenant l'imprudence qu'il venait de commettre, tout n'est peut-être pas perdu si nous nous mettons activement à la recherche du voleur.

— Oui, oui, vous avez raison, répondit Jacques, recouvrant rapidement l'usage de ses sens et la lucidité de son esprit, nous n'avons pas un instant à perdre.

Il se leva et, quoique encore très-affaibli, il remit à la hâte un peu d'ordre dans sa toilette.

— Mais, mon père! mon père! s'écria-t-il tout à coup, comment se fait-il qu'il soit si longtemps absent, ayant laissé la clef à la porte?

Il reprit aussitôt :

— J'y songe! peut-être s'est-il aperçu du vol et peut-être est-il sur la piste du voleur, ce qui expliquerait cette distraction.

— Peut-être mais ne comptons que sur nous et descendons vite.

Arrivé au rez-de-chaussée :

— Il se peut que mon père ait parlé à la concierge, dit-il au marchand, je vais m'informer.

Madame Cither était précisément sur le seuil de sa loge.

— Madame Cither, lui dit Jacques, à quelle heure mon père est-il sorti ?

— Pour sortir, répondit la concierge, il aurait fallu d'abord qu'il fût rentré.

— Que voulez-vous dire ? demanda Jacques étonné.

— Je veux dire qu'il est sorti hier au soir et qu'il n'est pas revenu.

— Hier au soir... à quelle heure ?

— A onze heures.

— Et vous dites qu'il a passé la nuit dehors ?

— Mon Dieu, oui, même que j'ai été très-surprise de voir ce matin la clef à votre porte.

— Et en sortant hier il ne vous a rien dit ?

— Absolument rien ; mais vous devez bien savoir où il allait, puisque c'était pour vous qu'il sortait.

— Comment le savez-vous ? puisqu'il ne vous a pas parlé ?

— Dame ! il était facile de voir qu'il s'agissait d'une commission dont vous l'aviez chargé ; il emportait un tableau sur ses épaules.

A ces mots le jeune homme ouvrit la bouche pour jeter un cri, mais la voix mourut dans sa gorge, et il demeura en face de la concierge, la bouche entr'ouverte, l'œil fixe, le corps immobile et comme foudroyé.

— C'est lui ! c'est lui ! s'écria le marchand de tableaux après un moment de stupeur.

LIII

LE MARCHAND DE TABLEAUX

— Eh bien, quoi ? qu'est-ce qu'il n'y a donc ? demanda Cither, effrayée de l'état où elle voyait l'artiste ; qu'est-ce qui vous prend, monsieur Jacques ? Vous ne me paraissez pas à votre aise, entrez donc vous asseoir et prendre quelque chose : j'ai une petite liqueur de ma composition, qui est souveraine contre les faiblesses. Louisette, prépare un verre de...

— Merci, merci, madame Cither, dit vivement Jacques, recouvrant enfin l'usage de la parole, ce n'est rien, un étourdissement qui se passe déjà.

— Si vous voulez m'en croire, lui dit. M. Chaumont, nous allons remonter chez vous ; après ce que nous venons d'entendre, nous avons à causer, et nous sommes mal ici pour cela.

— Oui, oui, montons, répondit Jacques.

— Et, si vous avez besoin de moi pour n'importe quoi, lui dit madame Cither, ne vous gênez pas, monsieur Jacques ; on est un peu vive, mais on a le cœur sur la main, c'est connu. Ah ! c'est que vous êtes un digne jeune homme, vous, et qui se respecte, et qui ne fait pas venir des créatures sans pudeur pour les faire poser pour *l'ensemble*, comme ils disent ; que j'ai vu ça une fois que j'étais entrée chez votre prédécesseur ; que les cheveux m'en sont restés dressés sur la tête pendant plus de quinze jours, et que je me suis laissé dire que le gouvernement l'avait décoré pour ces orgies-là, quand on aurait dû l'envoyer aux galères.

Jacques était déjà au deuxième étage, et madame Cither parlait toujours.

Il l'entendait encore au moment où il ouvrait la porte de son atelier.

— Allons, lui dit M. Chaumont, asseyez-vous et tâchez un peu de remonter sur votre bête ; ce n'est pas le moment de perdre la tête, au contraire.

Jacques avait obéi machinalement ; mais, l'esprit absorbé par la terrible catastrophe dont il était victime, il n'entendait même pas ce que lui disait le marchand de tableaux.

— Volé ! volé par mon père ! s'écria-t-il en cachant son visage dans ses deux mains. Ah ! c'est horrible ! c'est horrible !

— C'est affreux, j'en conviens, répondit M. Chaumont, mais permettez-moi de vous dire que vous avez été bien imprudent de vous fier au père Vulcain. Mais vous ne saviez donc pas que, depuis longtemps déjà, il mène une vie de bohémien, pour ne pas dire plus, et qu'on le rencontre dans les cabarets les plus mal famés, avec des gens de mine plus que suspecte.

— Perdu, ruiné, déshonoré par mon père ! s'écria de nouveau l'artiste, oh ! quelle honte ! quelle honte !

— Voyons, mon cher Jacques, lui dit le marchand en posant la main sur son épaule, je suis obligé de vous rappeler que la situation est grave et exige toute notre énergie et toute notre attention.

— Vous avez raison, monsieur Chaumont, répondit Jacques, je vous écoute, et suis entièrement à votre discrétion pour tout ce que vous jugerez à propos de faire.

— Mon Dieu ! répliqua M. Chaumont, je ne puis vous cacher que la première chose à faire en pareil cas est de nous rendre immédiatement chez le commissaire de police et de lui déclarer...

— Dénoncer mon père ! s'écria Jacques avec horreur, vous n'y songez pas !...

— Je comprends que la chose vous répugne, à

vous son fils; mais moi, qui n'ai aucun motif pour ménager l'homme qui m'a volé, je vais aller de ce pas faire ma déclaration au commissaire afin qu'il mette immédiatement la police aux trousses du père Vulcain.

— Monsieur Chaumont, je vous en supplie, ne faites pas cela, s'écria le jeune homme, l'œil hagard et les traits bouleversés; que vous n'éprouviez aucune pitié pour mon père, je le comprends; mais moi, moi, que vous ai-je fait pour me déshonorer, pour briser ma carrière en jetant sur mon nom, que j'ai toujours maintenu honorable et pur, une honte ineffaçable, un de ces scandales ignobles auxquels ne survit pas une âme délicate ?

— Malheureusement, répliqua M. Chaumont qui, depuis qu'ils étaient rentrés dans l'atelier, étudiait sur la physionomie du jeune homme l'effet de chacune de ses paroles, il est certain que l'ignoble ne manquerait pas dans cette affaire, et vous en seriez effrayé, si vous pouviez soupçonner le genre de vie que mène votre père depuis quelque temps et surtout le genre de monde qu'il fréquente. Tenez, ajouta-t-il en baissant la voix, il faut que je vous le dise, pour que vous connaissiez toute l'horreur de sa situation qui vous est faite et pour que vous agissiez en conséquence : ses amis et connaissances se composent presque entièrement de repris de justice.

Jacques jeta un cri d'horreur à cette terrible révélation.

— Je ne vous en ai jamais rien dit, reprit le marchand avec un accent plein de bonté, mais j'ai su cela, il y a quelque temps déjà, par un vieux modèle, ancien compagnon du père Vulcain, que le hasard avait mis au courant du genre de vie de celui-ci.

— Oh ! Tatiane ! Tatiane ! murmura l'artiste en plongeant son visage dans ses deux mains, tu serais donc perdue pour moi !

M. Chaumont reprit en dardant sur le jeune homme son œil dur et cupide :

— Et il ne faut pas vous le dissimuler, mon cher monsieur Jacques, le scandale que vous redoutez est inévitable.

— Inévitable ! s'écria l'artiste, en relevant brusquement la tête.

— Je vais vous le prouver. Les gens parmi lesquels votre père vit depuis longtemps et dont il a pris les mœurs et les habitudes ne *travaillent* jamais isolément, pour employer leur langage ; ils trouvent dans l'association d'immenses facilités ; ils ne font rien sans se concerter, et il est évident pour moi que le retour du père Vulcain près de son fils est le résultat d'un complot concerté entre celui-ci et ses amis, c'est-à-dire ses complices. On s'est partagé les rôles, et naturellement le père Vulcain s'est chargé de s'introduire dans la place au moyen d'une réconciliation, et de nourir *le poupard*, c'est-à-dire de guetter et de couver une bonne affaire. C'est ce qu'il a fait : il a vu dans le Ruysdaël l'occasion qu'il attendait et il ne l'a pas laissée échapper, il a emporté le tableau. Mais là finit son rôle et commence celui des complices qui une fois le magot livré entre leurs mains, doivent en chercher le placement. Car vous voyez tout de suite la marche et les péripéties de l'affaire : le père Vulcain, dénoncé par moi, est aussitôt traqué par la police, dont il est déjà connu, vu ses fréquentations, et qui saura tout de suite où le trouver. Arrêté, il ne tarde pas à faire des aveux, à la suite desquels on met bientôt la main sur le receleur et sur celui qui lui a vendu le tableau. Puis, d'aveux en aveux, de découvertes en découvertes, on arrive à s'emparer d'une bande de repris de justice, parmi lesquels figure Jean Turgis, dit le père Vulcain, accusé d'avoir volé un tableau chez son fils Jacques Turgis et condamné pour ce fait et pour complicité dans la plupart des délits commis par la bande des repris de justice. Je vous le répète, ne vous faites pas d'illusion, voilà l'affaire telle qu'elle se déroulera bientôt devant le tribunal de police correctionnelle.

Jacques était atterré.

Ses traits se décomposaient à mesure que Chaumont faisait passer sous ses yeux tous les détails de cet horrible tableau et lui prouvait clairement que son nom devait sortir de là honteusement, ignominieusement souillé.

— Écoutez-moi, monsieur Chaumont, dit-il à celui-ci après un moment de silence, vous ne savez pas encore toutes les conséquences que peut avoir sur ma destinée un scandale de cette nature, je vais vous dire toute la vérité et j'espère qu'alors vous renoncerez à poursuivre cette affaire.

— Je vous écoute, mon cher Jacques, mais je doute pourtant que je me résigne à ne rien tenter pour retrouver un tableau que j'estime à quatre-vingts et peut-être cent mille francs.

— Monsieur Chaumont, reprit Jacques, j'aime une jeune fille qui appartient à une excellente famille, je l'aime de toute mon âme et j'ai le bonheur d'en être aimé, j'ai mis en elle le rêve de toute ma vie, toutes mes espérances de bonheur et, s'il me fallait renoncer à la réalisation de ce rêve, je n'y survivrais pas, je vous le jure. Je pourrais me consoler de tout, hors de la perte de ma bien-aimée Tatiane. Or, vous comprenez qu'elle serait à jamais perdue pour moi, après tout ce qui rejaillirait d'infamie sur mon nom, à la suite de ces ignobles débats.

Le marchand de tableaux avait écouté cette confidence avec l'apparence d'un vif intérêt, mais en même temps une lueur étrange s'était allumée dans son regard.

— Votre situation est des plus intéressantes, mon

Eh! eh! fit Mardochée, c'est un Ruysdaël, c'est éfitent, mais de la bremière manière. (Page 230.)

cher Jacques, répliqua-t-il en pressant avec effusion la main du jeune homme, dont le visage s'éclaira d'un rayon d'espoir à cette marque de sympathie, et, quoique bien loin aujourd'hui de cet heureux âge, je me rappelle encore assez les émotions de ma jeunesse pour comprendre vos tortures et y compatir, mais enfin, je vous le demande, que voulez-vous que je fasse et que feriez-vous vous-même à ma place?

Jacques garda quelques instants le silence, évidemment embarrassé par cette question.

— Malheureusement, répondit-il enfin, je ne suis pas en mesure de vous proposer la seule solution qui pourrait tout arranger, le payement du tableau volé. J'ai eu de longues années d'épreuve, pendant lesquelles j'ai contracté des dettes, rapidement décuplées par les intérêts usuraires qu'il me fallait accepter, mais enfin ces dettes sont payées, je me suis fait un nom, mes toiles commencent à se vendre un très-bon prix, de huit à dix mille francs, vous le savez mieux que personne, et, si vous le vouliez, nous pourrions prendre des arrangements.

— Tenez, s'écria tout à coup le marchand avec une explosion de bonhomie parfaitement jouée, vous m'avez toujours inspiré de l'intérêt, et je vais vous le prouver en consentant à un arrangement absurde, dangereux, car enfin on ne sait ni qui vit, ni qui meurt; vous pouvez mourir demain, et alors il me resterait pour tout potage un papier bon à allumer ma pipe; mais enfin je consens pour vous à courir ce risque.

— Ah! mon cher monsieur Chaumont, que de reconnaissance! s'écria l'artiste transporté de joie.

— Bah! ne parlons pas de ça. Mais un pareil acte ne se fait pas au pied levé; je vais libeller ça chez moi pour le mieux de nos intérêts communs et je vous l'enverrai tantôt pour que vous y apposiez votre signature.

Et il partit, laissant Jacques ravi d'une solution aussi inattendue.

Sa joie eût été plus modérée s'il eût réfléchi que Chaumont était le plus dur, le plus retors, le plus rapace des marchands de tableaux, et s'il eût remarqué que, depuis son retour à l'atelier, il avait changé de ton et d'allure, comme un homme qui a conçu un projet et s'y est arrêté.

LIV

LE PÈRE MARDOCHÉE

Peut-être le lecteur est-il curieux d'avoir quelques détails sur la destinée du Ruysdaël qui venait de disparaître de l'atelier de Jacques Turgis.

Nous allons satisfaire ce désir.

La veille au soir, vers dix heures, c'est-à-dire au moment même où Jacques Turgis se rendait au bal de la baronne de Villarsay, ne soupçonnant guère la catastrophe qui allait fondre sur lui pendant ce temps, le père Vulcain rentrait à l'atelier, provisoirement sa chambre à coucher.

Il avait passé la soirée avec des amis, et, comme de coutume, l'absinthe avait fait les frais de la fête.

Il était donc rentré un peu *allumé*, et madame Cither, qui ne le portait pas dans son cœur, lui avait recommandé, un peu aigrement, de ne pas tant secouer la rampe de son escalier, sur laquelle il s'appuyait avec l'énergie d'un homme qui n'a qu'une médiocre confiance dans la solidité de ses jambes.

Arrivé à l'atelier, il commença par allumer une bougie, puis, se posant devant le Ruysdaël :

— Au fait, murmura-t-il en jetant sur la toile un regard stupide, mon ami Collin a raison, pourquoi donc que je me gênerais? D'abord je ne suis venu ici que pour ça; seulement je croyais emporter une toile de mon fils et le hasard m'envoie une toile de maître, preuve que la Providence est dans mon jeu. Et puis, mon fils est un feignant, un propre à rien et un ingrat, qui s'habille comme un agent de change et dîne à deux francs par tête, tandis que son pauvre père porte la blouse de prolétaire et se nourrit d'arlequins, quand ce n'est pas de l'air du temps; ça ne pouvait pas durer longtemps comme ça; ça criait vengeance, le ciel s'est fâché à la fin et l'heure de l'expiation a sonné. Nous allons *laver* le tableau et nous donner un peu de bon temps, chacun son tour; assez *trimé* comme ça, nous allons rigoler un brin. Qu'est-ce qui pourrait y trouver à redire? Après tout, je suis son père, je suis dans la *dèche*, il est pourri de braise, je pourrais lui demander des pensions alimentaires, et je me contente d'une simple toile, il faut pourtant bien se mettre quelque chose sous la dent. Allons, mon brave Ruysdaël, viens avec moi, ma vieille branche, tu peux te vanter d'obliger aujourd'hui deux bons zigues.

Et, saisissant enfin le tableau, il le chargea sur son épaule.

— Puis après avoir eu la précaution d'éteindre la bougie, il sortit de l'atelier, ferma la porte, à laquelle il laissa la clef, et entreprit la tâche périlleuse de descendre l'escalier avec son fardeau.

Il trébuchait à chaque marche, et vingt fois, dans le courant de ce redoutable trajet, il faillit être lancé dans le vide, la tête en avant.

Mais la vérité du proverbe qui dit qu'il y a un Dieu pour les ivrognes fut attestée cette fois encore, et il arriva sain et sauf au rez-de-chaussée.

Là il demanda le cordon, et madame Cither, qui avait frissonné vingt fois en entendant gémir la rampe de son escalier, son incessante préoccupation, s'empressa d'obtempérer à son désir, heureuse de le voir enfin franchir le seuil de sa maison.

Une fois dehors, le père Vulcain tourna à droite, gagna le boulevard, se dirigea du côté du bal de la Reine-Blanche et entra dans la boutique d'un marchand de vin, espèce de cave sombre, de trois marches au-dessous du sol et lugubrement éclairée par un seul bec de gaz.

Après avoir traversé la boutique, absolument veuve de clients, il passa dans un petit cabinet où, à la sordide clarté d'une chandelle deux hommes étaient attablés devant une bouteille d'eau-de-vie.

L'un de ces hommes, que le lecteur a déjà vu au début de ce récit, au cabaret de *la Providence*, rue du Pont-Blanc, était Collin, l'ami intime du père Vulcain. L'autre était le père Mardochée, dont le nez crochu, le regard faux et rusé, la longue barbe en pointe, d'un gris sale comme sa chevelure longue, plate et grasse, rappelaient à l'imagination ces juifs du moyen âge qui s'enrichissaient par l'usure et passaient leur vie courbés sous les humiliations et les outrages.

Le père Mardochée faisait à peu près tous les métiers, mais il avait une prédilection particulière pour le commerce des tableaux et possédait au plus haut point le secret de donner à des toiles neuves ces tons roux et enfumés qui distinguent les œuvres des vieux maîtres.

— *Brenez carde*, mon ami, disait-il à Collin au moment où le père Vulcain entrait, *fus pufez drop, c'est drès-maufai bur le zandé.*

— Oui, et ça coûte de l'argent, n'est-ce pas, père Mardochée?

— Non, *fus ne me gombrenez bas*, dit le vieux juif, c'est bar intérêt bur...

— Oui, oui, l'intérêt, ou plutôt les intérêts, c'est votre fort, c'est connu, répliqua Collin avec un sourire ironique.

— Che fus chure, mon pon ami...

— Allons donc, ne faites donc pas le malin avec moi, ça ne prend pas ; avouez que vous êtes un vieux ladre et que votre sang ne fait qu'un tour à chaque petit verre que je bois et n'en parlons plus.

Le vieux Mardochée allait se disculper de nouveau du reproche d'avarice, quand le père Vulcain entra avec son tableau.

— Tonnerre ! s'écria-t-il en le posant à terre, je commençais à en avoir assez.

— Foyons, foyons le Ruystaël, s'écria le vieux juif en se levant brusquement.

Tous les feux de la cupidité s'étaient allumés dans ses petits yeux noirs ; il frémissait de joie à la pensée de l'acquisition qu'il allait faire, et ce fut d'une main tremblante d'émotion qu'il prit la chandelle et en promena la lumière sur toutes les parties de la toile.

Dans son délire, cependant, il ne perdait pas de vue les petites économies.

— Mon pon ami, cria-t-il au père Vulcain, fus pufez poire mon ferre, ché n'y ai bresque bas duché.

— Merci, je suis plus dégoûté que ça, répondit le vieux modèle ; d'ailleurs, ma religion me défend de boire après un juif ; et puis, de l'eau-de-vie, merci, n'en faut pas, ça ne se sent pas au passage.

Il frappa bruyamment sur la table :

— Une chopine d'absinthe, commanda-t-il au garçon qui était accouru.

Le juif tressaillit, mais il n'osa faire aucune observation.

Et il recommença à étudier la toile qu'il avait sous les yeux.

— Drès-peau ! oh ! drès-peau ! murmura-t-il tout bas, de manière à n'être pas entendu des deux buveurs.

Plus il regardait et plus son enthousiasme grandissait.

Mais il se gardait bien de le laisser voir.

— Eh bien, voyons, que pensez-vous de ça, père Mardochée ? lui demanda Collin.

— Eh ! eh ! eh ! fit le juif avec une moue quelque peu dédaigneuse, c'est un Ruystaël, c'est éfitent, che ne tis bas non, mais un Ruystaël de la bremière manière.

— Qu'est-ce que vous me chantez, avec vos manières ? répliqua brusquement le vieux modèle. M. Chaumont, qui est un roublard et qui s'y connaît, l'a payé soixante mille francs et on lui en a donné quatre-vingt mille, ce qui prouve qu'il est de la bonne manière.

— M. Jaumont est un richard qui beut se basser des vantaisies et qui a une ghendèle de milllionnaires, dantis que moi...

— Allons, assez de finasseries comme ça, nous n'avons pas le temps de jaboter, qu'est-ce que vous donnez de la toile ?

Mardochée se mit à examiner de nouveau la toile pour se donner le temps de réfléchir.

— Eh bien ! quand vous voudrez, lui dit le père Vulcain avec impatience.

— Eh bien ! dit enfin le juif, ch'en tonne... oui, ch'en... et pien, oui, ch'en tonne cinq mille vrancs.

— Cinq mille francs ! un tableau de quatre-vingt mille ! jamais.

— Remarquez, mon pon ami, que che ne beux bas le fendre à Paris, d'abord barce qu'il est gonnu de tus les marjands de dapleaux et puis barce que M. Jaumont ira tut de suite vair sa déglarasion à la brevecture de bolice.

— Ça, c'est une raison.

— Il vaut que je barte tut de suite le fendre en Anglederre afant qu'on y abrenne le fol... che feux tire, la disbarition t'un Ruystaël ; ça vait tes crands vrais, vrais te foyage, tempallache, te dransbort, et buis les Ruystaël se fendent très-mal en Anglederre.

— Vieux farceur, va !

— Et buis, envin che gours quelques risques de bolice gorrectionnelle.

— Pas le moindre ; un fils ne poursuit pas son père, ou alors ce serait un monstre ; il me ferait horreur à moi-même et je le renierais. Or, du moment que je ne suis pas inquiété, vous ne courez aucun risque.

— Fotre vils ne boursuivra bas son bère, mais M. Jaumont...

— Diable ! c'est vrai, dit le père Vulcain, dont le front se rembrunit tout à coup ; je n'avais pas réfléchi à ça, moi !

— Enfin, reprit Mardochée, c'est dout ce gue che beux vous faire, mais fus êtes libre de le broboser à un audre.

C'était l'argument suprême du vieux juif dans ces sortes d'affaires.

Le coup portait toujours.

— Oui, merci, dit le père Vulcain, aller trimballer ça de maison en maison pour nous faire pincer tout de suite ! N'y a pas de presse. Oh ! il sait bien qu'il nous tient par là, le vieux singe !

Et s'adressant au juif :

— Allons, aboulez les cinq mille balles, l'affaire est dans le sac.

— Che les ai chustement sur moi.

— Ah ! le vieux malin ! s'écria le père Vulcain, il le connaissait déjà le Ruysdaël pour l'avoir vu à la vitrine de M. Chaumont et il avait pris ses mesures pour ne pas le laisser échapper.

— Du tout, che ne le gonnaissais pas, répliqua le juif en tirant de sa poche un petit sac de cuir.

Il dénoua la ficelle qui attachait ce sac, qu'il vida sur la table.

Il ne contenait que des pièces d'or, dont la vue fit flamboyer son regard et qu'il compta et rangea d'une main frémissante.

— C'est bien ça! dit-il quand il eut compté la somme.

— Oui, oui, le compte y est, répondit le père Vulcain, et maintenant nous allons vous porter le tableau chez vous.

— Non, non; s'écria vivement Mardochée, je m'en charche.

— C'est lourd et il y a loin d'ici à votre logement de la rue des Buttes.

— Oh! che suis encore solite.

Et, saisissant le tableau avec autant de respect que si c'eût été une relique, il le posa sur son épaule et sortit.

FIN DE LA DEUXIÈME PARTIE

Lire la suite du RETOUR DE ROCAMBOLE

TROISIÈME PARTIE

LES REVANCHES DE ROCAMBOLE

DANS LA 50e LIVRAISON

Qui sera en vente partout jeudi prochain, 10 mai.

LE RETOUR DE ROCAMBOLE

Rocambole se coucha à terre et posa sa tête dans le trou du judas. (Page 236.)

TROISIÈME PARTIE

LES REVANCHES DE ROCAMBOLE

ESPIONNAGE.

Rocambole était chez lui, rue Amelot, seul avec madame Taureins, dans le petit salon du rez-de-chaussée, et, tout en causant avec la jeune femme, il jetait des regards fréquents du côté du jardin, comme s'il s'attendait à chaque instant à voir arriver quelqu'un.

30ᵉ LIVRAISON.

— Ah! monsieur Portal, disait en ce moment Valentine, vous ne sauriez vous faire une idée de mon bonheur. Depuis que j'ai passé le seuil de votre maison, je vis, je pense, je respire avec un calme, un abandon et une sécurité dont j'avais perdu jusqu'au souvenir. C'est quelque chose de si doux et de si nouveau pour moi de pouvoir aller et venir, manger et dormir, sans trembler à chaque minute, sans redouter dans l'incident le plus insignifiant quelque piège horrible ou quelque honteuse infamie.

— Oui, oui, répliqua Rocambole, je comprends cela; vous avez tant souffert qu'aujourd'hui le repos et la sécurité c'est pour vous le suprême bonheur.

— Ne plus entendre parler de ces trois monstres; ne plus être exposée à les revoir, quelle joie, mon Dieu! quel ravissement! soupira la jeune femme avec l'expression d'une profonde béatitude.

— Ah! fit Rocambole en s'approchant de la fenêtre, attiré par le bruit que venait de faire la porte de la rue en s'ouvrant.

Il ajouta aussitôt avec une expression de désappointement :

— C'est le facteur!

Le facteur entra presque aussitôt en effet, remit une lettre et sortit.

Cette lettre était à l'adresse de madame Taureins.

— Qui peut m'écrire? dit la jeune femme en la décachetant avec quelque appréhension; car, depuis les terribles épreuves qu'elle avait subies, tout devenait pour elle un sujet d'inquiétude.

Cette lettre était ainsi conçue :

« Madame, M. Taureins, qui sort de chez moi à l'instant, m'a déclaré que non-seulement il renonçait à vous contraindre à revenir habiter avec lui, mais qu'il était tout disposé à entrer dans vos vues concernant une séparation de corps et de biens. Il voudrait seulement éviter le scandale qu'entraînerait un débat judiciaire, et m'a exprimé le désir que l'affaire s'arrangeât à l'amiable dans mon cabinet. Si telle est votre intention, comme j'ai cru pouvoir le lui affirmer, veuillez, je vous prie, vous trouver chez moi après-demain, à trois heures, afin que nous puissions nous entendre sur bien des points avant l'arrivée de M. Taureins, qui doit se présenter vers quatre heures.

« Agréz, madame, l'assurance de ma haute considération,

« HECTOR CHAUTARD. »

— Eh bien, que pensez-vous de cela, mon cher monsieur Portal? demanda Valentine à Rocambole.

— Je pense que M. Taureins, reconnaissant que la partie est perdue pour lui, renonce aux infâmes projets que lui avait suggérés Nanine la Rousse et qu'il trouve tout avantage à conquérir une entière liberté en vous rendant la vôtre. Cette idée doit lui avoir été soufflée par sa marquise de Santarès, que votre absence du domicile conjugal va délivrer désormais de toute contrainte.

— Alors, vous me conseillez d'accepter la proposition de mon mari?

— Il vous tend la perche, vous ne sauriez hésiter à la saisir.

— Vous savez à quel point j'en serai heureuse, je me demande seulement s'il n'y aurait pas là quelque nouveau piège.

— Le rendez-vous a lieu chez votre avocat, que pouvez-vous craindre? ne sera-t-il pas là pour vous conseiller et pour vous protéger au besoin?

— Vous avez raison, dans ces conditions je n'ai rien à redouter et je vais répondre à maître Chautard que je serai chez lui au jour et à l'heure indiqués.

La porte de la rue s'ouvrit de nouveau.

— Ah! cette fois, dit Rocambole, c'est Vanda; que va-t-elle nous apprendre?

Vanda parut bientôt.

— Eh bien, avez-vous réussi? lui demanda Rocambole.

— Hélas! non, répondit Vanda.

— Vous n'avez pu voir Malvina?

— Au contraire.

— Que s'est-il passé alors?

— Je lui ai fait observer qu'il était impossible qu'elle ne fût pas au courant de ce qui s'était passé dans la nuit fatale où sir Ralph avait si odieusement compromis mademoiselle Tatiane, je lui ai affirmé qu'elle n'avait rien à craindre de cet homme, qui peut-être l'avait effrayée par ses menaces, j'ai essayé de lui faire comprendre toute la gravité du crime dont elle se rendrait coupable en causant, par sa complicité ou par son silence, l'éternel malheur de sa jeune maîtresse, elle est restée sourde à toutes mes objurgations, et, malgré toute l'invraisemblance d'une telle supposition, je suis très-portée à croire qu'elle ne sait absolument rien et qu'elle a dormi toute cette nuit, comme elle me l'a déclaré de nouveau.

— C'est ce que je ne puis admettre, répliqua Rocambole, et j'en suis toujours pour ce que j'ai dit tout d'abord; sir Ralph connaît sur son compte quelque secret compromettant et il la tient par là. Enfin elle ne veut rien dire, il est impossible de la faire parler malgré elle, et cela est d'autant plus désespérant que le délai de quinze jours au bout duquel M. Mauvillars s'est engagé à donner une réponse à sir Ralph finit aujourd'hui.

— Je savais cela, aussi ai-je fait tous mes efforts pour réussir.

— Il faudra chercher une autre combinaison, puisqu'il faut décidément renoncer à celle-ci. Avez-vous vu Milon?

— Non.

— Il rôde avec Albert autour de la maison Mauvillars, mais sans plan déterminé, se contentant d'épier à tout hasard ce qui se passe par là et comptant vaguement sur une occasion.

Il achevait à peine de parler quand la porte s'ouvrit de nouveau.

C'était Albert de Prytavin qui entrait.

— Eh bien! demanda-t-il à Vanda, la femme de chambre a-t-elle parlé?

— Non, répondit Vanda.

— J'espère qu'elle parlera, dit Albert.

— D'où te vient cet espoir? demanda vivement Rocambole.

— Voilà ce que c'est! Nous nous sommes dit Milon et moi : Si le maître a deviné juste, comme tout le prouve, si Malvina connaît le mystère que nous cherchons à pénétrer, deux motifs peuvent seuls l'empêcher de le révéler : la cupidité, excitée par la promesse d'une généreuse récompense à la suite du mariage, ou la peur que lui inspirerait sir Ralph, possesseur de quelque secret important de nature à la perdre.

— Fort juste, dit Rocambole, après?

— Je me suis dit alors : Admettons l'hypothèse la plus probable, celle d'un secret compromettant, il est évident que, si nous parvenons à nous emparer de ce secret, à l'aide duquel sir Ralph impose silence à la jeune fille, nous pouvons, nous, nous en servir pour la contraindre à parler.

— Oui, mais y a-t-il un secret?

— Depuis cinq ou six jours que nous sommes aux aguets, nous commencions à en désespérer...

— Et aujourd'hui tu crois...

— Aujourd'hui, c'est-à-dire depuis une heure, je suis sûr.

— Comment as-tu su cela?

— J'ai employé un truc qui n'est pas neuf, mais qui réussit toujours, je me suis insinué dans les bonnes grâces du concierge au moyen de quelques libations, dont l'effet a été de m'attendrir, de me pousser aux confidences et de lui avouer une immense passion pour Malvina, passion honnête, ayant le bon motif pour base, mais tourmentée par une jalousie dévorante. Vu l'honnêteté de mes principes, et touché aussi par l'offre d'une calotte grecque à gland d'or, son rêve depuis de longues années, le concierge comprit mon désir de connaître à fond la vie privée de celle dont je voulais faire ma compagne, et s'engagea non-seulement à me faire part des visites qu'elle pouvait recevoir, mais à me communiquer les lettres qui lui seraient adressées. Cette convention est demeurée cinq jours sans résultat, mais ce matin, comme j'étais en train de déjeuner avec Milon, chez le marchand de vin où j'ai élu domicile pour toute la durée de cette affaire, je vois arriver mon concierge qui, une fois seul avec nous, tire mystérieusement une lettre de sa poche et me la remet. Elle portait l'adresse de mademoiselle Malvina, femme de chambre chez M. Mauvillars. Elle était scellée à l'aide d'un simple pain à cacheter, faible défense contre les indiscrétions. Je pose un instant ce cachet au-dessus de la buée produite par mon café, j'ouvre la lettre sans froisser ni déchirer le papier, et voici ce que je lis : « Malvina, je t'attends ce soir, de neuf heures à dix heures, chez le marchand de vin, au n° 10 de la rue, n'y manque pas, c'est important. »

Voilà tout, et pas de signature.

La lettre lue, je la recachetai et la rendis au concierge avec accompagnement d'une pièce de cinq francs, et il partit.

— Voilà qui promet, dit Rocambole; il doit y avoir quelque amourette sous jeu.

— C'est ce que je pense. Mais ce n'est pas tout, le plus joli de la chose c'est que le marchand de vin chez lequel on donne rendez-vous à la femme de chambre est précisément celui où nous prenons tous les jours nos repas, Milon et moi.

— Ce qui rend une entente facile entre vous.

— C'est déjà fait.

— Ah!

— Nous avons parlé au marchand de vin qui, désireux de conserver les clients qui veulent bien croire à l'authenticité de son vieux pomard et qui le payent comme tel, s'est engagé à nous mettre à même de tout entendre.

— C'est pour ce soir? demanda Rocambole.

— De neuf à dix heures; je suis accouru vous faire part de cette nouvelle et vous demander s'il vous convient d'assister à ce rendez-vous.

— Oui, certes.

— Vous vous rappellerez, numéro 10, au coin de la rue...

— Et je demanderai?

— M. Albert.

— A ce soir donc!

— Et je retourne à mon observatoire. Je ne sais si je me trompe, mais j'ai le pressentiment que nous tenons là de quoi rouler le sir Ralph et sauver la pauvre Tatiane de la honte de lui appartenir.

Quand Albert fut parti, Rocambole dit à madame Taurcins :

— Ce rendez-vous me fait penser au vôtre, madame, et en me rappelant à quelles gens vous avez affaire et de quelle défiance vous devez être toujours armée vis-à-vis d'eux, j'ai résolu de vous accompagner de loin chez votre avocat, de vous attendre à la sortie et de vous suivre de nouveau jusqu'ici. Avec toutes ces précautions, vous pourrez braver leurs mauvais desseins, s'ils en ont contre vous.

Suivons Albert de Prytavin chez le marchand de vin où il doit assister au rendez-vous de Malvina.

II

UNE LUEUR DANS LES TÉNÈBRES.

Il était un peu plus de neuf heures quand Rocambole entrait chez le marchand de vin dont Albert lui avait donné l'adresse et pénétrait ensuite dans le petit cabinet où l'attendait celui-ci en compagnie de Milon.

— J'arrive à temps? demanda Rocambole en entrant.

— Oui, personne n'a encore paru, répondit Albert.

— Qu'y a-t-il de convenu avec le marchand de vin?

Il va faire entrer ses clients dans une pièce attenante à celle-ci.

— Mais, dit Rocambole en parcourant la pièce d'un coup d'œil, comment pourrons-nous entendre? Je ne vois d'autre porte ici que celle qui donne sur la boutique.

— Aussi n'est-ce pas d'ici que nous assisterons à l'entretien qui va avoir lieu. La pièce dans laquelle vont être introduits la femme de chambre et celui que nous croyons devoir être un amoureux est exactement semblable à celle-ci et doit conséquemment leur inspirer une entière sécurité; seulement il y a, au plafond de cette pièce, un judas qui communique à une chambre, celle du marchand de vin, et, en ouvrant ce judas, on entend très-distinctement tout ce qui se dit au-dessous.

— Excellente invention! dit Rocambole.

— D'autant meilleure, que nul ne s'en défie; on regarde toujours autour de soi, jamais au-dessus.

On frappa à la porte en ce moment.

— Entrez, cria Rocambole.

C'était le marchand de vin.

Il ferma la porte avec précaution, et s'approchant d'Albert :

— En voilà déjà trois, lui dit-il.

— Trois! s'écria Albert stupéfait.

— Deux hommes et une femme.

— Alors nous nous sommes trompés, il ne s'agit pas d'amour. Vous êtes sûr qu'ils viennent pour la jeune fille?

— Ils m'ont dit : Donnez-nous un cabinet où l'on puisse causer en toute sûreté, sans crainte d'être entendu, ni dérangé ; une jeune fille viendra bientôt et vous demandera si quelqu'un ne l'attend pas. Vingt ans, jolie mise de femme de chambre, voilà son signalement, vous la ferez entrer, et vous nous laisserez la paix ensuite jusqu'à ce qu'on vous appelle. En attendant un litre de cognac, du chenu et du dur, pas de fine champagne, c'est bon pour les poitrinaires du *Café Anglais*.

— Tiens, tiens, elle a de singulières connaissances, la femme de chambre.

Le marchand de vin allait répliquer, quand un coup de sonnette se fit entendre dans la boutique.

Il y courut.

Mais son absence fut de courte durée. Il revint au bout de cinq minutes.

— C'est la femme de chambre, dit-il.

— Vous l'avez introduite près de ceux qui l'attendaient ?

— Oui.

— Nous pouvons monter à notre chambre, alors ?

— Venez.

Tous trois se levèrent et suivirent le marchand de vin.

Quelques instants après, celui-ci leur ouvrait la porte d'une chambre au premier étage.

Sur le carreau rouge de cette pièce se détachait, juste au milieu, un carré en bois de chêne.

C'était le judas.

Le marchand de vin s'en approcha sur la pointe des pieds, en recommandant à ceux qui le suivaient de marcher avec les mêmes précautions, puis il enleva doucement ce carré.

Il fit signe alors à Rocambole de se pencher au-dessus de l'ouverture qu'il venait de mettre à découvert.

Rocambole s'approcha et vit au-dessous de lui une pièce garnie d'une table, autour de laquelle il distinguait confusément quatre personnes, deux hommes et deux femmes.

La chandelle placée au milieu de la table répandait trop peu de clarté pour permettre de reconnaître les traits de ces quatre individus.

Le marchand de vin venait de sortir.

Rocambole se coucha à terre et posa sa tête dans le trou du judas pour ne rien perdre de l'entretien qui allait avoir lieu.

— Malvina, dit une voix qui fit tressaillir Rocambole, c'est demain, vous le savez, que M. Mauvillars doit me faire connaître sa décision, et comme il n'est pas plus avancé qu'il y a quinze jours, comme rien, absolument rien, n'a transpiré du mystère qu'il cherche à pénétrer avec l'aide de Jacques Turgis, auquel j'ai créé ailleurs des préoccupations qui vont le détourner forcément de cette affaire et le forcer en outre à renoncer à ses prétentions conjugales, comme enfin il reste prouvé pour le monde que Tatiane m'a accompagné de son plein gré au bal de la baronne de Villarsay, acte inouï qui ne permet que la plus déplorable des interprétations, les termes de la lettre que je vais recevoir de M. Mauvillars ne sauraient être douteux ; je l'ai acculé dans une impasse dont il ne peut sortir qu'en consentant à mon union avec sa nièce. Mon plan a pleinement réussi, et je dois dire que votre discrétion est pour beaucoup dans ce succès. Je vais donc épouser Tatiane, cette solution si ardemment souhaitée par moi est devenue inévitable ; mais le mariage n'est pas encore fait et jusque-là vous allez être exposée à bien des tentatives de corruption de la part de mes ennemis, si même ils n'ont déjà commencé.

Il fit une pause avec une intention marquée.

Il attendait une réponse à l'insinuation que renfermaient ses dernières paroles.

— Non, répondit Malvina d'une voix brève.

— Cela ne peut manquer, reprit sir Ralph, et c'est dans cette prévision que j'ai voulu... que nous avons voulu vous parler ce soir.

— Qu'avez-vous à me dire ? demanda la jeune fille, toujours sur le même ton.

— Vos parents vont vous répondre.

— Ma chère enfant, dit alors une voix rauque et rude, dans laquelle on reconnaissait cependant une voix de femme, sir Ralph est un digne jeune homme qui d'un mot pourrait nous envoyer sur la plate-forme à Charlot, et qui n'en fera rien si tu gardes le silence jusqu'à la conclusion du mariage ; or, tu ne voudrais pas avoir à te reprocher la mort de tes bons parents, n'est-ce pas, ma chère petite Malvina ? et tu vas nous donner ta parole de rester muette comme la tombe jusqu'au jour du mariage.

Il y eut un moment de silence.

— C'est cela, répondit enfin la jeune fille d'une voix frémissante, enfant, vous m'avez accablée de mauvais traitements, jeune fille, vous m'avez élevée dans une atmosphère de vices, vous avez voulu faire de moi une fille perdue, une voleuse et même la complice d'un assassinat, et j'aurais été tout cela, et j'aurais passé ma vie moitié dans la débauche et moitié dans les prisons, si je n'eusse été sauvée par un sentiment... dont il est inutile que je vous parle, car vous ne le comprendriez pas.

— Oui, oui, dit la vieille en ricanant, ce jeune homme que tu nous as livré un soir, que tu as ensuite arraché de nos mains, et qui, aujourd'hui, est ton amant, sans doute.

— Taisez-vous, s'écria Malvina d'une voix vibrante d'indignation.

Elle reprit après une pause :

— Je ne l'ai jamais revu, je ne le reverrai jamais peut-être, mais son image est restée gravée dans mon cœur, c'est elle qui m'éclaire et me guide dans la vie, c'est d'elle que me viennent mes inspirations, c'est elle qui m'a refait une conscience, et si je suis pure et honnête aujourd'hui, étant née de vous et élevée par vous, c'est à elle que je le dois.

La jeune fille avait prononcé ces paroles avec un mélange d'exaltation et d'attendrissement qui avait vivement impressionné Rocambole et ses deux compagnons.

Elle reprit bientôt :

— La Providence, qui m'avait prise en pitié, a voulu achever son œuvre en me mettant en contact avec une jeune fille que Dieu a créée parfaite, à laquelle il a donné toutes les grâces et toutes les vertus, si bonne et si charmante, qu'il est impossible de l'approcher sans l'aimer ; et cette jeune fille, pour laquelle je donnerais tout mon sang, on me force à entrer dans un complot qui a pour but de la jeter dans les bras d'un homme... qui est votre ami, c'est tout dire.

— Ah! mais dis donc, s'écria la vieille avec colère, si tu voulais ménager tes termes, à la fin!

— Ah! c'est infâme! c'est infâme! s'écria Malvina en éclatant tout à coup, et j'ai été la complice de ce crime, cent fois plus horrible et plus odieux qu'un assassinat, et cette pure et jeune fille, innocente et candide comme un enfant, le monde la croit perdue et souillée, quand d'un mot je pourrais lui rendre l'honneur et la soustraire à la plus effroyable des hontes, celle d'appartenir à un pareil homme, et tout cela pourquoi? pour vous sauver de l'échafaud... que vous avez si bien mérité tous les deux ; tandis qu'elle, la chère et innocente créature, elle qui m'a prise en affection et me donne chaque jour des marques de sympathie, avait-elle mérité le malheur que lui préparc mon ingratitude? Mais voilà! vos têtes sont exposées, et pour les sauver, il faut qu'elle meure de honte et de douleur, elle, la pauvre et innocente enfant. Oh! tenez, s'écria-t-elle hors d'elle-même et en se levant brusquement, je vous exècre et vous maudis pour le crime que vous me forcez à commettre aujourd'hui.

Cette violente apostrophe fut encore suivie d'un silence.

Ce fut sir Ralph qui le rompit.

— Eh! grand Dieu! dit-il, voilà bien des paroles pour peu de chose. De quoi s'agit-il, après tout? d'un amour contrarié, amour de pensionnaire, dont il ne restera pas de traces dans quelques mois. Mais il faut en finir, nous avons voulu vous voir ce soir pour vous rappeler le serment que vous avez fait et les terribles conséquences qu'aurait un parjure pour ceux qui, après tout, sont vos père et mère, et sur lesquels je me vengerais sans pitié d'une indiscrétion qui ferait manquer mon mariage, je vous en préviens. Deux seules personnes peuvent révéler le mystère d'où dépend mon bonheur et toute ma destinée, vous et la mère Al...

Il s'interrompit tout à coup. Puis il reprit :

— Celle-ci a autant d'intérêt que moi-même à garder le silence, quant à vous...

— Moi, interrompit vivement Malvina, je marcherai jusqu'au bout dans la voie infâme où vous m'avez engagée, et d'où je ne pourrais sortir qu'en jetant au bourreau deux têtes, qui pourtant ne méritent guère de pitié.

Maintenant, vous êtes rassurés, c'est tout ce que vous vouliez tous trois, permettez-moi donc de ne pas m'imposer plus longtemps le supplice de votre société; adieu.

Elle se dirigea vivement vers la porte.

— A mon tour, dit Rocambole en se levant vivement, moi aussi j'ai à causer avec vous, belle Malvina.

Il dit à Albert et à Milon en ouvrant la porte de la chambre :

— Restez ici pour écouter l'entretien de ces trois chenapans, moi je cours après cette jeune fille ; elle vient de révéler ici de beaux sentiments et un attachement profond pour sa jeune maîtresse, je parlerai à son cœur et il est impossible que je ne lui arrache pas la vérité.

III

UN COIN DU VOILE

Malvina avait à peine fait vingt pas dehors quand elle sentit une main toucher légèrement son épaule.

La nuit était noire, la rue déserte à cette heure, la jeune fille jeta un cri d'effroi et voulut doubler le pas.

— Rassurez-vous, Malvina, c'est un ami, lui dit une voix qui n'avait rien d'effrayant.

Et, comme elle semblait hésiter :

— Un ami qui veut vous parler de mademoiselle Tatiane.

Complètement rassurée cette fois, la jeune fille s'arrêta et, se tournant vers celui qui lui adressait la parole :

— Vous connaissez ma jeune maîtrese? lui demanda-t-elle.

— Je connais surtout Jacques Turgis, répondit Rocambole.

— Pauvre jeune homme! murmura Malvina.

— Oui, pauvre jeune homme que le désespoir tuera s'il faut qu'il renonce à sa chère Tatiane.

— Ah! fit Malvina, il vous a dit...

— Oui. Quant à mademoiselle Tatiane, je l'ai vue une fois, mais cela a suffi pour que je m'intéresse vivement à elle, car, ainsi que vous le disiez tout à l'heure, c'est une si charmante et si sympathique nature qu'il est impossible de la voir sans l'aimer.

— Quoi! dit Malvina d'une voix inquiète, vous avez entendu...

— Tout votre entretien avec sir Ralph et vos père et mère.

— Tout? demanda la jeune fille d'une voix émue.

— J'étais venu exprès pour cela et je n'ai rien perdu de ce qui a été dit.

— J'étais espionnée alors?

— Vous l'avez dit.

— Mais dans quelle intention? demanda Malvina qui se mit à trembler.

— Dans l'intention de connaître la vérité sur l'effroyable complot qui enveloppe à cette heure votre jeune maîtresse.

Tout en causant, ils avaient fait une centaine de pas dans la rue de Miroménil.

— Tenez, dit Rocambole en montrant le boulevard Malesherbes entièrement désert à cette heure, tournons de ce côté, nous y serons beaucoup mieux pour causer.

Ils enfilèrent le boulevard dans la direction du parc Monceaux.

Rocambole reprit :

— Cet entretien m'a appris, entre autres choses, que vous aviez au cœur une grande et noble passion et que vous puisiez là toutes vos inspirations comme à une source pure.

— Oh! monsieur! balbutia la jeune fille avec embarras.

— N'en rougissez pas, reprit vivement Rocambole, cet amour a été à la fois votre guide et votre sauvegarde, il vous inspirera, je l'espère, une généreuse résolution.

— Que voulez-vous dire? demanda la jeune fille avec hésitation.

— Malvina, dit gravement Rocambole, il ressort clairement des paroles échangées entre vous et sir Ralph que mademoiselle Tatiane ne s'est pas rendue de son plein gré au bal de la baronne de Villarsay en compagnie de cet homme; malheureusement, c'est tout ce que je sais, l'explication du sinistre mystère qui plane sur cette affaire étrange, cette explication que j'attendais avec une si vive impatience n'a pas été abordée dans votre entretien, et je ne sais qu'une chose, c'est que, malgré toutes les apparences qui la condamnent, votre jeune maîtresse est innocente. Vous pouvez m'avouer cela, puisque vous venez de l'affirmer tout à l'heure avec des paroles d'indignation contre ceux qui vous ont contrainte à les aider dans le complot organisé contre elle.

— C'est vrai, répondit Malvina.

— Voilà donc un fait acquis, prouvé, incontestable : l'innocence de mademoiselle Tatiane, mais cela ne suffit pas, cela ne change absolument rien à la situation de votre jeune maîtresse, il faut pouvoir donner au monde, qui l'a jugée et condamnée, l'explication du piège dans lequel elle est tombée, et, c'est là ce que j'attends de vous, Malvina...

— C'est impossible, répondit la jeune fille d'un ton résolu.

— Impossible! pourquoi?

— Puisque vous avez tout entendu, vous le savez.

— Je sais, en effet, que sir Ralph vous tient par une menace terrible, par une menace de mort suspendue sur la tête de votre père.

— Et de ma mère, murmura Malvina.

— C'est effrayant, et il a là de quoi imposer silence à une fille, quels que soient ses sentiments à l'égard de ses parents, j'en conviens ; mais cette menace, sir Ralph n'oserait la mettre à exécution.

— Oh! il est capable de tout.

— Oui, je le crois impitoyable pour les autres, mais en même temps très-prudent quand il s'agit de lui, et sir Ralph a pour le moins autant de titres que votre père à la plate-forme à Charlot, comme dit madame Claude.

— Ah! dit vivement Malvina, vous connaissez le nom de mes parents?

— Parfaitement; je connais même aussi leur demeure, située à l'extrémité de la rue de Vanves.

— C'est bien cela; mais comment?

— Nous causerons de cela plus tard: quant à présent, c'est de mademoiselle Tatiane qu'il s'agit. J'ai résolu de l'arracher des mains de cet infâme sir Ralph, je l'ai juré à Jacques Turgis, je me le suis juré à moi-même, car, je vous l'ai dit, je m'intéresse à cette jeune fille comme si elle était mon enfant; et maintenant que je viens d'acquérir la certitude de son innocence, dont j'avais déjà l'intime conviction, maintenant que vous m'avez révélé l'existence du complot dont j'avais le pressentiment, vous comprenez qu'il me faut la vérité tout entière.

— Je vous le répète, monsieur, cela est impossible, et vous savez quelle est la raison qui m'empêche de parler.

— Prenez-y garde, répliqua sévèrement Rocambole, si vous vous obstinez à me refuser l'explication que je vous demande, vous me contraindrez à vous faire subir une humiliation que je voudrais vous éviter, car j'ai la plus profonde estime pour votre caractère.

— Une humiliation? balbutia la jeune fille avec inquiétude.

— Si vous ne consentez de bonne grâce, si vous persistez à plonger dans un désespoir sans bornes deux infortunés dont la destinée est entre vos mains et dépend de vous seule, alors j'irai trouver moi-même mademoiselle Tatiane et je lui révélerai, le secret de l'honorable famille à laquelle vous appartenez, tous les détails de la scène à laquelle je viens d'assister.

— Monsieur, oh! je vous en supplie, monsieur, ne faites pas cela; mademoiselle Tatiane me chasserait, et qui pis est, elle me mépriserait.

Et, tout en prononçant ces mots d'une voix qui attestait le trouble profond qui l'agitait, elle pressait avec force dans ses deux mains la main de Rocambole.

— Ce sera avec peine et à la dernière extrémité que je prendrai un parti qui sera votre perte, je le comprends, et dont la conséquence peut être pour vous une effroyable torture si elle vient à la connaissance de l'homme qui vous a inspiré un amour si profond et si pur.

A ces derniers mots, un cri étouffé s'échappa de la poitrine de Malvina, qui murmura d'une voix défaillante :

— Oh! s'il savait cela!

— Je finirai par le découvrir et il le saura par moi.

— Oh! monsieur!

— Je serai sans pitié pour vous comme vous l'êtes pour votre jeune maîtresse.

— Mais, monsieur, puisque vous m'avez entendue, vous savez à quel point je l'aime, vous savez quelle impérieuse nécessité m'empêche de la sauver en révélant la vérité. Ah! s'il ne s'agissait que de moi; si je pouvais, au péril de ma vie...

— Vous vous dévoueriez pour elle, j'en suis convaincu, mais c'est la tête de deux misérables que vous voulez sauver à ses dépens, eh bien, voilà ce que je n'admets pas. Écoutez donc, ceux-là ne sont pas de ma famille, à moi, je n'ai aucune raison pour m'intéresser à eux ; or retenez bien ce que je vais vous dire; si vous refusez ce soir de me donner l'explication du complot dans lequel vous avez trempé, le père et la mère Claude, dénoncés par moi, seront arrêtés demain matin.

— Oh! mais c'est affreux! c'est affreux! s'écria Malvina en proie au plus violent désespoir.

— Je ne reculerai devant rien pour sauver mademoiselle Tatiane, je vous l'ai dit. Voilà donc la situation : dites la vérité, sir Ralph dénonce vos parents; refusez de la faire connaître, c'est par moi qu'ils sont dénoncés; mais, dans le premier cas, du moins, vous aurez fait votre devoir et vous vous serez épargné un remords éternel.

— Mon Dieu! mon Dieu! que faire? murmura la jeune fille en se tordant les mains de désespoir.

Il y eut un moment de silence.

— Tenez, dit tout à coup Rocambole, il me vient une idée qui peut tout arranger.

— Parlez, parlez, s'écria la jeune fille.

— Tout à l'heure sir Ralph disait que deux seules personnes pourraient révéler le mystère dont je cherche le secret, vous et la mère Al...; mais il s'est arrêté brusquement et n'a pas prononcé le nom de cette femme. Eh bien, ce nom, faites-le moi-connaître, et c'est à elle que j'irai demander la vérité que vous avez de si puissantes raisons de me cacher.

— Oh! malheur! malheur! s'écria Malvina, ce nom qui eût été mon salut, ce nom, je ne le sais pas, on a toujours eu la précaution de ne pas le prononcer devant moi.

— J'en suis désolé pour vous, mais alors je suis obligé de maintenir les conditions que je viens de vous poser.

Il y eut une assez longue pause, pendant laquelle la jeune fille paraissait plongée dans de profondes réflexions.

— Écoutez, monsieur, dit-elle enfin d'un ton grave et déterminé, le cas est assez grave pour que je demande à réfléchir.

— Je le comprends, répondit Rocambole.

— Laissez-moi la nuit.

— Et demain?

— Demain, j'aurai pris un parti.

— Quand dois-je aller chercher votre réponse?

— A midi. Adieu, monsieur.

Et elle s'éloigna.

— Enfin, soupira Rocambole, demain je saurai tout, demain Tatiane sera sauvée.

IV

ESPOIR DÉÇU

Le lendemain, dans la matinée, Rocambole recevait la visite de Jacques Turgis.

Une tristesse grave était empreinte sur les traits du jeune homme et altérait sensiblement l'expression habituelle de sa physionomie, généralement ouverte et souriante.

— Mon cher monsieur Portal, dit-il à celui-ci en lui pressant la main, j'ai reçu votre lettre; elle est digne d'un Lacédémonien : « Bonne nouvelle, venez! » cela ne dit rien, mais ça laisse tout à espérer, et j'accours plein d'espoir.

— Et cet espoir ne sera pas déçu, mon cher monsieur Jacques.

Et il raconta à l'artiste tout ce que nous avons déroulé sous les yeux du lecteur dans les deux précédents chapitres.

Quand M. Portal eut terminé ce récit, Jacques s'écria :

— Ah! je savais bien, moi, que Tatiane n'était pas coupable! Les preuves les plus accablantes, les plus palpables s'accumulaient contre elle; mais il y avait là, au fond de mon cœur, un témoignage plus fort, plus éclatant que tous ceux qui se réunissaient pour la condamner, et, à l'éclat de cette pure lumière, je voyais briller son innocence aussi clairement que celui qui lit au fond des consciences.

— Je l'avais jugée comme vous, dit Rocambole, et comme vous je suis heureux de pouvoir attester hautement son innocence ; mais c'est aujourd'hui seulement que notre triomphe sera complet, c'est-à-dire lorsque Malvina nous aura dévoilé toute l'odieuse machination imaginée par sir Ralph pour perdre Tatiane. Voici alors quel est mon projet, et je ne doute pas qu'il ne soit approuvé par M. Mauvillars. Nous réunirons chez celui-ci, sous prétexte de matinée, tous les invités du dernier bal de la baronne de Villarsay, sans oublier sir Ralph, et alors, devant ces témoins de la honte de Tatiane, nous ferons raconter par Malvina tous les détails de l'infâme complot ourdi par sir Ralph, pour perdre la jeune fille et la mettre dans l'impossibilité de refuser sa main.

— A quelle heure doit vous être faite cette précieuse révélation? demanda Jacques.

— A midi.

— Malvina viendra ici?

— Non, c'est moi qui vais me rendre chez elle.

— Merci, cher monsieur Portal, merci pour Tatiane, que vous aurez sauvée d'une honte et d'un malheur auxquels elle n'eût pas survécu, dit Jacques avec l'accent d'une profonde émotion.

— Merci pour Tatiane, répliqua en souriant Rocambole, c'est bien ; mais il me semble que vous pourriez me remercier un peu pour vous-même, car vous êtes quelque peu intéressé dans la question.

— Non, monsieur Portal, répondit tristement l'artiste, Tatiane est perdue pour moi.

— Comment, dit Rocambole en le regardant fixement, est-ce que, malgré vos protestations en faveur de son innocence, vous douteriez...

— Douter de l'innocence de Tatiane! s'écria Jacques, oh! je douterais plutôt de mon honneur!

— Alors je ne vous comprends plus. Quoi! nous nous lançons à la poursuite d'un but qui semblait absolument impossible à atteindre. Je parviens, par un hasard providentiel, à percer les ténèbres impénétrables qui nous cachaient la vérité, au moment même où elle va éclater, quand nous touchons enfin à la réalisation de ce triple rêve, la confusion de votre ennemi, la réhabilitation de Tatiane, votre bonheur à tous deux, c'est alors que vous me dites : Tatiane est perdue pour moi. Voyons, mon cher monsieur Jacques, donnez-moi, je vous prie, l'explication de ce problème.

— C'est une confession pénible que vous me demandez là, mon cher monsieur Portal, répondit Jacques, mais vous avez tant fait pour moi, pour ma chère et adorée Tatiane, que je ne saurais avoir de secrets pour vous; écoutez-moi donc et vous allez connaître enfin la cause de la profonde tristesse que vous avez remarquée en moi depuis quelque temps. Vous vous rappelez cette belle toile de Ruysdaël que vous avez vue un jour à mon atelier.

— Parfaitement! un tableau estimé quatre-vingt mille francs, chiffre que j'ai même eu l'outrecuidance de trouver quelque peu exagéré.

— Eh bien, le jour même où j'étais rentré chez moi, heureux de la promesse que vous m'aviez faite de m'aider à sauver Tatiane, comme je me disposais à quitter mon appartement pour aller travailler, je vois tomber chez moi M. Chaumont, le marchand de tableaux, auquel appartenait cette toile. Il était pâle, hagard, et c'est d'une voix désespérée qu'il m'apprend que son Ruysdaël n'est plus dans n.o.

l'elier, d'où il sortait à l'instant. J'y cours avec lui, croyant à une erreur, mais il n'était que trop vrai, la toile avait disparu.

— Volée? s'écria Rocambole.

— Oui, monsieur Portal, volée, et par qui? Ah ! voilà ce qu'il y a d'horrible et d'effroyable dans cette affaire, volée par mon père !

— Ah ! c'est horrible, en effet, murmura Rocambole avec un mouvement de profonde pitié.

Jacques reprit après un moment de silence :

— M. Chaumont voulait se rendre immédiatement chez le commissaire de police, je le suppliai de n'en rien faire et de consentir à un arrangement avec moi pour le payement de son tableau, ce qu'il fit enfin, en insistant avec une singulière complaisance sur les terribles conséquences qu'aurait pour mon nom l'éclat d'une pareille affaire portée devant les tribunaux. Il partit en me promettant de m'envoyer le lendemain un projet de traité et il tint parole. Ce projet que j'ai gardé sur moi, le voici :

Il tira un papier de sa poche et lut ce qui suit :

« Entre les soussignés, Michel Chaumont, marchand de tableaux, demeurant rue Laffite, d'une part ;

« Et M. Jacques Turgis, artiste peintre, demeurant rue Duperré, d'autre part ;

« Il a été convenu ce qui suit :

« 1º M. Chaumont consent à n'exercer aucune poursuite contre M. Jacques Turgis au sujet d'une toile de Ruysdaël, confiée par ledit Chaumont à cet artiste et qui a été volée dans son atelier par un modèle connu sous le sobriquet de père Vulcain. »

— Vulcain ! s'écria Rocambole, mais j'ai entendu parler de ça.

— C'est mon père, dit Jacques, et vous comprenez la raison pour laquelle M. Chaumont a tenu à mentionner, en tête de cet acte, le vol et le nom du voleur.

— Oui, c'est un homme prudent et avisé, je vois cela.

Jacques reprit la lecture de l'acte :

« Pour indemniser M. Chaumont de la perte de cette toile, dont il lui avait été offert quatre-vingt mille, francs qu'il pouvait espérer de vendre cent vingt mille, mais dont il veut bien ne porter l'estimation qu'à cent mille par considération pour M. Jacques Turgis, à cause de leurs anciennes et excellentes relations, ce dernier s'engage :

« 1º A fournir à M. Chaumont quatre toiles originales par an, d'un mètre de long au moins, au prix de deux mille francs chaque. »

— Deux mille francs ! s'écria Rocambole, combien les vendez-vous donc ?

— De huit à dix mille.

— Mais ce n'est pas un homme, ce marchand de tableaux, c'est un vampire !

— Je continue, dit froidement Jacques :

« 2º A faire, pour M. Chaumont, huit copies par an, dans les mêmes proportions que les toiles originales, et au prix de cinq cents francs chaque copie.

« 3º A travailler exclusivement pour M. Chaumont qui, de son côté, s'engage à prendre, aux prix sus-énoncés, toutes les toiles que pourra produire Jacques Turgis, outre le nombre dont il est fait mention plus haut.

« 4º Ledit traité aura son cours jusqu'à concurrence du remboursement intégral de la somme de cent mille francs, dont M. Jacques Turgis se reconnaît débiteur vis-à-vis de M. Chaumont.

« 5º Il est bien entendu que ledit acte serait nul et de nul effet au cas où M. Chaumont serait remis en possession du Ruysdaël qui lui a été soustrait par le nommé Vulcain.

« Fait double et de bonne foi.

« Michel CHAUMONT,
« Jacques TURGIS.

« Paris, ce 17 mars 186... »

— De bonne foi surtout, s'écrie Rocambole avec colère ; l'affreux Arabe que ce marchand de tableaux ! Puis s'adressant à l'artiste :

— Et vous avez pu risquer cela ?

— Cela ou mon nom déshonoré, c'est-à-dire mon père traduit en police correctionnelle, condamné pour ce vol et pour divers autres délits commis en complicité avec une bande de repris de justice, voilà le choix qui m'était laissé.

— En effet, dit Rocambole, il n'y avait pas à hésiter.

— Vous comprenez également, n'est-ce pas ! que la situation qui m'est faite désormais par ce traité ne me permet plus d'aspirer à la main de Tatiane ?

— Ça, c'est différent, je ne l'admettrai pas sans examen.

— Songez donc que, pendant huit ou neuf années, pendant la période la plus féconde et la plus puissante de ma vie d'artiste, je vais gagner tout juste de quoi vivre ; c'est une carrière brisée.

Rocambole ne répliqua pas.

Il ne pouvait s'empêcher de reconnaître que l'artiste avait raison et qu'il n'y avait rien d'exagéré dans le sentiment de délicatesse qui le déterminait à renoncer à la main de celle qu'il aimait.

— Mais, reprit Jacques, je ne m'en intéresse pas avec moins d'ardeur au salut de Tatiane et j'en suis aussi heureux, je vous le jure, que si elle devait être ma femme.

— Alors, lui dit Rocambole, venez avec moi ; je veux que vous assistiez à mon entretien avec Malvina et que vous appreniez en même temps que moi la vérité sur cette ténébreuse affaire.

Quelle heure est-il ?

Il regarda à sa montre.

— Onze heures et demie, c'est le moment de partir ; avec une voiture, nous devons être à midi rue de Miroménil.

— Pourvu qu'elle consente à parler !

— Je n'ai pas l'ombre d'un doute sur ce point, je lui ai prouvé qu'elle avait tout intérêt à me faire connaître la vérité, elle l'a parfaitement compris et la réflexion n'a pu que la confirmer dans cette opinion.

— Partons donc, dit Jacques, j'ai hâte de savoir à quoi m'en tenir.

Vous vous êtes donc blessée ? Je vois une gouttelette de sang à la paume de votre main. (Page 246.)

Un instant après une voiture les emportait vers la rue de Miroménil et ils arrivaient vers midi à l'hôtel Mauvillars.

— Enfin nous y voilà, murmura Jacques tout tremblant d'émotion, dans quelques instants le sinistre mystère nous sera révélé.

Ils venaient de pénétrer dans la cour de l'hôtel.

— Mademoiselle Malvina ? demanda Rocambole au concierge.

— Elle n'y est pas, répondit celui-ci.

— Elle rentrera bientôt sans doute ?

— Elle ne rentrera pas.

— Que voulez-vous dire ?

— Elle est sortie dès le matin et on a trouvé dans sa chambre un mot par lequel elle prévient mademoiselle Tatiane qu'elle part pour ne plus revenir.

Jacques devint tout pâle à ces paroles.

Rocambole lui-même demeura un instant tout interdit.

Mais il n'était pas homme à se décourager.

— Allons, dit-il en se retournant vers l'artiste, tout est à recommencer !

V

UN MAUVAIS TRIO

La marche des événements nous amène à nous occuper de trois personnages que nous avons laissés dans l'ombre depuis bien longtemps.

Ces personnages sont M. Taureins, Goëzmann et Nanine la Bossue, dite marquise de Santarès.

Or, la veille du jour où madame Taureins recevait de son avocat la lettre par laquelle celui-ci lui donnait rendez-vous dans son cabinet pour s'entendre avec son mari sur les termes d'une séparation à l'amiable, nous trouvons l'honorable trio réuni chez la marquise.

Celle-ci, à moitié couchée sur un canapé, le front

soucieux et le sourcil froncé, semblait plongée dans de profondes réflexions.

Assis en face d'elle dans un large fauteuil, M. Taureins, le regard fixé sur la belle rousse, attendait avec une vague inquiétude qu'elle voulût bien prendre la parole.

Quant à Goëzmann, il se tenait humblement sur une chaise à une distance respectueuse, suivant sa coutume, et ne témoignait ni impatience, ni inquiétude.

— Eh bien, belle Nanine, dit enfin M. Taureins, ennuyé de voir se prolonger le silence de la marquise, vous nous avez fait mander tous deux pour une communication importante, nous voilà et nous attendons qu'il vous plaise de nous faire connaître votre pensée.

La marquise lui jeta un regard étrange, et d'une voix légèrement dédaigneuse :

— Et je parierais, dit-elle, que vous ne soupçonnez même pas quel est le sujet dont je veux vous entretenir.

— Je l'avoue, répondit M. Taureins.

— Et vous, Goëzmann? dit Nanine, sans daigner tourner la tête du côté de l'Allemand.

— Je le soupçonne, répondit froidement celui-ci.

— Ah! fit Nanine.

— Je suppose qu'il est question de madame Taureins.

— Et vous n'avez pas deviné cela, vous? dit Nanine à M. Taureins.

— Nous en sommes débarrassés, que voulez-vous de plus? répondit M. Taureins.

La marquise se tourna vers M. Taureins, avec un mouvement de lionne en furie, et, dardant sur lui un regard de flamme :

— Elle vit! dit-elle avec un accent qui fit tressaillir le banquier.

Il y eut un moment de silence.

— Elle vit, reprit-elle d'une voix basse et avec un accent sinistre, et vous dites que nous en sommes débarrassés! Mais, si votre ambition se contente de si peu, il n'en est pas de même de la mienne. Quand j'aime, je ne veux pas de partage; quand j'aime, il me faut tout de celui à qui j'ai tout donné : son cœur, son âme, sa personne et jusqu'à son nom.

A ce dernier mot, M. Taureins, dont le visage s'était épanoui devant un débordement de jalousie qui flattait sa vanité, se troubla tout à coup.

— Mon nom! balbutia-t-il, mais je ne puis pourtant pas le donner à deux femmes à la fois.

— Alors, je le refuserais; ne vous ai-je pas dit que je ne voulais pas de partage?

— Quelle est donc votre pensée! expliquez-vous.

— C'est ce que je vais faire, puisqu'il faut vous mettre les points sur les i, puisque vous ne trouvez dans votre amour ni assez de dévouement, ni assez d'énergie pour mettre fin à une situation intolérable.

Deux femmes ont des droits sur vous, l'une qui les puise dans son cœur, l'autre qui les tient de la loi, l'une qui vous aime, l'autre qui vous exècre et vous méprise; eh bien, l'une des deux est de trop, et doit disparaître.

— Pourquoi vous préoccuper de madame Taureins? répliqua le banquier; n'est-il pas décidé que nous allons quitter la France dans quelques jours?

— Oui, mais dans quelles conditions! en fugitifs, en criminels, emportant deux millions qui appartiennent à vos créanciers, traînant après nous un nom souillé! Et, tandis qu'elle, saluée de tous, comme une noble et touchante victime, se fera de ce nom une couronne d'épines et une auréole de martyre, moi, à qui vous voulez bien accorder la faveur de m'en parer, une fois contraints de nous cacher à l'étranger, je le porterai comme un stigmate d'infamie! Ah! voilà ce que je ne veux pas! s'écria la marquise en bondissant comme une tigresse; non, je ne veux pas qu'il y ait deux madames Taureins, l'une honorée et adorée comme une sainte, l'autre courbée sous le poids de la honte et méprisée comme la dernière des créatures.

Puis, dardant sur le banquier ce regard implacable qui la rendait effrayante dans ses colères :

— Allons, s'écria-t-elle, assez d'hésitation comme cela, il faut en finir, et, si vous avez peur, laissez-moi faire, je prends sur moi tous les risques et toute la responsabilité.

Devant ce débordement de fureur, M. Taureins était resté pétrifié.

Alors Nanine se tournant brusquement vers Goëzmann :

— Avez-vous une idée? lui demanda-t-elle.

— Oui, car j'attendais tous les jours le vœu que vous venez d'exprimer.

— Voyons votre plan?

— Je vais vous le faire connaître, dès que vous aurez répondu à une question.

— Parlez!

— Je m'ennuie en France et demande à passer avec vous à l'étranger.

— C'est bien ainsi que je l'entends.

— Après l'immense service que je vais vous rendre, et où il y va de ma tête, je crois pouvoir vous demander à ne jamais vous quitter, à vous suivre partout, à vivre de votre vie et sur le pied d'une parfaite intimité.

— Me croyez-vous assez ingrate pour agir autrement?

Elle ajouta en scandant chaque mot avec intention :

— N'ai-je pas toutes sortes de raisons pour vous être attachée et pour tenir à vous fixer près de moi?

— Merci de vous en souvenir, señora, répondit l'Allemand avec un regard et un sourire qui exprimaient à la fois la défiance et la menace :

Puis il reprit :

— Eh bien! mon plan, le voilà. En sortant d'ici, M. Taureins se rend chez maître Chautard, avocat de sa femme.

— Pourquoi faire? demanda vivement le banquier.

— Pour faire savoir à madame Taureins que, conformément au désir qu'elle en a fréquemment exprimé, vous consentez enfin à une séparation de corps et de biens à l'amiable et que vous désirez vous entendre avec elle à ce sujet dans le cabinet de maître Chautard, dont vous acceptez d'avance l'arbitrage en cas de différend.

— Mais pas du tout, s'écria le banquier, je n'ai aucune confiance en cet homme, tout dévoué aux intérêts de madame Taureins et il ne me convient pas...

— Écoutez-moi jusqu'au bout, vous ferez vos objections ensuite, dit Goëzmann.

Il poursuivit :

— Vous conviendrez donc d'un rendez-vous dans le cabinet de l'avocat de votre femme, et, pour ajouter encore à la confiance de celle-ci, vous demanderez que ce rendez-vous ait lieu entre trois et quatre heures, c'est-à-dire en plein jour.

— Après? dit M. Taureins stupéfait.

— Vous arrivez au jour et à l'heure convenus, vous débattez vos intérêts avec maître Chautard, vous vous montrez coulant, on finit d'autant mieux par s'entendre, que vous serez décidé d'avance à faire toutes les concessions qu'on exigera de vous. Enfin, maître Chautard rédige un petit acte et vous n'avez plus qu'à signer.

— Et vous prétendez que je signe?...

— Tout ce qu'on voudra.

— Et puis? demanda Nanine.

— Quand vous aurez apposé chacun votre signature au bas de cet acte, dont toutes les clauses seront à l'avantage de madame Taureins, il ne vous reste plus qu'à prendre congé d'elle, ce que vous faites en lui disant : Madame, j'ai eu de grands torts à votre égard, je le confesse ; mais, vous devez le reconnaître, je les ai réparés de mon mieux en vous faisant tous les avantages dans l'acte que nous venons de signer ; si cela ne vous suffit pas, je suis prêt à vous accorder plus encore et ne vous demande en échange que l'oubli du passé et votre main en signe de pardon au moment de vous dire un éternel adieu.

— Et nous nous quitterons? demanda M. Taureins stupéfait.

— Attendez donc. Après la grandeur d'âme dont vous aurez fait preuve, madame Taureins, touchée d'ailleurs de l'accent ému que vous saurez donner à votre voix, ne pourra se dispenser de vous offrir sa main, sa main droite, celle qu'elle aura dégantée pour signer ; vous la presserez dans la vôtre avec effusion, avec une vive effusion, et vous prendrez congé d'elle.

— Et après? demanda le banquier d'un air ahuri.

— Et bien! après, c'est-à-dire deux heures après, vous serez veuf.

— Hein? veuf? comment cela? s'écria M. Taureins.

— Ah! reprit Goëzmann en souriant, c'est que j'oubliais un détail.

— Dites donc.

L'Allemand tira de son doigt un anneau orné d'une émeraude et, la mettant sous les yeux de M. Taureins :

— Examinez cette pierre, lui dit-il, et vous remarquerez qu'au lieu de former une facette aplatie, elle se termine en pointe assez aiguë.

— En effet.

— Elle a une autre singularité : elle est creuse.

— Ah!

— Mais au moment de vous rendre chez maître Chautard, elle sera remplie d'un certain poison à moi connu, et vous l'aurez au doigt, mais le chaton tourné en dedans. Comprenez-vous, maintenant?

— A peu près, répondit le banquier en se troublant tout à coup.

— En pressant la main de votre femme, vous lui faites à la main une légère écorchure, presque imperceptible, mais suffisante pour infiltrer le poison sous l'épiderme, et madame Taureins retourne radieuse chez M. Portal, sans se douter qu'elle emporte la mort avec elle.

— C'est fort ingénieux, dit froidement la marquise.

— Et fort agréable... pour celui qui l'emploie, répliqua Goëzmann en souriant, en ce que ce poison ne laisse aucune trace. J'ai appris cela dans l'Inde, où j'ai passé de longues années, ce qui prouve, comme on l'a dit souvent, que les voyages forment la jeunesse.

Il ajouta en se levant :

— Je vous quitte pour aller préparer mon petit liquide, que je n'introduirai dans l'émeraude qu'au moment où vous partirez pour nous rendre chez maître Chautard.

Il partit emportant un charmant sourire de la marquise.

Il franchit d'un pas lourd et bruyant la pièce qui faisait suite à celle qu'il venait de quitter ; puis, s'arrêtant brusquement, il ôta ses souliers, revint sans bruit sur ses pas et colla son oreille à la porte.

Voici le fragment de dialogue qu'il put entendre :

— Rassurez-vous, disait Nanine, je sais que vous ne pouvez le souffrir ; il me déplaît autant qu'à vous, et je n'ai jamais eu l'intention de l'emmener.

— Mais comment ferez-vous pour nous en débarrasser?

— Le jour du départ convenu, nous filerons la nuit précédente, et, en quittant Paris, j'adresserai une petite note à la préfecture de police concernant notre ami Goëzmann, qui sera arrêté et coffré le lendemain.

— C'est ce que nous verrons! murmura l'Allemand.

Et il sortit sur la pointe des pieds et ses souliers à la main.

VI

LA GOUTTE DE SANG

Il était deux heures environ lorsque Paul de Tréviannes se présenta chez M. Portal, prévenu par une lettre de celui-ci de l'heureuse tournure que prenaient les affaires de madame Taureins.

Il trouva la jeune femme tout habillée et causant avec Vanda et Rocambole en attendant l'heure de partir pour la rue de Provence, où demeurait son avocat.

A son entrée, un charmant sourire effleura les lèvres de Valentine, qui lui tendit la main en lui disant :

— Vous savez la bonne nouvelle?

— Et j'accours vous en féliciter, répondit le jeune homme en baisant la belle main qu'on lui offrait.

Il ajouta d'un ton sérieux et inquiet :

— Mais êtes-vous bien sûre que ce ne soit pas un nouveau piège imaginé par cette odieuse marquise de Santarès?

— C'est impossible, le rendez-vous a lieu en plein jour, au centre de Paris, et chez mon avocat.

— En effet, dit Paul, quelque défiance que m'inspirent cette femme et son lâche complice, je ne vois pas quel danger vous pourriez courir dans de telles conditions.

— Quoiqu'il y ait là en effet de quoi vous rassurer complétement, dit Rocambole, j'ai résolu, par surcroît de précaution, de suivre de loin la voiture de madame Taureins, de surveiller les abords de la maison tout le temps qu'elle restera chez son avocat, et de l'accompagner de même au retour, jusqu'à ce qu'elle ait passé le seuil de cette maison.

— Voulez-vous me permettre de me joindre à vous, monsieur Portal? demanda vivement Paul de Tréviannes.

— Très-volontiers, quoique je n'en voie pas l'utilité.

— D'abord je serai heureux, bien heureux de veiller sur madame.

— Je comprends cela.

— Et puis mon concours ne vous sera peut-être pas tout à fait inutile.

— Quant à cela...

— Vous veillerez autour de la maison, n'est-ce pas?

— Oui.

— Mais êtes-vous bien sûr qu'on ne puisse pas organiser quelque guet-apens dans l'escalier?

— Vous avez raison, je n'avais pas songé à cela.

— Eh bien, c'est là que je ferai sentinelle. Or protégée par vous dans la rue, par moi dans l'escalier, par Mᵉ Chautard dans sa propre maison, je me demande quel est le danger qui pourrait atteindre madame Taureins.

— Je crois que nous avons tout prévu et que nous n'avons rien à redouter.

— Non, non, dit à son tour Valentine, il n'y a pas de piège, j'en suis convaincue ; M. Taureins est de bonne foi en me proposant cette séparation, et c'est la première fois que j'aurai eu à me louer de cette marquise de Santarès, qui, j'en suis sûre, lui a suggéré cette idée. Elle a voulu rompre tous les liens qui m'attachaient à celui qu'elle veut tenir seule sous son joug, et je ne puis que me féliciter de cette inspiration qui va briser presque entièrement une union devenue pour moi depuis longtemps une honte et un supplice.

— Cette chère marquise, dit Paul en riant, elle aura donc accompli une bonne action dans sa vie sans le vouloir, il est vrai.

— Allons! puisque tout le monde est content, ne laissez pas échapper une si belle occasion, et permettez-moi de vous faire observer que la joie vous fait oublier l'heure, dit Vanda en montrant la pendule qui marquait deux heures et demie.

— En effet, dit Rocambole en se levant, c'est à trois heures que vous devez être chez Mᵉ Chautard, madame, ne le faisons donc pas attendre.

Voici justement les voitures qui ont été commandées pour cette heure-ci.

Deux voitures venaient de s'arrêter en effet devant la porte.

— Vanda, dit Rocambole au moment de partir, la comtesse de Sinabria doit venir entre trois et quatre heures, vous voudrez bien la prier de m'attendre.

Puis prenant deux lettres sur son bureau :

— Il faudrait faire jeter ces lettres à la poste, dit-il en les lui remettant.

L'une de ces lettre était adressée à M. Robertson, rue du Foin-Saint-Jacques, n° 5.

Et l'autre portait cette suscription qui étonnera sans doute le lecteur : « Monsieur Rascal, rue des Partants, n° 14. »

Puis il sortit avec Paul de Tréviannes et madame Taureins.

Celle-ci monta dans une voiture qui partit aussitôt.

Rocambole et Paul de Tréviannes prirent place dans l'autre, qui laissa prendre à la première une avance d'une centaine de pas.

— Allons, dit Rocambole au jeune homme, il me semble que l'horizon de vos amours commence à s'éclairer.

— Hélas! répondit Paul, je vois là pour madame Taureins un dénouement heureux à une situation humiliante et pleine de périls, mais moi, personnellement, quel avantage retirerai-je de cette séparation? Aucun ; le lien qui l'attache à cet homme, quoique très-relâché désormais, n'en existe pas moins, elle reste toujours enchaînée et ce misérable est toujours un obstacle à mon bonheur.

— En attendant qu'un événement imprévu supprime cet obstacle et vu le milieu où vit M. Taureins, je m'attends toujours à quelque drame ; en attendant cela, vous pourrez voir librement madame Taureins, qui demeurera chez elle dans quelques jours.

— Qui sait si elle voudra me recevoir?

— C'est moi qui le sais, elle vous aime trop pour vous refuser sa porte.

— Elle m'aime, oh! oui, je le crois... je le sais, mais cette situation de femme séparée va lui imposer une extrême circonspection, elle se sentira plus que jamais surveillée par ses ennemis, par la marquise surtout, dont la haine insatiable guettera sans cesse une occasion de vengeance, de sorte que l'accès de sa maison va me devenir plus difficile peut-être que lorsqu'elle habitait sous le même toit que son mari.

Il reprit après un moment de silence :

— Une affreuse pensée s'empare de moi à l'instant.

— Qu'est-ce donc?

— Une séparation ne saurait suffire à la marquise, cela ne remplit pas le but qu'elle se propose et que j'ai deviné depuis longtemps, elle voudrait se dépouiller, comme d'un vêtement souillé, de ce nom de marquise de Santarès, qui la relègue à jamais dans la partie impure et gangrenée de la société, et elle rêve de le remplacer par un nom qui lui ouvre toutes grandes les portes du monde qui la méprise et la répudie aujourd'hui.

— Et vous croyez que la pensée d'un crime...

— Ne l'arrêterait pas, non certes.

— Je le crois comme vous, car elle a débuté dans la vie par un meurtre, accompli à l'âge de seize ans, mais alors, pourquoi cette séparation, qui a pour conséquence de mettre madame Taureins à l'abri de ses coups?

— Au contraire, elle la met précisément à sa discrétion.

— Comment cela?

— La marquise a dû se faire ce raisonnement :

Goësmann tirait de sa poche un revolver et en dirigeait les six gueules sur M. Taureins. (Page 247.)

En allant de moi-même au devant d'une séparation, car elle sait bien qu'on lui attribuera cette idée, je rassure complétement madame Taureins, je lui fais croire que toute mon ambition se borne là, et je lui inspire la plus entière sécurité. Rassurée désormais sur mes intentions, ne se croyant plus menacée, elle se laisse vivre sans défiance, sans prendre aucune des précautions dont elle s'est entourée jusque-là, et alors, dans l'isolement où elle va se trouver, il me sera facile de l'atteindre.

— Il se peut, en effet, que vous ayez deviné juste et que tel soit l'espoir de la marquise, mais elle sera trompée dans ses prévisions, car, loin de m'endormir dans une dangereuse confiance, j'ai résolu de redoubler de vigilance et de sollicitude autour de madame Taureins à partir du jour où elle quittera ma maison pour s'installer dans la sienne. Ce jour-là je lui donnerai pour majordome et pour homme de confiance, chargé d'abord de choisir lui-même, puis de surveiller tous ses domestiques, un individu qui fera bonne garde, je vous le jure, et sur qui elle pourra compter comme sur moi-même, c'est Milon.

— Je le connais et sais qu'on peut se reposer sur lui.

— Il ne bougera pas de là quand elle sera au logis et l'accompagnera partout quand elle sortira ; avec un pareil gardien je puis défier l'odieux trio qui, depuis si longtemps, s'acharne à sa perte. Mais nous voici arrivés.

La voiture de madame Taureins venait de s'arrêter.

Rocambole fit arrêter également sa voiture à une certaine distance de celle de la jeune femme, puis il sauta à terre, ainsi que Paul de Tréviannes.

Celui-ci s'élança aussitôt vers la porte cochère que venait de franchir madame Taureins, et elle était à peine au milieu de l'escalier au moment où il touchait les premières marches.

L'escalier était large et clair, et l'avocat demeurait au premier étage.

Paul de Tréviannes sentit se dissiper à l'aspect de cette maison toute crainte de piége et de guet-apens, ce qui ne l'empêcha pas de rester là jusqu'à ce que madame Taureins fût entrée chez l'avocat.

Puis, réfléchissant que M. Taureins devait venir après sa femme, il gravit le second étage pour éviter sa rencontre et se tint en observation dans l'escalier, où il résolut d'attendre la sortie de la jeune femme.

Il était là depuis une demi-heure quand il entendit un bruit de pas dans l'escalier.

Il se pencha avec précaution au-dessus de la rampe et reconnut M. Taureins, qui, un instant après, sonnait à la porte de Mᵉ Chautard et était introduit.

Paul de Tréviannes resta immobile à son poste.

Au bout de trois quarts d'heure, la porte de l'avocat s'ouvrit de nouveau, et il vit sortir M. Taureins, qui descendit rapidement l'escalier et disparut.

Quelques minutes après, la jeune femme sortait à son tour.

Paul descendit rapidement et l'aborda :

— Eh bien ? lui demanda-t-il.

— Tout s'est passé pour le mieux, répondit Valentine toute rayonnante ; il faut de sérieux griefs pour obtenir la séparation, et M. Taureins, je dois en convenir, a reconnu et laissé constater tous ses torts avec une franchise et une facilité dont j'ai été touchée.

Tout en causant, ils étaient arrivés au bas de l'escalier.

Là ils trouvèrent Rocambole, qui attendait la jeune femme avec impatience.

— Tout est terminé, lui dit celle-ci allant au-devant de ses questions ; la séparation sera prononcée sans difficulté. Mᵉ Chautard en est convaincu.

Comme elle gantait sa main droite, Paul de Tréviannes lui dit tout à coup d'un ton inquiet :

— Vous vous êtes donc blessée ? Je vois une goutelette de sang à la paume de votre main.

Valentine regarda sa main, essuya le sang avec son mouchoir et répondit en souriant :

— Une écorchure imperceptible ; ce n'est rien, je ne l'ai même pas sentie.

— Et maintenant, dit Rocambole d'un ton joyeux, en route pour la rue Amelot !

VII

LES BONS COMPTES FONT LES BONS AMIS

Le soir de ce même jour, vers neuf heures environ, nous trouvons les trois complices attablés chez la marquise de Santarès, devant un splendide dessert, au milieu duquel se dressent çà et là quelques bouteilles de champagne et de liqueurs.

La marquise est fort animée ; Goëzmann rit de temps à autre, mais de ce rire équivoque qui lui est particulier et qui est toujours quelque chose d'inquiétant.

M. Taureins seul, malgré tous les stimulants dont il a usé et même abusé pendant le dîner et le dessert, reste impassible.

Ni les mets exquis, ni le champagne, ni le café, ni les liqueurs n'ont pu dérider ses traits, ni dissiper la pâleur de son teint qui est resté livide depuis le commencement jusqu'à la fin du repas.

— Ah çà ! lui dit enfin la marquise, après avoir longtemps et vainement essayé de lui arracher un sourire, avez-vous bientôt fini de nous faire cette figure de spectre :

— Un spectre ! murmura le banquier en tressaillant à ce dernier mot, le seul qu'il eût entendu.

— Oh ! vous commencez à me fatiguer avec vos perpétuelles terreurs, s'écria Nanine avec un mouvement d'impatience ; voyons, tâchez de surmonter cette faiblesse indigne d'un homme, et répondez enfin à la question que je vous ai posée vingt fois depuis une heure sans pouvoir obtenir de réponse ; comment s'est passé l'incident final de votre entrevue avec madame Taureins ?

— Eh bien, répondit le banquier d'une voix sourde, qui semblait sortir avec peine de sa gorge, cela s'est passé... comme il était convenu.

— Oh ! cela ne me suffit pas, précisez, je vous en supplie, précisez.

— Que voulez-vous que je vous dise ? Une fois l'acte rédigé et signé, je lui ai demandé de me donner la main en signe d'oubli et de pardon.

— Et elle a consenti ?

— Non sans hésiter.

— Enfin ?

— Enfin elle m'a présenté sa main nue, je l'ai pressée de manière à appuyer assez fortement sur la paume l'émeraude de l'anneau et...

— Et elle n'a pas jeté un cri de douleur ?

— Soit que la douleur fût très-légère, soit que madame Taureins fût très-préoccupée, en ce moment, de ce qui venait de se passer, elle n'a rien manifesté.

— Êtes-vous sûr au moins d'avoir percé l'épiderme ?

— J'en suis sûr.

— Qui vous le prouve, puisqu'elle n'a rien ressenti ?

— J'ai vu du sang à la paume de sa main.

— Alors, le succès est complet.

Elle ajouta en jetant sur le banquier un regard défiant :

— Au reste si le poison a porté, nous le saurons demain matin, car à l'heure qu'il est tout doit être fini depuis longtemps, et dans le cas où, faute d'énergie, vous auriez échoué, eh bien, ce serait à recommencer, voilà tout.

Un rire sec et strident se fit entendre en ce moment.

La marquise se retourna étonnée.

C'était Goëzmann qui riait ainsi.

— Qu'avez-vous donc ? lui demanda-t-elle froidement.

— C'est donc décidément demain que vous partez, c'est-à-dire que nous partons ? demanda l'Allemand.

— Sans doute, demain, à six heures du matin, comme je vous l'ai dit hier.

— Pour l'Espagne ? reprit Goëzmann.

— Certainement, pour l'Espagne.

— Le pays des châteaux en l'air, s'écria l'Allemand avec ce même rire discordant qui venait de frapper la marquise.

— Ah çà ! dit celle-ci en le regardant fixement, vous avez d'étranges gaietés aujourd'hui, mon cher Goëzmann, vous êtes donc bien joyeux ?

— Extrêmement joyeux, répondit Goëzmann.
— Et la raison de cette grande joie?
— Mais, la perspective de l'heureuse existence que je vais mener désormais entre vous deux, dans ce beau pays d'Espagne qui vous a vue naître, belle marquise.

Il ajouta aussitôt en changeant de ton :
— Et puis, je riais aussi d'un rêve que j'ai fait la nuit dernière.
— Il est donc bien drôle, votre rêve, dit Nanine, le regard toujours attaché sur l'Allemand, dont la gaieté lui semblait de moins en moins naturelle.
— Il est drôle et il n'est pas drôle, ça dépend du tempérament de ceux qui l'écoutent.
— Contez-le-moi donc, ce rêve, car moi aussi j'ai envie de rire, dit la marquise en se rapprochant de l'Allemand.
— D'abord, je voyais passer madame Taureins; elle rentrait chez notre ennemi, M. Portal, et là seulement, en ôtant son gant, elle remarquait à la paume de sa main une légère déchirure et un peu de sang.
— Ah! fit joyeusement la belle rousse.
— Sept ou huit heures passaient, poursuivit Goëzmann, et, à mon extrême surprise, je voyais madame Taureins dans son lit, dormant d'un sommeil calme, régulier, souriant à quelque doux rêve et murmurant tout bas un nom : Paul.
— Paul de Tréviannes, celui qu'elle aime autant qu'elle vous hait, dit Nanine en se tournant vers M. Taureins avec un rire diabolique.

M. Taureins ne répondit pas.
Il frissonnait comme s'il eût eu la fièvre; sa pâleur prenait des tons cadavéreux, et ses yeux, d'un éclat et d'une fixité extraordinaire, trahissaient une sombre et mystérieuse surexcitation.
— Puis, poursuivit Goëzmann, ainsi qu'il arrive souvent dans les rêves, où l'impossible semble tout naturel, je voyais assis en face l'un de l'autre, dans la chambre de madame Taureins et causant tranquillement de leurs petites affaires, devinez qui? M. Taureins et la belle marquise de Santarès.
— Cela ne manquait pas d'originalité, dit celle-ci en riant.
— Ils causaient de votre humble serviteur, reprit Goëzmann, et la belle rousse disait au banquier : « Soyez tranquille, il me déplaît pour le moins autant qu'à vous et je n'ai nullement l'intention de l'emmener en Espagne, comme je viens de le lui faire croire. Nous partirons donc la veille du jour convenu avec lui; mais, comme nous ne pouvons nous montrer ingrats à son égard après le service qu'il vient de nous rendre en nous débarrassant de votre femme, il faut au moins nous occuper de lui trouver un logement avant de partir, et je vais écrire un mot à cet effet à M. le préfet de police qui, vu la façon toute particulière dont je le recommanderai, se fera un devoir de lui procurer un logement sain et bien clos. »

A ces mots la marquise se leva tout à coup, en proie à un trouble subit.
— Qu'est-ce que cela signifie? demanda-t-elle.
— Laissez-moi donc achever mon rêve, répliqua l'Allemand avec son équivoque sourire, rêve toujours insensé, puisqu'il me montre Goëzmann l'oreille collée à la porte de madame Taureins et écoutant le dialogue du banquier et de la marquise.
— Allons! s'écria celle-ci avec un sourire qui se changea aussitôt en grimace sur ses traits contractés, vous avez raison, votre rêve est un tissu d'absurdités.
— Vous avez dit le mot, répliqua l'Allemand; mais vous ne savez pas encore jusqu'à quel degré de folie il s'élève; écoutez plutôt. Un changement à vue s'opère, nous passons de la chambre de madame Taureins dans une salle à manger dont le luxe et le confortable rappellent... celle-ci, tenez! Là se trouvent réunis à la même table les trois personnages dont mon rêve continue à s'occuper : M. Taureins, la marquise et Goëzmann. On dîne, on trinque, on s'amuse, quand tout à coup l'Allemand tire un revolver de sa poche et dit au banquier : « Cher monsieur, j'ai l'honneur de vous faire part du mariage de M. Fritz Goëzmann avec mademoiselle Nanine, marquise de Santarès, qui a été célébré, il y a six ans, à Barcelone; ce qui autorise ledit Goëzmann à vous brûler la cervelle, vu l'atteinte grave que vous portez à son honneur et à sa considération en entretenant publiquement sa femme légitime depuis plusieurs années. »

Et en parlant ainsi, Goëzmann tirait de sa poche un revolver dont il dirigeait les six gueules sur M. Taureins.
— Ah çà, que veut-il dire? Que veut-il dire? s'écria celui-ci en se rejetant vivement en arrière.

Mais la marquise était incapable de répondre.
Elle avait affreusement pâli et ses lèvres blêmies s'agitaient sans pouvoir proférer une parole.
— Voilà ce que c'est, répondit Goëzmann, qui, lui, était resté calme; la belle Nanine, comprenant tous les services que pouvait lui rendre un homme dévoué et peu scrupuleux à la fois, avait eu la pensée aussi profonde que peu commune de m'attacher irrévocablement à sa personne par le lien du mariage : Reste dans l'ombre, laisse-moi faire fortune par tous les moyens permis et autres, et, quand nous serons riches, nous nous retirerons tous deux dans quelque capitale, où nous éclabousserons les imbéciles en riant des dupes qui se seront laissé dépouiller par moi.

Je suis d'un pays où l'on n'est pas superstitieux à l'endroit de la morale, j'acceptai le marché et puis me rendre cette justice que j'ai tenu fidèlement, en ce qui me concerne, toutes les clauses du contrat; je comptais sur une loyale réciprocité de la part de mon honorable et légitime moitié, et voilà qu'au moment où nous pouvons aller jouir en paix du fruit de nos petites économies, je découvre que toute sa reconnaissance se borne à vouloir me recommander à la sollicitude de M. le préfet de police. Ah! mais non, ce n'est pas là mon rêve, je me fâche, et, puisque vous voulez faire bande à part, voici mes conditions : vous irez ensemble de votre côté, j'irai seul du mien; mais pour me consoler de mon isolement et pour panser les blessures faites à mon honneur, je demande un million. Vous qui savez mieux que personne que l'honneur est sans prix, monsieur Taureins, vous serez le premier à reconnaître que ma demande est modeste et je ne doute pas que vous ne vous empressiez d'y faire droit.

M. Taureins et la marquise étaient atterrés et ce petit discours fut suivi d'un assez long silence.

— Mais, balbutia enfin le banquier, où voulez-vous que je trouve un million ?

— Mais, répondit tranquillement Goëzmann, dans le petit coffret que vous avez apporté avec vous et que j'ai vu à votre main, caché dans le café en face, d'où je guettais votre arrivée.

— Mais, dit M. Taureins, je vous assure…

Goëzmann arma son revolver; puis, avec le plus grand calme :

— Vous partez à minuit avec madame, je le sais; moi je pars à onze heures, nous n'avons donc pas de temps à perdre.

Et ajustant le banquier :

— Le million tout de suite, où je lâche le coup; et pour que vous compreniez bien que cela est sérieux, je vous préviens que j'ai apporté avec moi mon acte de mariage qui, je vous le répète, me permet de vous tuer comme un chien chez ma femme et sans que ma peau coure le moindre risque, sans quoi je vous épargnerais, croyez-le bien.

M. Taureins comprit qu'en effet la menace était sérieuse et qu'il n'y avait pas à hésiter.

Il sortit et revint bientôt avec un coffret à la main.

— Allons ! soupira-t-il en l'ouvrant.

Il était bourré de billets de banque.

— Tenez, donnez-m'en la moitié au hasard, dit Goëzmann.

C'est ce que fit le banquier.

L'Allemand se leva alors et, souriant à M. Taureins et à la marquise :

— Et, comme vous avez été gentils avec papa, leur dit-il, je vous promets pour bientôt une bonne petite nouvelle.

Et son paquet de billets sous le bras, il sortit.

VIII

LES MALICES DE GOEZMANN

M. Taureins et la marquise furent quelque temps à se remettre de l'émotion qu'ils venaient d'éprouver.

— Un million ! s'écria enfin le banquier, trahissant par un seul mot le principal objet des réflexions dans lesquelles il était resté absorbé, le misérable ! Il m'a volé un million !

— Eh ! monsieur ! s'écria Nanime, il faut être juste et avouer franchement ses fautes, Goëzmann n'est pas un misérable, c'est nous qui sommes des imprudents, c'est nous qui avons eu tort de ne pas nous défier et de le laisser surprendre un entretien qui devait nous en faire un ennemi en lui prouvant qu'il était trahi. Il a pris sa revanche, nous sommes vaincus, résignons-nous et tâchons de profiter de la leçon pour l'avenir. Mais hâtons-nous d'achever nos préparatifs. Vous avez envoyé votre malle à la gare, n'est-ce pas !

— C'est-à-dire que je l'y ai transportée moi-même dans une voiture publique, et que je ne suis venu ici qu'après l'avoir fait inscrire sous mes yeux.

— Bon ! les miennes sont prêtes, je n'ai plus que quelques objets précieux à y ajouter et nous partons.

— Oui, oui, le plus tôt possible, dit M. Taureins, qui ne cessait de frissonner, je ne respirerai librement que du moment où nous aurons passé la frontière.

— Eh ! calmez-vous donc, lui dit la marquise en haussant les épaules, que pouvez-vous craindre et comment voulez-vous qu'on ait quelque soupçon de votre fuite ?

— C'est impossible, car j'ai pris mes précautions et donné pour raison de mon absence un petit voyage d'agrément de quelques jours.

— Eh bien, dans quelques jours nous serons à Madrid et quand on découvrira le pot aux roses, nous nous moquerons de la police française.

— Quelle heure est-il ? demanda le banquier en jetant un regard inquiet du côté de la pendule.

— Onze heures, je vais envoyer chercher une voiture et nous partons.

— Oui, oui, partons, partons vite, murmura M. Taureins en essuyant la sueur qui coulait de son front, je suis mal à mon aise dans Paris et je voudrais déjà être en route.

Il piétinait avec impatience tout en parlant.

— Mais dominez-vous donc, lui dit Nanime, vous êtes pâle comme un mort, et vos traits expriment si clairement les transes qui vous dévorent, qu'un agent de police vous arrêterait de confiance, convaincu que vous venez de faire un mauvais coup.

— Un mauvais coup ! murmura le banquier en se laissant tomber dans un fauteuil, il ne se tromperait pas. Ma femme morte à cette heure, tuée par moi !… Et qui me dit qu'on ne se soit pas déjà aperçu.

Comme il prononçait ces paroles, un coup de sonnette se fit entendre.

M. Taureins se leva d'un bond, et le frisson qui l'agitait depuis deux heures redoubla tout à coup.

— Nanine ! Nanine ! balbutia-t-il, en proie à une angoisse qui lui serrait la gorge, qu'est-ce que c'est ? qu'est-ce que ça peut-être ? Qui peut venir à cette heure ?

— Rassurez-vous, ce n'est pas le bourreau, répondit la marquise avec un accent méprisant.

— Le bourreau ! le bourreau ! murmura le banquier en fléchissant sur ses jambes, vous avez des mots !…

La porte venait de s'ouvrir.

— Je vous en prie, dit M. Taureins à la marquise, allez voir qui est là.

— Allons, j'y vais, dit celle-ci en sortant.

Elle rentrait un instant après.

— Qu'est-ce que c'est ! qu'est-ce que c'est ? demanda M. Taureins qui s'était rejeté dans son fauteuil.

— C'est la concierge.

— Que voulait-elle ?

— Elle apporte une lettre pour vous.

— Pour moi ! s'écria le banquier avec effroi, on me sait ici alors ! et…

— Cette lettre vient d'être remise par un garçon de café avec prière à la concierge de la monter de suite.

Elle remit la lettre au banquier, qui la décacheta avec une impatience fiévreuse et voulut la lire.

C'est bien là M. Taureins? demanda le commissaire à la marquise. — Oui, monsieur. (Page 253.)

Mais il la tendit aussitôt à la marquise en lui disant :

— Je ne peux pas, je ne vois rien, je ne distingue pas un mot, tout se mêle et se confond devant mes yeux. Lisez.

— Tiens! dit Nanine stupéfaite, c'est l'écriture de Goëzmann.

— Cette lettre doit contenir quelque chose d'effroyable. J'ai peur de cet homme, murmura M. Taureins.

— J'avoue que je n'en attends rien de bon, répliqua la marquise en fronçant légèrement le sourcil.

Elle lut :

« Cher monsieur Taureins, vous et ma belle marquise, vous m'avez blessé dans mon amour-propre en refusant de m'emmener en Espagne, où nous eussions vécu tous les trois dans une si douce et si touchante intimité. Alors, cédant à un mouvement de dépit bien naturel, je me suis vengé en vous faisant une petite malice... que vous êtes loin de soupçonner et dont je vais vous faire la confidence. J'avais d'abord résolu de vous dénoncer comme l'auteur de la mort de madame Taureins en donnant des détails sur la nature du poison, sur ses effets et sur la façon dont il aurait été inoculé; mais j'ai renoncé à ce projet et suis heureux de vous rassurer complétement sur ce point en vous donnant les meilleures nouvelles de la santé de votre femme, qui n'a nullement été empoisonnée, par la raison que l'émeraude était vide quand je vous l'ai remise...

— Sauvée! elle est sauvée! s'écria la marquise en frémissant de colère. Ah! le misérable! comme il nous a joués!

Elle reprit la lecture de la lettre :

« Je vois d'ici cette chère marquise bondir comme une lionne à laquelle on vient d'arracher sa proie ;

32ᵉ LIVRAISON.

mais je continue. Si j'ai renoncé à cette vengeance, c'est que j'avais trouvé, comme je vous le dis plus haut, une petite malice infiniment plus réjouissante; je ne sais si vous serez de mon avis; enfin, la voici. Après être rentré en possession de mon émeraude vide, j'eus l'idée de la remplir, avec l'espoir de trouver bientôt le placement de son contenu. L'occasion s'en présenta promptement en effet.

« Vous rappelez-vous, cher monsieur Taureins, qu'à votre arrivée chez la marquise, je m'élançai pour vous aider à vous débarrasser de votre pardessus, et que, dans mon empressement, je vous fis à la main une légère éraflure qui m'attira de votre part l'épithète un peu vive d'animal? Eh bien, cette éraflure ne provenait pas d'un coup d'ongle, comme je vous l'ai fait croire alors, mais de mon émeraude, dont vos veines venaient d'absorber le contenu. »

— Grand Dieu! s'écria M. Taureins en se levant tout à coup et en regardant sa main, où se voyaient encore quelques traces de sang, mais alors je serais perdu.

Il ajouta en passant la main sur son front brûlant.

— Oh! non, non, c'est impossible, il a voulu m'effrayer, voilà tout.

— C'est possible, dit la marquise en regardant le banquier avec une singulière expression, moi je vous trouve bien pâle; mais continuons de lire et peut-être allons-nous apprendre que ce n'est qu'une atroce plaisanterie.

Elle lut :

« Je ne sais si mon poison prendra, mais voici à quels signes vous le reconnaîtrez : 1° frissons de plus en plus violents à mesure que le sujet se rapproche de la catastrophe finale; 2° pâleur cadavéreuse; 3° faiblesse générale; 4° sueur abondante; 5° enfin, dernier symptôme, précédant la mort de dix minutes à peine, contraction effrayante des muscles de la face, qui se contourne, se tasse, se pétrit, se raccornit et se défigure jusqu'à ce qu'elle n'ait plus rien d'humain et au milieu d'atroces tortures pour le sujet. »

— Ah! je suis perdu! je suis perdu! s'écria M. Taureins en se levant brusquement et courant comme un insensé à travers la salle à manger; tous ces symptômes je les ressens depuis une heure, et déjà j'éprouve à la face...

Il courut se poser devant une glace, et alors il jeta un cri désespéré.

La bouche commençait à se tordre affreusement.

— Ah! c'est horrible! c'est horrible! s'écria-t-il en essuyant la sueur qui ruisselait sur ses traits blafards.

Et il se jeta sur un fauteuil, où il se mit à se rouler, en proie à des souffrances qui lui arrachaient des hurlements.

— Voyons, voyons, dit la marquise, dont la main tremblante pouvait à peine tenir la lettre, lisons jusqu'au bout, et peut-être apprendrons-nous...

Elle reprit :

« Vous mourrez, au moins, avec cette pensée consolante que, de votre dernier soupir, datera le bonheur de votre femme, qui, en face de votre cadavre, cadavre peu intéressant! ne pourra s'empêcher de songer que rien ne la sépare plus de son cher Paul de Tréviannes, rien que le délai légal des six mois. Autre pensée non moins agréable et qui adoucira singulièrement les effroyables tortures que je vous promets avant le dernier soupir, votre digne compagne assistera tranquillement à cette terrible agonie, et peut-être n'en attendra-t-elle pas la fin pour emporter le million qui vous reste et qui fait à ses yeux tout votre mérite, n'en doutez pas. Et maintenant que je vous ai procuré une mort aussi horrible que puisse la désirer un ennemi, je veux vous laisser une douce parole pour finir. L'aimable créature que vous n'apprendrez à connaître qu'au moment de passer dans un monde meilleur, va avoir, elle aussi, une petite surprise de mon invention, qui me vaudra, je l'espère, toute la haine et toutes les malédictions que peut lui inspirer sa douce nature. »

Quand elle eut terminé cette lettre, la marquise jeta un regard sur M. Taureins.

Il se tordait à terre en faisant entendre des cris sourds et rauques comme une bête fauve.

Elle le contempla froidement.

Puis elle alla prendre sur un meuble le coffret d'ébène d'où le banquier venait de tirer un million pour Goëzmann, puis elle cria à sa femme de chambre :

— Maria, mes malles sont-elles descendues?
— Oui, madame.
— La voiture est en bas?
— Oui, madame.
— Partons.

Et enjambant le corps du banquier, qui s'était roulé jusqu'à elle, elle sortit avec le coffret d'ébène sous le bras.

IX

LA SURPRISE

Il était onze heures trois quarts quand la marquise arriva avec sa femme de chambre à la gare du chemin de fer d'Orléans.

Elle ne s'était aperçue qu'une voiture stationnant à vingt pas de sa maison était partie en même temps que la sienne et l'avait suivie jusqu'à cette gare, où elle s'était également arrêtée.

— Madame prend le train de minuit? lui demanda le commissionnaire qui vint lui ouvrir la portière et prendre ses bagages.

— Oui, répondit Nanine en sautant de voiture, son coffret d'ébène à la main.

— Alors madame n'a pas une minute à perdre pour faire enregistrer ses bagages.

— Faites donc vite.

Et, s'adressant à sa femme de chambre :

— Maria, suivez cet homme pendant que je vais prendre nos billets au bureau.

Maria accompagna le commissionnaire, qui portait une malle sur les épaules.

Quelques instants après elle était rejointe par sa

maîtresse, qui, ayant pris ses billets, venait faire enregistrer ses malles.

Cette opération terminée :

— Maintenant, dit-elle à Maria, rendons-nous vite à la salle d'attente.

Elles allaient s'éloigner, quand deux individus, qui les suivaient de loin depuis leur entrée dans la gare, s'approchèrent de la marquise.

— Madame, lui dit l'un de ces hommes, vous êtes bien madame la marquise de Santarès?

— Sans doute, répondit la marquise en examinant le personnage auquel elle avait affaire.

— Alors, madame, reprit celui-ci, veuillez nous suivre.

— Vous suivre! s'écria la belle rousse en reculant d'un pas, où donc, s'il vous plaît?

— Chez vous d'abord, madame.

— Chez moi! et pourquoi faire? demanda la marquise avec un ton plein de hauteur.

— C'est ce qu'on vous dira quand nous y serons.

— Mais, monsieur, vous vous trompez certainement, je suis victime de quelque méprise, prenez-y garde.

— Vous êtes la marquise de Santarès, vous venez de le reconnaître vous-même, il n'y a donc pas de méprise, et c'est au nom de la loi que je vous somme de me suivre.

— Et moi, monsieur, s'écria la marquise qui avait pâli, mais qui espérait intimider l'agent à force d'assurance, je vous répète que cette arrestation est le résultat d'une erreur, et je vous déclare que je vous rends responsable des conséquences que pourrait entraîner un retard dans...

— Pardon, madame, interrompit l'agent d'un ton un peu bref, nous n'avons pas le temps de discuter, veuillez donc nous suivre.

— Non, dit la marquise, puisant une indomptable énergie dans le danger dont elle se sentait menacée, sans en soupçonner toute l'étendue, j'entreprends un voyage de la plus haute importance, je n'ai rien à démêler avec la justice et je veux partir.

— Madame, lui dit l'agent en baissant la voix, je serais désolé d'employer la violence pour vous forcer à me suivre, mais on commence à s'attrouper autour de nous, et je vais me voir forcé malgré moi...

En effet, une vingtaine de personnes faisaient déjà cercle autour d'elle.

Elle en fut effrayée, et, comprenant que toute résistance était inutile et ne pourrait que lui être funeste, elle dit à l'agent :

— Je vous suis, monsieur, mais rappelez-vous ce que je vous dis, vous commettez une grave méprise et c'est vous que je rends responsable...

— J'accepte cette responsabilité, mais partons, madame.

Il se mit à la droite de la marquise; son compagnon se rapprocha de la femme de chambre, et tous quatre se dirigèrent vers la voiture qui les attendait au milieu de la cour.

— Pardon, dit l'agent qui se tenait près de la marquise, permettez-moi de vous débarrasser de cette boîte, qui me paraît fort lourde et doit vous fatiguer.

— Ce sont mes bijoux, dit Nanine en cherchant à se soustraire à cette politesse.

— Je vous les rendrai s'il y a lieu, dit l'agent en s'emparant un peu malgré elle du précieux coffret d'ébène.

Cette insistance fut un trait de lumière pour la marquise.

— Ah! je comprends tout, murmura-t-elle en frissonnant, c'est la surprise dont ce misérable Goëzmann m'a menacée dans sa lettre. Oh! l'infâme!

Arrivés à la voiture qui les avait amenés, les deux agents se rangèrent galamment pour laisser monter les dames d'abord, puis ils prirent place en face d'elles, et le cocher fouetta ses chevaux qui partirent d'un train assez rapide.

Une demi-heure après, ils s'arrêtaient à la porte de la marquise de Santarès, au haut de la rue Blanche.

A l'extrême surprise de Nanine, la loge de la concierge était vivement éclairée et une quinzaine de personnes étaient groupées dans le vestibule.

— La voilà! la voilà! chuchotèrent toutes les voix dès qu'elle parut.

— Quels sont donc ces gens? murmura-t-elle avec un vague effroi.

— Les locataires de la maison, répondit Maria.

Au même instant, un homme vêtu de noir et ceint d'une écharpe sortait de la loge.

— Monsieur le commissaire, lui dit un des agents, voici madame la marquise de Santarès.

— C'est bien, montons, répondit le magistrat.

— Le commissaire! balbutia la marquise saisie d'un tremblement nerveux, que me veut-il?

Parvenu au deuxième étage, où demeurait la marquise, le magistrat somma celle-ci d'ouvrir sa porte.

Elle obéit et entra, suivie du magistrat, des deux agents et de sa femme de chambre.

Celle-ci tenait à la main un flambeau que lui avait prêté la concierge.

— Asseyez-vous, madame, dit le magistrat à la marquise qui avait perdu toute son assurance.

Elle obéit machinalement.

Puis elle demanda, en jetant autour d'elle un regard inquiet :

— Que me veut-on? qu'est-ce que tout cela signifie?

— Madame, lui dit le commissaire, vous êtes accusée d'avoir empoisonné M. Taureins dans le but de vous approprier une somme d'un million qu'il portait sur lui en venant dîner chez vous ce soir.

— Moi! moi! s'écria la marquise en frémissant, accusée d'assassinat!

— Le corps de la victime doit être ici, reprit le magistrat en faisant un signe à l'un des agents.

Celui-ci prit le flambeau, l'éleva au-dessus de sa tête et parcourut toute la pièce du regard.

— Voilà là-bas, dans le coin, quelque chose qui ressemble assez à un corps humain, dit-il.

Il s'approcha de l'objet qu'il désignait, suivi de son camarade et du commissaire de police.

Le corps était si étrangement recroquevillé sur lui-même, que sa tête était repliée sur les genoux qui touchaient la nuque.

— Placez-le de manière à ce qu'on voie la face, dit le magistrat à un agent.

Celui-ci s'agenouilla près du corps et voulut le *dérouler*.

Mais la mort, et peut-être la violence du poison, l'avaient tellement raidi, qu'il fallut de grands efforts pour le redresser.

Lorsqu'enfin le visage fut exposé à leurs yeux, le commissaire et les deux agents laissèrent échapper un cri d'horreur.

C'est qu'il était impossible de reconnaître là une figure humaine.

Tous les traits, contractés, bouleversés, tiraillés et emmêlés l'un dans l'autre, offraient un chaos informe et hideux, où le nez, la bouche, les yeux, le front, les pommettes des joues et le menton formaient çà et là des trous et des saillies indéchiffrables.

— C'est bien là M. Taureins? demanda le commissaire à la marquise.

— Oui, monsieur, répondit celle-ci en jetant un coup d'œil du côté du corps.

— Mort empoisonné, vous ne pouvez le nier, il suffit de regarder cette tête pour...

— Oui, monsieur, répondit la marquise d'un air accablé.

— Ah! vous avouez donc enfin que vous l'avez empoisonné?

— Moi! je le nie, c'est faux, ce n'est pas moi! s'écria la marquise en se levant tout à coup.

— Où est le coffret d'ébène? demanda le commissaire en se tournant vers l'un des agents.

— Le voici, répondit celui-ci en le posant devant le magistrat.

— Vous avez la clef de ce coffret, madame? dit le commissaire à la marquise.

— Oui, monsieur.

Elle tira la clef de sa poche et la remit au commissaire, qui ouvrit le coffret.

— Madame, lui dit-il en désignant les billets de banque, ce coffret et son contenu appartenaient à M. Taureins.

— Oui, monsieur, mais il m'avait...

— Laissez-moi dire. M. Taureins vient dîner chez vous avec un coffret contenant un million, quelques heures plus tard on le trouve mort dans votre salle à manger, que vous avez quittée précipitamment en emportant ce million et sans vous inquiéter du cadavre que vous laissez derrière vous, et vous prétendez que vous n'êtes pas l'auteur de cet empoisonnement! Voyons, madame, qu'avez-vous à opposer aux preuves qui s'élèvent contre vous?

— Ce que j'ai à opposer! s'écria la marquise dont le front s'éclaira sous l'empire d'une inspiration subite, un témoignage éclatant de mon innocence, une lettre du misérable qui m'a dénoncée, lettre dans laquelle il se reconnaît l'auteur de l'empoisonnement de M. Taureins. Tenez, cette lettre est ici, je vais vous la montrer.

Et les traits rayonnants, elle se mit à la recherche de la lettre de Goëzmann.

Cinq minutes s'écoulèrent.

La lettre ne se trouvait pas.

— Maria! Maria! mais aide-moi donc à chercher cette lettre; il me la faut! dit la marquise avec une impatience fiévreuse.

— Mais, dit Maria après avoir cherché quelque temps, je me rappelle que madame jetait une lettre au feu au moment où je suis venue la prévenir que la voiture était là.

— Ah! je me rappelle aussi, s'écria la marquise en se tordant les mains avec les signes du plus violent désespoir; c'était cette lettre! Ah! malheureuse, qu'ai-je fait!

— Ce ne pouvait être que cette lettre, dit le commissaire en souriant.

Puis, fermant le coffret et le mettant sous son bras :

— Allons, madame, il faut partir.

— Où m'emmenez-vous donc, monsieur? demanda la marquise en fixant sur lui des regards effarés.

— Au dépôt de la préfecture, madame.

A ce mot de dépôt, la marquise jeta un cri déchirant et tomba sur le parquet, en proie à une violente attaque de nerfs.

X

RÉVÉLATION IMPRÉVUE

Le lendemain du jour où s'étaient passés les événements que nous venons de raconter, Rocambole, Albert de Prytavin, Milon, madame Taureins et Vanda étaient à table et achevaient de déjeuner, cette dernière ayant près d'elle la petite Nizza, quand le domestique entra et remit à Valentine une lettre que venait d'apporter le facteur.

Elle était timbrée de Paris et portait cette singulière suscription :

Madame veuve Taureins,
Rue Amelot, chez M. Portal.

— Veuve! dit la jeune femme; qui donc peut se permettre une pareille plaisanterie?

— Une personne sans doute fort au courant de vos affaires et qui veut faire allusion à votre séparation, répondit Rocambole.

— Ce doit être cela, dit Valentine en décachetant la lettre.

Elle la déplia en disant à ceux qui l'entouraient :

— Je n'ai ici que des amis dévoués, écoutez donc la lecture de cette lettre, dont je veux que vous connaissiez le contenu en même temps que moi, car j'ignore même jusqu'au nom de celui qui l'a écrite, elle n'est pas signée.

Elle lut :

« Madame, vous avez été touchée de la grandeur d'âme dont M. Taureins a fait preuve dans l'entrevue qu'il a eue avec vous chez Mᵉ Chautard; touchée à ce point, que vous avez consenti à lui donner la main comme un gage d'oubli et de pardon.

« Je suis désolé de vous enlever une illusion, madame, mais il faut que vous connaissiez le secret de la générosité de M. Taureins et le véritable mobile qui l'avait poussé à vous proposer un rendez-vous chez votre avocat sous prétexte de séparation. Toutes les mesures étaient habilement prises pour vous inspirer une entière confiance, convenez-en, madame, et vous ne pouviez soupçonner qu'il y avait là une combinaison diabolique dont le but réel était d'arriver à ce serrement de main dans lequel vous n'avez vu qu'un incident sans importance et qui devait vous donner la mort aussi sûrement qu'un coup de poignard en pleine poitrine... »

— Mon Dieu! murmura la jeune femme en frissonnant.
— A la bonne heure! s'écria Rocambole, cette générosité me déroutait complètement, maintenant je reconnais mon Taureins. Mais voyons donc comment vous pouviez mourir d'un serrement de main.

Madame Taureins reprit la lecture de la lettre :

« Voici ce qu'avait imaginé la marquise de Santarès : elle possède dans son écrin un petit bijou unique en son genre, c'est une émeraude creuse, fort habilement taillée en pointe et contenant un poison qui, lorsqu'on appuie cette pointe sur l'épiderme, s'infiltre dans le sang et donne la mort en moins de deux heures. Il fut convenu entre la marquise et votre mari que celui-ci, dans l'affaire qui vous réunirait chez M° Chautard, se conduirait assez noblement pour vous mettre dans l'impossibilité de lui refuser votre main, qu'il presserait avec effusion, de manière à faire pénétrer dans la paume la pointe de son émeraude tournée en dedans de sa main. C'est ce qui eut lieu, et vous avez dû remarquer du sang... »

Madame Taureins s'interrompit et pâlissant tout à coup :
— En effet, s'écria-t-elle, cette goutte de sang à la paume de ma main !
— Rassurez-vous et continuez de lire, lui dit Rocambole, ce poison tue en deux heures et vous êtes très-bien portante.

Valentine poursuivit, non sans quelque appréhension :

« Heureusement celui qui vous écrit ces lignes, et dans lequel vous avez toujours vu votre plus cruel ennemi, avait rendu l'émeraude inoffensive en la vidant avant de la remettre à votre mari, qui vous croyait morte deux heures après vous avoir laissée chez votre avocat. Mais admirez les jeux du sort, madame; le même soir, le poison qui devait vous tuer s'infiltrait dans les veines d'un autre, et cet autre, mort dans d'horribles tortures à l'heure où vous recevrez cette lettre, c'est M. Taureins. Voilà l'explication de cette adresse : *Madame veuve Taureins.*

— Mort! il est mort! murmura la jeune femme saisie d'un tremblement nerveux à cette nouvelle imprévue.
— Ne vous avais-je pas dit que, dans ce milieu criminel et infâme, il était sans cesse menacé de quelque fin terrible? fit observer Rocambole.

Madame Taureins ne répondit pas.
Elle était tombée dans un état de stupeur qui, pour quelques instants au moins, semblait lui ôter l'usage de ses facultés.
— Cette nouvelle vous a atterrée et vous rend incapable de poursuivre cette lecture, madame, lui dit Rocambole; voulez-vous me permettre de la continuer?

Valentine lui tendit la lettre sans répondre.
Rocambole reprit :

« Naturellement, c'est la marquise de Santarès qui s'est chargée de cette petite opération, mais il faut reconnaître que c'est un peu la faute de M. Taureins. Il avait eu l'imprudence d'apporter un million, avec lequel ils allaient passer en Espagne, où il devait l'épouser, après avoir fait constater votre mort. La marquise, qui sait compter, a préféré garder pour elle seule le million, dont l'appât pouvait décider quelque duc et grand d'Espagne à lui donner son nom et son titre, et voilà ce qui l'a déterminée à se débarrasser de M. Taureins, qu'elle n'a jamais pu souffrir, du reste. Mais, ainsi qu'il est dit quelque part, le règne des méchants est court, et la justesse de cet axiome va se vérifier ce soir même dans la personne de cette chère marquise de Santarès, qui, si j'en crois certains pressentiments, pourrait bien aller passer cette nuit en prison, en attendant l'échafaud ou les travaux forcés à perpétuité, fin logique d'une vie comme la sienne, mais qui s'éloigne singulièrement des rêves dont elle s'était bercée et qui allaient se réaliser sans l'intervention inattendue de deux *gêneurs*, moi et la Providence. Réjouissez-vous donc, madame, rien ne vous empêche de réaliser votre rêve en épousant votre cher Paul de Tréviannes, et vous n'avez plus à craindre d'être troublée dans votre bonheur, ni par M. Taureins, qui est mort, ni par la marquise, que la loi va contraindre à prononcer des vœux éternels, ni par moi, qui emporte sur la terre étrangère le souvenir *ineffaçable* de vos bontés, les deux sillons sanglants tracés sur mes joues par la cravache de M. Portal. »

— C'est Goëzmann ! s'écria madame Taureins.
— Je l'avais deviné depuis longtemps, dit Rocambole.
— Étrange chose que la destinée ! murmura Valentine, je devrais être dans la tombe à cette heure, et des trois misérables qui voulaient ma perte et n'ont cessé de me poursuivre de leur haine, l'un est mort, l'autre va être flétrie par la loi, à jamais rejetée de la société, et le troisième est en fuite, exposé à tomber lui-même sous la main de la justice, et tout cela dans l'espace de quelques heures !
— Oui, dit Rocambole, on eût bien étonné ce terrible trio si on lui eût prédit hier ce qui arrive aujourd'hui. Mais je continue :

« Vous voilà donc débarrassée de trois ennemis mortels, madame, mais ne vous croyez pas hors de danger pour cela, le péril sera d'une autre nature, voilà tout. »

— Encore ! balbutia Valentine avec un vif sentiment de terreur.
— Quels autres ennemis avez-vous donc à craindre ? dit Rocambole. Voyons, Goëzmann va nous l'apprendre.

Il lut :

« Avant que la marquise ne se chargeât de supprimer votre époux, deux hommes m'avaient payé pour faire cette besogne, on les nomme sir Ralph et Mac-Field.

— Tiens! tiens! tiens! fit Rocambole; voilà du nouveau.

« Lord Mac-Field voulait vous faire veuve afin de vous offrir sa main, non qu'il convoitât la fortune de M. Taureins, qu'il savait fort embrouillée ; non qu'il fût amoureux de vous, il est trop positif pour cela ; mais parce que cette union entre dans un vaste plan conçu par ces deux aventuriers pour accaparer l'immense fortune d'un certain oncle d'Amérique, du nom de Valcresson ; fortune, dont un cinquième, soit deux ou trois millions, forme votre part dans l'héritage. C'est le même mobile qui pousse sir Ralph, recommandé par M. Badoir, à vouloir à tout prix, et bon gré mal gré, épouser mademoiselle Tatiane Valcresson, et c'est pour cela qu'il vient de la compromettre publiquement par je ne sais quel moyen. J'ai su tout cela par un entretien que j'ai surpris entre ces deux hommes et M. Badoir, un jour que Mac-Field m'attendait pour me parler de M. Taureins, entretien dans lequel il était également question d'une certaine Louise Prévôt et de son enfant, mais je ne sais à quel propos. »

Les traits de Rocambole rayonnaient tandis qu'il lisait cette dernière partie de la lettre de Goëzmann, et la joie du triomphe brillait dans ses yeux.

— Oh! mais, s'écria-t-il, voilà des révélations aussi précieuses qu'inattendues; c'est tout un monde qui s'ouvre devant moi, c'est un torrent de lumière qui m'arrive et me dévoile la vérité que je cherchais vainement depuis si longtemps. L'héritage Valcresson, douze ou quinze millions, paraît-il, voilà qui explique tout : les deux complots organisés contre Tatiane et la comtesse de Sinabria, l'enlèvement de la petite Jeanne, fille dudit Valcresson, la folie et la fuite de Louise Prévôt, résultat facile à prévoir et ardemment désiré, puisque le mariage de celle-ci avec son oncle détruisait toutes les espérances. Enfin, je ne marche plus dans les ténèbres, je sais ce qu'on veut, je sais où je vais et où il faut frapper. Ah! si je voyais aussi clair dans le mystère qui enveloppe le drame ourdi autour de Tatiane !

— Il est grandement temps, dit Albert de Prytavin, car on parle d'afficher les bans la semaine prochaine, et dans quinze jours l'odieuse union sera accomplie. Aussi la pauvre jeune fille ne quitte plus sa chambre, où elle pleure du matin au soir ; son désespoir est si grand qu'on craint pour sa raison.

En ce moment la porte s'ouvrit et le domestique annonça :

— M. et madame Mauvillars.

— Faites entrer au salon, dit Rocambole.

Mais ils suivaient le domestique et entrèrent aussitôt.

C'étaient les deux vieillards.

Le grand-père et la grand'mère de Tatiane.

XI

GRAND-PAPA ET GRAND'MAMAN MAUVILLARS

Comme de coutume, les deux vieillards se faisaient remarquer par une mise dont la mode remontait au temps de leur jeunesse et qui ajoutait encore à l'expression naïve et profondément vénérable de toute leur personne.

Une propreté méticuleuse éclatait dans cette toilette d'un autre âge et leur donnait l'apparence de deux portraits de famille bien vernis et soigneusement épousetés.

La vieille dame portait à son bras gauche une espèce de sac, connu autrefois sous le nom de ridicule, et elle le couvait d'un œil inquiet, comme s'il eût contenu quelque chose de précieux.

Tous deux semblaient accablés sous le poids d'une tristesse qui donnait à leur bonne et honnête physionomie quelque chose de touchant.

Tout le monde s'était levé à leur entrée et continuait de rester debout.

— Je vous en prie, je vous en supplie, messieurs et mesdames, dit le vieillard tout confus des égards dont il était l'objet, veuillez vous asseoir, je ne voudrais déranger personne.

De son côté, la grand'mère se confondait en révérences.

— Monsieur Mauvillars, lui dit Rocambole en faisant un pas vers la porte, c'est par erreur qu'on vous a introduits ici tous deux, ayez l'obligeance de me suivre au salon.

— Non, répondit le vieillard, restez, nous sommes bien ici et c'est devant vos amis que je veux vous parler; peut-être aurai-je besoin d'eux pour intercéder en ma faveur et appuyer la demande que j'ai à vous adresser.

Il ajouta, en le regardant timidement :

— Car vous êtes bien M. Portal, n'est-ce pas ?

— Oui, monsieur, répondit Rocambole en approchant deux siéges.

— Merci, monsieur; mais nous voulons rester debout; nous venons en suppliants et c'est l'attitude qui nous convient.

Il ajouta aussitôt :

— Monsieur Portal, connaissez-vous notre petite-fille Tatiane?

— Oui, monsieur, dit Rocambole ; j'ai eu l'honneur de la voir au bal de M. Mauvillars, et, comme tous ceux qui l'ont approchée une fois seulement...

— Vous l'aimez, n'est-ce pas? dit vivement le vieillard.

Et, se tournant vers sa femme, il lui dit avec une émotion qui faisait trembler sa voix :

— Entends-tu, Félicie? M. Portal aime notre petite Tatiane, c'est déjà d'un bon augure.

— Eh! qui donc ne l'aimerait, la chère enfant! répliqua la vieille dame.

— Monsieur Portal, reprit le grand-père, vous savez peut-être le malheur qui est arrivé à la pauvre enfant !

— Vous voulez parler de son étrange aventure avec sir Ralph?

— Aventure qui la contraint d'accepter pour époux cet homme qu'elle exècre.

— Je sais cela, monsieur.

— Mais elle est innocente, monsieur Portal, s'écria le vieillard avec feu.

— Je le sais mieux que personne, et je le jurerais sur ce que j'ai de plus cher au monde, quoiqu'il me soit impossible d'en donner la preuve.

— Ah! monsieur, ça vous fendrait le cœur de la voir pleurer, car elle ne fait que cela jour et nuit, et la pauvre petite, que vous avez vue si fraîche et si souriante, est si triste et si pâle, que vous ne la reconnaîtriez plus. S'il faut que cette affreuse union s'accomplisse, elle n'y survivra pas, monsieur, et nous ne pouvons pas la laisser mourir. Que voulez-vous que nous devenions ici-bas si elle n'y est plus, nous qui ne vivons plus que pour la regarder, pour nous réjouir de ses joies et pleurer de ses douleurs?

Écoutez, monsieur, je vais vous dire ce qui nous amène près de vous. Nous connaissons M. Jacques Turgis, un brave et excellent jeune homme qui aime Tatiane autant que nous, et il nous a dit ce matin : « Il n'y a qu'un homme qui puisse la sauver, si la chose est possible, c'est M. Portal. » Alors j'ai dit à Félicie : Écoute, ma femme, habille-toi, habillons-nous tous deux et nous allons nous rendre chez M. Portal. Nous nous mettrons à genoux devant lui pour le supplier de sauver notre chère Tatiane ; nous sommes vieux, il aura pitié de nos larmes...

Un sanglot lui coupa la parole.

Tout en parlant il avait tiré son mouchoir de sa poche, non pour se moucher, mais pour essuyer ses yeux.

C'était un mouchoir à carreaux, qu'il tamponnait entre ses mains, de manière à lui donner peu à peu la forme d'une boule parfaitement lisse à l'extérieur, espèce de tic qu'on lui avait toujours connu et qui, pratiqué en ce moment, au milieu de cette immense douleur, excitait à la fois le sourire et les larmes.

— Ma bonne amie, dit le vieillard, joins ta voix à la mienne pour supplier M. Portal de...

Les deux vieillards tombèrent aussitôt aux genoux de Rocambole :

— Ah! monsieur, monsieur! s'écria la grand'mère en sanglotant, sauvez notre chère petite Tatiane et toute notre vie se passera à vous bénir, et cela vous portera bonheur, monsieur, car vous aurez fait là une bonne action.

— Madame, s'écria Rocambole en se penchant vivement vers la vieille dame pour la relever, asseyez-vous, je vous en prie.

— Non, monsieur, non, reprit le vieillard, Félicie et moi, nous resterons là jusqu'à ce que vous nous promettiez de la sauver.

Puis, s'adressant à sa femme, qui s'était emparée d'une main de Rocambole et l'inondait de larmes :

— Passe-moi le sac, ma bonne amie.

La grand'mère lui remit le ridicule qu'elle avait au bras.

Le vieillard en tira une liasse de papiers enveloppés et ficelés, et, l'offrant à Rocambole :

— Tenez, monsieur Portal, toute notre petite fortune, toutes nos économies de quarante ans sont là ; il y a cent vingt mille francs, acceptez-les, nous en faisons le sacrifice pour sauver Tatiane.

— Ah! monsieur, fit Rocambole en reculant d'un pas.

— Oh! monsieur, vous pouvez les prendre, nous n'en avons pas besoin ; je suis vieux, mais je suis encore solide et je puis travailler. Je connais la tenue des livres, j'ai une bonne écriture, je puis gagner deux mille francs par an, et que nous faut-il de plus pour vivre ? Nous n'aurons pas de bonne, mais ma pauvre vieille femme est bien portante et elle sera heureuse de faire ce sacrifice à notre chère Tatiane.

— Ah! monsieur, s'écria la vieille dame, en éclatant de nouveau en sanglots, avec quel bonheur je servirais même chez les autres, si à ce prix je pouvais voir le sourire reparaître sur son joli visage.

— Mesdames et messieurs, s'écria à son tour le vieillard, en passant sur ses yeux pleins de larmes son mouchoir, qu'il ne cessait de tamponner entre ses mains, si vous saviez comme elle est gentille, quelle belle âme ! quel bon petit cœur ! et comme elle nous aime, vous trouveriez tout simple ce que nous faisons. La première chose que nous voyons à notre réveil, c'est elle, c'est son charmant visage, tout rose et tout souriant, elle vient nous embrasser et nous conter tous ses rêves, toutes ses pensées et toutes ses impressions de jeune fille ; tout cela s'exhale naturellement de son cœur innocent et candide comme le parfum de la fleur, car elle n'a rien à cacher, la chère enfant, puis elle nous embrasse et s'en va, nous laissant heureux, mais si heureux, que chaque fois nous nous regardons et nous pleurons sans pouvoir dire autre chose que ces mots : Pauvre cher ange! chère petite Tatiane! Aussi c'est à nous, à nous seuls qu'elle devra son salut, nous l'avons décidé.

Oh! je sais bien que mon fils ne voudra pas que je travaille, ni que ma chère femme s'impose aucune privation, et il est assez riche pour subvenir à tous nos besoins, mais nous tenons à nous sacrifier, nous mettrons notre joie et notre orgueil à souffrir pour notre chère Tatiane.

En voyant ces deux vieillards pleurant et sanglotant, toujours agenouillés devant M. Portal, tous les témoins de cette scène étaient profondément attendris.

Rocambole lui-même était en proie à une émotion qu'il n'essayait pas de dissimuler.

— Je vous le répète, dit-il aux deux vieillards, mademoiselle Tatiane m'inspire le plus vif intérêt, je m'occupe ardemment de cette affaire et je vais mettre tout en œuvre pour sauver votre chère petite-fille de l'affreux malheur dont elle est menacée ; mais, je vous en supplie, relevez-vous d'abord, et ensuite ne me faites pas l'affront de m'offrir votre fortune pour me décider à faire ce que je considère comme un devoir.

Et en même temps il aidait la grand'mère à se relever.

Le vieillard était déjà debout.

— Mon Dieu, monsieur, dit-il d'un air embarrassé et craignant évidemment d'avoir blessé Rocambole, je n'ai pas voulu vous offenser, croyez-le bien, je serais au désespoir que vous puissiez m'attribuer une pareille intention... mais j'ai pensé que pour arriver à découvrir la vérité il y aurait des démarches... des frais... des gens à gagner peut-être... et c'était pour cela...

— Ne parlons plus de cela, monsieur Mauvillars, dit Rocambole en souriant, vous avez commis une méprise, voilà tout, mais le mobile qui vous a poussé à me faire cette offre est trop beau, trop généreux pour que je vous en veuille.

— Et vous me promettez de sauver Tatiane? demanda le vieillard.

— Je vous promets de faire pour cela tout ce qui sera en mon pouvoir et de m'occuper d'elle comme si elle était, non ma fille, mais mieux encore, ma petite-fille; n'est-ce pas tout dire?

— Vous êtes la bonté même, monsieur Portal, et je vous quitte plein de confiance.

— Écoutez-moi, monsieur Mauvillars, s'il ne s'agissait que d'empêcher cette union, ce serait fait tout de suite; je me rendrais chez votre fils, j'y attendrais sir Ralph et je le chasserais d'un seul mot. Mais là n'est pas la question; quel que soit cet homme, M. Mauvillars a décidé qu'ayant perdu la réputation de mademoiselle Tatiane il devait la réhabiliter en l'épousant, but que s'est proposé le misérable par l'infâme machination dont nous cherchons à pénétrer le mystère; or c'est là ce que je cherche, c'est l'explication de ce mystère d'où doit sortir, pure et sans tache, l'innocence de la jeune fille, et c'est alors seulement que je pourrai confondre le misérable.

— Écoutez, monsieur, reprit le vieillard, c'est dans quinze jours que doit avoir lieu cette fatale union, et, par une coïncidence extraordinaire, c'est à peu près le même jour que nous devons célébrer notre cinquantaine, car il y a cinquante ans, monsieur, que j'ai épousé ma chère Félicie, et, nous pourrons le dire pour la seconde fois, cette cérémonie sera le plus beau jour de notre vie, si notre chère petite-fille est sauvée, mais dans le cas contraire... oh! alors, il n'y aura pas de cinquantaine, monsieur, ce ne serait pas la peine, car la douleur la tuerait, la pauvre enfant, et nous-mêmes...

Il s'interrompit pour porter à ses yeux son mouchoir à carreaux, plus tamponné que jamais.

La pauvre grand'mère s'était mise aussi à pleurer.

— Allons, monsieur Mauvillars, allons, chère madame, rassurez-vous, nous sortirons de cet abîme, j'en ai un si vif pressentiment que je m'invite à votre cinquantaine.

— Oh! que vous seriez le bienvenu, monsieur Portal!

Il ajouta aussitôt :

— Mais nous vous avons assez dérangé comme cela.

Et, se tournant vers sa femme :

— Allons, Félicie, donne-moi le bras, ma bonne amie.

Ils saluèrent tout le monde et sortirent.

Un jeune homme se croisa avec eux sur le seuil.

C'était Paul de Tréviannes.

XII

SOUVENIR D'AUTREFOIS

Paul de Tréviannes venait voir madame Taureins. Celle-ci s'empressa de lui communiquer la lettre qu'elle venait de recevoir, et on se figure aisément quelle fut la joie du jeune homme en apprenant la mort de M. Taureins, dont la fin terrible ne pouvait le toucher que médiocrement après la tentative qu'il avait faite lui-même contre sa femme.

Cependant il était trop homme du monde pour laisser éclater ses sentiments à ce sujet devant Valentine, encore sous l'empire de la violente émotion que lui avait causée cette nouvelle.

Il garda donc le silence sur ce point et se contenta de se réjouir de la catastrophe qui terminait si tragiquement la carrière de la marquise de Santarès.

— Mes enfants, dit tout à coup Rocambole en se levant de table, je vous laisse pour m'occuper d'une affaire fort grave.

Et donnant une tape amicale sur la joue de la petite muette :

— Viens avec moi, Nizza.

L'enfant se leva d'un air ravi.

Vanda lui mit son manteau et son chapeau, qu'elle était allée chercher en courant, et elle sortit avec Rocambole, qui la tenait par la main.

— Dis donc, ma petite Nizza, lui dit celui-ci en souriant d'avance, si nous prenions une voiture! Qu'en dis-tu?

Nizza bondit de joie à cette proposition et répondit par trois ou quatre signes de tête dont le sens n'était pas équivoque.

Aller en voiture était une de ses grandes joies et Rocambole le savait bien.

Il en prit une sur le boulevard et donna cette adresse au cocher :

— Rue Cassette.

La voiture partit.

Nizza aurait voulu qu'elle n'arrivât jamais.

Elle ne pouvait rester en place.

Un sourire perpétuel sur les lèvres, elle allait d'une portière à l'autre, s'asseyait tantôt à côté, tantôt en face de Rocambole et, dans l'expansion de son bonheur, venait de temps à autre se jeter dans ses bras.

Ces élans, cette exaltation, ces rayonnements de joie, que n'accompagnait aucune parole, étaient charmants et tristes à la fois, et c'est avec un sourire plein de mélancolie que Rocambole admirait le bonheur sans mélange qui éclatait dans les beaux yeux de la petite muette.

La voiture s'arrêta enfin.

Un vif désappointement se peignit aussitôt sur les traits mobiles et expressifs de l'enfant.

Rocambole sourit et la baisant au front :

— Ne te désole pas, ma petite Nizza, lui dit-il, la voiture va nous attendre là et nous la reprendrons en sortant de cette maison.

Le sourire reparut aussitôt sur les lèvres de la petite muette.

— M. Badoir? demanda Rocambole à la concierge.

— Au deuxième, la porte à droite.

Il gravit deux étages et sonna.

La vieille Bretonne, déjà connue du lecteur, vint lui ouvrir et l'introduisit dans le cabinet de M. Badoir, en le faisant passer par la salle à manger, sur la cheminée de laquelle brillaient, toujours conservés sous verre, les deux flambeaux dorés qui avaient si vivement excité l'admiration de sir Ralph.

On se souvient peut-être que ce dernier, causant avec M. Badoir au bal de M. Mauvillars, lui avait signalé M. Portal comme un ennemi redoutable.

Ce ne fut donc pas sans quelque émotion qu'il le vit entrer chez lui.

Cette enfant a quatorze ans, dit M. Valcresson ; c'est l'âge qu'aurait ma petite Jeanne. (Page 259.)

Mais convaincu, après une rapide réflexion, qu'il était impossible qu'il connût la nature de ses relations avec sir Ralph et Mac-Field, qui seuls étaient instruits de certains actes criminels de sa vie, pure et inattaquable pour tous, il se remit bien vite et se drapa aussitôt dans cette dignité froide et austère qui se mariait si bien à son caractère supposé.

Suivant une habitude qui était le résultat d'un calcul et qui lui réussissait près de sa clientèle ordinaire, généralement composée de solliciteurs affamés d'argent et résignés d'avance à toutes les humiliations pour s'en procurer, il désigna du doigt un siège à Rocambole, sans se lever de son fauteuil pour le recevoir, puis il lui dit d'une voix brève et impassible :

— Veuillez me dire ce qui me vaut l'honneur de votre visite, monsieur.

— C'est ce que je vais faire en quelques mots, répondit Rocambole sur le même ton.

Puis, lui désignant du doigt Nizza, assise à côté de lui :

33ᵉ LIVRAISON.

— Vous rappelez-vous avoir vu quelque part cette enfant, monsieur?

— Nullement, monsieur, répondit M. Badoir, en jetant sur la petite muette un regard indifférent.

— Vous la connaissez pourtant, monsieur.

— Je n'en ai pas le moindre souvenir.

— Je vais tâcher d'aider votre mémoire.

Il reprit après un moment de silence, et en le regardant fixement :

— Monsieur Badoir, connaissez-vous l'histoire de l'empoisonneur Desrues?

— Que voulez-vous dire, monsieur, répondit le banquier tout interdit à cette question, et quel rapport y a-t-il entre moi et...

— Et cet empoisonneur? Il y en a un, monsieur, et très-frappant... car ce Desrues, qui, d'ailleurs, habitait comme vous le faubourg Saint-Germain, s'y était fait une réputation de probité, de vertu et de dévotion qu'on ne saurait comparer qu'à celle dont vous jouissez aujourd'hui et dont tout le monde fut dupe jusqu'au jour où l'on découvrit que tout cela n'était qu'un masque sous lequel se cachait un monstre d'hypocrisie et de férocité, coupable des crimes les plus odieux.

— Et c'est avec un pareil homme que vous osez me trouver une ressemblance, monsieur? s'écria M. Badoir d'un ton plein de hauteur.

Au lieu de répondre, Rocambole laissa tomber sur lui un regard plein d'une sombre ironie.

Puis il reprit d'une voix lente et grave :

— Avant de vous indigner, monsieur, veuillez répondre aux trois questions que je vais vous adresser.

— Monsieur, répliqua vivement M. Badoir, je ne vous reconnais pas le droit...

— Laissez-moi donc parler, monsieur, interrompit vivement Rocambole, ou je croirais que vous avez peur de m'entendre.

Il ajouta aussitôt :

— Voici les trois questions auxquelles je vous prie de répondre :

D'abord, pouvez-vous me dire ce qu'est devenue Louise Prévôt depuis sa disparition de la villa de Fontenay-aux-Roses?

Au nom de Louise Prévôt, M. Badoir n'avait pu réprimer un tressaillement.

Rocambole poursuivit sans paraître s'en apercevoir :

— Ensuite, pourriez-vous me confier ce que vous avez fait de son enfant après l'avoir enlevée à sa mère ?

— Mais monsieur... balbutia M. Badoir, de plus en plus déconcerté.

— Enfin, continua Rocambole, vous plairait-il de m'apprendre quel a pu être le motif qui a pu vous déterminer à demander la main de votre nièce, mademoiselle Tatiane Valcresson, pour sir Ralph, que vous saviez peut-être coupable de certain assassinat commis à New-York, de complicité avec Mac-Field, et dont, en tous cas, vous ne pouviez ignorer l'infâme guet-apens commis sur la comtesse de Sinabria, puisque vous étiez de moitié avec lui dans cette affaire?

M. Badoir ne trouva pas un mot à répondre.

Il était comme écrasé sous cette triple accusation, qu'il ne s'attendait guère à entendre sortir de la bouche de M. Portal.

En effet, comment, par quel inexplicable hasard pouvait-il être instruit de l'affaire de Louise Prévôt et de son enfant ?

Que cette aventure fût venue à la connaissance de sir Ralph, cela se comprenait par les relations qui avaient pu naturellement s'établir entre celui-ci et le cocher François, son ancien complice dans l'enlèvement de la petite Jeanne; mais M. Portal, à quelle source avait-il pu puiser ces renseignements ?

— Vous ne répondez pas, monsieur? lui dit enfin Rocambole.

M. Badoir garda le silence.

— Eh bien, monsieur, c'est moi qui vais répondre pour vous, sur deux questions au moins, car pour la première, celle qui concerne Louise Prévôt, j'avoue que je ne sais que ce que vous savez vous-même, c'est-à-dire sa disparition à la suite d'un accès de folie causé par l'enlèvement de son enfant comme vous l'aviez prévu. Quant à cette enfant, c'est différent, je puis vous dire ce que vous en avez fait et ce qu'elle est devenue depuis. Après l'avoir emportée endormie de chez sa mère, vous l'avez jetée entre les mains de deux monstres, Claude et sa femme, et celle-ci, plus féroce encore que son mari, a fait subir à la pauvre petite une mutilation... dont la seule pensée me glace d'horreur, et cela sous vos yeux, sans que vous y mettiez obstacle. A la suite de cette horrible torture qui la privait pour toujours de l'usage de la parole, la malheureuse enfant était livrée à une espèce de saltimbanque, surnommé *la Terreur des Alcides*, mais dont le vrai nom était Jacques... Jacques Rascal, qui l'emmena de ville en ville et la fit danser sur la corde raide jusqu'au jour où...

Il s'interrompit tout à coup pour reprendre bientôt sur un autre ton :

— Celle-là, je puis vous dire ce qu'elle est devenue.

— Ah! fit M. Badoir en regardant Rocambole avec un vif sentiment d'appréhension.

— Je puis vous apprendre d'abord qu'elle n'est pas morte, comme vous deviez l'espérer.

— Ah! monsieur.

— Seulement, elle a été longtemps perdue, comme cela devait être, car vous aviez bien pris vos mesures pour qu'elle ne pût jamais s'informer de sa mère, ni de ses amis, ni du pays d'où on l'avait arrachée.

— Enfin? demanda M. Badoir d'une voix inquiète.

Rocambole se tourna vers la petite muette qui, comprenant qu'on parlait d'elle, fixait sur lui des regards pleins d'émotion et de curiosité.

— Nizza, lui dit-il, approche-toi de monsieur et regarde-le en face.

L'enfant obéit.

— Maintenant, ouvre ta bouche et montre-la lui.

Nizza fit encore ce que lui commandait Rocambole.

Alors, à la vue du tronçon de langue qui s'arrêtait au milieu de la bouche, M. Badoir devint affreusement pâle et cacha son visage dans ses deux mains, mais en laissant échapper un cri étouffé.

XIII

LE PÈRE DE NIZZA

Effrayée de la pâleur et de l'agitation de M. Badoir, Nizza était accourue près de Rocambole.

Celui-ci allait adresser la parole au banquier, quand la porte s'ouvrit.

La Bretonne parut sur le seuil et annonça :

— M. Pierre Valcresson !

A ce nom, M. Badoir se leva tout à coup, et on eût dit qu'une nouvelle pâleur tombait comme un suaire sur ses traits déjà livides.

Immobile, l'œil fixe et le front contracté, il était comme foudroyé.

Mais cet état dura quelques secondes seulement.

Revenant brusquement à lui, il courut à Rocambole et lui jeta rapidement ces mots :

— Partez, je vous en prie; revenez plus tard, et...

Pierre Valcresson entrait.

Rocambole ne bougea pas.

Pierre Valcresson était un homme d'une cinquantaine d'années, de haute taille, large des épaules, maigre et nerveux, dont les traits bronzés, anguleux et énergiques, étaient empreints d'une profonde tristesse.

— Ah! mon cher ami, s'écria-t-il en faisant un mouvement pour se jeter dans les bras de M. Badoir.

M. Badoir voulut s'élancer au-devant de lui.

Rocambole se leva et se dressa entre eux.

— Monsieur, dit-il en s'adressant à Pierre Valcresson, il y a quinze années environ que vous avez quitté M. Badoir, n'est-ce pas?

— A peu près, répondit M. Valcresson en fronçant légèrement le sourcil, mais que vous importe?

— En quinze années, monsieur, poursuivit gravement Rocambole, il s'opère d'étranges changements dans les hommes et dans les choses, rappelez-vous cela et, avant de vous jeter dans les bras de cet ancien ami, sachez d'abord ce qu'il est devenu depuis le jour où vous vous êtes quittés.

M. Valcresson regarda avec surprise celui qui lui tenait cet étrange langage, puis, se tournant vers M. Badoir :

— Ah çà, lui dit-il, quel est cet homme et que signifient ces paroles?

— Écoutez d'abord l'avertissement que je vous donne, reprit Rocambole, et tout à l'heure vous pourrez embrasser votre vieil ami si vous y tenez encore.

Pierre Valcresson examina le banquier et, remarquant enfin son attitude embarrassée :

— Ah çà, mon cher ami, lui dit-il, qu'avez-vous donc? Me donnerez-vous enfin le mot de cette énigme?

— Je vous expliquerai cela quand nous serons seuls, répondit le banquier en essayant de prendre un air dégagé.

— Je comprends parfaitement, répliqua Rocambole, c'est un congé, mais je ne l'accepte pas, monsieur Badoir, et je ne vous laisserai pas seul avec M. Valcresson.

— Cependant, monsieur, dit M. Valcresson dont le regard étincela tout à coup, s'il ne convient pas à mon ami...

— Il lui convient que je reste, riposta froidement Rocambole, je resterai.

M. Badoir ne répliqua pas.

Pierre Valcresson était frappé de stupeur.

Rocambole reprit sa place en disant à M. Valcresson :

— Je vous engage à faire comme moi, monsieur, car nous avons à causer.

— Monsieur, dit le banquier d'une voix basse et suppliante, en se rapprochant de Rocambole, je vous en prie...

— De quoi me priez-vous? demanda Rocambole en élevant la voix avec intention, parlez.

Et, comme M. Badoir ne répondait pas, il ajouta en s'adressant à M. Valcresson :

— Voulez-vous que je vous dise, monsieur, quelles sont les deux personnes dont vous alliez parler tout d'abord à M. Badoir? Louise Prévôt et la petite Jeanne, sa fille... et la vôtre.

— C'est vrai, répondit Pierre Valcresson, stupéfait, mais qui donc vous a confié le secret le plus intime de ma vie?

— Un hasard tout à fait providentiel, monsieur, et dont nous parlerons plus tard. Ce que je puis vous dire, quant à présent, c'est qu'il est heureux que vous m'ayez trouvé ici, car vous auriez vainement interrogé M. Badoir sur les deux êtres qui vous intéressent par-dessus tout en ce monde, il n'eût pu vous répondre, et moi, je le puis.

Il ajouta :

— Que vous a écrit M. Badoir, au sujet de la mère et de l'enfant?

— Que mon enfant avait été enlevée et que la mère, frappée d'un subit accès de folie, avait disparu.

— C'est tout?

— Absolument tout.

— Eh bien, monsieur, je vais compléter ces renseignements.

— Monsieur, je vous en supplie, balbutia M. Badoir, en tournant vers Rocambole son visage bouleversé, et avec l'expression d'une poignante angoisse, laissez-moi seul avec mon ami Valcresson.

— Pas avant de lui avoir appris ce qu'il a intérêt à savoir, répondit Rocambole sans détourner la tête.

Le banquier n'osa insister.

— Oh! je sais que je vous inflige une effroyable torture, ajouta Rocambole, mais interrogez votre conscience, et elle vous dira si vous l'avez méritée.

Et, s'adressant de nouveau à Pierre Valcresson qui, promenant de l'un à l'autre un regard ahuri, cherchait vainement à comprendre ce qui se passait sous ses yeux :

— Voici, dit-il, l'histoire de votre enfant et de celle que vous considériez comme votre femme, car vous appeliez près de vous en Amérique, pour lui donner votre nom. Louise Prévôt habitait à Fontenay-aux-Roses une fraîche et charmante villa, où elle était aussi heureuse que le permettait sa position, et il était impossible d'imaginer un plus gracieux tableau que celui qu'offraient cette jeune mère et son enfant quand elles se promenaient toutes deux dans cette retraite toute en fleurs. Il y a dix ans de cela, la petite Jeanne en avait quatre alors, et elle passait pour une petite merveille de grâce et de beauté.

Tout en écoutant parler Rocambole, M. Valcresson regardait Nizza avec un mélange d'attendrissement et de curiosité.

— Dix ans! murmura-t-il.

Il ajouta en désignant la petite muette :

— Quel âge a cette enfant?

— Quatorze ans, monsieur.

Un profond soupir s'échappa de la poitrine de Pierre Valcresson.

— Si vous voulez me permettre d'interpréter ce soupir, reprit Rocambole, il signifie : C'est l'âge qu'aurait ma petite Jeanne.

— Vous avez deviné juste, monsieur.

— Nizza, va t'asseoir près de monsieur, dit Rocambole à l'enfant.

Celle-ci s'approcha aussitôt de Pierre Valcresson, qui l'enleva de terre, l'assit sur son genou, et, contemplant avec ravissement sa charmante tête, à laquelle son infirmité même donnait une expression pleine d'originalité, de finesse et de pénétration :

— Voulez-vous rester un instant avec moi, mon enfant? lui demanda-t-il.

Nizza, qui n'était pas banale dans ses affections et qui ne prenait jamais une détermination à la légère, le regarda fixement, comme pour se rendre compte, avant de se prononcer, du personnage auquel elle avait affaire, puis elle répondit par un signe de tête et un sourire.

Elle consentait à rester.

— Qu'a-t-elle donc? demanda M. Valcresson, surpris de cette singulière réponse.

— Elle est muette, monsieur, dit Rocambole.

— De naissance?

— Non, monsieur, car alors elle n'entendrait pas.

— Par suite d'un accident alors?

— Oui, monsieur.

— Et comment ce malheur lui est-il arrivé?

— Je vous le dirai... plus tard.

— Et il y a longtemps de cela?

— Dix ans.

— Pauvre enfant! murmura Pierre Valcresson en la pressant doucement contre sa poitrine.

Pendant ce dialogue, les impressions les plus cruelles et les plus diverses se succédaient dans l'âme de M. Badoir et bouleversaient affreusement ses traits livides.

Rocambole reprit :

— Hélas! le bonheur de la pauvre jeune femme touchait à sa fin, une épouvantable catastrophe allait fondre sur elle et sur son enfant. Un soir que la chère petite avait été couchée comme de coutume dans son berceau bleu et blanc, les deux couleurs auxquelles elle avait été vouée par sa mère, deux hommes, qui tout le jour les avaient suivies du regard dans le jardin tout en fleurs et que n'avait pu attendrir le touchant spectacle de leur mutuelle affection, s'approchèrent de la maison, et, à l'aide d'une échelle, l'un deux pénétra dans la chambre où reposait l'enfant pendant que sa mère travaillait au rez-de-chaussée. Elle dormait! il l'emporta dans ses bras et un quart d'heure après, lui et son atroce compagnon étaient déjà loin.

— C'était mon enfant, s'écria Pierre Valcresson, d'une voix profondément altérée, cette chère petite Jeanne que je n'avais pas vue, mais à laquelle je songeais sans cesse, que je suivais de loin, dont je m'étais fait la plus charmante image, que j'adorais et pour laquelle je faisais les plus beaux rêves, c'était elle qu'ils emportaient ainsi! Oh! mais c'est affreux! c'est affreux! mais, grand Dieu! que voulaient-ils donc faire de la pauvre enfant?

— C'est ce que je vais vous dire, répondit gravement Rocambole, et c'est pour ce moment-là qu'il faut réserver vos larmes, car, lorsque vous saurez la vérité, vous n'en aurez jamais assez pour pleurer sur votre enfant.

Un léger tremblement s'empara de M. Valcresson à ces paroles.

— Mon Dieu! mon Dieu! balbutia-t-il en fixant sur Rocambole des yeux hagards, qu'ont-ils donc fait à ma pauvre petite Jeanne?

— C'est si horrible que j'ose à peine vous l'apprendre.

Pierre Valcresson se mit à trembler si fort que Nizza, violemment agitée sur le genou où elle était assise, le regarda avec effroi.

— Et moi, monsieur, murmura-t-il d'une voix défaillante, j'ai peur de vous interroger.

Il y eut un moment de silence pendant lequel M. Badoir, atterré, haletant, défiguré par l'angoisse qui le dévorait, semblait à chaque instant sur le point de défaillir.

Après une longue hésitation, M. Valcresson reprit enfin :

— Mais ils l'ont donc torturée, ma pauvre petite Jeanne?

— Oui, monsieur, torturée, répondit Rocambole presque à voix basse.

— Ah! ma pauvre enfant! ma pauvre enfant! s'écria le malheureux père en éclatant en sanglots.

Et il pleura longtemps en répétant sans cesse :

— Torturée! ma petite Jeanne! ma pauvre petite Jeanne! Oh! c'est horrible! c'est horrible!

Nizza le regardait pleurer avec l'expression d'une profonde compassion.

N'y tenant plus enfin, elle se pencha vers lui et passa doucement la main sur sa joue, en lui faisant signe d'essuyer ses larmes.

— Pauvre petite, murmura M. Valcresson en l'embrassant, ma petite Jeanne aurait son âge!

Il reprit bientôt, avec un effort visible :

— Enfin, monsieur, que lui ont-ils fait? Je veux tout savoir.

— Eh bien, monsieur, ils l'ont emmenée dans un repaire de bandits, et là une femme, une atroce créature, ivre d'absinthe, il est vrai, irritée de l'entendre jeter des cris qui pouvaient la dénoncer à la police, l'entraîna dans un coin, des ciseaux à la main, lui ouvrit la bouche de force... et, un instant après, la pauvre enfant était privée pour toujours de l'usage de la parole.

— Elle lui avait coupé la langue? demanda M. Valcresson en fixant sur Rocambole un regard effaré.

— Oui.

L'infortuné jeta un cri déchirant.

Il resta quelques instants immobile, la tête dans les deux mains.

Quand il la releva, il était presque méconnaissable.

L'excès du désespoir l'avait défiguré en quelques minutes.

— Achevez, dit-il à Rocambole d'un air égaré, d'ailleurs je devine le reste, maintenant elle est morte, n'est-ce pas?

Rocambole se leva et, désignant du doigt la petite muette :

— Maintenant, dit-il... elle est sur les genoux de son père.

XIV

DÉMASQUÉ

Pierre Valcresson semblait pétrifié.

Il passait tout à coup, sans transition, d'un déses-

Oh! je n'ai pas besoin d'arme; je veux l'étrangler de mes mains!... (Page 262.)

poir mortel à une joie immodérée, du fond de l'enfer au septième ciel.

C'était trop, et sa raison en parut un moment ébranlée.

Il roulait autour de lui des regards hallucinés et semblait se demander où il était et quelles étaient les gens qui se trouvaient là.

Quelqu'un tressaillit de joie à la pensée de voir se produire un subit accès de folie.

C'était M. Badoir, qui, par cette péripétie imprévue, se voyait tout à coup délivré des transes terribles sous lesquelles il se sentait défaillir depuis quelques instants.

Mais cet espoir féroce fut bientôt déçu.

Le vertige qui venait de s'emparer de M. Valcresson se dissipa aussi brusquement qu'il était venu.

Son regard s'attacha sur la petite muette, et le voile qui obscurcissait sa raison tomba aussitôt.

— Mon enfant! ma chère petite Jeanne! c'est elle, elle! murmura-t-il d'une voix que l'émotion faisait trembler.

Et la saisissant dans ses bras, il la couvrit de baisers.

Nizza se dégagea doucement de ses embrassements, et tournant vers Rocambole un regard inquiet et interrogateur, sembla lui demander ce que tout cela signifiait.

— Oui, mon enfant, lui dit celui-ci, monsieur est ton père, il revient de bien loin et maintenant il ne te quittera plus.

Pierre Valcresson la contemplait avec un attendrissement mêlé d'admiration et il répétait tout bas :

— Mon enfant! ma petite Jeanne! c'est elle!..... oh! mais tant de bonheur est-il possible? n'est-ce pas un rêve?

Et s'adressant à Rocambole :

— Vous êtes bien sûr que c'est elle, monsieur!

— Il y a malheureusement un signe qui empêche toute méprise et ne permet pas de la confondre avec une autre, c'est son infirmité et surtout la mutilation qui l'a déterminée.

— Oh! pauvre enfant, comme ils t'ont torturée! murmura M. Valcresson, dont les yeux se voilèrent de larmes à la pensée de l'horrible supplice qu'avait enduré sa chère petite Jeanne.

Puis il s'écria en se frappant le front avec désespoir :

— Mais pourquoi, dans quel but ces misérables ont-ils enlevé cette enfant à sa mère? Car enfin on ne commet pas de pareils crimes sans y être poussé par un mobile quelconque.

— Aussi le principal auteur de cet exécrable forfait en avait-il un.

— Lequel?

— La cupidité.

— Je ne comprends pas.

— C'est pourtant bien simple : vous passez pour posséder une fortune de quinze millions, est-ce vrai?

— C'est vrai.

— Or, supposez un héritier comptant toucher pour sa part deux ou trois millions et apprenant tout à coup que vous avez un enfant, dont vous comptez épouser la mère, son premier mouvement sera de souhaiter la mort de la mère et de l'enfant; mais si c'est un héritier honnête, il se bornera au souhait, sinon il enlèvera l'enfant, convaincu que la mère en mourra ou en deviendra folle, ce qui ne manque pas, et par cette habile combinaison, il supprime, sans se rendre coupable de meurtre, les deux obstacles qui menaçaient sa fortune.

— Un héritier, dites-vous! mais alors le misérable qui a commis ces crimes horribles serait donc de ma famille?

— Naturellement.

— Un parent! s'écria Pierre Valcresson dont les traits s'animèrent tout à coup d'un sentiment de haine et d'une soif de vengeance qui le rendaient effrayant, c'est à un parent que je devrais de retrouver mon enfant affreusement mutilée et ma chère Louise disparue, folle, perdue pour toujours, morte de faim ou de douleur peut-être, et tout cela pour de l'argent!... Ah! c'est horrible, c'est monstrueux!

Puis, s'élançant vers Rocambole et lui saisissant énergiquement la main, tout tremblant de rage et l'œil flamboyant :

— Son nom, monsieur, son nom? je vous en supplie!

Il y eut un moment de silence.

Alors Pierre Valcresson entendit ce mot prononcé derrière lui à voix basse :

— Grâce!

Il se retourna brusquement et resta frappé de stupeur à l'aspect de M. Badoir à genoux et la tête cachée dans ses deux mains.

— Que fait-il là? Qu'est-ce que cela signifie? murmura-t-il.

— Vous ne comprenez pas? lui dit Rocambole.

— Non, je ne sais pourquoi...

— Eh bien! celui dont vous me demandez le nom...

Pierre Valcresson recula d'un pas, et jetant sur Rocambole un regard effaré :

— Quoi! balbutia-t-il, ce serait?...

— C'est lui.

— Ah!

Cette exclamation s'échappa comme un râle de sa poitrine oppressée.

Puis, le sang lui monta brusquement au visage, ses yeux démesurément dilatés dardèrent un regard terrible sur le coupable agenouillé à ses pieds et il s'écria avec un inexprimable sentiment de haine, d'horreur et de dégoût :

— Lui! lui qui se disait mon meilleur ami! lui à qui j'avais confié ma Louise et mon enfant, et qui m'avait juré de veiller sur elles. Oh! l'infâme! l'infâme!

Il promena autour de lui un rapide regard, comme s'il cherchait quelque chose, puis il s'écria d'une voix rauque, altérée par la colère :

— Oh! je n'ai pas besoin d'arme, je veux l'étrangler de mes mains.

Et il fit un mouvement pour s'élancer sur lui et le saisir au cou.

Rocambole l'arrêta :

— Laissez-moi, laissez-moi! s'écria-t-il d'une voix tonnante et en se débattant comme un fou furieux entre les mains de Rocambole, qui lui avait saisi les deux poignets et les tenait comme dans un étau.

Et il bondissait et faisait des efforts inouïs pour s'arracher à cette puissante étreinte.

Mais ses poignets semblaient rivés aux mains de Rocambole, qui ne bronchait pas plus que s'il eût été de bronze.

— Je vous demande deux minutes d'attention, lui dit-il enfin, et, si, après m'avoir entendu vous n'êtes pas convaincu qu'il est de votre intérêt de le laisser vivre, alors je vous laisse libre d'en faire ce qu'il vous plaira.

— Soit, dit M. Valcresson en faisant un effort pour se calmer, je consens à vous écouter, mais je doute... Enfin, parlez.

— Si vous le tuez, on vous arrête, on vous juge, et, en supposant l'admission des circonstances les plus atténuantes, en admettant toute l'indulgence imaginable de la part du tribunal, on vous condamne au moins à cinq ans de prison.

— Eh! que m'importe? s'écria Pierre Valcresson hors de lui.

— La joie de la vengeance assouvie vous consolera de la perte de votre liberté, soit; je comprends cela; mais Louise Prévôt, qui donc se mettra à sa recherche? Qui donc, si ce n'est vous, trouvera dans son cœur assez d'amour, d'énergie, de persévérance et de dévouement pour la retrouver, fallût-il fouiller tout Paris et même la France entière? L'infortunée sera donc à jamais perdue, à jamais privée des soins qui pourraient la ramener à la raison, à la vie, au bonheur, parce que vous aurez préféré à tout la joie amère de la vengeance.

Au nom de Louise Prévôt l'exaltation furieuse de Pierre Valcresson était tombée tout à coup pour faire place à un profond abattement.

— Pauvre Louise! murmura-t-il, qui s'occuperait d'elle en effet si je n'étais plus là? et ma chère petite Jeanne elle-même...

— Oh! dit vivement Rocambole, Jeanne, que nous appelons Nizza, n'ayant connu que très-tard son véritable nom, Jeanne a trouvé chez moi une famille qui l'a adoptée de cœur, qui l'aime à l'idolâtrie et ne vous la rendra qu'à regret.

— Merci! oh! merci, monsieur, dit M. Valcresson en pressant avec attendrissement la main de Rocambole.

Il ajouta, en jetant un regard sur la petite muette :
— Mais depuis quand est-elle avec vous?
— Depuis trois mois à peine.
— Trois mois!... et qu'est-elle donc devenue pendant les dix années qui ont suivi son enlèvement.
— Oh! monsieur, c'est affreux à dire.
— Dites toujours, monsieur, la voilà, elle est près de moi maintenant, je puis tout entendre.

Cependant c'est avec une vive expression d'angoisse qu'il attendit la réponse de Rocambole.

— Immédiatement après lui avoir fait subir cette effroyable mutilation, elle a été livrée à un saltimbanque qui s'éloignait de Paris le lendemain même, et à partir de ce jour elle a fait des tours de souplesse, joué son rôle dans les parades et dansé sur la corde roide.

Pierre Valcresson jeta un cri de colère, et, se tournant brusquement vers M. Badoir, toujours agenouillé et la tête cachée dans ses mains :
— Misérable! s'écria-t-il, tout prêt de céder à un nouvel accès de rage.
— Souvenez-vous de Louise Prévôt, lui dit Rocambole en lui posant la main sur l'épaule.

Il ajouta, en désignant M. Badoir :
— Quant à cet homme, il peut nous être utile et il faut que nous en tirions parti.
— Quel service peut-il nous rendre?
— D'abord c'est grâce à lui que Louise Prévôt est perdue, c'est à lui de la retrouver, je lui donne quinze jours pour cela. Mais ce n'est pas tout, il a un autre crime à réparer, il a ourdi, de complicité avec un misérable de la plus dangereuse espèce, un infâme complot contre Tatiana Valcresson, votre nièce et la sienne, dans le but de contraindre cette jeune fille à épouser un homme, qu'elle déteste et qu'elle méprise, il faut qu'il nous dévoile toute la mystérieuse machination imaginée par sir Ralph pour...
— Sir Ralph! interrompit vivement M. Valcresson, cet homme n'est-il pas intimement lié avec un certain Mac-Field?
— Précisément.
— Ce sont deux assassins, ils ont payé mon domestique pour m'empoisonner.
— Eh bien, monsieur Valcresson, voici leur complice, car M. Badoir est le chef de la maison Badoir et Compagnie, nouvellement fondée, et les deux associés qui se cachent sous ce titre : « et Compagnie, » sont tout simplement sir Ralph et Mac-Field.

XV

LA VILLA DE FONTENAY-AUX-ROSES

Pierre Valcresson fut quelques instants sans pouvoir proférer une parole.

Il considérait M. Badoir avec cette curiosité mêlée d'horreur qu'inspire la vue de quelque monstrueux reptile.

— Ainsi, s'écria-t-il enfin, cet homme dont les vertus m'imposaient le respect et la confiance la plus aveugle, cet homme que je considérais comme un ami dévoué, voilà ce qu'il a fait! Il a livré mon enfant à des bourreaux qui l'ont mutilée, il a poussé à la folie, à la mort peut-être, celle que j'aimais d'un amour sans bornes, dont je voulais faire ma femme et que j'avais confiée à sa garde; il a voulu jeter sa nièce dans les bras de son complice, qu'il savait déjà coupable d'un double assassinat commis à New-York; et enfin, pour compléter son œuvre, à laquelle il fallait ce couronnement pour qu'il pût recueillir le fruit de tous ses crimes, il s'est entendu avec deux misérables de son espèce pour me faire empoisonner par mon domestique! Allons, il faut en convenir, maître Badoir, voilà une vie bien remplie, qu'en dites-vous?

— Je dis, répondit humblement le banquier, en se redressant enfin, que je suis digne de votre haine et de votre mépris, que j'ai commis des forfaits qui ne méritent ni pardon, ni pitié, mais en avouant les crimes dont je me suis rendu coupable envers Louise Prévôt, son enfant et Tatiane, je jure que je ne suis rien dans le complot ourdi contre vous.

— Et sur quoi me jurez-vous cela? lui dit Pierre Valcresson avec une méprisante ironie, serait-ce sur votre honneur?

— Accablez-moi, je n'ai pas le droit de m'offenser, répliqua M. Badoir d'un ton résigné, refusez de croire à ma parole, c'est le juste châtiment de mes fautes, et mon rôle désormais est de courber la tête sous l'outrage, mais j'ai dit la vérité, je le répète.

— Comment veux-tu qu'on te croie, misérable, et à quoi t'eût servi de te débarrasser de ceux qui te privaient de ta part d'héritage si tu eusses laissé vivre celui dont tu devais hériter?

— Toutes les apparences sont contre moi, je le sais et je me tais.

— Relève-toi et attends que nous ayons pris un parti à ton égard, lui dit M. Valcresson.

M. Badoir se leva, reprit sa place dans son fauteuil et attendit, le regard fixé à terre.

— Monsieur Badoir, lui dit alors Rocambole, je me suis engagé à sauver mademoiselle Tatiane de la honte d'appartenir à votre infâme complice, sir Ralph; pour cela, il faut que je prouve l'innocence de cette jeune fille en dévoilant le moyen dont s'est servi celui-ci pour la décider à l'accompagner, seule et à minuit, au bal de la baronne de Villarsay; ce moyen, il est impossible que vous l'ignoriez, et je vous somme de me le faire connaître.

— Comme vous, monsieur Portal, répondit le banquier, je soupçonne là quelque profonde machination, mais je vous jure que sir Ralph a refusé de me confier ce secret quand je le lui ai demandé, et qu'il m'a toujours affirmé que Tatiane avait consenti librement à se rendre avec lui à cette fête, ne pouvant ignorer qu'elle s'engageait par là à devenir sa femme.

— Il a menti, je le sais, cela m'a été dit par la femme de chambre de mademoiselle Tatiane qui malheureusement, s'est bornée à me jurer que sa maîtresse était innocente, sans vouloir me révéler le secret de sir Ralph, et celui-ci, l'ayant forcée dès le lendemain à quitter la maison de M. Mauvillars, il me fallut renoncer à l'espoir que j'avais un moment conçu d'apprendre la vérité par la bouche de cette jeune fille. Mais, je le répète, il est impossible que sir Ralph, pour lequel vous avez demandé la main de votre nièce, sachant à quel homme vous alliez confier sa destinée, vous ait fait mystère du complot qu'il a imaginé pour perdre cette jeune fille et la contraindre à l'accepter pour époux.

— Je ne puis que vous répéter ce que je viens de vous dire; sir Ralph a refusé de me confier son secret et je ne soupçonne même pas le moyen qu'il a pu employer pour entraîner Tatiane au bal de la baronne de Villarsay.

— C'est possible, dit M. Valcresson, car on ne se confie pas tout entre complices, mais retenez ce que je vais vous dire. J'arrive à Paris avec une déposition de mon domestique devant un magistrat, appuyée d'une correspondance que j'apporte avec moi, et d'où il ressort que sir Ralph et Mac-Field ont formé avec celui-ci un complot dans le but de m'empoisonner; eh bien, si dans huit jours vous n'êtes pas en mesure de nous prouver sur cette mystérieuse affaire tous les détails nécessaires pour prouver hautement l'innocence de Tatiane et de dévoiler le moyen employé par ce misérable pour la perdre, je vous fais arrêter avec eux comme complice de cette tentative d'empoisonnement.

— Mais, s'écria M. Badoir, comment voulez-vous que je contraigne sir Ralph...

— Oh! peu m'importe! dit Pierre Valcresson, les difficultés, les obstacles, ça, c'est votre affaire, cela ne me regarde pas, je vous dis ce que je veux, et vous savez ce que je vous promets en cas d'insuccès, basez-vous là-dessus et sachez d'avance que je n'aurai aucune pitié de vous.

— Ce n'est pas tout, ajouta Rocambole, rappelez-vous que vous avez quinze jours pour retrouver Louise Prévôt.

— Quinze jours! dit M. Badoir avec un accent désespéré, mais songez donc qu'elle est perdue depuis dix ans; comment voulez-vous?...

— Vous avez fait le mal, c'est à vous de le réparer.

Pendant toute cette scène, Pierre Valcresson n'avait cessé d'être en proie à une violente agitation.

— Monsieur, dit-il à Rocambole, nous n'avons plus rien à faire ici, sortons, sortons vite, car lorsque je vois ma pauvre petite Jeanne face à face avec son bourreau, en même temps le bourreau de sa mère, j'éprouve d'irrésistibles tentations de m'élancer sur cet homme et de l'étrangler comme un chien.

— Alors, vous avez raison, monsieur, partons vite.

— Ah! monsieur, ajouta M. Valcresson en pressant dans ses mains tremblantes la main de Rocambole, combien je bénis le ciel de vous avoir rencontré ici! Sans ce hasard providentiel, non-seulement je n'eusse pas retrouvé ma pauvre enfant, mais j'aurais pressé cet homme dans mes bras comme le meilleur des amis, j'aurais continué de mettre en lui toute ma confiance, et lui, l'infâme, il ne se fût pas lassé de me tromper. Ah! je vous le répète, monsieur, c'est la Providence qui vous a envoyé ici en même temps que moi.

Puis, se retournant vers M. Badoir, affaissé sur son fauteuil, dans un état de complète prostration :

— Un dernier avertissement, monsieur, lui dit-il, gardez-vous de prévenir vos complices, sir Ralph et Mac-Field, de mon arrivée à Paris, ils me croient mort des suites du poison qui devait m'être administré par leur ordre, au jour et à l'heure désignés par eux dans une lettre jointe à leur dossier, laissez-les dans une croyance qui, en les tenant dans une entière sécurité, va nous les livrer pieds et poings liés, et sachez bien, que dans le cas où ils viendraient à prendre la fuite, c'est à votre indiscrétion que je l'attribuerais et c'est vous que j'en rendrais responsable.

— Je vous jure de garder le secret, répondit M. Badoir.

— Partons, dit Rocambole.

Et, s'adressant à la petite muette, qui avait assisté à toute cette scène avec un étonnement mêlé d'inquiétude :

— Nizza, lui dit-il, donne la main à ton père.

Nizza fit ce qu'il lui commandait et ils sortirent tous trois.

Quand ils furent dehors, Valcresson dit à Rocambole :

— Monsieur, dites-moi, je vous prie, le nom de celui à qui je dois plus que la vie.

— M. Portal, rue Amelot; au reste, je vous emmène chez moi, je veux vous présenter à Vanda, celle qui a servi de mère à votre enfant depuis qu'elle est parmi nous.

— Je serai heureux, bien heureux de la voir et de la remercier, monsieur, répondit M. Valcresson; mais, depuis longtemps, j'ai au cœur un désir, un rêve qui est devenu plus impérieux que jamais depuis quelques instants, et vous allez comprendre, ce rêve, c'est de revoir la jolie villa où ma chère Louise et ma petite Jeanne ont vécu si longtemps heureuses.

— Je comprends votre hâte de voir cette demeure, monsieur, répondit Rocambole, et je suis à votre disposition si vous voulez vous y rendre de suite.

— Ce sera pour moi un immense bonheur, monsieur, c'est vous dire que je ne voudrais pas retarder d'un instant...

— A vos ordres, monsieur, j'ai justement une voiture, veuillez y prendre place.

Il fit monter M. Valcresson et Nizza, ravie de se retrouver en voiture, et il dit au cocher :

— A Fontenay-aux-Roses.

Le cocher continua la rue Cassette, au bout de laquelle il tourna la rue de Vaugirard à droite.

Au bout d'une heure la voiture s'arrêtait à l'entrée du village de Fontenay-aux-Roses.

— Attendez-nous là, dit Rocambole en désignant une auberge au cocher, nous allons faire une promenade dans le pays et nous revenons dans une heure.

Puis il sauta à terre, ainsi que M. Valcresson, qui reçut ensuite Nizza dans ses bras.

— Vous savez où est située la maison? demanda celui-ci à Rocambole.

— Oui, car moi aussi j'ai été curieux de connaître la villa où avait grandi la petite Jeanne; et puis

La maison est hantée, monsieur! dit la bonne femme. — Bah! Et par qui? — Par les esprits, pardi! (Page 265.)

j'avais un vague espoir de retrouver là quelque indice qui me mît sur la trace de Louise Prévôt.
— Et qu'avez-vous découvert? demanda vivement Pierre Valcresson.
— Rien, et en effet, en y réfléchissant, je compris tout de suite que je m'étais bercé d'un espoir insensé; songez que dix années s'étaient écoulées.
— Vous avez raison, c'était impossible.
Au bout de dix minutes, on arrivait enfin à la villa.
— La voici, dit Rocambole.
Le jardin était parfaitement entretenu, mais, comme on n'était encore qu'à la fin de mars, on n'y voyait que quelques fleurs printanières, des violettes, des primevères et des grappes de boutons aux lilas.
— La villa est habitée, dit M. Valcresson.
— L'état du jardin l'annonce, répondit Rocambole.
— J'en suis fâché, mon intention était de l'acheter.

34e LIVRAISON.

— Vous pouvez vous en passer la fantaisie, monsieur, dit une voix derrière eux.
Ils se retournèrent et aperçurent une vieille paysanne arrêtée comme eux devant la villa.
— Que voulez-vous dire, ma brave femme? lui demanda Rocambole.
— Je veux dire que la maison n'est point louée et que le propriétaire fait entretenir le jardin pour lui donner de la mine.
— Comment se fait-il qu'une aussi jolie demeure reste inhabitée?
— Ah! monsieur, y a une raison pour ça, répondit la paysanne en baissant la voix.
— Et quelle est cette raison?
Cette fois, ce fut tout à fait à voix basse que la bonne femme répondit :
— La maison est hantée, monsieur.
— Bah! et par qui?
— Par les esprits, pardi
— Pas possible !

— Tout le monde sait ça dans le pays, et dame ! vous comprenez qu'on ne se soucie pas de se faire tirer par les pieds au milieu de la nuit.
— C'est incommode, je comprends cela ; mais dites-moi donc l'adresse du propriétaire.
— C'est au notaire qu'il faut s'adresser, monsieur.
— Et il demeure ?
— Sur la place de l'Église.
— Y allons-nous ? demanda Rocambole à M. Valcresson.
— Certainement.

Ils remercièrent la paysanne de son renseignement et se rendirent chez le notaire.

XVI

LES SOUVENIRS DE NIZZA

Quelques instants après, Rocambole et M. Valcresson étaient chez le notaire, et au bout de deux heures de débats ou plutôt d'explications données par celui-ci, concernant les charges et les servitudes attachées à la propriété, l'affaire était conclue, la villa appartenait à Pierre Valcresson, qui n'avait pas besoin de la visiter pour savoir si elle lui convenait, puisque c'est à titre de souvenir qu'il voulait la posséder.

Quand tout fut terminé, Rocambole dit en souriant au notaire :
— Ah ça, monsieur Dufour, il est une servitude dont vous avez omis de nous parler.
— Laquelle ? demanda le notaire étonné.
— Il paraît que la maison est hantée par un hôte mystérieux qui a la mauvaise habitude de venir tirer les gens par les pieds pendant la nuit ; voilà ce que j'appelle une servitude désagréable.

Le notaire sourit à son tour.
— Oui, dit-il, je sais que les gens du pays ont fait courir ce bruit ridicule, et je l'attribue à la visite de quelque maraudeur qui, sachant la maison inhabitée, s'y sera introduit et aura été vu entrant ou sortant la nuit.
— C'est un point à éclaircir, reprit Rocambole, car enfin les esprits sont généralement malfaisants, et il est bon de savoir à quoi s'en tenir sur le caractère et sur les habitudes de celui-ci.
— Allons voir la maison, dit Pierre Valcresson, j'ai hâte de la visiter en détail, vous comprenez pourquoi, mon cher monsieur Portal ; peut-être aurons-nous la chance d'y rencontrer l'esprit qui en a déjà pris possession sans bourse délier, et nous lui demanderons alors quelles sont ses intentions pour l'avenir.
— C'est peu probable, répliqua Rocambole, car tout le monde sait que ces hôtes mystérieux ne se montrent que la nuit, quand ils consentent à se montrer.

Puis, s'adressant au notaire :
— Quand M. Valcresson pourra-t-il avoir l'acte de vente ?
— Il ne sera pas prêt avant ce soir, et on pourra l'envoyer demain à la première heure.
— Qui nous empêche de faire une promenade dans les environs, qui sont charmants ? dit Rocambole à M. Valcresson, nous reviendrions ce soir et nous emporterions cet acte aujourd'hui même.
— Très-volontiers, mais peut-être s'inquiétera-t-on chez vous d'une si longue absence ?
— Nullement, cela m'arrive assez fréquemment, et Vanda sait qu'elle n'a rien à redouter pour moi.
— Alors c'est entendu, restons jusqu'à ce soir.
— Nous attendrons la nuit pour visiter la villa et nous aurons quelque chance de rencontrer notre esprit.
— Oh ! je veux la voir tout de suite, ce qui ne nous empêchera pas d'y faire plus tard une seconde visite. Veuillez donc nous remettre les clefs, monsieur.
— Mon domestique va vous accompagner, dit le notaire.
— Non, répondit vivement Pierre Valcresson, je veux y aller seul avec M. Portal.

Le notaire lui remit les clefs et il sortit avec Rocambole et la petite muette.

Un quart d'heure après ils franchissaient la porte de la villa.

A la suite de cette porte s'étendait une allée de tilleuls qui conduisait au jardin.
— Commençons par le jardin, dit M. Valcresson.

Il paraissait vivement ému.

Rocambole comprit la cause de cette subite émotion et il resta un peu en arrière pour lui permettre de s'y abandonner sans contrainte.

Ils avaient fait cent pas à peine à travers les plates-bandes, plantées de violettes et de primevères, quand Nizza donna tout à coup les signes d'une agitation visible.

Elle embrassa d'abord le jardin d'un coup d'œil.

Puis, arrêtant successivement son regard sur divers points, elle montra tout à coup à Rocambole un banc de bois ombragé par un immense lilas, tout chargé de bourgeons et de grappes de boutons qui commençaient à se colorer de rouge.
— Qu'est-ce que c'est que cela, mon enfant ? Que veux-tu dire ? lui demanda-t-il.

Le teint de Nizza s'anima tout à coup, elle représenta par une pantomime expressive une jeune personne, élégante et belle, se promenant dans le jardin, puis une enfant toute petite, jouant et sautant sur ce banc, et elle fit comprendre que cette enfant c'était elle.

Pierre Valcresson s'était arrêté et suivait tous ses gestes avec une curiosité émue.
— On dirait qu'elle reconnaît ce jardin, dit-il à Rocambole.
— Parfaitement, répondit celui-ci, elle me dit qu'elle s'y est promenée et qu'elle y a joué avec une belle et élégante jeune femme.

Puis s'adressant à Nizza :
— Tu te la rappelles, cette belle dame, lui demanda-t-il.

L'enfant répondit par deux ou trois signes de tête affirmatifs.
— Tu l'aimais bien ? reprit Rocambole.

Nizza porta vivement la main à son cœur.
— Comment t'appelait-elle ?

Le front de l'enfant se contracta légèrement.

Elle faisait un effort pour rappeler ses souvenirs.
— Jeanne peut-être ? lui dit Rocambole.

Son œil étincela tout à coup, elle ouvrit la bouche

comme pour jeter un cri, puis avec une agitation toujours croissante, elle fit plusieurs signes de tête pour affirmer que c'était bien cela.

— Oui, oui, elle reconnaît tout et elle se rappelle sa mère, murmura M. Valcresson.

On se remit à parcourir le jardin.

Nizza avait pris les devants et elle marchait rapidement, montrant sur son chemin les arbustes, les plates-bandes, les grands arbres, le jet d'eau qui sans doute lui rappelaient l'un après l'autre quelque souvenir de son enfance.

Tout à coup elle s'arrêta devant une tonnelle donnant sur le chemin qui longeait la villa.

Rocambole la reconnut, c'était celle dont lui avait parlé François, et où s'était passée, entre la mère et l'enfant, une scène qui avait profondément ému le cocher.

Après un instant d'immobilité, Nizza entra d'un pas grave sous la tonnelle, s'approcha du banc, s'agenouilla, joignit ses mains, leva ses beaux yeux sur un être imaginaire, qu'elle se figurait assis sur ce banc, et remua les lèvres comme si elle priait.

Puis, se tournant vers les deux hommes qui la contemplaient d'un air attendri, elle leur montra le banc et leur fit, comme tout à l'heure, le portrait de la jeune et belle dame qui se promenait avec elle dans le jardin.

Son teint était plus animé que jamais et des larmes ruisselaient sur ses joues.

— Elle pleure, la pauvre enfant, s'écria Valcresson, dont les yeux s'humectèrent aussi à cette vue; qu'a-t-elle donc, que veut-elle dire?

— C'est que ce banc et cette tonnelle lui rappellent un charmant souvenir, répondit Rocambole; le jour même où ils guettaient l'occasion propice pour l'enlever à sa mère, M. Badoir et son complice l'ont vue agenouillée là devant la jeune femme, qui lui faisait faire sa prière, elle prononçait le nom de son père, qui *était bien loin*.

— Pauvre enfant! pauvre Louise! balbutia Pierre Valcresson, dont les larmes, longtemps contenues, jaillirent tout à coup à ces paroles.

Et, s'élançant vers la petite muette, il l'enleva de terre et la pressa dans ses bras la couvrant de baisers.

Nizza le regarda, parut surprise de voir couler ses larmes, et, se tournant vers Rocambole, lui en demanda la cause par un geste que celui-ci comprit :

— Ma petite Nizza, lui dit-il, te rappelles-tu la prière que tu faisais là, aux genoux de ta mère, car cette belle dame c'était ta mère?

— Oui, oui, ma mère, fit Nizza dans son langage.

— Cette prière, te la rappelles-tu?

Elle chercha quelques instants en fronçant le sourcil.

— Non, fit-elle enfin, par un signe de tête.

— Est-ce que tu n'y parlais pas de ton père, qui était bien loin?

Nizza réfléchit encore.

Puis son regard rayonna et elle fit un signe affirmatif.

— Eh bien, ce père qui était bien loin et pour qui tu priais ici, à genoux devant ta mère, le voilà.

Cette fois, l'enfant comprit ce que signifiait ce nom de père, qui, lorsqu'elle l'avait entendu prononcer chez M. Badoir, l'avait laissée indifférente, et, jetant aussitôt ses bras au cou de M. Valcresson, elle lui rendit avec une espèce de fièvre les caresses que celui-ci lui prodiguait.

Après l'avoir longtemps embrassé ainsi, elle releva tout à coup la tête et se tournant vers Rocambole, dont elle se savait comprise, elle lui demanda par signes où était sa mère.

— Ta mère, mon enfant, elle est partie bien loin à son tour, mais elle reviendra bientôt.

— Demain? demanda-t-elle par un signe, car bientôt n'avait pas de signification pour elle.

— Oui, demain, répondit Rocambole.

Alors un éclair de joie brilla dans ses yeux.

Puis elle fit comprendre qu'elle voulait être mise à terre pour continuer sa promenade.

Tout le jardin était visité.

On pénétra dans la maison et, sur la demande de M. Valcresson, Rocambole le conduisit à la chambre où reposaient la mère et l'enfant.

En entrant dans cette pièce sans meubles, Nizza jeta d'abord de tous côtés des regards indécis.

Elle ne la reconnaissait pas, n'y voyant ni son berceau, ni le lit de sa mère.

Mais, après une longue investigation, son regard s'arrêta sur la petite fenêtre garnie de verres de couleur donnant sur la ruelle du village.

Elle la montra, par un geste plein de vivacité.

Puis, après avoir cherché un instant du regard, elle désigna du doigt l'endroit où était son berceau et le fit comprendre en posant sa tête sur sa main et en fermant les yeux.

— C'est là qu'elles dormaient toutes deux, murmura Pierre Valcresson, c'est là qu'on l'a trouvée endormie et qu'on l'a emportée...

Il ajouta au bout d'un instant.

— L'émotion m'étouffe, sortons, j'ai besoin de marcher dans la campagne, mais nous reviendrons ici ce soir, avant de quitter le pays.

XVII

LA MAISON HANTÉE

En sortant de la villa, Pierre Valcresson dit à Rocambole :

— Qu'allons-nous faire jusqu'à l'heure du dîner?

— Voulez-vous être agréable à Nizza, ou plutôt à Jeanne, à laquelle il faut enfin restituer son véritable nom? dit Rocambole.

— Oui, certes, et c'est son goût seul qu'il faut consulter, car la pauvre petite vient de passer deux heures bien ennuyeuses chez le notaire.

— En ce cas, nous allons lui faire faire une longue promenade en voiture à travers la campagne en prenant sa fantaisie pour guide, et nous dînerons là où nous nous trouverons entre cinq et six heures.

Et, se tournant vers la petite muette qui, le regard fixé sur lui, l'écoutait avec une extrême attention :

— Qu'en dis-tu, ma petite Jeanne, cela te convient-il?

Jeanne répondit par des signes de tête répétés et

par un sourire dont l'expression n'était pas équivoque.

On gagna donc l'auberge où était resté le cocher et une demi-heure après la voiture entraînait les trois voyageurs en pleine campagne, à la grande joie de l'enfant qui, indiquant tantôt un point, tantôt un autre, suivant qu'ils charmaient plus ou moins son regard, faisait suivre au cocher le plus capricieux des itinéraires.

La température était douce, et, les glaces ayant été baissées, Jeanne promenait sur la campagne ses grands yeux ravis, tandis que Pierre Valcresson, lui, concentrait toute son attention sur l'enfant, ne pouvant se lasser d'admirer sa charmante tête, éclairée en ce moment par l'espèce d'extase que lui communiquait le spectacle tout nouveau pour elle des champs et des bois se déroulant à l'infini.

Cette promenade se prolongea jusqu'à six heures.

Alors le jour commençait à baisser, Rocambole fit observer à Jeanne que bientôt on ne verrait plus rien, que d'ailleurs il était l'heure de manger et il lui montra une auberge de gracieuse apparence, lui demandant si elle voulait dîner.

L'enfant alors, ayant sans doute consulté son estomac, mis en appétit par le grand air, et trouvant aussi l'auberge à son gré, s'empressa de donner son assentiment et on entra.

C'était à Bagneux, village situé à peu de distance de Fontenay-aux-Roses.

Là encore, Pierre Valcresson voulut que les mets que pouvait fournir l'auberge fussent soumis à la décision de Jeanne, ce qui produisit un dîner des plus fantaisistes.

On remontait en voiture au bout d'une heure, et il était huit heures environ lorsqu'on arrivait chez le notaire de Fontenay.

Quand il eut pris là les actes qui devaient lui être livrés, Pierre Valcresson dit à Rocambole :

— Maintenant, allons rendre encore une visite à la demeure de ma chère Louise, puis nous prendrons le chemin de la rue Amelot, où l'on doit s'étonner d'une si longue absence.

Il ajouta aussitôt :

— Mais il fait nuit, et, quoique la lune soit brillante, il nous faudrait une lumière pour nous diriger dans l'intérieur de la maison.

— Nous trouverons tout ce qu'il nous faut dans la cuisine, répondit Rocambole, j'ai vu un flambeau avec une bougie et des allumettes, déposés là sans doute par le jardinier, qui doit en avoir besoin lorsque son travail se prolonge jusqu'à la nuit.

On trouva tout cela en effet et on se mit à visiter minutieusement chaque pièce de la maison.

A chaque pièce qu'il traversait, Pierre Valcresson reconstituait heure par heure, dans sa pensée, toute la vie des deux êtres qui lui étaient si chers.

Dans la salle à manger, il voyait sa Louise bien-aimée attablée près de son enfant, la servante veillant avec sollicitude à ce que rien ne lui manquât.

Dans le petit salon attenant à cette pièce, il se la représentait travaillant à quelque gracieux ouvrage, à quelque élégante fantaisie destinée à son enfant, tandis que celle-ci, voulant imiter sa mère, habillait et déshabillait sa poupée à laquelle elle ne ménageait ni les gronderies, ni les recommandations qu'elle s'attirait souvent elle-même.

Après avoir visité tout le rez-de-chaussée, il allait monter au premier étage, quand Jeanne, qui pendant ce temps avait fait quelques pas à l'entrée du jardin, arriva tout à coup dans le petit salon et, s'approchant de Rocambole d'un air à la fois mystérieux et effrayé, le prit par la main et l'entraîna doucement vers la porte, en lui faisant signe de marcher avec précaution et de ne pas se montrer au dehors.

Pierre Valcresson les suivit.

Jeanne s'arrêta au seuil de la porte qui donnait sur le jardin, et, se tenant cachée dans l'ombre, elle tendit la main dans une direction, attirant l'attention de Rocambole de ce côté.

Celui-ci jeta un regard vers le point indiqué par l'enfant, puis, se tournant vers M. Valcresson :

— La vieille paysanne ne s'était pas trompée, lui dit-il en souriant.

— Que voulez-vous dire?

— Ne nous a-t-elle pas prévenus que la maison était hantée?

— Eh bien?

— Eh bien, voilà l'hôte surnaturel qui en prend possession à l'heure des ténèbres; c'est Jeanne qui vient de l'apercevoir.

— Où est-il?

— Tenez, il se promène ou plutôt elle se promène à travers le jardin d'un pas lent et solennel, comme il convient à une ombre.

M. Valcresson aperçut en effet une forme noire qui suivait lentement les sentiers du jardin.

— A quel sexe appartient cette ombre-là? dit-il. Est-ce une femme ou un homme enveloppé d'un manteau?

— C'est ce qu'on ne peut guère distinguer d'ici.

— J'en suis fâché pour elle, mais je vais la prévenir que, cette demeure devant être désormais habitée, les ombres sont priées d'en déloger au plus vite.

— Attendons; après avoir parcouru le jardin, ce mystérieux personnage va venir par ici et pénétrer dans la maison, où probablement il vient chercher un abri pour la nuit, car je suis toujours convaincu que c'est quelque maraudeur, et alors nous pourrons nous montrer et lui signifier son congé.

— Eh bien, soit, attendons.

Pendant ce dialogue le promeneur nocturne arrivé à la tonnelle y était entré, sans doute pour s'y reposer et y jouir en paix de la douceur de l'atmosphère, embaumée en ce moment par le parfum des violettes, car il y demeura quelque temps.

Il en sortit enfin et s'engagea dans un sentier qui aboutissait à la porte près de laquelle se tenaient Pierre Valcresson, Rocambole et Jeanne.

— Allons, dit tout bas Rocambole, l'heure fatale a sonné, voilà une ombre qui va se trouver sur le pavé et bientôt arrêtée peut-être comme étant en état de vagabondage, à moins qu'elle ne trouve un refuge dans les carrières d'Amérique, où elle rencontrera beaucoup d'ombres de son espèce.

Le mystérieux hôte de la villa n'était plus qu'à quelques pas.

— Tiens, dit Rocambole, c'est une femme.

— En effet, murmura M. Valcresson.
— Je suis curieux de voir ce qu'elle va faire, reprit Rocambole ; laissons-la donc entrer et aller et venir dans la maison avant de nous montrer à elle.
— Soit.
— Et, pour ne pas éveiller sa défiance, éteignons cette lumière.

Il souffla sur la bougie, qui avait été posée à terre, et, prenant par la main Pierre Valcresson et Jeanne, il les entraîna tous deux derrière la porte, où tous trois se tinrent immobiles.

Un instant après, le bruit d'un pas lent et léger se faisait entendre et on voyait entrer la femme aux vêtements noirs.

Elle fit quelques pas dans la cuisine, promena un instant ses regards autour d'elle, puis elle se dirigea vers l'escalier, qu'elle gravit toujours du même pas, lent et régulier.

— Attendons encore, dit Rocambole à voix basse.

Il sentit aussitôt la main de Jeanne presser la sienne avec une énergie qui trahissait l'impression à laquelle elle était en proie.

La pauvre petite, ne comprenant rien à ce qui se passait, était évidemment effrayée de tout ce mystère et se croyait peut-être menacée de quelque danger.

Il se pencha vers elle et lui murmura à l'oreille :
— Ne crains rien, mon enfant, n'es-tu pas avec ton père et ton ami Portal, qui veillent sur toi ?

Il l'embrassa tendrement, et l'enfant, subitement rassurée par ces paroles et par cette caresse, cessa de frissonner et de lui presser fiévreusement la main.

Rocambole et Pierre Valcresson écoutèrent avec attention pour se rendre compte de ce que faisait l'inconnue.

Ils entendirent ses pas frôler le parquet et purent la suivre ainsi de pièce en pièce jusqu'au moment où enfin le bruit cessa complètement.

— Où est-elle et que fait-elle ? dit Pierre Valcresson à Rocambole.

— C'est ce qu'il faudrait savoir, répondit celui-ci, voilà le moment de monter et de faire connaissance avec elle.

Il tira la petite muette par la main et tous trois gagnèrent l'escalier, où ils s'engagèrent en marchant sur la pointe des pieds.

Un instant après ils arrivaient.

Ils parcoururent quatre pièces sans rencontrer l'inconnue.

Ils la découvrirent enfin dans la chambre à coucher.

Elle était là, agenouillée, les mains jointes, priant et pleurant à quelques pas de la petite fenêtre à vitraux coloriés qui avait frappé la petite muette.

A un signe de Rocambole, Pierre Valcresson et l'enfant s'arrêtèrent au seuil de la chambre et tous trois écoutèrent.

— Mon enfant ! ma pauvre enfant ! murmurait l'inconnue, ma chère petite Jeanne ! pourquoi t'es-tu envolée !

— Mon Dieu ! oh ! mon Dieu ! balbutia M. Valcresson en pressant avec force ses mains contre sa poitrine, cette voix... mon Dieu ! oh ! faites que ce ne soit pas un rêve !

Puis, s'élançant tout à coup dans la chambre, il courut d'abord ouvrir la petite fenêtre aux vitraux coloriés, par laquelle entra un rayon de lune, éclatant comme un flot de lumière blanche, puis il courut à l'inconnue dont la tête était éclairée en plein par cette lumière.

XVIII

LA FOLLE

L'inconnue, qui semblait âgée d'une trentaine d'années, avait les traits pâles, fatigués, creusés par la douleur ou par la misère, par l'une et l'autre, peut-être, et quelques rides précoces sillonnaient légèrement son front.

La douceur et la tristesse empreintes sur sa physionomie lui avaient conservé un charme profond, malgré les ravages qui l'avaient altérée, et son regard avait je ne sais quoi d'hésitant et de craintif, qui donnait à toute sa personne quelque chose de touchant.

A l'approche de M. Valcresson, elle s'était levée tout à coup, et un cri d'effroi s'était échappé de sa poitrine.

Alors celui-ci la retenant doucement par la main et la contemplant à la clarté de la lune, dont les rayons l'éclairaient tout entière, s'écria d'une voix profondément émue :

— C'est elle, c'est ma bien-aimée Louise !

Celle-ci fixa sur lui ses grands yeux bleus, et, retirant la main dont il s'était emparé :

— Oh ! laissez-moi, laissez-moi, murmura-t-elle d'une voix dont la douceur pénétrante allait au cœur et le remuait douloureusement, laissez-moi ici, ne me renfermez plus, je serai sage.

— Louise, ma chère Louise, lui dit Pierre Valcresson en se penchant vers elle avec inquiétude, tu ne me reconnais donc pas ? je suis Pierre Valcresson, ton ami, ton époux.

— Pierre ! dit la jeune femme en passant lentement sur son front ses doigts blancs et effilés, oui, oui, je sais...

Elle ajouta sur le même ton, en fronçant légèrement le sourcil :

— Valcresson ! je connais ce nom-là... mais il est si loin, si loin !...

— Pauvre jeune femme ! dit Rocambole, elle a perdu la raison.

— Oh ! c'est horrible ! murmura M. Valcresson.

— Il y avait mille chances pour qu'elle eût perdu la vie, estimez-vous donc heureux de la retrouver, même en cet état.

— Oui, j'en suis heureux et j'en bénis le ciel, dût-elle ne jamais recouvrer la raison, répondit Pierre Valcresson. Mais comment a-t-elle vécu depuis dix ans ? comment se fait-il qu'elle revienne dans cette maison au bout d'un si long laps de temps et qui donc a pris soin d'elle dans cette triste situation où, semblable à un enfant, elle ne pouvait même pas songer à sa nourriture ?

— Je l'avoue, dit Rocambole, il y a là un problème inexplicable ; essayez donc de la faire parler.

Pierre Valcresson lui prit de nouveau la main, qu'elle lui abandonna cette fois.

— Voyons, ma chère Louise, lui dit-il, que viens-tu faire ici?

Elle avait écouté avec une extrême attention et en fixant sur lui un regard étrange, à la fois pénétrant et hagard.

Elle garda un instant le silence, réfléchissant profondément, comme si elle cherchait à se rendre compte de ce qu'elle venait d'entendre.

— Ici? dit-elle enfin en promenant autour d'elle ses grands yeux bleus, ici?...

Puis son front s'éclaira tout à coup, un naïf sourire entr'ouvrit ses lèvres et elle murmura, en montrant du doigt une place sur le parquet :

— Ici est le berceau de l'enfant, c'est pour cela que j'y suis; je viens de la coucher, elle dort.

Elle se pencha en avant, prêta l'oreille, se redressa bientôt et, se tournant vers Pierre Valcresson, un doigt posé sur les lèvres :

— Elle dort, reprit-elle à voix basse.

— Voyons, dit Rocambole, essayons de frapper son imagination, peut-être parviendrons-nous à faire jaillir une étincelle des ténèbres qui enveloppent son esprit.

— C'est possible, mais que prétendez-vous faire ?

— Vous allez le voir.

Il dit quelques mots à l'oreille de la petite muette, qui répondit par un signe de tête qu'elle consentait à ce qu'il lui demandait.

Alors, se dégageant de l'ombre où elle était restée cachée jusque-là, elle s'avança dans le cercle éclairé par les rayons de la lune et se coucha à terre.

A son aspect, Louise Prévôt avait laissé échapper un cri de surprise.

— Un enfant! une petite fille! murmura-t-elle d'une voix attendrie.

Jeanne s'approcha d'elle, non sans une certaine appréhension, la tira par la manche de sa robe pour la forcer à se pencher vers elle, puis enlaça son cou dans ses deux bras et l'embrassa cinq ou six fois de suite sur les joues, après quoi elle se coucha tout de son long sur le parquet, à l'endroit occupé autrefois par son berceau.

Déjà très-émue des embrassements de l'enfant, Louise la regarda s'étendre à terre, la contempla quelques instants en silence, puis vint s'agenouiller près d'elle et murmura à voix basse :

— Dors, mon enfant, dors, ma petite...

Elle s'interrompit tout à coup, parut faire un effort de mémoire et, s'adressant à l'enfant :

— Ton nom? lui demanda-t-elle.

— Jeanne, répondit Rocambole en baissant lui-même la voix.

— Jeanne? répéta la pauvre folle en se penchant jusqu'à terre pour regarder l'enfant, je l'ai connue; mais un jour, elle est partie, elle s'est envolée dans l'azur du ciel comme l'alouette, et, à cette heure, elle doit être dans le paradis.

Tandis qu'elle parlait, couvant de ses grands yeux bleus la petite muette, qui la considérait elle-même avec une singulière curiosité, Rocambole était allé ouvrir la fenêtre qui donnait sur la ruelle.

Cela fait, il s'approcha de l'enfant, l'enleva dans ses bras et revint avec elle vers la fenêtre, qu'il fit le simulacre d'enjamber, comme s'il se disposait à la descendre dans la ruelle.

Il marchait lentement, sur la pointe des pieds et en tournant vers la porte des regards inquiets, comme s'il eût craint d'être surpris.

Louise avait suivi tous ses mouvements, d'un air étonné d'abord, puis avec une inquiétude visible et qui allait toujours croissant à mesure qu'elle le voyait se rapprocher de la fenêtre avec l'enfant dans ses bras.

Elle était haletante, et son regard, attaché sur l'enfant, exprimait une angoisse, qui bientôt alla jusqu'à la souffrance, car ses traits se contractaient à vue d'œil.

Lorsque enfin elle vit Rocambole se pencher avec Jeanne au-dessus de la ruelle, sa poitrine se gonfla tout à coup, un éclair de désespoir passa dans ses yeux effarés et elle s'élança vers l'enfant en criant d'une voix déchirante :

— Jeanne! mon enf...

Du coin où il s'était retiré, afin de ne pas distraire la jeune femme de la comédie qu'avait imaginée Rocambole pour éveiller sa sensibilité en lui rappelant un souvenir terrible, Pierre Valcresson avait suivi avec une inexprimable émotion toutes les impressions qui se reflétaient sur les traits de la pauvre folle.

Son cœur déborda de joie quand il la vit s'élancer vers son enfant en l'appelant par son nom et en jetant un cri qui trahissait le réveil du sentiment maternel.

Mais ce ne fut qu'un éclair et cette joie se changea aussitôt en désespoir quand il la vit chanceler, pâlir affreusement et porter les mains en avant comme pour chercher un appui dans le vide.

Il accourut à temps pour la recevoir, dans ses bras.

— Ah! monsieur Portal, s'écria-t-il, tout bouleversé, nous l'avons tuée!

Rocambole, ayant posé l'enfant à terre, s'approcha de la jeune femme et l'examina avec attention.

— Non, dit-il après un moment de silence, j'ai provoqué une violente secousse morale, et nous avons déjà obtenu un véritable succès en rappelant à son esprit le nom de son enfant et le souvenir du drame qui a causé sa folie. Nous sommes parvenus à l'émouvoir, et cette émotion a déterminé dans le cerveau un ébranlement salutaire. Tenez, la voilà qui reprend ses sens; il n'y a donc aucune inquiétude à concevoir, et, si vous m'en croyez, nous allons immédiatement tenter une seconde expérience.

— J'ai peur, dit M. Valcresson.

— Rassurez-vous; cette fois, le sentiment que je veux éveiller en elle ne peut provoquer que de douces émotions et des larmes de bonheur.

— Oh! soyez prudent, monsieur Portal; prenez garde de compromettre sa vie en essayant de la rappeler à la raison.

— Fiez-vous à moi; le pis qui puisse m'arriver c'est d'échouer dans la tentative que je vais faire, mais elle ne saurait avoir qu'un résultat heureux si je réussis.

— Quel est votre projet enfin?

— La voilà tout à fait revenue à elle; emmenez-la dans le jardin.

— Et puis?

— Cette violente émotion a dû l'affaiblir, conduisez-la sous la tonnelle où elle pourra se reposer; le reste me regarde.

— Mais vous me jurez...

— Qu'il n'y a aucun danger.

— Allons, je m'en rapporte à vous, dit Pierre Valcresson en mettant sur son bras celui de Louise, qui le suivit sans résistance et sans même tourner la tête du côté de Jeanne, qu'elle semblait avoir complétement oubliée.

Il lui fit descendre l'escalier en la soutenant à chaque marche, car de temps à autre elle fléchissait sur ses jambes, et, quelques instants après, ils étaient assis tous deux sur le banc de la tonnelle, vivement éclairée en ce moment par les rayons de la lune.

Ils étaient là depuis quelques minutes quand M. Valcresson vit venir de ce côté Jeanne et M. Portal.

Ce dernier se tint à l'écart, tandis que celle-ci entrait sous la tonnelle.

Aussitôt elle s'agenouilla sur le sable, posa ses coudes sur la jeune femme, joignit ses mains, et, levant vers elle ses beaux yeux, se mit à répéter sa prière d'autrefois.

Rocambole, auquel François l'avait rapportée textuellement, s'en était souvenu et venait de la lui apprendre.

Louise Prévôt écouta les premiers mots avec étonnement.

Puis son regard se fixa sur Jeanne, empreint d'un vif sentiment de sollicitude, et, glissant sa main dans la poche de sa robe, elle en tira un mouchoir qu'elle passa doucement sur le front, sur le cou et sur le visage de l'enfant en murmurant avec un accent plein de tendresse :

— Toujours en transpiration, elle finira par attraper du mal.

Puis elle se pencha vers elle et la baisa au front.

Jeanne la regardait avec une expression extraordinaire.

— Reconnais-tu cette dame? lui demanda Rocambole.

Jeanne répondit qu'elle lui ressemblait, mais que l'autre était plus jeune, plus jolie et plus élégante.

— Vous le voyez, dit Rocambole à M. Valcresson, la lumière se fait peu à peu dans le chaos, les souvenirs reviennent, la raison se fera bientôt jour quand la jeune femme va se trouver dans un milieu sympathique et toujours occupé d'elle. Mais, quant à présent, il faudrait savoir où elle demeure et comment elle vit.

XIX

FIGURES DE CONNAISSANCE

— Oui, répliqua M. Valcresson, je veux absolument connaître les bonnes âmes qui ont recueilli et nourri ma pauvre Louise, et, si j'ai la chance qu'elles ne soient pas heureuses, ce sera pour moi une grande joie de leur venir en aide.

Et, se tournant vers la jeune femme :

— Louise, lui dit-il, il est temps de retourner chez toi, mon enfant.

— Oui, répondit celle-ci en jetant un regard sur e jardin, inondé en ce moment par les rayons de la lune, voici le jour, c'est le moment de rentrer.

Elle se leva et posa son bras sur celui de Pierre Valcresson, et ils sortirent tous deux de la tonnelle, suivis de Jeanne et de Rocambole, qui tenait l'enfant par la main.

Elle se dirigea vers une porte située à l'extrémité du jardin et qui fermait à l'aide d'un ressort secret.

Là elle pressa du doigt un gros clou qui faisait saillie sur un montant de la porte, qui s'ouvrit aussitôt.

Tout le monde sortit, elle referma la porte et on se mit en marche.

Elle allait toujours devant avec Pierre Valcresson qui, ne sachant de quel côté était située sa demeure, se laissait guider par elle.

Au bout d'un quart d'heure elle avait franchi les limites de Fontenay-aux-Roses et elle marchait devant elle, en pleine campagne, sans suivre ni chemins, ni sentiers tracés, et sans jamais hésiter sur la direction qu'elle devait suivre.

Après une demi-heure de marche on se trouvait dans la banlieue, mais par des chemins si peu usités et si peu praticables, que Rocambole, auquel les coins les plus inconnus de Paris et de la banlieue étaient cependant très-familiers, cherchait vainement à se rendre compte des quartiers qu'il parcourait.

Enfin elle s'arrêta et dit en montrant une maison :

— C'est là.

— Entrons, dit Pierre Valcresson.

Louise le regarda avec un mélange d'étonnement et d'inquiétude, puis, après un moment de réflexion, elle parut prendre son parti et marcha résolûment vers la demeure qu'elle venait de désigner.

C'était une maison d'un seul étage, isolée sur un terrain vague.

— Attendez, dit Rocambole à M. Valcresson, au moment où celui-ci allait frapper à la porte.

— Que voulez-vous faire? demanda celui-ci.

— Je veux savoir quelles sont les gens parmi lesquels a vécu la pauvre jeune femme.

— Le fait seul de l'avoir recueillie nous prouve que ce ne peuvent être que de bonnes et honnêtes créatures.

— C'est possible, mais je ne les connais pas et en pareil cas j'ai pour principe de me défier d'abord; restez donc un peu en arrière avec elle et l'enfant et laissez-moi faire.

Il s'approcha d'un volet, à travers lequel filtrait un filet de lumière, et par cette fissure il put voir ce qui se passait à l'intérieur.

Dès le premier coup d'œil il laissa échapper une exclamation de surprise.

Puis il colla son oreille au volet dans l'espoir d'entendre ce qui se disait à l'intérieur.

Mais il comprit aussitôt qu'il fallait y renoncer.

Pas un mot, pas même un son de voix ne parvenait jusqu'à lui.

— Il faut pourtant que j'entende ce qui se dit là, murmura-t-il.

Et, quittant aussitôt son poste, il fit le tour de la maison en la sondant du regard de haut en bas.

Il s'arrêta enfin devant un soupirail de cave, et, après un moment de réflexion :

— Voilà une entrée, dit-il, mais une fois au fond de la cave, où vais-je aboutir? Enfin je n'ai pas le choix, je ne vois pas d'autre issue que celle-là, essayons.

Il ôta son chapeau, se débarrassa de son paletot, qui avait le double inconvénient de gêner ses mouvements et de doubler l'ampleur de sa personne, puis il se glissa dans le soupirail, dont l'ouverture se trouva juste assez large pour lui livrer passage.

Par un heureux hasard, les rayons de la lune, tombant en plein sur cette ouverture, lui rendirent d'abord le service de lui montrer à quelle hauteur il se trouvait du sol, sur lequel il put sauter sans crainte, puis celui de distinguer les premières marches d'un escalier qu'il eût eu beaucoup de peine à découvrir dans les ténèbres.

Cet escalier conduisait naturellement au rez-de-chaussée, mais aboutissait-il à la pièce où se trouvaient réunis les individus dont il tenait si vivement à entendre l'entretien?

Voilà ce qu'il se demandait avec inquiétude, tout en le gravissant lentement et avec précaution.

Il avait monté une quinzaine de marches quand sa tête porta contre un plancher.

Il le toucha de la main et ne tarda pas à reconnaître que ce plancher était une porte pratiquée horizontalement, comme on en voit chez beaucoup de marchands de vin.

Parvenu là, il entendit très-distinctement un bruit de voix.

Alors il se coucha sur les marches, de manière à ce que sa tête touchât la porte, et il s'aperçut alors que, grâce à de larges fentes pratiquées par le temps au milieu de cette porte, non-seulement le son des voix, mais des paroles et des phrases entières parvenaient clairement à son oreille.

Il s'accouda sur une marche et écouta.

La voix qu'il entendit le fit tressaillir.

— Voici comment il se fait que je vous ai amené la folle, puisque vous tenez à savoir toute la vérité, disait cette voix. Attiré par je ne sais quelle inexplicable puissance vers cette maison qui me fait horreur en me rappelant deux lugubres souvenirs... que je donnerais tout au monde pour oublier, j'aperçois une femme qui rôdait autour du jardin et le regardait avec une curiosité pleine d'émotion. J'allais passer tout droit, lorsque en m'apercevant sur son chemin elle vient à moi et me dit avec un accent étrange :

— C'est là, n'est-ce pas? c'est là que demeure l'enfant? J'ai fait bien du chemin pour retrouver le pays et la maison, mais je la reconnais maintenant : c'est là?

Je restai frappé de stupeur à la vue de cette femme, dans laquelle je venais de reconnaître Louise Prévot, la mère de l'enfant dont...

— Dont j'ai supprimé le chiffon rouge, dit une voix rauque et avinée. Dame! on n'est qu'une femme, mais on a du zinc.

Elle ajouta avec un rire sauvage :

— Même que vous m'avez payé l'opération cinq cents balles, comme à un grand chirurgien. Et pourtant j'ai pas passé d'examens; c'est d'instinct, c'est de vocation, quoi! Chacun a ses petits penchants.

— Je veux l'interroger, poursuivit le narrateur, elle me répond par des divagations; elle était folle. Il y avait danger pour moi à la laisser courir ainsi à travers champs; tout en divaguant, elle pouvait laisser échapper mon nom et révéler une partie de la vérité. C'est pour conjurer ce péril que je songeai à la conduire ici, en attendant que je trouvasse quelque occasion de m'en débarrasser tout à fait en l'emmenant un jour loin de Paris, assez loin pour qu'elle ne pût jamais y revenir.

— Quant à nous, monsieur Badoir, ça nous est égal; vous ne regardez pas à la braise; pour six jours qu'elle a passés ici vous donnez cent francs; il est vrai qu'elle est bien logée, bien couchée, bien nourrie, et des égards! de l'eau-de-vie à discrétion, dont elle n'abuse pas, c'est positif; enfin, c'est pour vous dire que ça durera sur ce pied-là tant que vous voudrez.

— C'est que, justement, répliqua M. Badoir avec un accent qui trahissait son embarras, je désire que ça ne dure pas plus longtemps.

— Comment l'entendez-vous? lui demanda madame Claude que le lecteur a reconnue.

— J'ai vu ce matin des gens qui lui portent un intérêt très-vif, qui, s'ils parvenaient à la découvrir, feraient tous leurs efforts pour la rappeler à la raison, et, si cela arrivait, Dieu sait ce que j'aurais à redouter de cette mère quand la vérité lui serait révélée! Ce serait une lionne, une furie attachée après moi, je le sens, elle me poursuivrait de sa haine sans une minute de relâche, sans merci ni pitié, et qui sait ce que j'aurais à redouter!

— De sorte que... insinua madame Claude d'une voix qui semblait faire appel aux mauvais instincts.

— Eh bien, je voudrais être à l'abri de cette haine, je le voudrais... à tout prix.

— C'est tout simple, répondit la femme, j'ai une petite cave à secret, vous le savez, celle qui avait été préparée pour votre comtesse de Sinabria, ça ferait parfaitement l'affaire de la folle. Oh! rien de plus facile; j'ouvre la porte, je décroche une barre de fer qui la soutient, je la remplace par une baguette sur laquelle je rabats doucement les deux battants, la folle passe dessus, les croyant toujours solides, et patatras! disparue! un joujou d'enfant, quoi! Eh bien, ça va-t-il?

M. Badoir ne répondit pas.

— Qui ne dit mot consent, dit la vieille.

Elle ajouta en se levant :

— N'y a pas de temps à perdre, voilà l'heure où elle rentre.

Et elle se dirigea d'un pas lourd et traînant vers la porte de la cave.

Elle l'ouvrit, descendit quelques marches et bientôt on entendit le bruit d'une barre de fer tombant et rebondissant sur un mur.

Puis elle sortit de la cave, rabattit avec précaution les deux battants de la porte et retourna s'asseoir en face de son mari.

M. Badoir ne dit pas un mot, mais on entendit bientôt le bruit des pièces d'or roulant sur la table.

— Vous dites qu'elle va rentrer? demanda-t-il ensuite.

— Elle devrait déjà être ici.

— Je ne tiens pas à ce qu'elle me voie, je pars.

— Allez et comptez sur nous, lui dit la vieille.

M. Valcresson tint la femme Claude suspendue au-dessus de la trappe en criant à Rocambole : « Est-il temps? »
(Page 275.)

— Je viendrai demain savoir de vos nouvelles, dit M. Badoir en se dirigeant vers la porte.
— Vous serez le bienvenu, monsieur Badoir.
Ce dernier sortit enfin.
Un instant après on frappait à la porte.
— Entrez, cria Claude.
La porte s'ouvrit.
C'était Louise Prévôt.
— Vous rentrez bien tard, ma mignonne, lui dit madame Claude; il ne vous est rien arrivé, ma mignonne?
Louise ne répondit pas.
— Vous devez être fatiguée, allez vous coucher, ma belle, reprit la vieille en lui montrant sa chambre au delà de la porte de la cave.

XX

RECONNAISSANCES

Louise Prévôt se dirigea vers sa chambre.

35ᵉ LIVRAISON.

L'aimable couple la suivait du regard, Claude avec une certaine anxiété, sa hideuse moitié avec un sourire féroce.
Elle n'était plus qu'à deux pas de la porte qui devait s'effondrer sous ses pieds, quand un homme, faisant irruption dans l'ignoble bouge avec la violence d'une trombe, s'élança vers elle, la saisit par le bras et la ramena brusquement au milieu de la pièce.
Cet homme, c'était Rocambole.
La pauvre folle, effrayée de cette brusque apparition et se croyant menacée, se mit à crier et fit des efforts inouïs pour échapper aux mains de son sauveur et s'élancer vers sa chambre en passant par-dessus la porte de la cave.
— Ah çà, d'où sort-il donc celui-là? s'écria madame Claude en s'avançant vers Rocambole, armée d'une bouteille dont elle allait lui fendre la tête, quand celui-ci, sans se retourner, lui envoya dans l'estomac une ruade qui la fit reculer de six pas.

— Arrive donc, feignant, cria celle-ci à son mari, en poussant un hurlement de douleur, on maltraite ton épouse.

Claude s'était jeté sur un couteau.

Il bondit au-devant de Rocambole, tandis que sa femme revenait sur celui-ci en brandissant sa bouteille.

Pris ainsi entre deux adversaires terribles, déterminés, et obligé en même temps de lutter avec la pauvre folle qui, croyant trouver dans sa chambre un refuge contre cet ennemi, l'attirait avec l'énergie du désespoir vers l'abîme au fond duquel ils devaient trouver la mort l'un et l'autre, Rocambole se voyait perdu.

Il ne pouvait se sauver qu'en lâchant la folle pour faire face à ses ennemis, mais alors celle-ci allait bondir sur la porte fatale et se briser la tête sur l'escalier de la cave.

Et il préférait risquer sa propre vie que d'exposer l'infortunée à cette mort horrible.

Dans cette situation critique, il eut une inspiration.

Enlevant Louise dans ses bras avec une facilité dont tout autre eût été incapable, il franchit d'un bond les deux battants de la porte et se trouva dès lors séparé de ses ennemis par un obstacle, devant lequel ceux-ci s'arrêtèrent stupéfaits d'un pareil tour de force.

Ce fut un relâche d'une minute à peine, après laquelle les deux époux, tournant autour de la porte, se mirent en devoir de l'attaquer des deux côtés à la fois.

Mais cette courte trêve, Rocambole, avec ce sang-froid qui ne l'abandonnait jamais dans les circonstances périlleuses, l'avait mise à profit.

Ouvrant brusquement la porte de la chambre dans laquelle avait voulu se réfugier la folle, il l'y poussa et l'y enferma à double tour; puis, débarrassé de tout souci de ce côté, il glissa une main dans la poche de sa jaquette et se tourna aussitôt vers ses deux adversaires en leur mettant tour à tour sous le nez les gueules béantes d'un revolver qui les fit bondir en arrière tous les deux.

Alors Rocambole, croisant les bras sur sa poitrine et laissant tomber sur eux un regard ironique :

— Ah! ah! il paraît que nous sommes dégoûtés du jeu! eh bien, soit, la partie est finie, maintenant nous allons causer.

— Causer, répliqua la vieille, qui ne se laissait pas facilement effrayer, nous n'avons pas d'affaire avec vous; que venez-vous faire dans notre demeure?

— Je vais vous le dire, répondit Rocambole.

Il fit le tour de la porte, gagna le milieu de la pièce, s'assit à califourchon sur une chaise, et, tout en jouant avec son revolver :

— Mes petits amours, leur dit-il, je ne suis pas si méchant que j'en ai l'air; je suis, au contraire, très-bon enfant au fond, et je vais vous le prouver en vous laissant le choix sur deux questions qui ont leur importance.

Les deux époux se regardèrent avec une vague inquiétude.

— Et d'abord, reprit Rocambole, honneur au sexe! commençons par les dames. Voyons, madame Claude, dites-moi franchement ce qui vous agréerait le plus de recevoir une balle de mon revolver en pleine poitrine, ou de passer simplement sur la porte de cette cave.

A cette proposition imprévue, la vieille eut un frisson.

— Oh! prenez votre temps, dit Rocambole, je ne suis pas pressé; vous avez cinq minutes pour réfléchir. Au reste, vous pouvez arranger cela entre vous, la balle sera pour l'un, la promenade au-dessus de cette porte sera pour l'autre. Allons, consultez-vous tous deux et faites votre choix.

— Ah çà, s'écria Claude, feignant une assurance qui était loin de son esprit, qui êtes-vous? de quel droit êtes-vous entré ici et que signifient ces menaces?

— Mon cher monsieur Claude, dit Rocambole, je répondrai volontiers à ces questions quand madame Claude aura bien voulu m'expliquer l'espèce de répugnance qu'elle éprouve à passer sur cette porte, répugnance bien extraordinaire, puisqu'elle hésite entre cela et une balle dans la poitrine.

— Nous sommes chez nous ici, répliqua Claude, ma femme fait ce qu'elle veut, il ne lui convient pas d'obéir aux caprices d'un inconnu, et vous n'avez pas le droit...

Rocambole se leva brusquement et, dardant sur Claude ce regard froid et dominateur sous lequel se courbaient les plus intrépides :

— Vous parlez de droits, maître Claude, lui dit-il, pourriez-vous m'apprendre en vertu de quel droit vous avez enterré mon enfant au fond de votre cave?

— Moi! moi! balbutia Claude dont les traits se couvrirent d'une subite pâleur à ces paroles.

Rocambole ajouta en se tournant vers la femme :

— Et vous, madame Claude, dites-moi donc, je vous prie, sur quel droit vous vous êtes basé pour mutiler une pauvre enfant et la priver à jamais de l'usage de la parole.

— Je... je ne sais pas... je ne sais ce que vous voulez dire, balbutia à son tour l'horrible vieille, une enfant mutilée, non, jamais, jamais!

— Ah! fit Rocambole avec un accent ironique, on vous aurait donc calomniée, madame Claude.

— Oui, oui, c'est une calomnie; je n'ai jamais torturé aucun enfant, je n'en ai jamais vu ici.

— Alors je veux confondre le calomniateur à l'instant même.

Il courut ouvrir la porte.

C'était un signal convenu entre lui et Pierre Valcresson, qui entra aussitôt tenant Jeanne par la main.

Claude et sa femme regardèrent les deux nouveaux venus avec un mélange de crainte et de défiance.

L'enfant les intriguait surtout, quoique ni l'un ni l'autre ne soupçonnât ce qu'elle pouvait être.

Outre que l'âge avait complètement modifié ses traits, elle avait aujourd'hui une mise, une tournure, une expression de physionomie qui lui créaient un type tout nouveau et la rendaient entièrement méconnaissable.

Mais que venait faire là une enfant?

Voilà ce qu'ils se demandaient.

— Mon enfant, dit Rocambole en prenant Jeanne

par la main, regarde bien cette maison d'abord, puis examine attentivement cette femme et dis-moi si l'une et l'autre n'éveillent pas quelque souvenir dans ton esprit.

— C'est elle! murmura la vieille en frissonnant.

Elle venait de la reconnaître à ses yeux et à sa chevelure, brune avec des reflets roux, abondante, touffue et naturellement crépée.

Après avoir promené lentement son regard sur toutes les parties de la pièce, Jeanne tressaillit et pressa avec force la main de Rocambole.

Puis ses grands yeux se fixèrent sur la vieille.

Elle la considéra quelques minutes à peine, et, saisie aussitôt d'une profonde terreur, elle pâlit affreusement et se jeta, en tremblant de tous ses membres, dans les bras de Rocambole.

— Rassure-toi, mon enfant, et dis-moi ce qui te fait trembler ainsi, lui dit Rocambole. Voyons, parle, tu sais bien qu'avec moi tu n'as rien à craindre.

Rassurée, en effet, par ces paroles, Jeanne, avec des gestes d'une précision claire et énergique, montra trois choses coup sur coup : madame Claude, la chambre dans laquelle Rocambole venait d'enfermer Louise Prévôt, puis sa bouche ouverte; c'est-à-dire le bourreau, le lieu du supplice, et le genre de torture qu'on lui avait fait subir.

— Eh bien, dit alors Rocambole à la vieille, direz-vous encore qu'on vous calomnie? Voici l'enfant que vous avez mutilée, et non-seulement vous l'avez reconnue, je l'ai lu dans vos yeux, mais elle-même, au bout de dix années, elle se rappelle l'horrible scène qu'une effroyable torture a pour toujours gravée dans sa mémoire, elle se rappelle la tête ignoble et hideuse de celle qui fut son bourreau, et vient de désigner, sans hésiter, le lieu où elle a été entraînée par l'infâme créature.

Puis, se tournant vers Pierre Valcresson en proie à une émotion qui contractait tous ses traits et lui désignant du doigt madame Claude :

— Voilà le monstre qui, après avoir fait subir à votre enfant, il y a dix ans, la plus effroyable mutilation, allait précipiter votre femme au fond d'un abîme en la faisant passer sur cette porte, comme je viens de vous le dire; et maintenant faites ce qui est convenu.

A ces mots un cri rauque s'échappa de la poitrine de Pierre Valcresson, et, bondissant comme un tigre jusqu'à l'affreuse vieille, il l'enleva dans ses bras, revint vers la cave et la tint suspendue au-dessus de la porte en criant à Rocambole :

— Est-il temps?

Celui-ci laissa attendre un instant sa réponse pour jouir de l'angoisse mortelle qui en ce moment bouleversait les traits livides de l'ignoble créature.

— A moi! Claude, à moi! balbutia celle-ci d'une voix défaillante.

— Un geste et tu es mort! dit froidement Rocambole en ajustant le mari.

Mais celui-ci, pâle et atterré, ne songeait nullement à aller au secours de sa digne moitié.

— Eh! eh! madame Claude, reprit Rocambole, tandis que celle-ci, suspendue au bout des bras de Pierre Valcresson, attendait avec terreur le moment d'être plongée dans l'abîme, où elle avait mille chances d'être broyée, eh! eh! les temps sont bien changés, reportez-vous à dix ans d'ici, à la sinistre soirée où cette enfant se tordait de douleur entre vos mains, et vous conviendrez qu'il y a un étrange changement dans les rôles.

L'œil hagard et les traits décomposés, la vieille ne songeait pas à répondre.

— Faut-il la lâcher? demanda Pierre Valcresson.

— Pas encore, répondit Rocambole, posez-la au bord de l'abîme, on l'y précipitera si elle refuse de répondre à la question que je vais lui adresser.

Le père de Jeanne fit ce que lui commandait Rocambole.

— Maintenant, dit celui-ci à la femme Claude, retenez ce que je vais vous dire; si vous ne voulez ou même si vous ne pouvez répondre à cette question, le père de votre victime va exécuter l'arrêt que je viens de suspendre.

— Je répondrai, murmura la vieille d'un air hébété.

— Il y a quelques jours vous étiez avec votre digne époux, sir Ralph et votre fille, chez un marchand de vin de la rue Miroménil, où vous avez eu un entretien concernant le prochain mariage de celui-ci avec mademoiselle Tatiane Valcresson, et quelques phrases de cette conversation m'ont prouvé que vous connaissiez le mystérieux complot imaginé par sir Ralph pour perdre cette jeune fille et la mettre dans la nécessité d'accepter sa main; eh bien, c'est ce complot qu'il faut me révéler tout entier.

XXI

LA MÈRE ET LA FILLE

Pierre Valcresson avait étendu madame Claude le long de la porte de la cave et il la maintenait dans cette position en lui appuyant la main sur le cou.

— Laissez-moi au moins me redresser si vous voulez que je parle, lui dit brutalement celle-ci.

M. Valcresson retira sa main et elle se mit sur son séant.

— Eh bien, lui demanda Rocambole, qu'avez-vous à répondre?

— J'ai à répondre que je ne sais rien, dit la vieille.

— Ainsi, vous affirmez que sir Ralph ne vous a pas confié de secret?

— Il n'en a pas soufflé mot.

— Tant pis pour vous.

— Comment ça?

— Je viens de vous le dire; puisque vous n'avez rien à m'apprendre, vous allez faire le plongeon à travers cette porte que vous avez préparée si habilement, bien loin de soupçonner à qui elle devait servir.

— Mais puisque je vous dis que j'ignore...

— C'est fâcheux, car vous n'aviez que ce moyen-là de sauver votre vie.

— Ah ça, décidément, qui êtes-vous donc, vous, pour disposer, comme ça de la vie des gens? s'écria la vieille, revenant tout à coup à son état normal, qui était la colère.

— Je suis le vengeur de Jeanne et de sa mère, que vous vouliez précipiter tout à l'heure au fond de cette cave.

— Mais vous n'êtes pas de la *rousse*, vous, vous n'êtes pas de la justice, tout ça ne vous regarde pas, mêlez-vous donc de vos affaires.

— C'est que précisément mes affaires, et je n'en ai pas d'autres, consistent à venger les victimes et à châtier les bourreaux partout où je rencontre l'un et l'autre, et jamais je n'ai trouvé une si belle occasion de satisfaire ce double penchant, car jamais je n'ai trouvé à la fois une victime aussi intéressante que cette enfant, des bourreaux aussi hideux, aussi féroces, aussi répulsifs que vous et votre digne compagnon.

Ainsi, c'est bien entendu, vous n'avez rien à m'apprendre concernant le moyen employé par sir Ralph pour compromettre mademoiselle Tatiane Valcresson?

— Rien.

— Je ne vois donc aucune raison de me priver de la joie de vous rendre une partie de ce que vous avez fait souffrir aux autres en vous faisant profiter de l'ingénieuse combinaison que vous avez imaginée pour cette pauvre folle, qui, à cette heure, serait étendue sanglante au fond de votre cave, si je ne fusse arrivé à temps pour la sauver. Lorsque, lancée à travers cette porte par deux bras solides, vous aurez rebondi vous-même jusqu'au bas de l'escalier de la cave, vous saurez alors par expérience l'effet que produit une pareille opération sur le corps humain, et l'opération sera aussi bien faite que possible, étant confiée aux soins de M. Valcresson, père de cette enfant, que vous avez si cruellement mutilée; il a une terrible revanche à prendre, et soyez tranquille, il n'ira pas de main morte.

— Est-il temps? demanda Pierre Valcresson en saisissant la vieille à la gorge.

— Oui, répondit froidement Rocambole.

M. Valcresson voulut enlever la vieille dans ses bras, mais elle le mordit à la main et lui fit lâcher prise.

Puis, se tordant sur le sol comme une vipère, elle s'écria :

— Ne me touchez pas ou je crie, et comme il rôde toujours quelques agents ou sergents de ville aux environs...

Elle ajouta en s'adressant à son mari et continuant à se tordre avec furie pour échapper aux étreintes de Pierre Valcresson :

— Claude, cours ouvrir la porte pour que mes cris soient entendus du dehors.

Claude jeta un regard sur le revolver avec lequel jouait Rocambole et hésita à obéir à la recommandation de sa moitié.

— Ne vous dérangez donc pas, lui dit tranquillement ce dernier, je vais l'ouvrir moi-même.

Il se leva, en effet, et alla ouvrir la porte.

— Maintenant, dit-il à la vieille, vous pouvez crier et appeler à votre aide, et si quelque agent se présente, eh bien, nous allons rire.

Madame Claude cessa un instant de se tordre pour demander à Rocambole :

— Que voulez-vous dire?

— Je veux dire que je prierai cet agent de se procurer une pioche et de descendre avec moi à la cave, où nous ne tarderons pas à faire une découverte qui pourrait bien vous mettre bientôt face à face avec monsieur de Paris.

— Le bourreau! murmura la vieille atterrée

— Oui, le bourreau, qui vous tranchera proprement la tête à tous deux, tandis qu'avec une chute dans l'escalier vous en serez quitte pour une jambe de moins, deux tout au plus. Maintenant faites votre choix et criez, si le cœur vous en dit; la porte est toute grande ouverte et vous êtes sûre d'être entendue.

Puis, jetant à M. Valcresson un coup d'œil expressif :

— Allons! lui dit-il.

Paralysée par la peur, la vieille n'était plus sur ses gardes.

Pierre Valcresson en profita pour l'enlever de terre en un clin d'œil.

Il la tenait au bout de ses bras, au-dessus de la porte, et il allait la lâcher, quand un cri d'effroi se fit entendre derrière lui.

Il se retourna et aperçut, debout à l'entrée de la maison, une jeune fille qui le regardait avec épouvante.

— Ma mère! s'écria-t-elle en reportant ensuite son regard sur madame Claude.

A ce mot, M. Valcresson, renonçant tout à coup à son projet, en face de cette fille, antithèse vivante de sa mère, remit celle-ci sur ses pieds.

Alors Malvina s'approchant de Rocambole, qu'elle venait de reconnaître :

— Mon Dieu! monsieur, lui dit-elle tout émue du spectacle qui venait de s'offrir à elle, que se passe-t-il donc ici!

— Un acte de justice, mademoiselle, répondit Rocambole. Si vous étiez arrivée une seconde plus tard, cette odieuse créature allait être lancée sur l'escalier de la cave dont les secrets doivent vous être connus.

De pâle qu'elle était, la jeune fille devint pourpre.

— Vous n'osez demander le motif de cette exécution, n'est-ce pas? reprit Rocambole. Vous connaissez trop votre mère pour ne pas craindre d'apprendre quelque chose d'horrible!

Malvina garda un silence embarrassé.

— Ce motif, je n'aurai pas la cruauté de vous le faire connaître, reprit Rocambole, il vous rappellerait le temps où vous viviez dans ce bouge infâme, au milieu de ces deux monstres, et raviverait en vous des souvenirs que vous voudriez pouvoir effacer de votre vie, je le sais, mais je puis vous dire, que vous eussiez été en partie responsable de l'acte qui allait s'accomplir.

— Moi! s'écria la jeune fille stupéfaite.

— Je m'intéresse à mademoiselle Tatiane et à Jacques Turgis, qui l'aime de toute son âme, vous le savez, je me suis voué corps et âme au salut de cette fille et je n'aurai pas une minute de relâche que je n'aie pénétré le secret du complot grâce auquel sir Ralph la tient à sa discrétion. Ce secret, je vous l'ai demandé et vous avez refusé de me le révéler, quoiqu'il vous fût connu; or je savais, par un entretien surpris entre eux et sir Ralph, que cet homme et cette femme le connaissaient également, et, au moment de punir celle-ci d'un acte de cruauté qu'il est inutile de rappeler, je lui ai proposé sa grâce à la condition qu'elle me dévoilerait le mystère

Rascal interpellait Mardochée dans la salle d'attente du chemin de fer du Nord. (Page 282.)

que j'ai juré de pénétrer à tout prix. Elle m'a affirmé que je me trompais, qu'ils ignoraient le secret de sir Ralph, et devant la terrible vengeance dont je la menaçais et qui allait s'exécuter, elle a gardé le silence.

Malvina jeta du côté de sa mère un regard stupéfait, puis, se retournant vers Rocambole :

— Et pourtant, lui dit-elle, ce secret, ils le connaissent comme moi.

— Quoi ! s'écria Rocambole, frappé de surprise, elle le connaît, et, quand d'un mot elle pouvait échapper à une exécution terrible, mortelle peut-être...

— Ah ! c'est qu'elle avait de graves raisons pour garder le silence, dit la jeune fille, mais puisqu'ils refusent de parler, moi, je vais tout dire.

— Misérable ! s'écria la vieille avec un grincement de dents qui la rendait effrayante, tais-toi ou je te casse la figure à coups de sabot.

Et elle se baissa brusquement pour saisir un des sabots qu'elle avait aux pieds.

Mais Pierre Valcresson le lui arracha aussitôt des mains, et, le jetant par-dessus sa tête :

— Silence, vieille furie, lui dit-il, et ne bougeons pas ou je te casse l'autre sur la tête.

Malvina regarda sa mère en face et répondit froidement :

— Je parlerai.

Elle ajouta après une pause :

— D'ailleurs c'est déjà fait.

— Déjà ! hurla la vieille en frémissant de colère.

— Je sors de chez M. Paul de Tréviannes, auquel j'ai tout révélé.

— Paul de Tréviannes? s'écria madame Claude, avec un ricanement grossier, son amant, ils se sont entendus tous deux pour nous envoyer à l'échafaud;

parbleu! ça ne pouvait pas manquer, elle devait finir par là, la débauche mène à tout.

— La débauche! répondit la jeune fille avec un sourire amer, je l'ai évitée le jour où je suis sortie de cette maison, le jour où j'ai fui loin de mon père et de ma mère, qui m'y poussaient. Quant à celui que vous appelez mon amant, c'est l'âme la plus noble et la plus délicate qu'on puisse rencontrer, et c'est lui qui m'a inspiré les sentiments qui m'ont fait prendre en horreur les odieux principes que j'avais puisés près de vous. Enfin, il a été mon ange tutélaire, et je remercie Dieu tous les jours de l'avoir mis sur mon chemin.

— Je vous écoute, dit M. Portal impatient d'entendre la révélation que venait de lui promettre Malvina.

— Deux raisons ont empêché ma mère de parler, lui dit la jeune fille, la peur et la cupidité; sir Ralph leur avait promis une somme assez considérable, une fois le mariage conclu, et les avait menacés d'une dénonciation, en cas d'indiscrétion de leur part ou de la mienne. Voilà pourquoi je me suis tue moi-même, quand vous m'avez interrogée; mais ce silence qui condamnait ma jeune et excellente maîtresse à une éternité de honte et de larmes pesait cruellement sur ma conscience; et, voulant m'éclairer sur la conduite que j'avais à tenir dans une circonstance aussi difficile, je suis allée consulter l'homme que j'estime le plus au monde.

— Son amant! grommela la vieille entre ses dents.

— Quand je lui eus tout conté : « Mon enfant, me dit-il, il faut sauver mademoiselle Tatiane, sans exposer la vie de vos parents, si indignes d'intérêt qu'ils soient l'un et l'autre. »

— Feignant, va! murmura la vieille.

« — Et voilà ce qu'il y a à faire; quant à mademoiselle Tatiane, cela me regarde, je me charge de faire connaître dès ce soir la vérité à M. Portal ou à Jacques Turgis, et, quant à vos parents, ils peuvent se soustraire à la vengeance de sir Ralph en passant immédiatement à l'étranger. »

— A l'étranger! s'écria madame Claude, et avec quoi?

— Avec dix mille francs que voici, répondit Malvina.

Et, tirant un portefeuille de sa poche, elle le remit à Claude.

— A la bonne heure! fit Claude, je me disais aussi, cet homme-là a l'air d'un bon zigue.

— Après tout, répliqua la vieille en aspirant une prise avec ivresse, Malvina est assez belle fille pour...

— Ma mère! s'écria la jeune fille, qui devint rouge d'indignation.

Puis, se tournant aussitôt vers Rocambole :

— Sortons, sortons d'ici, monsieur, je vous dirai tout dehors, cet air m'étouffe.

— Oui, sortons, dit Rocambole.

Et, courant ouvrir la chambre dans laquelle il avait enfermé Louise Prévot, il la ramena par la main et sortit avec M. Valcresson, Jeanne et Malvina.

XXII

UN BON CONSEIL

En attendant le jour où nous jugerons à propos de faire connaître au lecteur l'entretien qui eut lieu ce soir-là entre Rocambole et la fille des époux Claude, transportons-nous à l'autre extrémité de Paris, à la barrière de la Villette, et entrons au *Lapin amoureux*, l'un des marchands de vin les mieux achalandés de l'endroit.

Dans la salle du premier étage, toute grouillante de clients des deux sexes, consommant pour la plupart des saladiers de vin sucré, dernier terme de la galanterie chez les cavaliers de ce monde à part, nous remarquons trois individus attablés près de la fenêtre, où ils causent en buvant un litre à quinze.

Ces trois personnages, très-connus du lecteur, sont Collin, le père Vulcain et Rascal, l'ancien patron du cabaret de *la Providence*.

Le père Vulcain a l'air mélancolique, Collin n'est pas gai et Rascal paraît soucieux.

— Cette gueuse d'argent! s'écria tout à coup le père Vulcain en donnant un coup de poing sur la table, c'est étonnant comme ça vous fond dans les mains. Il y a quinze jours, au faîte des grandeurs, à l'apogée de la fortune, roulant sur l'or, ayant l'œil et l'oreille des dames de comptoir, l'enfant chéri des beautés de la barrière du Combat, beau joueur, hasardant des billets de banque comme un prince, mangeant tous les jours du lapin, et du vrai, dans les plus brillants restaurants de la barrière des Trois-Couronnes, payant des bouteilles de vin bouché à tous les camarades, tous les raffinements, toutes les gloires et tous les triomphes, quoi! et aujourd'hui, plus rien, la débine, la dèche, les humiliations, l'arlequin pour régal, et les airs méprisants des dames de comptoir qu'on avait si souvent invitées à tuer le ver! Voilà la vie! Ah! misère! tenez, les hommes me dégoûtent.

— Oui, oui, dit Rascal, j'ai su par les autres que vous vous en donniez de l'agrément, et tout ça, comme un sournois, sans inviter les amis; tenez, père Vulcain, voulez-vous que je vous dise? je n'ai pas trouvé ça gentil, boire seul n'est pas le fait d'un galant homme.

— Est-ce que je savais où vous trouver, moi? répondit le vieux modèle; demandez à Collin s'il n'a pas été de toutes mes parties et si, pendant ces quinze jours, je l'ai laissé rentrer une seule fois chez lui sans qu'il fût pochard.

Collin prit la main du père Vulcain, la pressa fortement dans la sienne et, avec une émotion à laquelle le vin n'était pas étranger :

— Père Vulcain, lui dit-il, t'es conduit comme un véritable ami, comme un frère, tu n'as pas bu un verre de vin sans moi; et ces choses-là, vois-tu, ça ne s'oublie pas.

Puis, lui secouant énergiquement la main, il ajouta d'une voix attendrie :

— Père Vulcain, c'est à la vie à la mort.

— Ah çà, vous aviez donc hérité? demanda Rascal au modèle.

— Oui, répondit celui-ci, j'avais hérité... d'un tableau.
— Un tableau! Eh! il y en a qui représentent une fortune.
— A qui le dites-vous? Celui-là valait cent mille francs!
— Et vous avez mangé cent mille francs en quinze jours! s'écria Rascal.
— Oh! entendons-nous; répliqua le modèle, il les valait, mais on ne m'en a pas donné ça.
— Enfin, vous l'avez toujours bien vendu cinquante mille?
— Ah! bien oui, on voit bien que vous ne connaissez pas le père... le paroissien qui me l'a acheté.
— Combien vous en a-t-il donné?
— Cinq mille francs.
— C'est un vol!
— Parbleu? mais quoi! la bêtise est faite; le vin est tiré, il faut le boire.
— Malheureusement, il est bu, voilà le chiendent, dit Collin en secouant mélancoliquement la tête.
— Comment! s'écria Rascal en se croisant les bras, vous avez été indignement volé, vous êtes dans la dèche jusqu'au cou, quand vos habits devraient être doublés de billets de banque, et vous vous contentez de vous désoler! Ah! tenez, vous êtes trop naïf, père Vulcain, et, sauf le respect que je vous dois, vous étiez bien né pour tenir l'emploi des pigeons dans la société, votre vocation était d'être plumé.

Le vieux modèle regarda Rascal d'un air à la fois surpris et humilié.

— Que voulez-vous que j'y fasse? lui demanda-t-il, et comment vous tireriez-vous de là, vous qui faites le malin?

— Rien de plus simple, j'irais trouver mon homme et je lui tiendrais à peu près ce langage : C'est pas tout ça, ma petite vieille, tu as abusé de mon innocence pour me dépouiller comme un pauvre agneau, ça ne peut pas se passer comme ça, mon tableau vaut cent mille francs; en me le payant dix mille, tu fais encore une affaire d'or, c'est donc cinq mille que tu vas aboulier tout de suite; sinon je te dénonce à celui chez qui j'ai trouvé la toile; car vous savez, père Vulcain, je ne coupe pas dans l'héritage, vos ancêtres étaient riches en vertus, je n'en doute pas, mais complètement dépourvus de galerie de tableaux.

— Rascal, répondit gravement le modèle, il faut vous rendre justice, vous avez le nez creux, le tableau ne provient pas d'un ancêtre, au contraire, mais permettez-moi de vous dire que votre idée n'est pas si chouette que ça.

— Bah!

— Mon acheteur est un vieux roublard, qui me répondra à son tour : Ma petite vieille, si ça t'amuse de dénoncer, tu aurais tort de t'en priver, dénonce tant que tu voudras; seulement ce n'est pas moi, c'est toi qui seras pincé. Je dirai que j'ignorais la valeur du tableau que tu m'as vendu cinq mille francs, qu'en tout cas le prix d'une œuvre d'art est une affaire de pure fantaisie, tandis que toi, on te sommera de déclarer où tu l'as pris et tu ne pourras pas répondre qu'il est tombé par hasard sur tes épaules comme tu passais sous les fenêtres d'un atelier. Eh bien, mon pauvre Rascal, que dites-vous de ça? Collé!

— Pas collé du tout, mais désolé, répondit Rascal avec un sourire légèrement dédaigneux, oui, désolé de trouver si peu de jugeotte dans une tête de cinquante-cinq ans.

— Que répondriez-vous donc à ça, vous, monsieur le diplomate?

— Ces simples paroles : Ma vieille branche, si dans cinq minutes tu n'as pas déposé les cinq billets de mille dans cette main-là, avant une heure je serai chez le propriétaire du tableau, auquel je me dénoncerai moi-même, en ajoutant : Jurez-moi de me pardonner et je vous conduis chez le gueux de receleur qui m'avait indiqué le coup et qui m'a payé votre toile cinq mille francs. Ravi de rentrer en possession de son tableau, ledit propriétaire n'hésitera pas à me faire grâce, et c'est toi, ma vieille branche, qui seras pincé sous la double inculpation de complice et de receleur.

— Tiens, tiens, tiens, dit le père Vulcain en jetant sur Rascal un regard d'admiration, c'est une vraie idée ça, un bon truc pour effrayer mon voleur et le faire cracher au bassinet.

— Mais, reprit Rascal, ce n'est pas tout que l'idée, faut posséder la manière de s'en servir, faut de la ruse et une langue bien pendue.

— C'est positif, dit le modèle, et, si je connaissais un avocat qui voulût se charger de cette affaire...

— Faut pas y compter, il la trouverait véreuse, comme ils disent; l'avocat rend volontiers les assassins à la société, surtout quand ils sont chargés de crimes, ça le pose dans le barreau, mais les tableaux jamais, ça ne fait pas assez de bruit.

— C'est dommage, je lui aurais bien donné cent francs et un dîner à discrétion à une barrière de son choix.

— C'est flatteur, dit Rascal.

Il reprit après une pause :

— Dites donc, père Vulcain?
— Qu'est-ce?

Vous dites cent francs et un dîner...
— A une barrière de son choix. Connaîtriez-vous un grand avocat qui...

— J'en connaissais un, mais il vient de passer garde des sceaux, et vous comprenez...

— Je comprends; il ne peut pas les quitter, puisqu'il est payé pour les garder.

— Eh bien! écoutez, je connais quelqu'un qui se chargerait volontiers de l'affaire à ces conditions et qui répond du succès.

— Un avocat?
— Mieux que ça, celui qui a conçu l'idée.
— Vous, Rascal.
— Croyez-vous que je sois plus manchot qu'un autre?
— Ma foi, non.

— Remarquez que, l'idée étant de moi, je la comprends mieux que personne naturellement et que, stimulé en outre par l'appât d'un billet de cent et d'un dîner à tout casser, je ferai des pieds et des mains pour réussir.

— C'est tout de même vrai, s'écria le vieux modèle; eh bien, c'est entendu, c'est vous que je charge de l'affaire.

— Alors, dit Rascal, faut mettre les fers au feu tout de suite, aujourd'hui même; qui sait si demain il ne serait pas trop tard!

— Vous avez raison, s'écria le père Vulcain en se frappant le front, vous me rappelez que le vieux singe devait aller le vendre en Angleterre; pourvu qu'il ne soit pas déjà parti!

— Donc, pas une minute à perdre, reprit vivement Rascal.

Et, se levant brusquement :
— L'adresse du bonhomme?
— Mardochée, rue des Buttes...
— Numéro?...
— Diable! je n'ai jamais remarqué le numéro.
— Enfin, une indication quelconque.
— Au coin de la rue des Acacias, dans la maison de l'épicier.
— Vous n'oubliez que le quartier.
— A Montmartre.
— Vous dites Mardochée, alors c'est un juif, n'est-ce pas?
— Juste?
— J'y cours, et dans une demi-heure je verrai le particulier face à face.
— Et dans deux heures vous pouvez être ici.
— Oui, mais il faut prévoir les obstacles.
— En ce cas, à demain matin.
— Le lieu?
— Eh bien, ici, à dix heures, nous déjeunerons.
— Allons, je file et comptez sur les cinq billets de mille.

Il partit, laissant le vieux modèle ébloui devant la perspective des noces sans nombre qu'il voyait déjà se lever à l'horizon.

XXIII

LA COURSE AU TABLEAU

En sortant de l'établissement du *Lapin amoureux*, Rascal tourna à droite et enfila la rue de Flandre jusqu'au boulevard extérieur.

Arrivé là, il jeta un regard à droite et à gauche et parut chercher quelqu'un.

Il aperçut enfin sur un trottoir un individu en blouse qui se tenait là dans une immobilité parfaite.

Il alla droit à lui et prononça ce nom : Christian!

L'homme à la blouse se retourna.

Rascal le reconnut.

— C'est fait, lui dit-il.

— Vous connaissez l'acheteur? demanda vivement celui qui répondait au nom de Christian.

— Oui.

— Qui est-ce?

— Un juif, du nom de Mardochée.

— Ah! le vieux gredin!

— Vous le connaissez?

— De réputation, c'est la Providence des apprentis Raphaël, il leur vend des bijoux, des parures, des colifichets pour leurs maîtresses, contre des tableaux, genre de payement qui rend ceux-ci coulants sur les prix, et il fait ainsi des affaires d'or.

— Dans le genre de celle qu'il a conclue avec le père Vulcain.

— Combien a-t-il payé le tableau?

— Cinq mille francs.

Christian parut stupéfait.

— Il en vaut quatre-vingt mille, dit-il, et il est sûr de le revendre quarante mille à un particulier, car il est trop malin pour aller l'offrir à un marchand de tableaux, sachant qu'ils doivent avoir été prévenus et qu'il se ferait pincer tout de suite. Où demeure-t-il?

— Rue des Buttes, à Montmartre.

— Il faut le voir ce soir même.

— C'est bien mon intention.

De nombreuses voitures stationnaient sur le boulevard.

Ils en prirent une en recommandant au cocher d'aller bon train et une demi-heure après ils arrivaient à la rue des Buttes.

Rascal ne tarda pas à trouver la maison qui lui avait été indiquée par le père Vulcain.

— Entrons, dit-il à l'inconnu, seulement vous m'attendrez chez le concierge, nous pourrions effaroucher le bonhomme et exciter sa défiance en nous présentant tous deux chez lui.

— Oui, c'est plus prudent.

— M. Mardochée? demanda Rascal au concierge.

— Il vient de partir, monsieur.

— A quelle heure doit-il rentrer?

— Pas aujourd'hui.

— Comment, il découche?

— Plusieurs nuits, car il part pour un assez long voyage.

— Tonnerre! s'écria Rascal, en voilà une fatalité.

Puis, frappé d'une idée subite, il s'écria tout à coup :

— N'a-t-il pas emporté quelque chose avec lui?

— Précisément, un tableau.

— Trop tard! dit Rascal à son compagnon avec un accent désespéré, il est allé le vendre.

— Malédiction! s'écria à son tour celui-ci, et, s'adressant au concierge :

— Savez-vous à quelle gare il se rend?

— A la gare du Nord.

— J'y suis, dit Christian à Rascal, il va le vendre en Angleterre.

— Nous sommes roulés.

— Peut-être.

— Que voulez-vous faire?

— A quelle heure est-il parti? demanda l'ami de Rascal au concierge.

Celui-ci jeta un coup d'œil sur sa pendule.

Elle marquait huit heures et demie.

— Il y a juste une demi-heure.

— Neuf heures! il faudrait savoir à quelle heure part le train pour Calais, toute la question est là.

— Monsieur trouvera peut-être ça dans ce livre, qui a été oublié ici par un ancien locataire et que le père Mardochée a consulté avant de partir.

Ce livre était un *Guide-Conti*.

Christian le feuilleta rapidement et ne tarda pas à y trouver l'indication qu'il cherchait.

— Tout n'est pas perdu, s'écria-t-il.

— L'heure du train? demanda Rascal.

— Neuf heures vingt-cinq minutes.

— Si notre cheval est solide, nous pouvons peut-être...

— Il n'y a pas de mauvais chevaux, il n'y a que de bons ou de mauvais pourboires.

— Alors filons vite.

— Je vous achète votre *Guide-Conti*, dit Christian.

Je lui logeai à bout portant une balle dans la gueule, qu'il tenait toute grande ouverte... (Page 287.)

Il prit le livre et mit cinq francs dans la main du concierge, ravi de cette aubaine.

Un instant après, ils étaient en voiture.

— Gare du Nord! et dix francs de pourboire, si nous y sommes dans un quart d'heure, dit Rascal au cocher.

— On y sera, s'écria celui-ci en ramenant vivement ses guides.

Et, cinglant avec entrain les oreilles de son cheval :

— Et toi, Coco, lui dit-il, en corrigeant, par une promesse flatteuse ce que cette caresse avait d'un peu trop accentué, double picotin si tu me fais gagner mes dix francs. Allons, Coco, allons, un bon coup de collier, il ne s'agit pas de roupiller en route aujourd'hui, c'est le moment de te rappeler tes ancêtres et les lauriers que tu as cueillis jadis aux courses de Longchamp. Ah! ma pauvre vieille! nos beaux jours sont passés à tous deux. Phaëton foudroyé, je suis tombé de mon propre tilbury sur ce siége banal et peu lucratif, et toi, te voilà dégringolé des triomphes

36ᵉ LIVRAISON.

du champ de courses entre les deux brancards d'un mauvais fiacre! Que veux-tu? ainsi va le monde, ma pauvre vieille, faut en prendre son parti.

Coco, qui semblait comprendre le langage de cet homme de cheval, victime comme lui des coups du sort, avait retrouvé pour un moment ces jambes qui jadis avaient fait gagner plus d'un million à ses différents maîtres, et le quart d'heure était à peine écoulé, lorsque la voiture s'arrêtait devant la magnifique façade de la gare du Nord.

Rascal sauta hors de la voiture, remit quinze francs au cocher et se précipita avec son compagnon dans l'immense galerie où se promènent les voyageurs avant d'entrer dans les salles d'attente.

Il s'y trouvait peu de monde en ce moment et ils ne tardèrent pas à se convaincre que **Mardochée** n'y était pas.

— Vous êtes sûr de le reconnaître? demanda Christian à Rascal.

— Très-sûr, repondit celui-ci, je l'ai vu **une seule**

fois causant avec le père Vulcain, et il y a longtemps de cela ; mais il a une de ces têtes qui ne s'oublient pas.

— Et vous ne voyez rien de pareil ici ?

— Non, il n'y est pas.

— Il doit être dans la salle d'attente.

— Sans aucun doute, répondit Rascal en jetant un coup d'œil sur le cadran placé au bout de la galerie, car le train part dans cinq minutes.

Ils coururent aussitôt à la salle d'attente.

— Vos billets, messieurs ? leur demanda l'employé qui se trouvait là.

— Nous n'en avons pas, répondit Rascal, nous sommes à la recherche de quelqu'un qui...

— Il est trop tard, impossible de vous laisser entrer sans billets.

— Je cours en prendre, dit Christian.

Et, s'adressant à l'employé :

— Où est le guichet ?

— Le premier à droite dans la galerie.

Christian sortit en courant.

Comme il y arrivait, un bruit sec lui apprit qu'il se fermait.

— Monsieur, monsieur ! cria-t-il à l'employé, je vous en supplie, un billet... une affaire de la plus haute gravité... toute ma fortune est compromise si...

Mais demander à un employé de retarder d'une minute la joie de quitter son bureau, autant vaudrait demander la lune : peut-être même aurait-on plus de chances de l'obtenir.

Le malheureux revint toujours courant à la salle d'attente.

— Le guichet est fermé, dit-il à Rascal.

— Que faire ? murmura celui-ci avec découragement, le vieux gredin est là, à deux pas ; nous n'avons pour ainsi dire qu'à étendre la main pour le saisir et nous le laisserions filer.

— Oh ! mais non ! s'écria Christian.

— Mais nous n'avons plus que trois minutes.

En ce moment, un voyageur arrivait tout essoufflé, son billet à la main.

— Une idée ! dit tout à coup Christian en se précipitant au-devant de cet homme.

C'était un ouvrier dont la mise était loin d'annoncer l'aisance.

— Combien avez-vous payé ce billet ? lui demanda-t-il.

— Vingt-deux francs.

— Je vous l'achète le même prix pour une minute et vous en avez encore trois.

— Une minute ! fit l'ouvrier stupéfait.

— Le temps d'entrer et de dire un mot à quelqu'un.

— Ça va.

Il remit le billet et en reçut le prix.

— Tenez, dit Christian en le donnant à Rascal, vous qui le connaissez, entrez.

Rascal montra le billet à l'employé, qui le laissa passer dans la salle d'attente.

Il la parcourut à grands pas et découvrit bientôt, près de la porte, dans un coin obscur, le vieux juif, tenant sur ses genoux le tableau enveloppé d'une toile.

Il l'aborda aussitôt.

— Maître Mardochée, lui dit-il.

Le vieillard tressaillit.

— Que me fulez-fus ? demanda-t-il en toisant avec inquiétude celui qui lui adressait la parole.

— Il y a là, dans la galerie, quelqu'un qui désire vous parler.

— Che ne beux bas, le drain fa bardir, répondit Mardochée.

— Vous laisserez partir le train.

— C'est impossible, il s'achit t'une avaire imbordande que che fais vaire à...

— A Londres, je sais, mais c'est justement à propos de cette affaire que ce monsieur veut vous parler.

— Mais che fous tis que che ne beux bas, répliqua Mardochée qui se troublait de plus en plus, tenez, on oufre les bordes.

Rascal se pencha vers le vieillard et lui dit à l'oreille :

— La personne qui veut vous parler est un agent de police.

— Ah ! fit le vieillard, saisi d'un tremblement subit, un achent te ?...

— De police, et moi aussi.

— Mais bourquoi feut-il me barler ?

— Il a deux mots à vous dire au sujet du petit tableau que vous tenez sur vos genoux.

Mardochée se leva en poussant un profond soupir et en jetant sur son tableau un regard désespéré.

Un instant après il sortait de la salle d'attente avec Rascal et l'ouvrier rentrait en possession du billet qu'il avait loué vingt-deux francs pour une minute.

XXIV

LARMES DU CŒUR

A quelques jours de là, madame Taureins recevait, rue Amelot, une lettre par laquelle elle était invitée à se rendre le lendemain dans le cabinet de M. le juge d'instruction Gérard.

Il avait été convenu entre elle et Rocambole qu'elle attendrait la liquidation de la maison de banque de son mari pour aller s'installer chez elle.

Jusque-là elle devait rester près de Vanda, dont elle était devenue l'amie.

Le lendemain du jour où M. Taureins avait été trouvé mort chez la marquise de Santarès, elle avait été appelée pour le reconnaître, et l'impression qu'elle avait éprouvée à la vue de cette tête dans laquelle il ne restait plus rien qui donnât l'idée d'une créature humaine l'avait ébranlée au point de faire craindre pour sa santé.

Il lui en était resté un sentiment d'horreur qui ne la quittait plus et qui, en se reflétant sur ses traits, en modifiait sensiblement l'expression.

Le deuil, qu'elle avait pris le lendemain, complétait le changement qui s'était opéré en elle.

Ce vêtement, entièrement noir, la pâlissait encore, et, à cette impression dont nous venons de parler et qui s'était pour ainsi dire figée sur ses traits, se joignait une mélancolie qui achevait de poétiser son type plein de charme et d'élévation.

— Mon Dieu, dit-elle à Rocambole et à Vanda, qui étaient près d'elle en ce moment, l'idée de paraître devant ce magistrat, dont je suis absolument inconnue, me bouleverse et me trouble d'avance, je voudrais pouvoir m'en dispenser.

— Il n'y faut pas songer, répondit Rocambole, il faut même vous faire d'avance à la possibilité d'une rencontre qui ne pourrait qu'accroître votre embarras.

— Une rencontre! dit Valentine en jetant sur Rocambole un regard plein d'inquiétude.

— Inévitablement.

— Avec qui?

— Mais avec celle qui est accusée d'avoir empoisonné votre mari.

— La marquise! s'écria Valentine en tressaillant, me retrouver face à face avec cette femme!

— Rassurez-vous, madame, vous ne serez pas seule, je serai près de vous.

— Vous, monsieur Portal? vous pourriez m'accompagner dans le cabinet du magistrat!

— Je l'espère ; je vais lui écrire pour lui demander à être entendu et le prévenir que j'ai des communications de la plus haute importance à lui faire au sujet de M. Taureins et de la marquise de Santarès.

— Je serai bien heureuse de ne pas me trouver seule en face de cette femme, elle me fait peur.

— C'est elle qui tremblera et courbera la tête devant vous.

— Qui sait? elle est si perverse et si audacieuse, on a tout à redouter de pareilles créatures.

— Ne craignez rien, je serai là, il est impossible que le magistrat instructeur refuse de m'entendre, quand je lui promets d'importantes révélations, dans une affaire qu'il est chargé de poursuivre.

La porte s'ouvrit en ce moment, et Lise, la femme de chambre de Vanda annonça :

— M. Jacques Turgis.

Rocambole alla au-devant de l'artiste et madame Taureins lui présenta gracieusement la main.

Elle avait eu souvent occasion de le voir depuis qu'elle s'était réfugiée chez Rocambole, et puis il avait un titre à ses bonnes grâces, il était l'ami de Paul de Trévianes, auquel il avait fait, ainsi qu'à madame Taureins elle-même, la confidence de son amour pour Tatiane et des tortures que lui avait fait endurer la terrible catastrophe qui était venue fondre sur son bonheur.

Il y avait en outre, entre sa destinée et celle de Tatiane, une similitude qui avait beaucoup contribué à la sympathie qu'elle ressentait pour l'artiste.

Elle s'intéressait vivement à cet amour, traversé en ce moment par des obstacles qui semblaient devoir rendre à jamais impossible l'union des deux jeunes gens, et elle faisait tout bas les vœux les plus ardents pour voir se dissiper l'orage amoncelé sur leurs têtes.

— Merci de vous être rendu à mon invitation, mon cher monsieur Jacques, lui dit Rocambole qui, comme tous les amis du peintre, avait pris l'habitude de l'appeler par son prénom.

— Cette invitation était trop aimable et trop pressante pour que je pusse hésiter à m'y rendre, répondit Jacques avec un accent qui trahissait un singulier mélange de bonheur et de tristesse.

— Cet empressement me prouve, ce que je savais du reste, que vous êtes un homme poli et bien élevé, reprit Rocambole en souriant. Mais, permettez-moi de vous faire observer que vous apportez avec vous une teinte de mélancolie qui ne nous promet pas un convive bien amusant.

— J'arrive sous une impression un peu triste, je l'avoue ; et je vais vous en dire la raison. Je passais, il y a une heure, devant l'hôtel Mauvillars...

— Par hasard? dit Rocambole, car ce n'est pas pour abréger le chemin que vous avez pris par la rue de Miroménil pour venir de la rue Duperré au boulevard Beaumarchais.

— Je passais donc par là, reprit l'artiste sans répondre à cette observation, quand je vois une voiture découverte déboucher du boulevard Malesherbes et s'engager dans la rue de Miroménil. Dans cette voiture étaient M. Mauvillars et la pauvre Tatiane, si triste, si pâle et si défaite que je faillis fondre en larmes en la voyant. Elle devint plus pâle encore en m'apercevant et elle aussi les larmes lui vinrent aux yeux. Elle passa comme un éclair ou plutôt comme un fantôme, ma pauvre chère Tatiane, et je dus me contenter de la saluer, quand, pour presser seulement sa main dans la mienne, pour entendre sa douce et charmante voix me dire comme autrefois : Bonjour, monsieur Jacques! j'aurais donné...

Il s'interrompit tout à coup, puis il s'écria d'une voix altérée :

— Pardon, monsieur Portal ; pardon, madame, mais je n'y tiens plus.

Et, se jetant dans un fauteuil, il éclata en sanglots.

— Ah! tenez, monsieur Portal, s'écria à son tour madame Taureins, vous êtes cruel de prolonger la douleur de ce pauvre M. Jacques, quand vous pouvez d'un mot lui mettre la joie dans le cœur.

— C'est à vous que je veux laisser ce plaisir, madame, répondit Rocambole, dites-lui donc la vérité.

Jacques avait relevé la tête et il écoutait en essuyant ses larmes.

— Eh bien, lui dit la jeune femme, sachez donc que M. Portal connaît enfin le moyen infernal imaginé par sir Ralph pour décider mademoiselle Tatiane à l'accompagner au bal où elle s'est montrée avec lui aux yeux de deux cents personnes.

— Mais, murmura l'artiste en fixant sur Valentine un regard à la fois ravi et anxieux, comment expliquer l'air heureux et souriant de Tatiane quand...

— Tout est expliqué par la révélation du mystérieux stratagème mis en œuvre par sir Ralph.

— Et ce stratagème ; demanda Jacques, tout tremblant de bonheur.

— Vous le connaîtrez bientôt, répondit Rocambole, quand j'aurai en main tout ce qu'il me faut pour confondre et écraser sir Ralph ; mais il me manque encore quelque chose, et, avec un adversaire comme celui-là, la moindre imprudence peut tout perdre...

— Mais au moins, s'écria le jeune homme en pressant la main de Rocambole, hâtez-vous de faire parvenir cette bonne nouvelle à Tatiane et de mettre fin à ses larmes et à ses angoisses.

Mademoiselle Tatiane est trop candide pour pouvoir dissimuler, sa joie percerait malgré tous ses efforts, en dépit de toutes les recommandations, et il faut, pour ne pas compromettre le succès, que sir Ralph ne soupçonne rien jusqu'à la dernière minute.

— Mais moi, moi, vous pouvez tout me dire.

— Non, mon cher monsieur Jacques, car si vous vous retrouviez en face de mademoiselle Tatiane et si elle pleurait devant vous, nulle considération ne pourrait vous empêcher de trahir un secret pour lui épargner une larme. Contentez-vous donc de savoir qu'elle est désormais sauvée et que dans quelques jours nul obstacle ne s'opposera plus à votre bonheur.

— Hélas! monsieur Portal, répliqua Jacques, vous savez bien que tout mon bonheur désormais, et celui-là est immense, est de voir ma chère Tatiane échapper au malheur et à la honte d'appartenir à cet infâme sir Ralph.

— En effet, répliqua Rocambole, je connais les scrupules qui vous empêchent d'aspirer maintenant à la main de celle que vous aimez et dont vous êtes aimé, et, tout en trouvant ces scrupules exagérés, je les admire et les respecte.

Il reprit après une pause :

— Mais vous croyez peut-être que c'est pour le seul plaisir de vous avoir à dîner avec nous que je vous ai fait venir?

— Vous me le dites et je l'ai cru, répondit l'artiste avec embarras.

— Eh bien, non, c'est surtout pour vous demander un service et cet apparent témoignage d'amitié ne cache au fond qu'un hideux égoïsme.

— Vous m'étonnez, monsieur Portal; mais, en tous cas, je suis heureux de me trouver en passe de vous rendre enfin un service, moi qui n'ai fait qu'en recevoir de vous jusqu'à présent. Voyons, de quoi s'agit-il?

— D'un tableau que je voudrais acheter et sur la valeur duquel je désire d'abord avoir votre avis.

— Dites-moi où je pourrai le voir, et dès demain...

— Non pas demain, mais tout de suite ; le tableau est dans ma chambre. Venez, et vous, madame, veuillez nous accompagner, je vous prie.

On monta à la chambre de Rocambole, où Vanda était en ce moment avec Jeanne.

Un tableau était appendu au mur, recouvert d'une toile.

— Tenez, dit Rocambole, regardez cela et dites-moi franchement votre opinion.

Il enleva la toile qui cachait la peinture.

Alors un cri s'échappa de la poitrine de Jacques Turgis.

Puis, pâlissant tout à coup et s'appuyant à un meuble, comme s'il se sentait défaillir :

— Grand Dieu! balbutia-t-il, mais ce tableau... c'est mon Ruysdaël !

— Oui, dit Rocambole, votre Ruysdaël que j'ai arraché des mains de Mardochée, auquel l'avait vendu quelqu'un... qu'il est inutile de nommer.

— Mon Dieu! mon Dieu! est-ce possible? balbutiait l'artiste tenant toujours sa tête dans ses mains.

— Et tout à l'heure vous allez voir arriver ici M. Chaumont, qui, à son grand regret peut-être, va vous rendre, contre la remise de son tableau, le traité qui brisait votre carrière.

— Oh! mais alors, s'écria l'artiste, dont les traits s'épanouirent et rayonnèrent aussitôt comme par enchantement, Tatiane...

— Tatiane sera votre femme avant un mois.

— Ah! monsieur... monsieur Portal! s'écria Jacques en proie à un véritable délire.

— Eh bien, eh bien! est-ce que vous allez vous trouver mal à présent?

— Ah! madame! balbutia Jacques en se tournant vers Valentine et en lui baisant les mains.

— Il est fou, s'écria Rocambole en riant pour cacher son émotion.

— Ah! comme je vous comprends, mon cher monsieur Jacques, murmura la jeune femme en lui prenant la main.

— Allons, s'écria Rocambole, descendons et mettons-nous à table; il ne reste plus trace de mélancolie, et je crois que maintenant nous pouvons compter sur un joyeux convive.

XXV

UNE CONVERSION

Ainsi que l'avait espéré Rocambole, le dîner fut très-gai, et Jacques Turgis surtout, à moitié fou de bonheur, y jeta l'esprit et la verve à pleines mains.

Deux autres invités assistaient à cette petite fête ; c'étaient Pierre Valcresson et Paul de Tréviannes.

La joie de ce dernier, qu'on avait placé naturellement près de Valentine, n'était pas moins grande que celle de l'artiste, pour être moins expansive, et Pierre Valcresson lui-même était relativement heureux, car il avait près de lui son enfant, jolie et brillante de santé; et un célèbre médecin aliéniste, appelé par lui pour donner ses soins à sa chère Louise, lui avait donné l'espoir que, dans un laps de temps assez court, il pourrait la rappeler à la raison.

Mis au courant des causes qui avaient déterminé la folie de la jeune femme, le docteur considérait comme pouvant exercer une heureuse et puissante influence sur son esprit son retour dans la demeure où elle avait passé quatre années avec son enfant.

Elle y était en ce moment sous la garde de Milon, qui s'était chargé de veiller sur elle pendant les fréquentes absences que faisait M. Valcresson, pour la poursuite d'une affaire dont il sera parlé plus tard.

Mais, avant d'aller plus loin, nous croyons devoir au lecteur l'explication d'un fait qui a dû lui paraître incompréhensible. Il a dû se demander comment il se faisait que le Ruysdaël repris à Mardochée par Rascal, complice et instrument de sir Ralph, se retrouvait le lendemain dans la chambre de Rocambole.

C'est à cette question que nous allons répondre.

On se souvient sans doute qu'un jour la petite muette, étant allée faire l'aumône à un mendiant qui sonnait à la porte de la rue Amelot, était revenue aussitôt vers Vanda en donnant les signes d'une extrême frayeur et qu'interrogée par celle-ci elle lui avait fait comprendre que ce prétendu mendiant n'était autre que l'homme aux bras rouges, c'est-à-dire Rascal, le patron du cabaret de *la Providence*.

A partir de ce jour, Rocambole, flairant là une tentative d'enlèvement et ne doutant pas qu'elle se renouvelât bientôt, s'était tenu sur ses gardes et s'était mis à observer.

Quelques jours après, il voyait le même mendiant rôder à une certaine distance de sa maison, dont il ne détachait pas ses regards, tout en feignant de s'arrêter de porte en porte pour demander l'aumône.

— Bon, pensa-t-il, maintenant je suis fixé.

Et il se promit de veiller plus activement que jamais.

Mais, un soir qu'il était sorti avec Milon et que Nizza, cédant sans doute au désir de faire ce qui lui était défendu, s'était aventurée à cent pas de la maison, l'enfant se sentit enlevée tout à coup par deux bras vigoureux et emportée dans une voiture qui partait aussitôt à fond de train.

Au bout d'une demi-heure, la voiture s'arrêtait dans un affreux quartier et à l'entrée d'une rue immonde.

C'était la rue des Partants.

Arrivé là, Rascal, car c'était lui qui enlevait l'enfant, sauta à terre en tenant celle-ci sous son bras avec un mouchoir sur la bouche pour l'empêcher de crier, mit la main à sa poche pour payer le cocher.

— Tiens, dit-il avec surprise, il n'y avait qu'un cocher et en voilà deux !

— Oui, répondit le vrai cocher, reconnaissable à son gilet rouge et à son chapeau ciré, un camarade qui passait par là et qui est grimpé sur mon siége au moment où vous entriez dans la voiture avec la petite.

— Bon ! c'est votre affaire, répondit Rascal en donnant deux francs au cocher.

Puis il entra dans une allée si sombre, si humide et d'un aspect si lugubre, que Nizza effrayée se mit à s'agiter avec frénésie.

Mais Rascal continuait son chemin sans plus se préoccuper d'elle que s'il eût eu un paquet sous le bras.

Au bout de l'allée, on rencontrait un escalier étroit et presque aussi noir que l'allée.

Il le gravit et s'arrêta au premier étage, ouvrit une porte et entra.

Mais comme il allait la refermer, il fut tout stupéfait de se trouver face à face avec le cocher et son compagnon, qui l'avaient suivi pas à pas jusqu'à la chambre.

— Ah çà ! qu'est-ce que vous venez faire là, vous autres ? leur demanda-t-il brusquement.

Au lieu de répondre, le cocher repoussa Rascal, entra, suivi de son compagnon, et ferma la porte à double tour.

— Mille tonnerres ! s'écria Rascal.

Et, se débarrassant de Nizza, qui courut se réfugier dans un coin, il retroussa les manches de sa veste et se prépara à tomber sur les deux intrus.

Mais déjà le cocher avait jeté de côté son chapeau ciré, arraché ses faux favoris et montrait à Rascal stupéfait les traits bien connus de M. Portal.

— Si tu y tiens, lui dit tranquillement celui-ci en retroussant également ses manches, je veux bien faire ta partie ; mais rappelle-toi le coup de pied que je t'ai détaché un jour au *Café Parisien*, et, crois-moi, restes-en là avec moi... car, si je m'y mets sérieusement, je te casserai quelque chose.

Cet avertissement et le souvenir que rappelait Rocambole parurent faire impression sur Rascal qui, au lieu d'entamer le combat, se contenta de répondre :

— Eh bien, voyons, que me voulez-vous et pourquoi pénétrez-vous de force chez moi ?

— Tu ne me demandes pas d'abord comment il se fait que je me trouve sur le siége de la voiture dans laquelle tu enlevais Nizza.

— Parbleu ! je vois bien que tout ça était arrangé d'avance et que j'ai été joué.

— Justement, je savais qu'il te fallait un fiacre, j'en ai tenu un à ta portée ; j'ai fait sortir à la nuit celle que tu guettais depuis longtemps et à laquelle on avait recommandé de se laisser enlever, puis, au moment où tu croyais toucher au but, mon fidèle Milon, celui qui a failli t'étrangler, montait sur le siége à côté de moi, et nous filions tous de compagnie pour la rue des Partants.

— Oui, je vois bien que je suis pris et que j'ai coupé dedans comme un imbécile ; mais dans quel but tout ça ? Qu'est-ce que je vous ai fait et quelles sont vos intentions à mon égard ?

— Commence d'abord par nous dire dans quel but tu enlevais cette enfant.

— Je suis à votre discrétion, je ne vous cacherai rien ; c'est pour le compte de sir Ralph que j'agissais.

— Je m'en suis bien douté, mais quel intérêt pouvait avoir sir Ralph à m'enlever Nizza ?

— Il a deviné en vous un ennemi, il vous croit au courant de certains secrets et en mesure de le contrecarrer dans ses plans de fortune, et il voulait avoir cette enfant entre ses mains pour vous tenir en respect, sachant que vous lui avez voué une affection paternelle.

— Est-ce tout ?

Rascal hésita à répondre.

— Allons, parle, et je te jure que tu ne t'en repentiras pas.

— Au fait, vous m'inspirez confiance, vous, dit Rascal.

Il ajouta après une pause :

— Eh bien, non, ce n'est pas tout.

— Que voulait donc encore sir Ralph ?

— Lui et Mac-Field s'entendent avec la marquise de Saï tarès, qui est parvenue à leur faire passer une lettre par laquelle elle leur promet deux cent mille francs contre certain mémoire de l'Allemand Goëzmann écrit sous votre dictée, et qui, vu la façon dont elle y est traitée, exercerait la plus fâcheuse influence sur l'esprit de ses juges.

— A la bonne heure ! je commence à comprendre, dit Rocambole.

Il regarda fixement Rascal, puis il reprit au bout d'un instant :

— Écoute-moi, Rascal, si je t'ai laissé enlever Nizza, c'est que je voulais connaître ta demeure pour pouvoir te faire pincer ou t'attraper moi-même, quand je le jugerais à propos ; mais, depuis un instant que je t'examine, j'ai changé d'avis, et je vais te faire une proposition. Je suis assez bon physionomiste et au fond je te crois meilleur que tu n'en as l'air.

— Dame ! répondit Rascal, je n'ai pas été élevé

sur les genoux des duchesses et je n'ai pas fréquenté le monde ; je suis un peu brutal, j'ai gagné ma vie comme je pouvais et pas toujours comme je devais, mais au fond, comme vous le dites, j'ai toujours préféré le bien au mal, et je ne demanderais qu'à vivre comme tout le monde, à manger mon pain tranquillement et sans trembler toujours.

— Allons, s'écria Rocambole, je ne m'étais pas trompé. Écoute, tu es à cette heure dans un très-mauvais cas, mais si mauvais qu'il y va de ta tête, rien que cela.

— Bah ! murmura Rascal en pâlissant.

— Tu étais le patron du cabaret de *la Providence*, où un agent de police a été assassiné et n'a échappé à la mort que par miracle.

— Je le sais, mais ce n'est pas moi qui...

— C'est toi qui, en qualité de patron de l'établissement où a été commis le crime, en assumes toute la responsabilité, à moins que tu ne puisses t'y soustraire en dénonçant et en livrant les vrais coupables.

— C'est que c'est vrai tout de même, je comprends ça, balbutia Rascal, très-vivement ému.

— Eh bien, voilà ce que j'ai à te proposer : reste en apparence le complice de sir Ralph, de Mac-Field et de tous leurs instruments, tes dangereux camarades ; passe dans mon camp et sers-toi de tes anciennes relations pour combattre les gredins que tu as aidés jusqu'alors et qui t'eussent conduit inévitablement au bagne ou à l'échafaud, aussi sûrement que je te conduirai, moi, au calme, au repos, au bien-être, par le travail et une vie honorable ; fais cela et tu t'en trouveras bien.

— Mais je ne demande pas mieux, s'écria Rascal, et je regrette que vous ne m'ayez pas tenu ce langage au *Café Parisien*, au lieu de m'envoyer dans l'estomac un coup de pied qui ne ressemblait nullement à une proposition.

— Toute chose vient en son temps ; ce coup de pied était une entrée en relations et tu ne t'en repentiras pas plus tard.

— Loin de là, répliqua vivement Rascal, je bénis l'heure où je l'ai reçu, puisqu'il est le point de départ de notre connaissance et de la vie nouvelle dans laquelle je vais entrer.

— Allons, viens me voir demain et nous nous entendrons sur ce qu'il y a à faire.

Puis, s'adressant à Milon et à Nizza :

— Et nous, mes enfants, retournons rue Amelot.

XXVI

HISTOIRE D'UN BOA

Après cette explication, le lecteur comprendra par qui Rocambole avait appris la complicité de François, le cocher du comte de Sinabria, dans l'enlèvement de la petite Jeanne ; comment, s'étant présenté à cet individu en qualité de confrère, honoré de la confiance de Rascal, il s'était fait donner par lui les renseignements, grâce auxquels il avait pu éclairer Pierre Valcresson sur le compte de M. Badoir et sur la double catastrophe qui l'avait frappé dans ce qu'il avait de plus cher au monde, Louise Prévôt et son enfant.

Le lecteur a également deviné que le personnage qui, sous le nom de Christian, s'était mis avec Rascal à la chasse du Ruysdaël que Mardochée emportait en Angleterre, n'était autre que Rocambole.

Comme le dîner tirait à sa fin, ce dernier dit à ses convives :

— Ah çà, mes amis, savez-vous qui nous devons remercier des heures agréables que nous passons ensemble en ce moment ?

— Mais, vous, ce me semble, répliqua Jacques Turgis.

— Pas du tout ; celui auquel nous devons cette heureuse chance, et sans lequel nous n'eussions jamais été réunis, c'est sir Ralph, notre ennemi commun, sir Ralph qui a tenté de faire empoisonner M. Valcresson, sir Ralph qui trempait dans le complot dirigé contre madame Taureins par son mari, la marquise de Santarès et l'Allemand Goëzmann, sir Ralph qui, avec ses deux complices, Mac-Field et Badoir, a imaginé l'effroyable machination dans laquelle la malheureuse comtesse de Sinabria se débat à cette heure comme la colombe dans les serres du vautour ; sir Ralph qui, avec ce même Mac-Field, m'a porté à moi-même un coup qui peut être mortel, si je ne parviens à le parer ; sir Ralph enfin, le véritable auteur du vol dont vous avez été victime, monsieur Jacques, car c'est lui qui l'a imaginé, pour vous mettre dans l'impossibilité de contrecarrer ses desseins sur mademoiselle Tatiane, en vous écrasant sous une catastrophe, dont les conséquences étaient incalculables et pouvaient aller jusqu'à vous atteindre dans votre honneur en faisant suspecter votre probité.

— Le misérable ! s'écrièrent en chœur plusieurs voix.

— Ne le maudissons pas trop, dit Rocambole, il nous a fait connaître les uns aux autres et n'aura réussi, je l'espère, qu'à faire des amis de gens qui ne se connaissaient pas, et qui, grâce à lui, apprendront à s'apprécier en se rapprochant pour combattre le péril commun.

— Grand Dieu ! que serais-je devenu sans vous ? s'écria Jacques Turgis. Ma carrière brisée, Tatiane perdue pour moi, et, qui pis est, unie à un misérable de la plus vile espèce. Voilà les épouvantables malheurs sous lesquels je serais resté écrasé toute ma vie.

— Et moi, dit à son tour madame Taureins, si vous saviez, messieurs, à quel odieux et infâme guetapens j'ai échappé, grâce à l'intelligence, à l'énergie et au dévouement de M. Portal.

— Quant à moi, s'écria Pierre Valcresson, il m'a fait retrouver ma femme et mon enfant que je croyais morts, et qui, sans lui eussent été à jamais perdus pour moi ; il a démasqué devant moi le misérable qui avait su capter ma confiance et auquel je devais tous mes malheurs ; enfin, de désespéré que j'étais, il a fait de moi un homme heureux, presque consolé du passé et plein d'espoir dans l'avenir.

— Bah ! fit Rocambole, j'avais le bon droit et la prudence pour moi, je devais triompher ; cependant, ne nous hâtons pas trop de chanter victoire : la bataille dure encore, et qui sait quelle en sera l'issue ? Madame Taureins a triomphé de ses ennemis, M. Valcresson tient dans ses mains les êtres qui lui sont chers et n'a plus rien à redouter; mais, jusqu'au jour où j'aurai écrasé la tête de l'hydre, le sort de mademoiselle Tatiane et de la comtesse de Sinabria sont toujours en question.

Puis, s'adressant à M. Valcresson :

— Mais dites-nous donc, je vous prie, comment vous avez échappé au poison que nos ennemis, sir Ralph et Mac-Field, devaient vous administrer à quinze cents lieues de distance.

— Je vous ai dit que Baptiste, c'est le nom de mon domestique, était le complice de ces deux hommes qui, gens pratiques avant tout, s'étaient engagés à lui donner une très-belle prime sur mon héritage, dont ils comptaient s'attribuer une large part en épousant, l'un ma nièce Valentine Taureins, et l'autre ma petite nièce, Tatiane Valcresson. Tous les soirs, en lisant mes journaux, j'ai l'habitude de prendre un grog, que Baptiste me préparait et venait poser à ma portée, et c'est dans ce grog que devait être versé le fatal breuvage. Deux jours avant le moment fixé par les deux complices dont Baptiste recevait les instructions, j'eus besoin de faire un voyage et j'emmenai mon domestique avec moi. Nous avions à traverser une forêt vierge dont les arbres les plus forts et les plus rapprochés avaient été coupés à un mètre du sol et avaient servi de base pour la pose des rails. Un jour, le train avait fait halte au sein de la forêt, où avait été installée une station, et comme il faisait chaud et que nous devions passer là une heure, tous les voyageurs s'étaient étendus sur le sol et s'étaient endormis à l'ombre épaisse d'une luxuriante végétation. On croyait n'avoir rien à redouter des animaux dangereux qui peuplent ces forêts, le passage du train leur inspirant une frayeur qui les tient constamment éloignés de la ligne.

Le plus profond silence régnait parmi les voyageurs, plongés dans le sommeil, lorsqu'un cri aigu, déchirant, dont l'accent trahissait une inexplicable erreur, se fit entendre tout à coup.

En un clin d'œil tout le monde fut sur pied et chacun porta la main à son revolver, tout en cherchant la nature du péril que venait de signaler ce cri d'effroi.

Alors un affreux spectacle s'offrit aux regards des voyageurs et les glaça tous d'épouvante.

Un boa, de moyenne grosseur, s'était enroulé autour du corps d'un jeune homme, et, la gueule ouverte, les yeux étincelants, faisant entendre des sifflements sinistres, il balançait, à la hauteur du visage de celui-ci, une tête effrayante.

Le malheureux allait être broyé par le redoutable reptile si l'on tardait deux minutes seulement à lui porter secours.

Mais la terreur était générale; nul n'osait approcher, et il était impossible de tirer à distance sur le boa, qui ne faisait qu'un avec sa victime.

Si tous les voyageurs étaient émus, je vous laisse penser ce que j'éprouvai moi-même quand, dans ce malheureux, menacé d'une mort horrible et inévitable, je reconnus mon domestique, auquel j'étais si vivement attaché.

— A moi ! à mon secours ! s'écriait l'infortuné d'une voix déchirante, les traits affreusement contractés, roulant autour de lui des yeux hagards, convulsés par l'épouvante, oh ! ne m'abandonnez pas, ne me laissez pas mourir, accourez tous ou je suis perdu.

Mais personne ne bougeait.

Le gigantesque reptile tournait lentement sa tête hideuse et dardait sur le cercle qui l'enveloppait son fixe et étincelant regard dont l'éclat étrange glaçait le sang dans les veines des plus hardis.

Un nouveau cri aigu, horrible, plein d'angoisse s'échappa de la poitrine du malheureux.

— Je suis perdu ! je suis perdu ! balbutia-t-il en fermant les yeux pour échapper au regard fascinateur du boa qui, en ce moment, concentrait sur lui seul toute sa rage, je sens ses anneaux se serrer autour de mon corps, il va me broyer...

Et il murmura d'une voix défaillante et en laissant tomber sur son épaule sa tête, pâle et défaite.

— Je suis perdu ! je suis perdu !

Alors, saisi d'horreur comme les autres, mais n'écoutant que ma pitié pour mon infortuné serviteur, j'armai rapidement mon revolver, je m'élançai sur le monstrueux reptile, et, l'étreignant juste au-dessous de la tête, dont le continuel balancement m'eût empêché de le viser juste, je lui logeai, à bout portant, une balle dans la gueule, qu'il tenait toute grande ouverte.

Aussitôt la tête retomba inerte sur la poitrine du malheureux Baptiste, on vit les formidables anneaux du monstre se détendre à vue d'œil, puis glisser le long du corps et tomber flasques et informes sur le sol.

Mon domestique était sauvé. Mais la secousse qu'il avait éprouvée avait été si violente qu'il se rendait à peine compte de ce qui se passait autour de lui et que ce ne fut qu'au bout d'un quart d'heure qu'il comprit enfin que c'était à moi qu'il devait la vie.

A mon grand étonnement, au lieu de se répandre en effusions de reconnaissance, quand il reçut cette nouvelle il en demeura tout troublé et ne put que murmurer plusieurs fois, d'un air à la fois ému et contraint :

— Merci, monsieur Valcresson, oh ! merci ! merci !

J'étais blessé d'une froideur dans laquelle je voyais une marque d'ingratitude, et c'est sous cette impression que je repris ma place dans le train, qui se remit en marche une heure après un quart d'arrêt. Le soir, nous arrivions au but de notre voyage sans autre accident.

Je venais de dîner à la table d'hôte et je m'étais retiré dans ma chambre pour y fumer ma pipe et prendre mon grog, suivant mon invariable habitude, quand Baptiste, après avoir déposé le verre devant moi, tomba tout à coup à genoux et s'écria en sanglotant :

— Maître, maître, je suis un monstre, tuez-moi, c'est votre droit, car je l'ai mérité.

Et, comme je le regardais, me demandant tout bas si l'excès de la terreur ne l'avait pas rendu fou :

— Maître, reprit-il, vous venez de me sauver la vie.

— Et j'en suis heureux, mon ami.

— Eh bien, moi, maître, je guette tous les jours le moment favorable pour vous donner la mort.

Il me raconta alors en détail le complot qui avait été formé contre moi et me mit sous les yeux toute la correspondance de ses deux complices qui, l'ayant intéressé dans leur criminelle entreprise pour une forte somme, croyaient pouvoir compter sur son dévouement. Ils n'avaient pas prévu le bizarre événement qui devait me sauver la vie et les mettre eux-mêmes à ma discrétion en changeant du tout au tout les sentiments de Baptiste à mon égard.

XXVII

CHEZ LE JUGE D'INSTRUCTION

Le lendemain, vers trois heures, Rocambole et madame Taureins quittaient la rue Amelot pour se rendre chez le juge d'instruction, où ils étaient appelés l'un et l'autre.

Précédons-les de quelques instants dans le cabinet du magistrat et nous trouverons là notre ancienne connaissance, la marquise de Santarès, en train de subir un interrogatoire.

La marquise est toujours *la belle rousse* qui a excité tant de passions, entraîné tant de désastres, et qui partout, au Bois, aux courses, au théâtre, concentrait sur elle tous les regards et toutes les admirations.

Tout en adoptant ce jour-là une toilette sévère, commandée par la circonstance, elle a déployé dans sa mise mille coquetteries, dont les yeux d'une femme pourraient seuls distinguer les détails et reconnaître l'intention, mais dont l'ensemble doit charmer un homme sans qu'il se rende compte de ce qui l'impressionne.

Avec cet art profond que possèdent les femmes de cette sorte, entraînées par leur genre de vie à étudier tous les caractères et à se transformer sans cesse suivant les gens auxquels elles ont affaire, elle avait imprimé ce jour-là à ses traits un air de douceur, de résignation et de sérénité qui devaient exercer sur le magistrat une mystérieuse influence.

Nanine la Rousse a appris, par de nombreuses expériences, que, sous la robe du juge, comme sous l'uniforme du soldat, il y a toujours *l'homme* qui reste, en dépit de tout, soumis aux séductions de la beauté et au charme de la femme. D'ailleurs le juge d'instruction est jeune, ce qui double pour elle les chances du succès dans le duel mystérieux qui va s'engager entre eux.

— Madame, lui disait en ce moment le magistrat, tandis qu'elle feignait de rattacher une agrafe du corsage qui comprimait difficilement sa poitrine, dont entrevoyait la naissance d'une éblouissante blancheur, madame, vous êtes prévenue d'avoir empoisonné M. Taureins, avec lequel vous entreteniez des relations coupables, dans le but de vous approprier une somme d'un million, dont vous avez été trouvée nantie, comme vous alliez partir en chemin de fer, laissant chez vous le cadavre de votre victime.

Renonçant enfin à rattacher cette agrafe qui avait peut-être le tort de remplir trop scrupuleusement sa pudique mission, Nanine répondit, en tournant vers son juge sa belle tête, éclairée par un vague sourire :

— Voyons, monsieur, regardez-moi bien et dites si j'ai la figure d'une empoisonneuse.

— Je dois convenir que non, répondit le jeune magistrat, mais la marquise de Brinvilliers eût pu en dire autant, et vous savez...

— Je connais son histoire, répliqua Nanine, mais la Brinvilliers était noble, elle était riche, elle avait des loisirs et la passion de la chimie, elle expérimentait pour tuer le temps.

— Si elle n'eût tué que cela !

— Elle a eu des torts, j'en conviens, mais enfin elle avait besoin de s'occuper, tandis que moi, c'est bien différent, je n'avais qu'un seul souci, mais qui prenait toute ma vie, me faire belle, et vous ne savez pas, monsieur, tout ce que cela prend de temps, tout ce que cela demande d'étude et de méditation. Je vous jure que toutes mes heures étaient prises par cette occupation, infiniment plus grave et plus absorbante que vous ne pensez, et qu'il ne me restait pas une minute pour empoisonner.

Elle s'interrompit un instant pour relever sa manche et rattraper son porte-bonheur, qui était remonté jusqu'au haut de l'avant-bras, admirable de forme et de blancheur, puis elle reprit, en jetant à la dérobée un regard sur son juge pour se rendre compte de l'impression produite :

— Et puis, pourquoi aurais-je attenté à la vie de M. Taureins, dont la bonté avait été pour moi inépuisable jusqu'à présent et auquel je pouvais tout demander jusqu'à son honneur? C'eût été tout simplement tuer la poule aux œufs d'or et je connaissais trop bien mon La Fontaine pour commettre une pareille sottise.

— Enfin, madame, le fait est là, palpable et indéniable, le cadavre de M. Taureins trouvé chez vous et le million surpris entre vos mains au moment où vous alliez quitter Paris pour passer en Espagne; qu'avez-vous à répondre à cela ?

— Ma réponse est très-simple, monsieur, et je vais vous donner la preuve de ma franchise en avouant tous mes torts. Ce jour-là, M. Taureins, que j'attendais pour dîner, est arrivé chez moi, la figure toute bouleversée, portant à la main un coffret d'ébène, et m'annonça que, ses affaires étant fort embrouillées, il allait quitter la France pour quelque temps et passer avec moi en Espagne. Il ajouta, en me montrant son coffret, qu'il y avait là un million, avec lequel il me priait de prendre les devants et me promettant de venir me rejoindre quelques jours après. Puis, comme il exprimait le désir de passer la nuit chez moi, ayant, disait-il, des raisons particulières pour ne pas vouloir rentrer ce soir-là, je ne crus pas devoir m'y opposer, et c'est aussitôt après son départ qu'il a mis à exécution le funeste projet auquel l'avait sans doute poussé le mauvais état de ses affaires.

— Pourquoi n'avez-vous rien dit de cela à M. le commissaire de police qui vous a fait subir chez vous, et en face du cadavre même, un premier interrogatoire? dit le jeune magistrat en consultant un dossier étalé devant lui. Je vois là qu'interrogée par ce magistrat, vous avez reconnu au contraire que M. Taureins était déjà mort, ou qui pis est presque mort, au moment où vous quittiez votre appartement avec son million sous le bras, vous bornant à attribuer le crime à un certain Goëzmann, dont vous n'avez pu retrouver la lettre qui, disiez-vous, contenait la preuve de votre affirmation.

Les poings serrés et l'œil étincelant, la marquise lui cracha au visage : « Infâme ! infâme ! » (Page 294.)

Convaincue de contradiction dans ses deux dépositions, la marquise resta un moment interdite.
Et puis elle avait remarqué qu'en dépit de sa jeunesse le juge d'instruction restait insensible à toutes les séductions qu'elle mettait en œuvre pour l'émouvoir, et cet échec, auquel elle n'était pas accoutumée, contribuait encore à lui ôter beaucoup de son assurance.
Elle se remit bientôt cependant et répondit avec un calme apparent :
— Mon Dieu ! monsieur le juge d'instruction, cette contradiction, sous laquelle vous me croyez accablée, ne prouve absolument rien contre moi.
— Comment l'expliquez-vous donc, madame?
— De la façon la plus naturelle. Tenez, monsieur, prenez la femme la plus honnête, la plus pure, la plus innocente du monde, arrêtez-la au moment où elle va partir en voyage, calme, tranquille, la conscience en paix, traînez-la devant un cadavre en lui disant : Madame, c'est vous qui avez empoisonné cet homme !

Faites cela, et vous verrez quelle sera la contenance de cette femme en face d'une pareille accusation; vous verrez si elle conservera assez de sang-froid pour vous faire le récit exact de ce qui s'est passé. Pour peu qu'elle ait affaire à ce que vous appelez un homme habile, c'est-à-dire à un magistrat assez fin, assez rusé pour lui poser des questions qui la poussent à avouer ce qu'il croit être la vérité, vous l'amènerez à se reconnaître coupable du crime dont elle est innocente, et, lorsque plus tard, revenue à elle, ne se rappelant même plus ce qu'elle a répondu dans son trouble et dans son épouvante, elle vous tiendra un tout autre langage, celui de la vérité, cette fois, alors vous triompherez et, l'écrasant sous la contradiction flagrante de ses deux interrogatoires, vous vous écrierez, comme en ce moment : Madame, vous avez voulu tromper la justice,

37ᵉ LIVRAISON.

vous êtes coupable, je n'en veux pas d'autre preuve.

La marquise avait débité cette tirade avec une chaleur et une force de conviction qui avaient produit une certaine impression sur le magistrat.

Il reprit au bout d'un instant :

— Voyons, madame, ce qui reste évident pour moi dans cette affaire, c'est que vos deux versions sont absolument dissemblables, veuillez donc choisir entre les deux et me dire à laquelle vous vous tenez ; est-ce à la première ou à la seconde? Réfléchissez avant de répondre, car cette fois votre déclaration sera bien méditée, et il n'y aura plus à y revenir.

Pour le coup, la marquise dut être bien convaincue qu'il fallait renoncer à troubler son juge.

Il la mettait dans la situation la plus critique, la plus difficile en la forçant à se prononcer sur une question d'où allait dépendre sa destinée.

Aussi se recueillit-elle avant de répondre comme il le lui conseillait.

Après y avoir réfléchi, elle crut devoir définitivement maintenir sa dernière déclaration et renoncer à celle qui était la vraie.

Outre que, pour soutenir celle-ci, elle n'avait plus en mains la lettre par laquelle Goëzmann se reconnaissait lui-même coupable de l'empoisonnement de M. Taureins, lettre qu'elle avait eu l'imprudence de brûler, il ressortait encore de cette première déclaration un fait effroyable et qui ne pouvait manquer de soulever contre elle une réprobation générale, c'était sa fuite avec le million de M. Taureins et l'abandon de celui-ci, se tordant de douleur et râlant son dernier soupir comme elle refermait la porte sur lui.

— Eh bien, madame? lui demanda enfin le magistrat après une assez longue pause, à quoi vous arrêtez-vous?

— A dire la vérité, monsieur, répondit la marquise en le regardant fixement.

— Et quelle est décidément la vérité, madame?

— La déclaration que vous venez d'entendre, monsieur, l'autre ayant été faite sous l'empire d'une émotion qui me troublait au point de m'ôter entièrement l'usage de mes facultés.

— Ainsi, il n'est plus question maintenant de ce Goëzmann, auquel vous aviez d'abord imputé la mort de M. Taureins.

— Non, monsieur, répondit la marquise avec effort et désolée au fond de ne pouvoir pas laisser peser sur le vrai coupable l'accusation dont elle l'avait chargé d'abord.

— C'est bien, dit le juge d'instruction en prenant note de chaque réponse de la marquise.

Il reprit ensuite :

— Maintenant, madame, j'ai fini de vous interroger ; il ne reste plus qu'à vous confronter avec quelqu'un qui attend là, pour contrôler votre déclaration par la sienne.

— Quelqu'un! murmura la marquise en se troublant tout à coup ; qui donc, monsieur?

Et, comme il ne répondait pas :

— Je vous en prie, reprit-elle avec angoisse, dites-moi qui est là.

— Vous allez le savoir à l'instant, madame, répondit le magistrat en appuyant le doigt sur un timbre.

XXVIII

CONFRONTATIONS

Un garçon de bureau était accouru.

— Faites entrer, lui dit le magistrat.

La marquise darda sur la porte un regard inquiet.

Le garçon de bureau était sorti. Un instant après deux personnes entraient et à leur aspect la marquise se troublait tout à coup.

Ces deux personnes étaient Rocambole et madame Taureins.

Profondément humiliée de se montrer en accusée devant celle qu'elle avait persécutée sans relâche, la belle rousse, le premier saisissement passé, toisa la jeune femme avec un air de hauteur et de dédain qui dissimulait parfaitement la rage dont elle était dévorée.

— Madame, dit le magistrat en s'adressant à madame Taureins avec des marques de déférence qui firent pâlir la marquise, veuillez vous asseoir et répondre aux questions que je vais vous adresser.

Il se contenta d'inviter par un signe M. Portal à prendre place près de la jeune femme.

— Vous connaissez madame? dit le magistrat à Valentine en désignant la marquise.

— Oui, monsieur, répondit la jeune femme sans détourner la tête.

— Était-il venu à votre connaissance que celle qui se faisait appeler marquise de Santarès entretenait des relations avec votre mari?

— Je le savais depuis longtemps, monsieur ; madame n'avait rien fait pour que je l'ignorasse, au contraire.

— Est-ce que, avant le fatal événement qui a amené l'arrestation de la marquise de Santarès, vous avez eu à vous plaindre de ses procédés à votre égard?

— Oh! oui, répondit Valentine avec un soupir très-significatif.

— M'est-il permis d'adresser une question à madame? demanda la marquise.

— Je vous y autorise.

— Il est arrivé à madame une aventure assez fâcheuse et qui a eu un certain retentissement, dit Nanine avec un calme sous lequel on sentait vibrer la haine, je connais la petite histoire, fort romanesque et même très-touchante, qu'elle a imaginée à ce sujet et, ne doutant pas qu'elle ne vous la raconte à sa façon, je voudrais vous mettre en garde en vous faisant connaître la vérité, avec une preuve à l'appui de mes paroles.

— Nous ne sommes pas ici pour cela, répondit le magistrat ; si madame vous accuse, vous répondrez.

— Madame vous doit des remerciments, monsieur, dit la marquise avec une violente ironie, car, en m'imposant silence, vous lui rendez un service dont vous ne soupçonnez pas l'importance.

— Parlez donc, madame, lui dit Valentine avec un sourire méprisant.

Alors la belle rousse, tirant une lettre de sa poche et la remettant au juge d'instruction :

— Tenez, monsieur, lui dit-elle, voici une lettre qui vous édifiera sur le compte de madame.

Le magistrat lut cette lettre à haute voix :

« Madame la marquise,

« Enfin mes vœux vont être comblés. Madame Taureins, touchée de mon amour, m'accorde un rendez-vous pour cette nuit ; au sortir des Italiens, une voiture nous emportera tous deux pour une campagne, d'où elle ne reviendra que demain matin ; retenez donc M. Taureins, comme vous me l'avez promis, et je vous engage la reconnaissance éternelle de votre serviteur.

« GOEZMANN. »

— Ah ! quelle infamie ! s'écria madame Taureins en se levant tout à coup et en foudroyant la marquise d'un regard d'indignation.

— Pardon, madame, dit Nanine, les mots ne signifient rien en pareil cas, j'ai apporté une preuve à l'appui de mes paroles, en avez-vous une à m'opposer ?

Rocambole se leva à son tour et, tirant, lui aussi, non une lettre, mais un rouleau de papier de sa poche :

— Monsieur le juge d'instruction, dit-il, veuillez joindre la lettre de madame au dossier avec ce rouleau de papier, c'est un petit mémoire fort curieux, écrit par ce même Goëzmann, dont il vient d'être parlé, et qui révèle, entre autres faits curieux, certaine lettre écrite par lui sous la dictée de la marquise de Santarès et dont les termes sont la reproduction exacte de celle-ci. Cette lettre faisait partie de l'arsenal de calomnies forgé par la marquise de Santarès et dirigé contre madame Taureins, qu'elle espérait tuer en l'écrasant sous la honte. C'est dans ce but qu'elle avait, de concert avec M. Taureins et ce Goëzmann, alors ses intruments aveugles, organisé un guet-apens, dont les détails, mentionnés dans ce mémoire, vous permettront de mesurer le degré de violence et de perversité où peut atteindre celle qui s'est fait une si scandaleuse célébrité sous ses deux noms de guerre, marquise de Santarès et Nanine la Rousse. Le récit de cette effroyable aventure vous montrera cette femme sous son véritable jour et peut-être, après l'avoir lu, le crime odieux dont on l'accuse n'aura-t-il plus rien d'invraisemblable.

— J'ai une petite observation à faire, si vous le permettez, monsieur, dit la marquise au magistrat.

— Parlez, madame.

— M. Portal qui n'est ni parent, ni allié de madame Taureins et qui n'a d'autre motif de s'intéresser à elle que son extrême beauté, et j'avoue que le motif est suffisant, M. Portal n'oublie qu'un détail dans tout ce qu'il vient de dire, mais ce détail a bien son importance.

— Qu'ai-je donc oublié, madame ? demanda Rocambole.

— Vous avez omis de dire que cet écrit entièrement de la main de Goëzmann, c'est vrai, lui a été dicté par vous et sous la gueule d'un revolver.

— Est-ce vrai ? demanda le magistrat à Rocambole.

— C'est vrai jusqu'à un certain point.

— Ah ! fit le juge d'instruction d'un air à la fois surpris et sévère.

— C'est-à-dire que j'ai contraint le misérable, dont vous lirez les hauts faits dans ce mémoire, à écrire non ce que je lui dictais, mais toute la vérité, tout ce qu'il savait lui-même sur l'infâme complot dont madame Taureins eût été victime sans moi.

— Enfin, il a écrit ce mémoire sous l'empire de la violence, avec un revolver braqué sur lui ?

— Oui, mais madame la marquise de Santarès oublie elle-même un détail : elle oublie de dire dans quelles circonstances s'est passée cette scène, circonstances effroyables, qui font frémir d'horreur et que vous trouverez relatées tout au long dans ce mémoire.

— Écrit en face d'un revolver, ce qui en atténue singulièrement la valeur, répliqua froidement le jeune magistrat.

— Mais, monsieur... reprit vivement Rocambole.

— Pardon, monsieur, interrompit d'un ton bref le juge d'instruction, je ne vois là qu'un incident sur lequel il sera temps de revenir plus tard ; arrivons au fait essentiel, au crime dont M. Taureins a été victime et dont la responsabilité pèse, quant à présent, sur la marquise de Santarès.

Puis, s'adressant à madame Taureins avec une déférence moins marquée qu'à son entrée, nuance qui n'échappa pas à la marquise et dans laquelle elle vit avec joie un revirement en sa faveur :

— Madame, lui dit-il, avez-vous quelque raison de croire que l'empoisonnement dont votre mari a été victime puisse être attribué à madame ?

— Oui, monsieur.

— Quelles sont ces raisons, madame ?

— Une lettre qui l'accuse formellement.

La marquise tressaillit.

Le juge d'instruction ajouta aussitôt :

— Cette lettre est entre vos mains ?

— La voici, monsieur.

Elle la tira de sa robe et la remit au magistrat.

La marquise jeta un regard rapide sur la suscription.

Elle avait reconnu l'écriture.

— Espérons, dit-elle d'un ton indifférent et avant que le magistrat n'ouvrît le papier, espérons que cette lettre n'est pas du malheureux qu'on a contraint, le pistolet sur la gorge, à écrire un mémoire contre moi et qu'elle n'a pas été obtenue par les mêmes moyens.

Le magistrat porta de suite ses regards sur la signature.

— Elle est signée Goëzmann, dit-il.

— Oh ! alors, dit la marquise avec un sourire dédaigneux, il n'est pas difficile de deviner ce qu'elle contient.

Le front du jeune magistrat s'était légèrement contracté à la vue de cette signature.

Il devenait de plus en plus évident que M. Portal et madame Taureins perdaient du terrain dans son esprit depuis que la marquise avait contraint celui-ci d'avouer la violence dont il avait usé vis-à-vis de Goëzmann pour lui faire écrire un mémoire dirigé contre elle.

— Voici ce que contient cette lettre, dit-il enfin, et, se tournant vers la marquise :

— Écoutez, madame.

Il lut la lettre déjà connue du lecteur, par laquelle Goëzmann accusait la marquise d'avoir donné la mort à M. Taureins par le poison et racontait en même temps la tentative, absolument semblable, faite par celui-ci contre sa femme, crime commis cette fois encore sous l'inspiration de la marquise, et dont lui seul, Goëzmann, avait empêché l'exécution.

Quand le magistrat eut terminé la lecture de cette lettre :

— Il n'y a que cela? dit la marquise avec un sourire ; en vérité, l'ami de madame s'est contenté de bien peu, et, si ingénieuse que soit sa petite invention d'émeraude empoisonnée, invention pour laquelle il pourrait prendre un brevet, car elle est entièrement neuve, je trouve qu'il a été bien modeste, cette fois, de se contenter d'une lettre pour m'accabler, tandis qu'ayant ce Goëzmann à sa discrétion il pouvait lui dicter un mémoire, comme il l'a déjà fait, toujours sous l'inspiration d'un revolver... ou d'un billet de banque, si ces messieurs ont fait la paix, comme c'est probable.

— Il est certain, monsieur, dit le magistrat à Rocambole, qu'après l'aveu que vous avez déjà fait, cette supposition n'a rien d'invraisemblable, et que je suis fort embarrassé de savoir le cas que je dois faire de cette lettre, mais...

Il s'interrompit et sonna son garçon de bureau.

XXIX

DEUX ÉPOUX ASSORTIS

Le garçon de bureau s'était présenté à cet appel.
— Faites entrer, lui dit le magistrat.

Quand cet homme fut sorti, les trois personnes qui étaient là tournèrent en même temps les yeux vers la porte et la même expression se peignit sur leurs visages.

Toutes trois se posaient évidemment cette question :

— Qui donc peut être là? qui donc va entrer?

Enfin le personnage si vivement attendu parut sur le seuil du cabinet.

C'était Goëzmann.

Le juge d'instruction, qui épiait sur les trois physionomies l'effet qu'allait produire cette entrée, reconnut avec surprise que toutes trois trahissaient le même sentiment d'appréhension, de sorte que cet incident, dans lequel il avait cru trouver un indice, ne fit qu'accroître ses doutes et sa perplexité.

Cet homme les inquiétait tous, que fallait-il donc penser?

C'est qu'en effet tous trois se demandaient avec anxiété ce qu'ils devaient attendre de cet homme dont ils se savaient haïs, qui avait à exercer contre chacun de terribles représailles et qui, d'un mot vrai ou faux, devait faire pencher la balance du côté où allait peser sa haine.

Et puis, à l'impression de crainte qu'ils avaient ressentie, se mêlait le sentiment de profonde stupeur dont ils avaient été saisis à l'aspect de ce personnage qu'ils croyaient en sûreté au delà de la frontière d'Espagne.

De son côté, aux regards étonnés qu'il jetait sur eux, on devinait que Goëzmann était loin de s'attendre à se trouver en pareille compagnie dans le cabinet du juge d'instruction.

Un moment paralysé par la surprise qui l'avait fixé quelques instants sur le seuil; il entra enfin en disant :

— Vous le voyez, je vous avais annoncé mon départ pour l'étranger, mais l'homme propose et Dieu dispose, et il paraît que Dieu avait disposé de moi en faveur de dame Police, car deux de ces messieurs m'ont cueilli délicatement à une table d'hôte de Bordeaux, après m'avoir laissé prendre le café et pousse-café, attention qui n'est pas précisément dans leurs habitudes.

Puis, se tournant vers le jeune magistrat :

— Enfin, monsieur le juge d'instruction, puisque vous tenez absolument à causer avec moi, je ne regrette pas d'avoir fait deux cents lieues pour jouir de cet honneur et me voilà à vos ordres.

— Goëzmann, lui dit le magistrat qui ne l'avait pas quitté des yeux depuis son entrée, d'où viennent donc les deux sillons sanglants qui traversent votre visage? ne serait-ce point une manière de vous grimer pour vous rendre méconnaissable et échapper aux recherches de la police?

— Non, monsieur le juge d'instruction, c'est plutôt une espèce de tatouage, car ça a pénétré très-avant dans la peau, et celui qui m'a tatoué de la sorte le voilà, c'est M. Portal.

— Comment donc s'y est-il pris pour...

— Oh! ça n'a pas été long, deux coups de cravache fortement cinglés, l'un à droite, l'autre à gauche, et j'en avais pour la vie; c'est le tatouage instantané.

— Ah! dit vivement le magistrat, il est donc vrai, comme vient de le déclarer madame, que M. Portal s'est porté sur vous à des violences...

— Regrettables... pour moi surtout, oui, c'est vrai.

— Reconnaissez-vous avoir écrit ce mémoire?

L'Allemand jeta un coup d'œil sur le manuscrit qu'on lui présentait.

— Oui, c'est moi qui ai écrit cela.
— De votre plein gré?
— Pas tout à fait.
— Ah!

— J'y ai bien été un peu poussé par la vue d'un revolver braqué à six pouces de mon visage.

— Vous entendez, monsieur Portal?

— Parfaitement, monsieur, répondit tranquillement celui-ci, ce qui n'empêche pas que tout ce que renferme ce mémoire ne soit exactement vrai.

— Qu'avez-vous à répondre à cela? demanda le magistrat à Goëzmann.

— J'ai à répondre... que je m'expliquerai sur ce point quand monsieur le juge d'instruction m'aura fait connaître le véritable motif pour lequel il m'a fait comparaître devant lui.

— Eh bien, ce motif, c'est la mort de M. Taureins.
— Je m'en doute bien un peu.

— Voici une lettre de vous, par laquelle vous déclarez qu'il est mort par le poison, et que ce poison lui a été administré par la marquise de Santarès.

Sir Ralph, quittant sa voiture, se dirigea vers la maison des époux Claude... (Page 296.)

— Je la reconnais également comme étant de moi, dit Goëzmann.

— Avez-vous écrit librement cette lettre, ou vous aurait-elle été arrachée par les mêmes moyens qui vous ont déterminé à écrire le mémoire? Pesez bien votre réponse, car elle est de la plus haute importance.

— Oui, j'en comprends toute la portée, dit Goëzmann en promenant lentement son regard sur M. Portal, madame Taureins et la marquise de Santarès.

Une expression diabolique brillait dans ce regard qui, à chaque personnage qu'il fixait, semblait distiller le fiel et la haine.

Ceux-ci, comprenant la soif de vengeance dont il était dévoré, attendaient, avec une inexprimable angoisse, la parole qu'il allait prononcer, ou plutôt l'arrêt qu'il allait rendre, car c'était lui qui allait résoudre la redoutable question d'où dépendaient en ce moment l'honneur de madame Taureins et peut-être la vie de la marquise.

En effet, s'il déclarait que la lettre lui avait été dictée et imposée par M. Portal et de concert avec madame Taureins, dans le but de perdre la marquise, ce que redoutaient Rocambole et Valentine, sachant de quelle ardente haine l'Allemand devait être animé contre eux, les rôles changeaient tout à coup; d'accusateurs qu'ils étaient, ceux-ci devenaient accusés et allaient être immédiatement poursuivis comme coupables de calomnie et de faux témoignage; et Dieu sait comment l'avocat de la marquise interpréterait le dévouement de M. Portal pour madame Taureins.

S'il déclarait le contraire, la marquise était perdue, et elle aussi avait de sérieux motifs de craindre de Goëzmann quelque terrible vengeance.

Après une longue pause, pendant laquelle, doué d'une vive pénétration, il était parvenu à deviner le système de défense de la marquise, Goëzmann, promenant toujours son regard de M. Portal à madame Taureins, et de madame Taureins à la marquise, comme s'il se fût demandé sur quelle tête il allait faire éclater sa vengeance, parut enfin avoir pris un parti.

Il se tourna vers le magistrat et, avec un sourire :

— Avant de vous répondre, monsieur le juge d'instruction, dit-il en lui montrant la belle rousse, permettez-moi de vous présenter ma femme, ma légitime épouse, madame la marquise de Santarès.

— Comment ! s'écria le magistrat stupéfait, vous êtes le mari de...

— Cette adorable créature, oui, monsieur.

— Est-ce vrai, madame ?

La marquise était pourpre de honte.

— Oui, monsieur, répondit-elle d'une voix troublée.

— Mais vous ignoriez donc les relations qui existaient entre M. Taureins et votre femme ?

— Non, monsieur, répondit tranquillement Goëzmann.

— Mais alors comment expliquer...

— Ah ! monsieur, c'est que nous sommes des natures d'élite, nous ; nous nous étions élevés au-dessus des considérations vulgaires auxquelles se soumet le commun des mortels ; notre union n'était pas de ce monde, c'était l'union des âmes et, dans cette association qu'on flétrit durement du nom de ménage à trois, j'avais la plus belle part, monsieur, j'avais son cœur !

Goëzmann avait débité cette petite tirade avec une exaltation extatique qui jurait de la façon la plus grotesque avec ses traits hideux et l'expression grossièrement cynique de sa physionomie.

Furieuse de subir une pareille humiliation devant madame Taureins, la marquise se mordait les lèvres jusqu'au sang et n'osait plus relever les yeux.

On peut affirmer qu'en ce moment, elle eût voulu voir le parquet crouler sous ses pieds.

— C'était donc moi qu'elle aimait, monsieur, reprit l'Allemand, poursuivant son rôle, de même que je l'adorais et n'ai jamais cessé de l'adorer, ma petite Naninette chérie ; elle s'appelle Nanine, mais c'est un petit nom d'amitié que je lui donnais dans l'intimité et qui la rendait folle de bonheur.

Un soupir presque insensible, rauque et sourd comme un râle, sortit des lèvres de la marquise, dont on entendait les dents grincer l'une contre l'autre.

Goëzmann, qui la regardait avec une joie féroce, reprit aussitôt :

— Rien ne saurait vous donner une idée de sa tendresse, monsieur le juge d'instruction ; c'est au point que, la veille du jour où elle devait quitter Paris avec M. Taureins, elle lui déclara nettement qu'elle tenait absolument à ce que je le suivisse en Espagne, que sans moi les millions n'étaient rien pour elle, et que nulle considération humaine ne pourrait la résoudre à se séparer de moi. Ah ! monsieur le juge d'instruction, voilà de ces choses qui vont au cœur et qu'on n'oublie jamais.

Puis, se tournant vers la marquise et lui faisant la bouche en cœur :

— N'est-ce pas, ma Naninette adorée, que tu ne pouvais te passer de ton petit Goëzmann ?

D'écarlate qu'elle était, la marquise devint toute pâle.

Dans le souvenir qu'il venait de rappeler avec un attendrissement ironique, Goëzmann avait fait allusion à l'entretien dans lequel, après lui avoir promis de l'emmener en Espagne, elle avait déclaré à M. Taureins son intention de s'en débarrasser en le faisant arrêter dès le lendemain.

Elle comprit donc avec épouvante qu'entre trois personnes également détestées, c'était elle qu'il avait choisie, c'était sur elle que tombait sa vengeance.

Cependant elle attendait encore, ne perdant pas tout espoir.

Goëzmann reprit :

— J'avais besoin de vous dire tout cela, monsieur le juge d'instruction, pour vous faire comprendre avec quel déchirement de cœur je me vois contraint, pour rendre hommage à la vérité, de persister dans la déclaration que contient cette lettre.

— C'est-à-dire que vous reconnaissez avoir écrit cette lettre de votre plein gré et que vous persistez à accuser la marquise de Santarès d'avoir empoisonné M. Taureins.

— Hélas ! oui monsieur, répondit l'Allemand en prenant une figure désolée.

La marquise se leva d'un bond et, passant subitement de l'abattement à la colère.

— Misérable ! s'écria-t-elle, celui qui l'a tué, c'est toi, tu l'as déclaré dans une lettre...

— Que vous ne pouvez produire, madame, lui dit sévèrement le magistrat, or, une femme telle que vous ne brûle pas de pareilles lettres, comme vous prétendez l'avoir fait.

Un éclair de joie passa dans les yeux de l'Allemand à cette révélation.

— Une lettre de moi ! dit-il d'un air stupéfait, mais je ne vous ai jamais écrit, ma belle Naninette.

— Infâme ! infâme ! s'écria la marquise en faisant un pas vers lui, les poings serrés et l'œil étincelant de colère.

— Hélas ! chère petite Naninette à moi, reprit Goëzmann en soulignant chaque mot avec une intention marquée, que je regrette de vous voir dans cette triste situation et que nous serions bien mieux en Espagne tous les deux !

La marquise allait répliquer, mais le magistrat se leva en disant :

— En voilà assez pour aujourd'hui, je vous interrogerai de nouveau dans quelques jours.

XXX

UN FIANCÉ

Il était quatre heures environ, lorsqu'une voiture découverte s'arrêta à la porte de l'hôtel Mauvillars.

Un jeune homme vêtu avec une élégante recherche en descendit et franchit le seuil de l'hôtel.

C'était sir Ralph.

Sous l'air dégagé qu'il affectait, on devinait la contrainte et l'inquiétude.

Il était connu des domestiques de la maison qui

tous, dévoués à leurs maîtres et sachant qu'il apportait le malheur dans la famille, le regardaient d'un très-mauvais œil, quand par hasard il se présentait à l'hôtel.

Aussi le vieil Antoine, qui avait vu naître sa jeune maîtresse Tatiane et l'adorait comme si elle eût été sa petite-fille, le reçut-il d'un air presque menaçant lorsqu'il vint le prier de l'annoncer à M. Mauvillars.

Il lui tourna le dos et se dirigea vers le salon sans rien dire.

Puis il ouvrit la porte, l'annonça et s'éloigna en murmurant :

— Vilain oiseau de nuit, va !

Sir Ralph se trouva en face de M. Mauvillars et de son père.

Il salua profondément et attendit avec une appréhension visible qu'on lui adressât la parole.

M. Mauvillars s'était levé :

— Qu'avez-vous à me dire, monsieur ? lui demanda-t-il en le toisant des pieds à la tête.

— Mais, monsieur, répondit sir Ralph, un peu déconcerté par cet accueil, nous sommes à la veille de mon union avec mademoiselle Tatiane, et...

Il s'interrompit, paralysé par la figure glaciale qui se dressait devant lui.

— Et... quoi ! lui demanda froidement M. Mauvillars.

— Eh bien ? monsieur, j'ai pensé que, si près de devenir son époux, je pouvais, je devais même lui présenter mes hommages.

— Ah ! vous avez pensé cela, répliqua M. Mauvillars avec une mordante ironie.

Il saisit un cordon de sonnette qu'il agita deux fois.

Une femme entra.

— Où est votre jeune maîtresse ? lui demanda-t-il.

— Dans sa chambre, monsieur.

— Qu'y fait-elle ?

— Toujours la même chose, monsieur, elle pleure.

— C'est bien, vous pouvez vous retirer.

Sir Ralph comprit que cette femme était la femme de chambre de Tatiane ; mais alors qu'était donc devenue Malvina, qu'il croyait toujours près de la jeune fille ?

Voilà ce qu'il se demandait avec une vive anxiété.

Mais il n'eut pas le temps de réfléchir longuement.

— Vous avez entendu, monsieur, elle pleure, elle pleure toujours, et ce qui la plonge jour et nuit dans le désespoir et dans les larmes, vous le savez bien, c'est la pensée de devenir la femme d'un homme tel que vous. Eh bien, monsieur, croyez-vous le moment favorable pour aller lui présenter vos hommages ?

— C'est bien, monsieur, je me retire, répondit sir Ralph avec une colère concentrée, mais permettez-moi de vous faire observer que tant de hauteur de votre part, tant de dédain de la part de mademoiselle Tatiane sont peut-être bien imprudents au moment où je vais devenir le maître de sa destinée.

M. Mauvillars, qui, nous le savons, était d'un tempérament sanguin et irascible, devint rouge de colère et, s'avançant brusquement vers sir Ralph :

— Des menaces ! s'écria-t-il.

— Non, monsieur, répondit froidement sir Ralph, mais un avertissement dont je vous engage à profiter, car dans quelques jours vos droits d'oncle et de tuteur auront cessé et les miens commenceront.

— Et alors ? demanda M. Mauvillars en regardant fixement sir Ralph.

— Alors mon premier soin sera d'emmener ma femme loin d'une famille où je n'ai reçu que des affronts.

— En vérité ! dit M. Mauvillars en se croisant les bras, et où donc comptez-vous l'emmener ?

— En Amérique.

— En Amérique ! s'écria le grand-père, qui se mit à trembler tout à coup à cette pensée.

— Rien que cela ! dit M. Mauvillars avec une impassibilité sous laquelle on sentait gronder l'orage. Ah ! nous aurons élevé une enfant avec des soins et une sollicitude infinis, nous l'aurons si bien enveloppée de notre tendresse, qu'elle a traversé la vie à l'abri des chagrins et sans avoir versé une larme jusqu'au jour funeste où elle vous a rencontré ; nous nous serons nous-mêmes pénétrés des charmes qu'elle répand autour d'elle, à ce point que sa présence nous est aussi indispensable que le rayon de soleil qui l'est parmi nous qui ne survivraient pas à son départ, et tout cela pour que vous l'emportiez loin de nous, en Amérique. Ah ! voilà votre projet, monsieur ! Eh bien, moi, je vais vous dire le mien, qui s'en éloigne singulièrement.

— Je vous écoute, monsieur, dit sir Ralph avec une indifférence affectée.

— Mon hôtel est assez grand pour contenir deux ménages ; l'aile droite est déjà disposée et meublée du haut en bas pour vous recevoir, vous et Tatiane, car la loi veut que les deux époux demeurent *sous le même toit;* vous y demeurerez donc, mais vous aurez chacun votre appartement, et tout est arrangé de façon à vous laisser une entière liberté, excepté celle de pénétrer chez votre femme. Le tort que vous avez fait à sa réputation exige, pour être réparé, qu'elle porte votre nom, c'est assez de cette honte, vous lui épargnerez celle de votre présence et surtout de votre amour. Voilà ce que j'ai résolu et voilà ce qui se fera. Maintenant, si cette situation froissait votre dignité, je vous offre un moyen d'y mettre fin ; je vous compterai la dot de Tatiane, vous m'en donnerez un reçu avec engagement formel et par écrit de ne jamais reparaître devant elle et de renoncer à tous vos droits d'époux, et alors vous serez parfaitement libre de partir pour l'Amérique, nos vœux vous y suivront.

Sir Ralph avait écouté M. Mauvillars avec une imperceptible ironie sur les lèvres.

— Monsieur Mauvillars, lui dit-il enfin, vous avez habité si longtemps l'Amérique que vous avez oublié la législation française.

— Vous croyez ?

— C'est évident, car vous paraissez ignorer l'article de la loi où il est dit que la femme suivra partout son mari.

— Vous vous trompez, monsieur, cet article m'est connu, il ne me plaît pas de m'y conformer, voilà tout.

— Et vous croyez, monsieur, que je ne saurai pas réclamer l'exécution de la loi qui protége mes droits?

— J'en suis convaincu, au contraire.

— Et que ferez-vous alors?

— Je plaiderai.

— La loi est formelle, vous ne trouveriez pas même un avocat pour plaider une pareille cause.

— Qui sait? en faisant valoir les circonstances toutes particulières qui ont décidé ce mariage et l'indignité tout exceptionnelle du mari.

— Raisons insuffisantes et d'ailleurs dénuées de preuves; vous perdriez votre cause, si tant est que vous puissiez seulement l'entamer; voilà ce que je puis vous prédire à coup sûr; or, encore une fois, monsieur, que feriez-vous?

— Oh! quelque chose de bien simple.

— Quoi donc, car la difficulté ne me paraît pas si simple que cela à résoudre?

— Si la loi me contraignait décidément à vous livrer Tatiane, à vous laisser l'emmener loin de nous, alors, monsieur, convaincu qu'avec un mari de votre espèce ce serait la condamner à un avenir de honte et de malheur, et bien résolu à la sauver à tout prix d'une pareille destinée, je me déciderais à user du seul moyen qui resterait à ma disposition: je vous brûlerais la cervelle.

M. Mauvillars avait prononcé ces derniers mots avec une détermination calme et froide qui fit tressaillir sir Ralph.

— Pardon, monsieur, dit-il enfin, mais je vous ferai observer de nouveau que vous vous croyez toujours à New-York où, après avoir logé une balle dans la tête d'un homme en pleine rue, on peut poursuivre tranquillement son chemin sans être inquiété; mais il n'en est pas de même en France; de même qu'il y a ici des lois pour faire respecter les droits du mari, il y en a aussi pour protéger la vie des citoyens, et vous savez de quelle peine on punit l'assassinat.

— Je le sais fort bien, aussi mon revolver contiendrait-il deux balles, l'une pour vous, l'autre pour moi. Vous voyez que tout est prévu et que je suis toujours sûr de sauver Tatiane?

— En effet, répondit sir Ralph, un moment interdit, mais, avant d'employer de pareils moyens, on réfléchit.

— C'est que j'ai fait, j'ai réfléchi; j'ai beaucoup réfléchi avant de me résoudre à ce parti, mais maintenant que vous avez achevé de me convaincre vous-même qu'il n'y en a pas d'autre, il est bien arrêté dans mon esprit. J'ai reconnu pour Tatiane la nécessité d'être légalement votre femme, mais j'ai juré de la soustraire à la honte et au malheur de vous appartenir, et je tiendrai le serment que je me suis fait à moi-même; il n'y a pour cela que deux hommes à supprimer, vous et moi, et j'en ai fait le sacrifice. Mais, après cette petite explication, vous n'insistez pas pour présenter vos hommages à Tatiane, n'est-ce pas? Si donc vous n'avez rien de plus à me dire...

— Je comprends votre invitation, monsieur, répliqua sir Ralph, et je me retire, mais en vous prévenant que je prendrai mes mesures pour faire valoir mes droits.

— Un dernier mot avant de vous laisser partir, lui dit M. Mauvillars, et retenez-le bien. Je vous préviens que, le jour du mariage, toujours comme en Amérique, j'aurai sur moi un revolver et que, dans le cas où, comme vous le dites, vous auriez pris vos mesures pour emmener Tatiane ce jour-là, rien ne pourrait vous sauver de la balle que je vous tiendrai en réserve; et, maintenant que je vous ai fait connaître mes intentions, je ne vous retiens plus.

Sir Ralph salua et sortit, un sourire de bravade aux lèvres, mais au fond très-désagréablement impressionné, car il se sentait la conscience infiniment trop chargée pour aller demander aide et protection à la justice, qui pouvait fort bien avoir été prévenue à son endroit par les deux détectives américains envoyés à sa poursuite, auquel cas c'eût été aller se jeter littéralement dans la gueule du loup.

En sortant de l'hôtel Mauvillars, il se rendit chez le marchand de vin de la rue Miroménil où nous l'avons vu un jour avec les époux Claude et Malvina, à laquelle ils avaient donné rendez-vous pour avoir avec elle une explication qui, on s'en souvient, avait été entendue de Rocambole.

Il avait été très-inquiet de la voir remplacée près de Tatiane par une autre femme de chambre, et il avait hâte de connaître la raison pour laquelle elle avait quitté son service.

En entrant chez le marchand de vin, il le pria de le servir lui-même dans une salle particulière, ayant quelques mots à lui dire.

— Vous avez toujours pour clients les gens de l'hôtel Mauvillars? lui demanda-t-il quand ils furent seuls.

— Toujours, répondit le marchand de vin.

— Alors, vous avez dû entendre parler de Malvina, la femme de chambre de mademoiselle Tatiane?

— J'ai appris qu'elle avait quitté la maison.

— L'a-t-on renvoyée ou est-ce elle-même...

— Renvoyée; oh! non, mademoiselle l'aimait trop pour ça; c'est elle qui est partie un beau matin, laissant une lettre dans laquelle elle prévenait qu'elle ne reviendrait pas.

— Et on ne connaît aucun motif?...

— Aucun.

— Sait-on où elle est allée?

— On dit qu'elle est retournée dans sa famille.

— Merci.

Sir Ralph paya cinq francs la bouteille de volnay, à laquelle il n'avait pas touché, et sortit en se disant:

— Il y a là quelque manigance de M. Portal, mais je veux savoir tout de suite à quoi m'en tenir; allons voir les époux Claude.

XXXI

MAUVAIS PRÉSAGES

Une demi-heure après, la voiture de sir Ralph s'arrêtait à l'extrémité de la rue de Vanves, où il la laissait avec son cocher pour s'engager dans le terrain vague où s'élevait la maison des époux Claude.

Les volets étaient ouverts comme de coutume,

Le père Vulcain et sir Ralph dans le cabaret, rue de la Sourdière. (Page 303.)

mais la porte était également ouverte, ce qui le surprit, car M. et madame Claude n'étaient pas de l'avis de ce philosophe de l'antiquité qui eût voulu que sa maison fût de verre pour que tout le monde pût voir ce qui s'y passait.

Le digne couple avait des raisons particulières pour penser tout différemment.

Sir Ralph entra.

La maison était déserte.

Mais, comme tout y était dans l'ordre, ou, pour mieux dire, dans le désordre habituel, il pensa que les deux époux étaient en ce moment dans quelque cabaret voisin, et il s'assit, convaincu qu'ils ne pouvaient tarder à rentrer, puisqu'ils n'avaient pas pris la précaution de fermer leur porte.

Mais un quart d'heure s'écoula sans que personne parût.

— Voyons, se dit-il alors, peut-être madame Claude est-elle en train de cuver sa chopine d'eau-de-vie.

38ᵉ LIVRAISON.

Il se leva et alla frapper à la porte de la chambre que connaît le lecteur.

Ne recevant pas de réponse, il ouvrit la porte, au risque de trouver madame Claude en négligé.

La chambre était vide comme l'autre pièce.

— Allons, se dit-il, ils sont décidément chez le marchand de vin, attendons.

Et il s'assit de nouveau.

Dix minutes s'écoulèrent encore et sir Ralph commençait à s'impatienter, lorsqu'il vit un individu s'arrêter devant la porte.

A sa mise et à sa tournure il reconnut en lui un naturel du pays, et à l'expression ignoble et abrutie de sa physionomie il pensa que ce devait être un ami des époux Claude.

— Vous êtes du quartier, monsieur? lui demanda-t-il.

— Oui, monsieur, proche voisin de Claude.

— J'ai entendu parler de ces malheureux, dit sir Ralph en prenant un air digne, on me les a vivement recommandés comme des gens dignes d'intérêt, et je venais leur apporter quelques secours.

— Ah! dit vivement le bonhomme, vous veniez leur apporter... j'aurais cru le contraire.

— Bah! dit sir Ralph en souriant, pensiez-vous que je venais les voler par hasard?

— Non, mais, en voyant entrer chez les Claude un homme si bien, si bien, je me suis dit : Ça ne peut être qu'un huissier.

— Je vous remercie de la bonne opinion que vous aviez de moi, mais je ne la mérite pas, je n'ai pas l'honneur d'être huissier. Mais pourriez-vous me dire où ils sont en ce moment, ces braves gens?

— Je n'en sais rien; mais, entre nous, je crains qu'il ne leur soit arrivé malheur.

— Et quel malheur redoutez-vous pour eux?

— Les persécutions de la police.

— Ah! dit sir Ralph vivement ému, vous croyez que...

— On le dit.

— Ils avaient donc une mauvaise réputation?

— Pas du tout, la crème des honnêtes gens, mais ils avaient des envieux.

Cette naïveté eût égayé sir Ralph dans tout autre moment, mais il n'était pas en train de rire.

Il était épouvanté à la pensée de savoir les époux Claude arrêtés.

— Mais, reprit-il en dissimulant son trouble, qui vous fait croire qu'ils sont arrêtés?

— Dame! monsieur, voilà déjà deux jours qu'on ne les a vus et que la maison est ouverte à tous vents et à tous venants; or, on ne laisse pas comme ça son ménage à l'abandon.

— Oui, oui, vous avez raison, murmura sir Ralph en regardant fixement devant lui.

Il reprit bientôt :

— Ainsi, on n'a aucune nouvelle d'eux depuis deux jours?

— Pas la moindre.

— C'est inquiétant, très-inquiétant, dit sir Ralph à voix basse et comme se parlant à lui-même.

Il se leva en disant :

— Allons, je suis arrivé trop tard.

— C'est égal, murmura le bonhomme, en examinant sir Ralph avec un sentiment de profonde admiration, j'aurais bien cru que vous étiez un huissier.

Sir Ralph quitta la demeure des époux Claude en proie aux plus sombres pensées.

Plus il y songeait, plus l'hypothèse d'une arrestation lui semblait vraisemblable.

En effet, comment expliquer autrement la subite disparition des deux époux et le complet abandon de leur maison, restée ouverte, à la discrétion du premier venu?

Cette perspective était terrible pour lui; l'un des deux, habilement retourné par un agent de police ou par quelque mouton, pouvait le trahir, sans le vouloir, car ils étaient trop intéressés au succès de ses diverses entreprises pour le dénoncer volontairement.

Mais si Malvina, réfugiée chez eux, comme on l'avait dit, avait été arrêtée elle-même, que n'avait-il pas à redouter de cette jeune fille qui lui en voulait mortellement de l'avoir contrainte à trahir sa maîtresse?

Et puis une autre pensée le tourmentait. En supposant que la police ne fût pour rien dans cette affaire et que les époux Claude ne fussent pas arrêtés, qui donc avait intérêt à les faire disparaître, sinon M. Portal, dans le but de les mettre à l'abri de son influence et de s'en servir lui-même pour le combattre et déjouer les complots auxquels ils étaient initiés?

C'est dans ces dispositions d'esprit que sir Ralph arriva à l'hôtel Meurice, où il demeurait depuis quelque temps avec Mac-Field.

Il trouva celui-ci aussi sombre et aussi abattu que lui-même.

— Qu'avez-vous donc? lui demanda-t-il.

— J'ai de tristes pressentiments.

— Qu'est-il donc arrivé de nouveau pendant mon absence?

— D'abord, j'ai vu M. Badoir.

— Eh bien?

— Il était dans un état de stupeur, ou pour mieux dire de stupidité tel que j'ai pressenti aussitôt quelque danger. J'ai voulu le faire parler, mais je n'ai pu tirer de lui que des réponses évasives, incohérentes, pleines de réticences qui m'ont prouvé que je ne me trompais pas et qu'il était sous l'empire d'un trouble profond causé par quelque grave événement. Cet événement, quel était-il? je ne sais, mais il devait nous intéresser autant que lui-même, puisqu'il est compromis dans toutes nos affaires. D'ailleurs, je l'ai compris à quelques mots qui lui échappaient de temps à autre et dans lesquels perçaient vaguement, exprimés en phrases obscures, énigmatiques et aussitôt démenties, l'avertissement de quelque grand danger et le conseil de m'y soustraire par la fuite. Mais, pressé de s'expliquer et de me dire nettement sa pensée, il me répondit qu'il n'avait rien à m'apprendre, rien à me conseiller et qu'il ne connaissait d'autres dangers que ceux dont nous étions aussi bien instruits que lui-même, puisque c'étaient nous qui les avions créés. Mais j'ai la conviction qu'il est survenu quelque chose de nouveau et de terrible, et que le silence lui a été imposé, sous peine de quelque redoutable châtiment.

— Vous lui avez montré la lettre venue de New-York?

— Oui.

— Qu'a-t-il dit?

— L'annonce formelle de la mort et de l'enterrement de Pierre Valcresson, événement qui eût dû le combler de joie, puisqu'il va le mettre incessamment en possession de l'immense héritage si longtemps convoité, cette annonce l'a jeté dans un ahurissement qui ressemblait à de l'idiotisme. Il lisait la phrase, me regardait ensuite, puis roulait autour de lui des yeux effarés, en jetant des exclamations inintelligibles; bref, il donnait tous les signes d'une épouvante portée jusqu'au délire.

— Oui, vous avez raison, murmura sir Ralph avec inquiétude, il y a là-dessous quelque mystère.

Il reprit après une pause :

— Et les trente mille francs dont j'ai besoin pour la corbeille et autres menus frais?

— Il les a promis pour demain. Mais ce n'est pas tout, reprit Mac-Field, j'ai un autre sujet d'inquiétude.

— Encore !
— Je vais sonner, un domestique va venir, examinez-le sans qu'il s'en aperçoive.

Il avait sonné tout en parlant.

Le domestique se présenta aussitôt.

C'était un garçon d'une trentaine d'années, les cheveux roux et coupés courts, la barbe entièrement rasée, avec quelque chose de britannique dans la physionomie.

— Monsieur a sonné ? demanda-t-il avec un léger accent.

— Procurez-moi donc le *Times*, lui dit Mac-Field.

— Tout de suite, milord, répondit le domestique en se retirant.

— Vous l'avez bien observé ? demanda Mac-Field à sir Ralph.

— Parfaitement.

— Et rien ne vous a frappé dans cet homme ?

— Il me semble vaguement avoir vu cette figure-là quelque part.

— Moi de même.

— Mais où donc ?

— Cherchez bien ; ne serait-ce pas hier, dans la soirée ?

— Attendez donc, s'écria tout à coup sir Ralph, n'est-ce point au théâtre des Variétés ?

— Justement.

— Votre voisin de gauche.

— C'est cela.

— Mais avec de gros favoris ?

— Énormes, parbleu !

— Et le même que nous avons revu à la sortie du théâtre, au café de Suède.

— Ce qui nous avait quelque peu inquiétés d'abord.

— Ainsi vous croyez le reconnaître ? reprit Mac-Field devenu tout sombre.

— Oui, à ses yeux jaune clair, à ses sourcils en broussailles.

— Alors, je ne me suis pas trompé, plus de doute maintenant, cet homme est à nos trousses.

— Un des détectives envoyés de New-York à Paris, n'est-ce pas ?

— J'en suis sûr.

— En ce cas, l'autre ne doit pas être loin.

— S'il n'est dans l'hôtel même comme son camarade.

— Alors, il ne s'agit pas de moisir ici.

— Il faut partir à l'instant.

— Mais sans prévenir !

— Naturellement.

— Et notre malle ?

— Demandons une voiture, emportons à la main ce que nous avons de plus précieux, tout ce qui pourrait nous compromettre et nous enverrons prendre la malle tantôt en nous entendant avec le cocher pour dépister ceux qui seraient tentés de le suivre.

— Ça va mal, Mac-Field, dit sir Ralph, il est grandement temps que nous partagions le million de la comtesse de Sinabria et que je devienne le mari de Tatiane, que je saurai enlever en dépit de M. Mauvillars, car elle sera ma sauvegarde contre lui et tous nos ennemis.

XXXII

DEUX DÉCOUVERTES

Un instant après la porte de la chambre s'ouvrait et le domestique rentrait avec le *Times* à la main.

— Merci, lui dit Mac-Field.

Et, comme le domestique se dirigeait vers la porte :

— Comment vous nomme-t-on, mon ami ? lui demanda-t-il.

— Peters, milord.

— Eh bien, Peters, veuillez nous faire approcher une voiture.

— Il y en a deux dans la cour de l'hôtel, milord.

— Eh bien, retenez-m'en une.

— À l'instant, milord, répondit Peters en s'inclinant.

Et il sortit.

— Vraie touche de domestique ! dit Mac-Field, qui l'avait suivi du regard jusqu'à la porte, il faut avouer qu'il joue bien son rôle. Mais, j'y songe, si c'en était un vrai ! Si je m'étais trompé en croyant reconnaître…. Il faut absolument que je sache à quoi m'en tenir, et je le saurai tout à l'heure. Il est d'autant plus important que nous soyons fixés sur ce point, que, si c'est notre détective, son camarade ne peut être loin, et qu'en examinant avec attention toutes les têtes que nous allons rencontrer dans l'hôtel nous pourrions le découvrir.

Il se jeta dans un fauteuil et parut bientôt plongé dans de sombres réflexions.

— N'est-ce pas, lui dit Ralph, qui le regardait depuis quelques instants, n'est-ce pas que l'horizon n'est pas couleur de rose ?

— La situation est difficile, inquiétante, mais elle n'a rien de réellement effrayant, répondit Mac-Field ; avec de l'énergie, du sang-froid, de la résolution, nous pouvons sortir vainqueurs des périls qui nous entourent. A partir de cette heure, les événements vont se précipiter autour de nous et dans l'espace de trois jours tout sera dit, le sort aura prononcé irrévocablement, nous serons perdus ou sauvés. Heureusement, quant aux deux grandes affaires sur lesquelles repose notre fortune, nous avons tous les atouts dans la main et le succès est assuré ; je veux parler de votre mariage et du million que la comtesse de Sinabria s'est engagée à vous compter la veille de cette union. L'oncle Mauvillars, en dépit du peu de sympathie que vous lui inspirez et malgré la violente antipathie que ressent pour vous la jolie Tatiane, reconnaît l'impossibilité de vous refuser la main de sa nièce, et il est impossible qu'il découvre le mystérieux moyen grâce auquel vous avez su le forcer à donner son consentement. Quant à la comtesse de Sinabria, elle est prise comme dans les mailles d'un filet, écrasée sous une surabondance de témoignages plus éclatants l'un que l'autre et dont un seul, pris au hasard, suffirait pour prouver sa culpabilité.

Elle est entièrement à notre discrétion ; nulle puissance humaine ne peut la soustraire à notre pouvoir, et, se voyant absolument perdue, elle va tenter des efforts désespérés pour trouver le million qui peut la sauver. Sur ces deux points nous pouvons donc considérer la partie comme gagnée. Nul n'osera même essayer de nous la disputer. Mais la médaille a un revers, et ce revers, c'est les deux détectives dont nous soupçonnons la présence ici; c'est là notre pierre d'achoppement, le grain de sable qui peut enrayer notre fortune. Il faut donc avant toute chose vérifier ce point capital, car nous ne pouvons faire un pas en avant tant que nous aurons cette épée de Damoclès suspendue sur notre tête. Si nos doutes se réalisent, le parti qui nous reste à prendre est bien simple : attendre tout bêtement que ces messieurs nous pincent, ce qui arriverait tout au moins le jour de la célébration de votre mariage, ou nous débarrasser du seul obstacle qui entrave désormais notre fortune en faisant à ces deux messieurs ce que nous ne voudrions pas qu'il nous fût fait, c'est-à-dire en les supprimant.

Sir Ralph tressaillit.

— Encore ! murmura-t-il.

— Eux ou nous, il faut choisir. Voyez si vous aimez assez la police pour vous élever jusqu'à ce degré d'abnégation.

— Non, certes, mais un nouveau meurtre...

— Le meurtre est inévitable; la seule question est de savoir quelles seront les victimes, eux dans un coin de Paris, ou vous et moi, à New-York, en place publique et par la corde.

— Allons, le sort en est jeté; sachons d'abord si nous nous sommes trompés ou non.

Les deux associés quittèrent aussitôt leur appartement, après avoir bourré leurs poches de tout ce qu'ils avaient de précieux ou de compromettant.

— Entrons d'abord au bureau, où j'aperçois le maître de la maison, dit Mac-Field à sir Ralph.

— Pourquoi faire?

— Vous allez le savoir.

Ils entrèrent.

— Ah! monsieur, dit Mac-Field au patron, je suis bien aise de vous rencontrer.

Celui-ci s'inclina.

— Je tenais à vous féliciter au sujet du domestique qui nous sert.

— Son nom, milord? demanda le patron.

— Peters.

— Je suis heureux d'apprendre que vous ayez à vous louer de son service, milord.

— Je n'ai que des éloges à faire de lui ; il doit être attaché à votre maison depuis fort longtemps?

— Au contraire, milord.

— Ah !

— Il est entré ici...

Il s'interrompit pour consulter sa mémoire :

— Tenez, reprit-il, le lendemain même du jour où milord venait habiter mon hôtel.

— Tiens, tiens, dit Mac-Field en jetant à sir Ralph un regard d'intelligence.

— Oui, un de mes domestiques étant subitement tombé malade m'a recommandé ce garçon, dont il pouvait me répondre, car ils sont cousins, paraît-il, et, en effet, je n'ai qu'à me louer de lui depuis qu'il est chez moi.

— Je lui ai demandé une voiture.

— Elle vous attend, milord.

Mac-Field et sir Ralph quittèrent le bureau.

— Eh bien, murmura Mac-Field à l'oreille de son ami, que dites-vous de ce domestique qui entre ici juste vingt-quatre heures après nous et de ce *cousin* qui tombe précisément malade ce jour-là pour lui céder sa place?

— Je dis qu'il n'y a plus de doute et que nous avons l'ennemi sur nos talons.

— Il n'y a donc plus à hésiter, nous quittons l'hôtel pour n'y plus rentrer.

— Je le crois bien, je logerais plutôt à la belle étoile.

— Et dès demain il faut nous en débarrasser.

— Ainsi que de son camarade; mais celui-là, nous ne le connaissons pas.

Ils étaient arrivés sous le vestibule.

— Jack, cria une voix, avancez.

Cette voix était celle de Peters.

Au même instant, une voiture élégante, conduite par un cocher couvert d'une livrée confortable, s'avança sous le vestibule et s'arrêta aux pieds de milord.

Celui-ci y prit place, ainsi que sir Ralph, en criant au cocher :

— Au bois !

Le cocher excita son cheval par un claquement de langue et la voiture roula lentement sur l'asphalte du vestibule.

Mais, avant de s'éloigner, Jack avait échangé avec Peters un signe et un clignement d'yeux presque imperceptibles.

La voiture tourna la rue de Rivoli à droite et cinq minutes après elle roulait dans la grande allée des Champs-Elysées.

— Que dites-vous de notre cocher? demanda alors Mac-Field à sir Ralph.

— Il conduit fort bien.

— Que pensez-vous de lui?

— Que voulez-vous que j'en pense, sinon qu'il me paraît connaître parfaitement son métier?

— Il a d'autant plus de mérite à cela que ce métier n'est pas le sien.

— Que voulez-vous dire?

— Je veux dire que ce cocher n'est autre chose que le camarade de Peters.

— Le second détective?

— Justement.

— Pas possible.

— Je vous en réponds.

— Comment le savez-vous?

— Toujours préoccupé de la pensée de connaître le confrère de Peters, je n'ai pas perdu de vue celui-ci à partir du moment où je le vu paraître sous le vestibule; or, comme nous montions en voiture, il a saisi la minute où je me penchais pour y entrer et a rapidement échangé avec notre cocher quelques signes que j'ai surpris.

— C'est heureux.

— Doublement heureux, en ce que, d'abord, nous sommes sur nos gardes vis-à-vis de cet homme et qu'ensuite nous connaissons maintenant nos deux ennemis.

— Que faire maintenant?

— Endormir leur défiance en rentrant à l'hôtel Meurice.

— Et puis?

— Ecrire à Collin ou au père Vulcain pour leur assigner un rendez-vous chez un des marchands de vin les plus rapprochés de l'hôtel, car il faut que, demain soir au plus tard, nous ayons fait disparaître ces deux obstacles; et, quoique je n'aie aucun plan arrêté, il est certain que nous aurons besoin d'une aide.

— Oui, mais où trouver Collin et le père Vulcain?

— N'avez-vous pas été fréquemment en relations avec eux depuis quinze jours?

— Oui, et alors je connaissais leur adresse; ils habitaient ensemble un hôtel garni de la rue de Lorillon.

— Pourquoi ne l'habiteraient-ils plus?

— Parce que, depuis l'affaire du Ruysdaël, ils ont éprouvé le besoin de changer de domicile.

— Et vous ne connaissez pas leur nouvelle demeure?

— Non.

Sir Ralph reprit après un moment de réflexion :

— Mais je connais une affreuse gargotte de la barrière des Trois-Couronnes dont la maîtresse, séduite par le langage et les manières du vieux modèle, dans lequel elle voit un artiste, a ouvert à celui-ci un crédit illimité; et si, comme je le suppose, il a déjà mangé avec son ami Collin le prix du Ruysdaël, qu'il aura cédé pour peu de chose au vieux Mardochée, il a dû retourner à la gargotte où *il a l'œil*, pour parler sa langue.

— Quand peut-on le trouver?

— Le plus sûr est d'y aller à l'heure du dîner.

— A quelle heure dîne-t-on dans ces endroits-là?

— Toute la soirée; on dîne d'abord et on boit ensuite.

— Alors il faut y aller tantôt, après notre dîner.

— C'est entendu.

On était arrivé au bois.

Ils approchaient du lac, lorsque leur voiture se croisa avec un cavalier dont la vue fit tressaillir Mac-Field.

— Qui donc vient de passer? lui demanda sir Ralph.

— Paul de Tréviannes.

— Ah! oui, le futur époux de la belle madame Taureins.

— Oh! ce n'est pas encore fait.

— Rien ne s'y oppose plus, puisque M. Taureins lui a fait la surprise de se laisser mourir; ce n'est plus qu'une question de temps.

— Qui sait? il suffit d'un duel pour mettre fin à tous les beaux rêves de ces deux amoureux, et... j'y songe sérieusement.

— Ah! ce pauvre M. de Tréviannes! dit sir Ralph en souriant.

XXXIII

LES MYSTÈRES DE LA GLOIRE

Le fameux restaurant où le père Vulcain prenait ses repas *à l'œil* était le plus achalandé de la barrière des Trois-Couronnes.

Il avait pour enseigne : *au Sauvage*, et était tenu par la veuve Follenfant, dont la vaste corpulence, la tête toute ronde, le visage joufflu et le nez rubicond juraient quelque peu avec son nom.

Femme de tête, quoique sujette aux faiblesses de cœur, la veuve Follenfant avait fait de son établissement un restaurant, un cabaret, une salle de danse et un concert, ce qui expliquait la popularité dont il jouissait à un quart de lieue à la ronde.

A la suite de la première salle, qui servait de restaurant et de cabaret, s'élevait au fond, exhaussée de trois marches au-dessus du niveau de la première pièce, une seconde salle affectée à la danse et au concert.

On y dansait quatre jours par semaine : le lundi, le jeudi, le samedi et le dimanche.

La danse alternait avec le concert, assez bruyant pour contenter les oreilles les plus difficiles, car l'orchestre était composé d'un trombone, d'un cornet à piston, d'une clarinette, d'un flageolet et de huit tambours *travaillés* par un seul homme, le sauvage.

Ce sauvage, aux formes athlétiques, que dessinait un maillot couleur chair, le menton orné d'une barbe noire qui lui descendait sur la poitrine, le front ceint d'une couronne de plumes éclatantes, l'œil étincelant et le regard terrible, exerçait un puissant prestige sur les femmes, qui se pâmaient d'admiration en le voyant manœuvrer ses huit tambours.

On disait même que l'aimable veuve n'avait pu rester insensible à tant de séductions, et le père Vulcain remarquait avec une sombre mélancolie que, depuis quelque temps, madame Follenfant avait quitté le simple bonnet blanc, pour parer sa tête d'un gracieux bonnet à rubans bleus.

Nous le trouvons en ce moment assis à une table assez éloignée du comptoir de la veuve, qui lui a fait servir un litre à douze à cette distance respectueuse, au lieu de le rapprocher de son comptoir, comme c'était sa coutume avant le jour funeste où son cœur fut troublé par les effets de torse et les regards incendiaires du sauvage.

Comme de coutume, il boit avec Collin en prêtant une oreille distraite à l'étrange mélodie qui se fait entendre au fond, et où s'égrènent, sur le diapason le plus aigu, des chapelets de couacs sortis du bec de la clarinette.

Enfin le sauvage termine par un roulement formidable de gammes ascendantes et descendantes, et enthousiasme les auditeurs, par un finale qui simule parfaitement les éclats du tonnerre.

— Ah! le gueux! le gredin! le va-nu-pieds! a-t-il du zinc! s'écrie l'aimable veuve, les traits épanouis et se tordant de ravissement dans son comptoir.

C'était sa manière d'exprimer son enthousiasme et ces petits noms étaient réservés à ceux qui avaient trouvé le chemin de son cœur.

Aussi le jour où le père Vulcain l'avait entendue donner au sauvage, à la suite d'un de ces roulements dont il avait le secret, la douce épithète de va-nu-pieds, il s'était dit : Je suis un homme perdu.

Son pressentiment ne le trompait pas, le lendemain il était relégué à trois mètres du comptoir de l'aimable veuve, et la chopine d'absinthe était remplacée par le litre à douze.

Et, à partir de cette heure fatale, toutes ses poses d'artiste, qui naguère avaient fasciné la trop sensible Follenfant, la laissèrent parfaitement indifférente.

C'est en vain qu'il se renversait en arrière sur sa chaise, les mains dans les poches, la cravate dénouée, le gilet débraillé, le feutre mou négligemment jeté tantôt en arrière, tantôt sur les yeux, tantôt sur l'oreille droite ou sur l'oreille gauche, en vain qu'il imprimait tour à tour à ses traits pâles et ravagés les expressions les plus romantiques, l'amertume, la douleur, la raillerie méphistophélique ou la mélancolie byronnienne; en vain qu'imitant un célèbre compositeur de musique, il poussait le mépris des conventions bourgeoises jusqu'à mettre ses pieds sur la table; rien n'y faisait, un roulement d'Alcindor, c'était le nom du sauvage, éclipsait toutes ces savantes combinaisons et la veuve Follenfant ne remarquait ni les sourires amers, ni le galant débraillé de l'infortuné modèle.

Les musiciens, ayant quelques instants d'entr'acte, s'étaient précipités, les uns vers le comptoir, les autres vers les tables où les attendaient des amis.

L'un d'eux, sa clarinette à la main, était venu s'asseoir en face de Collin et du père Vulcain.

C'était Arthur, le digne rejeton des époux Claude.

— Le litre est vide, dit-il en jetant un regard sur la bouteille, plus un verre pour les amis; ah! je vous reconnais bien là.

Il frappa sur la table.

— Un litre à quinze et c'est moi qui paye, cria-t-il au garçon.

Le garçon partit et revint aussitôt, tenant le litre de la main gauche et tendant la main droite avant de le poser sur la table.

— Noble confiance! dit Arthur en tirant quinze sous de sa poche.

Puis remplissant les trois verres jusqu'aux bords:

— Allons, ma pauvre vieille, dit-il au père Vulcain, *Vénus t'abandonne, jette-toi dans les bras de Bacchus.*

Le modèle vida consciencieusement son verre, mais sans se dérider.

— C'est égal, reprit Arthur en jetant un regard du côté de la veuve Follenfant, j'avoue qu'il est difficile de renoncer à une aussi charmante créature. Tenez, contemplez son nez; avez-vous jamais vu un rouge plus vif et plus franc? Vu comme cela, à distance, sous ce joli bonnet à rubans bleus, on dirait un coquelicot au milieu des bluets; c'est pas une figure, c'est un tableau champêtre.

— Tais-toi, dit le père Vulcain avec un accent pénétré, oh! tais-toi, ne me parle pas d'*elle!*

— Suffit, je m'arrête; car, moi aussi, j'ai connu les tortures de l'amour.

— Tu as aimé, toi?

— Hélas!

— Une cuisinière?

— Non, son premier commis, une laveuse de vaisselle qui s'était fait un nom dans l'art difficile de nettoyer les plats, et qui emporte son secret...

— Dans la tombe?

— Pas si loin, dans une baraque de saltimbanques, où elle attire la foule par son aimable embonpoint; elle pèse cent cinquante kilos, elle a fait l'admiration des cours étrangères, elle sait toutes les langues, y compris l'auvergnat, et charme les hommes du monde par son esprit, ses manières exquises et un choix d'expressions qui trahit sa haute naissance; prix d'entrée: 25 centimes; pour 50 centimes on est admis à lui prendre les mollets, dont la forme, d'une pureté incomparable, *dégote* les plus beaux modèles de l'antiquité et fait le désespoir des sculpteurs modernes. Les plus célèbres, MM. Carrier-Belleuse, Dubois, Chapu, Mathieu-Meusnier, ont offert des sommes folles pour les mouler; mais sa pudeur s'y est toujours refusée. Ce n'est pas tout: sa main a été demandée par différents princes étrangers, et même par plusieurs cercles diplomatiques; elle a à tous repoussés, car ce qu'elle ambitionne, avant tout, c'est le suffrage du peuple, le vôtre, messieurs. Entrez, entrez, suivez le monde! entrez, venez voir la *Belle Espagnole*, qui n'a plus que quelques semaines à passer en Europe, avant de se rendre à la cour du shah de Perse, qui brûle du désir de la voir, car personne n'ignore ici les honneurs tout particuliers qu'on rend à l'embonpoint dans ces contrées tropicales.

Après avoir débité avec emphase ce petit boniment, Arthur ajouta:

— Voilà ce qu'on dit par toute la France de l'ancien objet de ma flamme; c'est flatteur pour mon amour-propre, et, s'il faut l'avouer, mon seul but, en cultivant la clarinette, est d'aller la rejoindre en m'engageant dans la troupe en qualité de musicien.

— C'est une idée; quel est ton maître de clarinette?

— La nature, répondit modestement le gamin.

— Eh bien, ce n'est pas pour te vanter, mais je puis t'affirmer que tu es de première force sur le couac. J'ai entendu bien des clarinettes d'aveugle, mais jamais...

Arthur l'interrompit.

— Je vais vous dire, répliqua-t-il; dès mes débuts dans cet instrument, je m'aperçus tout de suite qu'un penchant irrésistible m'entraînait vers le couac; alors je me suis fait ce raisonnement: Arthur, mon ami, ta vocation est là, n'essaye pas d'y résister, au contraire. Tu as ce qu'on appelle dans les arts un tempérament; au lieu de combattre le couac, affirme-le; c'est ce que font quelques peintres et certain compositeur allemand, car ça leur réussit: les imbéciles coupent dedans. On dit d'eux: C'est un *tempérament*. Imite-les, pousse au couac; au lieu d'en lâcher un timidement, de temps à autre et malgré lui, multiplie-les avec audace; alors, au lieu d'y voir une faiblesse, on les prendra pour des variations; tu seras un audacieux novateur aux yeux de la foule idiote et des prétendus connaisseurs: tu feras école d'abord, et fortune ensuite.

— Ah! çà, dit Collin en considérant Arthur avec stupeur, où diable vas-tu chercher toutes ces idées-là?

— Je lis les feuilles et j'écoute les rapins chez lesquels je pose.

— Pour les Ganymède? demanda Vulcain.

— Non, pour les Tortillard.

— Ça se comprend mieux.

— Ne vous gênez pas, faites comme chez vous. Mais, pour en revenir à mon système, ça m'a réussi; les artistes viennent m'entendre et je suis discuté. On m'appelle déjà crétin, idiot, gâteux, âne bâté.

Ça marche, ça me fait des prosélytes, ma réputation grandit; c'est comme ça que tous les *tempéraments* ont commencé, c'est même comme ça qu'ils s'affermissent; bref, je suis sur le chemin de la gloire.

Arthur fut interrompu par deux individus en blouse, qui vinrent sans cérémonie s'asseoir à la table où buvaient les trois amis.

Arthur commençait à les regarder de travers, quand il s'écria tout à coup :

— Tiens, c'est sir Ralph.

— Et lord Mac-Field, ajouta Collin.

— Ce n'est pas la peine de le faire savoir à tous ceux qui nous entourent, dit vivement sir Ralph.

— Ravi de vous rencontrer, reprit Arthur.

— Pourquoi cela? répondit sir Ralph.

— J'ai droit à la prime de cent francs pour propager l'idiotisme; j'ai complétement réussi : M. Pentif n'est plus un homme, c'est un crétin.

— Je le sais et voilà la somme promise, dit sir Ralph en tirant de son porte-monnaie un billet de banque qu'il remit à Arthur.

Celui-ci l'empocha avec empressement et courut à son orchestre, où se faisaient déjà entendre quelques accords.

— Maintenant, mes enfants, dit sir Ralph à Collin et au vieux modèle, j'ai quelque chose à vous proposer.

— Si c'est une mauvaise action, ça me va, répondit le père Vulcain d'un air rageur; je suis d'une humeur à tout casser.

XXXIV

UNE IDÉE DE SIR RALPH.

Le lendemain soir, vers huit heures, sir Ralph entrait chez un marchand de vin de la rue de la Sourdière.

C'était là qu'il avait donné rendez-vous au père Vulcain, qu'il trouva, en effet, dans un cabinet de l'établissement.

Le vieux modèle était seul, ainsi qu'il avait été convenu la veille.

Toujours mélancolique, mais non moins altéré, il va sans dire qu'il était en tête à tête avec une bouteille d'absinthe, qu'il buvait pure, suivant sa coutume.

— Sir Ralph, dit-il à celui-ci dès qu'il l'aperçut, mon fils est un sans-cœur.

— Je ne dis pas le contraire, répondit sir Ralph.

— Oui, c'est un sans-cœur, reprit le père Vulcain d'une voix quelque peu empâtée, faut pas avoir d'âme pour mettre son père dans la nécessité de voler un tableau pour subvenir à ses besoins. Pousser son père au vol! quelle dépravation ! feuilletez l'histoire et même la mythologie, vous n'y trouverez rien de pareil.

— Je ne dis pas non, père Vulcain, vous êtes une victime de l'amour paternel, c'est convenu; mais ce n'est pas pour vous décerner une couronne de martyr que je suis ici ce soir; parions donc de l'affaire pour laquelle je vous ai fait venir.

— Volontiers, sir Ralph, mais d'abord y a-t-il de la braise au bout?

— Deux cents francs.

— Accepté.

Il reprit en se grattant la tête :

— Serait-il indiscret de vous demander si on *éclaire?*

— C'est mon habitude, tenez, voici deux louis.

— Quarante francs ! s'écria le vieux modèle en faisant miroiter les deux pièces d'or à la lueur de la chandelle qui éclairait le cabinet.

— Et le reste immédiatement après l'opération, reprit sir Ralph.

— Bon ! voilà ce que j'appelle des affaires bien faites; mais il faudrait pourtant m'apprendre en quoi elle consiste, cette opération.

— Naturellement.

Puis, posant sur la table deux objets que n'avait pas remarqués le père Vulcain :

— D'abord, reprit-il, voilà les accessoires dont nous aurons besoin.

Ces objets étaient : une pince en fer et un grand carton noir d'un mètre carré.

— Eh ! bon Dieu ! que voulez-vous faire de cela? s'écria le modèle.

— C'est ce que je vais vous apprendre.

Et, lui montrant la pince :

— D'abord, êtes-vous de force à manier cela?

Le père Vulcain prit la pince et la souleva :

— Elle est lourde, dit-il, mais c'est égal, on est de taille à s'en servir. Mais que diable voulez-vous faire de cette pince ?

— Père Vulcain, avez-vous confiance en moi?

— Vous m'avez toujours payé largement, je ne connais que ça; vous êtes un homme, vous avez ma confiance.

— Cette confiance est-elle assez grande, assez aveugle pour vous décider à faire tout ce que je vous commanderai, sans même chercher à comprendre !

— Donnez-moi seulement votre parole que ma tête ne court aucun risque dans l'affaire, c'est tout ce que je demande.

— Pas le moindre risque.

— Alors je suis votre homme, allez-y.

— Ecoutez-moi donc ; vers le milieu de cette rue, il y a un regard d'égout.

— Pristi ! vous pouvez vous vanter de savoir votre Paris ; connaître jusqu'aux regards d'égouts de chaque rue. C'est fort.

— Je ne connais que celui-là, c'est le seul dont je m'inquiète. Or, avez-vous remarqué la façon dont les égoutiers enlèvent les plaques de fer qui ferment ces regards !

— Avec une pince comme celle-ci, j'ai vu ça cent fois.

— Eh bien, vous savez maintenant à quoi est destinée cette pince.

— Vous voulez que j'ouvre ce regard ? demanda le modèle stupéfait.

— Justement.

— Mais que prétendez-vous?...

— Vous m'avez promis une confiance aveugle.

— Suffit, muet comme un barbillon ; mais c'est égal, c'est une drôle d'idée.

— Le regard ouvert, vous vous tiendrez là en sentinelle pour empêcher les passants d'en approcher.

— Je crois bien, un saut de dix mètres, ça les gênerait, surtout après les torrents de pluie qui viennent d'inonder Paris et qui ont fait de chaque égout un vrai fleuve, un fleuve jaune, plus jaune que celui de la Chine et plus rapide que les cataractes du Nil. Tomber là-dedans ! Brrr ! Ça vous fait passer des frissons dans le dos, rien que d'y penser.

— Comme divertissement, ça laisse à désirer, j'en conviens ; mais revenons à notre affaire. Vous vous demandez à quoi peut servir ce grand morceau de carton noir, n'est-ce pas ?

— Je me le demande beaucoup.

— Et vous ne devinez pas ?

— Pas le moins du monde.

— Eh bien ; aussitôt le regard ouvert, vous le couvrirez avec ce carton.

— Bah ! fit Vulcain stupéfait.

— Vous comprenez ?

— De moins en moins.

— Peu importe ; l'essentiel est que vous vous conformiez exactement, minutieusement à toutes mes recommandations.

— C'est égal, je voudrais bien savoir...

— Encore ! dit sir Ralph en le regardant fixement.

— Suffit, on tait son bec.

— Vous resterez donc là pour éloigner les passants, mais vous porterez particulièrement vos regards du côté de la rue Saint-Honoré.

— Bon.

— Vous ne bougerez pas de votre poste jusqu'au moment où vous verrez venir de ce côté, et sur le trottoir près duquel se trouve le regard d'égout, deux hommes qui marcheront d'un pas rapide.

— Après.

— Arrivés à vingt pas de vous, l'un de ces hommes toussera, tenez, comme cela.

Sir Ralph fit entendre une toux sonore et d'un timbre tout particulier.

— Je la reconnaîtrai, dit le père Vulcain. Que faudra-t-il faire alors ?

— Vous éloigner.

— C'est tout.

— Oui, votre rôle sera fini, et le mien commencera.

— C'est bien ; à présent je connais mon affaire et vous pouvez compter sur moi.

— Sortons, car c'est à l'instant même qu'il faut vous mettre à l'œuvre.

Sir Ralph prit la pince, qu'il cacha sous son paletot, le père Vulcain se chargea du carton et ils sortirent tous deux.

— Allons visiter les lieux ensemble, dit sir Ralph au modèle.

Ils tournèrent à gauche en sortant de chez le marchand de vin et se dirigèrent vers la rue Neuve-des-Petits-Champs.

La nuit était si noire et si brumeuse qu'on voyait à peine à dix pas devant soi ; mais la rue, lavée par la pluie abondante qui avait inondé Paris pendant plus de deux heures, était d'une netteté qui permettait de marcher au hasard sans craindre la boue.

— Tenez, voilà ce que nous cherchons, dit sir Ralph au bout de quelques instants.

Et il montra au père Vulcain la plaque de fer ronde qui fermait le regard d'égout.

— Bon ! donnez-moi la pince et venez quand vous voudrez.

— Tenez, dit sir Ralph, qui semblait réfléchir depuis un instant, voilà une maison en construction qui vous rendra un grand service.

— Lequel ?

— Vous allez prendre une vingtaine de moellons et les répandre sur le trottoir sur un espace de dix pas en avant du regard.

— Encore une drôle d'idée !

— Ne cherchez pas à la comprendre, vous savez que c'est inutile. Allons, je vous quitte, à bientôt, et n'oubliez aucune de mes recommandations.

Cinq minutes après sir Ralph rentrait à l'hôtel Meurice, situé à deux cents pas de la rue de la Sourdière.

Il allait gravir l'escalier lorsqu'il s'entendit appeler.

C'était le maître de l'hôtel.

— Monsieur, lui dit-il, je dois vous prévenir que vous allez trouver lord Mac-Field dans un triste état.

— Que lui est-il donc arrivé ? demanda sir Ralph très-inquiet.

— Il s'est trouvé subitement malade, il y a une heure et il est au lit en ce moment, le corps agité par de violents frissons et les traits couverts d'une pâleur effrayante.

— Qu'est-ce que cela peut être, grand Dieu ?

Et il s'élança rapidement dans l'escalier.

Un instant après, il rentrait dans le bureau de l'hôtel, haletant et les traits bouleversés.

— Mon ami me paraît bien mal, monsieur, dit-il au patron, je cours chercher un médecin.

— Il y en a un tout près de l'hôtel, monsieur, si vous voulez qu'on l'aille chercher.

— Merci, nous avons à Paris un médecin américain de nos amis dans lequel lord Mac-Field a la plus grande confiance, c'est celui-là qu'il veut voir et je cours le chercher moi-même. Seulement, comme je connais fort peu les rues de Paris, le soir surtout, je vous prierai de me faire accompagner par un domestique.

— Très-volontiers.

Il allait s'élancer hors de son bureau.

— Ah ! lui dit sir Ralph, je voudrais avoir Peters, il a toute notre confiance.

— Je vais l'appeler.

— Au reste il ne sera pas longtemps absent, notre médecin demeure tout près d'ici, rue de la Sourdière.

XXXV

UN DRAME DANS UN ÉGOUT

Sir Ralph était donc sorti de l'hôtel Meurice avec Peters, qui, pour la circonstance, avait échangé sa livrée contre une jaquette.

— La rue de la Sourdière n'est pas loin d'ici, n'est-ce pas ? demanda sir Ralph au domestique.

— Tout près, milord, répondit celui-ci, convaincu que sir Ralph ne réclamerait pas contre ce titre.

Peters, cramponné au père Vulcain, l'entraînait après lui dans l'égout. (Page 306.)

— Tant mieux, car l'état de mon noble ami m'inspire les plus vives inquiétudes.
— Il est certain, répondit Peters, qu'un changement aussi complet en moins d'une heure annonce quelque chose de grave.
— Aussi ai-je hâte de savoir ce qu'en va dire son médecin.
— Tenez, milord, reprit Peters, nous entrons dans la rue de la Sourdière.
— En effet, il me semble la reconnaître, quoique je n'y sois passé qu'en plein jour.
Sir Ralph s'engagea sur le trottoir de gauche, et naturellement Peters l'y suivit.
Au bout de quelques instants, sir Ralph vit se dessiner de loin, à deux pas du trottoir, la silhouette d'un homme dans lequel il reconnut parfaitement le père Vulcain.
On fit cinquante pas encore.
Alors il fut pris d'un accès de toux dont la violence le força à s'arrêter quelques secondes.

39ᵉ LIVRAISON.

Quand il se remit en marche, le père Vulcain avait disparu.
Mais, en plongeant son regard sur tous les points de la rue, il l'aperçut, collé dans l'angle d'une porte qui faisait face à la place qu'il venait de quitter.
La minute fatale avait sonné, on approchait du gouffre au-dessus duquel le vieux modèle avait dû jeter le carton noir pour le rendre invisible.
— Qu'est-ce que c'est que cela? dit tout à coup sir Ralph, des tas de moellons; excellente idée pour obtenir des jambes cassées.
Il sauta à droite et continua son chemin sur la chaussée.
Peters fit comme lui.
On fit dix pas encore.
Puis un cri se fit entendre.
Peters avait mis le pied sur le carton et venait de disparaître dans la bouche de l'égout.
Craignant qu'il ne s'accrochât à lui s'il restait à portée de sa main, sir Ralph avait fait un bond de

côté au moment où il l'avait vu sur le bord du gouffre.

Puis il s'était arrêté pour l'y voir plonger.

Mais il resta stupéfait en apercevant sa tête au niveau du pavé.

Par un mouvement instinctif, le malheureux Peters avait étendu les bras en sentant le sol manquer sous ses pieds, et les deux mains, s'accrochant à chaque bord, le soutenaient au-dessus de l'abîme.

Malheureusement pour lui, l'ouverture de l'égout était trop grande pour qu'il pût poser les coudes de chaque côté, de sorte que ses bras, tendus dans toute leur longueur, manquaient de force pour soutenir le poids de son corps, qui s'enfonçait lentement au-dessous du niveau de la rue.

Croyant à un accident, l'infortuné se mit à crier :

— Sir Ralph, à moi ! accourez vite ou je suis perdu !... A moi ! à moi ! sir Ralph !

Sir Ralph s'approcha et le regarda.

Il était livide et ses traits, bouleversés par l'épouvante, étaient devenus méconnaissables en quelques secondes.

Il y eut un moment de silence pendant lequel on entendit, dans les sombres profondeurs du gouffre, le clapotement sinistre de l'eau se précipitant avec furie à travers l'égout trop étroit pour la contenir.

— Entendez-vous ce bruit ? dit tranquillement sir Ralph à Peters qui le regardait avec des yeux effarés et pleins d'ardentes supplications, c'est l'eau fangeuse des rues de Paris qui s'engouffre dans l'égout avec la violence et la rapidité vertigineuse des plus impétueux torrents. Fichue mort, n'est-ce pas ? que celle qu'on trouve dans cet étroit boyau, plus noir que l'enfer, plongé dans ces vagues de boue, plus furieuses que celles de l'océan, et qui vous emportent, dans une nuit impénétrable, vers un inconnu effrayant, en vous broyant à chaque pas contre les parois qui sont les falaises de cette mer souterraine ? Eh bien, cette mort sera la vôtre, maître Peters, et vous allez reconnaître tout à l'heure, en plongeant dans ce gouffre infernal, que tout n'est pas rose dans le noble métier de détective.

Le malheureux comprit tout alors, et il jeta un cri aigu, dans l'espoir d'attirer quelque passant.

— Un second cri, lui dit sir Ralph, et je te fais disparaître d'un coup de pied sur le crâne ; sinon, si tu es gentil, je te laisse t'affaisser tranquillement, peu à peu, à ton aise, jusqu'à ce que, épuisé, à bout de forces, tu fasses le plongeon de toi-même, à ton heure et sans y être contraint. Cela te fera peut-être gagner une minute, ce qui est précieux pour un homme dans ta position, et moi j'y trouverai la joie de voir se prolonger l'agonie de celui qui avait fait quinze cents lieues tout exprès pour me pincer, m'emmener à New-York comme une bête curieuse et donner à mes aimables concitoyens l'amusant spectacle de ma pendaison.

Pendant qu'il parlait, l'infortuné détective s'affaissait de plus en plus.

— Monsieur ! milord ! balbutia-t-il, grâce ! faites-moi grâce et je suis à vous, à vous pour la vie, je serai votre chien, votre esclave ! Oh ! grâce ! grâce !

Et des lueurs d'agonie passaient dans ses yeux.

Et ses doigts crispés se contractaient sur le cercle de fer auquel il se retenait avec l'énergie désespérée que donne la peur de la mort.

Mais ses bras continuaient à se détendre et sa tête descendait toujours par degrés insensibles, mais non interrompus.

De temps à autre, un frisson d'horreur parcourait tout son corps quand il entendait gronder avec fracas, au fond du gouffre noir, le torrent fangeux dont les voix confuses, effroyables sirènes, semblaient l'appeler comme une proie attendue.

En ce moment, une voix s'écria tout à coup au-dessus de lui :

— Ah ! mais non, non, je ne veux pas, je ne veux pas sa mort, j'ai trempé dans l'affaire et il y va de ma tête, je ne veux pas.

C'était le père Vulcain qui s'était approché peu à peu et qui venait de comprendre l'horrible drame qui se passait sous ses yeux.

— Allons, retirez-vous, c'est moi seul que cela regarde et j'en prends toute la responsabilité, lui dit sir Ralph en le repoussant rudement.

— Merci, ce n'est pas vous qui me tirerez de dessous le couteau de la guillotine si on m'y envoie ! s'écria le modèle, ma peau est en jeu, et je vous dis que je ne veux pas de ça.

Et, se précipitant vers l'ouverture de l'égout, il allongea le bras pour saisir le détective au collet.

Celui-ci, dont les oreilles tintaient et dont la raison s'obscurcissait depuis un instant, n'avait rien compris au dialogue qui s'échangeait au-dessus de sa tête.

Entendant deux voix, il avait supposé qu'il avait deux ennemis.

Quand il se sentit toucher l'épaule, l'une de ses mains s'abattit sur le vêtement du modèle, auquel elle s'attacha comme un crampon de fer, tandis que l'autre restait fixée au bord du gouffre.

— Lâchez-moi, mais lâchez-moi donc ! ou nous sommes perdus tous deux ! s'écria tout à coup le père Vulcain d'une voix pleine d'épouvante, lâchez-moi vite, vous m'entraînez avec vous.

Mais, avec cet instinct animal, irraisonné de l'homme qui se sent perdu, le détective croyait avoir trouvé là un moyen de salut, et il ne voulait pas lâcher.

Et le père Vulcain se sentait attirer dans l'abîme par la force irrésistible de ce désespéré.

— Sir Ralph, s'écria-t-il d'une voix affolée, saisissez-moi, retenez-moi, il m'entraîne.

Mais la tête avait déjà disparu dans le gouffre, et sir Ralph ne bougeait pas.

— Tu l'as voulu, imbécile, tire-toi de là si tu peux, répondit sir Ralph ; d'ailleurs, tu en sais trop, tu bois trop et tu causes trop ; va faire un tour dans l'égout, c'est le tombeau des secrets.

Il achevait à peine, quand un cri se fit entendre. Le père Vulcain venait de disparaître.

Au même instant, sir Ralph voyait cinq ou six personnes déboucher de la rue Saint-Honoré dans la rue de la Sourdière.

Il courut à la plaque de fer qui avait été enlevée par le modèle, la roula jusqu'à la bouche de l'égout et l'y ajusta d'un coup de pied.

Un cri sourd s'éleva du gouffre.

Il y avait dans ce cri un accent si déchirant que sir Ralph en frissonna.

Il jeta un regard sur l'effroyable tombe dans laquelle il venait d'engloutir deux hommes, et au bord de la plaque de fer il crut voir remuer quelque chose.

Il se pencha, et à la lueur du bec de gaz il vit cinq doigts qui, détachés de la main, se contractaient comme les cinq tronçons d'une vipère.

C'était la main du détective qui avait été coupée.

XXXVI

L'AUTRE

Cinq minutes après, sir Ralph était de retour à l'hôtel Meurice.

— Malédiction! s'écria-t-il en entrant dans le bureau et en se frappant le front d'un air désespéré; notre ami n'était pas chez lui.

— Prenez le médecin qui demeure près d'ici, lui dit le patron; milord est si malade que...

— Non, non! il n'a confiance qu'en notre ami, le docteur Wilson, et je cours à sa recherche.

— Et Peters?

— Ah! voilà. On nous a dit que le docteur avait été appelé en même temps par deux malades, dont on nous a donné les adresses en nous assurant que nous le trouverions certainement chez l'un des deux. Le premier demeure à Neuilly et l'autre au boulevard Poissonnière. Pour ne pas perdre de temps, j'ai chargé Peters de se rendre à cette dernière adresse, et moi, je suis accouru ici pour savoir d'abord comment se trouve mon ami, puis pour prendre une voiture et courir à Neuilly. Je viens de voir Jack, le cocher qui nous a conduits hier au bois; il m'attend sur son siége; je monte savoir des nouvelles de mon ami, et dans cinq minutes nous partons pour Neuilly.

Quittant aussitôt le bureau, il gravit rapidement l'escalier et s'élança dans la chambre de Mac-Field.

Celui-ci était au lit; son teint était livide, mais son œil était aussi brillant que de coutume et il paraissait fort calme.

— Eh bien, demanda-t-il à sir Ralph, et Peters?

Sir Ralph alla fermer la porte à double tour; puis, revenant s'asseoir près de Mac-Field :

— Si jamais nous sommes arrêtés, lui dit-il en baissant la voix par surcroît de précaution, ce ne sera pas par celui-là.

— C'est fait? demanda Mac-Field avec quelque émotion.

— C'est fait.

— Si vite?

— Dix minutes après avoir quitté l'hôtel, il faisait le plongeon dans l'égout, et, vu la rapidité du courant qui l'emporte, il doit être loin en ce moment, et dans quel état! une statue de fange, voilà ce qu'on retrouvera.

— Ce qu'il y a de fâcheux dans cette affaire, c'est qu'on ait été obligé de prendre pour confident et pour complice cet ivrogne de père Vulcain.

— Ah! dit sir Ralph avec un air singulier je réponds de lui.

— Je ne partage pas votre confiance.

— Vous la comprendrez quand je vous dirai où il est.

— Où est-il donc?

— Au fond de l'égout, où il voyage côte à côte avec notre ennemi.

— Lui! le père Vulcain! s'écria Mac-Field stupéfait, comment se fait-il?...

Sir Ralph lui raconta ce qui s'était passé.

— Après tout, dit alors Mac-Field, vous avez raison, le mal n'est pas grand, c'est un complice de moins, et un complice ivrogne, c'est toujours fatal. Mais comment expliquer ici l'absence prolongée de ce Peters?

— C'est fait.

— Comment?

— Il est à la recherche de notre ami, le docteur Wilson, il est allé d'un côté tandis que je vais de l'autre.

— Fort bien, mais s'il n'est pas rentré dans une heure ou deux au plus, son camarade Jack, qui vous a vus partir ensemble et qui doit guetter son retour, s'inquiétera de lui et pourra bien soupçonner la vérité, ce qui nous mettrait dans un très-vilain cas.

— Dans une heure Jack sera incapable de concevoir le moindre soupçon.

— Quel est donc votre projet à son égard?

— Il m'attend sur sa voiture pour me conduire à Neuilly, où je cours chercher le docteur Wilson, appelé là par un malade; le pays doit être désert le soir, le ciel est noir, le vent souffle avec violence et je compte sur des torrents de pluie, toutes circonstances très-favorables et que je mettrai à profit suivant l'inspiration du moment. Vous comprenez que la prudence même exige que Jack ne survive pas à son camarade, dont il nous attribuerait tout de suite la disparition, sachant, par l'affaire Christiani, de quoi nous sommes capables l'un et l'autre et comprenant bien vite que nous avions deviné nos deux ennemis dans le domestique et le cocher de l'hôtel Meurice.

— Oui, certes, dans l'intérêt de notre sécurité, il faut que cet homme disparaisse ce soir même, je comprends cela, mais moi?

— Que voulez-vous dire?

— Comment me tirer de là? Je suis censé cloué au lit par la maladie; je me suis fait un teint cadavéreux, qu'on serait tenté, sur ma mine, de m'enterrer pendant mon sommeil; enfin il m'est impossible d'essayer même de sortir, puisqu'on me croit incapable de me tenir sur mes jambes, et pourtant je ne puis rester ici cinq minutes seulement après la disparition de ces deux hommes.

— Pourquoi cela?

— Parce que, sortis l'un et l'autre avec vous, à un quart d'heure de distance, et ne reparaissant ni l'un ni l'autre, il est impossible qu'on ne voie pas là un double crime, et plus impossible encore que les soupçons ne se portent pas immédiatement sur vous, c'est-à-dire sur nous, car on devinera tout de suite dans ma maladie un stratagème et un acte de complicité.

— Restez dans votre lit et tranquillisez-vous, rien de tout cela n'aura lieu.

— Quoi ! la disparition de Peters...

— S'expliquera tout naturellement, ainsi que celle de Jack.

— Sans que vous soyez compromis ?

— Pas le moins du monde.

— Par exemple, je suis curieux de savoir...

— Écoutez donc : dans deux heures je rentre à l'hôtel, les traits bouleversés, les vêtements en désordre, déchirés, couverts de boue, et voici ce que je raconte : nous avions parcouru rapidement les Champs-Elysées, l'avenue de la Grande-Armée et nous venions de franchir la barrière lorsque Jack arrête tout à coup sa voiture et me dit : « Milord, si vous voulez descendre, je ne vais pas plus loin ; » je lui demande l'explication de ce caprice. « Je vous la donnerai d'autant plus volontiers, me répond-il, que, Peters ne devant plus rentrer à l'hôtel, le pot aux roses va se découvrir tout de suite. Sachez donc que, depuis notre entrée à l'hôtel Meurice, nous y avons fait différentes opérations dans lesquelles la justice pourrait bien fourrer le nez, ce qui nous procurerait de graves désagréments. Or, nous n'avons pas jugé à propos d'attendre l'intervention de ces messieurs et nous avons pris le parti de filer tous deux le même jour. Si vous vous en souvenez, pour vous accompagner, Peters a quitté sa livrée, qui eût permis à la police de suivre sa piste à travers Paris, et, vêtu comme tout le monde, il a pu circuler librement et se rendre sans crainte en certain endroit convenu d'avance entre nous et où je vais le rejoindre en ce moment ; voilà pourquoi je suis obligé de vous laisser là. »

Indigné de cet aveu, ajouterai-je alors, je veux contraindre Jack à me conduire à l'adresse que je lui avais indiquée, espérant bien rencontrer en chemin quelque gardien de la paix, avec l'aide duquel je l'aurais ramené ensuite, dans sa voiture, à l'hôtel Meurice, mais il refusa de m'obéir. Une dispute d'abord, puis une lutte s'ensuit, dans laquelle j'ai été vaincu, et, quand je me suis relevé, brisé et mes habits en lambeaux, Jack était déjà loin avec sa voiture.

— L'histoire est présentée d'une façon assez vraisemblable, dit Mac-Field après un moment de réflexion, mais...

— Tout se réunit pour qu'il ne s'élève pas le moindre doute sur mon récit, reprit vivement sir Ralph ; jugez-en : ces deux hommes sont étrangers, Anglais ou Américains l'un et l'autre, leur accent ne permet pas de s'y tromper. Ils sont entrés le même jour à l'hôtel, feignant de ne pas se connaître, et enfin Peters n'avait pas le moindre lien de parenté avec le domestique qu'il a remplacé et qui l'a présenté comme son cousin, mensonge dont il sera facile de s'assurer en recherchant et en interrogeant cet ancien domestique, qui ne saurait y persister. En voilà plus qu'il n'en faut, convenez-en, pour prouver que ces deux hommes sont d'audacieux pick-pockets qui avaient jeté leur dévolu sur l'un des hôtels les plus importants de la capitale et n'y étaient entrés que pour dévaliser les voyageurs.

— C'est parfait! s'écria Mac-Field ; votre plan est supérieurement combiné, vous aurez accompli un véritable tour de force en emmenant et en supprimant coup sur coup deux hommes, dans l'espace d'une heure, sans qu'il en puisse rejaillir le moindre soupçon sur vous.

— Allons, dit sir Ralph en se levant, continuez votre rôle de malade ; moi je vais m'occuper de notre ami Jack.

Il quitta Mac-Field et descendit au rez-de-chaussée.

Jack était déjà sous le vestibule, monté sur son siège et son fouet à la main.

Il paraissait soucieux.

— C'est égal, disait-il à un domestique avec lequel il causait en ce moment, c'est drôle tout de même que ce voyageur soit rentré sans Peters !

— Il paraît qu'il l'a envoyé chercher le médecin au boulevard Poissonnière ; il ne tardera donc pas.

— Je ne dis pas non, mais... enfin, on a beau dire, ça me semble drôle.

Sir Ralph, arrivant en ce moment, mit fin aux observations du cocher.

Il prit place dans la voiture, qui partit aussitôt.

La pluie commençait à tomber et le vent soufflant avec une violence inouïe faisait vaciller la flamme du gaz dans les lanternes et s'engouffrait dans les arbres des Tuileries avec un bruit qui ressemblait au fracas continu des vagues déferlant sur la plage.

— J'aurais commandé ce temps-là tout exprès qu'il ne serait pas mieux réussi, murmura sir Ralph.

Puis un sinistre sourire passa sur ses lèvres, quand il s'aperçut que de rares voitures sillonnaient l'avenue des Champs-Elysées.

Elles devinrent plus rares encore, quand, après avoir tourné l'Arc-de-Triomphe, on entra dans l'avenue de la Grande-Armée.

Alors il tira un revolver de sa poche, l'arma avec précaution et le posa tranquillement près de lui, sur le coussin.

Puis il s'accota commodément dans un coin de la voiture, croisa ses bras sur sa poitrine et attendit.

Un instant après, le vent redoublait de rage et l'eau tombait comme si toutes les cataractes du ciel eussent été lâchées.

La nature entière semblait bouleversée.

C'était un spectacle plein d'une sombre horreur, un effroyable déchaînement de tous les éléments, quelque chose de lamentable et de terrifiant à la fois.

Sir Ralph eût voulu savoir où il était, mais la nuit était si noire et si impénétrable, qu'il lui eût été impossible de s'en rendre compte s'il n'eût aperçu en ce moment le bureau de l'octroi, que rasait la voiture.

Dix minutes après, sir Ralph se dit :

— Nous devons être à deux pas du pont, voilà le moment.

Il ôta son chapeau, prit son revolver d'une main, abaissa une glace de l'autre, passa sa tête par la portière et, s'adressant au cocher :

— Jack, lui cria-t-il.

Celui-ci, aveuglé par la pluie et ruisselant des pieds à la tête comme s'il fût sorti d'un fleuve, tourna la tête.

— Jack, mon ami, lui dit sir Ralph, voulez-vous savoir où est Peters ?

— Mais, milord, je...

— Il roule depuis une heure au fond d'un égout, il meurt étouffé par la fange, et c'est la mort que je

Jack causait avec un domestique de l'hôtel quand sir Ralph vint prendre place dans la voiture. (Page 308.)

réserve à tout détective qui, comme vous et lui, osera s'attaquer à moi. Allons, bon voyage, en route pour l'autre monde, monsieur Jack.

A travers la pluie et les ténèbres le malheureux vit scintiller à six pouces de son visage l'acier du revolver.

Il jeta un cri et fit un brusque mouvement en arrière pour éviter l'arme. Mais deux explosions se firent entendre aussitôt.

Alors il étendit les bras, chancela à droite et à gauche, puis, tombant tout à coup la tête en avant, il disparut de son siége et alla rouler sur la route, où il resta étendu tout de son long.

Le cheval s'était arrêté.

Sir Ralph mit son revolver dans sa poche, descendit de voiture, s'approcha du cocher et, lui posant la main sur le cœur :

— Il respire encore, murmura-t-il, mais la Seine est à deux pas, elle se chargera d'achever la besogne.

Il prit le corps sous les bras, le traîna jusqu'au parapet du pont, l'y posa, non sans peine, puis le lança dans le vide.

On entendit un clapotement.

Puis plus rien.

Tout était dit.

XXXVII

TRIOMPHE

Mac-Field, réduit à rester au lit pour continuer son rôle, tâchait de s'absorber dans la lecture des journaux pour éloigner de son esprit les soucis dont il était assailli.

Les fenêtres de sa chambre donnant sur les Tuileries, il entendait le vent siffler avec rage et la pluie fouetter ses vitres avec un grésillement sinistre; mais tout en se disant que ce vent favorisait à merveille les desseins de sir Ralph, il n'en était pas moins inquiet sur le résultat d'une entreprise aussi périlleuse et dont les conséquences pouvaient lui être si fatales.

En effet, si dans la lutte qui allait s'engager sur la route entre lui et le détective, l'avantage venait à rester du côté de celui-ci, son premier soin serait d'accourir à l'hôtel Meurice et d'y faire arrêter le prétendu malade, déjà connu de lui comme complice de sir Ralph dans l'affaire Christiani.

On comprend donc quelles devaient être ses transes et avec quelle anxiété il calculait les minutes qui le séparaient encore du moment où sir Ralph pouvait être de retour à l'hôtel.

Il venait de jeter un coup d'œil au hasard sur un des journaux épars sur son lit, lorsqu'il frissonna tout à coup à la lecture d'un fait divers.

La nouvelle devait être grave, car il en demeura quelques instants comme étourdi.

Puis ce premier saisissement passé, il reprit le journal, qui s'était échappé de sa main, et voulut relire l'article qui l'avait si vivement impressionné.

Mais, au même instant, des pas rapides se firent entendre dans l'escalier et presque aussitôt la porte du petit salon qui précédait sa chambre s'ouvrit avec fracas.

Mac-Field tourna de ce côté un regard effaré.

Qui allait-il voir paraître?

Jack ou sir Ralph?

Ce dernier ne pénétrait jamais chez lui avec cette violence.

C'étaient plutôt là les façons de procéder de l'agent de police, à quelque nation qu'il appartînt.

Il s'écoula cinq secondes à peine avant qu'on ouvrît la porte de sa chambre ; mais ce laps de temps lui parut affreusement long.

Elle s'ouvrit enfin et un homme parut sur le seuil.

Alors Mac-Field respira.

C'était sir Ralph.

Mais sir Ralph, presque méconnaissable, sir Ralph couvert de boue, les habits déchirés, la chevelure souillée et en désordre, et ruisselant d'eau de la tête aux pieds.

— Comme vous voilà fait! s'écria Mac-Field en le voyant ainsi.

— Ne vous ai-je pas prévenu que je reviendrais en cet état? répondit sir Ralph en se jetant dans un fauteuil.

— C'est vrai, mais c'est plus complet que je ne m'y attendais.

Il reprit aussitôt en baissant la voix :

— Eh bien?

— Eh bien, Jack n'est pas plus à craindre désormais que son camarade Peters.

— Ah!... que s'est-il passé?

— Ç'a été simple et rapide; j'ai attendu que nous fussions près du pont de Neuilly; une fois là, j'ai armé mon revolver, j'ai mis la tête à la portière, j'ai fait savoir en quelques mots à mon cocher que je n'ignorais ni qui il était, ni dans quel but il était venu à Paris, puis après lui avoir fait part de la perte douloureuse qu'il venait de faire dans la personne de son confrère et ami Peters, je lui ai logé deux balles en plein visage.

— Qu'a-t-il fait alors?

— Ce que tout autre eût fait à sa place, car il n'avait pas deux partis à prendre, il est allé piquer une tête sur la route, comme dirait un gamin de Paris, et il est resté là, foudroyé, la face plongée dans une boue épaisse, car c'est ainsi, paraît-il, que messieurs les détectives sont destinés à mordre la poussière.

— Quelle imprudence! ces deux explosions pouvaient attirer des passants ou des agents.

— Pas un passant, pas un agent ne pouvait être dehors par un temps pareil; et puis la tempête s'était déchaînée en ce moment avec une telle furie, qu'elle couvrait tous les bruits et que les détonations de mon revolver n'eussent pas été entendues à dix pas.

— Et vous l'avez laissé là sur le chemin?

— Pas si simple! ce n'est pas pour rien que j'avais attendu, pour l'exécuter, qu'il fût arrivé à quelques pas du pont.

— Je comprends, vous avez confié son corps à la Seine.

— Qui s'est chargée de lui arracher son dernier soupir, car il n'était pas encore mort quand je l'ai précipité dans le fleuve.

— Et votre petite histoire?

— Je viens de la débiter telle que je l'avais composée.

— Et comment a-t-elle été accueillie?

— Avec consternation.

— Nul doute ne s'est élevé?

— Pas l'ombre, et comme si le ciel lui-même me protégeait dans cette circonstance, un incident inespéré vient attester d'une manière éclatante l'authenticité de mon histoire et prouver jusqu'à l'évidence que ces prétendus domestiques étaient des pick-pokets de la plus dangereuse espèce.

— Quel est cet incident providentiel?

— Deux jours après l'entrée ici de Peters et de Jack, un portefeuille contenant dix mille francs en bank-notes a été soustrait à un voyageur anglais, et ce vol, accompli en plein jour dans la chambre de celui-ci, ne pouvant être attribué qu'à l'un des domestiques de l'hôtel, on était en train de les épier tous depuis quelque temps; maintenant on est fixé, c'est Jack ou Peters.

— Faisons des vœux pour le vrai coupable.

— A moins qu'il ne se fasse pincer en recommençant, il peut dormir sur ses deux oreilles, il est désormais à l'abri de tout soupçon.

— Tout va bien de ce côté, reprit Mac-Field en changeant de ton, mais sur un autre point les cartes se brouillent.

— Que voulez-vous dire? demanda vivement sir Ralph.

— Tenez, lisez ce fait divers.

Sir Ralph prit le journal et lut ce qui suit :

« Depuis quelques jours deux individus très-mal famés, les époux Claude, avaient quitté leur maison, une espèce de masure bâtie sur un terrain vague, à l'extrémité de la rue de Vanves. La disparition subite de ce singulier couple, depuis longtemps surveillé par la police, disparition si rapide, qu'il n'avait même pas pris le temps d'emporter un seul meuble, la détestable réputation dont il jouissait dans le quartier, ne tardèrent pas à donner lieu à des bruits qui prirent bientôt assez de consistance pour déterminer la police à intervenir. La maison fut visitée du haut en bas, puis on descendit à la cave où, suivant la rumeur publique, des créatures humaines auraient été enterrées vivantes. D'abord ces fouilles demeurèrent sans résultat, mais comme on allait y renoncer, quelques coups de pioche mirent à découvert un objet informe dans lequel on reconnut bientôt, enveloppé dans de mauvais linges, le corps d'un enfant dont la mort devait remonter à un mois de là. Les époux Claude sont vivement recherchés par la police. »

— Que dites-vous de cela? demanda Mac-Field à son complice; voilà un incident moins heureux que celui qui est venu si à propos à l'appui de votre histoire.

— C'est très-inquiétant, répliqua sir Ralph; la découverte de ce cadavre va mettre toute la police en l'air, et il est douteux que Claude et sa femme puissent lui échapper longtemps.

— Que le destin nous favorise deux ou trois jours encore, dit Mac-Field, et nous sommes sauvés.

Il ajouta :

— Vous avez écrit à la comtesse de Sinabria?

— Mieux que cela, je lui ai parlé.

— Et le résultat de votre entretien?

— Des choses peu aimables de son côté, mais mitigées par la promesse du million que j'exige pour ne pas la perdre. Pénétrée de l'impossibilité de se sauver autrement, elle a accompli des miracles pour se procurer cette somme, qu'elle me remettra demain, à trois heures.

— Vous avez sa parole?

— Formelle et elle n'y manquera pas, car je lui ai juré, de mon côté, que, dans le cas où elle ne serait pas en mesure de la tenir, il me serait impossible de lui accorder un délai, même d'une heure, et que je me verrais contraint alors de révéler immédiatement son secret à son mari. Elle a compris que cette menace était sérieuse, aussi suis-je certain de sortir de chez elle demain avec la somme dans ma poche.

Il y eut un moment de silence.

— Tenez, dit enfin Mac-Field, voulez-vous m'en croire? Si nous avons la chance que cette affaire se termine ainsi, renoncez à votre mariage et quittons Paris, quittons la France avec cette fortune sans perdre une heure, sans perdre une minute.

— Y songez-vous? moi renoncer à Tatiane! jamais!

— Prenez garde, bien des périls nous entourent, ce mariage vous fait de nombreux ennemis, nous avons bien des affaires sur les bras, vingt-quatre heures de plus ou de moins peuvent devenir pour nous une question de vie ou de mort.

— Je vois, au contraire, notre salut dans cette union, répliqua sir Ralph; car, ainsi que je vous l'ai dit, non-seulement le titre de gendre de M. Mauvillars deviendrait pour moi une sauvegarde, mais quelle que soit la haine qu'il me porte, il sera intéressé, dès que je ferai partie de sa famille, à user de tout son pouvoir et de toute son influence, qui sont considérables, dans le cas où je me trouverais compromis.

— Je ne partage pas votre opinion sur ce point; mon avis est de nous contenter d'un demi-triomphe et de partir au plus vite avec le million de la comtesse de Sinabria. Réfléchissez d'ici à demain, et j'espère que vous vous rendrez à mes raisons.

— Nous verrons.

— Je vous assure que je ne suis pas tranquille, sir Ralph; je tremble à chaque instant que...

Deux coups répétés à la porte le firent bondir dans son lit.

— Qu'est-ce que c'est que ça? murmura-t-il en tournant vers la porte des regards inquiets.

— Entrez! cria sir Ralph, peu rassuré lui-même.

Un domestique parut et introduisit un personnage en disant à sir Ralph :

— C'est le médecin qui demeure à côté de l'hôtel et que milord a dit d'envoyer chercher.

— C'est vrai, répondit celui-ci en échangeant avec Mac-Field un regard qui signifiait :

— Nous en sommes quittes pour la peur.

XXXVIII

UNE COLOMBE EN RÉVOLTE

Le médecin appelé près de Mac-Field avait déclaré son malade atteint d'une fièvre dont il ne pouvait encore déterminer le caractère, et il avait ordonné une potion calmante.

Mac-Field avait vidé la potion dans la cheminée, et s'en était parfaitement trouvé.

Le lendemain il était entièrement rétabli.

Il était en train de s'habiller, tout en causant avec sir Ralph, qui venait d'entrer dans sa chambre, lorsqu'un domestique vint lui demander, de la part de son patron, des nouvelles de milord.

— Vous voyez, répondit Mac-Field, la potion du docteur a fait merveille, la fièvre a disparu, et je m'habille pour sortir.

Le domestique allait se retirer, quand sir Ralph le rappela.

— Dites-moi, Baptiste, lui demanda-t-il, a-t-on des nouvelles de la voiture de Jack?

— Oui, milord, répondit Baptiste, un sergent de ville l'a ramenée, il y a une heure.

— Ah!... où l'a-t-il trouvée?

— A l'entrée du pont de Neuilly, milord.

— Dans un triste état, je pense?

— Pleine d'eau, et le pauvre cheval si malade qu'on craint bien qu'il ne s'en relève pas.

— Et naturellement aucune nouvelle de Jack?

— Quant à Jack, on craint qu'il n'ait été assassiné.

Sir Ralph tressaillit.

— Qui a pu donner lieu à une pareille supposition?

— D'abord malgré la pluie qui a lavé la voiture toute la nuit, on a trouvé de larges traces de sang sur le siège et sur une des roues.

— C'est affreux, s'écria sir Ralph.

— Ce n'est pas tout, le commissaire de police, immédiatement appelé par le sergent de ville qui avait été frappé à la vue de ces taches, s'est mis à étudier le terrain et a retrouvé du sang dans la boue et jusque sur le parapet du pont, ce qui ferait supposer que le meurtrier a traîné le cadavre jusque-là et l'a lancé dans la Seine, espérant anéantir ainsi toute trace de son crime.

— Et a-t-on quelque indice sur le meurtrier?
— Oui, milord.

Sir Ralph ne put reprendre ses questions qu'après un moment de silence.

— Ah! dit-il, on a des soupçons...
— Sur Peters, qui, dit-on, n'était qu'un pick-poket déguisé, comme son ami Jack, avec lequel il avait rendez-vous ce même soir. On suppose qu'il a assassiné son complice dans le but de s'approprier, à lui seul, le fruit des vols qu'ils avaient commis ensemble, et le commissaire est convaincu que les choses ont dû se passer ainsi, car comme il l'a dit, c'est toujours comme cela que finissent les associations entre coquins de cette espèce.
— Je suis de l'avis du commissaire, dit Mac-Field en achevant de s'habiller, il a mis le doigt dessus, l'assassin de Jack ne peut être que le complice avec lequel il avait rendez-vous ce soir-là; il faut avouer, au reste, que le temps était on ne peut plus favorable pour un meurtre.
— Milord a parfaitement raison, répliqua Baptiste, et la preuve, c'est qu'un autre crime a été commis cette nuit.
— Où donc? demanda vivement sir Ralph.
— Dans le quartier, milord.
— Ah! si près que cela!
— A deux pas d'ici, et tenez, précisément dans la rue où milord a eu affaire hier soir.
— Rue de la Sourdière?
— Justement, milord.
— On a trouvé un cadavre dans cette rue?
— Non, pas un cadavre, mais la preuve palpable d'un crime atroce.
— Et cette preuve?
— Cinq doigts pris dans la plaque de fer qui ferme la bouche d'un égout.
— Ce qui fait supposer, naturellement, dit sir Ralph d'une voix troublée...
— Qu'un homme a été lancé la nuit dans cet égout.
— Vous avez raison, Baptiste, fit observer Mac-Field, venant en aide à sir Ralph, que son émotion pouvait trahir, ce ne peut être que la nuit, au milieu de la nuit, car il eût été impossible, même très-avant dans la soirée, d'ouvrir un égout et d'y jeter un homme.
— Impossible, c'est l'opinion générale, répondit Baptiste.
— Et, reprit sir Ralph en faisant un effort pour se dominer, aucun indice qui puisse mettre sur la trace des coupables?
— Au contraire, il y en a plusieurs.
— Ah!... ah! il y en a plu...,

Il ne put achever.

— Oui, d'abord, l'un des cinq doigts avait une bague d'argent avec un mot anglais gravé dessus.
— En effet, dit Mac-Field d'un ton indifférent, c'est un indice, cela.
— Ce n'est pas tout, reprit Baptiste.
— Quoi donc encore?
— A quelques pas de l'égout, on a trouvé une pince pareille à celle dont se servent les égoutiers, et cette pince, toute neuve, ce qui fait supposer qu'elle a été achetée par le meurtrier tout exprès pour la perpétration du crime, cette pince porte le nom du fabricant qui l'a vendue.

— Mauvaise affaire pour le meurtrier, si on l'attrape, dit Mac-Field, car, confronté avec ce fabricant, il sera tout de suite reconnu, et, devant un témoignage aussi accablant que celui-là, son compte sera bien vite réglé. Mais il faut commencer par le découvrir, et ce ne sera sans doute pas chose facile.
— Peut-être, répliqua Baptiste, une fois l'eau écoulée, c'est-à-dire aujourd'hui même, on va sonder les égouts, on ne peut manquer d'y retrouver le cadavre, envasé à quelque embranchement; on l'exposera aussitôt à la Morgue, où il sera reconnu, et alors la police, sachant dans quel cercle elle aura à circonscrire ses recherches, ne tardera pas à mettre la main sur le coupable.
— C'est juste, dit Mac-Field, la découverte du cadavre et la reconnaissance de son identité mettent naturellement la police sur la trace du meurtrier qui, confronté alors avec le marchand qui lui a vendu la pince et reconnu par lui, est contraint d'avouer son crime. Oui, oui, c'est un enchaînement logique et fatal auquel le coupable ne peut échapper. Vous me tiendrez au courant de cette affaire, Baptiste, elle est fort curieuse et m'intéresse beaucoup.
— Je n'y manquerai pas, milord, répondit Baptiste en se retirant.

Quand il fut sorti, Mac-Field se retourna vers sir Ralph.

— Eh bien, lui dit-il, que pensez-vous de tous ces indices, de toutes ces lumières qui surgissent de toutes parts? Comprenez-vous les conséquences que peuvent entraîner la découverte et la reconnaissance du corps de Peters? Alors toute la fable imaginée par nous et d'où découle naturellement la conviction que ce dernier est l'assassin de Jack, son complice, toute cette fable s'évanouit comme une fumée, et sur qui voulez-vous alors que se portent les soupçons, si ce n'est sur celui qui l'a inventée, après s'être fait conduire d'abord rue de la Sourdière, par Peters, précipité dans l'égout de cette rue, puis à Neuilly, par Jack, assassiné dans ce pays même?

Sir Ralph était atterré.

— C'est vrai, murmura-t-il avec accablement, je suis perdu si le corps de Peters est trouvé dans l'égout.
— Et même sans cela.
— Comment!...
— La bague trouvée à l'un des doigts de Peters me paraît assez bizarre pour avoir été remarquée par quelqu'un des domestiques de l'hôtel, il n'en faut pas davantage pour qu'on soit convaincu que c'est lui qui a disparu dans l'égout de la rue de la Sourdière, pour qu'on soupçonne ensuite celui qu'il avait accompagné jusque-là sur sa demande expresse, et pour que celui-ci soit confronté avec le marchand qui a vendu le même jour la pince trouvée à quelques pas de l'égout; le reste se devine.
— Mon histoire était si bien combinée et elle avait si bien réussi! s'écria sir Ralph avec un mélange de colère et de désespoir, tout avait été prévu! Et voilà que cette pince, ces cinq doigts coupés... ah! on ne songe jamais à tout dans ces moments-là.
— Le sang-froid manque, dit Mac-Field, le sang-froid, la plus précieuse des qualités chez l'homme qui veut réussir par l'audace.

Il respire encore, murmura sir Ralph, mais la Seine est à deux pas... (Page 309.)

— Voyons, reprit sir Ralph, que faut-il faire maintenant? que me conseillez-vous?
— Ce que je vous conseillais hier, partir non pas demain, non pas ce soir, mais à quatre heures, si à trois heures, vous sortiez de l'hôtel Sinabria avec le million promis.
— Oui, oui; oh! maintenant j'y suis résolu, car le pavé de Paris me brûle les pieds et j'ai hâte de fouler la terre de Belgique ou d'Angleterre.
— A la bonne heure! vous écoutez enfin la raison. Mais me voilà habillé, allons déjeuner au café Riche, nous ferons ensuite une promenade sur le boulevard et vous serez dans les meilleures dispositions du monde pour vous rendre de là chez la comtesse de Sinabria.
— Allons donc déjeuner, répondit sir Ralph, quoiqu'à vrai dire je n'aie guère d'appétit.
— Cela se comprend, mais croyez-moi, ne vous faites pas l'esclave des événements, comptez toujours

40ᵉ LIVRAISON.

sur quelque heureux hasard pour sortir des embarras les plus graves, et surtout persuadez-vous bien qu'il n'est rien de tel qu'un bon repas pour vous donner l'entrain et l'audace nécessaires dans les circonstances difficiles.

Sir Ralph se laissa convaincre de cette vérité, et deux heures après il sortait du *Café Riche* dans les meilleures dispositions.

Il était trois heures précises lorsqu'il se présentait à l'hôtel Sinabria. Il trouva François qui se promenait de long en large dans le vestibule du rez-de-chaussée.

— Madame la comtesse? demanda sir Ralph en allant vivement à lui.

— Madame la comtesse vous attend, répondit celui-ci, et je n'étais là que pour guetter votre arrivée.

Les traits de sir Ralph, très-soucieux au moment où il abordait le cocher, s'éclairèrent tout à coup à ces paroles.

— Allons, murmura-t-il tout en suivant celui-ci, voilà qui est de bon augure.

Ils gravirent l'étage qui conduisait à l'appartement de la comtesse.

Fanny, la femme de chambre, était dans l'antichambre et paraissait attendre elle-même.

— De mieux en mieux, pensa sir Ralph.

— Veuillez me suivre, monsieur, lui dit Fanny en le conduisant vers un petit salon qui lui était bien connu.

La femme de chambre l'y introduisit et le quitta en lui disant qu'elle allait prévenir sa maîtresse.

Il s'assit et attendit, désormais sûr du succès.

Un instant après la porte du petit salon s'ouvrait et il voyait entrer la comtesse de Sinabria.

La jeune femme était très-pâle et paraissait sous l'empire d'une profonde émotion, mais elle parvenait à force d'énergie à dominer cette impression et à ne montrer qu'un visage calme et froid.

— Madame la comtesse, dit sir Ralph en allant à elle d'un air presque souriant, permettez-moi de me féliciter de...

— Trêve de politesses et de banalités, monsieur, lui dit la comtesse d'un ton glacial ; vous venez pour le million que vous m'avez contraint à vous promettre?

— Mais, madame, répondit sir Ralph un peu déconcerté, en effet, je viens...

— Eh bien, monsieur, la somme que vous exigez de moi, je ne l'ai pas.

Les traits de sir Ralph se rembrunirent tout à coup.

— Vous n'avez pu vous la procurer, madame? dit-il en changeant de ton et d'accent.

— Je ne l'ai même pas cherchée, monsieur.

— Et la raison, madame?

— C'est que... j'ai mes pauvres, et je trouve cette aumône-là au-dessus de mes moyens.

— Alors, madame, reprit sir Ralph en pâlissant de colère, vous...

— Je refuse, monsieur, dit la jeune femme en se redressant de toute sa hauteur et en le foudroyant d'un regard de mépris, je refuse et je vous chasse d'ici.

XXXIX

LE BON ET LE MAUVAIS GÉNIE

En voyant se redresser tout à coup fière, hautaine et menaçante à son tour cette timide jeune femme qu'il avait toujours vue effarée et tremblante devant lui, sir Ralph resta quelques instants immobile de stupeur.

Il regardait la comtesse d'un air ahuri et se demandait sérieusement s'il avait bien entendu.

La comtesse ne tarda pas à le tirer de doute.

— Eh bien, monsieur, reprit-elle la main tendue vers la porte, est-ce que vous ne m'avez pas compris?

Sir Ralph frissonna à cette nouvelle humiliation.

Puis il répondit avec une rage contenue :

— Parfaitement, madame, vous me chassez, c'est fort bien; mais, avant de quitter votre hôtel, j'ai une petite confidence à faire à M. le comte de Sinabria. Je sais qu'à cette heure il est au bois ou à son cercle, mais je suis patient quand il le faut, j'attendrai son retour.

— Vous n'aurez pas à attendre, monsieur, répliqua la jeune femme, car aujourd'hui, par extraordinaire, M. le comte est chez lui.

— Ah! fit sir Ralph, qui marchait de surprise en surprise, ah! M. le comte...

— Est ici, monsieur, et, si vous avez à lui parler, je vais le faire prier de se rendre ici.

— J'ai à lui parler, en effet, madame, dit sir Ralph en regardant fixement la comtesse, et je vous serai fort obligé de vouloir bien le faire appeler.

La jeune femme tira un cordon de sonnette.

Sa femme de chambre parut aussitôt.

— Fanny, lui dit la comtesse, allez prévenir M. le comte que quelqu'un demande à lui parler et l'attend ici.

Accoutumée à voir sir Ralph s'introduire dans l'hôtel avec toutes sortes de précautions et toujours en l'absence du comte, à s'entretenir mystérieusement avec sa maîtresse, qu'il laissait chaque fois tremblante et atterrée, Fanny les regarda tous deux avec l'expression d'une profonde surprise, puis elle sortit en se demandant évidemment ce que tout cela voulait dire.

La conduite de la comtesse était encore bien autrement étrange et inexplicable aux yeux de sir Ralph.

Il lui jetait de temps à autre un regard à la dérobée et ne comprenait rien à l'indifférence hautaine qu'elle conservait dans un pareil moment.

Par un revirement aussi extraordinaire qu'inattendu, le plus désespéré des deux aujourd'hui c'était lui.

Bien décidé à se venger sur la comtesse du cruel désappointement qu'elle lui faisait subir, il se disait néanmoins que cette vengeance ne lui rapporterait absolument rien, tandis que la perte du million sur lequel il avait compté pour mener grand train à l'étranger allait le mettre dans la plus déplorable situation.

Aussi résolut-il de faire une tentative suprême pour éviter une solution qui lui montrait tout un avenir de gêne, toute une vie d'expédients et de périls.

— Madame la comtesse, lui dit-il en se rapprochant d'elle, avez-vous bien réfléchi à la détermination que vous venez de prendre?

— Oui, monsieur, répondit la jeune femme d'un ton bref.

— Songez que les preuves vous écrasent, les preuves les plus éclatantes, les plus palpables, votre enfant vivant, la déclaration de la sage-femme qui l'a mis au monde, et, par-dessus tout, son inscription sur les registres de l'état civil avec le nom de sa mère, la comtesse de Sinabria, le témoignage redoutable, indestructible, éternel, contre lequel vous ne pouvez rien.

Sir Ralph remarqua qu'en dépit du calme qu'elle affectait la comtesse avait pâli et s'était troublée à ces derniers mots.

Il reprit aussitôt, pour profiter de l'hésitation à laquelle elle se trouvait en proie :

— Écoutez, madame, peut-être n'avez-vous qu'une partie de la somme que j'exigeais de vous et dont j'ai absolument besoin pour sortir d'une situation terrible, que je ne puis vous révéler; eh bien, je me contenterai de ce que vous pourrez me donner, et je vous promets en échange une discrétion sur laquelle vous pouvez d'autant mieux compter que, dans quelques jours, je serai en route pour l'Amérique, où je suis décidé à me fixer.

— Pour l'Amérique! s'écria la comtesse, et Tatiane, que vous épousez demain?

— Je lui ai fait part des raisons qui me déterminaient à prendre ce parti; elle les approuve et consent à me suivre.

— Il ajouta tout à coup :

— M. le comte va arriver, madame, hâtez-vous de prendre un parti; voyons, que pouvez-vous me donner?

La jeune femme le regarda en face et répondit d'un ton résolu :

— Rien.

— C'est votre perte certaine, inévitable, que vous décidez là, madame, songez-y.

— Je vous le répète, j'y ai songé.

Des pas se firent entendre en ce moment dans la pièce voisine, puis la porte s'ouvrit.

C'était le comte de Sinabria qui entrait.

Il fit à sir Ralph un de ces saluts vagues et indécis qu'on adresse généralement aux gens qu'on ne connaît pas et qu'on étudie tout en les saluant.

— Mon ami, lui dit la comtesse en lui désignant l'inconnu, sir Ralph Sitson, qui désire avoir avec vous un entretien.

Puis saluant très-poliment sir Ralph, elle sortit.

— Veuillez vous asseoir, monsieur, dit alors le comte du ton froid et digne qui lui était habituel et en approchant un fauteuil de celui sur lequel il prit place lui-même.

Sir Ralph commença à se sentir très-mal à son aise.

Il s'assit lentement tout en jetant des regards furtifs sur le comte, mais plus il l'observait, plus il se sentait glacé.

— Je vous écoute, monsieur, lui dit le comte avec un accent qui ne permettait pas à sir Ralph de retarder davantage.

Peut-être celui-ci regretta-t-il un instant de s'être tant avancé, mais il reconnut en même temps l'impossibilité d'éviter l'explication pour laquelle il était venu tout exprès chez le comte.

Après s'être recueilli un instant, il commença donc l'histoire du drame qui sert d'introduction à notre récit et que nous croyons devoir nous dispenser de raconter une deuxième fois au lecteur.

Ces deux hommes étaient enfermés là depuis un quart d'heure environ, quand on ouvrit la porte après avoir frappé deux coups et sans attendre l'autorisation d'entrer.

C'était Fanny.

— Monsieur le comte, dit-elle, je vous demande pardon de vous déranger, mais il y a là quelqu'un qui demande à être introduit près de vous.

— C'est impossible, répondit le comte avec une vivacité dont la femme de chambre parut très-étonnée, je suis occupé en ce moment.

— C'est ce que j'ai répondu, dit Fanny, mais ce monsieur ne veut rien entendre, il insiste absolument pour être reçu par M. le comte.

— Et moi, je persiste à ne pas le recevoir, s'écria le comte, reportez-lui ma réponse et ajoutez...

— Inutile de rien ajouter, monsieur le comte, dit alors une voix derrière la femme de chambre, me voici, et il faut absolument que je vous parle.

Le comte de Sinabria était très-pâle et paraissait sous l'empire d'une profonde agitation.

Il se leva et d'une voix brève et impérieuse, mais d'un ton toujours mesuré :

— Monsieur, dit-il à l'inconnu, je ne puis vous écouter en ce moment, j'ai avec monsieur un entretien...

— Dont je connais le sujet, interrompit le nouveau venu et auquel il est important que je prenne part dans votre propre intérêt.

— Quoi! dit le comte, stupéfait, vous prétendez savoir?...

— Tout ce qui vient d'être dit entre vous et cet homme, monsieur le comte.

— Qui êtes-vous donc, monsieur?

— Je suis M. Portal, rentier.

— Et moi, monsieur, je vous déclare que vous vous trompez et qu'il est impossible que des faits pareils à ceux qui viennent de m'être révélés soient venus à votre connaissance.

— Je les connais si bien, monsieur le comte, que je les nie et que je m'engage à en prouver la fausseté.

— Ah! si vous faisiez cela, monsieur, murmura le comte en couvrant de ses mains ses traits pâles et empreints d'un mortel désespoir.

Il ajouta aussitôt :

— Mais c'est impossible, et l'engagement même que vous venez de prendre m'est une preuve certaine que vous ne soupçonnez même pas la nature des douloureuses révélations que je viens d'entendre.

La femme de chambre s'était retirée.

M. Portal alla fermer la porte du salon à double tour, puis, revenant vers le comte :

— Dites-moi, monsieur le comte, dans ces révélations, sous lesquelles je vous vois accablé, ne serait-il point question de M. de Coursol et de madame la comtesse de Sinabria?

— En effet, répondit le comte en jetant sur M. Portal un regard stupéfait.

— Vous voyez, monsieur, que je suis au courant de l'entretien que vous venez d'avoir avec sir Ralph et que je me rends parfaitement compte de la tâche que j'entreprends en m'engageant à vous prouver la fausseté des faits qu'il vient de vous raconter.

Sir Ralph, qui, lui aussi, avait pâli à la vue de Rocambole, recouvra enfin un peu d'assurance, et, s'adressant au comte :

— Monsieur le comte, lui dit-il, avant de laisser M. Portal s'engager plus avant dans cette étrange entreprise, veuillez donc lui demander quel est le mobile qui le pousse à s'en occuper.

— Je vais vous le dire tout de suite, répondit Rocambole en se tournant vers sir Ralph, je me suis senti de tout temps...

Il se reprit :

— depuis longtemps une haine ardente contre les coquins et une pitié non moins ardente pour leurs victimes, surtout quand ces victimes étaient faibles, quand elles étaient femmes, c'est-à-dire faciles à se troubler devant les menaces les plus insensées, les plus invraisemblables, faciles à exploiter quand on leur disait, comme le voleur au coin d'un bois, non, « La bourse ou la vie, » mais « la bourse ou le scandale ! » Un million ou la honte sur votre nom, ou votre déshonneur proclamé devant les tribunaux, d'où vous sortirez souillée, même avec un acquittement ! »

Voilà le mobile qui m'a guidé, sir Ralph ; et, maintenant que j'ai répondu à votre question, veuillez donc me dire à votre tour quel intérêt vous trouvez à venir raconter à un mari l'histoire navrante, effroyable que vous venez de faire entendre à M. le comte, cette histoire fût-elle vraie au lieu d'être inventée d'un bout à l'autre, comme je le prouverai.

XL

DEUX LUTTEURS

La question de Rocambole parut embarrasser extrêmement sir Ralph.

— N'est-ce pas qu'il est difficile de trouver un motif excusable à une action aussi infâme ? lui dit Rocambole. Eh bien, puisque vous ne pouvez vous résigner à nous le faire connaître, c'est moi qui vais m'en charger.

S'adressant ensuite au comte :

— Monsieur le comte, lui dit-il, dans la situation que vous occupez dans le monde où vous êtes né et où vous avez toujours vécu, il est des mystères dont on ne soupçonne même pas l'existence, et c'est précisément à un de ces mystères inconnus, invraisemblables à force d'ignominie, que vous allez être initié aujourd'hui. Dans les couches inférieures de la société, il se rencontre des misérables qui, nés sans autres moyens d'existence que les plus mauvais instincts, passent leur vie à vouloir résoudre le difficile problème de jouir de tout sans travailler.

Les plus retors et les plus infâmes à la fois sont ceux qui se mettent à la recherche d'un scandale, d'un secret compromettant, pour *faire chanter* les gens qui ont cette tache dans leur passé ; mais les maîtres, les malins et les forts entre tous sont les hommes qui, après avoir vainement cherché cette honte et ce scandale dont ils ont besoin pour vivre et mener grand train, savent les inventer et poussent l'audace jusqu'à aller dire à une femme jeune, riche, d'une réputation sans tache : « Madame, j'ai imaginé sur votre compte une histoire des plus scandaleuses : adultère accompli pendant l'absence de votre mari, accouchement mystérieux dans une maison infâme un peu avant le retour du même après une année révolue ; j'ai pris mes renseignements, suppression de l'enfant, témoignage de la sage-femme qui l'a mis au monde, rien n'y manque, et dans mon plan, longuement et minutieusement combiné, il y a tout ce qu'il faut pour vous faire asseoir sur les bancs de la cour d'assises, d'où vous sortirez condamnée probablement, et en tout cas, même en cas d'acquittement, perdue de réputation, car si votre avocat parvient à écarter l'accusation d'infanticide, celle d'adultère restera tout au moins dans l'opinion publique avec des détails qui en doubleront la honte. « Eh bien, monsieur le comte, l'un de ces hommes est là sous vos yeux, et l'histoire qu'il a imaginée pour faire *chanter* madame la comtesse de Sinabria est si habilement arrangée, semée d'incidents qui lui donnent un tel air de vraisemblance et de réalité, qu'il est parvenu à vous convaincre de la culpabilité de votre femme, si monstrueuses que soient ses inventions.

Sûr du triomphe définitif, sir Ralph avait repris toute son assurance et c'est avec un sourire de défi qu'il écoutait parler M. Portal.

Quand au comte, il portait de l'un à l'autre des regards irrésolus, se demandant évidemment lequel des deux il fallait croire.

Sir Ralph prit la parole :

— Monsieur le comte, dit-il à celui-ci, vous disiez tout à l'heure qu'il était impossible que M. Portal connût l'entretien que nous venons d'avoir ensemble ; il le connaît, cependant, vous le voyez, et dans tous ses détails ; or, une pareille histoire étant de celles qu'on tient rigoureusement secrètes, qui donc peut lui en avoir fait la confidence si ce n'est madame la comtesse ? La seule question est de savoir jusqu'à quel point madame la comtesse aura poussé la franchise, si elle a présenté l'affaire telle que vient de le faire M. Portal, ou si elle lui a fait l'aveu de sa faute en le chargeant de la plaider en grand avocat, c'est-à-dire en niant tous les faits et en les retournant contre son accusateur.

— Madame la comtesse m'a avoué une chose, répliqua M. Portal, c'est qu'elle vous avait rencontré dans le monde où vous porte la nature de vos opérations, que là, à la recherche d'une proie, vous aviez obtenu sur son compte les meilleurs renseignements au sujet de sa fortune, et que bientôt vous étiez venu lui tenir le langage que je viens de rapporter : « Madame, j'ai besoin d'un million, donnez-le moi, sinon je répands dans le monde, avant d'en saisir les tribunaux, l'histoire que je vais vous raconter et qui, si extraordinaire qu'elle soit, ou plutôt par cela même, sera acceptée par quatre-vingt-dix personnes sur cent. »

— Vous entendez, monsieur le comte, dit alors sir Ralph d'un air triomphant, c'est madame la comtesse qui affirme que ce récit est entièrement de mon invention, vous savez maintenant le cas que vous devez faire des paroles de M. Portal.

— Aussi, reprit celui-ci, donnerai-je à M. le comte un conseil qu'il n'hésitera pas à suivre, je l'espère.

— Et ce conseil ? demanda sir Ralph d'un ton ironique.

— C'est de ne croire ni vous ni moi, et de ne s'en rapporter qu'aux preuves.

— Pour le coup, nous sommes d'accord, s'écria sir Ralph, tous les arguments du monde ne signifient rien, les preuves seules méritent considération et je m'engage à les fournir.

— En quoi consistent-elles ? demanda Rocambole à sir Ralph, car remarquer qu'il les faut aussi claires, aussi convaincantes que possible.

— Elles seront d'une évidence si palpable, qu'elles ne laisseront pas le moindre doute dans l'esprit de M. le comte.

— Les avez-vous sur vous, ces preuves ? demanda M. Portal.

— Oh ! non, j'ai mieux que des écrits, genre de témoignage dont il est toujours permis de douter, j'ai la parole même des gens qui ont joué un rôle actif dans le drame conjugal que je viens de raconter à M. le comte.

— Dans un but que vous vous obstinez à ne pas faire connaître, car vous ne pouvez admettre le vrai mobile de votre action, la demande d'un million en échange de votre silence.

— Mon mobile est précisément le vôtre, monsieur, répondit sir Ralph d'un air digne, l'horreur que doit inspirer à toute âme honnête une trahison aussi odieuse que celle dont M. le comte a été la victime.

A ces mots Rocambole partit d'un éclat de rire.

Puis reprenant son sang-froid.

— Pardon, monsieur le comte, dit-il à celui-ci, mais quand on connaît sir Ralph, je vous assure qu'il est impossible de l'entendre exprimer de nobles sentiments sans être pris d'une gaieté folle.

— Fort bien, répliqua celui-ci avec un calme ironique, nous verrons tout à l'heure si vous serez encore en train de rire.

Et se tournant vers le comte de Sinabria :

— Monsieur le comte, lui dit-il, nous partirons quand vous voudrez ?

— Où donc ! demanda le comte.

— Mais à la conquête des preuves promises, je pense, dit Rocambole.

— C'est justement cela, monsieur, répondit sir Ralph.

Le comte sonna.

Fanny parut aussitôt.

— Dites à François d'atteler, lui commanda le comte.

Quand la femme de chambre se fut retirée, il dit à Rocambole :

— Il est un point sur lequel je voudrais avoir de vous une explication, monsieur.

— Parlez, monsieur le comte.

— Le sentiment qui vous a poussé à vous mêler de cette affaire est fort honorable et je veux y croire jusqu'à preuve du contraire ; mais, veuillez donc me dire comment vous avez été mis en relation avec madame la comtesse et surtout comment elle a été amenée à vous confier une affaire aussi grave, à vous qu'elle connaissait à peine.

— En effet, ajouta sir Ralph avec un léger ricanement, c'est fort extraordinaire et même quelque peu incompréhensible, à moins que M. Portal ne fasse le métier dont il m'accusait tout à l'heure et qu'il ne soit connu pour plaider les causes véreuses et tirer les gens d'embarras au plus juste prix, auquel cas il serait tout naturel qu'attirée par sa réputation, madame la comtesse ait été s'adresser à ce spécialiste d'un nouveau genre ; cela expliquerait tout.

— Il y a une autre explication du fait dont vous vous étonnez à juste titre, monsieur le comte, reprit Rocambole, et la voici : Je n'avais pas l'honneur de connaître madame la comtesse, et ce n'est pas d'elle que j'ai reçu cette confidence.

— Voilà une explication qui achève de tout embrouiller, répliqua sir Ralph, car, hors madame la comtesse et moi, personne ne connaissait...

— Pardon, interrompit Rocambole, vous oubliez M. de Coursol.

— En effet, dit sir Ralph d'un ton ironique, il était au courant de bien des petits détails...

— Dont un assez ignoble et que vous n'ignorez pas, sir Ralph ; lui aussi, il avait reçu la visite et les propositions d'un misérable, moitié voleur, moitié mendiant, qui lui avait promis de ne pas répandre la petite histoire de son invention, dans laquelle il lui avait donné un assez vilain rôle, s'il voulait bien lui faire l'aumône de cinq cent mille francs. Or M. de Coursol venait d'apprendre et précisément par un de ses amis une aventure du même genre dans laquelle j'avais eu la chance de faire subir au misérable le châtiment que je réserve à monsieur, et c'est lui qui est venu me supplier de combattre les ennemis de madame la comtesse de Sinabria, qui tremblait à la seule pensée du scandale dont on la menaçait, et qu'il voulait soustraire à cette honte. Voilà, monsieur le comte, comment je me suis trouvé en relation avec madame la comtesse, à laquelle je suis allé demander, naturellement, tous les détails dont j'avais besoin pour déjouer les projets de l'infâme gredin qui voulait lui extorquer un million.

Sir Ralph, pâle de colère, allait répliquer, quand Fanny vint prévenir que la voiture attendait M. le comte. On descendit.

— Où allons-nous ? demanda le comte à sir Ralph au moment de monter en voiture.

— A Aubervilliers.

— Rue ?

— Rue de la Goutte-d'Or, n° 7.

— Qui donc demeure là ? demanda Rocambole.

— Madame Morel.

— Et quel rôle joue madame Morel dans votre drame ?

— Madame Morel est la sage-femme qui a accouché madame...

— C'est bien, dit brusquement le comte.

Il monta le dernier en voiture, en disant à François :

— Rue de la Goutte-d'Or, 7, à Aubervillers.

XLI

LA SAGE-FEMME DE LA RUE DE LA GOUTTE-D'OR

Au bout de trois quarts d'heure, la voiture du comte, emportée par deux excellents chevaux, avait dépassé la barrière de la Villette et roulait sur la route d'Aubervilliers.

— J'y songe, dit alors Rocambole, dans l'histoire qu'il vous a racontée, M. le comte, sir Ralph n'a-t-il pas eu l'idée, aussi ingénieuse que vraisemblable de placer dans un bouge infâme, dans un cabaret fréquenté par des *grinches* et des *escarpes*, le lieu choisi par madame la comtesse pour y aller accoucher clandestinement de l'enfant que déjà elle avait l'intention de supprimer aussitôt après sa naissance, car tout est aimable et gracieux au possible dans le petit roman de sir Ralph?

— En effet, répondit le comte, un cabaret qui a pour enseigne...

— A la Providence.

— C'est cela, et situé dans une rue d'un aspect sinistre.

— La rue du Pont-Blanc.

— Justement.

— Eh bien, si nous commencions par visiter le théâtre où sir Ralph a placé son action? J'avoue que j'en serais fort curieux; d'après la description qui m'en a été faite, cela vous a un goût qui rappelle les *Mystères de Paris*, roman dont sir Ralph a dû s'inspirer dans son histoire; et je l'en félicite, car il ne pouvait choisir un meilleur modèle.

— Nous saurons tout à l'heure si je me suis inspiré des *Mystères de Paris* ou de la vérité seule, répondit sir Ralph avec une indifférence superbe; quant au cabaret de *la Providence*, je me proposais d'y conduire M. le comte, après avoir vu la femme Morel; mais, puisque tel est votre avis, allons d'abord rue du Pont-Blanc.

— Oui, commençons par là, dit le comte avec un accent triste et morne, dans lequel se trahissaient les mortelles angoisses dont il était dévoré depuis une heure.

— Je vais indiquer le chemin à votre cocher, dit sir Ralph.

Il abaissa une glace, se pencha à la portière et indiqua à François le chemin qu'il avait à prendre pour gagner la rue du Pont-Blanc.

Conformément à ces instructions, celui-ci alla tout droit jusqu'au fort; une fois là, il tourna une rue à gauche et s'arrêta à l'entrée de la première rue à droite, trop impraticable pour qu'il osât s'y engager.

C'était la rue du Pont-Blanc.

— C'est là? demanda Rocambole à sir Ralph.

— Oui, nous y sommes, répondit celui-ci.

François était descendu de son siége pour ouvrir la portière et abaisser le marchepied.

— Quand tous trois furent descendus, sir Ralph dit au comte :

— Veuillez me suivre, c'est à deux pas.

Il prit les devants.

Le comte et Rocambole le suivirent.

Ils avaient fait vingt pas à peine quand sir Ralph s'arrêta et leur dit :

— Voilà le cabaret de *la Providence*.

L'affreux bouge, abandonné depuis plus de deux mois, était d'un aspect plus repoussant que jamais.

— Mais, fit observer le comte, qui ne put réprimer un frisson à l'aspect de cette hideuse demeure, cette maison n'est pas habitée.

— Elle est abandonnée depuis près de trois mois, répondit sir Ralph.

— Naturellement, répliqua Rocambole avec un sourire ironique, elle devait être abandonnée.

— Vous pouvez vous informer près des voisins, monsieur, dit vivement sir Ralph, ils vous affirmeront qu'elle était habitée, il y a peu de temps.

— Le propriétaire du cabaret a donc changé de domicile? demanda le comte.

— Il a pris la fuite.

— Pourquoi cela? à quel propos?

— A la suite d'un meurtre commis dans son cabaret sur la personne d'un agent de police.

— Mais, vous qui tenez tous les fils de cette affaire, demanda Rocambole à sir Ralph, vous savez où demeure cet homme?

— Je l'ignore.

— C'est étonnant.

— Nullement, puisque, par suite de ce meurtre, il est recherché par la police.

— De sorte que la maison où madame la comtesse a mis au monde l'enfant, fruit de l'adultère, a été précisément abandonnée quelques jours après, et que, par un hasard non moins extraordinaire, le patron du cabaret, dont le témoignage sur cette affaire eût été si précieux, a disparu comme une fumée et sans qu'il soit possible de retrouver sa trace. Ah! il faut en convenir, monsieur, vous avez été heureux dans le choix de la maison où vous placez le théâtre principal de votre drame conjugal : une maison abandonnée et un propriétaire introuvable, il était impossible de mieux choisir. Et puis quel quartier! quelle rue! quel bouge! Et, quand, pour compléter ce tableau, on se figure ce cabaret plein de bandits chantant, hurlant, se battant et tombant ivres-morts sur le carreau, comme on comprend bien qu'une comtesse ait choisi un tel endroit pour y mettre au monde un enfant destiné à passer tout de suite de vie à trépas au milieu de cette bande de scélérats avinés!

— Rassurez-vous, monsieur, répliqua sir Ralph, je ne fuis pas la lumière, et, si Rascal nous manque, nous avons la sage-femme, dont le témoignage a pour le moins autant d'importance que celui du cabaretier de *la Providence*.

— Pourvu que la maison où habitait celle-ci ne soit pas incendiée ou écroulée et qu'il ne faille pas faire des fouilles pour la retrouver! A moins qu'elle ne se soit transformée en citrouille et la sage-femme en souris, ce qui nous gênerait beaucoup pour nous donner les renseignements que nous attendons d'elle. Bref, je m'attends à tout, excepté à voir face à face madame Morel.

— Et moi je vous réponds que nous allons la voir et lui parler, répondit sir Ralph à Rocambole.

— Allons, dit celui-ci, mettons-nous donc à la recherche de la sage-femme et espérons que vous serez plus heureux de ce côté qu'au fantastique cabaret de *la Providence*.

On remonta en voiture.

— Maintenant, dit le comte à François, rue de la Goutte-d'Or.

Et, se tournant vers sir Ralph :

— Veuillez indiquer à François...

— Inutile, répondit celui-ci; je viens de me renseigner près d'un passant, et je connais mon chemin.

— Partez donc.

Cinq minutes après, il gagnait la place de la mairie et s'engageait dans la rue de Paris, arrivait à la rue de la Goutte-d'Or et s'arrêtait en face de la maison portant le n° 7.

— La maison existe! s'écria Rocambole d'un air stupéfait.

Il ajouta aussitôt :

— Mais vous allez voir qu'elle ne l'habite plus ou qu'elle n'est pas chez elle en ce moment.
— Cela n'aurait rien de surprenant, sa profession l'appelant souvent dehors, répliqua sir Ralph.
— Parbleu! fit Rocambole d'un ton railleur.
On descendit de voiture et sir Ralph, l'air sombre et soucieux, s'engagea le premier dans l'allée au fond de laquelle apparaissait vaguement, creusé sous l'escalier, une espèce d'antre d'un aspect sombre et repoussant.
C'était la loge du concierge.
Sir Ralph entr'ouvrit la porte et demanda en hésitant :
— Madame Morel!
— Au deuxième, porte à droite.
— Elle est chez elle?
— Oui.
Il se retourna brusquement vers Rocambole.
— C'est ici et elle y est, monsieur Portal, lui dit-il tout rayonnant.
— Quand je l'aurai vue et touchée du doigt, je n'hésiterai pas à le croire, répondit celui-ci.
On gravit deux étages et sir Ralph frappa à la porte de droite, toujours inquiet et craignant que la sage-femme ne fût sortie sans avoir été aperçue du concierge.
Mais la porte s'ouvrit presque aussitôt et une vieille femme se montra sur le seuil.
— Madame Morel, sage-femme! lui demanda sir Ralph.
— C'est moi, répondit la vieille.
Elle ouvrit sa porte toute grande et sir Ralph entra, suivi du comte et de Rocambole.
La vieille parut surprise en voyant entrer trois hommes chez elle.
— Il s'agit d'un accouchement? demanda-t-elle.
— Non, madame, lui dit le comte, il s'agit d'un renseignement.
— Si vous voulez vous asseoir, messieurs, dit la sage-femme.
— Merci, madame, c'est l'affaire de deux minutes.
Il reprit d'un ton grave :
— Madame, je commence par vous supplier de bien rappeler vos souvenirs et de répondre avec une entière franchise à la réponse que je vais vous adresser.
— Je vous le promets, monsieur.
— Vous rappelez-vous avoir fait un accouchement le 31 décembre dernier?
— Comme c'était la veille du premier jour de l'an, je me rappelle très-bien ce que j'ai fait ce jour-là.
— Et alors? demanda le comte avec un léger tremblement dans la voix.
— Je me souviens que j'ai fait un accouchement ce jour-là.
Un éclair de triomphe passa dans les yeux de sir Ralph.
Rocambole restait impassible, du moins en apparence.
Le comte, lui, avait pâli, et il fut quelques instants sans pouvoir reprendre la parole.
— A quel sexe appartenait l'enfant? reprit-il enfin.
— C'était un garçon.
C'est ce que lui avait dit sir Ralph.

Il passa lentement la main sur son front et ce fut après une pause plus longue encore que la première qu'il reprit :
— Cet accouchement a eu lieu rue du Pont-Blanc, au cabaret de *la Providence*.
— Hein? comment dites-vous ça? demanda madame Morel.
— Je dis rue du Pont-Blanc.
— Dans un cabaret?
— Au cabaret de *la Providence*.
— Je n'ai jamais mis les pieds rue du Pont-Blanc, quant au cabaret de *la Providence*, dont j'ai entendu parler comme d'un repaire de brigands, je me serais bien gardée d'en passer le seuil; merci! des clients comme ça, c'est trop dangereux, je n'en veux pas.
— Quoi! s'écria le comte en lui saisissant la main avec transport, vous n'avez pas accouché dans ce cabaret une femme jeune, belle, élégante? vous n'avez pas déclaré vous-même l'enfant à la mairie avec cette mention : père inconnu; mère, madame la comtesse de Sinabria?
La sage-femme regarda le comte d'un air ahuri :
— Eh! miséricorde! s'écria-t-elle, quel conte me faites-vous là, mon cher monsieur? une comtesse devenant mère dans ce repaire de bandits! Ah ça, vous perdez la tête.
— Mais, madame, lui dit sir Ralph, qui avait pâli à son tour, rappelez vos souvenirs. C'est bien vous qui avez accouché cette dame au cabaret de *la Providence*, c'est vous qui l'avez déclaré comme fils de la comtesse de Sinabria.
— Et moi, s'écria la sage-femme avec une extrême animation, je vous déclare que c'est la première fois que j'entends parler de cette comtesse, que je n'ai jamais franchi le seuil de cet infâme cabaret, que le 31 décembre je n'ai fait qu'un seul accouchement, celui d'une fermière de la rue de Paris, et que, ce jour-là, je n'ai déclaré aucun enfant à la mairie. Voilà la vérité et n'essayez pas de me faire dire autre chose, ce serait inutile.
Les rôles avaient complétement changé.
Sir Ralph était anéanti, paralysé par la stupeur, tandis qu'à son tour le comte était rayonnant de bonheur.
— Allons, monsieur, dit alors Rocambole, madame Morel a répondu à toutes vos questions, il ne nous reste plus qu'à la remercier et à prendre congé d'elle.
— Merci, merci, madame, dit le comte à madame Morel en lui pressant la main avec effusion.
— Merci de quoi? répondit celle-ci d'un air surpris, j'ai dit la vérité, je ne pouvais pas dire autre chose.
— Messieurs, dit Rocamble en ouvrant la porte.
Tous trois sortirent.

XLII

LES PREUVES

Quand on fut dehors :
— Eh bien, monsieur, dit Rocambole à sir Ralph avec un accent goguenard, que dites-vous de ces deux épreuves! Vous commencez par nous conduire

au cabaret de *la Providence*, où s'est passé le drame dont votre conscience d'honnête homme vous a poussé à faire confidence à M. le comte, et nous le quittons sans en emporter le moindre indice. Mais, dites-vous, c'est chez la sage-femme que va éclater la lumière, c'est là que les preuves vont se produire si claires et si palpables que le doute ne sera plus permis. En effet, nous sortons de chez la sage-femme avec une preuve écrasante, mais pas précisément dans le sens que vous aviez annoncé. Jusqu'à présent tous vos efforts n'ont abouti à nous prouver qu'une chose, c'est que vous êtes le plus impudent des imposteurs et le plus audacieux des coquins, croyez-moi donc, monsieur, restez-en là et, après ces malheureuses tentatives, faites amende honorable à genoux devant M. le comte, qui peut-être vous méprisera assez pour vous laisser la liberté d'aller vous faire pendre ailleurs, liberté dont vous ne tarderez pas à profiter, je l'espère.

Cet échec imprévu qu'il venait d'éprouver avait tellement stupéfié sir Ralph qu'il en était demeuré quelques instants dans une espèce d'abrutissement.

Il en était sorti peu à peu cependant en écoutant parler Rocambole, et, quand celui-ci eut fini :

— Vous vous pressez un peu trop de triompher, monsieur Portal, répliqua-t-il avec une rage contenue, ce n'est pas moi, c'est cette femme qui vient de mentir effrontément, et cela dans un but que je crois deviner. Elle a compris qu'il y avait un drame mystérieux dans ce qui s'est passé au cabaret de *la Providence*; en se voyant interrogée par M. le comte, dans lequel elle a reconnu un personnage haut placé et peut-être un mari trompé, elle a flairé une mauvaise affaire et, dans la crainte d'y être compromise, elle a pensé que le plus prudent était de l'étouffer en niant tout pour innocenter la grande dame dont la perte pouvait entraîner la sienne.

Il ajouta après un moment de réflexion :

— Oui, c'est cela, ce ne peut être que cela.

— Voilà un argument des plus ingénieux, répliqua Rocambole, mais vous avez déjà donné tant de preuves d'imagination que celle-ci ne me surprend pas; seulement permettez-moi de vous rappeler ce que vous disiez tantôt : les paroles ne signifient rien, les preuves seules ont une valeur et méritent considération.

— Eh bien, j'avais raison en parlant ainsi et je vais vous mettre en face d'un témoignage qui attestera deux choses à la fois : le mensonge de la femme Morel et la parfaite authenticité des faits que j'ai fait connaître à M. le comte.

— Ah çà, voyons, monsieur, dit Rocambole, il faudrait pourtant en finir, nous ne pouvons, M. le comte et moi, passer notre vie à la recherche de preuves qui, déclarées par vous irréfragables, tournent toujours à votre confusion. Je ne connais pas, je ne soupçonne nullement le nouveau témoignage que vous voulez invoquer, je consens cependant à m'y soumettre, et M. le comte y consent comme moi, j'en suis sûr, mais à une condition, c'est que cette épreuve sera la dernière, et, si elle est aussi convaincante que vous le dites, vous n'hésiterez pas à la considérer comme un arrêt définitif et sans appel dans l'affaire que nous plaidons l'un et l'autre.

— C'est entendu, monsieur ; quel que soit le résultat de cette nouvelle épreuve, je m'y soumets d'avance, et si, devant ce dernier témoignage, M. le comte hésite un seul instant à reconnaître la culpabilité de sa femme, je m'engage à rétracter aussitôt tout ce que je lui ai révélé, il y a une heure, et à me proclamer moi-même imposteur et calomniateur.

— Je prends note de cet engagement, en vous faisant remarquer que vous l'eussiez pris tout à l'heure au moment d'entrer chez madame Morel.

— Vous avez raison. Mais, cette fois, je n'ai pas à redouter les petites considérations qui ont effrayé la sage-femme et l'ont empêchée de déclarer la vérité.

— Bah ! vous trouverez bien encore un argument pour expliquer le prétendu mensonge du nouveau témoin auquel nous allons avoir affaire.

— C'est impossible, monsieur ; car, cette fois, ce n'est pas un individu que nous allons interroger, mais une administration.

— Une administration ? demanda Rocambole d'un air inquiet.

— Nous allons nous rendre à la mairie, où nous trouverons inscrits, sur les registres de l'état civil, le jour de la naissance de l'enfant, avec mention du nom de la mère, la comtesse de Sinabria, et du lieu où il est né, rue du Pont-Blanc, n° 5, où est situé le cabaret de *la Providence*, le tout déclaré par madame Morel, sage-femme rue de la Goutte-d'Or, n° 7 ; et, quand vous aurez lu tout cela sur ces registres, comme je l'ai lu moi-même, alors peut-être serez-vous convaincu enfin de l'imposture de la femme Morel et de l'authenticité de mes révélations au sujet de madame la comtesse.

— Il est certain qu'alors il serait insensé de douter, répondit Rocambole en quittant tout à coup le ton railleur et goguenard qu'il avait pris jusqu'alors vis-à-vis de sir Ralph.

Il reprit aussitôt :

— Et vous affirmez avoir lu cela sur les registres de la mairie ?

— Parfaitement ; or, il s'agit d'un acte officiel dont l'authenticité ne saurait être contestée.

— Je l'avoue.

— Rendons-nous donc à la mairie, dit le comte en montant en voiture et en faisant un signe à François, qui partit dès que Rocambole et sir Ralph furent montés eux-mêmes.

La voiture s'arrêtait quelques minutes après à la porte de la mairie.

On entra dans les bureaux.

— Monsieur, dit le comte à un employé, je voudrais avoir l'extrait d'un acte de naissance.

— La date de la naissance de l'enfant ! demanda l'employé qui, vieilli sous le harnais, connaissait trop le prix des paroles et l'importance de ses fonctions pour dire un mot de plus qu'il n'était rigoureusement nécessaire.

— Le 31 décembre dernier.

L'employé alla prendre un gros registre parmi une quantité d'autres rangés dans un rayon.

— Le nom de l'enfant ? demanda-t-il en ouvrant le registre.

— Vous qui avez lu l'inscription sur ce registre, demanda le comte à sir Ralph, sous quel nom est-il inscrit ?

Il s'agit d'un accouchement? demanda la sage-femme... (Page 319.)

— Henri, répondit sir Ralph.
— Le nom du père? demanda l'employé.
— Père inconnu.
— Le nom de la mère?
— La comtesse de Sinabria, répondit sir Ralph en jetant sur M. Portal un regard triomphant.
— Le nom de la rue où est né l'enfant?
— Rue du Pont-Blanc, 5.
— 5? dit l'employé dont les traits immuables laissèrent soupçonner une vague impression de surprise.
Puis il grommela tout bas en feuilletant son registre :
— Au cabaret de *la Providence*? une comtesse !... c'est drôle.
Il tournait les feuillets avec une lenteur et une impassibilité qui exaspéraient le comte, en proie à une inexprimable angoisse et impatient de connaître la vérité renfermée là, dans les pages de ce registre.

41e LIVRAISON.

L'employé s'arrêta enfin.
— Ah! voilà, le 31 décembre, dit-il avec sa voix incolore et son calme inaltérable.
— Ecoutez, monsieur Portal, dit sir Ralph en se penchant à l'oreille de celui-ci, vous allez être enfin satisfait.
Le regard fixé sur l'employé, Rocambole feignit de ne pas entendre et ne répondit pas.
— Il paraît que vous n'êtes plus en train de rire, reprit sir Ralph.
L'employé, toujours impassible, raffermit ses lunettes sur son nez et lut :
— Le 31 décembre, nous avons deux naissances.
Le comte se laissa tomber sur une banquette.
Il fléchissait sur ses jambes et sentait tout tourner autour de lui au moment de voir éclater sous ses yeux la preuve irrécusable du terrible drame qui lui avait été révélé et dont il avait pu douter jusque-là.

L'employé lut :
— Charles-Pierre-Nicolas Duchamp, fils d'Antoine Duchamp, marchand de vin, et de Claudine...
— Ce n'est pas cela, monsieur, passez à l'autre, lui cria sir Ralph.
L'employé regarda plus bas et lut :
— Marie-Laure Lefebvre, fille de Stanislas Lefebvre, fermier, rue de Paris, et de...
— Mais ce n'est pas cela, monsieur, s'écria de nouveau sir Ralph.
— Il n'y en a pas d'autre, monsieur, répliqua l'employé d'un ton sec.
— Comment ! il n'y en a pas d'autre, dit sir Ralph en bondissant vers le registre.
— Croyez-vous que je ne sache pas lire, monsieur ? lui dit l'employé d'un ton rogue.
Sir Ralph, sans s'inquiéter de la colère de l'employé, parcourait le registre avec une impatience fiévreuse.
— Et pourtant, s'écria-t-il en pâlissant, je l'ai lue, cette inscription, je l'ai lue là, à cette place où je lis l'inscription de la naissance de Charles-Pierre-Nicolas Duchamp, et ce qui me l'a gravée dans la mémoire, c'est le nom de Joséphin Rabassol, que je lis là, nom dont la singularité m'avait frappé et au-dessous duquel venait immédiatement l'inscription de Henri, fils de la comtesse de Sinabria, déclaré par madame Morel, sage-femme, et un autre témoin.
Dans un état d'agitation inexprimable, sir Ralph se démenait avec furie et répétait sans cesse en posant le doigt sur le registre :
— C'était là, je vous dis que c'était là, que je l'ai lue, que je crois la voir encore et qu'il y a là...
— Quoi donc ! quoi donc, monsieur ? s'écria le vieillard devenu tout à coup rouge d'indignation ; nous accuseriez-vous de falsifier nos registres, monsieur ?
— Prenez cela comme vous voudrez, monsieur ; mais ce qu'il y a de certain, c'est que l'inscription que nous cherchons était là et qu'elle a disparu pour faire place à une autre.
— C'est matériellement impossible, monsieur, et il faut avoir perdu l'esprit pour soutenir...
— Monsieur, dit tout à coup sir Ralph, les naissances ne sont-elles pas inscrites sur deux registres ?
— Oui, monsieur, deux registres, dont l'un reste ici, tandis que l'autre, au bout de deux ou trois mois, est envoyé à l'Hôtel-de-Ville. Mais, tenez, il n'y est pas encore... le voici, et nous allons bien voir...
— Ah ! je suis rassuré maintenant, s'écria tout à coup sir Ralph, c'est sur celui-là que nous allons trouver...
— C'est douteux, monsieur, puisque l'un est la copie fidèle de l'autre ; cependant nous allons voir.
Il alla prendre un autre registre, le feuilleta rapidement cette fois, car l'indignation le faisait sortir de son caractère, et trouva vite la page qu'il cherchait.
— Tenez, monsieur, dit-il à sir Ralph, voyez vous-même, l'inscription que vous cherchez ne se trouve pas plus sur ce registre que sur l'autre.

Sir Ralph qui suivait ces recherches du regard, savait déjà à quoi s'en tenir.
— C'est vrai, balbutia-t-il en roulant autour de lui des yeux hagards.

XLIII

DÉROUTE

Sir Ralph demeura quelques instants dans un état d'accablement qui semblait lui avoir ôté l'usage de ses facultés.
— Serais-je atteint de folie sans m'en douter ? murmura-t-il enfin en promenant autour de lui des regards inquiets.
— Eh bien ! monsieur, lui dit l'employé, vous avez voulu voir par vos propres yeux, vous avez vu ; êtes-vous enfin convaincu ?
— Monsieur, répondit sir Ralph, revenant à lui peu à peu, je suis convaincu que l'inscription que je croyais trouver là n'y est pas, mais j'ai une conviction non moins fermement arrêtée, c'est qu'elle y était et qu'elle a été effacée, c'est pourquoi je vous supplie d'examiner cette page et surtout ce petit carré avec une minutieuse attention.
— Je le ferai pour vous rendre service, monsieur, répondit l'employé, mais c'est parfaitement inutile, puisque nul que moi ici ne touche à ces registres.
Et il se mit à étudier avec un soin extrême la partie du feuillet que lui désignait sir Ralph.
— Monsieur, lui dit-il après quelques minutes d'examen, je ne vois pas là la moindre trace de grattage, et la netteté de l'écriture, absolument identique à celle qui couvre tout le reste du feuillet, me prouve clairement qu'il n'y a pas eu falsification, comme vous le prétendez. Or je puis en parler pertinemment, puisque cette écriture est la mienne.
— Et pourtant, s'écria sir Ralph en se frappant le front, je vous jure que la naissance du fils de la comtesse de Sinabria était là, à cette même place où je lis aujourd'hui celle de Charles-Pierre-Baptistin Duchamp.
— Enfin, que voulez-vous, monsieur ? le feuillet est sous vos yeux et n'y voyez pas ce que vous cherchez, il faut pourtant bien se rendre à l'évidence.
— Monsieur a raison et nous n'avons plus rien à faire ici, sir Ralph, dit Rocambole à celui-ci.
Et, sans attendre sa réponse, il sortit, suivi du comte et bientôt après de sir Ralph lui-même.
— Monsieur, dit le comte à Rocambole en lui pressant la main avec une ardente expression de reconnaissance, vous m'avez rendu un trop grand service pour que je puisse jamais m'acquitter envers vous, mais je ferai pour cela tout ce qui sera en mon pouvoir et je ne serai complètement heureux que le jour où vous m'aurez mis à même de vous être utile.
— Mon Dieu ! monsieur le comte, répliqua Rocambole, vous vous exagérez ce que j'ai fait dans cette circonstance ; je me suis borné à douter de la parole de cet homme et à le convaincre d'imposture en le contraignant à produire les preuves qu'il prétendait posséder ; voilà à quoi se réduit mon rôle

dans cette affaire, mais l'innocence de madame la comtesse était trop facile à prouver pour que vous me fassiez un mérite d'y avoir réussi.

— Hélas! monsieur, répondit le comte, je dois l'avouer à ma honte, cet homme m'avait convaincu! Je ne songeais nullement à mettre en doute les témoignages sur lesquels il appuyait ses calomnies; je n'eusse jamais eu la pensée d'aller vérifier ces preuves, et la comtesse eût été impitoyablement condamnée par moi. C'est donc vous, vous seul, qui nous avez sauvés l'un et l'autre en luttant corps à corps avec ce misérable.

Sir Ralph releva la tête en entendant cette épithète résonner à son oreille.

— Pardon, monsieur, lui dit Rocambole, qu'avez-vous donc dit tout à l'heure, au moment où nous quittions la rue de la Goutte-d'Or pour nous rendre ici? N'avez-vous pas déclaré que, si vous ne fournissiez pas, dans cette dernière épreuve, un témoignage éclatant, irrécusable de tout ce que vous avez avancé, vous vous avoueriez vous-même coupable d'imposture et de calomnie? Qu'attendez-vous donc pour faire cet aveu? Après ce qui vient de se passer ici, oseriez-vous nier encore que toute votre histoire ne soit un tissu de mensonges imaginés dans le seul but d'exploiter la faiblesse d'une jeune femme facile à intimider, et de lui arracher un million par la crainte d'un scandale, trop admirablement combiné pour ne pas la frapper d'épouvante et la résoudre à tous les sacrifices? Oh! j'en conviens, votre plan est celui d'un homme très-fort, à la fois plein d'audace et profondément habile. Vous vous êtes fait ce raisonnement : en frappant l'imagination de la comtesse que sa jeunesse, sa beauté, sa haute naissance rendront plus accessible que toute autre à la crainte d'un éclat scandaleux, en lui montrant à travers quelles hontes et quelles fanges je vais la traîner aux yeux de tout Paris, soit dans le monde qu'elle fréquente, soit même devant les tribunaux, en déroulant devant son esprit inexpérimenté toutes les preuves dont je puis appuyer mon accusation : témoignage du patron du lieu infâme où il me plaira de transporter l'action de mon drame, témoignage de la sage-femme, inscription à la mairie de l'enfant d'une autre mère, déclaré fils de la comtesse de Sinabria ; avec une combinaison de cette force, il est impossible que je ne réussisse pas.

Mais supposons que par suite de quelque événement imprévu je vienne à échouer, qu'ai-je à craindre? Absolument rien. Le comte lui-même, en admettant qu'il soit mis au courant de ma tentative, se gardera bien de me poursuivre, sachant bien qu'il est imprudent d'ébruiter la calomnie, même la plus absurde, et instruit par le mot de Basile à ce propos, qu'il en reste toujours quelque chose. Or, un million à gagner en cas de succès, rien à risquer en cas contraire, pourquoi hésiterais-je à tenter l'aventure? Et vous l'avez tentée, et une fois pris vous-même dans les filets que vous aviez tendus pour votre victime, une fois mis en demeure de montrer ces preuves imaginées par vous pour effrayer celle-ci, vous avez été effrontément jusqu'au bout; vous nous avez conduits au cabaret de *la Providence*, chez madame Morel, à la mairie, et encore, à cette heure, vous continuez votre comédie en feignant la stupeur chaque fois que les preuves annoncées s'évanouissent et tournent contre vous.

— Oui, oui, je suis vaincu et vous avez beau jeu contre moi, murmura sir Ralph, encore tout étourdi du coup qu'il venait de recevoir, mais je ne renonce pas à la partie ; ce que vous appelez imposture et calomnie est l'exacte vérité, l'enfant a été inscrit à la place que j'ai désignée et en a disparu je ne sais comment; bref, il y a dans toute cette affaire des manigances dont je soupçonne la source et que je saurai bien découvrir, je ne vous dis que cela, monsieur Portal.

— Fort bien, monsieur, répondit celui-ci ; mais, quant à présent, je maintiens la parole que vous nous avez donnée il y a un quart d'heure à peine, et je vous déclare que vous êtes un misérable imposteur.

Il ajouta, en fixant sur sir Ralph son regard pénétrant :

— Mais je fais une réflexion.

— Laquelle? demanda sir Ralph avec une vague inquiétude.

— Je m'étonne que vous acceptiez si facilement votre défaite, quand vous pouvez mettre sous nos yeux, à l'appui de votre récit une preuve matérielle irrécusable cette fois.

— Je ne vous comprends pas, dit sir Ralph en regardant Rocambole avec un sentiment d'appréhension.

— Du moment qu'un enfant est né, qu'il a été déclaré et inscrit sur les registres de l'état civil, il s'ensuit naturellement que cet enfant existe; ceci est d'une logique rigoureuse. Comment se fait-il donc que vous ne songiez même pas à nous mettre sous les yeux ce témoignage vivant, irrécusable de la faute de madame la comtesse?

Sir Ralph resta un instant déconcerté devant cet argument.

Mais il se remit vite, et ce fut d'un ton ironique qu'il répondit :

— A quoi bon? on ne manquerait pas de dire que j'ai loué cet enfant pour les besoins de ma cause, comme font certaines mendiantes.

— C'est égal, M. le comte pensera comme moi, j'en suis sûr, que c'est bien extraodinaire.

— En voilà assez comme cela, répondit le comte, nous n'avons plus rien à faire avec cet homme, retournons à Paris, car j'ai hâte de revoir la comtesse, envers laquells je viens de me rendre coupable de torts bien graves, quoiqu'elle doive toujours les ignorer.

Il alla parler à François.

Profitant aussitôt de son éloignement, Rocambole se rapprocha de sir Ralph et lui dit vivement à voix basse :

— Voulez-vous que je vous dise pourquoi vous ne produisez pas l'enfant, sir Ralph?

— Mais, répondit celui-ci en se troublant, parce que...

— Parce qu'il faudrait l'aller chercher dans la cave des époux Claude, d'où vous le rapporteriez un peu défiguré, n'est-ce...

Et il s'éloigna, laissant sir Ralph comme foudroyé.

XLIV

LE SAUVEUR

Rocambole se rapprocha de sir Ralph et lui parlant à voix basse :

— Deux mots pendant que nous sommes seuls, lui dit-il ; oui, la comtesse de Sinabria est devenue mère dans le cabaret de *la Providence*, où elle avait été transportée de force et par vos ordres ; oui, madame Morel a reçu l'enfant et l'a déclaré à la mairie d'Aubervilliers ; oui, il a été inscrit sur le feuillet et à la place même que vous avez désignée, et il y était encore, il y a trois jours, mais j'ai soufflé sur tous ces témoignages qui eussent été la condamnation, l'éternel malheur d'une femme digne de pitié, et ils se sont évanouis, ou plutôt, ils se sont retournés contre vous. Vous voyez par là ce dont je suis capable et ce qu'on gagne à lutter contre moi.

Et, comme sir Ralph l'écoutait avec un profond sentiment de stupeur :

— Vous étonnez de ma franchise et peut-être trouverez-vous ces aveux bien imprudents, reprit Rocambole, mais, si je vous parle ainsi, c'est que je puis le faire en toute sécurité. Dites un mot de ce que je viens de vous révéler, et je dénonce à la justice le meurtrier de l'enfant trouvé, il y a trois jours, dans la cave des époux Claude.

— Mais cet enfant n'a pas été assassiné, je vous le jure, s'écria sir Ralph, atterré par cette menace.

— Pourquoi donc l'avez-vous transporté de Meudon, où vous l'aviez mis en nourrice, à la demeure des époux Claude ? Et pourquoi ceux-ci l'ont-ils enterré dans leur cave ?

— Parce que, l'enfant étant mort de convulsions, j'ai trouvé un égal danger à déclarer et à dissimuler le nom de sa mère, et que, pour éviter de me compromettre, j'ai jugé prudent de l'enfouir dans la maison de Vanves, bien loin de soupçonner qu'on irait le chercher là un jour.

— C'est possible, et je suis porté à vous croire, car vous n'aviez aucun intérêt à supprimer cet enfant, au contraire ; mais la justice, qui est défiante, voit là un crime et en recherche déjà l'auteur ; que je vous désigne, et, vous êtes perdu, car vous avez dans votre dossier des antécédents qui ne plaideraient pas en votre faveur, ne fût-ce que le double meurtre des époux Christiani.

A ces derniers mots, sir Ralph laissa échapper un cri étouffé.

Puis fixant sur Rocambole un regard plein d'anxiété :

— Christiani ! balbutia-t-il, je ne sais ce que vous voulez dire.

— Ah ! vous ignorez cette histoire ; je vous l'apprendrai plus tard, bientôt peut-être car nous ne tarderons pas à nous retrouver face à face.

— Mais, monsieur, je n'ai aucune raison pour me mettre en lutte avec vous désormais, s'écria sir Ralph épouvanté à la pensée de tout ce que venait d'accomplir cet homme ; j'ai été vaincu, j'en prends mon parti et vous promets qu'à l'avenir vous n'avez rien à redouter de moi.

— Mais moi, répliqua Rocambole avec un accent ironique, j'ai pris goût au jeu ; s'il vous a plu de le commencer, il ne me convient pas de le laisser là, et je vous le répète, nous nous reverrons bientôt ; allons, au revoir, sir Ralph.

— Quand vous voudrez, monsieur Portal, lui cria en ce moment le comte.

Rocambole se dirigea aussitôt vers la voiture où il prit place à côté du comte, et les chevaux partirent.

— Ah ! s'écria alors celui-ci, que de pardons je vais avoir à demander à ma femme pour avoir ajouté foi à toutes ces calomnies !

Rocambole ne répondit pas.

Il réfléchissait.

Il se disait : Laisser le comte aller se jeter aux genoux de sa femme pour lui demander pardon de l'avoir crue coupable d'une faute... qu'elle a commise, c'est grave. La chose serait sans danger s'il s'agissait d'une Nanine la Rousse ; loin de se troubler elle jouerait la comédie de l'innocence calomniée et profiterait habilement de la circonstance pour fortifier sa position et affermir son empire sur le cœur du coupable ; mais la comtesse est une nature loyale et noble, en dépit de sa chute, il serait possible que la vue de son mari, tombant à ses pieds pour s'accuser, déterminât en elle une explosion de remords et lui arrachât l'aveu complet de la vérité. C'est ce qu'il faut éviter, et il n'y a qu'un moyen, c'est de dissuader le comte de son généreux mouvement.

— Eh bien, monsieur Portal, vous ne me répondez pas, dit le comte frappé du silence de celui-ci, me désapprouveriez-vous ?

— Vous désapprouver ! non, pas précisément, répondit Rocambole, mais enfin je ne ferais pas cela.

— Pourquoi ?

— Mon Dieu ! monsieur le comte, quelque délicatesse que vous y mettiez, vous ne sauriez aborder un pareil sujet sans froisser la susceptibilité de madame la comtesse, sans faire saigner une plaie si douloureuse et si vive encore, que le plus généreux et le plus prudent est de n'y pas toucher. Voilà du moins mon avis.

Le comte réfléchit un instant.

— Je crois que vous avez raison, dit-il enfin.

Il ajouta :

— Il faudrait pourtant qu'elle sût qu'elle n'a plus rien à redouter de ce misérable.

— Ne trouvez-vous pas que c'est à moi que revient naturellement la mission de l'en instruire, à moi qui, ayant été son confident, son conseil et son appui dans cette affaire, puis seul peut-être lui en parler sans lui causer une impression pénible ?

— Eh bien, soit, chargez-vous donc de lui apprendre ce qui s'est passé.

Pendant que ces événements se passaient à Aubervilliers, la comtesse de Sinabria, enfermée dans sa chambre, était dans des transes dont on peut se faire une idée, quand on songe à tout ce qu'elle avait à redouter de l'expédition qu'entreprenait en ce moment son mari en compagnie de sir Ralph et de M. Portal.

Le lecteur a compris que l'assurance un peu factice qu'elle avait montrée dans sa lutte contre sir Ralph lui avait été inspirée par un entretien préalable avec Rocambole et par la confiance que lui

Rascal tendait avec ses mains l'écheveau que Jeanne dévidait. (Page 327.)

avait inspirée celui-ci dans les moyens qu'il avait de réduire à néant les témoignages sous lesquels elle croyait être écrasée.

Mais, restée seule, elle s'était mise à songer à la puissance de ces témoignages, dont un surtout, l'inscription de la naissance de l'enfant, déclaré fils de la comtesse de Sinabria, lui semblait à la fois indestructible et irrécusable, et alors, frappée de l'impossibilité de combattre de pareilles preuves, elle était tombée dans un profond découragement.

A mesure que le temps s'écoulait, son imagination s'exaltant de minute en minute lui montrait toutes les espérances dont elle s'était bercée un instant s'évanouissant à chaque pas que faisait son mari dans cet odieux pays où elle avait souffert mille morts; d'abord au cabaret infâme dans lequel elle était devenue mère; puis chez la sage-femme qui l'avait délivrée; à la mairie surtout, en ce lieu fatal où son déshonneur était écrit en toutes lettres et à jamais; et enfin chez la nourrice de son enfant, devant ce témoignage vivant de sa honte; car, n'ayant jamais su en quel lieu sir Ralph l'avait caché, elle ignorait la mort de l'innocente créature.

Deux heures s'étaient écoulées depuis le départ de son mari: une éternité! et, depuis longtemps déjà, elle s'écriait sans cesse, en proie à une inexprimable agitation:

— Mon Dieu! mon Dieu! ils ne reviennent pas, que font-ils donc?

Et elle allait et venait, se rejetait dans son fauteuil, recommençait à parcourir sa chambre, en murmurant des paroles incohérentes, parmi lesquelles revenait fréquemment cette phrase:

— Mon Dieu! que font-ils donc? Mon Dieu! que se passe-t-il? Ils ne reviendront donc pas?

Elle jetait ces exclamations pour la centième fois peut-être, quand la porte de sa chambre s'ouvrit tout à coup.

C'était Fanny, qu'elle avait chargée de la prévenir dès qu'elle verrait entrer dans la cour de l'hôtel la voiture de son mari.

A sa vue, elle se leva toute droite, devint affreusement pâle et darda sur elle un regard fixe et atterré, sans pouvoir proférer une parole.

— Le voilà ! dit Fanny.
— Déjà ! balbutia la comtesse.

Elle se sentit fléchir sur ses jambes, et il lui sembla qu'un voile tombait sur ses yeux.

Fanny eut à peine le temps de la recevoir dans ses bras.

Elle l'étendit dans le fauteuil qu'elle venait de quitter en lui disant d'une voix basse et rapide :

— Remettez-vous, remettez-vous, madame ; il va entrer à l'instant, et, s'il vous voit dans cet état, vous êtes perdue ; ce trouble vous trahit.

— Alors je suis perdue, Fanny, car je succombe sous le poids de mon émotion ; je n'ai pas la force de me dominer.

On frappa en ce moment.

— C'est lui ! murmura la jeune femme en passant son mouchoir sur son front, où venait de perler une sueur subite ; c'est lui, je me sens mourir. Va ouvrir, Fanny, et reste près de moi ; ne me laisse pas seule.

Fanny courut ouvrir la porte.

C'était Rocambole.

D'un coup d'œil celui-ci devina ce qui se passait, il comprit les tortures sous lesquelles succombait la jeune femme après deux heures de doutes et d'angoisses.

Courant alors à elle et saisissant ses deux mains dans les siennes :

— Remettez-vous, madame, lui dit-il d'une voix basse et émue, vous êtes sauvée.

La comtesse releva la tête et fixant sur lui ses grands yeux bleus, à la fois troublés et rayonnants :

— Sauvée ! Vous dites que je suis sauvée ! murmura-t-elle en serrant nerveusement ses deux mains dans ses doigts crispés.

— Sauvée à tout jamais, madame.
— Mais cet homme ! mon ennemi !
— Sir Ralph ?
— Oui.
— Si vous le rencontrez, regardez-le en face, prononcez seulement mon nom ; et c'est lui qui tremblera devant vous.

— Monsieur ! ah ! monsieur ! s'écria Rita, dont les larmes jaillirent tout à coup, laissez-moi vous remercier à genoux.

Et elle fit un mouvement pour tomber aux pieds de Rocambole.

Celui-ci l'arrêta et, la forçant de se rasseoir :

— Vous m'avez donné l'occasion de sauver à la fois deux personnes d'un désespoir éternel, vous et votre mari, lui dit-il, le plus heureux de nous deux en ce moment, c'est peut-être moi, madame.

XLV

LE CHATIMENT

Quand ses terreurs furent entièrement calmées, lorsqu'en outre Rocambole lui eut affirmé qu'elle n'avait pas même à redouter l'embarras où pourrait la mettre un entretien avec son mari sur ce sujet, celui-ci lui ayant déclaré son intention formelle de n'en jamais parler, la comtesse, après une longue hésitation, se décida à adresser à son sauveur une question qui semblait avoir peine à sortir de ses lèvres :

— Monsieur Portal, lui dit-elle en rougissant légèrement, il est un point que nous avons passé sous silence et dont il a dû être question cependant.

— Que voulez-vous dire, madame ?

— Parmi les témoignages qui s'élevaient contre moi, il en est un que cet homme n'a pu oublier, qu'il a dû mettre sous les yeux du comte et que vous avez vu conséquemment.

— De qui voulez-vous parler, madame ?

— Mais de... de mon enfant, répondit Rita avec émotion et en baissant la voix.

Il y eut un moment de silence.

Voyant enfin qu'il ne répondait pas, la jeune femme leva les yeux sur Rocambole et elle fut frappée de la gravité empreinte sur ses traits :

— Eh bien, monsieur, lui dit-elle devenue toute tremblante sans savoir pourquoi, que s'est-il donc passé en face de cet enfant ?

— Nous ne l'avons pas vu, madame.

— Comment sir Ralph n'a-t-il pas songé à le mettre sous les yeux du comte ?

— Il ne le pouvait pas.

Rocambole avait prononcé ces derniers mots avec un accent qui avait fait tressaillir la comtesse.

— Elle le regarda fixement et lui dit d'une voix atterrée par l'émotion :

— Vous me faites trembler, monsieur ; pourquoi ne le pouvait-il pas ?

— N'insistez pas, madame, croyez-moi, et contentez-vous de l'heureuse nouvelle que je viens de vous apporter.

— Non, non, vous me cachez quelque chose, monsieur, quelque chose d'affreux, dit la jeune femme d'une voix agitée, mais je veux savoir la vérité, quelle qu'elle soit ; je vous en supplie, parlez donc, est-ce que ?...

Elle s'arrêta tout à coup, puis, se levant brusquement et dardant sur Rocambole un regard effaré :

— Grand Dieu ! balbutia-t-elle, je crains de comprendre votre silence ; est-ce que... est-ce qu'il serait m...

Pour toute réponse, Rocambole laissa tomber sur la comtesse un regard dont l'expression pleine de pitié fut pour elle un trait de lumière.

— Il est mort ! il est mort ! s'écria-t-elle en se laissant retomber sur son fauteuil, où elle se tordit de douleur.

Rocambole ne chercha pas à la consoler par des paroles banales.

Il la laissa pleurer.

— Pauvre enfant ! pauvre enfant ! murmurait la jeune femme, en essuyant les larmes qui ruisselaient sur son visage, quelle destinée a été la sienne ! Venu au monde dans un lieu infâme, au milieu des transes, des larmes, des tortures d'une mère qui se voyait menacée de mort ; privé des baisers de cette mère désespérée, aux bras de laquelle on l'arrache aussitôt né pour le jeter aux mains d'une étrangère, pauvre enfant ! Quel a été son sort ici-bas et pourquoi Dieu a-t-il permis qu'il vît le jour?

Elle ajouta en levant sur Rocambole un regard plein d'angoisse :

— Et qui sait si sa mort n'est pas le résultat d'un crime ! Pauvre petit ! Quand je songe à l'homme qui s'était emparé de lui, je tremble de...

— Non, madame, répondit vivement Rocambole, rassurez-vous, il est mort comme tant d'autres enfants, emporté par une convulsion.

— Ah ! si sa mère eût été là, elle l'eût disputé à la mort, elle l'eût sauvé ; mais le pauvre petit être n'avait pas de mère près de son berceau, sa faute la condamnait à vivre loin de lui, et c'est lui, lui, innocente victime, qui a porté la peine de cette faute. Ah ! monsieur, il me fallait un châtiment, et Dieu me l'envoie ; je porterai là, au fond du cœur, un deuil éternel.

— Je vous laisse tout entière à votre douleur, madame, lui dit Rocambole, adieu et à bientôt, car j'aurai des comptes à vous rendre et de nouveaux renseignements à vous donner.

Il ajouta au moment de s'éloigner :

— Permettez-moi une recommandation, madame.

— Parlez, monsieur Portal.

— C'est qu'après-demain qu'aura lieu le mariage de mademoiselle Tatiane Valcresson avec sir Ralp, et c'est demain soir, contre la coutume, que M. Mauvillars célèbre cette union par une fête, un bal masqué, ce qui s'explique d'ailleurs par la détermination qu'a exprimée sir Ralph de partir avec sa jeune femme, immédiatement après la cérémonie ; eh bien, madame, croyez-moi, vous qui avez déjà montré tant d'énergie, tant de force de caractère dans les terribles épreuves que vous avez eu à traverser, faites un dernier, un suprême effort pour renfermer votre douleur en vous-même et vous montrer à cette fête calme et souriante aux bras de votre mari.

— Merci, monsieur Portal, merci de votre conseil, je ferai tous mes efforts pour le suivre.

Il pressa la main que lui tendait la comtesse et sortit.

Une demi-heure après, il était de retour rue Amelot.

En entrant dans le petit salon, il se trouva en face d'un tableau qui le fit sourire et lui fit faire tout bas cette réflexion :

— Qui eût jamais cru !...

C'est que ce tableau, fort étrange en effet pour qui connaissait le passé, représentait la petite muette plongée dans un vaste fauteuil, et en face d'elle, assis sur un tabouret, Rascal, l'homme aux bras rouges, les mains en l'air et les doigts occupés par un écheveau de laine que Jeanne dévidait avec une gravité de matrone.

— Je vois que vous êtes bons amis, dit Rocambole à Rascal.

— C'est-à-dire, s'écria celui-ci en jetant sur la muette un regard ravi que cette petite ferait de moi tout ce qu'elle voudrait et que je me demande à toute minute comment j'ai pu la brutaliser autrefois au lieu de l'adorer comme un petit ange.

— Cela prouve qu'autrefois tu étais un sauvage et qu'aujourd'hui tu es un homme. Mais nous avons à causer, il faut remettre à plus tard cette grave occupation.

Mécontente d'être dérangée, Jeanne se leva d'un bond, enleva l'écheveau des doigts de Rascal, fit comprendre à Rocambole qu'elle n'était pas du tout satisfaite de lui et sortit avec une moue très-prononcée.

XLVI

RÈGLEMENT DE COMPTES

Quand il se vit seul avec Rascal, Rocambole dit à celui-ci :

— J'ai laissé sir Ralph anéanti sous les étonnements successifs que je lui avais préparés et atterré sous la menace de le dénoncer comme le meurtrier de l'enfant trouvé dans la cave des époux Claude. Il était loin de soupçonner la source à laquelle j'avais puisé ce dernier renseignement.

— Il voit toujours en moi un instrument dévoué, comme je l'étais à l'époque où nous avons transporté, de Meudon à Vanves, le pauvre petit être, emporté par les convulsions, comme je vous l'ai dit.

— Qu'as-tu appris de neuf aujourd'hui?

— Un double meurtre accompli sur la personne de deux domestiques de l'hôtel Meurice, où demeurent les deux complices, et dans lequel je crois entrevoir la main de sir Ralph.

— Qui te le fait croire ?

— Il est sorti avec l'un et l'autre successivement, dans l'espace d'une demi-heure ; ni l'un ni l'autre n'a reparu, et l'un des deux a été assassiné près du pont, on en a acquis la certitude.

— Et l'autre?

— L'autre, au dire de sir Ralph, doit être, à coup sûr, l'assassin de son camarade, ce qui ne me paraît pas prouvé du tout.

— Bon ! j'irai flâner ce soir du côté de l'hôtel Meurice et je tâcherai d'éclaircir ce mystère. En attendant, je vais retourner de suite à Aubervilliers, où j'ai rendez-vous avec trois personnes entre six et sept heures. Veux-tu m'y accompagner?

— Volontiers, maître.

— Partons donc, la voiture qui m'a amené ici nous attend à la porte.

Un instant après, cette voiture les emportait vers la Villette, et, au bout d'une heure, elle s'arrêtait rue du Fort, à la porte d'un marchand de vin, situé à peu de distance de la rue du Pont-Blanc.

Il passa dans un cabinet réservé, où le suivit le patron de l'établissement dont il paraissait être connu.

— Personne n'est encore arrivé? lui demanda Rocambole.

— Pas encore, monsieur.

— Rascal, dit-il bas à celui-ci, tu vas rester là, dans la salle commune ; tu introduiras près de moi le premier arrivé et tu feras en sorte que les autres ne causent pas entre eux.

— Compris, répondit celui-ci, faut pas qu'on jabote, ce serait dangereux, j'y aurai l'œil.

Rascal et le marchand de vin sortirent, laissant Rocambole seul dans le cabinet, maigrement éclairé par une chandelle.

Il y était depuis cinq minutes à peine, quand la porte s'entr'ouvrit, laissant passer la tête de Rascal.
— Qui est arrivé? lui demanda Rocambole.
— La personne du sexe.
— Fais entrer.

Rascal se retira et une femme franchit le seuil du cabinet.

C'était madame Morel.

Quand elle eut refermé la porte :

— Madame Morel, lui dit Rocambole, vous avez joué votre comédie avec une intelligence, un aplomb, un naturel dignes des plus grands éloges, vous m'avez aidé puissamment dans la mission que je m'étais imposée de réparer le mal qu'avait fait le misérable sir Ralph, et vous avez largement gagné la récompense que je vous ai promise.

Il ouvrit un porte-monnaie, y prit un billet de banque et le remit à la sage-femme, en lui disant :
— Étes-vous contente?

Celle-ci ouvrit le billet et ses traits s'épanouirent aussitôt.

— Cinq cents francs ! s'écria-t-elle d'un air aussi ravi que si elle eût vu les cieux s'entr'ouvrir à ses regards.

— Pour une bonne action, dit Rocambole, ce qui est rare, on ne paye que les mauvaises.

— Oh! merci, dit madame Morel en faisant une révérence, merci, monsieur...

— Monsieur tout court, répliqua Rocambole, je n'ai pas d'autre nom en ce moment.

Il ajouta, de manière à lui faire comprendre qu'il ne lui restait plus qu'à se retirer :
— Allons, au revoir, madame Morel.

La sage-femme comprit et sortit.

Un instant après, la tête de Rascal reparaissait dans l'entrebâillement de la porte.

— C'est le garçon de bureau, dit-il.

Un homme d'une quarantaine d'années entra.

Il jetait des regards inquiets à droite et à gauche et paraissait fort peu rassuré.

— Ne tremblez donc pas comme cela, lui dit Rocambole, vous n'avez rien à craindre ici; personne ne peut entendre ce qui se passe entre vous et moi dans ce cabinet.

— C'est que, voyez-vous, monsieur, dit le garçon, j'ai commis un acte bien grave en abusant de la confiance qu'on m'accorde pour apporter ici les deux registres des naissances, sachant bien que c'était pour faire disparaître une inscription; un faux, monsieur, oui, un faux pour lequel je risquais le bagne.

— Heureusement, répondit Rocambole, tout s'est passé pour le mieux ; vous n'avez fait de mal à personne, au contraire, et cet acte de complaisance va vous sortir de tous les embarras et de tous les dangers que vous créaient vos dettes. En voici la liste, ajouta-t-il en jetant un coup d'œil sur un papier qu'il tira de sa poche, total : treize cents francs.

Il puisa de nouveau au porte-monnaie et remit au garçon de bureau un billet de mille francs et trois de cent francs chaque.

Celui-ci sortit, non moins heureux que la sage-femme. Rascal reparut aussitôt, suivi d'un individu qu'il fit entrer.

Celui-là était M. Robertson, expert, trop expert en écritures, genre de talent dont, on s'en souvient, il avait donné un échantillon à Rocambole en son domicile de la rue du Foin-Saint-Jacques

— Monsieur Robertson, lui dit Rocambole, vous avez accompli un véritable miracle : le vieil employé de la mairie, après un minutieux examen, a pris votre écriture pour la sienne. Or, voici comment je décompose ma dette vis-à-vis de vous : 1° pour avoir fait le trajet de Paris à Aubervilliers par une soirée froide et pluvieuse, cinq cents francs; 2° pour avoir passé deux heures dans ce cabinet pour corriger une erreur sur deux registres, mille francs; 3° retour à Paris par le même temps froid et pluvieux, cinq cents francs, ce qui nous fait un total de deux mille francs, que je vais vous compter à l'instant si vous approuvez mon compte.

— Je l'approuve ! s'écria Robertson avec transport.

— Voilà donc deux billets de mille francs, et bonne chance, monsieur Robertson !

— Et si jamais vous avez besoin de moi... dit celui-ci en empochant les deux billets.

— Soyez tranquille, je me souviendrai de vous.

XLVII

UNE MAUVAISE JOURNÉE

Sir Ralph, lui aussi, avait repris le chemin de Paris, mais dans une triste disposition d'esprit, comme on se l'imagine.

Il arriva vers neuf heures à l'hôtel Meurice, où Mac-Field l'attendait avec une vive impatience.

La première question que lui adressa ce dernier en le voyant entrer trahit tout de suite le principal objet de ses préoccupations.

— Eh bien, lui dit-il, vous avez le million de la comtesse?

— Nous en sommes loin, répondit sir Ralph en se jetant dans un fauteuil avec l'expression d'un profond découragement.

— Comment! s'écria Mac-Field stupéfait, elle a refusé?

— Oui, positivement.

Et de plus, elle m'a chassé.

— Et vous ne l'avez pas menacée de tout révéler à son mari?

— Je n'y ai pas manqué !

— Eh bien?

— Eh bien, elle a envoyé elle-même chercher son mari, avec lequel elle m'a laissé en lui disant que j'avais une communication à lui faire.

— C'est prodigieux. Mais qu'avez-vous fait alors?

— Voyant qu'il n'y avait plus rien à attendre de la femme, j'ai tout dit au mari, dans l'espoir de tirer de lui une bonne somme en m'engageant à ne rien révéler d'une histoire qui devait porter une rude atteinte à sa considération.

— Le coup a dû porter?

— En plein, et j'allais lui poser mes conditions, lorsqu'un homme se fait annoncer, entre malgré le comte, force celui-ci à l'entendre, déclare qu'il connaît le sujet de notre entretien, et s'engage à prouver

La foule se pressait à la Morgue, pour voir deux cadavres étendus sur les dalles... (Page 330.)

que mes prétendues révélations ne sont que d'infâmes calomnies.

— Que vous importaient les déclarations de cet homme? N'étiez-vous pas en mesure de prouver le contraire?

— Je le croyais du moins.

— Vous le croyiez! s'écria Mac-Field; ah! çà, à quoi songez-vous donc? N'aviez-vous pas, à l'appui de vos affirmations, deux témoignages écrasants : la déclaration de la sage-femme d'Aubervilliers et surtout l'inscription de la naissance de l'enfant sur les registres de l'état civil?

— Oui, oui, j'avais tout cela, la femme Morel, que j'avais vue la veille, était prête à déclarer toute la vérité, et les deux registres de la mairie, que je m'étais fait ouvrir quelques jours après la naissance de l'enfant, contenaient bien l'inscription de cette naissance avec mention de la mère, la comtesse de Sinabria, ainsi déclarée par la femme Morel.

42ᵉ LIVRAISON.

— Eh bien, alors?

— Eh bien alors, la sage-femme, interrogée par nous, a déclaré n'avoir jamais mis les pieds au cabaret de *la Providence*, ni entendu parler d'une comtesse de Sinabria.

— La misérable! elle avait été gagnée.

— Nous courons à la mairie, nous demandons un extrait de l'acte de naissance de l'enfant inscrit sous le nom de Henri, fils de la comtesse de Sinabria, et là... je crus à un accès de folie, cette inscription que j'avais lue de mes propres yeux avait disparu de la place qu'elle occupait sur les deux registres et y était remplacée par une autre.

— Par exemple! voilà qui passe toute croyance, s'écria Mac-Field atterré.

— Savez-vous qui avait accompli ce miracle? ajouta sir Ralph; l'individu qui était entré de force chez le comte pour lui déclarer qu'il n'y avait pas un mot de vrai dans mon histoire.

— Mais quel est donc cet homme?
— Cet homme, c'est M. Portal.
— Lui! s'écria Mac-Field avec un sifflement de colère. Ah! j'avais bien dit qu'il nous serait fatal.

Il ajouta, après une pause :
— Mais comment a-t-il pu faire disparaître de deux registres?...
— Ah! voilà ce qu'il ne m'a pas dit; il s'est contenté de me déclarer qu'il avait soufflé sur mes preuves et les avait fait évanouir.
— Mais c'est un démon que cet homme-là!
— Démon redoutable, dont le nom seul me fait trembler, je l'avoue. Savez-vous les paroles qu'il m'a laissées pour adieu? Il m'a dit : « A la moindre tentative contre moi ou ceux que je protége, je vous dénonce, vous et votre complice Mac-Field, comme les meurtriers des époux Christiani.
— Il sait cela! s'écria Mac-Field.
— Il sait tout, même la mort de l'enfant de la comtesse et son transport dans la maison de Claude, où il vient d'être découvert par la police.
— Vous avez raison, murmura Mac-Field, c'est un ennemi bien redoutable que ce M. Portal.

Il reprit, après un long silence :
— Décidément, sir Ralph, nous traversons à cette heure une phase terrible, car moi aussi j'ai une fâcheuse nouvelle à vous apprendre.
— Ah! fit sir Ralph en se troublant tout à coup.
— Vous vous rappelez que j'ai prié Baptiste, le domestique de l'hôtel, de nous tenir au courant du drame de la rue de la Sourdière, en lui disant que cette affaire m'intéressait très-vivement?
— Oui, je me rappelle.
— Eh bien, il est allé avec un camarade chez le commissaire de police, où étaient, il y a quelques heures encore, les cinq doigts trouvés au bord de l'égout.
— Il les a vus?
— Oui, et son camarade a déclaré qu'il croyait reconnaître l'anneau attaché à l'un de ces doigts comme ayant appartenu à Peters, le domestique anglais disparu depuis deux jours.
— En effet, murmura sir Ralph, voilà qui est mauvais; cependant cet homme n'a exprimé qu'un doute, et si nous avons la chance que le corps ne se retrouve pas dans les égouts, cet incident perd toute son importance.
— Il a suffi cependant pour donner l'éveil et je sais que le patron de l'hôtel est allé en ce moment à la Morgue, où doit être exposé ce corps, s'il a été retrouvé.
— Si j'y courais moi-même! s'écria sir Ralph; il est de la plus haute importance que nous soyons renseignés sur ce point avant tout le monde, afin de prendre nos mesures en conséquence. Si je vois sur les dalles le corps de Peters, nous n'avons qu'un parti à prendre, partir au plus vite, sans perdre une minute.
— Il est peut-être dangereux que l'un de nous se montre par là, répondit Mac-Field; mais d'un autre côté, il est essentiel, comme vous le dites, que nous sachions au plus vite à quoi nous en tenir.
— Partons, dit sir Ralph, munissez-vous de nos papiers, j'entrerai à la Morgue, en blouse et en casquette, vous m'attendrez aux environs et si je reconnais Peters, nous filons.

Ce plan arrêté, Mac-Field et sir Ralph allaient sortir, lorsqu'on frappa à la porte de la chambre.

Ils échangèrent tous deux un regard plein d'anxiété.
— On sait que nous sommes ici, dit enfin sir Ralph; refuser d'ouvrir serait une imprudence fort grave et d'ailleurs inutile.

Et il cria :
— Entrez !

La porte s'ouvrit et un homme entra.
Les deux complices furent aussitôt rassurés.
C'était Baptiste.
Il était pâle et semblait être sous le coup d'une vive émotion.
— Monsieur, dit-il à Mac-Field après avoir fermé la porte, vous m'avez recommandé de vous tenir au courant de l'affaire de la rue de la Sourdière, c'est pour ça que je viens.

Mac-Field fit un effort pour ne pas trahir son trouble.
— Ah! ah! fit-il d'un air dégagé, nous avons donc du nouveau?
— Oui, milord.
— Eh bien, contez-nous cela, Baptiste.
— Monsieur, reprit Baptiste, j'arrive de la Morgue, où je suis allé avec mon maître.
— Eh bien, qu'avez-vous vu?
— Ah! milord, quelque chose d'horrible.
— Quoi donc? parlez.
— Il y avait beaucoup de curieux, et cela se comprend, car deux hommes étaient étendus sur les dalles.
— Et ces hommes, demanda vivement Mac-Field, où avaient-ils été trouvés?
— Dans les égouts.
— Ah! fit sir Ralph.
— Tous deux? demanda Mac-Field.
— Tous deux, oui, milord.
— Et demanda sir Ralph en hésitant, est-ce que Peters?...
— Oui, milord, l'un des deux était Peters.
— Vous l'avez reconnu?
— Nous l'avons reconnu, mais pas à son visage.
— Comment cela?
— Ah! milord, quel tableau ! lui et son compagnon n'avaient plus de figure, elle avait été rongée par les rats; et ce qu'il y a d'affreux à penser, c'est qu'ils ont été dévorés ainsi de leur vivant.
— Qui vous fait croire cela?
— D'abord Peters, quand on l'a trouvé, en tenait un dans ses doigts raidis, ce qui prouve qu'il y a eu lutte, que lui et son compagnon ont dû être attaqués par une bande de ces animaux, que l'envahissement subit des égouts avait sans doute chassés vers la bouche dans laquelle avaient été jetés les deux hommes. On suppose que dans leur chute ceux-ci ont dû se cramponner à ces petites barres de fer qui, scellées dans le ciment, forment une espèce d'escalier dans chaque regard d'égout, et que c'est là qu'avant de s'engloutir ils ont eu à soutenir un combat acharné contre une armée de rats affolés, furieux, rendus enragés par le débordement des eaux.
— Vilaine mort, en effet, murmura Mac-Field.

— Mais, fit observer sir Ralph, comment avez-vous pu reconnaître Peters dans un individu dont la figure était dévorée par les rats.

— Nous l'avons reconnu à sa main droite coupée juste à la naissance des doigts.

— Ce qui a dû le gêner dans son combat contre les rats, dit Mac-Field affectant toujours une grande liberté d'esprit; allons, allons, voilà un homme qui n'a pas eu d'agrément et dont le dernier soupir a manqué de gaieté.

— Oh! oui, milord, répliqua Baptiste en frissonnant de tous ses membres.

— Alors, reprit Mac-Field, si cet individu est bien réellement Peters, il est clair que ce n'est pas lui qui a assassiné le cocher Jack, comme on l'avait supposé.

— Evidemment, milord.

— Comment explique-t-on la mort de Peters dans un égout?

— Voilà; on suppose qu'ils étaient trois associés, trois complices, que le troisième devait se trouver avec Peters au rendez-vous donné à celui-ci par Jack, que, sachant sans doute Peters nanti d'une forte somme, fruit des vols commis en commun, il aura suivi celui-ci jusque chez le docteur où il accompagnait sir Ralph, que, le voyant sortir seul, il aura trouvé le moyen de l'attirer vers cette bouche d'égout, avec le projet arrêté de l'y précipiter, et que dans la lutte il aura été saisi et entraîné par sa victime. Dans l'impossibilité où l'on est d'établir la vérité, voilà, milord, les conjectures auxquelles on s'est arrêté, quant à présent, mais, au moment où je vous parle, mon camarade, celui qui a reconnu la bague d'argent de Peters, est à la préfecture de police, où il a été appelé pour y donner tous les renseignements qui sont à sa connaissance.

— Ah! dit vivement sir Ralph, la police s'occupe de cette affaire?

— Oui, milord, et si vous le voulez, puisque cela vous intéresse, dès que mon camarade sera de retour, je l'interrogerai et vous ferai part de ce qu'il m'aura appris.

— Volontiers, répondit Mac-Field, ce pauvre Peters nous a servis quelques jours et il m'inspire la plus vive sympathie.

— Vous n'avez pas besoin de mes services, milord?

— Pas en ce moment, Baptiste.

Quand celui-ci se fut retiré :

— Eh bien, demanda sir Ralph, que dites-vous de la situation?

— Voilà mon avis, répondit Mac-Field, la police ne donnera nullement dans la fable d'un troisième complice et de toutes les conjectures qui en découlent : elle sera frappée de ce fait que deux hommes, sortis coup sur coup avec un certain sir Ralph, ont été assassinés l'un et l'autre, et cela dans l'espace d'une demi-heure; alors, sans laisser percer le moindre soupçon à l'égard de sir Ralph, sans paraître aucunement se préoccuper de lui, elle ouvrira une enquête secrète à l'effet de connaître l'identité de sir Ralph et de Mac-Field d'abord, puis de Peters et de Jack. Cela durera bien trois jours, pendant lesquels nous n'avons rien à redouter. Or, c'est demain soir qu'a lieu la grande soirée des fiançailles, c'est après-demain votre mariage; acceptez demain soir ce que vous a proposé M. Mauvillars, la dot sans la femme, vous filez immédiatement après la cérémonie, ce à quoi la police ne s'attend pas, et le soir même nous sommes en Belgique, avec la dot en poche.

— Oui, le plan est parfait, répondit sir Ralph.

— Je le crois sûr, mais soyons sur nos gardes et ne nous rendons à la soirée de demain qu'avec un revolver chargé et tout armé dans nos poches.

XLVIII

RETOUR A LA VILLA

Il est temps de revenir à un personnage dont nous n'avons pas parlé depuis bien longtemps et auquel, nous l'espérons du moins, le lecteur a dû s'intéresser, c'est Louise Prévot, la mère de la petite muette.

On sait que, par les soins de Pierre Valcresson, la gracieuse villa de Fontenay-aux-Roses avait retrouvé son éclat et sa splendeur d'autrefois.

Comme alors, les roses grimpantes la couvraient tout entière, tapissaient le toit dans toute son étendue et retombaient de là, comme de longs rideaux, à quelques pieds du sol.

Le jardin aussi était redevenu cet éblouissant fouillis de fleurs, qui rappelait toujours, aux regards charmés des passants, l'image du paradis terrestre.

Et afin que l'illusion fût complète et rappelât à chaque pas le passé au souvenir de la pauvre folle, Pierre Valcresson avait employé le même jardinier, afin qu'il répandît à profusion les mêmes plantes et les mêmes fleurs qui jadis frappaient à toute heure les regards de l'infortunée.

Dans ce milieu enchanté où elle vivait sans cesse, Louise Prévot avait recouvré rapidement le calme et la sérénité qui lui manquaient depuis longtemps, et sa mémoire, incessamment excitée par l'aspect des objets qu'elle avait eus si longtemps sous les yeux, lui rappelait un à un, par fragments confus d'abord, puis de plus en plus lumineux, des souvenirs auxquels se mêlait parfois l'image de son enfant.

Le lecteur a pu s'étonner de voir Jeanne demeurer près de Rocambole et de Vanda, tandis que son père et sa mère vivaient à la villa de Fontenay. C'est que telle avait été la volonté expresse du médecin qui, craignant l'accumulation des souvenirs et des impressions dans cette tête encore si faible, s'était réservé de juger plus tard du moment où il trouverait opportun de faire venir l'enfant près de sa mère.

Ce jour vint enfin.

L'apaisement s'était fait dans l'âme de la jeune femme, dont le regard plein de douceur et les traits calmes et reposés n'offraient plus aucune trace d'exaltation.

Depuis quelques jours, elle parlait plus fréquemment de son enfant, elle rappelait toutes ses gentillesses, tout son charme et toutes ses grâces naïves avec une émotion de plus en plus accentuée, mais se la représentant toujours enfant, toujours petite et rieuse, étourdie et folle, comme à l'heure où elle s'était effacée de son esprit envahi par la folie.

— Non, mon amie, elle n'est plus ainsi, lui disait souvent Pierre Valcresson, il s'est écoulé bien du temps depuis que tu es malade, depuis le jour où il a fallu l'emmener loin de toi.

Et comme elle ne pouvait se faire à l'idée que son enfant ne fût plus telle qu'elle l'avait toujours connue, telle qu'elle était restée dans sa mémoire, Pierre Valcresson lui avait dit, en lui montrant un arbre de son jardin :

— Tiens, mon amie, tâche de rappeler tes souvenirs, voici un bouleau, aujourd'hui très-gros et donnant beaucoup d'ombrage, qui jadis, c'est Jeanne qui me l'a dit, pouvait tenir dans ses deux petites mains ; eh bien, c'est ainsi que Jeanne s'est développée, c'était alors un arbuste, aujourd'hui c'est un petit arbre.

Puis il lui montrait deux photographies de l'enfant, l'une exécutée autrefois, quand elle avait quatre ans, par un habile photographe chez lequel l'avait conduit sa mère, qui s'en souvenait parfaitement ; l'autre, faite tout récemment, et dont la tête conservait quelques traits de la première, dont elle différait cependant sur beaucoup de points, et il lui disait :

— Voilà notre petite Jeanne telle que tu l'as connue, et la voici telle qu'elle est aujourd'hui.

— Non, non, ce n'est plus elle, disait Louise Prévot en secouant tristement la tête, on l'a changée, ce n'est plus elle.

Un jour qu'assise sous la tonnelle près de Pierre Valcresson, elle avait avec lui un entretien tantôt sensé et suivi, tantôt mêlé de divagations, elle lui dit tout à coup :

— Je voudrais voir mes deux Jeanne.

Pierre Valcresson, qui portait toujours sur lui les deux portraits, afin de les lui mettre fréquemment sous les yeux, les tira de sa poche et les lui montra.

Elle les contempla longtemps l'un après l'autre, puis posant le doigt sur celui qui datait de quelques jours :

— Oui, dit-elle d'une voix attendrie, oui, elle est bien changée. C'est égal, je sens que je l'aime toujours, et je voudrais la voir.

Et se tournant vivement vers M. Valcresson :

— Où est-elle donc? demanda-t-elle.

— Elle est chez des amis qui l'aiment et la soignent comme leur propre fille, répondit Pierre.

— Pourquoi pas près de moi?

— Parce que tu étais malade et qu'il te fallait un repos complet, ma chère Louise.

— Oui, je me rappelle, dit la jeune femme en touchant son front, j'ai été bien malade.

Elle ajouta après une pause :

— Mais je vais bien maintenant, elle peut revenir près de moi.

— Elle viendra demain, mon amie, je vais écrire à cet effet à M. Portal et à madame Vanda, qui ont été un père et une mère pour notre petite Jeanne.

— Je serai bien heureuse de les connaître, dit Louise.

Le lendemain Rocambole recevait une lettre par laquelle Pierre Valcresson le priait de venir dîner avec Vanda et sa chère petite Jeanne, ajoutant qu'il était heureux de lui apprendre que la lumière se faisait de jour en jour dans l'esprit de la pauvre Louise et qu'il croyait pouvoir compter sur une prochaine et complète guérison.

Rocambole s'empressa de communiquer cette nouvelle à Jeanne, qui sauta de joie à la pensée de revoir sa mère, dont Vanda l'entretenait longuement depuis quelque temps, et de courir dans le beau jardin qui se dégageait comme une ravissante vision de ses souvenirs d'enfance.

Toutes ces joies furent doublées encore par la perspective d'une ravissante toilette préparée depuis quelques jours en vue de quelque circonstance solennelle et qu'elle allait mettre pour la première fois à cette occasion.

A trois heures elle était prête et on n'attendait plus que le chapeau.

Enfin, à quatre heures, Rascal qui était parti au pas de course chez la modiste, rentrait rue Amelot avec un carton, qu'il tenait au bout des doigts comme s'il eût été de verre.

Dans sa joie, Jeanne avait embrassé l'homme aux bras rouges.

Il était près de six heures quand Rocambole, Vanda et Jeanne arrivèrent à la villa de Fontenay.

La première personne qu'ils aperçurent en entrant fut Milon, qui, ont le sait, s'était constitué le gardien et le protecteur de la pauvre folle pendant les fréquentes absences que Pierre Valcresson était obligé de faire.

— Eh bien, lui dit Rocambole, il paraît que notre chère malade va mieux?

— Pas depuis ce matin, répondit tristement Milon.

— Qu'est-il donc arrivé? demanda vivement Vanda.

— Rien de grave; mais le calme parfait qu'on avait remarqué en elle depuis quelque temps et que le docteur considérait comme un excellent symptôme a disparu tout à coup pour faire place à une sombre agitation. Elle parcourt incessamment la maison du haut en bas et le jardin jusque dans ses moindres recoins, s'arrêtant à chaque instant devant une plante, devant un arbre, devant un banc de pierre et regardant chaque objet avec un mélange de surprise et d'émotion, comme si elle le voyait pour la première fois.

— A-t-on prévenu le médecin?

— Oui.

— Qu'a-t-il dit?

— Il est venu, il l'a suivie partout, il a étudié ses gestes, ses regards, ses expressions de physionomie, puis il nous a prévenus qu'il se préparait une grande crise dont il était impossible de prévoir le résultat, mais qui exigeait de notre part une surveillance de tous les instants. Bref, il m'a paru fort inquiet.

— Pauvre femme! murmura Rocambole, qui sait si ce n'est pas la crise suprême qui se prépare? Ah! le cœur ne subit pas impunément de pareilles tortures.

Pierre Valcresson arriva en ce moment. Ses traits portaient l'empreinte d'une profonde angoisse.

— Milon vous a dit ce qui se passe, n'est-ce pas dit-il à Rocambole.

La femme venait de rouler sur le sol et le chien lui fouillait la gorge avec ses crocs aigus. (Page 336.)

— Et vous nous en voyez très-affligés.
— N'en laissez rien paraître; son regard se porte partout avec une expression qui m'inquiète; observez-vous donc, je vous en prie, et feignez de ne pas vous occuper d'elle.
— Rassurez-vous, nous nous conformerons à votre recommandation.
— Vu l'extrême douceur de la température, j'ai fait dresser la table dans le jardin, près de la maison, afin qu'elle ait toujours sous les yeux un tableau agréable, comme le désire le docteur; venez donc et mettons-nous à table sans lui adresser la parole.
On passa dans le jardin.
La jeune femme était déjà à table en effet.
Tout le monde y prit place sans faire attention à elle.
Elle, au contraire, portait son regard sur chacun des convives et fixait l'un après l'autre les trois nouveaux venus, comme si elle eût voulu lire au fond de leurs âmes.

Tout à coup elle tira de sa robe deux cartes, les deux portraits de Jeanne, les considéra quelques instants avec une vive émotion, puis, étendant brusquement la main vers la petite muette :
— C'est Jeanne ! s'écria-t-elle.
Elle ajouta en désignant la place qu'occupait Rocambole à ses côtés :
— Pourquoi n'est-elle pas là, près de moi?
Rocambole se leva en faisant un signe à Jeanne, qui vint prendre sa place.
Alors Louise, prenant l'enfant par le menton, lui releva doucement la tête en lui disant :
— Regarde-moi en face, que je voie tes yeux.
Jeanne fixa sur elle ses grands yeux expressifs, à la fois pleins de douceur et de pénétration.
La pauvre folle la regarda longtemps.
Immobile comme si elle eût été de pierre, dardant sur l'enfant son regard ardent et profond, elle rappelait vaguement le sphynx antique posant au voyageur ses redoutables énigmes.

— Oui, oui, balbutia-t-elle enfin d'une voix frémissante et l'œil traversé tout à coup d'un rayonnement extraordinaire, oui je la reconnais, c'est elle, c'est ma petite Jeanne, qui courait dans ce jardin après les papillons.

Puis, passant lentement ses doigts dans les beaux cheveux de l'enfant :

— Et toi, lui demanda-t-elle, me reconnais-tu?

La petite muette semblait elle-même très-émue. Ce regard maternel, si profond et si tendre à la fois, elle se le rappelait comme dans un rêve.

Il réveillait en elle tout un passé radieux et vague comme une vision, tout un monde de souvenirs confus et charmants, images insaisissables flottant dans un azur lumineux, fouillis étincelant où se mêlaient étrangement des masses de fleurs, des vols de papillons, des étincellements de soleils, de blanches clartés de lune, des gazouillements d'oiseaux, et planant au-dessus de tous ces enchantements, comme un paradis toujours ouvert, le doux sourire et les grands yeux de sa mère.

Et ces beaux yeux qui avaient rayonné sur toute son enfance elle les reconnaissait en ce moment.

Alors des larmes jaillirent tout à coup de ses yeux et, se jetant au cou de sa mère, elle l'embrassa avec un débordement de tendresse qui bouleversa la jeune femme et la fit sangloter à son tour.

Quelques minutes se passèrent dans ces effusions, puis la jeune femme éloigna l'enfant pour la regarder de nouveau et elle lui dit :

— Tu me reconnais donc?

Jeanne répondit par un signe de tête affirmatif.

— Pourquoi ne parle-t-elle pas? demanda Louise Prévôt en promenant son regard autour de la table.

— Elle est muette, répondit Pierre Valcresson.

— Muette! c'est faux, elle parlait autrefois, je me rappelle sa voix, elle chante encore dans mon cœur et dans mes oreilles.

Elle se tut, parut réfléchir, puis elle murmura en se touchant le front :

— Muette!... Attendez donc, je vous ai entendus raconter un jour une histoire... ou bien, n'est-ce pas plutôt un rêve?... Oh! oui, oui, c'est trop horrible, c'était un rêve... Une enfant entraînée dans un repaire de bandits, une horrible vieille, des ciseaux à la main, lui ouvrant la bouche de force, et...

Elle se leva tout à coup; un profond sentiment d'horreur contracta ses traits, et plongeant dans les yeux de l'enfant un regard brûlant d'angoisse :

— Ouvre ta bouche, que je voie! lui dit-elle toute frémissante.

Jeanne obéit.

Alors un cri terrible, déchirant, dans lequel éclatait une souffrance surhumaine, s'échappa de la poitrine de l'infortunée.

Elle tomba à la renverse en balbutiant :

— C'est elle! elle... mon enfant, qui a enduré...

La phrase mourut sur ses lèvres. Elle avait perdu connaissance.

LXIX

LA LUMIÈRE DANS LE CHAOS

Plus de dix minutes s'écoulèrent avant que Louise Prévôt reprît l'usage de ses sens.

On l'avait relevée et étendue dans un large fauteuil que Milon était allé prendre dans la maison.

En revenant à elle, elle promena sur tous ceux qui l'entouraient des regards étonnés; puis ses grands yeux bleus se portèrent sur le jardin, qu'elle contempla avec l'expression d'un profond ravissement.

Elle demeura ainsi quelques instants dans une espèce d'extase, les traits empreints de cette douce et profonde béatitude qui rayonne sur le visage des convalescents, puis elle murmura d'une voix pénétrante :

— Que tout cela est beau, mon Dieu! cette terre pleine de fleurs et de parfums, ce ciel tout bleu, cet horizon tout en flammes. Oh! que tout cela est beau!

Tournant ensuite ses regards vers ceux qui, groupés autour d'elle, la regardaient avec une curiosité inquiète :

— Rassurez-vous, leur dit-elle avec un charmant sourire, la nuit qui enveloppait mon esprit vient de se dissiper tout à coup, et c'est mon enfant, c'est ma chère petite Jeanne qui vient d'opérer ce miracle; c'est elle qui, déchirant le voile qui obscurcissait ou dénaturait tout autour de moi, a laissé déborder la sensibilité dans mon cœur et la lumière dans mon intelligence. Oh! je vous reconnais maintenant, vous tous qui passiez devant mes yeux comme des ombres, et dont la voix frappait mon oreille sans éveiller ma pensée; je vous reconnais bien, monsieur Portal, vous aussi, bonne et charmante Vanda, que je vois aujourd'hui pour la première fois, mais dont j'ai entendu prononcer le nom aussi souvent que celui de Jeanne, que vous avez été la mère; je te reconnais, mon excellent Pierre, toi qui as traversé les mers pour apporter le bonheur et le bien-être à ta chère Louise, et toi aussi, pauvre enfant, je te reconnais, toi qu'on m'a enlevée un jour, jour terrible, heure désespérée, où le désespoir tomba comme la foudre dans mon âme, et y fit la nuit. Vous voyez bien tous, enfin, que la pauvre folle a recouvré l'usage de ses facultés, la lucidité de son esprit, et qu'elle voit clair aujourd'hui dans toutes les choses qui s'étaient entassées et emmêlées dans sa pensée, où jusqu'à ce jour elles n'ont formé qu'un sombre et indéchiffrable chaos.

— Louise! oh! ma chère et adorée Louise, s'écria Pierre Valcresson, avec une explosion de joie qui transforma tout à coup sa physionomie, triste et grave depuis son retour.

Et ils tombèrent dans les bras l'un de l'autre, pleurant tous deux, et balbutiant des phrases incohérentes dont la confusion même trahissait toute leur tendresse.

— Ah! s'écria la jeune femme en s'arrachant enfin de ses bras pour attirer à elle son enfant, tout émue elle-même de ce qui se passait sous ses yeux, mon bonheur serait complet maintenant si ma chère petite Jeanne, si jolie, si gracieuse, n'était, pour ainsi dire, rejetée de la société par cette triste infirmité comme je l'étais tout à l'heure encore par...

— Ne rappelons pas ce triste souvenir, lui dit vivement Pierre Valcresson, n'en parle jamais, ma Louise adorée, oublie ces années d'égarement pour ne plus songer qu'au bonheur qui nous attend désormais.

— Et quant à Jeanne, dit à son tour Vanda, ne la plaignez pas trop et ne la croyez pas séparée du monde par cette infirmité, beaucoup moins grave que vous ne pensez. D'abord elle n'est pas privée, comme les autres muets, de la faculté d'entendre, et c'est surtout cette privation qui élève une barrière entre le monde et ces infortunés, et puis elle est si intelligente et s'exprime si clairement par gestes, qu'elle se fait comprendre aussi bien que nous tous par la parole.

— Chère enfant ! ah ! elle ne nous quittera plus maintenant, il faut vous résoudre à nous la rendre, dit Louise en pressant Jeanne contre son sein.

— Ce ne sera pas sans regret, je vous le jure, répondit Vanda, car elle a autant de cœur que d'intelligence et nous l'aimons tous comme si elle était à nous.

Jeanne sourit à ces dernières paroles et envoya de loin une caresse à Vanda.

Puis elle lui fit plusieurs signes que Vanda traduisit à Louise à laquelle ce langage était tout à fait inconnu.

— Elle me dit, expliqua-t-elle, qu'elle consent à se séparer de nous à la condition que nous viendrons la voir.

— Et j'espère bien, moi aussi, que vous lui procurerez souvent ce bonheur.

— Nous l'aimons trop pour y manquer.

— Pauvre chérie ! dit Louise en baisant l'enfant au front, que serait-elle devenue sans vous ! Ah ! quand je songe au monstre entre les mains duquel elle était tombée, à cet odieux Rascal dont j'ai si souvent entendu parler, bourreau sans cœur et sans...

Jeanne prit tout à coup sa mère par la main et la regarda fixement en faisant plusieurs signes de tête négatifs.

— Que veut-elle dire ? demanda Louise étonnée.

— Elle veut dire, répondit Vanda, qu'il ne faut pas dire de mal de Rascal.

— Comment ? s'écria la jeune femme, ce misérable qu'elle avait surnommé l'homme aux bras rouges...

— L'homme aux bras rouges est aujourd'hui son meilleur ami ; il a subi son charme comme tous ceux qui l'approchent, il est devenu son esclave, son chien soumis, attentif à deviner tous ses caprices et toujours prêt à les satisfaire, quels qu'ils soient ; aussi vous voyez comme elle le défend aujourd'hui, elle que son nom seul faisait trembler autrefois.

Pendant ce temps, voici les quelques mots qui s'échangeaient entre Rocambole et Pierre Valcresson :

— Vous rappelez-vous qu'un jour vous m'avez parlé d'un certain Louis Dupré en me racontant la triste histoire de Louise Prévôt ? disait Rocambole.

— Oui, je vous ai dit que cet homme, son mari, était un misérable qui...

— N'en dites plus de mal.

— Pourquoi cela ?

— Je vous avais demandé d'un ton indifférent où demeurait cet homme ; vous me l'avez dit, je suis allé aux renseignements, et...

— Eh bien ?

— Eh bien, il est mort.

— Mort ! répéta Pierre Valcresson avec une émotion qui n'avait rien de triste.

— C'était le seul service qu'il pût rendre à sa femme, il faut lui en savoir gré et n'en plus dire de mal, comme je viens de vous y engager.

— Mort ! murmura M. Valcresson avec une joie contenue, enfin rien ne s'oppose plus à ce que ma chère Louise devienne ma femme !

— Ce sera le couronnement de son bonheur, mais la tête est faible encore, attendez quelque temps avant de lui annoncer cette nouvelle.

L

UN MAUVAIS QUART D'HEURE

Mis en belle humeur par la bonne nouvelle que venait de lui apprendre Rocambole, Pierre Valcresson s'écria en souriant :

— Il me vient une idée maintenant que nous voilà tous heureux, il me semble que ce n'est pas le moment de nous laisser mourir de faim ; si nous dînions ! qu'en dites-vous ?

— L'idée est excellente et je l'approuve, répondit Rocambole.

— Et moi qui oubliais que j'avais des convives ! dit Louise.

— Je vais commander qu'on serve à l'instant même, dit Milon.

Et il courut à la cuisine.

Un instant après une servante arrivait avec la soupière toute fumante et les convives affamés dépliaient leurs serviettes avec un ensemble qui annonçait les dispositions les plus menaçantes à l'endroit des victuailles, quand un bruit extraordinaire, terrifiant, quoique inexplicable, se fit entendre à l'autre extrémité du jardin.

Tous les regards se tournèrent aussitôt de ce côté avec un sentiment de vive appréhension.

Au même instant, la petite porte de bois qui fermait le jardin de ce côté sauta en éclats et un groupe informe, si bizarre et si étroitement uni qu'il était impossible d'en distinguer la nature, fit irruption au milieu des fleurs avec la violence brutale et irrésistible d'une trombe.

Bientôt on entrevit deux êtres enroulés l'un dans l'autre et semblant ne faire qu'un, quelque chose de monstrueux qui rappelait vaguement le centaure de la fable.

Seulement, deux bruits distincts et très-différents sortaient de ce groupe indéchiffrable, des cris humains et une espèce de grognement sourd, furieux et sinistre.

— A moi ! à moi ! au secours ! cria enfin une voix affolée, pleine d'épouvante.

Un moment paralysés, les uns par la surprise, les autres par la peur, les convives murmurèrent tout bas :

— Qu'est-ce que c'est que ça ?

— Je vais voir, dit Rocambole, en mettant la

main dans la poche de sa jaquette, d'où il tira un revolver qu'il arma aussitôt.

— Puis il s'avança vers ce couple indéchiffrable qui caracolait au milieu des fleurs, l'un jetant toujours des cris aigus, désespérés, l'autre ne cessant de faire entendre des grognements étouffés et effrayants.

Quand il ne fut plus qu'à quelques pas, Rocambole jeta un cri à son tour et resta immobile, son arme à la main.

Il paraissait atterré.

Ce qu'il avait sous les yeux c'était une femme et un chien.

La femme venait de rouler dans un parterre de primevères et le chien, se ruant sur elle, lui fouillait la gorge et la figure de ses crocs aigus.

— Tuez-le, je suis perdue! tuez-le, il est enragé! criait la femme d'une voix troublée et défaillante.

En effet, une bave blanchâtre bordait la gueule de l'animal, et ses yeux sanglants flamboyaient comme deux charbons ardents.

Rocambole fit encore deux pas en avant, le doigt posé sur la détente du revolver.

Alors il fit une autre découverte non moins extraordinaire que la première.

Cette femme, c'était madame Claude.

— Oh! tuez-le, tuez-le! hurla la malheureuse en se jetant la face contre terre, pour éviter les morsures de l'animal furieux.

Rocambole s'approcha du chien, ce qu'il pouvait faire sans danger; car, acharné sur sa victime, il ne voyait rien autour de lui, et il fit feu à bout portant.

L'animal tomba au milieu des fleurs et roula deux ou trois fois sur lui-même.

Mais il n'était pas mort.

Il tourna vers sa victime sa gueule ensanglantée, fit un effort pour se remettre sur ses pattes et s'élancer de nouveau sur elle, et, n'y pouvant parvenir, il se traîna de son côté en faisant entendre un râle sourd et furieux.

Rocambole lui envoya une seconde balle dans la tête.

Il se tordit quelques instants.

Puis il ne bougea plus.

La femme Claude le regardait avec des yeux démesurément ouverts.

Le sang ruisselait par cinq à six morsures qu'elle avait reçues à la gorge et au visage, et elle l'essuyait machinalement avec ses mains, également déchirées par les crocs du chien.

C'était un spectacle horrible, hideux et effrayant à la fois.

— Oh! non, non, balbutia-t-elle en proie à une terreur qui secouait tous ses membres et faisait claquer ses dents l'une contre l'autre, non, il n'était pas enragé; oh! non, ce serait trop horrible, Dieu ne voudrait pas m'envoyer une mort aussi effroyable.

— Le chien était enragé, lui dit gravement Rocambole, et c'est la Providence elle-même qui t'envoie la mort que tu redoutes tant et que tu as si bien méritée; c'est elle qui veut que tu expies ici, à cette place, le plus odieux de tes crimes. Tiens, vois-tu là-bas cette femme et cette enfant pressées l'une contre l'autre? L'enfant est cette douce et innocente créature, cette petite Jeanne que tu as si cruellement mutilée, il y a de cela dix ans, pour la confier ensuite à un saltimbanque! la femme est la mère de cette enfant. Eh bien, comprends-tu maintenant que cette mort, la plus effroyable que puisse rêver l'imagination, n'est que le juste châtiment de ta barbarie?

— La rage! la rage! murmura la misérable vieille, les traits affreusement contractés; la seule mort qui me fasse peur, car j'ai vu une fois un malheureux... Ah! à ce souvenir, je sens mes cheveux se dresser sur ma tête!

Puis, se levant d'un bond:

— Oh! mais il y a un moyen... on brûle les plaies avec un fer rouge... je cours.

— Les crocs de l'animal ont pénétré dans la gorge et le virus y circule déjà; la cautérisation est impossible sur cette partie du corps. Va, tout est inutile, tu es condamnée; il faut te résigner à expier par cette terrible mort tous les crimes dont tu as souillé ta vie.

La vieille avait écouté ces paroles en frémissant et en roulant autour d'elle des yeux hagards.

Tout à coup elle s'élança à travers le jardin en criant d'une voix étranglée :

— Sauvez-moi! sauvez-moi!

Et elle disparut ainsi par la petite porte qu'elle avait brisée pour échapper à la poursuite du chien.

LI

UNE MAUVAISE INSPIRATION

Le lecteur qui croyait madame Claude en Belgique avec son digne époux a dû s'étonner de la voir paraître tout à coup à la villa de Fontenay; une explication est donc nécessaire à ce sujet.

Nous savons que Paul de Tréviannes avait fait remettre par Malvina dix mille francs aux époux Claude, afin de permettre à ceux-ci de se réfugier à l'étranger et de laisser leur fille libre de révéler le mystère de l'odieuse machination de sir Ralph, sans les exposer à la vengeance de celui-ci.

D'abord pris de vertige en se sentant entre les mains une pareille somme, les deux époux résolurent d'exécuter aussitôt la clause qui leur était imposée et à laquelle ils se résignaient d'autant plus facilement que depuis quelque temps, pour les motifs que connaît le lecteur, ils se sentaient très exposés dans leur maison.

Ils partirent donc.

Mais ils étaient à peine à quelques lieues de Paris, quand madame Claude qui, ainsi qu'on a pu en juger à différentes reprises dans le cours du récit, ne s'effrayait pas facilement, dit à son mari, à la suite d'un dîner où les liquides n'avaient pas été épargnés :

— Claude, nous sommes deux imbéciles.

— Deux! c'est peut-être beaucoup dire, répondit Claude; tu exagères au moins de moitié.

— Ah! il ne s'agit pas de rigoler, il s'agit de raisonner et de ne pas faire de sottises.

— Voyons, où veux-tu en venir?

— Nous nous croyons riches parce que nous avons dix mille francs, fichues bêtes! ne voilà-t-il

Sir Ralph prit la main coupée, par un des doigts, et la montra à Claude. (Page 339).

pas une belle poussée! Ça peut nous mener deux ou trois ans, et puis après?...
— Dame, après...
— Nous crèverons de faim ou nous nous ferons condamner aux travaux forcés, n'y a pas de milieu.
— Enfin, où veux-tu en venir?
— Je veux dire qu'il nous faut au moins quarante mille francs pour vivre de nos rentes en Belgique comme de bons bourgeois et qu'il ne tient qu'à nous de les avoir.
— Comment ça?
— Eh bien, et M. Badoir?
— Tiens, c'est vrai tout de même.
— N'est-il pas notre complice dans l'affaire de la comtesse de Sinabria, et n'est-ce pas lui qui nous a livré la petite que j'ai garantie pour toujours contre les dangers du bavardage?
— Compris! il s'agit d'aller lui soutirer une bonne somme.

43º LIVRAISON.

— Qu'il nous a toujours promise d'ailleurs; trente mille francs ou le pot aux roses dévoilé à M. le préfet de police, voilà!
Claude réfléchit un instant.
— Ton idée a du bon, mais j'ai peur, dit-il enfin.
— Peur de quoi?
— De la *rousse*, parbleu!
— Ils trouveront les oiseaux dénichés.
— Raison de plus, ça va exciter leur défiance, ils vont fouiller la maison, piocher la cave peut-être, et si on trouve le petit!...
— Bah! qui ne risque rien n'a rien, t'as toujours peur, toi! D'ailleurs, ce n'est qu'un retard de vingt-quatre heures, voilà tout. Tu te rends demain soir rue Cassette, tu reviens ici avec la somme au milieu de la nuit et nous prenons le chemin de fer à la plus prochaine station au point du jour.
— Oui, oui, ça s'arrange bien comme ça en paroles, mais... enfin j'ai de mauvais pressentiments,

j'aimerais mieux me contenter de la petite fortune que nous avons et détaler plus vite que ça.

— Poule mouillée, va !

— C'est bon, je vais suivre ton avis, mais j'ai idée que tu t'en repentiras.

Claude se mit donc en route le lendemain soir, en proie à une vive anxiété.

Madame Claude, elle, était tranquille, insouciante du danger, suivant sa coutume, et à cent lieues de soupçonner de quel prix elle allait payer cette imprudence.

Cependant il l'avait décidée à prendre quelques précautions.

Il avait été convenu qu'ils quitteraient ensemble l'auberge, qu'ils se rapprocheraient de Paris et que Claude laisserait sa femme dans quelque village de la banlieue, où il viendrait la reprendre au milieu de la nuit.

C'est ce qu'ils firent le lendemain.

Comme ils traversaient, à la nuit tombante, un chemin bordé, à droite et à gauche, de carrières abandonnées, Claude dit à sa femme :

— Pourquoi ne pas te cacher là jusqu'à mon retour, au lieu d'aller dans une auberge où tu peux rencontrer quelque gendarme déjà muni de notre signalement ?

Madame Claude approuva ce conseil.

— Oui, c'est prudent, dit-elle, je te conduis encore un bout du chemin et je reviens t'attendre dans cette carrière.

Une immense crevasse formait l'entrée de cette espèce d'antre.

Madame Claude, après avoir accompagné son mari jusqu'à l'entrée de Châtillon, revenait à cette crevasse et y pénétrait avec l'intention de s'y coucher et d'y dormir jusqu'à l'arrivée de Claude, quand un hurlement lugubre se fit entendre dans la carrière, où elle crut voir briller deux prunelles de feu.

Un instant après, elle en sortait brusquement, livide d'épouvante et bondissant à travers champs, poursuivie par un chien aux poils hérissés et à la gueule pleine de bave.

Cette course dura plus d'une demi-heure, au bout de laquelle elle venait tomber, haletante et hors d'haleine, au milieu de la villa de Fontenay.

Pendant que se passait, entre le chien et madame Claude, le drame que nous avons raconté, Claude entrait dans Paris par la route d'Orléans, prenait le boulevard d'Enfer et ne tardait pas à atteindre la rue Cassette.

Au moment où il se présentait chez M. Badoir, celui-ci était en conférence avec sir Ralph, qui venait lui demander les quarante mille francs qu'il lui avait promis pour l'achat de la corbeille de sa future et pour tous les frais qu'il avait à faire dans cette circonstance.

— J'en suis fâché, avait répondu M. Badoir, mais je n'ai pas quarante mille francs dans ma caisse.

— Donnez-m'en trente mille alors, avait dit sir Ralph avec humeur.

— Je ne les ai pas davantage.

— Allons, je m'arrangerai de vingt mille pour demain, reprit sir Ralph, les fournisseurs se contenteront bien d'un à-compte de moitié quand je leur dirai que j'épouse la nièce de M. Mauvillars ; nous verrons plus tard pour le reste.

— Pas plus vingt mille que trente mille, répondit M. Badoir d'un air impassible, ma caisse est complétement à sec.

Alors sir Ralph regarda fixement le banquier, et avec un accent dans lequel vibrait une colère contenue :

— Ah çà, lui dit-il, que se passe-t-il donc, mon cher monsieur Badoir, est-ce que vous voudriez vous moquer de moi ?

— Nullement.

— Et cependant vous persistez dans votre refus ?

— A mon grand regret ; mais j'y persiste.

Sir Ralph pâlit.

— Et vous ne craignez pas ?... s'écria-t-il d'une voix frémissante.

— Je ne crains rien depuis qu'il est décidé que vous épouserez Tatiane.

— Bah ! fit sir Ralph stupéfait.

— Non, car du jour où vous allez avoir une grande fortune et une haute situation, je suis complétement rassuré. Vous vous garderez bien de nuire à la considération de votre associé, trop intimement liée à la vôtre pour que vous ne la respectiez pas désormais.

Sir Ralph se leva brusquement :

— Ah ! c'est ainsi ! s'écria-t-il hors de lui en jetant sur le banquier un regard plein d'éclairs. Ah ! prenez garde, prenez garde, monsieur Badoir !

Et il fit un pas vers celui-ci, les poings serrés, les lèvres blêmes et agitées d'un frisson convulsif.

— Prenez garde vous-même, répliqua froidement M. Badoir ; ne parlez pas si haut, modérez vos gestes et restez à distance, sinon j'appuie sur le timbre, et ma domestique, qui écoute là, derrière la porte, ouvre la porte qui donne sur la cour et crie à l'assassin !

Sir Ralph allait répliquer, mais un coup de sonnette lui coupa la parole.

Il y eut un moment de silence ; puis on ouvrit la porte après avoir frappé.

C'était la vieille Bretonne.

— Qui a sonné ? lui demanda M. Badoir.

— Quelqu'un qui demande à vous parler, monsieur.

— Je n'ai pas le temps en ce moment.

— La personne prétend que vous la recevrez, dès que vous saurez son nom.

— Et ce nom ?

— M. Claude.

M. Badoir réfléchit un instant.

— Eh bien, oui, qu'il entre, dit-il.

Claude fut introduit.

— Sir Ralph ! s'écria-t-il stupéfait à l'aspect de celui-ci.

— Oui, sir Ralph enchanté de vous rencontrer ici, cher monsieur Claude, répondit celui-ci avec une politesse ironique.

— Qu'avez-vous à me dire ? lui demanda M. Badoir.

— Mais, répondit Claude en jetant du côté de sir Ralph un regard embarrassé, j'aurais voulu vous dire deux mots en particulier.

— Des cachotteries, lui dit sir Ralph, à quoi bon,

cher monsieur Claude; quand on se rencontre chez un banquier, ne sait-on pas l'un et l'autre que c'est pour le même motif, l'argent; quant à moi, c'est là ce qui m'amène, je vous donne l'exemple de la franchise, parlez donc sans contrainte.

— Eh bien, oui, c'est pour cela aussi que je viens trouver M. Badoir, s'écria Claude d'un ton résolu.

— Je m'en suis bien un peu douté en vous voyant entrer, dit M. Badoir.

— Dame! monsieur Badoir, je vous ai aidé dans différentes petites opérations qui m'exposent aujourd'hui à bien des désagréments; je suis fortement recherché, et pas pour le bon motif, aussi ai-je résolu de répondre aux avances de la police par une fuite aussi précipitée que possible. Je m'exporte, moi et ma femme, sur la terre étrangère, mais je serais bien aise d'y adoucir les souffrances de l'exil par une vie aussi agréable que possible au point de vue matériel; le pain de l'exil étant amer, comme vous savez, je voudrais bien mettre quelque chose dessus, c'est pourquoi vous seriez bien aimable de m'avancer une trentaine de mille francs.

— Sinon? demanda froidement M. Badoir.

— Sinon, mon premier soin, aussitôt arrivé sur la terre étrangère, serait de faire par écrit la confession de toutes nos peccadilles mutuelles et de l'envoyer à M. le préfet de police.

— C'est singulier, dit en souriant le banquier, même somme et mêmes procédés que sir Ralph; on dirait que vous vous êtes donné le mot.

— Il n'en est rien, répondit Claude, et je vous jure que la nécessité la plus rigoureuse me force seule à vous adresser cette demande.

— J'ai trop bonne opinion de vous pour en douter, monsieur Claude, mais il n'en est pas moins vrai que vous me mettez le pistolet sur la gorge, et que vous venez me dépouiller du peu qui me reste; car ma position est loin d'être aussi brillante que vous le pensez l'un et l'autre.

— Et la mienne, donc! dit Claude.

— Je ne chercherai pas à vous faire revenir sur votre résolution, dit M. Badoir d'un ton résigné, je sens trop bien que tout serait inutile, mais donnez-moi tous deux votre parole qu'après avoir satisfait à votre demande, je n'aurai plus rien à redouter de vous.

— Je vous le jure, s'écria Claude avec transport,

— Moi de même, dit sir Ralph.

— C'est bien, répliqua M. Badoir, je vous connais et je crois pouvoir compter sur vous.

Il prit une clef dans sa poche et alla ouvrir un coffre-fort.

Après avoir introduit la clef dans la serrure et fait jouer, avec une extrême attention, un mécanisme très-compliqué, il s'arrêta tout à coup, se tourna vers ses deux complices d'un air agité et leur dit :

— Non, décidément, je ne peux pas, attendez.

Il sortit, les laissant très-perplexes. Un instant après la vieille Bretonne leur apportait un billet ainsi conçu :

« Je ne me sens pas le courage de me dépouiller moi-même, prenez la somme convenue pendant que je ne suis pas là, cela me briserait le cœur. »

— Voilà bien un trait d'avare! s'écria sir Ralph.

— C'est égal, c'est un vieux roublard, il pourrait bien être sorti pour nous jouer quelque tour, ne perdons pas de temps, dit Claude.

Il courut au coffre-fort et fit tourner la clef dans la serrure.

Au même instant un craquement étrange se faisait entendre et Claude tombait sur le carreau en jetant un cri déchirant.

Une lame tranchante s'était détachée du haut du coffre-fort et avait coupé net le poignet de Claude, dont la main gisait à ses pieds dans une petite mare de sang.

LII

FOUDROYÉ

Sir Ralph frissonna d'horreur à la vue de cette main gisant à terre et de ce moignon, d'où le sang s'échappait à flots.

Claude, lui, ne se rendait pas compte de ce qui lui arrivait.

— Qu'est-ce qui m'est donc tombé sur le poignet? murmura-t-il; j'ai la main tout engourdie.

— Votre main, malheureux! voulez-vous la voir? tenez.

Il prit la main par le bout de l'index et la montra à Claude.

— Hein? balbutia celui-ci en pâlissant affreusement, ça c'est ma main! ma main à moi! oh! c'est impossible!

Il jeta aussitôt un regard sur son poignet, et alors, de pâle qu'il était, il devint livide.

— C'est vrai! c'est vrai, dit-il d'une voix défaillante, mon Dieu! oh! mon Dieu! que vais-je devenir?

— Et, pour comble de malheur, c'est la main droite, dit sir Ralph.

— Je suis perdu, murmura le malheureux, dont les traits exprimaient l'épouvante et l'horreur, je suis perdu.

Il ajouta, en regardant d'un air effaré le sang qui ruisselait de sa plaie et formait déjà une longue rigole sur le carreau :

— Mais voyez donc, tout mon sang s'en va, je vais mourir épuisé si on ne fait pas venir tout de suite un médecin pour me panser.

Tout en contemplant le désespoir du malheureux Claude, tout en frissonnant à la vue du flot de sang qui jaillissait de ce poignet coupé comme d'une fontaine, sir Ralph réfléchissait.

Il se demandait ce qu'il devait faire de cet homme, son complice, et il roulait dans sa tête mille projets qui avaient toujours pour base sa propre sécurité.

— Quant à vous faire soigner ici, lui dit-il, il ne faut pas y songer; ce n'est pas pour vous dorloter ensuite dans son lit que M. Badoir vient de vous jouer ce mauvais tour.

— Oh! mais avant tout, s'écria Claude, le regard

fixé sur son sang qui coulait toujours, avant tout, arrêtez ce sang, je vous en supplie, enveloppez cette plaie.

— Envelopper, c'est facile à dire, mais où trouver du linge?

— Tenez, dit vivement Claude, les rideaux qui sont à cette fenêtre.

— Au fait, cela fera parfaitement l'affaire.

C'étaient de grands rideaux de mousseline brodée.

Sir Ralph y courut, les arracha d'une violente secousse, revint aussitôt près de Claude et enveloppa son poignet, non sans lui arracher des cris de douleur.

— Mais s'il me chasse de chez lui cet homme, ce misérable, s'écria Claude d'une voix désespérée, que faire, où aller me faire soigner, maintenant que je n'ai plus de domicile?

— Dans le seul lieu où l'on puisse vous tirer d'affaire, si la chose est possible, dans un hospice.

— Un hospice! s'écria Claude avec terreur, y pensez-vous? Pour moi, à l'heure qu'il est, un hospice est une *souricière*. Vous ne savez donc pas que j'ai quitté ma maison et que déjà peut-être *la rousse*...

— Non-seulement je sais cela, mais je sais encore que la police a fait des fouilles dans la cave et qu'on y a trouvé l'enfant; vous savez, l'enfant de la comtesse.

— Et vous voulez que j'aille dans un hospice! répliqua Claude atterré à cette nouvelle, mais le premier sentiment qu'on éprouverait à l'aspect d'un misérable habillé comme je le suis et arrivant là avec une main coupée, ce serait la défiance; le premier personnage qui viendrait me rendre visite après le médecin, ce serait un agent de police, qui ne tarderait pas à savoir qui je suis, et la justice, qui se pique d'humanité, attendrait patiemment que mon poignet coupé fût complètement guéri pour me faire couper la tête. Non, non, il n'en faut pas, de l'hospice.

— Vous avez raison, c'est dangereux; mais alors où vous conduire?

— Oh! quant à ça, sir Ralph, ça vous regarde, répondit Claude d'un air sombre, c'est grâce à vous et à M. Badoir que je suis dans le pétrin, c'est à vous de m'en tirer, sinon je jabote, je fais des aveux complets, et vous savez ce qu'il en résulterait pour vous?

Sir Ralph laissa tomber sur lui un regard sinistre.

Il venait de trouver une idée.

— Oui, je comprends, dit-il, l'hospice offre de graves inconvénients, il faudrait une maison particulière et j'ai ce qu'il vous faut.

— Une maison où je serai en sûreté? demanda vivement Claude.

— Parfaitement, un jeune médecin auquel j'ai rendu quelques services et qui, à ma seule recommandation, vous recueillera et vous soignera chez lui sans s'inquiéter de savoir qui vous êtes ni d'où vous venez.

— Quel quartier habite-t-il?

— Rue Boulart, près du Champ-d'Asile, avec une entrée par cette dernière rue, toujours déserte une fois la nuit tombée.

— Nous ne pouvions trouver mieux, partons donc vite, j'ai hâte d'être chez lui.

Avant de partir, sir Ralph prit à terre la main coupée et la posa au beau milieu du bureau de M. Badoir, sur une grande feuille de papier blanc.

Puis il aida Claude à se remettre sur ses pieds, lui recommanda de s'appuyer sur son bras, car il était très-affaibli par la perte de son sang, et ils sortirent.

Dans l'antichambre ils rencontrèrent la Bretonne.

— Où est M. Badoir? lui demanda sir Ralph.

— Sorti, monsieur.

— Vous lui direz que je viendrai bientôt lui exprimer ma reconnaissance pour le service qu'il vient de nous rendre.

— Je ferai votre commission, monsieur.

Une fois dehors, sir Ralph et Claude se dirigèrent vers la place Saint-Sulpice, où ils trouvèrent une voiture.

— Au Champ-d'Asile, près le boulevard d'Enfer, dit sir Ralph au cocher.

Ils étaient arrivés au bout d'un quart d'heure à peine.

Là ils mirent pied à terre, et sir Ralph paya le cocher, qui partit.

— Voici la maison du docteur, dit-il à Claude en lui montrant une fenêtre à laquelle brillait une lumière; je vais y entrer par la rue Boulart et je reviens.

Il pénétra dans cette rue qui fait le coin de la rue du Champ-d'Asile, y resta cinq minutes et revint vers Claude, qu'il avait laissé appuyé contre le mur du cimetière.

— Fichu endroit pour un homme dans ma position! murmura celui-ci comme saisi d'un noir pressentiment.

Quand il vit revenir sir Ralph :

— Eh bien? demanda-t-il avec angoisse.

— Il consent, mais à une condition.

— Laquelle?

— Avant de vous installer chez lui, avant même de vous laisser passer le seuil de sa porte, il veut voir la plaie et s'assurer qu'il ne court pas le risque de vous voir mourir chez lui.

— Je comprends ça.

— Il va arriver tout de suite, muni d'une petite lanterne, et m'a prié de mettre le poignet à nu pour ne pas perdre de temps.

— Oh! non, ne perdons pas de temps.

Sir Ralph développa avec précaution les plis du rideau qui entourait le poignet de Claude, qui se trouva bientôt à nu.

Alors il mit la main dans la poche de son pantalon, en tira une fiole lilliputienne, la déboucha, les mains derrière le dos, l'élevant au-dessus du poignet, laissa tomber deux gouttes de son contenu sur la plaie vive.

L'effet de ces deux gouttes fut foudroyant.

Sans pousser un cri, sans même exhaler un soupir, Claude tomba comme une masse au pied du mur et y resta immobile.

Il était mort.

Le liquide dont venait de se servir sir Ralph, qui portait toujours sur lui de quoi se donner la mort

Deux femmes, Mme Mauvillars et Tatiane, s'avançaient lentement vers la foule. (Page 343).

par le suicide, pour échapper à la justice, était de l'acide prussique.

— Maintenant, dit-il en s'éloignant, tu ne *jaboteras* pas.

LIII

L'ENQUÊTE

Il était près de dix heures quand sir Ralph rentra à l'hôtel Meurice, et on se souvient que c'était ce soir-là que devait avoir lieu le bal travesti donné par M. Mauvillars à l'occasion du mariage de sa nièce, fixé au lendemain.

Sir Ralph et Mac-Field devaient se rendre à cette fête vers onze heures.

En entrant prendre sa clef au bureau, sir Ralph aperçut le maître de l'établissement.

— Eh bien, monsieur, lui demanda-t-il, a-t-on quelques indices sur l'identité des deux pauvres diables exposés à la Morgue?

— Aucun jusqu'à présent, milord; on est seulement de plus en plus porté à croire que l'un des deux est bien Peters, mon domestique, plusieurs de ses camarades ayant positivement reconnu l'anneau d'argent qui a été trouvé à l'un des doigts coupés.

— Et son complice, sait-on quelque chose sur son compte?

— Oui, monsieur.

Sir Ralph eut un léger tressaillement.

— Ah! fit-il, et quel est-il?

— Un ancien modèle, espèce de rôdeur de barrières, très-connu de la police.

— Alors, c'est un agent qui l'a reconnu?

— Non, c'est un individu qui, étant entré à la Morgue par pure curiosité, a reconnu cet homme pour l'avoir vu dans plusieurs ateliers de peintres.

— A quoi a-t-il pu le reconnaître, puisqu'il avait la figure à moitié rongée par les rats?
— A un tatouage qu'il avait au bras, représentant un dieu de l'Olympe.
— Cet homme était son parent, sans doute?
— Nullement.
— Et c'est à vous, monsieur, qu'il a donné ces détails?
— Non, c'est au gardien de la Morgue, d'abord, auquel il a laissé son adresse; puis au magistrat chargé d'instruire cette affaire, qui l'avait fait appeler, et chez lequel je me suis trouvé avec lui. Il a demandé à ce qu'on le mît au courant de tout ce que l'enquête avait pu relever jusque-là, ce que j'ai fait, sur l'invitation du magistrat, pour tout ce qui s'était passé dans mon hôtel, et après avoir tout écouté avec une profonde attention, il a demandé la permission d'exprimer son avis.
— Qu'a-t-il dit alors? demanda vivement sir Ralph.
— Il a dit, reprit le maître de l'établissement, que, selon lui, il fallait concentrer toutes les investigations sur deux points; le trajet parcouru par Peters pour se rendre chez le docteur de la rue de la Sourdière en compagnie de sir Ralph.
— Ah! mon nom a été prononcé?
— Naturellement.
— Et le second point signalé par cet homme?
— L'interrogatoire du docteur américain.
— Et vous êtes sûr que cet homme n'est pas un agent?
— Très-sûr, il a dit devant moi son nom et son adresse, que je me rappelle parfaitement : M. Portal, rue Amelot.
Sir Ralph faillit laisser échapper un cri de surprise à ce nom.
Mais il parvint à se contenir, et il reprit au bout d'un instant :
— Et quelle a été la réponse du magistrat?
— Il a approuvé M. Portal, et déclaré qu'après les divers interrogatoires qu'il avait fait subir depuis la veille, il pensait comme lui que tout le drame pivotait entre la maison du docteur et la bouche d'égout par laquelle avaient disparu les deux victimes. Son premier soin, dès à présent, sera donc de se faire indiquer la maison du docteur américain chez lequel Peters vous a accompagné.
— Oui, oui, en effet, je comprends, répondit sir Ralph, devenu tout à coup très-soucieux, mais...
Il fut interrompu par l'entrée d'un domestique.
— Une lettre qu'on vient d'apporter, dit celui-ci.
Il la remit à son patron qui, après avoir jeté un coup d'œil sur la suscription, la remit à sir Ralph, en lui disant :
— C'est pour vous, milord.
Celui-ci la prit et se retira en proie à un sombre pressentiment.
Avant d'entrer dans sa chambre, il passa dans celle de Mac-Field, qu'il trouva chez lui.
Il lui raconta en quelques mots son entretien avec le patron de l'hôtel, puis il ajouta :
— Voici une lettre qui vient d'arriver pour moi, je ne sais pourquoi, mais elle ne me dit rien de bon.
— Lisez vite alors, lui dit Mac-Field.
Sir Ralph déchira l'enveloppe, ouvrit la lettre et lut :

« Monsieur, vous êtes prié de vous rendre demain à quatre heures au cabinet de M. le juge d'instruction Girard. »
— Mauvaise affaire! murmura Mac-Field.
— Très-mauvaise, répondit sir Ralph, qui avait pâli à la lecture de cette lettre, car ce que va me demander d'abord le magistrat, c'est l'adresse du docteur américain chez lequel je suis allé avec Peters, et, comme ledit docteur n'existe pas...
— Demain, à trois heures, n'est-ce pas? demanda Mac-Field.
— Oui.
— Voilà ce qu'il y a à faire : demander à M. Mauvillars d'avancer le mariage de deux heures; tout serait fini à onze heures et nous pourrions partir à deux pour la Belgique.
— Oui, mais y a-t-il un train pour cette heure-là?
— C'est ce dont je m'informerai demain à la première heure.
— En attendant, habillons-nous pour nous rendre au bal, où je veux montrer tout l'entrain et toute la gaieté qui conviennent à un fiancé.

LIV
UNE FÊTE CHEZ M. MAUVILLARS

Précédons de quelques instants Mac-Field et sir Ralph à l'hôtel Mauvillars.
Il est onze heures et il y a déjà foule dans les salons où l'éblouissante lumière des bougies ruisselle sur un merveilleux fouillis de costumes d'une richesse et d'une élégance sans égales, car on se souvient que cette fête était un bal travesti.
Tout le monde était costumé sauf deux personnes, le grand-père et la grand'mère Mauvillars, qui se promenaient tristes et navrés au milieu de cette étincelante cohue pleine de mouvement, de bruit et d'agitation.
M. Mauvillars portait un costume Louis XIV dont l'ampleur et la richesse convenaient parfaitement à sa haute taille et à sa large encolure.
Deux jeunes gens se faisaient remarquer par l'aisance et la distinction avec laquelle ils portaient, l'un, un costume du temps de François 1er, l'autre un costume valaque d'une extrême originalité.
Le premier était Paul de Tréviannes, et le second Jacques Turgis, auquel Rocambole n'avait pas encore fait part de la fin tragique de son père.
Celui-ci, vêtu en gentilhomme espagnol de la cour de Philippe II, accompagnait deux Vénitiennes du seizième siècle, masquées comme lui et qui n'étaient autres que Vanda et madame Taureins.
Au reste, on eût pu deviner celle-ci aux regards émus et admiratifs que Paul de Tréviannes tournait fréquemment de son côté.
Chacun sachant le motif de cette fête, tous les regards cherchaient curieusement le héros et l'héroïne, sir Ralph et Tatiane, qu'on cherchait à reconnaître sous tous les masques.
Mais toutes les conjectures se trouvaient fausses. Madame Mauvillars et Tatiane n'avaient pas encore paru et sir Ralph lui-même était en retard.
La foule était déjà immense, quoiqu'il ne fût que

onze heures, comme nous l'avons dit, et à chaque instant il arrivait de nouveaux invités. C'est que, si l'on s'en souvient, M. Mauvillars avait décidé avec la baronne de Villarsay d'inviter à cette fête tous ceux qui assistaient à la sienne et y avaient été témoins de l'entrée de Tatiane au bras de sir Ralph.

Comme tout le monde, mais avec une anxiété que tout le monde ne partageait pas, Jacques Turgis cherchait du regard Tatiane dans la foule, et Paul de Tréviannes l'aidait de tout son pouvoir dans cette tâche difficile, lorsqu'ils furent abordés par Rocambole, qui, passant son bras sous celui de l'artiste, lui dit :

— Tout le monde est à son poste ?
— Tout le monde, répondit Jacques.
— Vous les avez vus ?
— Je les croise de temps à autre et nous sommes convenus de l'endroit où je dois les trouver, le moment venu.
— Très-bien, faites comme moi, veillez sans cesse, car voilà l'heure décisive.
— Comptez sur moi, je suis trop intéressé au succès pour ne pas veiller jusqu'à la dernière minute, et voici mon ami Paul de Tréviannes qui se dévoue corps et âme à notre entreprise, comme si cela le concernait personnellement.

Il reprit en baissant la voix :
— Savez-vous où est Tatiane ?
— Je l'ignore.
— Nous cherchons à la reconnaître dans cette foule, mais j'ai beau étudier toutes les blondes que nous rencontrons, je ne trouve chez aucune le charme particulier et la grâce sans pareille qui la distinguent entre toutes.
— Naturellement, dit Rocambole en souriant.
— Je vous en supplie, reprit Jacques, priez donc M. Mauvillars de vous la désigner. Ce qu'il me refuserait à moi, il le fera pour vous sans hésiter.
— Peut-être ; mais enfin je veux bien tenter la démarche pour mettre fin à votre martyre.
— Merci ; mais tenez, voici justement M. Mauvillars qui s'avance de ce côté.
— J'y cours et je reviens.

Mais, comme il allait aborder M. Mauvillars, une porte s'ouvrit au fond d'une galerie et on y vit paraître deux femmes qui s'avancèrent lentement vers la foule.

Ces deux femmes étaient madame Mauvillars et Tatiane.

Aucun bruit ne s'était fait entendre, et cependant, comme si elle eût attiré à elle tous les cœurs par l'effet de quelque aimant sympathique, l'entrée de Tatiane avait saisi toute l'assemblée.

Tous les regards s'étaient tournés de son côté, toutes les conversations bruyantes avaient cessé comme par enchantement ; puis, au milieu du profond silence qui s'était fait tout à coup à son apparition, un léger murmure s'était élevé, exprimant à la fois deux sentiments : l'admiration et la pitié.

C'est qu'en effet jamais peut-être Tatiane n'avait été si jolie et jamais visage n'avait porté l'empreinte d'une douleur plus profonde et plus navrante.

Ni elle ni sa tante ne s'étaient travesties.

Elle portait une toilette blanche ornée de rubans roses, et son abondante chevelure blonde était semée de roses des haies.

Dans ce costume tout printanier, sa charmante tête apparaissait en ce moment si pâle, si touchante de tristesse et de désespoir contenu, qu'il était impossible de la voir sans se sentir le cœur serré.

La douleur, une douleur mortelle, incurable, s'était pour ainsi dire figée sur ses traits exquis, fixés dans toutes les mémoires avec le sourire plein de charme, la grâce native, l'épanouissement de bonheur et de franchise qui en faisaient le type le plus charmant et le plus parfait de la jeune fille, dégagée de toute peine et traversant la vie avec l'insouciance et la gaieté d'un oiseau.

En la voyant paraître si décolorée sous sa fraîche parure, en la voyant s'avancer si triste au milieu de cette fête, à travers cette foule éblouissante et sous l'éclatante lumière des bougies, l'imagination évoquait involontairement une de ces touchantes victimes que l'antiquité nous montre marchant à la mort, parée de fleurs et couverte d'habits somptueux, pour expier le crime de tout un peuple et apaiser la colère des dieux par le sacrifice de la vie.

— L'avez-vous jamais vue plus merveilleusement belle ? dit en ce moment une voix à l'oreille de Jacques Turgis.

Celui-ci se retourna et reconnut M. Portal.

— Sa tristesse me brise le cœur, lui dit-il d'une voix profondément altérée, je ne vois plus sa beauté, je ne vois que sa souffrance et j'ai peine à me contenir, je crains à chaque instant d'éclater en sanglots. Pauvre Tatiane ! ah ! c'est trop la faire souffrir, je vous en supplie, monsieur Portal, laissez-moi lui parler, je ne me sens pas le courage de la laisser en proie à cette mortelle tristesse, quand d'un mot je puis la dissiper.

— Impossible, cher monsieur Jacques, répondit Rocambole, sir Ralph a peut-être ici des espions, car il est toujours sur ses gardes, ils observent la physionomie de mademoiselle Tatiane ; s'ils la voyaient se rasséréner quelque peu, il en serait prévenu, il redouterait un piége et ne viendrait peut-être pas, et il faut qu'il vienne. Attendez un peu, quand il en sera temps je vous le dirai.

Tout en traversant la foule, madame Mauvillars s'efforçait de sourire aux nombreux amis qu'elle rencontrait sur son passage.

Mais Tatiane était incapable de cet effort et conservait cette tristesse immuable qui lui donnait l'apparence d'une statue de marbre.

Tout à coup elle s'arrêta, s'appuya fortement sur le bras de sa tante, comme si les forces lui manquaient, et porta son mouchoir à sa bouche.

C'est qu'elle venait d'apercevoir Jacques Turgis, et, à la vue de l'horrible souffrance empreinte sur ses traits pâles et bouleversés, elle aussi avait senti son cœur déborder et elle avait appuyé son mouchoir sur ses lèvres pour empêcher l'explosion d'un sanglot.

Le petit drame qui se jouait entre ces deux cœurs brisés n'avait pas échappé à Paul de Tréviannes.

— Venez, dit-il à Jacques en l'entraînant dans la foule ; vous le voyez, elle succombe sous l'émotion que lui a causée sa rencontre avec vous ; éloignons-nous, nous sommes sur son chemin. Si elle passait près de vous, la pauvre enfant n'y résisterait plus et tomberait inanimée sur le parquet.

Jacques ne pouvait répondre; il étouffait, mais il comprenait que son ami avait raison, et il se laissa entraîner.

Pendant qu'ils s'éloignaient, deux noms étaient annoncés et retentissaient comme un coup de foudre dans le profond silence qui s'était établi.

Ces noms étaient ceux de lord Mac-Field et de sir Ralph.

Alors, les regards s'étaient tournés de ce côté, la foule s'était ouverte par un mouvement machinal, et un espace libre avait été laissé à sir Ralph, que nul obstacle ne séparait de Tatiane.

Ils se trouvaient tout à coup face à face, à une distance de dix pas à peine.

Pour comprendre l'effet que dut produire cette situation sur ceux qui en étaient témoins, il faut se rappeler que tous ou presque tous avaient assisté à l'apparition étrange, inexplicable de Tatiane et de sir Ralph au bal de la baronne de Villarsay et que chacun voyait là le dénouement naturel de cette prodigieuse aventure.

Cependant l'intérêt était violemment surexcité par le bruit qui s'était répandu que la jeune fille s'était longtemps refusée à ce que M. Mauvillars exigeait comme la réparation obligée du scandale dont son nom avait souffert dans cette circonstance, niant d'abord sa présence au bal de la baronne de Villarsay en compagnie de sir Ralph, affirmant ensuite qu'elle n'avait aucun souvenir de ce fait et prétendant qu'elle avait passé toute cette nuit dans sa chambre.

De sorte que d'un côté la parfaite innocence de Tatiane, que personne ne songeait à révoquer en doute, et de l'autre l'attestation de nombreux témoins qui déclaraient l'avoir vue à ce bal avec sir Ralph et qui tous étaient sympathiques à la jeune fille, entouraient cette affaire d'un mystère qui semblait impénétrable.

Quelle allait donc être l'issue de cet inexplicable drame?

C'était la question que chacun s'adressait, et tel était l'intérêt qui s'attachait à cette pure et naïve Tatiane, que l'assemblée entière attendait ce résultat avec une véritable angoisse.

Aussi, l'entrée de sir Ralph fut-elle un coup de théâtre pour tous les invités.

Ce dernier inspirait un sentiment absolument contraire à celui que chacun éprouvait pour la jeune fille, et ce sentiment se manifesta par un vague et insensible murmure, quand on le vit s'avancer vers elle, pâle et évidemment en proie à une émotion qui ne faisait qu'accentuer encore le caractère équivoque et répulsif de sa physionomie.

— Ma tante, ah! ma tante, balbutia Tatiane d'une voix défaillante, en voyant venir à elle celui dans lequel elle voyait son bourreau, je vous en supplie, faites qu'il ne m'adresse pas la parole, je crois que j'en mourrais de honte et de douleur.

Madame Mauvillars n'eut pas le temps de répondre; sir Ralph était déjà en face d'elle.

— Madame, lui dit-il en s'inclinant profondément, permettez-moi de vous présenter, ainsi qu'à mademoiselle Valcresson, mes respectueux hommages, et veuillez...

— C'est bien, monsieur, interrompit madame Mauvillars, nous acceptons vos hommages, mais, à votre tour, permettez-nous, de saluer les amis qui ont bien voulu se rendre à notre invitation.

Et, passant outre avec Tatiane qu'elle voyait frissonner de tous ses membres, elle laissa sir Ralph stupéfait et atterré sous cet affront.

Il se releva brusquement et demeura un instant tout étourdi, jetant autour de lui des regards effarés et laissant deviner sur ses traits livides la rage dont il était dévoré.

LV

UN NOBLE CŒUR

En promenant ses regards autour de lui, sir Ralph avait aperçu M. Mauvillars parmi ceux qui avaient été témoins de l'affront qu'il venait de subir.

Il alla à lui.

— Monsieur Mauvillars, lui dit-il, voudriez-vous m'accorder quelques minutes d'entretien?

— Très-volontiers, monsieur.

Cette réponse avait été faite avec une politesse à laquelle sir Ralph n'avait pas été accoutumé de la part de son oncle futur.

— Venez, reprit M. Mauvillars, cherchons quelque coin où il nous soit possible de causer sans être entendus.

Ils se frayèrent lentement un passage à travers la foule et parvinrent enfin à un petit salon désert en ce moment, l'entrée de Tatiane dans la salle de bal ayant attiré tous les invités de son côté.

— Voyons, monsieur, dit alors M. Mauvillars à sir Ralph en lui faisant signe de s'asseoir et en se jetant lui-même dans un fauteuil, nous voilà seuls, qu'avez-vous à me dire?

Sir Ralph eut une inspiration, ce fut de mettre à profit le procédé dont on venait d'user envers lui pour motiver la proposition un peu embarrassante qu'il avait à faire.

— Monsieur Mauvillars, dit-il en prenant une physionomie à la fois digne et résignée, vous avez été témoin de l'humiliation que vient de m'infliger madame Mauvillars devant tous vos invités, affront d'autant plus sanglant pour moi que personne n'ignore ici que cette fête a pour but de célébrer mon mariage avec mademoiselle Tatiane, ma femme dans quelques heures. Je crois inutile de vous répéter que j'aime éperdûment votre nièce, mais si violent que soit cet amour, je ne puis lui faire le sacrifice de ma dignité, si cruellement offensée devant tous, je ne puis davantage me résoudre à m'imposer à une jeune fille à laquelle je n'inspire que de l'antipathie et qui vient de m'en donner publiquement la preuve; c'est pourquoi je me décide à vous faire une proposition qui me brise le cœur, mais que me commande la délicatesse.

— Et cette proposition, monsieur? demanda M. Mauvillars.

— La voici...

— J'épouserai mademoiselle Tatiane, dit sir Ralph, pour réparer le tort que j'ai fait à sa réputation, et

Tous les regards des invités se concentraient sur les deux joueurs. (Page 347).

quelques heures après la cérémonie je partirai pour l'Amérique, m'engageant par écrit à ne jamais la revoir et vous laissant même mon consentement à une réparation, si la chose peut se faire ainsi.

— En effet, monsieur, répondit M. Mauvillars avec une imperceptible ironie, il est difficile de se montrer plus délicat, plus noblement susceptible en matière de point d'honneur ; j'accepte donc votre proposition et crois pouvoir affirmer que, de son côté, Tatiane ne la repoussera pas, mais à une condition.

— Dites, monsieur.

— J'espère que votre dignité ne poussera pas les choses jusqu'à renoncer à la dot de celle que vous résignez à quitter aussitôt après le mariage?

— Rien au monde ne pourrait me décider à accepter cette dot, monsieur, reprit sir Ralph avec un geste plein de noblesse, si des raisons...

— Que je vous dispense de me confier... interrompit M. Mauvillars ; vous l'acceptez, c'est tout ce que j'ai besoin de savoir.

— Croyez bien, monsieur...

— Je crois que cela vous est on ne peut plus pénible, mais la question n'est pas là ; demain, immédiatement après la cérémonie, je vous compterai cette dot.

Il fit un mouvement pour se lever.

— Encore un mot, s'il vous plaît, dit sir Ralph.

— Je vous écoute.

— J'ai une grâce à vous demander. Ne pourriez-vous avancer l'heure de cette cérémonie?

— Quelle est l'heure qui vous conviendrait le mieux?

— Dix heures au lieu de midi, si toutefois...

— Vous y tenez beaucoup.

— Je l'avoue.

— Ce sera fait comme vous le désirez ; toutes les invitations sont faites pour midi, mais nous avons

44ᵉ LIVRAISON.

justement ce soir tous nos amis et toutes nos connaissances, il me sera facile de les prévenir tantôt, au moment du souper, que le mariage est avancé de deux heures.

— Je vous remercie, monsieur Mauvillars.

Celui-ci se leva en disant :

— Sir Ralph, puisque nous nous entendons enfin, et que tout dissentiment a disparu entre nous, je veux réparer, autant que possible, aux yeux de nos invités, le sans-façon un peu blessant, je l'avoue, dont ma femme a usé à votre égard, et si vous le voulez bien, nous allons nous mettre tous deux à une table de jeu.

— Avec grand plaisir, s'écria sir Ralph.

— Je vais m'entendre avec ma femme pour différents détails et je vous rejoins tout à l'heure dans la salle de jeu.

Sir Ralph se trouva très-heureux de la façon dont sa double proposition avait été accueillie par M. Mauvillars, dont la bonne foi ne pouvait être suspectée sur ce point, puisque lui-même lui avait fait une offre pareille quelques jours auparavant.

Il s'empressa donc de chercher Mac-Field pour lui communiquer le résultat de sa démarche.

Il le trouva dans un angle de la salle de bal, l'air très-sérieux et promenant son regard sur tous les groupes avec une attention toute particulière.

— Eh bien? demanda Mac-Field à sir Ralph.

— Succès complet, répondit celui-ci.

— La dot sans la femme?

— Oh! cette proposition a été acceptée avec un empressement peu flatteur pour mon amour-propre.

— Ça, c'est la moindre chose dans la situation où nous sommes.

Il reprit :

— Le chiffre de cette dot?

— Six cent mille francs.

— L'heure à laquelle elle sera comptée.

— Aussitôt après la célébration du mariage.

— Et a-t-il consenti à avancer...

— Avec le même empressement que le reste. Vous entendrez M. Mauvillars annoncer tantôt que le mariage qui devait être célébré à midi le sera à dix heures.

— Parfait, tout s'arrange à merveille, dit Mac-Field.

— Et cependant je vous trouve soucieux.

— Je le suis en effet.

— Quel motif avez-vous pour...

— D'abord, tout ce qui s'est passé à l'hôtel Meurice.

— Nous serons loin à l'heure où le juge d'instruction m'attendra dans son cabinet.

— Et puis, je lis sur certaines figures je ne sais quoi d'énigmatique que je ne m'explique pas et qui m'inquiète.

— Quelles sont donc ces figures ?

— Jacques Turgis, l'adorateur de Tatiane, Paul de Tréviannes, l'ami de l'artiste, et enfin M. Portal.

— M. Portal! il est ici ? s'écria sir Ralph avec émotion.

— Oui ; et, quand je songe avec quelle adresse il a détruit l'un après l'autre tous les témoignages dans lesquels la comtesse de Sinabria était prise comme dans un filet, quand je pense en outre qu'il porte le plus vif intérêt à Jacques Turgis et à Tatiane, quand je le retrouve encore chez le juge d'instruction chargé de poursuivre l'affaire de la rue de la Sourdière, j'avoue que la présence de cet homme ici m'inspire une véritable terreur.

Pendant ce temps M. Mauvillars, après avoir suivi du regard sir Ralph jusqu'au moment où celui-ci avait abordé Mac-Field, s'était engagé dans la foule et était allé trouver Rocambole à une extrémité opposée de la salle.

— Monsieur Portal, lui dit-il, voici le moment venu et je ne vous cacherai pas que je suis extrêmement inquiet ; voyons, pouvez-vous m'affirmer que nous réussirons?

— Je puis vous affirmer que nous avons toutes les chances pour nous, mais le moyen que nous allons employer n'est pas infaillible.

— Oh ! tenez, monsieur Portal, dit M. Mauvillars d'une voix troublée, ce que vous me dites là me fait frissonner ; si nous allions échouer ! Si au lieu de produire un témoignage éclatant de l'innocence de Tatiane, cette épreuve allait tourner contre elle et aboutir à un résultat absolument contraire !

— Je ne puis le croire.

— Je vais trembler jusque-là.

— Et moi j'espère.

— Au moins ne négligeons rien pour réussir.

— Sur ce point je puis vous rassurer complétement, les précautions les plus minutieuses ont été prises, rien n'a été abandonné au hasard.

— Allons, dit M. Mauvillars avec émotion, le sort en est jeté, dans une heure ma pauvre Tatiane sera sauvée ou perdue à jamais.

Il ajouta :

— Je vais rejoindre sir Ralph, venez bientôt vous-même et veillez à ce que chacun soit à son poste.

— Allez, et ayez confiance, je serai là.

M. Mauvillars quitta Rocambole, qui presque aussitôt vit venir à lui deux jeunes gens.

C'étaient Paul de Tréviannes et Jacques Turgis.

— Nous touchons au moment critique, n'est-ce pas ? lui demanda l'artiste dont tout le corps était agité d'un léger tremblement.

— Oui, répondit Rocambole.

— Mon Dieu ! balbutia Jacques en pâlissant encore, tout notre bonheur, toute notre vie sont renfermés dans ces quelques minutes ; mon Dieu ! si le sort allait tourner contre nous !

Il posa la main sur son front et resta quelques instants comme écrasé sous cette pensée.

— Allons donc ! s'écria Paul de Tréviannes, comment pouvez-vous douter? Comment pouvez-vous croire que Dieu favorise un pareil misérable et plonge dans un désespoir sans fin deux êtres tels que vous et Tatiane? L'esprit se révolte à une telle pensée ; croyez-moi donc, mon ami, c'est impossible, c'est impossible.

— Ah ! j'ai besoin de vous croire, répondit Jacques en pressant avec force la main du jeune homme.

Il ajouta, avec une agitation fébrile :

— Et je vous crois ; non, Dieu ne saurait permettre... je vous crois, mon ami, je vous crois.

— Allez donc, lui dit Rocambole, armez-vous de foi et de courage, ne doutez pas du succès et restez calme et attentif jusqu'à la fin. M. Mauvillars doit être déjà dans la salle du jeu, attablé en face de sir Ralph ; allez, je vous y rejoins tout à l'heure avec nos *complices*. Une table est préparée avec tout ce qu'il vous faut, près de celle que va occuper M. Mauvillars, tenez-vous de ce côté, vous y prendrez place une fois le moment venu et sur un signe de moi.

Les deux amis s'éloignèrent ensemble, tandis que Rocambole se perdait dans la foule, où il semblait chercher quelqu'un.

Pendant ce temps, deux jeunes femmes, portant de riches costumes, abordaient madame Mauvillars, assise dans un coin de la salle avec Tatiane, qui, immobile, l'œil fixe, absorbée par une pensée dévorante, refusait avec un pâle et triste sourire, tous les danseurs qui venaient l'inviter.

Ces deux jeunes femmes étaient Vanda et madame Taureins.

— Nous ne pouvons les laisser assister seules à ce qui va se passer, avait dit Valentine, emmenons-les avec nous pour les prévenir peu à peu et être à même de les secourir dans le cas où elles perdraient connaissance.

Et Valentine, s'inclinant devant madame Mauvillars, lui avait dit :

— Madame, voulez-vous nous accorder la grâce de parcourir vos salons en votre compagnie?

Et, comme madame Mauvillars et Tatiane la regardaient avec surprise :

— Nous avons, pour vous adresser cette demande des motifs sérieux et que vous connaîtrez bientôt, reprit madame Taureins avec un gracieux sourire.

— Nous acceptons, n'est-ce pas, ma tante? dit vivement Tatiane, dont le cœur s'épanouit au sourire de la jeune femme, comme s'il s'en fût dégagé un rayon d'espérance.

Madame Mauvillars se leva et prit le bras de Vanda, tandis que Valentine glissait sous le sien celui de Tatiane, dont elle pressait amicalement la main.

LVI

UNE CONFIDENCE IMPRÉVUE

La salle de jeu formait une espèce de rotonde à laquelle on accédait par six portes donnant les unes sur la salle de bal, les autres sur de larges couloirs, circulant le long d'une immense serre, ouverte aux invités.

Une demi-douzaine de tables y avaient été installées pour les joueurs, dont une occupant juste le milieu de la pièce.

C'est à celle-là qu'étaient venus s'asseoir sir Ralph et M. Mauvillars.

Ce dernier, on le sait, était grand joueur et beau joueur; aussi, au bout de dix minutes, voyait-on les billets de banque s'entasser et disparaître avec une étonnante rapidité.

Soit que ce jeu d'enfer eût excité la curiosité de l'assemblée, soit pour toute autre cause, on vit bientôt les invités, hommes et femmes, déserter l'un après l'autre la salle de bal, se montrer à toutes les portes de la salle de jeu, puis faire irruption dans la pièce, qui ne tarda pas à être encombrée.

L'orchestre jouait toujours, mais dans le désert.

Tous les regards étaient fixés sur les deux joueurs, et tout l'intérêt de la soirée, même pour les jeunes gens, toujours si avides de danses, semblait s'être concentré là.

Parmi ceux qui se montraient particulièrement absorbés par les diverses péripéties du drame qui les fixait devant cette table de jeu, on pouvait remarquer huit ou dix personnes, la plupart groupées derrière sir Ralph.

C'étaient madame Mauvillars et Tatiane, Vanda et madame Taureins, deux femmes masquées, l'une en domino noir, l'autre en domino rose, M. Portal, puis, assis à une table tous près des deux joueurs, Paul de Tréviannes et Jacques Turgis, tous fixant sur sir Ralph des regards où éclatait une ardente et anxieuse curiosité.

La partie durait depuis vingt minutes, au milieu d'un silence au-dessus duquel planait une vague et indéfinissable émotion, quand on entendit sir Ralph murmurer en abattant une carte :

— A quoi bon? est-ce que vous ne le savez pas aussi bien que moi?

— Hein? lui dit M. Mauvillars.

Sir Ralph ne répondit pas et regarda ses cartes.

Il en abattit une seconde, puis après une pause il reprit :

— Pourquoi insister? je vous assure que cela m'est désagréable.

M. Mauvillars jeta une carte à son tour, de l'air le plus indifférent et sans paraître avoir entendu.

Il se fit un long silence, pendant lequel sir Ralph, le regard fixé sur ses cartes, ne faisait pas un mouvement.

M. Mauvillars se renversa sur sa chaise et attendit, en proie à une inquiétude qu'il essayait vainement de dissimuler.

Sir Ralph reprit bientôt :

— Je vous répète que je ne comprends rien à ce caprice, et je vous jure que cela me gêne et m'inquiète. On peut m'entendre et alors songez donc à...

Il s'interrompit, mais quelques secondes seulement, puis il reprit ainsi la parole :

— Enfin, puisque vous le voulez absolument, puisque vous m'affirmez qu'il n'y a aucun danger...

Il s'interrompit de nouveau.

Ses traits, légèrement contractés, exprimaient une lutte intérieure.

Il abattit machinalement une carte en disant :

— Je m'étais pourtant bien promis de ne jamais raconter cette histoire.

Puis il parut prêter l'oreille et il ajouta :

— Que voulez-vous? il fallait sortir à tout prix d'une situation horrible; poursuivis, Mac-Field et moi, pour le meurtre des époux Christiani, il nous fallait une fortune immense et rapide, pour aller mener grand train à l'étranger, sous des noms imposants, seul moyen d'échapper aux recherches de la justice.

A cette révélation imprévue, un frisson parcourut l'assemblée et tous les regards se tournèrent vers Tatiane avec un sentiment d'horreur et de pitié.

Deux hommes souriaient; c'étaient Rocambole et M. Mauvillars.

Deux autres étaient trop absorbés pour s'abandonner à leurs impressions ; ceux-là étaient Paul de Tréviannes et Jacques Turgis, devant lesquels un domestique venait de déposer du papier, des plumes et de l'encre et qui transcrivaient l'un et l'autre chaque parole qui tombait des lèvres de sir Ralph.

Tous les témoins de cette scène étaient frappés de stupeur en entendant sir Ralph parler ainsi.

On s'accordait à croire qu'il était sous l'empire de quelque hallucination, et, en effet, on ne pouvait guère attribuer qu'à un dérangement d'esprit les propos vrais ou faux qu'il venait de faire entendre.

Cette hypothèse était d'autant plus vraisemblable qu'il semblait, comme on l'a vu, s'entretenir avec un être surnaturel que nul autre que lui ne voyait ni n'entendait.

Cependant, la curiosité n'en était pas moins surexcitée au plus haut point, car son attitude, son langage, son accent n'avaient aucun des caractères de la folie, et l'on croyait généralement qu'il fallait attribuer cette espèce de confession à un délire passager causé par le remords.

Toute l'assemblée, frappée d'immobilité comme par la baguette d'une fée, éperdue, anxieuse, haletante, attendait le récit annoncé par sir Ralph, impatiente de l'entendre révéler les terribles secrets que promettait ce début, mais ne soupçonnant guère celui qui allait sortir de ses lèvres.

— Mon Dieu! reprit enfin sir Ralph d'un ton familier et comme se parlant à lui-même, je n'aurais jamais songé à conquérir cette fortune par un mariage avec mademoiselle Tatiane Valcresson si je n'eusse eu pour complice et entièrement à ma discrétion un ses proches parents, M. Badoir qui, malgré sa répugnance à donner à sa nièce un pareil mari, ne pouvait refuser de demander sa main pour moi.

Il y eut un nouveau frémissement dans l'auditoire et tous les regards se tournèrent à la fois vers M. Badoir qui, poussé par la foule, se trouvait porté à quelques pas de sir Ralph.

Le banquier était affreusement pâle.

Il murmura d'une voix tremblante :

— C'est faux! vous voyez bien que cet homme est fou et qu'il divague, il faut lui imposer silence.

— C'est à vous que j'impose silence, monsieur Badoir, dit une voix qui le fit frissonner.

Cette voix était celle de M. Portal.

Sir Ralph reprit :

— Entre autres affaires, dans lesquelles il se trouvait de moitié avec nous, il y avait la tentative d'empoisonnement exercée sur son parent, Pierre Valcresson.

— C'est vrai, dit une voix, celle de Pierre Valcresson, que le hasard avait placé à deux pas de M. Badoir.

Celui-ci n'osa répliquer.

Il courba la tête et roula autour de lui des yeux hagards comme s'il eût cherché une issue pour fuir.

Mais la foule était trop compacte, il fallait y renoncer.

Il le comprit et resta là comme attaché à un pilori, sous les regards de mépris et de dégoût qu'il sentait peser sur lui.

— Malheureusement, poursuivit sir Ralph, mademoiselle Tatiane aimait quelqu'un, Jacques Turgis, le paysagiste, qui, de son côté, l'adorait depuis longtemps, obstacle sérieux, insurmontable, et dont il fallait pourtant se débarrasser. Voici le moyen que j'imaginai pour arriver à ce but : ce jeune artiste avait chez lui une toile de maître d'une grande valeur, un Ruysdaël estimé cent mille francs par le marchand de tableaux qui le lui avait confié pour en faire une copie ; ce tableau, j'eus la pensée de le lui faire voler par son propre...

Jacques devint livide et se sentit défaillir à la pensée d'entendre révéler publiquement la vie et toutes les hontes de son père.

Mais sir Ralph s'était arrêté court ; et, la tête penchée, il semblait écouter quelque voix mystérieuse.

— Soit, dit-il enfin, comme il vous plaira.

Et il reprit :

— J'eus la pensée de le lui faire voler par son propre... *modèle*, dans l'espoir que ce vol lui serait attribué à lui-même, que l'affaire pourrait aller jusqu'en police corectionnelle ; bref, qu'il serait à jamais déshonoré. Malheureusement, mon plan échoua et il en fut quitte pour subir, de la part de son marchand de tableaux, des conditions draconiennes. C'est alors que je conçus un autre dessein, celui de compromettre mademoiselle Tatiane avec un éclat tel qu'il devint impossible de me la refuser pour femme ; celui-là eut un plein succès ; et je crois pouvoir dire que c'était là un trait de génie. Vous allez en juger.

LVII

OU LA LUMIÈRE SE FAIT

Enfin, l'étrange mystère qui pesait d'un poids si lourd sur la pauvre Tatiane allait être dévoilé!

On comprend avec quelles transes, avec quelles angoisses et en même temps avec quelle ardente curiosité la jeune fille attendait le récit d'une aventure dont son esprit cherchait vainement à percer les impénétrables ténèbres.

Ses traits pâles et bouleversés, son regard troublé, ses yeux brillants de fièvre, attestaient avec une navrante éloquence l'anxiété dont elle était dévorée.

Les mêmes impressions se lisaient sur le visage profondément altéré de Jacques Turgis, dont le front livide se perlait de sueur et qui, la plume à la main et le regard fixé sur sir Ralph, attendait tout tremblant les paroles qu'allait faire entendre celui-ci.

C'est que le récit qui allait être fait devant cette espèce de tribunal de l'opinion c'était pour lui cent fois pis qu'un arrêt de vie ou de mort, c'était la honte ou la réhabilitation de Tatiane, de Tatiane qui était là, exposée à tous les regards, et qui pouvait mourir de douleur sous l'ineffaçable souillure que cet homme allait peut-être lui jeter au front.

Outre ceux que nous avons déjà signalés comme particulièrement intéressés à ce qui se passait, il y avait là une personne qui, depuis le moment où sir Ralph avait commencé cette confession aussi extraordinaire qu'imprévue, était en proie aux tortures

Appuyée sur le bras de Malvina, elle passa devant moi, avec un charmant sourire. (Page 350.)

d'une horrible appréhension, c'était la comtesse de Sinabria.

M. Portal lui avait dit : Venez à cette fête et montrez-vous-y calme et souriante, il faut cela pour dissiper jusqu'à l'ombre du soupçon dans l'âme de votre mari.

Elle avait suivi ce conseil et maintenant elle tremblait à chaque parole qui tombait des lèvres de sir Ralph, qui pouvait détruire en quelques mots les miracles d'habileté accomplis par M. Portal pour la sauver d'une perte inévitable.

C'est au milieu de toutes ces terreurs que sir Ralph commença enfin ce récit, que l'assemblée entière attendait avec une égale perplexité :

— M. Mauvillars ne voulait pas de moi pour neveu, mademoiselle Tatiane Valcresson n'éprouvait pour moi d'autre sentiment qu'une profonde antipathie, et enfin Jacques Turgis était aimé, et j'avais échoué dans la tentative de rendre son mariage impossible en le déshonorant; devant une pareille situation, tout autre que moi eût renoncé à la lutte; mais, outre que je ne suis pas facile à décourager, il me fallait absolument l'immense fortune qui formait la dot de la jeune fille ; c'était pour moi et mon complice Mac-Field une question de vie ou de mort. Je cherchai donc résolûment les moyens de renverser, ou plutôt de tourner des obstacles qui s'opposaient à cette union, et voilà le plan que j'imaginai.

Par un mouvement spontané, le flot humain qui enveloppait sir Ralph se resserra autour de lui.

Tatiane s'affaissa presque sur madame Taureins, comme si elle succombait sous la violence de son émotion.

C'est que la minute critique était venue, la vérité allait éclater.

Et qu'allait-il en jaillir?

La mort ou la vie?

Sir Ralph poursuivit après une pause :

— Un hasard m'avait rendu témoin un jour de la puissance magnétique d'une femme bien connue à Montmartre sous le nom de mère Alexandre. J'allai la trouver et lui proposai de venir magnétiser une jeune fille que j'aimais, dont j'étais aimé, et de la plonger dans un sommeil assez profond pour que je pusse l'emmener, à son insu, au milieu d'une fête de nuit remplie de ses amis et connaissances. Je voulais seulement traverser la salle de bal avec cette jeune fille à mon bras et, par ce scandale, forcer sa famille, hostile à notre union, à m'accorder sa main...

Un murmure d'étonnement accueillit cette révélation inattendue.

— Allons, remettez-vous et relevez la tête, dit tout bas Valentine à Tatiane. Voilà la vérité qui se dégage.

— Il n'a pas encore tout dit, écoutons, écoutons, murmura la jeune fille avec un mélange de crainte et d'espoir dans les yeux.

Sir Ralph reprit ainsi :

— La mère Alexandre, je dois le dire à sa louange, commença par me faire jurer que j'étais aimé de la jeune fille et que mes intentions à son égard étaient pures; et moi, je dois le déclarer à ma honte, je n'hésitai pas à lui faire tous les serments qu'elle me demandait.

— C'est fort bien, ajouta-t-elle alors, le moyen est ingénieux, je dirai même infaillible en ce qui me concerne. Mais comment pénétrer dans la maison? comment m'introduire près de la jeune fille pour la magnétiser à son insu? Comment l'habiller en toilette de bal, la faire sortir et rentrer sans que personne s'en aperçoive? Voilà des obstacles qui me semblent insurmontables.

— Et qui le seraient, en effet, répliquai-je, si je n'avais dans la place une amie qui les aplanira tous sans la moindre difficulté.

L'ami auquel je faisais allusion, poursuivit sir Ralph, était une jeune fille, Malvina, la femme de chambre de mademoiselle Tatiane, nature honnête, loyale et dévouée, mais dont la famille, peu délicate avait sur la conscience divers petits crimes et délits, parmi lesquels un enfant enfoui au fond de leur cave, l'enfant de la...

Il s'arrêta tout à coup et parut écouter la voix mystérieuse avec laquelle il semblait être en relation.

— C'est bien, dit-il après quelques instants de silence, nous ne parlerons pas de cela; je me contenterai de dire que cette famille, peu délicate, avait des droits incontestables à l'échafaud, et qu'en menaçant leur fille de les y envoyer, j'obtins d'elle tout ce que je voulus. Or, après m'être entendu avec elle et la mère Alexandre, j'allai prendre celle-ci en voiture, à Montmartre, le soir où mademoiselle Tatiane devait se rendre au bal de la baronne de Villarsay et la conduisis rue de Miroménil, à l'hôtel Mauvillars. Une petite porte donnant sur le jardin, était restée entr'ouverte; nous entrâmes par là et fûmes aussitôt abordés par Malvina, qui guettait notre arrivée.

Elle vient droit à moi et me dit :

— Ecoutez-moi, monsieur, vous me contraignez à trahir ma jeune maîtresse pour laquelle je donnerais mon sang. C'est une infamie, mais je suis forcée de vous obéir et je me résigne, mais à une condition!

— Faites-la moi connaître, dis-je à Malvina.

— Je ne quitterai plus ma maîtresse que son ombre à partir de ce moment jusqu'à l'heure où elle rentrera dans sa chambre.

Cette condition me contrariait un peu en ce qu'elle laissait la porte ouverte à une justification que j'eusse voulu rendre absolument impossible, mais je me résignai à la subir, comprenant que la femme de chambre serait intraitable sur ce point.

Cinq minutes après, nous étions tous trois à la porte de la chambre de mademoiselle Tatiane.

Malvina ouvrit cette porte et entra, suivie de la mère Alexandre, tandis que je restais dans l'antichambre.

La jeune fille était endormie; la mère Alexandre la magnétisa, lui commanda de se lever et aida Malvina à l'habiller.

Celle-ci avait fait venir de chez la couturière, dans la soirée même, et à l'insu de sa maîtresse, une ravissante toilette de bal, si fraîche et si vaporeuse, que lorsqu'au bout d'une heure et demie environ, elle parut enfin, je restai ébloui et charmé comme si j'eusse vu une fée tomber des nues sur la terre.

Elle s'appuyait sur le bras de Malvina et passa devant moi avec un charmant sourire, qui ne la quitta plus de la soirée.

Cinq minutes après elle montait en voiture avec sa femme de chambre et la mère Alexandre, tandis que je m'asseyais à côté du cocher, et au bout d'un quart d'heure nous arrivions chez la baronne de Villarsay.

Elle accepta mon bras de la meilleure grâce du monde et ne parut ni scandalisée, ni même surprise quand, sur mon ordre, le domestique annonça : « Sir Ralph et mademoiselle Tatiane Valcresson. »

Et elle traversa à mon bras la foule stupéfaite, souriant toujours et loin de soupçonner qu'à partir de cette minute elle était à jamais perdue.

La mère Alexandre n'étant pas là pour entretenir le sommeil factice qui la rendait inconsciente de l'acte inouï qu'elle accomplissait en ce moment, il eût été dangereux de rester longtemps et, d'ailleurs, je n'en avais nul besoin; il suffisait, pour le résultat que je me proposais, qu'on nous eût vus ensemble à cette fête, je me hâtai donc de la quitter, une fois mon but atteint. Je regagnai la voiture qui nous attendait dans la cour de l'hôtel, et nous repartîmes comme nous étions venues, mademoiselle Tatiane avec Malvina et la mère Alexandre, moi sur le siège, à côté du cocher; puis arrivés à l'hôtel Mauvillars, nous nous séparâmes, la femme de chambre et sa jeune maîtresse pour rentrer chez elle, moi pour reconduire la mère Alexandre à Montmartre. Voilà le récit exact de cette aventure qui a fait tant de bruit, voilà tout le dommage qui en est résulté pour mademoiselle Tatiane, que tout le monde croit perdue et à laquelle, gardée comme elle l'était, il ne m'a pas même été possible de baiser la main.

Sir Ralph ouvrait la bouche pour continuer, mais il s'interrompit tout à coup en disant :

— Eh bien, soit, je m'arrête là, d'ailleurs le reste est insignifiant.

LVIII

SURPRISE

Quand sir Ralph eut cessé de parler, on eût cru entendre passer dans l'air comme un soupir de soulagement, et l'on vit sur tous les visages un épanouissement de bonheur.

Tatiane était sauvée.

Son innocence, dont personne ne voulait douter tant elle éclatait éloquente et radieuse sur ses traits charmants et naïfs, avait cependant subi l'outrage du doute.

Parmi ceux mêmes auxquels elle inspirait la plus vive sympathie et la confiance la plus absolue, beaucoup, comme la baronne de Villarsay, avaient dû se rendre à l'évidence des faits, trop palpables, trop écrasants pour qu'il fût possible de les révoquer en doute; aussi la joie fut-elle immense à ce résultat inattendu, chez ceux dont la foi et la pureté de la jeune fille avait dû céder devant le témoignage brutal et indiscutable qui la condamnait.

Et pourtant il restait une espèce de malaise dans tous les esprits.

Une ombre enveloppait encore cette affaire; chacun se demandait avec une certaine angoisse sous l'empire de quel sentiment ou de quelle mystérieuse pression un homme comme sir Ralph avait pu se résoudre à faire des aveux aussi terribles, aussi compromettants pour lui, et l'assemblée entière appelait de tous ses vœux la lumière sur ce point resté obscur, comprenant qu'alors seulement la réhabilitation de Tatiane serait complète et irrévocablement établie aux yeux du monde.

Ce désir ne devait pas tarder à se réaliser.

On vit tout à coup sir Ralph frissonner des pieds à la tête, puis promener autour de lui des regards étonnés.

Il se demandait évidemment où il était, et cherchait à se rendre compte de ce qui se passait autour de lui.

La mémoire lui revint enfin, et s'adressant à M. Mauvillars qu'il voyait assis devant lui, les cartes à la main:

— Et bien, lui demanda-t-il, où en sommes-nous?

— Vous allez le savoir, répondit M. Mauvillars avec un accent singulier.

Et se tournant vers Jacques Turgis:

— Veuillez lire à sir Ralph le récit qu'il vient de nous faire.

— Moi? moi? s'écria sir Ralph stupéfait, j'ai fait un récit?

— Très-intéressant et surtout fort instructif.

— Mais quand? Comment? A quel propos? demanda sir Ralph avec une vague inquiétude.

— Quand? A l'instant même. A quel propos? C'est ce que vous seul pourriez nous apprendre, car vous avez tout à coup entamé cette histoire en abattant une carte et sans y être invité par personne. Au reste, vous pouvez juger de l'intérêt qu'elle a inspiré à nos invités en les voyant tous réunis ici; pas un n'est resté dans la salle du bal, et, je puis l'affirmer, pas un n'a regretté la danse en écoutant votre récit.

Sir Ralph était tombé dans un état d'ahurissement qui le rendait comme hébété.

Il attachait sur M. Mauvillars un regard fixe et curieux, et, aux efforts qu'il semblait faire pour comprendre, on eût dit que celui-ci s'exprimait en chinois.

— Au reste, reprit M. Mauvillars, toutes vos paroles ont été transcrites fidèlement, sous les yeux des deux cents témoins qui nous entourent, par MM. Jacques Turgis et Paul de Tréviannes, afin qu'on pût en contrôler l'exactitude par la comparaison des deux manuscrits. Maintenant, M. Turgis, lisez, s'il vous plaît, car sir Ralph n'a pas l'air très-convaincu de ce que je lui dis.

— Écoutez donc ce que vous venez de raconter à l'instant même et devant tout le monde, dit froidement Jacques à sir Ralph, qui semblait toujours sous l'empire d'un rêve.

Et il lut.

A mesure que le récit se déroulait, sir Ralph, passait de la surprise à l'inquiétude et de l'inquiétude à l'épouvante.

Tout à coup il s'écria en proie à une espèce de délire:

— Mais c'est impossible, je n'ai jamais pu conter de pareilles histoires. Tout cela est faux, absolument faux; et, d'ailleurs, comment admettre que j'eusse pu faire de pareils aveux, en supposant même que tout cela fût vrai? Ce serait de la folie.

— Je vais vous donner l'explication de ce mystère, dit une voix derrière sir Ralph.

Celui-ci se retourna et se trouva en face du domino rose qui, se démasquant aussitôt, lui montra les traits de la mère Alexandre.

— La mère Alexandre! s'écria sir Ralph, frappé de stupeur à l'aspect de la magnétiseuse.

— Mais oui, répondit celle-ci avec un sourire de triomphe, la mère Alexandre, que vous avez trompée en lui affirmant que vous étiez aimé de mademoiselle Tatiane; la mère Alexandre, à laquelle vous aviez fait commettre une mauvaise action et qui, je vous le jure, est bien heureuse aujourd'hui de vous saisir dans les mêmes filets où vous aviez pris cette pauvre enfant.

Sir Ralph roulait autour de lui des regards où se lisaient à la fois la rage et l'épouvante.

Il s'écria enfin en se tournant vers la magnétiseuse:

— Vous êtes une vieille misérable, capable de tout pour de l'argent, vous avez été payée pour me contraindre, par votre puissance infernale, à faire ce récit absurde, invraisemblable, mais vous êtes trop tarée pour qu'on ajoute foi à vos paroles.

— Soit, répondit la mère Alexandre, mais il est question, dans cette histoire, d'un témoin qui est resté près de mademoiselle Tatiane, depuis le moment où nous sommes entrées dans sa chambre, jusqu'à l'heure où elle y a été ramenée, qui m'a vue la magnétiser, lui enlever son libre arbitre, la soumettre à ma volonté, appeler la joie dans son cœur et le sourire sur ses lèvres; ce témoin, loyal et irréprochable, c'est Malvina, qui a trahi sa maîtresse en pleurant et en vous maudissant, vous le savez.

— Je le sais, et c'est parce qu'elle est loyale et franche qu'elle n'est pas là pour soutenir par son témoignage toutes les fables que vous m'avez forcé à débiter et qui sont consignées là comme autant d'aveux volontaires de ma part.

Alors le domino noir s'avança à son tour devant sir Ralph, et arrachant le masque qui couvrait ses traits :

— Me reconnaissez-vous, sir Ralph?

Sir Ralph laissa échapper un nouveau cri de surprise en reconnaissant Malvina.

— Malheureuse! murmura-t-il enfin en baissant la voix, ne craignez-vous pas...

— Je ne crains rien, répondit froidement la jeune fille; mon père et ma mère n'ont plus à redouter la terrible expiation dont vous les menaciez en cas d'indiscrétion de ma part, ils sont morts l'un et l'autre, et, libre maintenant du joug odieux qui pesait sur ma conscience, je déclare hautement que tout est vrai dans la confession que vous a arrachée madame Alexandre et que vient de lire M. Jacques Turgis.

Sir Ralph comprit, pour le coup, que la partie était perdue, et il ne tenta même pas de répliquer.

Au même instant un individu, qu'il se rappela avoir aperçu à son entrée dans la salle de bal, s'approcha de lui, et, lui touchant familièrement l'épaule :

— Sir Ralph, lui dit-il, une petite malle a été trouvée, il y a deux heures, dans le cabinet qu'avait occupé Peters à l'hôtel Meurice; et, des quelques papiers qu'elle renfermait, il résulte que cet individu et son camarade, le cocher Jack, étaient deux détectives envoyés de New-York à la poursuite des nommés Mac-Field et sir Ralph; or jusqu'à ce qu'on ait découvert les véritables assassins de ces deux malheureux, nous allons nous assurer de vous et de votre ami, comme violemment soupçonnés de ce crime.

— Moi! un assassin! s'écria sir Ralph.

— On vous calomnie peut-être, reprit l'agent de police, mais il est un lieu dans Paris où tout finit par s'éclaircir, c'est la préfecture de police; veuillez m'y suivre, et je ne doute pas que votre innocence n'y soit bientôt reconnue.

Sir Ralph était devenu livide.

Il promena de sombres regards sur toute l'assemblée, puis, les traits contractés par une expression de rage qui lui donnait quelque chose du tigre :

— Ah! s'écria-t-il d'une voix retentissante, vous triomphez, n'est-ce pas? Vous vous réjouissez tous d'avance à la pensée des tortures que je vais endurer dans l'attente de l'expiation suprême, expiation à laquelle vous vous promettez de venir assister comme à une fête! Ce sera fort joyeux, en effet, mais en attendant que je vous procure ce spectacle, je veux, en vous quittant, vous laisser à tous un souvenir, à la famille Mauvillars pour sa gracieuse hospitalité et à M. Jacques Turgis pour la peine qu'il a prise d'écrire ce petit mémoire, un gage ineffaçable de ma reconnaissance.

Et tirant de la poche de son habit le revolver qu'il avait emporté, sur le conseil de Mac-Field, il se tourna brusquement vers Tatiane, placée à trois pas de lui, l'ajusta froidement et fit feu.

LIX

DÉVOUEMENT

Au bruit de la détonation, toutes les femmes étaient précipitées vers les portes en jetant des [cris] aigus, et, les issues étant trop étroites pour lais[ser] passer à la fois toute cette foule atteinte de verti[ge] il y eut un moment une étrange mêlée de robes [de] soie, de dentelles, de diamants et de cheveux [é]parés.

Puis l'explosion ne se renouvelant pas et l'enco[m]brement des portes forçant les femmes à rester [ras]surée pour son propre compte, songea à Tatia[ne] sur laquelle avait été dirigée la balle de sir Ral[ph].

Un cercle s'était fait tout à coup de ce côté, et, [au] milieu de ce cercle, une femme était étendue s[an]glante.

Mais, chose étrange et qui frappa de stupeur to[us] les témoins de cette scène, cette femme n'était p[as] Tatiane.

C'était Malvina, sa femme de chambre.

Elle avait vu sir Ralph armer son revolver et [le] diriger sur la jeune fille, et, par un mouvement pl[us] prompt que l'éclair, elle s'était précipitée au-deva[nt] de celle-ci au moment même où le misérable a[p]puyait le doigt sur la détente.

Elle avait reçu la balle en pleine poitrine et e[lle] perdait tout son sang, qui coulait à flots sur son d[o]mino noir.

Quant à Tatiane, les traits couverts d'une pâle[ur] livide et le corps agité de frissons convulsifs, e[lle] fixait sur la pauvre Malvina un regard plein d'ho[r]reur et de pitié.

— De l'air! de l'air! j'étouffe, murmura l'infort[u]née en se débattant sur le parquet.

— Vite, qu'on la transporte dans la serre, s'écr[ia] Tatiane.

Trois jeunes gens se présentèrent aussitôt, l'un déclara qu'il était médecin et qu'il allait ex[a]miner la plaie. Les deux autres étaient Jacques Tu[r]gis et Paul de Tréviannes.

Ceux-ci la prirent, l'un par les jambes, l'autre p[ar] les épaules, et la transportèrent dans la serre, pr[é]cédés de Tatiane, de Vanda et de Valentine.

Là, on l'étendit sur un large banc de fer, pr[ès] d'une fenêtre ouverte, par laquelle entrait l'air fra[is] du dehors.

Puis le jeune médecin s'approcha de la blessé[e] pour écarter les plis de son domino.

Mais Malvina le repoussa doucement en murm[u]rant d'une voix lente et affaiblie :

— C'est inutile, le coup est mortel, je vais mou[r]ir, je le sens.

Tournant ensuite vers Tatiane son regard déjà v[a]gue et à demi éteint, elle lui fit signe d'approcher.

Tatiane vint s'agenouiller près d'elle, et, les yeu[x] pleins de larmes, elle prit sa main qu'elle pressa ave[c] effusion dans les siennes.

— Ne me plaignez pas, mademoiselle, lui dit Ma[l]vina, dont la voix s'affaiblissait de plus en plus, j'[ai] voulu mourir pour vous... j'avais été si coupable, [je] vous avais fait tant de mal à vous, si bonne... ma[is]

Malvina avait reçu la balle en pleine poitrine. (Page 352).

j'ai... payé ma dette, je vous ai sauvée, je meurs heureuse.

Elle se tut un instant.

Ses lèvres venaient de se border d'une écume rougeâtre.

— Oh! non, ne parlez pas de mort, nous vous sauverons, ma pauvre Malvina, lui dit Tatiane en sanglotant et en la baisant au front.

— Hélas! murmura le jeune docteur, elle est perdue !

— Non, non, je ne dois pas vivre, balbutia Malvina avec effort, je serais trop malheureuse, je remercie Dieu de m'envoyer la mort.

Elle ajouta d'une voix presque inintelligible et en portant la main à sa poitrine :

— Tenez, prenez cela, prenez-le, mais qu'il ne sache pas... il ne connaît pas mon secret, je veux qu'il l'ignore... il m'a sauvée de la honte... oh! c'est un grand cœur.

45ᵉ LIVRAISON.

Elle fouillait toujours sa poitrine d'une main tremblante.

— Ah! le voilà, le voilà, murmura-t-elle avec un douloureux sourire, je l'ai volé chez lui le jour où je suis allée... que de fois je l'ai mouillé de mes larmes !... Aujourd'hui, il est mouillé de mon sang... Tenez, déchirez-le et ne lui dites pas... je veux qu'il ignore toujours que je l'ai aim...

Elle ne put achever.

L'objet qu'elle avait arraché de sa robe s'échappait de sa main en même temps que son dernier soupir s'échappait de sa poitrine.

Cet objet, c'était la photographie de Paul de Tréviannes.

En voyant tomber Malvina sous le coup destiné à sa jeune maîtresse, sir Ralph, déçu dans sa soif de vengeance, fut tenté un instant de la satisfaire à tout prix en envoyant une seconde balle à Tatiane, toujours debout à trois pas de lui.

Mais, frappé en même temps des périls auxquel il était exposé et comprenant qu'à cette heure sa vie dépendait d'une seconde, il renonça aussitôt à sa haine et songea à profiter du trouble et de la panique que venait de produire ce meurtre pour se tirer de la foule et se glisser hors de l'hôtel.

Absorbée par l'affreux spectacle qu'elle avait sous les yeux, c'est-à-dire par la vue de la pauvre Malvina perdant tout son sang, l'assemblée entière avait oublié l'assassin, et celui-ci, se dégageant enfin de la foule qui le laissait passer sans le regarder, allait se diriger vers la porte, quand quelques personnes, frappées de la précipitation avec laquelle il s'éloignait, le reconnurent tout à coup.

— Le meurtrier ! le meurtrier ! s'écrièrent alors cinq ou six voix à la fois.

Tous les regards se tournèrent aussitôt de ce côté et au même instant la foule entière s'élança vers sir Ralph avec la violence d'un flot qui déborde.

Quelques mains s'étendaient déjà sur lui, quand, tirant tout à coup son revolver, il le braqua résolûment sur ceux qui l'entouraient en tournant lentement sur lui-même.

Il se fit aussitôt un cercle qui alla rapidement en s'agrandissant, et c'est au milieu du profond silence qui s'était établi tout à coup que sir Ralph s'écria en s'adressant à M. Mauvillars :

— Donnez-moi votre parole que vous allez me laisser sortir libre d'ici et qu'en outre vous m'accompagnerez jusqu'à ce que je me trouve en lieu sûr, sinon je fais feu. Il reste cinq balles dans cette arme, c'est cinq cadavres que je vais faire, cinq corps sanglants qui, tout à l'heure, seront étendus là, sur le parquet.

En parlant ainsi, il continua à tourner lentement et à surveiller avec une extrême circonspection tout le cercle qui l'enveloppait.

M. Mauvillars était en proie à une profonde angoisse.

Venant d'un homme comme sir Ralph, une pareille menace n'était pas à dédaigner.

Accusé de quatre ou cinq meurtres, dont il était évidemment coupable, sa tête était condamnée d'avance.

N'ayant rien à espérer, il n'avait rien à ménager.

Il n'hésiterait donc pas à faire cinq nouvelles victimes, et M. Mauvillars avait pâli à cette pensée.

— Eh bien, soit, répondit-il après un silence, je consens à prendre cet engagement pour éviter de nouveaux malheurs dans ma maison, convaincu d'ailleurs que vous ne perdrez rien pour attendre.

— Ça, répondit sir Ralph toujours en éveil, c'est mon affaire ; tirez-moi d'ici, c'est tout ce que je vous demande et le reste me regarde.

— Allons donc ! s'écria une voix dans la foule, traiter avec un tel misérable, ce serait une honte. Je me charge de lui, moi, je m'en charge seul, et je vais vous montrer tout à l'heure que celui que vous redoutez comme un tigre n'est qu'un lâche chacal.

Sir Ralph avait tressailli à cette voix, qu'il avait reconnue.

C'était celle de M. Portal, cet ennemi implacable qu'il trouvait partout sur son chemin.

Rocambole, car c'était bien lui, sortit de la foule, fit deux pas vers sir Ralph qui, toujours résolu, quoique très-pâle, avait aussitôt braqué son arme sur lui, et, croisant ses bras sur sa poitrine, il appela :

— M. Paul de Tréviannes ! M. Jacques Turgis !

Les deux jeunes gens s'avancèrent vers lui.

— Ecoutez, leur dit-il d'une voix calme, je vais m'avancer vers ce misérable ; s'il fait feu sur moi, vous tombez sur lui avec la rapidité de la foudre, vous le désarmez, et alors, retenez bien mes paroles, vous lui fracassez la mâchoire d'une balle et vous le conservez précieusement en cet état pour le bourreau. Vous êtes deux, vous êtes jeunes, forts, braves et agiles, il ne peut vous échapper. Surtout, ne le tuez pas, faites ce que je viens de vous commander.

— Comptez sur nous, répondit Jacques.

— Attention donc ! dit Rocambole.

Et, les bras toujours croisés sur la poitrine, il marcha d'un pas lent et assuré vers sir Ralph.

Un léger frisson avait parcouru tout le corps de celui-ci quand il avait entendu les ordres que venait de donner Rocambole à son sujet, mais il avait paru inébranlable dans sa résolution.

Cependant ses traits se couvraient d'une pâleur de plus en plus livide, à mesure que son ennemi se rapprochait de lui, tandis que celui-ci, calme et impassible, fixait sur lui un regard intrépide.

Immobile et anxieuse, l'assemblée entière frémissait à chaque pas qu'il faisait vers l'arme braquée sur lui.

Mais un imperceptible sourire de dédain avait effleuré les lèvres de Rocambole.

Il avait vu trembler cette arme dans la main du meurtrier et il s'était dit : Il n'osera ! Avec une mâchoire fracassée, outre que l'opération n'a rien d'agréable, nul espoir de salut, nulle possibilité d'évasion ! il s'est dit cela et il n'osera.

Arrivé si près de lui que le revolver touchait sa poitrine, Rocambole, sans faire un mouvement dit à sir Ralph en le regardant toujours en face :

— Eh bien, décidément, tirez-vous ?

Sir Ralph ne répondit pas. Alors Rocambole éleva la main vers l'arme, lentement, sans faire se presser, l'enleva des mains de son ennemi, la regarda d'un air indifférent, et, se tournant vers Jacques Turgis :

— Monsieur Jacques, lui dit-il, veuillez faire avancer une voiture, nous allons y prendre place avec sir Ralph, auquel nous ferons nous-mêmes les honneurs de la préfecture de police.

Le lecteur s'est demandé sans doute ce qu'était devenu Mac-Field au milieu de tous ces événements.

Mac-Field était resté là jusqu'au moment où sir Ralph, interrompant tout à coup son jeu, s'était mis à raconter l'étrange récit qu'on avait attribué d'abord à un accès de folie.

Stupéfait lui-même en entendant son complice raconter publiquement des faits qu'il avait tant d'intérêt à tenir secrets, Mac-Field, qui connaissait le moyen dont s'était servi sir Ralph pour compromettre Tatiane, ne tarda pas à soupçonner qu'il était à son tour sous l'empire de la même fascination, et, comprenant que la confession provoquée par le mystérieux personnage qui le dominait en ce moment irait jusqu'au bout et ne laisserait rien dans l'ombre, il avait jugé prudent de s'esquiver avant les révélations dans lesquelles il se trouvait lui-même si gravement compromis.

M. Badoir, lui, après avoir subi la torture du pilori tout le temps qu'avait duré le récit de sir Ralph, s'était hâté de mettre à profit la panique qui avait suivi la détonation de son revolver, et, quand le calme fut rétabli, on le chercha vainement; il avait disparu.

Nous le retrouverons plus tard, ainsi que Mac-Field, dans une action où reparaîtront également deux personnages dont il nous reste quelques mots à dire avant de clore cette première partie; ces deux personnages sont l'Allemand Goëzmann et sa digne compagne, Nanine la Rousse, dont les redoutables instincts pourront se déployer à l'aise dans le drame terrible qui formera la seconde partie de cette œuvre.

Du cabinet du juge d'instruction où nous les avons laissés, ces deux individus avaient été écroués à Mazas, attendant l'instruction de leur affaire, et, au bout d'un mois, ils venaient s'asseoir sur les bancs de la cour d'assises.

Toutes les célébrités demi-mondaines, naguère amies ou rivales de la belle rousse, tous les fils de famille qui l'avaient connue plus ou moins intimement, et même beaucoup de grandes dames qu'elle avait éclaboussées de son luxe et dont quelques unes l'avaient peut-être admirée au bois ou au théâtre, tous enfin, amis ou ennemis, étaient accourus au curieux spectacle de cette reine du vice qui, après avoir ébloui, fasciné la plus brillante société, venait s'asseoir sur les bancs des malfaiteurs.

Tout ce monde accourut pour contempler sa honte et s'en repaître, ce fut là son véritable châtiment, bien autrement cruel, bien autrement humiliant et dur que les dix ans de travaux forcés auxquels elle se voyait condamnée.

La peine de Goëzmann fut élevée à vingt ans.

On crut que leur carrière était terminée là; on se trompait, et, comme nous venons de le dire, ils étaient appelés à reparaître dans la société, qui s'en croyait délivrée, et à y exercer l'influence la plus funeste.

C'est dans cette seconde partie que nous retrouverons Rocambole avec toutes les ardeurs et toutes les audaces de sa jeunesse, mêlé à trois ou quatre drames de famille dont il est le pivot, ramassant au besoin ses guenilles de bandit pour faire face à un groupe de redoutables malfaiteurs acharnés à sa perte ou à celle de ses protégés, se multipliant sous les incarnations les plus diverses pour faire face à ces terribles ennemis; parfois vaincu, jamais abattu, conservant, même en face de la mort, ce calme et cette lucidité d'esprit qui, dans toutes les circonstances, l'ont fait triompher du destin.

LXIII

ÉPILOGUE

A un mois de là, nous trouvons la plupart de nos personnages, presque tous ceux auxquels nous espérons avoir intéressé le lecteur, réunis à l'hôtel de M. Mauvillars, qui les avait invités à dîner ce jour-là.

La table avait été dressée sous une allée de tilleuls, dont le feuillage, d'un vert tendre — on était à la fin de mai — tamisait une brume lumineuse à travers laquelle les convives flottaient comme les personnages d'une féerie dans les vapeurs d'une apothéose.

Ces convives sont : toute la famille Mauvillars d'abord, puis l'oncle Pierre Valcresson, Louise Prévôt, devenue depuis huit jours madame Valcresson et qui a recouvré, avec sa raison, toute sa grâce et toute sa beauté d'autrefois; Jeanne, qu'on a dû placer près de Tatiane, pour laquelle elle s'est prise d'une véritable passion; Paul de Tréviannes, madame Taureins, Vanda, M. Portal, la baronne de Villarsay, amie intime de la famille Mauvillars.

Un invité manquait à cette réunion d'intimes et il eût suffi de remarquer le léger nuage qui, de temps à autre, passait sur le beau front de Tatiane pour deviner que celui-là était Jacques Turgis.

Au moment de se mettre à table, M. Mauvillars avait reçu une lettre de l'artiste qui le priait de ne pas l'attendre pour dîner, se trouvant empêché d'y assister par un travail très-pressé.

— Ça c'est très-beau, c'est héroïque, s'était écrié M. Mauvillars, qui estimait énormément les piocheurs et n'hésitait pas à mettre le travail infiniment au-dessus du sentiment.

Une ravissante petite moue de la jolie Tatiane avait exprimé clairement qu'elle ne partageait pas l'enthousiasme de son oncle pour ce genre d'héroïsme, mais il va sans dire qu'elle n'avait osé manifester autrement son opinion à cet égard.

— C'est égal, s'était-elle dit tout bas en se mettant à table, il me semble qu'un amoureux devrait abandonner tous les travaux du monde pour celle qu'il aime.

Puis elle ajouta au plus profond de son cœur et avec un léger soupir :

— S'il est vrai qu'il m'aime autant qu'il le dit!

Elle se mentait bien un peu à elle-même en ayant l'air de douter de cet amour, mais elle n'était pas contente de lui et elle voulait se donner un prétexte de le bouder intérieurement.

Le dîner fut très-gai, mais de cette gaieté douce et charmante qui se dégage des cœurs heureux.

— Il nous manque trois personnes pour que cette petite fête soit complète, dit M. Mauvillars, notre ami Jacques Turgis d'abord, puis nos deux parents, le comte et la comtesse de Sinabria.

— La comtesse, à laquelle la santé de son mari inspire toujours de sérieuses inquiétudes, répondit Rocambole, a voulu quitter Paris pour aller se fixer à Pau, où elle a résolu de se consacrer exclusivement à son cher malade.

— Cette bonne Rita! dit madame Mauvillars, oh! c'est une noble et excellente créature et je ne puis que l'admirer; pourtant, je l'avoue, j'éprouve une espèce de serrement de cœur à la voir renoncer au monde, si jeune et si belle.

— C'est un cœur malade auquel tout est devenu indifférent, le monde surtout, répliqua Rocambole.

On était au dessert.

Quelques instants après, les convives quittaient

la table et se dispersaient dans le jardin à leur fantaisie.

Tatiane avait cherché le coin le plus solitaire pour y rêver en liberté.

C'était une espèce de rond-point ombragé par de grands arbres, et auquel aboutissaient plusieurs sentiers pratiqués dans un épais taillis.

Du banc de bois sur lequel elle s'était assise, à travers une échappée pratiquée dans les grands arbres, elle voyait le soleil se coucher à l'horizon et incendier le ciel de ses rayons disparus.

Elle rêvait là depuis dix minutes environ quand elle crut sentir passer sur sa main, qui pendait inerte le long du banc, quelque chose comme une tiède vapeur.

Elle allait la retirer précipitamment, effrayée à la pensée que ce pouvait être quelque reptile, quand une voix timide, tremblante, faible comme un souffle, balbutia tout bas derrière elle ce nom, qui lui parut charmant ainsi murmuré :

— Tatiane !

Oh ! alors elle ne songea plus à retirer sa main.

Ce reptile, ce serpent tentateur, elle le connaissait, et il ne l'effrayait pas ; au contraire, comme sa mère Ève, elle prêtait à ses paroles une oreille complaisante.

— Tatiane ! chère Tatiane ! reprit la voix avec une tendresse un peu plus accentuée.

La respiration de la jeune fille était devenue haletante, car le tentateur, s'enhardissant de plus en plus, avait pressé sur ses lèvres la main que d'abord il osait à peine toucher.

Puis, encouragé par le silence de la jeune fille, il était venu s'asseoir près d'elle et il lui avait dit avec une émotion, qui s'était aussitôt communiquée au cœur de celle-ci :

— Chère Tatiane, je viens de voir M. Marvillars, je lui ai rappelé sa promesse de m'accorder votre main le jour où votre innocence, dont je n'ai jamais douté, éclaterait à tous les yeux ; il m'a répondu qu'il était prêt à tenir cet engagement, mais à une condition...

Il n'osa achever.

— Et cette condition ? demanda Tatiane d'une voix que l'émotion faisait trembler.

— Eh bien ! c'est que vous m'avoueriez franchement, sans hésiter, sans détour, que... que vous m'aimez.

— Oh ! monsieur Jacques ! balbutia Tatiane en rougissant.

— Chère Tatiane, ce n'est pas moi qui parle, je n'oserais, c'est votre oncle, et songez que, sans cet aveu, il refuse son consentement.

Il y eut un moment de silence.

— Tatiane ! oh ! ma chère et adorée Tatiane, murmura Jacques d'une voix basse et vibrante, eh bien ; écoutez, ne dites pas cela, si c'est trop vous demander, mais pour satisfaire votre oncle, pour cela seulement, dites, oh ! je vous en supplie, dites que vous êtes heureuse de mon amour.

Et, en parlant ainsi, il s'était agenouillé devant elle et il couvrait de baisers ses deux petites mains ; si bien qu'à la fin le cœur de la pauvre Tatiane, bouleversé, éperdu, laissa échapper ces mots :

— Oh ! oui, bien heureuse !

— Eh bien, voilà tout ce que je voulais, dit alors une voix derrière les deux jeunes gens.

Tatiane se retourna en jetant un cri et elle aperçut M. et madame Mauvillars, ainsi que ses deux grands-parents, qui la regardaient en riant de sa confusion.

— Allons, s'écria alors M. Mauvillars en se frottant les mains, vous vous aimez tous deux, voilà qui est clair, et, quand on est atteint de cette maladie-là, il n'y a qu'un moyen de n'en pas mourir, c'est de se marier, ce qui ne traînera pas en longueur, je vous en réponds.

Puis, s'adressant à Jacques, tout rayonnant de bonheur :

— Quand à vous, monsieur l'artiste, je vous préviens que Tatiane vous en veut beaucoup de n'avoir pas tout abandonné pour venir vous asseoir près d'elle à notre table, et, si vous n'avez quelque bonne justification à faire valoir...

— J'en ai une qui, je l'espère, me vaudra mon pardon, répondit Jacques, et si vous voulez me suivre tous...

— Volontiers ; offrez votre bras à Tatiane et marchez devant.

Jacques se hâta d'obéir.

Un instant après on pénétrait dans la maison, et, à l'extrême surprise de Tatiane, Jacques la conduisit à l'appartement de grand'papa et grand'maman Mauvillars, non moins étonnés de leur petite-fille.

Il alla droit au salon, ouvrit la porte et dit :

— Voilà mon excuse, voilà le travail que je voulais achever avant de venir.

Ce travail, c'était le portrait en pied de Tatiane, fait de mémoire par Jacques et posé au milieu d'un panneau entre ceux de ses deux grands-parents.

Il y eut un moment de silence devant cette toile.

Puis le père Mauvillars s'écria tout à coup d'une voix pleine de sanglots :

— Ah ! monsieur Jacques ! monsieur Jacques ! laissez-moi vous embrasser.

Et il se jeta dans ses bras en pleurant.

— Notre chère petite Tatiane ! murmurait pendant ce temps la grand'maman Mauvillars en s'essuyant les yeux, elle ne nous quittera plus, nous l'aurons toujours là, devant nous. Mais vois donc, mon ami, vois comme elle est ressemblante, c'est son charmant sourire, si naïf et si bon ; c'est son beau regard, si loyal et si pur, c'est elle enfin, c'est elle toute vivante.

— Alors, je suis pardonné ? demanda Jacques.

— Je vous adore, lui dit avec feu la grand'mère.

— Et moi je vous aime, lui soupira Tatiane à l'oreille.

FIN DU RETOUR DE ROCAMBOLE

Sceaux. — Imp. M. et P.-E. Charaire.

www.ingramcontent.com/pod-product-compliance
Lightning Source LLC
Chambersburg PA
CBHW070851170426
43202CB00012B/2031